十訂版
試験研究費の法人税務

成松 洋一 著

一般財団法人 大蔵財務協会

はしがき（十訂版）

　本書の初版は平成9年に刊行し、今回節目の十訂版を発刊することとなりました。前回の九訂版は令和4年5月に刊行しましたから、その後、令和5年と6年の2度の税制改正を経験しています。

　令和5年度税制改正では、研究開発税制などについて、次のような改正が行われました。

① サービス開発に係る試験研究の適用対象になる分析情報の範囲に既存の蓄積情報の追加

② 一般型の税額控除、中小企業技術基盤強化税制の税額控除割合等の見直し

③ 特別試験研究費の税額控除の適用対象に高度専門人材に人件費を支払って行う試験研究の追加

④ 組織再編が行われた場合の比較試験研究費の調整計算の届出等の廃止

⑤ オープンイノベーション促進税制の適用対象に購入特定株式の追加

　また、令和6年度税制改正では、次のような改正がされました。

⑥ 一般型の税額控除の令和8年4月1日以後開始年度の税額控除割合等の見直し

⑦ 大企業について研究開発税制等を不適用とする措置の拡大

⑧ 特許権譲渡等取引による所得の30％相当額を控除する、イノベーションボックス税制の創設（令和7年4月1日以後開始年度から適用）

⑨ オープンイノベーション促進税制の適用期限の2年延長

　このように、この2年間の、試験研究ないし研究開発を巡る税制改

正は、注目すべき相当にインパクトのある内容になっています。実務に当たって十分な留意が必要です。

この十訂版は、これらの税制改正を取り入れ、特に「第9章 試験研究費と所得控除」を新設し、イノベーションボックス税制とオープンイノベーション促進税制について、詳細に説明することとしました。

本書の読者の皆様方の永年のご愛読に感謝申し上げますとともに、本書がいささかなりともご参考になれば幸いです。

最後に、今回の出版に当たりましても、大変お世話になりました大蔵財務協会出版編集部の方々に厚く御礼を申し上げます。

令和6年9月

成 松 洋 一

はしがき（九訂版）

　本書の前回改訂による八訂版は令和2年7月に刊行しましたから、それから2年が経過しようとしています。その間、令和3年度の税制改正により、研究開発税制について大幅な整備が行われました。

　従来、研究開発税制の適用対象になる試験研究費の額は、適用事業年度において損金算入されるものに限られていました。この点、税務上、棚卸資産、固定資産または繰延資産の取得価額に算入される試験研究費の額であっても、会計上、研究開発費として損金経理をすれば、税額控除の対象にしてよいことになりました。

　また、試験研究の範囲から、リバースエンジニアリングが除外されるという改正も行われています。

　これらの法令改正を受けて、措置法通達も改正され、試験研究の意義や試験研究に含まれないものなどが明らかにされました。

　この九訂版は、このような法令・通達の改正内容を折り込んだことはもちろん、これらの改正をめぐる質疑応答や読者の皆様方から頂いた質疑なども入れた、最新のものとなっています。

　4月18日から24日までは科学技術週間であり、この週間は科学技術への理解と関心を深め、科学技術の振興を図ることを目的に制定されました。この九訂版の改訂原稿は、奇しくも4月24日に脱稿し、何かの因縁を感じています。読者の皆様方のご参考になれば幸いです。

　最後に、この九訂版の刊行にあたりましても、大蔵財務協会出版編集部の方々に大変お世話になりました。厚く御礼を申し上げます。

令和4年5月

成　松　洋　一

は し が き（八訂版）

　本書を令和の時代になって初めて改訂することとなりました。本書の初版を刊行したのが平成9年10月ですから、平成、令和と23年の長きにわたってご愛読をいただき、誠にありがとうございます。

　前回改訂した七訂版は、平成30年4月の刊行ですから、これまで令和元年度と令和2年度の二度の税制改正を経ています。

　令和元年度には、研究開発税制における税額控除割合や控除限度額の見直しとともに時限的な特例が設けられました。また、特別試験研究費の税額控除において、新事業開拓事業者等との共同・委託試験研究や民間大企業に対する委託試験研究が対象に追加されています。一方、いわゆる高水準型の税額控除制度は廃止されました。

　これに対し、令和2年度には、研究開発税制に関してほとんど改正はありません。

　平成30年3月の収益認識基準の制定に伴い、法人税にあっては収益の計上時期と収益の額に関する基本的な考え方が、法令上明らかにされました。その一環として工業所有権等の提供による収益などに関して、いくつかの取扱いが整備されています。

　この八訂版は、これら税制改正の内容や工業所有権等の収益認識の取扱いをフォローするとともに、新たな質疑応答などを追加した最新のものです。本書がいささかなりとも、皆様方のお役にたてば幸いです。

　今回の改訂においても、大変お世話になりました大蔵財務協会出版編集部の方々に厚く御礼を申し上げます。

　令和2年7月

成　松　洋　一

はしがき（七訂版）

　本書の七訂版を刊行することとなりました。前回改訂の六訂版は、平成27年9月の刊行ですから、その間平成28年度から平成30年度まで三度の税制改正を経ています。

　試験研究費をめぐる税制について、平成28年度にはあまり大きな改正はありません。国家戦略特区と国際戦略特区における研究開発用器具備品の特別償却と税額控除の見直しが行われました。

　一方、平成29年度においては、研究開発税制に大きな改正が行われました。すなわち、税額控除の対象になる試験研究費に、いわゆるサービス開発に係る試験研究費が追加されるとともに、税額控除割合が大幅に見直されています。

　また、特別試験研究費の税額控除にあっては、対象となる費用の項目に制限がなくなるとともに、試験研究の相手方の確認の手続が簡素化されました。

　さらに、いわゆる増加型の税額控除が廃止され、売上金額基準の税額控除のみとなりました。

　サービス開発に係る試験研究費は、今までになかった試験研究費ですから、その範囲や試験研究の実施方法などについて留意を要します。

　平成30年度の税制改正においては、大企業は所定の賃上げや設備投資をしないと、研究開発税制の適用はできないこととされました。

　この七訂版は、これら税制改正の内容、特にサービス開発に係る試験研究費の範囲などに関して詳細に述べるとともに、新たな質疑応答などを追加した最新のものとなっています。本書がいささかなりとも、皆様方のお役にたてば幸いです。

　今回の改訂においても、大変お世話になりました大蔵財務協会出版編集部の方々に厚く御礼を申し上げます。

平成30年4月

成　松　洋　一

はしがき（六訂版）

　本書を前回改訂し五訂版として刊行したのは平成25年7月です。それから2年が経過し、六訂版を刊行することになりました。この2年の間、本書で取扱う試験研究ないし研究開発をめぐっては、次のような税制改正が行われています。
① 特別試験研究費の特別税額控除の拡充
② 国家戦略特別区域における開発研究用機械等の特別償却または特別税額控除の創設

　特に、①の特別試験研究費の特別税額控除にあっては、平成27年度の税制改正により、特別試験研究の範囲が拡充されるとともに、特別税額控除割合の引上げが行われました。

　また、②の特別償却にあっては、その特別償却の適用を受ける開発研究用機械等の償却費は、特別試験研究費として特別税額控除が適用できることになっています。

　今回の改訂は、これら税制改正による改訂を行ったことはもとより、その他の関連税制も織り込むとともに、質疑応答事例を追加しました。

　本書が皆様方にいささかなりとも、ご参考になれば幸いです。

　今回の改訂においても、大変お世話になりました大蔵財務協会編集局出版編集部の諸氏に対し、厚く御礼を申し上げます。

　平成27年7月

　　　　　　　　　　　　　　　　　　　　成　松　洋　一

は　し　が　き（五訂版）

　本書の前回改訂した四訂版は、平成21年７月に刊行しましたから、それから４年が経ちました。その間、本書で取扱う試験研究ないし研究開発をめぐっては、次のような税制改正が行われています。

① 　特別試験研究費の特別税額控除の範囲の拡充
② 　教育訓練費の特別税額控除の廃止
③ 　国際戦略総合特別区域内における研究開発用器具備品の特別償却または特別税額控除の創設
④ 　認定研究開発事業法人の研究開発事業所得の所得控除の創設

　特に、①の特別試験研究費の特別税額控除にあっては、平成25年度の税制改正により、民間企業同士の共同研究や中小ベンチャー企業に対する委託研究もその対象になりました。今後の積極的な活用が望まれます。

　今回の改訂は、これら税制改正による改訂を行ったことはもとより、その他の関連税制も織り込むとともに、質疑応答事例を追加しました。

　本書が皆様方にいささかなりとも、ご参考になれば幸いです。

　今回の改訂においても、大変お世話になりました大蔵財務協会編集局出版編集部の諸氏に対し、厚く御礼を申し上げます。

平成25年７月

　　　　　　　　　　　　　　　　　　　　成　松　洋　一

はしがき（四訂版）

　本書を前回改訂してから2年半が経とうとしています。この間、法人税においては、平成19年度と平成20年度に減価償却税制の大幅な見直しが行われました。また、本書に直接関連する改正として、平成19年度には繰延資産の範囲から「試験研究費」が除外されました。

　さらに、平成21年の政府・与党による経済危機対策における税制上の措置により、試験研究費の総額に係る税額控除制度、特別試験研究費の税額控除制度および中小企業者等の試験研究費の税額控除制度について、税額控除限度額の引上げおよび税額控除限度超過額の繰越期間の延長が、それぞれ時限的に行われました。

　本書の今回の改訂にあたっては、これらの改正や平成21年度の税制改正に伴う所要の加筆、補正を行うとともに、新たな裁決例や質疑応答事例などを追加しました。

　旧版同様、本書が法人税事務に携わる皆様方にいささかなりとも、ご参考になれば幸いです。

　今回の改訂においても、大変お世話になりました大蔵財務協会編集局出版編集部の諸氏に対して、厚くお礼を申し上げます。

平成21年6月

成　松　洋　一

は　し　が　き（三訂版）

　平成18年度の税制改正において、試験研究費をめぐる税制についても制度の廃止や見直し、整備が行われました。

　まず特別償却制度では、開発研究用設備の特別償却制度が適用期限の到来をもって廃止されました。

　つぎに特別税額控除制度では、試験研究費の税額控除制度につき増加型の税額控除と総額型の税額控除との統合が行われています。

　またIT投資促進税制が廃止される一方、新たに情報基盤強化税制が創設されました。

　この三訂版は、これらの改正などを踏まえて所要の改訂を行ったものです。特に、平成17年度に導入された教育訓練費の税額控除制度について、国税庁から発遣された通達の内容の説明や実務上の質疑事例などの紹介を行い、充実を図っています。

　旧版同様、法人税実務に携わる皆様方に、いささかなりともご参考になれば幸いです。

平成18年7月

成　松　洋　一

はしがき（二訂版）

　最近における試験研究費の税制をめぐっては、平成17年度の税制改正により創設された、教育訓練費の特別税額控除制度が注目すべきものといえましょう。この特別税額控除制度は、試験研究費とは直接的には関係ないともいえますが、昨今、知的財産に関する開発、管理、評価、訴訟などの重要性が増し、知的財産に専門知識を有する人材が求められています。そのため、多くの企業にあっては、知的財産管理セクションの創設や拡充とともに、人材の充実を図っています。その人材の育成・充実のために、教育訓練費の特別税額控除制度を有効かつ効率的に活用することが望まれます。その意味で、教育訓練費の特別税額控除制度は試験研究費とは無関係とはいえません。

　また、試験研究費ないし研究開発費をめぐっては、研究開発費会計基準が制定され、法人税制も整備されたとはいえ、実務的にはいろいろな議論が生じています。

　この二訂版は、前回改訂（平成15・7）後の教育訓練費の特別税額控除制度の創設や各種の議論を踏まえて改訂したものです。教育訓練費の特別税額控除制度の解説や実務に即した質疑応答事例の追加などを行っています。

　旧版同様、企業の経理担当者や法人税務に携わる方々に、いささかなりともご参考になれば幸いです。

　平成17年4月

　　　　　　　　　　　　　　　　　　　　　成　松　洋　一

は　し　が　き（改訂版）

　本書は、平成9年にはじめて刊行したものです。その後、平成10年に「研究開発費会計基準」の制定、財務諸表等規則における繰延資産の範囲から試験研究費の削除がされました。また税務においては、平成12年にソフトウエアが固定資産とされる改正が行われました。さらに平成15年の税制改正において、試験研究費の特別税額控除制度の創設・拡充、ＩＴ関連設備の特別償却制度と特別税額控除制度の創設、開発研究用設備の特別償却制度の創設、中小企業・ベンチャー企業の支援税制の拡充などの措置が講じられました。

　このような企業会計や税務の動向、企業のIT投資の活発化などを背景に、昨今、研究開発費なかんずくソフトウエア開発費の処理をめぐって、いろいろな議論がされています。また、税務面においては、試験研究費の特別税額控除制度が多くの企業にとって使いやすいものになったことに伴い、特にその制度の内容と試験研究費の範囲に関心が集まっています。

　この改訂版は、そのような状況を踏まえて最新の内容となるよう改訂したものです。研究開発費の処理につき、企業会計と法人税との取扱いは必ずしも一致していません。そこで、両者の取扱いがどのように違い、お互いどういう関係になるのか、それを述べることに努めました。特に、ソフトウエアの処理と試験研究費の範囲について、できるだけ詳細に説明することとしました。

　企業会計では研究開発費の概念が確立され、試験研究費の概念はもはやなくなったともいえ、実務はそのように動いています。そこで、本書のタイトルも「研究開発費の法人税務」に変更することも考えま

した。ただ法人税においては、研究開発費の概念や用語はまだ市民権を得ていないように思われます。そこで、この改訂版ではあえて旧名どおりにすることにしました。しかし本書の文中、試験研究費とあるところは文脈によって研究開発費と読んでいただければ、十分目的は達せられると考えています。

　この改訂版が旧版同様、企業の経理担当者をはじめ法人税務に携わる皆様方に、いささかなりともお役にたてば幸いです。

　平成15年7月

　　　　　　　　　　　　　　　　　　　成　松　洋　一

はしがき

　平成7年11月に「科学技術基本法」が制定され、これにもとづき平成8年7月に政府の科学技術基本計画が策定されました。科学技術基本計画は、研究開発の推進に関する総合的な方針や研究施設等の整備、研究開発にかかる情報化の促進などに関する基本的な計画を定めたものです。これをうけて平成9年度の政府予算においては、研究開発費の大幅な増額が目玉になっています。

　今日の科学技術の進歩やそれに伴う商品やサービスの多種・多様さ、機能の向上には著しいものがあります。企業は、経済取引の国際化、高度化、消費者のニーズの多様化等に応じて、新技術の研究や新製品の開発に積極的に取り組んでいます。そして、その研究や開発の範囲はあらゆる分野に及んでいます。科学技術基本法もこれらの事情を背景に、科学技術の振興を総合的・計画的に推進することを目的に制定されたものです。

　先行き不透明な経済状況のもと、企業は生き残りをかけて必死にがんばっています。企業が今後、生き残って繁栄を謳歌できるかどうかは、いかに新技術を開発し、あるいは消費者に満足を与える商品やサービスを提供できるかどうかにかかっている、といっても過言ではありません。今日、新技術や高度な知識を武器に創造的・冒険的な事業展開を図るベンチャービジネスが気を吐きもてはやされているのは、まさにそのことを証明しています。

　ところが、新技術や新商品の研究開発には、多額の資金を要するのが現実です。その資金をいかに調達し、いかに効率よく使用するかということが、試験研究の成否に大きな影響を与えます。これは試験研

究費の管理の問題ですが、その場合には試験研究費の税務上の取扱いを忘れてはなりません。合理的かつ的確な税務処理に配慮し、限られた資金を有効に活用することが得策であるからです。

　会計および税務上、試験研究費に関しては、いくつかの制度や取扱いが定められています。しかし、その制度や取扱いにおける試験研究費の範囲は必ずしも同一ではありません。また、企業が実際に行っている試験研究の内容や態様はさまざまです。そのため、現実の試験研究費は個別性が強く、その会計や税務上の処理は、一義的に明らかにできない場合が少なくありません。そこに試験研究費の取扱いのむずかしさがあります。それだけに、今後ベンチャービジネスを支援するため、その設立、運営方法や法務、会計、税務に特化された法律事務所や会計事務所の必要性がますます増すものと思われます。

　本書においては、その試験研究費に関する税務上の取扱いを体系的にみていくこととしました。試験研究に取り組んでいる企業やその経理担当者、法人税事務に携わる方々に、いささかなりともご参考になれば幸いです。

　なお、本書に述べた意見にわたる部分は私見であることをお断りしておきます。

　最後に、本書の出版にあたり大変お世話になりました大蔵財務協会出版総局の諸氏に対し、厚くお礼を申し上げます。

平成9年10月

成　松　洋　一

〔凡　例〕

1　法法……………法人税法
2　法令……………法人税法施行令
3　法規……………法人税法施行規則
4　所法……………所得税法
5　所令……………所得税法施行令
6　消法……………消費税法
7　消令……………消費税法施行令
8　措法……………租税特別措置法
9　措令……………租税特別措置法施行令
10　措規……………租税特別措置法施行規則
11　耐令……………減価償却資産の耐用年数等に関する省令
12　震災特例法……東日本大震災の被災者等に係る国税関係法律の臨時特例に関する法律
13　震災特例法令…東日本大震災の被災者等に係る国税関係法律の臨時特例に関する法律施行令
14　震災特例法規…東日本大震災の被災者等に係る国税関係法律の臨時特例に関する法律施行規則
15　法基通…………法人税基本通達
16　所基通…………所得税基本通達
17　評基通…………財産評価基本通達
18　消基通…………消費税法基本通達
19　法措通…………租税特別措置法関係通達（法人税編）
20　耐通……………耐用年数の適用等に関する取扱通達
21　震災特例法通…東日本大震災の被災者等に係る国税関係法律の臨時特例に関する法律関係通達（法人税編）
22　基準……………研究開発費等に係る会計基準
23　基準注解………研究開発費等に係る会計基準注解

24	実務指針………	研究開発費及びソフトウエアの会計処理に関する実務指針（日本公認会計士協会）
25	実務指針Q&A…	研究開発費及びソフトウエアの会計処理に関するQ&A（日本公認会計士協会）
26	連続意見書……	企業会計原則と関係諸法令との調整に関する連続意見書
27	収益認識基準…	収益認識に関する会計基準
28	適用指針………	収益認識に関する会計基準の適用指針
29	税資……………	税務訴訟資料（国税庁）
30	裁決事例集……	裁決事例集（国税不服審判所）

（注）　たとえば「法法37③一」は、法人税法第37条第3項第1号を表す。

　　　本書は、令和6年9月1日現在の適用法令・通達によっている。

〔目　次〕

第1章　試験研究費の実態

I　総　説 ··· 65
II　研究費の支出状況 ··· 66
　1　研究費の推移 ··· 66
　2　研究主体別研究費の推移 ·· 67
　　(1)　全体の状況 ··· 67
　　(2)　資本金階級別の状況 ··· 68
　3　性格別研究費の推移 ··· 69
　　(1)　全体の状況 ··· 69
　　(2)　企業の状況 ··· 70
　4　費目別研究費の状況 ··· 70
　5　受入研究費と社外支出研究費の状況 ·························· 72
　　(1)　受入研究費の状況 ··· 72
　　(2)　社外支出研究費の状況 ······································ 72
III　国際技術交流の状況 ·· 73

第2章　試験研究費と法人税務

I　総　説 ··· 75
II　期間費用との関係 ··· 76
III　棚卸資産との関係 ··· 78
IV　固定資産との関係 ··· 78
V　繰延資産との関係 ··· 80
VI　特別税額控除との関係 ·· 81
VII　所得控除との関係 ··· 81
VIII　源泉徴収との関係 ··· 82

第3章　試験研究費の意義と範囲

- Ⅰ　総　説 …………………………………………………………… *85*
- Ⅱ　試験研究等の意義 ……………………………………………… *86*
  - 1　試験研究の意義 ……………………………………………… *86*
    - (1)　一般的な意味 …………………………………………… *86*
    - (2)　科学技術研究調査規則における定義 ………………… *86*
      - イ　研究の意義 ………………………………………… *86*
      - ロ　具体的な区分基準 ………………………………… *87*
      - ハ　ソフトウエア開発における例 …………………… *89*
      - ニ　金融業、保険業などにおける例 ………………… *90*
    - (3)　研究開発税制における定義 …………………………… *91*
  - 2　研究開発の意義 ……………………………………………… *92*
    - (1)　総　説 …………………………………………………… *92*
    - (2)　民間研究活動調査における定義 ……………………… *93*
    - (3)　研究開発費会計基準における定義 …………………… *94*
      - イ　研究・開発の意義 ………………………………… *94*
      - ロ　研究・開発に含まれる典型例 …………………… *94*
      - ハ　研究・開発に含まれない典型例 ………………… *95*
    - (4)　国際会計基準等における定義 ………………………… *96*
    - (5)　イノベーションボックス税制における定義 ………… *97*
    - (6)　試験研究と研究開発の関係 …………………………… *98*
  - 3　開発研究の意義 ……………………………………………… *99*
    - (1)　定　義 …………………………………………………… *99*
    - (2)　開発研究が要件の制度 ………………………………… *100*
  - 4　産業試験研究の意義 ………………………………………… *101*
- Ⅲ　性格別の試験研究費 …………………………………………… *102*
  - 1　科学技術研究調査規則における定義 ……………………… *102*

(1) 定　義 …………………………………………………… *102*
　　(2) 具体的な区分例 …………………………………………… *104*
　2　税務上における定義 ……………………………………… *105*
　　(1) 旧通達における定義 ……………………………………… *105*
　　(2) 研究開発税制における定義 ……………………………… *106*
Ⅳ　形態別の試験研究費 …………………………………………… *107*
　1　総　説 ……………………………………………………… *107*
　2　自己研究 …………………………………………………… *108*
　3　委託研究 …………………………………………………… *109*
　4　共同研究 …………………………………………………… *110*
　5　受託研究 …………………………………………………… *112*
Ⅴ　法令別の試験研究費 …………………………………………… *112*
　1　総　説 ……………………………………………………… *112*
　2　旧商法 ……………………………………………………… *113*
　3　旧財務諸表等規則 ………………………………………… *114*
　4　企業会計原則 ……………………………………………… *114*
　5　研究開発費会計基準 ……………………………………… *115*
　6　原価計算基準 ……………………………………………… *116*
　7　法人税法等 ………………………………………………… *116*
　　(1) 概　説 ……………………………………………………… *116*
　　(2) 試験研究費の意義 ………………………………………… *117*
　　　イ　繰延資産 ……………………………………………… *117*
　　　ロ　試験研究費の特別税額控除 ………………………… *117*
　　(3) 研究開発費の意義 ………………………………………… *118*
Ⅵ　試験研究費の課税上の区分 …………………………………… *119*
　1　概　要 ……………………………………………………… *119*
　2　四つの区分 ………………………………………………… *119*
　3　内　容 ……………………………………………………… *120*

第4章　試験研究費と期間費用

- Ⅰ　総　説 ……………………………………………………………… *123*
- Ⅱ　期間費用となる試験研究費 ……………………………………… *124*
  - 1　企業会計の取扱い …………………………………………… *124*
    - (1)　原価性の考え方 ………………………………………… *124*
    - (2)　研究開発費の処理 ……………………………………… *125*
  - 2　法人税の取扱い ……………………………………………… *125*
    - (1)　原価性の判断基準 ……………………………………… *125*
    - (2)　性格別の研究による判断基準 ………………………… *126*
    - (3)　研究部門による判断基準 ……………………………… *127*
- Ⅲ　試験研究費の計上時期 …………………………………………… *127*
  - 1　概　要 ………………………………………………………… *127*
  - 2　発生主義と費用収益対応の原則 …………………………… *128*
  - 3　債務確定基準 ………………………………………………… *129*
    - (1)　意　義 …………………………………………………… *129*
    - (2)　研究開発積立金の設定の可否 ………………………… *130*
- Ⅳ　委託研究の課税関係 ……………………………………………… *130*
  - 1　総　説 ………………………………………………………… *130*
  - 2　委託研究の性格 ……………………………………………… *131*
  - 3　請負による費用の計上時期 ………………………………… *132*
  - 4　委託研究費の計上時期 ……………………………………… *133*
    - (1)　基本的な考え方 ………………………………………… *133*
    - (2)　委託研究費が変動する場合 …………………………… *136*
    - (3)　委託研究費を研究の進展に応じて支払う場合 ……… *137*
  - 5　寄附金課税の適用 …………………………………………… *139*
    - (1)　委託研究費が不合理である場合 ……………………… *139*
    - (2)　委託研究費を寄附金にした場合 ……………………… *141*

6 交際費・使途不明（秘匿）金課税の適用 …………… 145
(1) 交際費課税 ………………………………………………… 145
(2) 使途不明（秘匿）金課税 ………………………………… 147

V 共同研究の課税関係 ………………………………………… 148
1 総　説 ……………………………………………………… 148
2 共同研究費の計上時期 …………………………………… 149
3 共同研究負担金の処理 …………………………………… 150
(1) 損金算入時期 ……………………………………………… 150
(2) 資産としての処理 ………………………………………… 151
4 民法上の組合方式における処理 ………………………… 154
(1) 民法上の組合の意義 ……………………………………… 154
(2) 課税上の原則 ……………………………………………… 155
(3) 損失等の計算方法 ………………………………………… 156
イ　三つの計算方法 ……………………………………… 156
ロ　各計算方法の効果 …………………………………… 156
ハ　金融商品会計基準の取扱い ………………………… 157
(4) 課税上の特例 ……………………………………………… 158
5 匿名組合方式における処理 ……………………………… 160
(1) 匿名組合の意義 …………………………………………… 160
(2) 課税上の処理 ……………………………………………… 161
(3) 損失等の計算方法 ………………………………………… 162
イ　匿名組合員 …………………………………………… 162
ロ　営業者 ………………………………………………… 163
6 投資事業有限責任組合方式における処理 ……………… 167
(1) 投資事業有限責任組合の意義 …………………………… 167
(2) 課税上の処理 ……………………………………………… 168
(3) 損失負担の会計処理 ……………………………………… 169
イ　総額方式 ……………………………………………… 169

ロ　中間方式 ……………………………………………… *170*
　　　ハ　純額方式 ……………………………………………… *170*
　7　有限責任事業組合方式における処理 …………………… *170*
　　(1)　有限責任事業組合の意義 ……………………………… *170*
　　(2)　課税上の原則 …………………………………………… *172*
　　(3)　課税上の特例 …………………………………………… *172*
　8　寄附金課税の適用 ………………………………………… *173*
　9　移転価格税制の適用 ……………………………………… *175*
Ⅵ　受託研究の課税関係 …………………………………………… *177*
　1　総　説 ……………………………………………………… *177*
　2　受託研究費の収益計上時期 ……………………………… *178*
　　(1)　基本的な考え方 ………………………………………… *178*
　　(2)　技術役務の提供 ………………………………………… *179*
　　(3)　ソフトウエアの受注製作 ……………………………… *180*
　　　イ　旧会計基準の取扱い ………………………………… *180*
　　　ロ　新会計基準の取扱い ………………………………… *182*
　　　ハ　法人税の取扱い ……………………………………… *183*
　3　受託研究原価の計算 ……………………………………… *186*
Ⅶ　試験研究資金の調達 …………………………………………… *187*
　1　総　説 ……………………………………………………… *187*
　2　補助金の受領 ……………………………………………… *188*
　3　寄附金の募集 ……………………………………………… *189*
　4　新株の発行 ………………………………………………… *190*
　　(1)　増資の処理 ……………………………………………… *190*
　　(2)　株式交付費の処理 ……………………………………… *191*
　　(3)　エンジェル税制 ………………………………………… *192*
　　(4)　スタートアップ再投資税制 …………………………… *195*
　　(5)　オープンイノベーション促進税制 …………………… *195*

5 社債等の発行 …………………………………… 196
- (1) 普通社債の処理 ………………………………… 196
- (2) 新株予約権の処理 ……………………………… 197
  - イ 発行時の会計処理 …………………………… 197
  - ロ 権利行使時の会計処理 ……………………… 198
  - ハ 失効時の会計処理 …………………………… 198
- (3) 新株予約権付社債の処理 ……………………… 198
  - イ 転換社債型新株予約権付社債の場合 ……… 198
  - ロ 転換社債型新株予約権付社債以外の場合 … 199
- (4) 社債発行差金の処理 …………………………… 199
- (5) 社債等発行費の処理 …………………………… 200

6 資金の借入れ ………………………………… 201
- (1) 支払利子の計上時期 …………………………… 201
- (2) 低利融資を受けた場合の処理 ………………… 201
- (3) 支払利子の原価性 ……………………………… 202
- (4) 信用保証料等の処理 …………………………… 203

Ⅷ 特許侵害による損害賠償金等 …………… 206
1 賠償責任の発生 ……………………………… 206
2 税務上の処理 ………………………………… 207
- (1) 基本的な考え方 ………………………………… 207
- (2) 特許侵害等による場合 ………………………… 208
- (3) 優良誤認表示等の場合 ………………………… 209

Ⅸ 青色欠損金の繰越控除 …………………… 211

Ⅹ 青色欠損金の繰戻還付 …………………… 212

〔判 例〕
- ○ 学校法人が製薬会社等から受領した寄附金の中に治験等の役務提供の対価があるとされた事例 ………………………… 145
- ○ 匿名組合の意義について判断された事例 ……………………… 161

- ○ 民法上の組合か匿名組合かについて判断された事例 ………… *165*
- ○ 損害賠償金の損金算入時期について判断された事例 ………… *210*

〔裁決例〕
- ○ 新製品の開発費の損金算入時期について判断された事例 ……… *135*
- ○ 試験研究の内容・性格ごとに損金算入ができるとされた事例 …… *135*
- ○ 業務委託料に対価性がなく寄附金とされた事例 ………………… *141*
- ○ 民法上の組合の法的性格について判断された事例 ……………… *160*
- ○ 匿名組合契約による損益の確定時期について判断された事例 …… *166*
- ○ 保証料の損金算入時期について判断された事例 ………………… *205*

〔質疑応答〕
- ○ 期間単位で委託した試験業務の委託料の損金算入時期 ………… *135*
- ○ 委託研究開発費を研究開発の進展に応じて費用計上する方法 …… *138*
- ○ 委託研究の成果である特許権等を委託先に帰属させる場合の処理 ………………………………………………………………… *142*
- ○ 従来の寄附金から委託研究費に切り替える場合の処理 ………… *144*
- ○ 共同研究における発生費用の計上時期 …………………………… *149*
- ○ 研究開発分担金の費用計上時期 …………………………………… *152*
- ○ 研究の進捗状況に応じて支払う研究負担金の計上時期 ………… *153*
- ○ 共同研究を行うため結成した任意組合が特許権を取得した場合の出資者の処理 ……………………………………………………… *159*
- ○ 民法上の組合か匿名組合かの判定(1) ……………………………… *163*
- ○ 民法上の組合か匿名組合かの判定(2) ……………………………… *164*
- ○ 研究開発費用の全額を負担する場合の寄附金課税の有無 ……… *174*
- ○ 代表者に支払う保証料の損金算入の可否 ………………………… *204*
- ○ 特許侵害訴訟における弁護士等に対する着手金の処理 ………… *210*

第5章 試験研究費と棚卸資産

I 総　説 …………………………………………………………………… *215*

Ⅱ 棚卸資産の範囲 216
  1 棚卸資産の意義 216
  2 試験研究から生じる棚卸資産 217
    (1) 試作品・仕掛品 217
    (2) 受託研究の仕掛品 218
    (3) 研究用原材料・消耗品 218
  3 販売用ソフトウエア 224
Ⅲ 棚卸資産の取得価額 224
  1 意 義 224
  2 原価差額の調整 225
Ⅳ 製造原価となる試験研究費 226
  1 基本的な考え方 226
  2 具体的な取扱い 228
    (1) 性格別の試験研究費 228
      イ 総 説 228
      ロ 基礎研究と応用研究 228
      ハ 工業化研究 229
    (2) 新製品または新技術の試験研究費 231
    (3) 工業所有権等の頭金、使用料等 232
    (4) 販売用ソフトウエア 233
  3 試験研究原価の計算方法 234
    (1) 個別原価計算 234
    (2) 原価項目 235
    (3) 非原価項目 236
Ⅴ 棚卸資産の評価損 236
  1 概 要 236
  2 試験研究資産等の評価損 237
    (1) 評価損の計上事由 237

(2) 具体的な適用 ··· *238*
Ⅵ　販売用ソフトウエアの収益計上時期 ························· *239*
　1　基本的な考え方 ··· *239*
　2　ライセンスの供与の場合 ·· *240*
　3　ソフトウエアの使用料等が返金不要な場合 ················ *240*
〔裁決例〕
　○　一括収受した保守管理料の収益計上時期が判断された事例 ······· *242*
〔質疑応答〕
　○　他に委託して製造した研究開発用の試薬の処理方法 ············· *219*
　○　開封した試験薬等の貯蔵品計上の要否 ······························ *220*
　○　医薬品の研究開発過程で製造する治験薬の処理方法 ············· *221*
　○　試験研究用ガラス器具等の処理方法 ································ *223*
　○　試験研究が複数年にわたる場合の製造原価への算入時期 ········· *230*
　○　役員に対する特許権使用料の取扱い ································ *233*
　○　ソフトウエアの使用料収入の計上時期 ······························ *241*

第6章　試験研究費と固定資産

Ⅰ　総　説 ··· *245*
Ⅱ　固定資産の範囲 ··· *246*
　1　固定資産の意義 ··· *246*
　　(1) 税務上の固定資産 ··· *246*
　　(2) 特定の研究開発目的の資産 ·································· *247*
　　　イ　企業会計の取扱い ··· *247*
　　　ロ　法人税の取扱い ·· *248*
　2　工業所有権等 ·· *248*
　　(1) 工業所有権の意義 ··· *248*
　　(2) 工業所有権の実施権等 ·· *249*
　　(3) 育成者権 ·· *250*

(4)　営業権 ………………………………………………………… *250*
　3　ソフトウエア ………………………………………………………… *251*
　　(1)　ソフトウエアの意義 ………………………………………… *251*
　　(2)　コンテンツとの区分 ………………………………………… *254*
　　　イ　コンテンツの意義 ………………………………………… *254*
　　　ロ　制作者側の処理 …………………………………………… *255*
　　　ハ　購入者側の処理 …………………………………………… *256*
　　(3)　研究開発用ソフトウエア …………………………………… *258*
　　(4)　機器組込みソフトウエア …………………………………… *259*
　4　少額減価償却資産の特例 ………………………………………… *262*
　　(1)　少額減価償却資産の一時償却 ……………………………… *262*
　　(2)　一括償却資産の3年均等償却 ……………………………… *264*
　　(3)　中小企業者等の少額減価償却資産の一時償却 …………… *265*
　5　実験用動物の処理 ………………………………………………… *266*
　6　研究素材用資産の処理 …………………………………………… *269*
　7　試作品と模型の処理 ……………………………………………… *272*
　　(1)　試作品 ………………………………………………………… *272*
　　(2)　模　型 ………………………………………………………… *273*
　　(3)　ソフトウエア開発のプロトタイプ ………………………… *274*
Ⅲ　固定資産の取得価額 ………………………………………………… *277*
　1　取得価額の意義 …………………………………………………… *277*
　2　工業所有権の取得価額 …………………………………………… *278*
　　(1)　他の者から取得した場合 …………………………………… *278*
　　　イ　工業所有権の取得価額 …………………………………… *278*
　　　ロ　出願権の取得価額 ………………………………………… *279*
　　　ハ　実施権・使用権の取得価額 ……………………………… *280*
　　(2)　自己の試験研究により取得した場合 ……………………… *282*
　　　イ　問題の所在 ………………………………………………… *282*

ロ　企業会計の考え方 …………………………………… *282*
　　　ハ　法人税の考え方 ……………………………………… *283*
　3　工業所有権の評価 ………………………………………… *292*
　　(1)　問題の所在 ……………………………………………… *292*
　　(2)　一般的な評価方法 ……………………………………… *293*
　　(3)　財産評価通達の評価方法 ……………………………… *294*
　　　イ　特許発明を他の者に実施させている場合 ………… *294*
　　　ロ　特許発明を自ら実施している場合 ………………… *295*
　　(4)　移転価格税制の評価方法 ……………………………… *296*
　　　イ　問題点 ………………………………………………… *296*
　　　ロ　基本的な算定方法 …………………………………… *297*
　　　ハ　無形資産の取引 ……………………………………… *297*
　4　ソフトウエアの取得価額 ………………………………… *298*
　　(1)　基本的な考え方 ………………………………………… *298*
　　　イ　購入した場合 ………………………………………… *298*
　　　ロ　自己製作した場合 …………………………………… *299*
　　(2)　販売目的のソフトウエア ……………………………… *305*
　　　イ　企業会計の取扱い …………………………………… *305*
　　　ロ　法人税の取扱い ……………………………………… *306*
　　(3)　自社利用のソフトウエア ……………………………… *308*
　　　イ　企業会計の取扱い …………………………………… *308*
　　　ロ　法人税の取扱い ……………………………………… *310*
　　(4)　付随費用の処理 ………………………………………… *315*
　　　イ　ソフトウエアの導入費用 …………………………… *315*
　　　ロ　ソフトウエアの仕損じ費用 ………………………… *316*
　　　ハ　ソフトウエア製作等の少額付随費用 ……………… *317*
　　　ニ　データのコンバート費用 …………………………… *317*
　　　ホ　トレーニング費用 …………………………………… *318*

(5) 資本的支出と修繕費 ································· 320
　　　イ　資本的支出と修繕費の意義 ····················· 320
　　　ロ　ソフトウエアの資本的支出と修繕費 ············· 321
　5　圧縮記帳の適用資産の取得価額 ······················· 334
　6　共有資産の取得価額 ································· 336
Ⅳ　固定資産の耐用年数 ····································· 337
　1　耐用年数の原則 ····································· 337
　2　工業所有権等の耐用年数 ····························· 338
　　(1) 原　則 ··· 338
　　(2) 実施権等の耐用年数 ····························· 339
　　(3) 営業権の耐用年数 ······························· 339
　　(4) 中古資産の耐用年数の見積り ····················· 340
　3　開発研究用減価償却資産の特例 ······················· 341
　　(1) 趣　旨 ··· 341
　　(2) 開発研究の意義 ································· 341
　　(3) 対象資産と耐用年数 ····························· 343
　4　耐用年数の短縮 ····································· 349
　　(1) 趣　旨 ··· 349
　　(2) 短縮事由 ······································· 350
　　(3) 試験研究用資産等への適用 ······················· 352
　　　イ　基本的な考え方 ······························· 352
　　　ロ　研究プロジェクト期間による短縮の可否 ········· 352
Ⅴ　固定資産の減価償却方法 ································· 355
　1　法定の減価償却方法 ································· 355
　2　工業所有権等の減価償却方法 ························· 357
　3　ソフトウエアの減価償却方法 ························· 357
　　(1) 企業会計の取扱い ······························· 357
　　　イ　基本的な考え方 ······························· 357

　　　　ロ　市場販売目的のソフトウエア……………………………… *358*
　　　　ハ　自社利用のソフトウエア…………………………………… *358*
　　(2)　法人税の取扱い…………………………………………………… *359*
　　　　イ　基本的な考え方……………………………………………… *359*
　　　　ロ　特別な償却方法の可否……………………………………… *360*
　　　　ハ　減価償却の開始時期………………………………………… *361*

Ⅵ　試験研究用資産等の特別償却……………………………………… *363*
　1　総　説……………………………………………………………… *363*
　2　中小企業者等の機械等の特別償却……………………………… *364*
　　(1)　概　要…………………………………………………………… *364*
　　(2)　適用対象法人…………………………………………………… *364*
　　(3)　適用対象資産…………………………………………………… *364*
　　(4)　適用対象事業…………………………………………………… *366*
　　(5)　特別償却額の計算……………………………………………… *366*
　3　国家戦略特別区域における機械等の特別償却………………… *367*
　　(1)　概　要…………………………………………………………… *367*
　　(2)　適用対象法人…………………………………………………… *367*
　　(3)　適用対象資産…………………………………………………… *367*
　　(4)　特別償却額の計算……………………………………………… *369*
　　(5)　所得控除との選択適用………………………………………… *369*
　4　国際戦略総合特別区域における機械等の特別償却…………… *370*
　　(1)　概　要…………………………………………………………… *370*
　　(2)　適用対象法人…………………………………………………… *370*
　　(3)　適用対象資産…………………………………………………… *371*
　　(4)　特別償却額の計算……………………………………………… *372*
　5　中小企業者等の特定経営力向上設備等の特別償却…………… *372*
　　(1)　概　要…………………………………………………………… *372*
　　(2)　適用対象法人…………………………………………………… *373*

(3)　適用対象資産 ……………………………………………… *373*
　　(4)　適用対象事業 ……………………………………………… *373*
　　(5)　特別償却限度額 …………………………………………… *374*
　6　事業適応設備の特別償却 ……………………………………… *374*
　　(1)　概　　要 …………………………………………………… *374*
　　(2)　適用対象法人 ……………………………………………… *374*
　　(3)　適用対象資産 ……………………………………………… *375*
　　(4)　特別償却額の計算 ………………………………………… *375*
　7　関西文化学術研究都市における文化学術研究施設の
　　　特別償却 ………………………………………………………… *376*
　　(1)　概　　要 …………………………………………………… *376*
　　(2)　適用対象法人 ……………………………………………… *377*
　　(3)　適用対象資産 ……………………………………………… *377*
　　(4)　特別償却額の計算 ………………………………………… *377*
　8　生産方式革新事業用資産等の特別償却 ……………………… *378*
　　(1)　概　　要 …………………………………………………… *378*
　　(2)　適用対象法人 ……………………………………………… *378*
　　(3)　適用対象資産 ……………………………………………… *378*
　　(4)　特別償却額の計算 ………………………………………… *379*
　9　沖縄の特定地域における工業用機械等の特別償却 ……… *379*
　　(1)　概　　要 …………………………………………………… *379*
　　(2)　適用対象法人 ……………………………………………… *380*
　　(3)　適用対象資産 ……………………………………………… *380*
　　(4)　特別償却額の計算 ………………………………………… *381*
　10　医療用機器の特別償却 ……………………………………… *382*
　　(1)　概　　要 …………………………………………………… *382*
　　(2)　適用対象法人 ……………………………………………… *382*
　　(3)　適用対象資産 ……………………………………………… *382*

(4) 特別償却額の計算 ………………………………………… 383
　11 輸出事業用資産の割増償却 ……………………………………… 383
　　(1) 概　要 ……………………………………………………… 383
　　(2) 適用対象法人 ……………………………………………… 383
　　(3) 適用対象資産 ……………………………………………… 383
　　(4) 割増償却額の計算 ………………………………………… 384
　12 特定復興産業集積区域における開発研究用資産の特
　　別償却 ……………………………………………………………… 385
　　(1) 概　要 ……………………………………………………… 385
　　(2) 適用対象法人 ……………………………………………… 385
　　(3) 適用対象資産 ……………………………………………… 385
　　(4) 特別償却額の計算 ………………………………………… 386
　　(5) 開発研究用資産の償却費の研究開発税制の適用 ……… 386
　13 新産業創出等推進事業促進区域における開発研究用
　　資産の特別償却 …………………………………………………… 387
　　(1) 概　要 ……………………………………………………… 387
　　(2) 適用対象法人 ……………………………………………… 387
　　(3) 適用対象資産 ……………………………………………… 387
　　(4) 特別償却限度額 …………………………………………… 388
　　(5) 開発研究用資産の償却費の研究開発税制の適用 ……… 388
Ⅶ　試験研究用資産の圧縮記帳 …………………………………………… 388
　1 国庫補助金等で試験研究用資産を取得した場合 …………… 388
　　(1) 趣旨と概要 ………………………………………………… 388
　　(2) 国庫補助金等の交付年度に資産を取得した場合 ……… 389
　　(3) 国庫補助金等の交付年度前に資産を取得した場合 …… 390
　　(4) 国庫補助金等の交付年度後に資産を取得する場合 …… 391
　2 技術研究組合が試験研究用資産を取得した場合 …………… 395
　　(1) 趣旨と概要 ………………………………………………… 395

(2) 適用対象法人 ································· *396*
　　(3) 試験研究用資産の範囲 ······················· *396*
　　(4) 賦課金の納付年度に資産を取得した場合 ······· *397*
　　(5) 賦課金の納付年度後に資産を取得する場合 ····· *397*
Ⅷ　試験研究会社等の企業分割に伴う処理 ············· *398*
　1　総　説 ··· *398*
　2　適格分割 ······································· *400*
　　(1) 課税上の取扱い ······························ *400*
　　(2) 適格分割の意義 ······························ *400*
　　　イ　概　説 ···································· *400*
　　　ロ　企業グループ内の分割 ······················ *401*
　　　ハ　共同事業を営むための分割 ·················· *402*
　　　ニ　分割事業を独立して行うための分割 ·········· *403*
　3　適格現物出資 ··································· *404*
　　(1) 課税上の取扱い ······························ *404*
　　(2) 適格現物出資の意義 ·························· *404*
　　　イ　概　説 ···································· *404*
　　　ロ　企業グループ内の現物出資 ·················· *405*
　　　ハ　共同事業を営むための現物出資 ·············· *406*
　4　適格株式分配 ··································· *407*
　　(1) 課税上の取扱い ······························ *407*
　　(2) 適格株式分配の意義 ·························· *408*
　　　イ　概　説 ···································· *408*
　　　ロ　通常のスピンオフ ·························· *408*
　　　ハ　パーシャルスピンオフ ······················ *409*
Ⅸ　試験研究機器等のリース取引 ····················· *410*
　1　基本的な考え方 ································· *410*
　　(1) リース取引の意義 ···························· *410*

(2) リース取引の処理 ································· 412
　　　　イ　売買とされるリース取引 ······················· 412
　　　　ロ　金銭の貸借とされるリース取引 ················· 412
　　2　ソフトウエア・リースの処理 ······················· 413
Ⅹ　固定資産の除却 ····································· 415
　　1　基本的な考え方 ··································· 415
　　2　有姿除却 ··· 415
　　3　ソフトウエアの除却 ······························· 416
　　　(1) 企業会計の取扱い ····························· 416
　　　(2) 法人税の取扱い ······························· 417
Ⅺ　固定資産の評価損等 ································· 420
　　1　基本的な考え方 ··································· 420
　　　(1) 企業会計の減損損失 ··························· 420
　　　(2) 法人税の評価損 ······························· 421
　　　(3) 減損会計と法人税の相違点 ····················· 421
　　2　試験研究用資産等への適用 ························· 422
　　　(1) 減損会計の適用 ······························· 422
　　　(2) 評価損の計上 ································· 423
Ⅻ　知的財産の使用料の収益計上時期等 ··················· 424
　　1　総　説 ··· 424
　　2　基本的な考え方 ··································· 425
　　3　工業所有権等の譲渡収益の計上時期 ················· 426
　　4　役務提供収益の計上時期の原則等 ··················· 426
　　5　知的財産のライセンス供与収益の計上時期 ··········· 428
　　6　売上高等に基づく知的財産ライセンスの使用料の収
　　　益計上時期 ······································· 429
　　7　工業所有権等の使用収益の計上時期 ················· 430
　　8　クロスライセンス契約の収益認識等 ················· 430

9　イノベーションボックス税制の適用 ……………………………… *431*

〔裁決例〕
　○　試作品が試験研究費とすべきであるとされた事例 ………………… *275*
　○　試作品ではなく機械装置であるとされた事例 ……………………… *276*
　○　試験的施行費用は建物の取得価額に算入すべきであるとされた事例 …………………………………………………………………… *278*
　○　単に賃貸借期間が短いだけでは耐用年数の短縮はできないとされた事例 …………………………………………………………… *354*
　○　賃借期間満了時に解体撤去されることが確実であるとしても耐用年数の短縮は認められないとされた事例 ……………………… *355*

〔質疑応答〕
　（ソフトウエアの資産性）
　○　ホームページの製作費用の取扱い …………………………………… *252*
　○　自社のデータベースにアクセスし閲覧できるホームページの製作費用の処理 ……………………………………………………… *254*
　○　フロッピー化された百科事典の取扱い ……………………………… *256*
　○　コンテンツの利用無料化に伴う除却処理等の可否 ………………… *257*
　○　パソコンに組み込まれたソフトウエアの取扱い …………………… *260*
　○　委託による試作品にソフトウエアが含まれている場合の取扱い … *261*
　○　ソフトウエアの取得価額の判定単位 ………………………………… *264*

　（研究開発資産の処理）
　○　新商品の研究開発のために取得した防護服の処理 ………………… *271*
　○　試作中の展示実演用機械の処理方法 ………………………………… *274*

　（工業所有権の取得価額）
　○　過去に取得した出願権にもとづき特許権を取得した場合の処理 ………………………………………………………………………… *280*
　○　自己の行った試験研究にもとづき取得した工業所有権の取得価額 …………………………………………………………………… *284*

- ○ 社内で商標を作成し、商標登録する費用の取得価額算入の要否 … *285*
- ○ 商標権（ロゴマーク）を取得するために要した費用の処理 …… *286*
- ○ 提案された複数のロゴマークのうち一つを採用した場合の取得価額 …………………………………………………………………… *287*
- ○ デザインコンペを行って採用した商標権の取得価額 ………… *288*
- ○ 特許権の帰属をめぐる裁判費用の取扱い ……………………… *289*
- ○ わが国特許料の損金算入時期 …………………………………… *290*
- ○ 米国特許料の取扱い ……………………………………………… *291*

（ソフトウエアの取得価額）
- ○ 自己製作のソフトウエアの取得価額の範囲 …………………… *300*
- ○ 役員報酬のソフトウエアの取得価額算入の要否 ……………… *302*
- ○ ソフトウエア開発に使用するハードウエアの償却費の取得価額算入の要否 …………………………………………………… *303*
- ○ ソフトウエア開発を外部に委託する場合の処理 ……………… *304*
- ○ 販売用ソフトウエアの開発を外部に委託した場合の処理 …… *307*
- ○ 自社利用ソフトウエアの研究開発費の税会不一致処理の解消の有無 ……………………………………………………………… *312*
- ○ 収益獲得または費用削減にならない研究開発費の判断基準 … *313*
- ○ 広告宣伝用ソフトウエアの開発費用の損金算入の可否 ……… *314*
- ○ 購入したソフトウエアの導入費用等の取扱い ………………… *318*
- ○ 新システムの導入に伴うデータの移行作業等の費用の取扱い … *319*

（ソフトウエアの資本的支出と修繕費）
- ○ 従来と根本的に変更がないソフトウエアを取得した場合の取扱い ………………………………………………………………… *323*
- ○ ソフトウエアのバージョンアップ費用の取扱い ……………… *325*
- ○ コンピュータウイルスの除去作業費等の取扱い ……………… *326*
- ○ バグ取り等機能維持のための費用の取扱い …………………… *327*
- ○ ソフトウエア費の区分が不明な場合の形式基準の適用の可否 … *328*

○ 減価償却税制の改正に伴うソフトウエアの改修等の費用の取扱い ·················· 329
○ マイナンバー制度の施行に伴う給与計算システムの改修費用の処理 ·················· 331
○ 販売用ソフトウエアを法令改正等に伴い改定する費用の取扱い ·················· 332
○ アウトプット様式の変更等の費用の取扱い ·················· 333

(耐用年数)
○ 開発研究用の機械装置を製品製造用に転用した場合の適用耐用年数 ·················· 344
○ 商品の卸売会社が試験研究用に取得した機械装置の耐用年数の判定 ·················· 345
○ オンラインシステムの機器等の耐用年数 ·················· 346
○ LAN設備の耐用年数 ·················· 347
○ 中古資産であるソフトウエアの耐用年数 ·················· 349

(償却方法)
○ ソフトウエアの償却開始の時期 ·················· 362
○ 国家戦略特区における器具備品の特別償却と特例耐用年数の適用の可否 ·················· 369
○ 事業適応繰延資産の範囲と分割払の場合の特別償却限度額の計算 ·················· 376

(圧縮記帳)
○ 市から研究所用の土地を低額で譲り受けた場合の処理 ·················· 392
○ 受領した補助金に返還条件がある場合の圧縮記帳の時期 ·················· 392
○ 研究所の取得費に充てるための補助金を分割受領した場合の圧縮記帳の方法 ·················· 394

(除却損・評価損)
○ 開発に失敗した新製品にかかるソフトウエアの取扱い ·················· 418

○ ソフトウエアのバージョンアップ版を導入した場合の旧版の除却処理の可否 ……………………………………………………… *419*

○ 研究プロジェクトの解散により廃棄される資産の評価損計上の可否 …………………………………………………………………… *423*

第7章　試験研究費と繰延資産

Ⅰ　総　説 ………………………………………………………………… *433*
Ⅱ　繰延資産の範囲 ……………………………………………………… *434*
　1　繰延資産の意義 …………………………………………………… *434*
　2　同業者団体等の共同研究の負担金 ……………………………… *438*
　3　試験研究用資産の賃借のための権利金等 ……………………… *439*
　　(1)　総　説 ………………………………………………………… *439*
　　(2)　課税上の取扱い ……………………………………………… *439*
　4　コンテンツ製作のための費用 …………………………………… *440*
　5　研究者等のスカウト料 …………………………………………… *443*
　　(1)　問題の所在 …………………………………………………… *443*
　　(2)　課税上の取扱い ……………………………………………… *444*
　6　ドメインの取得費 ………………………………………………… *445*
Ⅲ　繰延資産の償却 ……………………………………………………… *446*
　1　総　説 ……………………………………………………………… *446*
　　(1)　償却費の損金算入 …………………………………………… *446*
　　(2)　少額繰延資産の一時償却 …………………………………… *446*
　2　同業者団体等の共同研究の負担金 ……………………………… *447*
　3　試験研究用資産の賃借のための権利金等 ……………………… *449*
　4　コンテンツ製作のための費用 …………………………………… *450*
　5　研究者等のスカウト料 …………………………………………… *450*
　6　事業適応繰延資産 ………………………………………………… *451*
Ⅳ　開発費との区分 ……………………………………………………… *452*

1 総　説 …………………………………………………………… 452
2 開発費の範囲 …………………………………………………… 452
　(1) 法人税法等の定義 ………………………………………… 452
　(2) 研究開発費会計基準等の定義 …………………………… 453
　(3) 試験研究費との関係 ……………………………………… 454
3 開発費の内容と課税関係 ……………………………………… 454
　(1) 新たな技術の採用のための費用 ………………………… 454
　(2) 新たな経営組織の採用のための費用 …………………… 455
　(3) 資源の開発のための費用 ………………………………… 457
　　イ 費用の範囲 ……………………………………………… 457
　　ロ 探鉱費の処理 …………………………………………… 458
　(4) 市場の開拓のための費用 ………………………………… 459
4 開発費の原価性 ………………………………………………… 461
Ⅴ ノウハウの取得費との区分 ……………………………………… 462
1 総　説 …………………………………………………………… 462
2 ノウハウの取得費の取扱い …………………………………… 463
　(1) 自己が創設した場合 ……………………………………… 463
　(2) 他から取得した場合 ……………………………………… 464
Ⅵ ノウハウの設定対価の収益計上時期等 ………………………… 465
1 総　説 …………………………………………………………… 465
2 基本的な考え方 ………………………………………………… 466
3 ノウハウの頭金等の収益計上単位 …………………………… 466
4 ノウハウの頭金等の収益計上時期 …………………………… 467
　(1) 原　則 ……………………………………………………… 467
　(2) 返金不要な頭金等の収益計上時期 ……………………… 468
　(3) ノウハウの使用料の収益計上時期 ……………………… 468

〔裁決例〕
　○ 共同開発契約に基づく負担金が繰延資産とされた事例 ……… 437

○　欠損会社から開発費の承継が認められた事例 …………………… *460*
　　○　スキー場開設のための村道改良費は開発費に当たらないとされた事例 ……………………………………………………………… *461*
　　○　店舗開設に当たり前賃借人に支払った金員は権利金とされた事例 ………………………………………………………………… *461*
〔質疑応答〕
　　○　他社が開発中の化合物の実施許諾を受けた場合の費用の処理方法 ………………………………………………………………… *435*
　　○　「プライバシーマーク」の使用許諾を受けるための費用の処理 …… *441*
　　○　同業者団体における共同研究の負担金の取扱い ………………… *448*
　　○　CI（企業イメージの統一）のための費用の取扱い …………… *455*
　　○　ISO規格の取得に要した費用の取扱い ………………………… *456*
　　○　クロスライセンスによる技術交換を行った場合の処理 ………… *464*

第8章　試験研究費と税額控除

Ⅰ　総　説 ……………………………………………………………… *469*
Ⅱ　一般試験研究費の額に係る税額控除 …………………………… *470*
　1　概要と趣旨 ……………………………………………………… *470*
　2　適用対象法人 …………………………………………………… *470*
　　(1)　原　則 ………………………………………………………… *470*
　　(2)　大企業の適用除外措置 ……………………………………… *471*
　3　製品・技術開発に係る試験研究費の範囲 …………………… *473*
　　(1)　試験研究の範囲 ……………………………………………… *473*
　　　イ　試験研究の意義 …………………………………………… *473*
　　　ロ　フラスカティ・マニュアルの定義 ……………………… *474*
　　　ハ　試験研究に含まれない活動 ……………………………… *475*
　　(2)　試験研究費の額の範囲 ……………………………………… *486*
　　(3)　損金計上される試験研究費の額 …………………………… *487*

　　　　イ　総　説……………………………………………………………487
　　　　ロ　具体的な範囲………………………………………………………488
　　　　　㈤　総　説………………………………………………………………488
　　　　　㈲　損金算入要件………………………………………………………492
　　　　　㈱　原材料費の意義……………………………………………………492
　　　　　㈲　人件費の意義………………………………………………………493
　　　　　㈹　経費の意義…………………………………………………………505
　　　　　㈻　委託研究費の意義…………………………………………………508
　　　　　㈳　研究を受託した場合………………………………………………510
　　　　　㈷　技術研究組合から賦課される費用………………………………515
　　(4)　資産計上される試験研究費の額……………………………………516
　　　　イ　意　義………………………………………………………………516
　　　　ロ　研究開発費の損金経理要件………………………………………517
　4　サービス開発に係る試験研究費の範囲………………………………526
　　(1)　試験研究の範囲…………………………………………………………526
　　　　イ　試験研究の意義……………………………………………………526
　　　　ロ　サービス開発の例…………………………………………………529
　　　　ハ　「対価を得て」の意義……………………………………………531
　　　　ニ　「新たな役務」の意義……………………………………………535
　　　　ホ　サービス設計工程の実施方法……………………………………539
　　　　ヘ　情報解析専門家の意義……………………………………………548
　　(2)　試験研究費の額の範囲…………………………………………………551
　　　　イ　試験研究費の額の意義……………………………………………551
　　　　ロ　原材料費の意義……………………………………………………557
　　　　ハ　人件費の意義………………………………………………………559
　　　　ニ　経費の意義…………………………………………………………562
　　　　ホ　外注費の意義………………………………………………………569
　　　　ヘ　委託費の意義………………………………………………………572

5　特別控除額の計算 …………………………………………… *574*
　　　　(1)　特別控除額の計算式 ………………………………………… *574*
　　　　　イ　令和8年3月31日まで開始年度 ………………………… *574*
　　　　　ロ　令和8年4月1日以後開始年度 ………………………… *575*
　　　　　ハ　税額控除割合の特例 ……………………………………… *575*
　　　　　ニ　控除上限割合の特例 ……………………………………… *576*
　　　　(2)　増減試験研究費割合の意義 ………………………………… *577*
　　　　(3)　増減試験研究費の額の意義 ………………………………… *577*
　　　　(4)　比較試験研究費の額の意義 ………………………………… *577*
　　　　　イ　原　則 …………………………………………………… *577*
　　　　　ロ　組織再編成があった場合 ……………………………… *578*
　　　　(5)　試験研究費割合の意義 ……………………………………… *579*
　　　　(6)　平均売上金額の意義 ………………………………………… *580*
　　　　(7)　試験研究費の統一的計算等 ………………………………… *580*
　　　6　特別償却等との適用関係 …………………………………… *583*
　　　　(1)　非試験研究用資産の特別償却等との重複適用の可否 …… *583*
　　　　(2)　試験研究用資産の特別償却等との重複適用の可否 ……… *584*
　　　　(3)　DX投資促進税制との重複適用の可否 …………………… *585*
　　　7　グループ通算制度における適用方法 ……………………… *586*
　　　　(1)　基本的な考え方 ……………………………………………… *586*
　　　　(2)　税額控除限度額の一体計算 ………………………………… *587*
　　　　(3)　修正・更正の遮断措置 ……………………………………… *587*
　　　8　申告要件 ……………………………………………………… *588*
　Ⅲ　中小企業者等の試験研究費の額に係る税額控除 ……… *592*
　　　1　概要と趣旨 …………………………………………………… *592*
　　　2　適用対象法人 ………………………………………………… *593*
　　　　(1)　中小企業者等の意義 ………………………………………… *593*
　　　　(2)　適用除外事業者の意義 ……………………………………… *594*

(3) 大規模法人の意義 ……………………………………… 597
　　　(4) その他留意点 …………………………………………… 599
　　3　特別控除額の計算 ……………………………………………… 603
　　　(1) 原　則 …………………………………………………… 603
　　　(2) 税額控除割合の特例 …………………………………… 603
　　　(3) 中小企業者等控除上限額の特例 ……………………… 604
Ⅳ　特別試験研究費の額に係る税額控除 ……………………………… 605
　　1　概要と趣旨 ……………………………………………………… 605
　　2　特別試験研究費の範囲 ………………………………………… 606
　　　(1) 特別試験研究の意義 …………………………………… 606
　　　(2) 特別試験研究費の額の範囲 …………………………… 626
　　　　イ　特別試験研究費の額の意義 ………………………… 626
　　　　ロ　監査・確認の意義と方法 …………………………… 630
　　3　特別控除額の計算 ……………………………………………… 637
Ⅴ　特定中小企業者等が機械等を取得した場合の税額
　　控除 ……………………………………………………………………… 640
　　1　概要と趣旨 ……………………………………………………… 640
　　2　適用対象法人 …………………………………………………… 640
　　3　適用対象資産 …………………………………………………… 641
　　4　適用対象事業 …………………………………………………… 642
　　5　特別控除額の計算 ……………………………………………… 642
　　　(1) 原　則 …………………………………………………… 642
　　　(2) 税額控除限度超過額の繰越控除 ……………………… 643
Ⅵ　沖縄の特定地域において工業用機械等を取得した
　　場合の税額控除 ……………………………………………………… 644
　　1　概要と趣旨 ……………………………………………………… 644
　　2　適用対象法人 …………………………………………………… 644
　　3　適用期間 ………………………………………………………… 644

4　適用対象資産 ………………………………………………… *645*
　　　5　特別控除額の計算 …………………………………………… *646*
　　　　(1)　原　　則 ………………………………………………… *646*
　　　　(2)　税額控除限度超過額の繰越控除 ……………………… *646*
Ⅶ　国家戦略特別区域において機械等を取得した場合の税額控除 ……………………………………………………… *647*
　　　1　概要と趣旨 …………………………………………………… *647*
　　　2　適用対象法人 ………………………………………………… *647*
　　　3　適用対象資産 ………………………………………………… *648*
　　　4　特別控除額の計算 …………………………………………… *649*
　　　5　所得控除との選択適用 ……………………………………… *649*
Ⅷ　国際戦略総合特別区域において機械等を取得した場合の税額控除 ……………………………………………………… *650*
　　　1　概要と趣旨 …………………………………………………… *650*
　　　2　適用対象法人 ………………………………………………… *650*
　　　3　適用対象資産 ………………………………………………… *651*
　　　4　特別控除額の計算 …………………………………………… *652*
Ⅸ　中小企業者等が特定経営力向上設備等を取得した場合の税額控除 ……………………………………………………… *653*
　　　1　概　　要 ……………………………………………………… *653*
　　　2　適用対象法人 ………………………………………………… *653*
　　　3　適用対象資産 ………………………………………………… *653*
　　　4　適用対象事業 ………………………………………………… *654*
　　　5　特別控除額の計算 …………………………………………… *654*
　　　　(1)　原　　則 ………………………………………………… *654*
　　　　(2)　税額控除限度超過額の繰越控除 ……………………… *655*
Ⅹ　事業適応設備を取得した場合の税額控除 ……………… *655*
　　　1　概　　要 ……………………………………………………… *655*

2	適用対象法人	656
3	適用対象資産	656
4	特別控除額の計算	657

〔裁決例〕

○ 開発部門で生じた費用であっても試験研究費には該当しないとされた事例 …… 515

○ 確定申告書の添付書類が誤っているため税額控除はできないとされた事例 …… 592

〔質疑応答〕

(適用対象法人)

○ 賃上げ等をしなかった大企業に対する研究開発税制等の不適用措置 …… 472

(試験研究の意義)

○ 研究開発の材料とするソフトウエアの取得の試験研究性 …… 483

○ 婦人服デザインの考案の試験研究性 …… 484

○ 医薬品の市販後に行う臨床試験の試験研究性 …… 485

○ 海外からの輸入医療機器のデータ収集のための活動の取扱い …… 485

○ 試験研究費と研究開発費との関係 …… 489

(ソフトウエアの研究開発費)

○ 販売用ソフトウエアの製品マスター完成までの費用の処理 …… 490

○ 収益獲得または費用削減にならないソフトウエアの開発費用 …… 491

(人件費の額)

○ 試験研究費に含まれる人件費の「専ら」要件の趣旨等 …… 496

○ 年度途中から試験研究業務に従事する研究員の「専ら」要件の該当性 …… 497

○ 研究と製造双方に携わっている社員の人件費の取扱い …… 498

○ 大学の研究室に派遣している研究員の給与等の取扱い …… 499

○ 研究所の管理職に対する人件費の取扱い …… 500

- ○ 建設業における試験研究費の範囲 …………………………………… *501*

（経費の額）
- ○ 市場販売目的のソフトウエアの償却費の取扱い …………………… *506*
- ○ 研究所の事務用品費や事務機器のリース料等の取扱い …………… *507*
- ○ 試験研究用資産の除却損や譲渡損の試験研究費の該当性 ………… *507*

（委託費の額）
- ○ 研究開発子会社に研究を委託した場合の取扱い …………………… *509*
- ○ 研究を受託した場合の試験研究費の範囲 …………………………… *511*
- ○ 試作品の売却収入の試験研究費からの控除の要否 ………………… *512*
- ○ 研究結果にもとづき負担金を受け入れる場合の試験研究費の範囲 …………………………………………………………………… *513*

（資産計上の研究開発費）
- ○ 会計上の研究開発費と税務上の試験研究費の範囲と相違点 ……… *518*
- ○ 市場販売目的ソフトウエアの研究開発費の税額控除の可否 ……… *519*
- ○ 棚卸資産の取得価額に含まれる研究開発費の税額控除の時期 …… *520*
- ○ 非試験研究用資産を試験研究用資産に転用した場合の税額控除の可否 ……………………………………………………………… *521*
- ○ 事業供用時に試験研究用資産に該当するものの研究開発費の処理 …………………………………………………………………… *522*
- ○ ソフトウエアの著しい改良に要した費用の試験研究費の該当性 …………………………………………………………………… *523*
- ○ 研究開発費の損金経理要件の充足方法と緩和策の有無 …………… *524*
- ○ 自社利用ソフトウエアの研究開発費を資産計上した場合の処理 …………………………………………………………………… *525*

（サービス開発の範囲）
- ○ 他社から取得した蓄積情報の税額控除の適用の可否 ……………… *530*
- ○ 自己の試験研究の結果開発したサービスを資産計上することの要否 ……………………………………………………………… *530*

目次　55

○　他社に提供するとともに自社も利用するサービス開発の取扱い ……………………………………………………………………… 532
○　開発したサービスを提供して販売手数料を得る場合の対価性 ……… 533
○　開発したサービスから結果的に対価を得られなかった場合の取扱い ………………………………………………………………… 534
○　親子会社が同一のサービス開発を行う場合の新たな役務の判定単位 ……………………………………………………………… 536
○　既存の開発サービスに新たなサービスを付加する場合の新たな役務の判定 ……………………………………………………… 537
○　人間に代えてロボットによるサービス提供をする場合の新たな役務の判定 ……………………………………………………… 538
○　過去から集積した情報を利用して行うサービス開発の試験研究性 …………………………………………………………………… 540
○　サービス設計工程の第一工程から第三工程までを順番に行うことの要否 …………………………………………………………… 542
○　サービス設計工程の一部を外部に委託することの可否 ……………… 543
○　収集した情報を賃借した電子計算機等で分析を行うことの可否 …… 544
○　サービス設計工程を分業で行い、成果を共有にする場合の適否 …… 545
○　サービス設計工程の途中で研究を中止した場合の試験研究の範囲 ……………………………………………………………………… 546

(情報解析専門家)
○　収集した情報の分析を行う情報解析専門家の意義 …………………… 549
○　情報解析専門家の確率論等の三つの知識すべてを有することの要否 …………………………………………………………………… 549
○　情報解析専門家が直接入出力事務等を行うことの要否 ……………… 551

(サービス開発の費用)
○　サービス開発を行うためのマーケティング費用の試験研究費性 ……………………………………………………………………… 552

- 〇 サービス設計工程の一つが終了した場合の仕掛処理等の要否 …… *554*
- 〇 情報解析専門家のスカウトに伴う仕度金の試験研究費性 ………… *555*
- 〇 サービス開発に係る試験研究費に含まれる原材料費 ………………… *557*
- 〇 情報解析専門家の試験研究業務への「専ら」従事要件の判定 …… *560*
- 〇 情報解析専門家の指示を受けて運用を行う電子計算機関連要員の人件費 ……………………………………………………………………… *561*
- 〇 データ分析の研修会の受講費用の試験研究費性 ……………………… *563*
- 〇 情報の解析を行う専用のソフトウエアの開発費用の処理 ………… *565*
- 〇 情報の収集を行うためのドローンの適用耐用年数 …………………… *566*
- 〇 情報の解析を行う専用のソフトウエアの適用耐用年数 …………… *568*
- 〇 サービス開発の外注先がさらに外注する場合の外注費の範囲 …… *570*
- 〇 収集した情報の分析を外注する場合の外注費の範囲 ……………… *571*
- 〇 試験研究の外注先や受託先が税額控除を受けることの可否 ……… *573*

(税額控除の適用方法)

- 〇 比較試験研究費の額の遡及調査の要否 ………………………………… *579*
- 〇 製品・技術開発とサービス開発の試験研究費別の税額控除の適用の可否 ……………………………………………………………………… *581*
- 〇 過年度の試験研究費の額が誤っていた場合の比較試験研究費の額等の計算 ……………………………………………………………… *582*
- 〇 試験研究用固定資産の特別償却と特例耐用年数との重複適用の可否 ……………………………………………………………………………… *584*
- 〇 税務調査により法人税額が増加した場合の税額控除額の増額の可否 ……………………………………………………………………………… *589*
- 〇 サービス開発に係る試験研究費の証拠書類の添付等の要否 ……… *591*

(適用除外事業者等の判定)

- 〇 新設法人の過去3事業年度の平均所得金額の計算 …………………… *595*
- 〇 過去3事業年度の所得金額が異動した場合の適用除外事業者の判定 ………………………………………………………………………………… *596*

- ○ 交際費課税制度における「中小企業者」との範囲の相違点……… 600
- ○ 大規模法人の孫会社の「中小企業者」に該当の有無…………… 602

(特別試験研究費)
- ○ サービス開発に係る試験研究の特別試験研究に該当の有無……… 621
- ○ 特別試験研究に含まれる共同試験研究の範囲……………………… 622
- ○ 共同研究をしている大学へ試験機器を無償供与した費用の処理……………………………………………………………………… 623
- ○ 民間企業同士で行う共同試験研究の範囲から除かれる子会社等の判定時点…………………………………………………………… 624
- ○ 特別試験研究に含まれる委託試験研究における特定中小企業者等の範囲等………………………………………………………… 625
- ○ 同業者との共同研究の契約を変更した場合の特別試験研究費の範囲……………………………………………………………… 631
- ○ 特別試験研究とその他の試験研究を兼務する研究員の給与の取扱い………………………………………………………………… 632
- ○ 特定復興産業集積区域における開発研究用資産の特別償却と特別試験研究費算入の可否………………………………………… 633
- ○ 特別試験研究費であることを証明する場合の監査人………………… 634
- ○ 特別試験研究費とするための委託研究先の確認の方法…………… 635
- ○ 特別試験研究費の税額控除を受けず一般型の税額控除を受けることの可否…………………………………………………………… 636
- ○ 特別試験研究費の税額控除と一般型の税額控除の適用関係……… 639

第9章　試験研究費と所得控除

- Ⅰ　総　　説 …………………………………………………………… 659
- Ⅱ　イノベーションボックス税制 …………………………………… 660
  - 1　概要と趣旨 …………………………………………………… 660
  - 2　適用対象法人 ………………………………………………… 660

3　適用対象取引 …………………………………………… *661*
　　　(1)　特許権譲渡等取引 ……………………………………… *661*
　　　　イ　特許権譲渡等取引の意義 ………………………… *661*
　　　　ロ　特許権譲渡等取引の範囲 ………………………… *661*
　　　(2)　特定特許権等の意義 …………………………………… *662*
　　4　損金算入所得控除額 …………………………………… *663*
　　　(1)　所得控除額の計算 ……………………………………… *663*
　　　(2)　特許権譲渡等取引に係る所得金額 …………………… *663*
　　　　イ　計算方法 …………………………………………… *663*
　　　　ロ　研究開発の意義 …………………………………… *664*
　　　　ハ　研究開発費の額の意義 …………………………… *665*
　　　　ニ　適格研究開発費の額の意義 ……………………… *665*
　　　　ホ　各特許権譲渡等取引に係る所得金額の計算 …… *666*
　　　(3)　適用対象事業年度の所得金額 ………………………… *668*
　　　　イ　計算方法 …………………………………………… *668*
　　　　ロ　通算法人の所得金額 ……………………………… *669*
　　5　特許権譲受等取引の独立企業間価格による算定等 ……… *669*
　　　(1)　概要と趣旨 ……………………………………………… *669*
　　　(2)　独立企業間価格の意義 ………………………………… *670*
　　6　申告要件 ………………………………………………… *670*
Ⅲ　オープンイノベーション促進税制 …………………………… *671*
　1　概要と趣旨 ………………………………………………… *671*
　2　適用対象法人 ……………………………………………… *671*
　　(1)　経営資源活用共同化推進事業者 ………………………… *671*
　　(2)　新事業開拓事業者 ………………………………………… *672*
　　(3)　特定事業活動 ……………………………………………… *672*
　3　適用対象株式 ……………………………………………… *673*
　　(1)　特定株式の種類 …………………………………………… *673*

		イ　増資特定株式 ……………………………………… *673*
		ロ　購入特定株式 ……………………………………… *674*
	(2)	特別新事業開拓事業者 …………………………………… *674*
	(3)	出資規模等の要件 ………………………………………… *675*
4	損金算入所得控除額 ………………………………………… *675*	
	(1)	所得控除額の計算 ………………………………………… *675*
	(2)	通算法人の所得基準額 …………………………………… *676*
5	特別勘定の経理方法 ………………………………………… *676*	
6	特別勘定の取崩し …………………………………………… *678*	
	(1)	増資特定株式 ……………………………………………… *678*
	(2)	購入特定株式 ……………………………………………… *679*
7	申告要件 ……………………………………………………… *681*	

Ⅳ　国家戦略特別実施法人の特別控除 …………………………… *682*

1　概要と趣旨 …………………………………………………… *682*
2　対象内国法人 ………………………………………………… *682*
  (1)　特定事業実施法人 ………………………………………… *682*
  (2)　国家戦略特別区域 ………………………………………… *682*
  (3)　特定事業 …………………………………………………… *683*
3　対象事業年度 ………………………………………………… *684*
4　損金算入所得控除額 ………………………………………… *684*
  (1)　所得控除額の計算 ………………………………………… *684*
  (2)　特定事業等に係る所得金額 ……………………………… *684*
    イ　原則 …………………………………………………… *684*
    ロ　通算法人の場合 ……………………………………… *685*
  (3)　対象事業年度の所得金額 ………………………………… *686*
5　税額控除等との重複適用の排除 …………………………… *686*
6　申告要件 ……………………………………………………… *686*

〔質疑応答〕
- ○ 増資特定株式の特別勘定を損金算入する場合の申告調整の方法 ……………………………………………………………………… *677*
- ○ 保有期間経過の増資特定株式に係る特別勘定の益金算入の可否 ………………………………………………………………………… *679*
- ○ 購入特定株式の特別勘定を益金算入する場合の申告調整の方法 ……………………………………………………………………… *680*

第10章　試験研究費と源泉徴収

Ⅰ　総　説 …………………………………………………………………… *689*
Ⅱ　源泉徴収制度の概要 …………………………………………………… *690*
　1　源泉徴収義務者 ……………………………………………………… *690*
　2　源泉所得税等の納税地 ……………………………………………… *690*
　3　源泉徴収の対象所得 ………………………………………………… *691*
　　(1)　居住者と内国法人 ……………………………………………… *692*
　　(2)　非居住者と外国法人 …………………………………………… *692*
　4　源泉徴収の時期 ……………………………………………………… *692*
　5　源泉所得税等の納付時期 …………………………………………… *693*
Ⅲ　居住者と内国法人に対する源泉徴収 ………………………………… *693*
　1　配当所得の源泉徴収 ………………………………………………… *693*
　　(1)　原　則 …………………………………………………………… *693*
　　(2)　完全子法人株式等の配当の特例 ……………………………… *694*
　2　給与所得の源泉徴収 ………………………………………………… *694*
　　(1)　給与所得の意義 ………………………………………………… *694*
　　(2)　学資金等 ………………………………………………………… *697*
　　　イ　総　説 ………………………………………………………… *697*
　　　ロ　課税上の取扱い ……………………………………………… *697*
　　(3)　技術等の習得費用 ……………………………………………… *701*

　　　　イ　総　説 …………………………………………………… *701*
　　　　ロ　課税上の取扱い ……………………………………… *701*
　　(4)　発明報奨金等 …………………………………………… *706*
　　　　イ　総　説 …………………………………………………… *706*
　　　　ロ　特許権等の承継の対価 ……………………………… *707*
　　　　ハ　実施権の設定の対価 ………………………………… *708*
　　　　ニ　工夫、考案等の報奨金等 …………………………… *708*
　　(5)　ストック・オプション税制 …………………………… *720*
　　　　イ　総　説 …………………………………………………… *720*
　　　　ロ　趣　旨 …………………………………………………… *721*
　　　　ハ　内　容 …………………………………………………… *723*
　　　　ニ　親会社から付与されたストック・オプション利益の所得
　　　　　　区分 ………………………………………………………… *725*
　　(6)　派遣研究者の源泉徴収 ………………………………… *726*
　3　退職所得の源泉徴収 ………………………………………… *727*
　4　報酬・料金等の源泉徴収 ………………………………… *727*
　　(1)　報酬・料金等の意義 …………………………………… *727*
　　(2)　試験研究と報酬・料金等 ……………………………… *728*
　5　匿名組合契約等の利益分配の源泉徴収 ……………… *734*
　　(1)　匿名組合契約等の意義 ………………………………… *734*
　　(2)　試験研究と匿名組合 …………………………………… *734*
Ⅳ　非居住者と外国法人に対する源泉徴収 ……………… *737*
　1　総　説 ………………………………………………………… *737*
　2　国内源泉所得の内容 ……………………………………… *738*
　　(1)　人的役務提供事業の対価 ……………………………… *738*
　　　　イ　内　容 …………………………………………………… *738*
　　　　ロ　人的役務の提供を主たる内容とする事業の意義 …… *738*
　　　　ハ　機械設備販売事業の付随事業の意義 ……………… *739*

(2) 工業所有権等の使用料等 …………………………………… 740
　　　イ　内　　容 ……………………………………………………… 740
　　　ロ　国内業務にかかるものの意義 ………………………………… 740
　　　ハ　特別の技術による生産方式等の意義 ………………………… 741
　　　ニ　工業所有権等と著作権の使用料の意義 ……………………… 741
　　　ホ　図面、人的役務の提供が使用料に該当するかどうかの判
　　　　　定 ………………………………………………………………… 742
　　　ヘ　使用料に含まれないもの ……………………………………… 742
　　　ト　技術等の現物出資があった場合 ……………………………… 743
　　(3) 国内勤務者に対する給与、報酬等 ……………………………… 753
　　(4) 匿名組合契約等にもとづく利益分配 …………………………… 754
　3　源泉徴収義務 ………………………………………………………… 754
　　(1) 原　　則 ………………………………………………………… 754
　　(2) 源泉徴収を要しない特例 ………………………………………… 755
　　(3) 外貨で支払う場合の源泉徴収 …………………………………… 756
　4　租税条約による特例 ………………………………………………… 757

〔判　例〕
　○　大学入学による費用の負担が給与所得とされた事例 …………… 699
　○　ストック・オプションの権利行使による経済的利益が給与所
　　　得とされた事例 ……………………………………………………… 725
　○　匿名組合等の意義について判断された事例 ……………………… 735
　○　和解契約にもとづきロイヤルティとして支払われた金員が国
　　　内源泉所得の使用料ではないとされた事例 ……………………… 743

〔裁決例〕
　○　専門学校入学の奨学金が貸付金とされた事例 …………………… 700
　○　役員に割り当てた新株予約権は有利な発行価額によるものと
　　　された事例 …………………………………………………………… 722
　○　匿名組合の利益額の計算について判断された事例 ……………… 736

目　次　63

- ○　損害賠償金が工業所有権の使用料に当たるとされた事例 ………… *744*
- ○　衣料品の輸入販売者が海外取引先に支払った金員が工業所有権の使用料に該当するとされた事例 …………………………………… *745*
- ○　ソフトウエアに係る著作権を侵害したとして外国法人に対し支払った金員が著作権の使用料に当たるとされた事例 …………… *746*
- ○　ゲームソフトの開発委託費が著作権の譲渡対価とされた事例 …… *747*
- ○　技術導入契約による支払金員が工業所有権等の使用料に当たるとされた事例 ……………………………………………………………… *747*
- ○　新日米租税条約の適用時期が判断された事例 …………………… *758*

〔質疑応答〕

- ○　派遣プログラマーに支払う報酬の源泉徴収の要否 ……………… *695*
- ○　採用内定者に対する学資金の源泉徴収の要否 …………………… *698*
- ○　個人の学会加入費を負担した場合の源泉徴収の要否 …………… *702*
- ○　特許が受けられなかった発明報奨金の源泉徴収の要否 ………… *709*
- ○　臨床試験の被験者に支払う報酬の源泉徴収の要否 ……………… *729*
- ○　特許権の侵害による損害賠償金の源泉徴収の要否 ……………… *730*
- ○　コーディング料についての源泉徴収の要否 ………………………… *731*
- ○　研究員の引抜料についての源泉徴収の要否 ………………………… *731*
- ○　データサイエンティストに対する引抜慰留金の源泉徴収の要否 … *732*
- ○　コンピュータの保守管理料の取扱い ………………………………… *739*
- ○　非居住者に支払う職務発明の対価の源泉徴収の要否 …………… *748*
- ○　外国工場での研究のためのノウハウの使用料の源泉徴収の要否 …………………………………………………………………………… *749*
- ○　外国法人に支払う試験委託費の源泉徴収の要否 ………………… *750*
- ○　独占的販売権を得るための研究開発助成金の取扱い …………… *751*
- ○　ソフトウエアの提供の対価の源泉徴収の要否 …………………… *752*

索　　引 …………………………………………………………………… *761*

第1章　試験研究費の実態

I　総　説

　最近、新技術や新商品の研究開発に多額の資金を投入し、積極的に取り組む企業が少なくない。将来有望な新技術や新商品を求めて、多くの企業が研究開発競争にしのぎを削っている。いかに優秀な将来性ある技術を開発し、社会や消費者のニーズに合った商品やサービスに結びつけるかが企業の命運を左右するからである。

　このような新技術や新商品の研究開発の必要性は、大企業に限ったことではない。むしろ中小企業や中堅企業こそ、その必要性が高いといえよう。そして、研究開発に成功を収めれば、将来的に利益の確保が約束される。今日、**ベンチャービジネス**（venture business）やスタートアップといわれる、新技術や高度な知識を武器に創造的・冒険的な経営を展開する中小企業が脚光を浴びているのも、その表れである。政府は2022年を「スタートアップ創出元年」と位置づけ、同年11月にはスタートアップを育成するための5か年計画を策定した。

　そこで、本論の具体的な試験研究費の取扱いの検討に入る前に、わが国の会社等における科学技術の研究費の実態をみておこう。その実態を知るには、総務省統計局が毎年行っている**科学技術研究調査**の結果報告が有益である。税務上の問題を考えるにあたっても示唆に富む。この調査は、わ

が国における科学技術に関する研究活動の状態を調査し、科学技術振興に必要な基礎資料を得ることを目的としたものである（科学技術研究調査規則 昭和56．5．22総理府令第33号　指定統計第61号）。

また、文部科学省が毎年、**民間企業の研究活動に関する調査**（以下「民間研究活動調査」）を行っている。この調査は、総務省の科学技術研究調査では捕捉できない、民間企業の研究開発環境や今後の戦略、研究体制などの面にスポットをあてて行うものである。

以下、総務省統計局編『2023年（令和5年）　科学技術研究調査報告』（一般財団法人日本統計協会・令和6．3、総務省統計局HP）から研究の実態をみていこう。

II　研究費の支出状況

1　研究費の推移

最近におけるわが国の「企業」、「非営利団体・公的機関」および「大学等」が支出した研究費の推移は、次のとおりである。

区　　分	研究費（A） （億円）	対前年 度　比 （％）	国内総生産（B） （億円）	対国内総生産 比率（A／B） （％）
2013年度	181,336	4.7	5,126,775	3.54
2014	189,713	4.6	5,234,228	3.62
2015	189,391	－0.2	5,407,408	3.50
2016	184,326	－2.7	5,448,290	3.38
2017	190,504	3.4	5,557,125	3.43
2018	195,260	2.5	5,565,705	3.51
2019	195,757	0.3	5,568,454	3.52
2020	192,365	－1.7	5,390,091	3.57
2021	197,408	2.6	5,536,423	3.57
2022	207,040	4.9	5,664,897	3.65

2022年度のわが国の科学技術研究費は20兆7,040億円である。これは国内総生産（GDP）に対して3.65％に当たる。研究費は2013年度から2016年度までは18兆円台、2017年度から2021年度までは19兆円台であり、2022年度は20兆円を超え、着実に増加傾向を示している。

2　研究主体別研究費の推移

(1) 全体の状況

わが国の企業、非営利団体・公的機関および大学等の研究主体別の研究費の状況をみると、次のとおりである。

区分		総額	企業	構成比	非営利団体・公的機関	構成比	大学等	構成比
研究費（億円％）	2013年度	181,336	126,920	70.0	17,420	9.6	36,997	20.4
	2014	189,713	135,864	71.6	16,888	8.9	36,962	19.5
	2015	189,391	135,857	72.3	16,095	8.5	36,439	19.2
	2016	184,326	133,183	72.3	15,102	8.2	36,042	19.6
	2017	190,504	137,989	72.4	16,097	8.4	36,418	19.1
	2018	195,260	142,316	72.9	16,160	8.3	36,784	18.8
	2019	195,757	142,121	72.6	16,435	8.4	37,202	19.0
	2020	192,365	138,608	72.1	16,997	8.8	36,760	19.1
	2021	197,408	142,244	72.1	17,324	8.8	37,839	19.2
	2022	207,040	151,306	73.1	17,312	8.4	38,421	18.6

わが国の科学技術研究費のうち、企業が占める割合は70％強であり、費用の点からみると試験研究の過半は企業で行われていることを示している。この傾向は、近年若干強まっているようにみられ、非営利団体・公的機関と大学等の割合が低くなる傾向にある。これは企業の研究費が最近増加傾向であることを反映したものであろう。

企業の研究開発費の売上高に対する割合は平均して２〜３％といわれる。

現に、2022年度の企業の売上高に対する比率は2.90％で、特に医薬品製造業は9.73％となっている。企業にとってはかなりの負担で、研究開発部門にはそれに見合う成果が期待されている。

法人税においては、試験研究費割合が10％を超える場合には研究開発税制において、割増しの税額控除ができる特例がある（措法42の4②⑤）。

(2) 資本金階級別の状況

企業が支出した研究費を資本金階級別にみてみると、次のとおりである。

資本金階級	2022年度（億円）	対前年度比（％）	構成比（％）	2021年度（億円）
総額	151,306	6.4	100.0	142,244
100億円以上	107,710	3.8	71.2	103,813
10億円～100億円未満	20,367	2.0	13.5	19,960
1億円～10億円未満	16,034	17.2	10.6	13,685
1,000万円～1億円未満	7,195	50.3	4.8	4,787

わが国企業の研究費の全体の伸び率は6.4％である。資本金1億円以上10億円未満の企業等の研究費は17.2％と大きく伸びており、1,000万円以上1億円未満の中小企業にあっては研究費は50.3％と大幅な伸びとなっている。

資本金100億円以上の大企業の伸び率は3.8％で伸びが鈍化し、10億円以上100億円未満の企業は、2.0％と大幅に下落している。総じて、資本金が大きい企業が伸び率が悪化の傾向にある。

2013年度の税制改正により、資本金が1億円以下のいわゆるベンチャー企業への委託研究が特別試験研究費の税額控除の対象になったこともあり（措法42の4⑦）、中小ベンチャー企業の健闘が期待される。

3　性格別研究費の推移

(1)　全体の状況

自然科学に使用した研究費を「基礎研究費」、「応用研究費」および「開発研究費」の性格別にみてみると、次のとおりである。

区分		総額	基礎研究費	構成比	応用研究費	構成比	開発研究費	構成比
研究費（億円％）	2013年度	167,376	25,412	15.2	38,103	22.8	103,860	62.1
	2014	175,772	26,032	14.8	38,166	21.7	111,574	63.5
	2015	175,170	25,455	14.5	37,923	21.6	111,792	63.8
	2016	170,334	25,912	15.2	35,331	20.7	109,091	64.0
	2017	176,515	27,643	15.7	36,201	20.5	112,671	63.8
	2018	181,235	27,503	15.2	37,754	20.8	115,978	64.0
	2019	181,657	27,452	15.1	37,073	20.4	117,132	64.5
	2020	178,393	26,768	15.0	36,456	20.4	115,169	64.6
	2021	183,409	28,101	15.3	37,791	20.6	117,517	64.1
	2022	192,823	28,057	14.6	38,914	20.2	125,852	65.3

　性格別研究費のそれぞれの意義は後に述べるとして、2022年度の開発研究費が総額12兆5,852億円で、全体の65.3％を占めている。研究費総額の伸び率が上昇しつつあることを受けて、すべての研究費の伸びがプラスとなっている。

　これら性格別研究費は、試験研究費を製造原価に算入すべきかどうか、という点で法人税の取扱いと関わってくる。法人税の取扱いでは、基礎研究費および応用研究費は製造原価に算入しなくてもよいが、工業化研究費（開発研究費）に該当する試験研究費は、その製品の製造原価に算入しなければならない（法基通5－1－4(2)）。

　また、研究開発税制における特別試験研究費のうち企業間の委託研究費の範囲にも関連がある（措法42の4⑦、措令27の4③㉔十～十二）。

(2) 企業の状況

企業が自然科学に使用した研究費を性格別にみると、次のとおりである。

区分		総額	基礎研究費	構成比	応用研究費	構成比	開発研究費	構成比
研究費（億円％）	2013年度	126,627	8,692	6.9	23,549	18.6	94,386	74.5
	2014	135,615	9,148	6.7	23,630	17.4	102,836	75.8
	2015	136,477	9,126	6.7	23,533	17.2	103,818	76.1
	2016	132,920	9,936	7.5	22,145	16.7	100,839	75.9
	2017	137,719	11,465	8.3	22,025	16.0	104,229	75.7
	2018	141,962	11,117	7.8	23,435	16.5	107,410	75.7
	2019	141,694	10,731	7.6	22,728	16.0	108,236	76.4
	2020	138,166	10,192	7.4	22,027	15.9	105,946	76.7
	2021	141,856	10,697	7.5	22,845	16.1	108,314	76.4
	2022	150,917	10,354	6.9	23,550	15.6	117,013	77.5

企業の支出する研究費の70％強は開発研究費である。これは企業の行う研究開発からすれば、当然のことであろう。企業はすぐ収益の獲得につながる新製品等の開発が短期間のうちに求められているからである。

民間企業は基礎研究より、応用研究、開発研究にさらに重点をおきつつある。「産官学連携の増加」を挙げる企業が多いことから、今後さらに企業では社内研究は応用・開発研究に重点をおくものと考えられる。

4　費目別研究費の状況

研究費は人件費、原材料費および経費ならびに研究用固定資産の取得費を含む複合費であるが、その費目別研究費の状況は、次のとおりである。

区分		総額	人件費	原材料費	有形固定資産購入費	無形固定資産購入費	リース料	その他の経費
研究費（億円）	2013年度	181,336	79,219	25,694	17,523	1,144	982	56,774
	2014	189,713	82,805	26,618	16,233	1,692	913	61,453
	2015	189,391	81,941	27,007	15,055	1,911	861	62,616
	2016	184,326	81,234	25,484	15,219	1,720	862	59,808
	2017	190,504	83,539	25,936	15,959	1,796	791	62,483
	2018	195,260	84,894	26,687	16,931	2,042	790	63,915
	2019	195,757	85,318	25,501	17,338	2,297	806	64,497
	2020	192,365	85,972	23,500	17,648	2,509	736	62,000
	2021	197,408	86,201	23,306	18,145	2,434	735	66,587
	2022	207,040	88,158	24,518	18,769	2,653	748	72,192

　2022年度の人件費が8兆8,158億円で、全体の42.6％を占めている。研究活動は、ヒトが行う知的・頭脳的な創造活動であるから、必然的に人件費のウエイトが大きくなっている。

　「人件費」は、研究者や技能者などに対する給与、賞与、各種手当、退職金、福利厚生費、社会保険料等から成っているから、税務上は、特に所得税の源泉徴収の問題がからんでくる。試験研究費の処理に当たっては、法人税のみならず、所得税も関わってくるので留意を要する。

　また、「有形固定資産購入費」は、土地、建物、構築物、船舶、航空機、耐用年数1年以上でかつ取得価額が10万円以上の機械、装置、車両、その他の運搬具、工具、器具および備品の購入費である。

　「無形固定資産購入費」は、1年以上にわたって使用される取得価額が10万円以上のソフトウエア等の購入費である。

　これら資産の購入費は、企業会計では特定の研究開発目的にのみ使用されるものであれば、研究開発費として一時の費用として処理する。しかし、税務上は固定資産として処理しなければならない。

5 受入研究費と社外支出研究費の状況

　企業が社外から受け入れた研究費および社外へ支出した研究費の状況は、次のとおりである。これは共同研究や受・委託研究の実態をも表している。

(1) 受入研究費の状況
(単位　百万円)

産　業 及　び 資本金階級	企　業　数	研　究　費
全　産　業	2,389	862,714
1,000万円～　1億円未満	1,075	73,682
1億円～　10億円未満	739	151,747
10億円～100億円未満	296	138,999
100億円以上	279	498,287

　企業が社外から受け入れた研究費は、税務上、益金を構成し課税の対象になる。ただし、国・地方公共団体から受け入れた研究費（国庫補助金）により研究用固定資産を取得した場合には、課税を繰り延べるための圧縮記帳の適用が認められる（法法42）。

(2) 社外支出研究費の状況
(単位　百万円)

産　業 及　び 資本金階級	企　業　数	研　究　費
全　産　業	6,431	2,649,155
1,000万円～　1億円未満	3,831	92,722
1億円～　10億円未満	1,345	188,421
10億円～100億円未満	766	348,928
100億円以上	489	2,019,084

外部支出研究費は、特に国内の大学への支出が多い。これは産学共同の研究の推進が叫ばれていることを反映したものであろう。そのようななか、ときおりマスコミで、大学に研究費名目で支払う金銭の使途や管理に問題があったという事例が報道される。税務上は交際費課税や使途秘匿金課税の問題が生じないとも限らないので、注意が肝要である。

Ⅲ　国際技術交流の状況

企業の技術貿易の状況は、次のとおりである。ここで**技術貿易**とは、諸外国との特許、ノウハウなどの技術の提供または受入れをいう。

区　分		技　術　輸　出		技　術　輸　入		支払額／受取額（倍）
		受取額（億円）	対前年度比（％）	支払額（億円）	対前年度比（％）	
総	2013年度	33,952	24.8	5,777	28.8	5.88
	2014	36,603	7.8	5,130	－11.2	7.13
	2015	39,498	7.9	6,026	17.5	6.55
	2016	35,719	－9.6	4,529	－24.8	7.89
	2017	38,844	8.7	6,298	39.1	6.17
	2018	38,711	－0.3	5,910	－6.2	6.55
	2019	36,626	－5.4	5,436	－8.0	6.74
数	2020	31,010	－15.3	5,598	3.0	5.54
	2021	36,206	16.8	6,201	10.8	5.84
	2022	49,959	38.0	7,137	15.1	7.00

技術輸出に関しては、令和6年度税制改正によりイノベーションボックス税制が創設され、海外への特許権やソフトウエアの著作権のライセンス収入が対象になる。一方、技術輸入をし、頭金・権利金やロイヤルティ等の支払をする場合には、繰延資産としての処理（法法32、法令14）や源泉徴収（所法161、212）の問題が生じてくる。

第2章　試験研究費と法人税務

I　総　説

　試験研究費とは、試験および研究のために要する費用をいう。企業が支出する費用を、いかなる機能のために支出したかという、機能別に分類した場合の費用項目であり、原材料費、労務費、経費などを含む**複合費**である。もっとも、試験研究費の範囲を広くとらえれば、試験研究用資産の取得費なども含まれる。

　現に前述した総務省統計局の「科学技術研究調査」では、「有形固定資産購入費」や「無形固定資産購入費」も研究費に含めている。また、研究開発費会計基準でも、特定の研究開発目的にのみ使用され、他の目的に使用できない機械装置や特許権等の取得費は、取得時の研究開発費として処理する（基準注解（注1））。

　企業が行う試験研究の内容や分野は広範囲にわたり、多種、多様である。それに伴って企業が支出する試験研究費も、種々雑多、多岐にわたっている。そのため、試験研究費に関する税務上の処理については、いくつかの制度や取扱いと複雑に関わってくる。

　ところが、試験研究費は、その性格上きわめて個別性が強く、また、試験研究の成功の可能性は研究の段階によって異なるから、画一的に処理方法を明らかにするのは困難なことが少なくない。その処理にあたっては、

試験研究の内容や実態をよく見極め、その内容や実態に即した対応に努めることが肝要である。

　新聞によれば、弁護士、公認会計士、税理士、司法書士、弁理士、社会保険労務士、不動産鑑定士などの資格者が、通信回線を使ってベンチャー企業から税務、法務などを一括して請け負う新会社を設立したと報じられている。新会社はシステム構築、顧客管理、報酬の徴収代行などを行い、顧客企業は新会社に所属する各資格者と契約するという（日本経済新聞平成8.12.11朝刊）。今後は、このようなベンチャーやスタートアップの税務、法務などに特化し、創造性豊かな起業家を多方面から手助けする専門家集団の必要性がますます高まろう。

Ⅱ　期間費用との関係

　税務上、試験研究費は、まずその原価性が問題になる。一般に**原価性**という場合には、二つの意味がある。**期間原価**すなわち当期の収益に対応する原価という意味と、**製造原価**すなわち資産の取得価額を構成する原価という意味とである。もっとも、試験研究費のうちには、期間原価と製造原価とに区分することになじまないものが考えられる。たとえば、研究開発部門における固定資産の売却損や除却損、寄附金などである。これらの費用や損失は、営業外費用または特別損失として処理され、原価性を有しない。

　原価性を有する試験研究費は、期間原価すなわち**期間費用**になるものと製造原価になるものとの区分が重要である。期間費用になるものであれば、販売費・一般管理費としてその発生時に一時の費用とすることができる。試験研究費は、基本的に期間費用になる、と考えてよい。

（寄附金課税の適用）

　このように、期間費用になる試験研究費であれば一時の費用になるのであるが、税務上は特に寄附金課税の問題に留意しなければならない。

法人が他の者に寄附金を支出した場合には、所定の損金算入限度額を超える部分の寄附金は、課税所得の計算上、損金の額に算入されない（法法37、措法66の4③、66の11の3）。これがいわゆる**寄附金課税**である。

ただし、**国・地方公共団体に対する寄附金**は、その全額が損金の額に算入される。また、特定公益増進法人に対して寄附をした場合には、寄附金課税の適用上、一般寄附金とは別枠で損金算入ができる特例が認められている（法法37③一、④）。ここで**特定公益増進法人**とは、公共法人、公益法人等のうち教育または科学の振興、文化の向上、社会福祉への貢献その他公益の増進に著しく寄与するものをいう（法法37④）。その特定公益増進法人の中には試験研究を主目的としているものが少なくない。

試験研究を行っている国立大学法人や特定公益増進法人などに対して寄附をした場合には、その寄附金が損金になるのか、また、寄附金課税の特例の適用があるのかどうか検討が必要である。寄附の相手先が国立大学法人であるから、あるいは特定公益増進法人であるからといって、単純に損金になり、あるいは特例の適用があるわけではない。寄附というのは名目で実際は試験研究の委託であるといった場合には、処理が異なってくるから留意しなければならない。

また、たとえば試験研究を関連会社などに委託した場合には、その委託研究費が合理的な金額であるかどうか、に注意する必要がある。もし、その委託研究費の額が合理的な金額を超える場合には、その超える部分の金額は関連会社に対する寄附金となり、寄附金課税の問題が生じてくる。

特に、最近における企業取引の国際化等を反映して、国外の関連会社に委託し、または関連会社と共同で研究開発を行う例は珍しくない。この場合には、その費用負担が合理的でないと、移転価格税制（措法66の4）の適用が問題となるので留意を要する。

III　棚卸資産との関係

　試験研究費に期間原価性と製造原価性とがあることは前述した。このうち税務上、重要かつ問題が生じやすいのは、製造原価性のほうであろう。どのような基準でもって、製造原価性の判断をすればよいのか、実務的には微妙なむずかしい問題が多いからである。

　法人がみずから製造、製作等をした棚卸資産や固定資産の取得価額には、その製造、製作等のために要した原材料費、労務費および経費の額が含まれる（法令32①二、54①二）。したがって、試験研究費も製造原価性を有するものは、棚卸資産や固定資産の取得価額に算入する必要がある。

　製造原価性を有する試験研究費は、期末に棚卸計算を通じて期末棚卸資産と売上（製造）原価とに区分されることにより、または償却計算を通じて費用化され、必ずしもその発生時の一時の費用にはならない。この点が期間費用になる試験研究費と異なるところであり、両者を区分する必要性である。

　また、試験研究の過程においては、試験研究用の消耗品や受託研究の仕掛研究など、棚卸資産が生じることがある。

　なお、令和3年度税制改正により、研究開発税制の適用対象になる試験研究費の額の範囲に、試験研究のための費用で研究開発費として損金経理をした金額のうち、棚卸資産の取得価額になる費用の額が追加された（措法42の4⑲一）。

IV　固定資産との関係

　試験研究費と固定資産との関係においては、まず、試験研究費の範囲を広くとらえ、試験研究用固定資産の取得費を試験研究費として処理した場

合の取扱いが問題になる。仮に試験研究用固定資産の取得費を試験研究費として計上したとしても、その試験研究用資産が固定資産に該当するものであれば、費用としての試験研究費ではなく固定資産として処理しなければならない。税務上の試験研究費には、固定資産の取得価額までは含まれないのが原則である。

　固定資産として処理すべき試験研究用資産は、その耐用年数に応じて減価償却の方法により費用化していく。この場合、**開発研究用減価償却資産**には特例的に短い耐用年数が適用されるから（耐令2二、別表第六）、その開発研究用減価償却資産の範囲いかん、といった点に留意しなければならない。このほか、減価償却に関しては、研究所用の建物や器具備品、ソフトウエアなどについて特別償却が認められている。試験研究の促進を図るため、積極的な活用が望まれる。

　また、固定資産として計上すべき資産の範囲、特に試験研究の過程において製作される仕掛品や試作品の処理が問題になる。どこまでのものを固定資産に計上するか、その判断や評価がむずかしい微妙な問題がある。

　さらに、**国庫補助金等**や**技術研究組合の賦課金**でもって試験研究用固定資産を取得した場合には、圧縮記帳の適用ができる。国庫補助金等や賦課金の収入に対する課税の延期を図るためにも、その適用を忘れてはならない。その場合、圧縮記帳は多分に技術的な制度であるから、その適用要件、会計処理等に配慮する必要がある（法法42～44、措法66の10）。

　なお、平成10年に研究開発費会計基準が制定され、ソフトウエアの会計上の処理基準が明らかになった。また、平成12年度税制改正により、従来繰延資産とされていたソフトウエアが固定資産とされた（法令13八リ）。

　ただ、自社利用ソフトウエアに係る研究開発費の処理方法は、企業会計と法人税において決定的に異なっている（法基通7－3－15の3⑵）。そのため、令和3年度税制改正により、研究開発税制の適用対象になる試験研究費の額の範囲に、試験研究のための費用で研究開発費として損金経理を

した金額のうち、固定資産（事業供用時において試験研究の用に供するものを除く）の取得価額となる費用の額が追加された（措法42の4⑲一）。今後は、特にソフトウエアに関する研究開発費の処理のあり方をめぐって事例が多くなると思われる。

V　繰延資産との関係

　かつて法人税法には、**繰延資産**の一つに試験研究費があった（旧法令14①三）。しかし、平成19年度税制改正により、会社法や企業会計において繰延資産の範囲から試験研究費が除かれたことに伴って、税務上も繰延資産の範囲から試験研究費は除外された。その限りでは、今後は試験研究費と繰延資産との関係を考慮する必要はない。

　しかし、試験研究費と繰延資産との関係はこれだけではない。たとえば同業者団体で行う共同研究のための負担金がその同業者団体の試験研究用資産の取得費に充てられるような場合には、その負担金は繰延資産となる。

　また、法人が試験研究のための資産を賃借するにあたり支出する権利金も、繰延資産として処理しなければならない。さらに、試験研究のためのノウハウの使用に伴って支出する頭金は繰延資産である。このような点では、試験研究費と繰延資産との関係にも目配りが必要である。

　特に、令和3年度税制改正により、研究開発税制の適用対象になる試験研究費の額の範囲に、試験研究のための費用で研究開発費として損金経理をした金額のうち、繰延資産（試験研究のために支出した費用に係るものを除く）の価額となる費用の額が追加された（措法42の4⑲一）。

　また、事業適応繰延資産については、特別償却または特別税額控除が認められている（措法42の12の7②⑤）。

　このように試験研究をめぐる繰延資産についても、特例があることに留意を要する。

Ⅵ 特別税額控除との関係

　試験研究に関しては、企業における試験研究を促進する見地から、税務上いくつかの特例制度が設けられている。前述した開発研究用減価償却資産の耐用年数の特例や特別償却制度もその一つである。

　そのほか、企業における試験研究費の支出がある場合や特別試験研究費などの支出がある場合には、所定の金額を納付すべき法人税額から控除できる**特別税額控除**制度が設けられている（措法42の４）。試験研究費の意義について、税法上明文で規定がされているのは、この特別税額控除制度（研究開発税制）における試験研究費（措法42の４⑲一、十）だけである。

　ほかに特別税額控除制度として、国家戦略特別区域、国際戦略総合特別区域において開発研究用の器具備品を取得した場合等の税額控除制度が設けられている（措法42の10、42の11）。

　試験研究資金の確保の観点からも、これらの制度は大いに利用すべきである。その適用にあたっては、試験研究費の範囲や試験研究の形態、取得する設備の種類、事業所得の計算などに留意しなければならない。

　特に、令和３年度税制改正により、研究開発税制の適用対象になる試験研究費の額の範囲が拡充され、棚卸資産や固定資産の取得価額、繰延資産となる費用の額が追加されたこと（措法42の４⑲一）に留意する必要がある。

Ⅶ 所得控除との関係

　試験研究や研究開発を巡っては、前述した特別償却や特別税額控除の特例がある。

　このような減価償却や税額控除の特例のほか、令和６年度税制改正により、法人が国内で自ら研究開発を行って取得した特許権や著作権について、

その譲渡・貸付けによる所得金額と全体所得金額とのいずれか少ない金額の30％相当額を所得金額から控除できる、イノベーションボックス税制が創設された（措法59の3）。

また、法人がスタートアップと協働して新商品や新役務の開発などを行うことを目的に、そのスタートアップの株式を取得した場合には、その株式の取得価額の25％相当額を所得金額から控除できる、オープンイノベーション促進税制が設けられている（措法66の13）。

このような所得控除は、所得金額から直接控除するものであり、実効税率の引下げ等にもインパクトがあるから、積極的な活用が望まれる。

Ⅷ　源泉徴収との関係

法人税に関する取扱いではないが、試験研究費をめぐっては所得税や復興特別所得税の源泉徴収の問題にも配意する必要がある。

自社の研究者や技術者に給与を支払えば、当然その給与は源泉徴収の対象になる。給与には現金で正規に支払われるものだけでなく、現物や他の名目で支払われるものが含まれる。そこで、自社の研究者が職務発明をし、特許権や実用新案権を取得したような場合には、報奨金や賞金を支給することがあるが、これは給与として源泉徴収の対象になるのかどうか。また、その職務発明による特許権や実用新案権を従業員から取得するための費用について、源泉徴収を要するかどうか、という問題も生じる。

さらに、最近、ベンチャーなどの役員や使用人に報いるためのストック・オプション税制の必要性が叫ばれ、わが国税制にも平成7年に導入された。優秀な人材の確保やその流出を防止するために、ストック・オプション税制に通暁しておく必要もあろう。

一方、対外的には、試験研究にあたって、他の者の有する特許権やノウハウの使用の対価としてロイヤルティ（使用料）等を支払うような場合に

は、所得税の源泉徴収をしなければならない。特に、外国法人や非居住者に対してロイヤルティ等を支払う場合には、租税条約ともからんで課税関係が複雑であるから留意を要する。

　源泉所得税等は、給与、報酬・料金等の支払を受ける者が負担するものであるが、その源泉徴収を誤ると、支払者である企業が実質的に負担せざるを得ないこととともなるので、特に注意が肝要である。

第3章　試験研究費の意義と範囲

I　総　　説

　前述したように、法人が試験研究費を支出した場合、その税務処理にあたっては、試験研究費の内容や支出の形態等に応じていろいろな制度や取扱いが関わってくる。そこで、まず試験研究費の意義や範囲を明らかにする必要がある。

　ところが、試験研究費の意義や範囲については、税務上の制度や取扱いを通ずる統一的に定められたものはない。それぞれの制度や取扱いの間でその意義や範囲は微妙に異なっている。

　また、会社法や企業会計における試験研究費の意義や範囲とも、必ずしも同一ではない。しかし、会社法や企業会計における試験研究費の意義や範囲をみておくことは、税務上の試験研究費の処理を考えるにあたって大いに役立つ。

　そこで、以下においては、試験研究費の意義ないし範囲をみていく。その場合、その意義や範囲はいろいろな視点から検討することができるが、ここでは、主として①性格別、②形態別および③法令別に一般的な試験研究費の意義ないし範囲をみていこう。

　そしてまた、最近いろいろな議論のある研究開発費の意義や範囲、試験研究費との関連をみておくことを忘れてはならない。特にソフトウエアを

めぐる処理にあたっては、欠かせない視点である。

Ⅱ 試験研究等の意義

1 試験研究の意義

(1) 一般的な意味

　試験研究費の意義と範囲を考える場合には、まず「試験研究」の意義や範囲を明らかにする必要がある。と同時に、試験研究に隣接する「研究開発」や「開発研究」の意義や範囲をみておくことも重要である。

　『大辞林』（三省堂）によれば、**試験**というのは、物事の性質・能力などを知るために、ためしに調べてみることをいう。一方、**研究**については、物事について深く考えたり調べたりして真理を明らかにすること、とある。

　試験によって事実や現象を把握することが研究の出発点になり、また逆に、試験は研究の成果を見定めるための終点にもなる。単に調べるだけでなく、調べた結果に対して考察や批判を加え結論を導き出す必要がある。単に既知の事柄を調べるのは調査であり、一歩進んで未知の事柄について真理を探究することを目的とする行為が研究であろう。

　税務上、試験および研究について一般的・共通的な定義はないから、税務上のその意義についても、基本的にこれら一般的な用語の意味で理解することになる。しかし、このような一般的な意味だけでは、法令の適用にあたっての判断基準としては抽象的にすぎる。特に、試験の意義はまだしも、研究については、これだけの定義ではその範囲が不明確である。

(2) 科学技術研究調査規則における定義

イ 研究の意義

　研究の意義についてもう少し専門的にみる場合、参考になるのが前述し

た「科学技術研究調査規則」(昭和56. 5. 22総理府令第33号）における「用語の定義」である。その科学技術研究調査規則では、研究の意義を次のようにいっている（科学技術研究調査調査票の別紙「調査票記入上の注意」)。

すなわち**研究**とは、事物、機能、現象などについて新知識を得るために、または既存の知識の新しい活用の道を開くために行われる創造的な努力および探究をいう、と。そして、いわゆる学術的な研究のみならず、製品・サービスの開発、既存製品・サービスの改良および生産・製造工程の開発や改良に関する活動も研究に含まれる、としている。ただし、営業や管理を目的とした活動は、社内で研究と呼ばれていても、ここでいう研究には含まれない。

ロ　具体的な区分基準

上述したように、科学技術研究調査規則における研究には開発が含まれるなど、その範囲が広い。そのため実際に会社が行う研究、開発がここでいう研究に該当するかどうかが問題になる。そこで、まず「研究とするもの」と「研究としないもの」の例を次のように示している。

(イ)　**研究とするもの**

①　学術的な真理の探究

②　基盤技術の研究開発

③　新製品・サービスの開発

④　既存製品・サービスの強化、改良（本質的な機能強化を伴わない「不具合の修正」は除く）

⑤　製品・サービスの特性を明らかにする試験研究

⑥　新しい製造法・処理法の開発

⑦　新しい材料の探究・開発

(ロ)　**研究としないもの**

①　マーケティング調査、消費者アンケートなど、営業活動を目的とし

た調査・分析
② 財務分析、在庫管理など、経営管理を目的とした調査・分析
③ QC活動、ISO9001（品質管理）、ISO14001（環境管理）など、工程管理を目的とした調査・分析

また、研究者による研究活動のほか、庶務・会計の事務など、研究活動を支えるために必要なあらゆる関連業務を含めて、研究業務に類似するものとの区分として「研究関係業務とするもの」と「研究関係業務としないもの」の例を次のようにあげている。

(ハ) 研究関係業務とするもの

① 研究に必要な思索、考案、情報・資料の収集、試作・実験・検査・分析・報告および研究の実施に必要な機械・器具・装置などの工作、動植物の育成、文献調査などの活動
② パイロットプラント、プロトタイプモデルの設計・製作およびそれによる試験（他法人から試作品の設計図を受け取り、その製作のみを請け負う業務を除く）
③ 新製品・サービスの開発、既存製品・サービスの改良等
④ 研究に関する庶務・会計などの業務
⑤ 研究の受委託に関する事務
　社内で研究を実施していなくても、委託研究等のために外部に研究費を支出することは研究活動とする。

ここで**パイロットプラント**とは試験設備や試験工場のことであり、また、**プロトタイプモデル**は、原型や量産に入る前の試作品のことである。

(ニ) 研究関係業務としないもの

① 生産の円滑化を図るために生産工程を常時チェックする活動、製品・半製品・生産物の品質管理に関する活動および経常的な土壌・大気等の検査・試験・測定・分析活動
② パイロットプラント、プロトタイプモデルなどによる試験研究の域

を脱して、経済的生産のための機器設備などの設計
③　一般的な地形図の作成あるいは地下資源を探すための単なる探査活動および地質調査・海洋調査・天体観測などの一般的データ収集
④　特許の出願および訴訟に関する事務手続
⑤　一般従業員の研修・訓練などの業務
⑥　営業活動を目的とした調査・分析など
⑦　他社から受託した事業として行う市場調査、技術サービス（保守・管理等）、販売分析など
⑧　貴金属、衣料品等のデザイン関係

これらの区分が税務上の取扱いにそのまま当てはまるわけではないが、税務上の試験研究の範囲を考える場合、大いに参考になる。上記(ロ)と(ニ)は、試験研究ではなく、開発活動や単なる事実を確認するための活動といえよう。試験研究費の特別税額控除の対象にならない場合が多いと考えられる。

ハ　ソフトウエア開発における例

ソフトウエアは、コンピュータソフトウエアをいい、コンピュータプログラムは含むが、デジタルコンテンツなどは含まない。そのソフトウエアの開発は、自社利用目的、市場販売目的および受注開発を問わず、「科学・技術の発展に寄与する可能性があるもの」が「研究」に含まれる。

その場合、①自社利用目的および市場販売目的のソフトウエア開発については、企業会計上「研究開発」とされる範囲が該当する。その企業会計上の研究開発の範囲については、次項2(3)を参照のこと。

一方、②受注によるソフトウエア開発については、新たなソフトウエア開発や既存ソフトウエアの著しい改良・強化などは、研究に含まれる。しかし、定型的な開発などについては、研究に含めない。その研究に含めないものの具体的な例は、次のとおりである。

①　大幅な修正を伴わない、既存パッケージソフトや既存ソフトウエアの

ユーザー仕様への適用
② 大幅な修正を伴わない、異なる環境（OS、ハードウエア、言語）への既存ソフトウエアの適応
③ 既存システムの欠陥の発見と除去
④ システム運用管理
⑤ ユーザードキュメントの作成
⑥ ユーザーサポート
⑦ ソフトウエアと明確に区分されるコンテンツの製作（データベースのデータなど）

そのことからすれば、たとえば次のような活動は、研究開発活動に該当する（民間研究活動調査）。
① システム設計
② プログラム設計
③ アルゴリズムの設計
④ データ構造定義などの設計作業
⑤ 既存ソフトの機能強化

この研究とするものとしないものの具体例をみると、ソフトウエアの研究開発にどのような作業や工程があり、それぞれの位置づけがよくわかる。これは税務処理にあたって、ソフトウエアの研究開発費の原価性の判断や資本的支出と修繕費の区分、試験研究費の特別税額控除の対象試験研究費の範囲などを考える場合、大いに参考になろう。

二　金融業、保険業などにおける例

広く研究という場合には、自然科学の研究のほか、人文・社会科学などの研究が含まれる。その研究活動の例として、次のようなものをあげている。

(イ)　金融業における研究活動の例

①　リスク評価のための「金融数学」や「金融工学」に関する研究

②　顧客の口座運用方法の調査手法の開発

③　「ホームバンキング」のための新たなアプリケーションソフトウエアの開発

(ロ)　保険業における研究活動の例

①　保険、金融に関する新たな数学的手法の開発

②　顧客データの新たな評価手法の開発

③　様々な損害状況に応じた適切なリスク因子決定のための調査

金融業や保険業などにおける研究開発も広い意味では研究開発である。しかし、それは人文・社会科学に関する研究開発であり、従来の税務上の制度が予定している試験研究とは異なる。その税務上の制度が予定しているのは、多くは工学や自然科学に関する試験研究である。たとえば、試験研究費の特別税額控除の適用対象である試験研究費は、基本的に製品の製造または技術の改良、考案もしくは発明にかかる試験研究のために要する費用とされている（措法42の4⑲一イ(1)、措令27の4⑤一）。

ただし、平成29年度税制改正により、サービス開発にかかる試験研究のために要する費用も、特別税額控除の適用対象に追加された（措法42の4⑲一イ(2)、措令27の4⑥⑦）。

今後は、金融業や保険業など非製造業における研究開発も、税務上の研究開発税制に乗ってくることが考えられる。

(3)　研究開発税制における定義

研究開発税制において、法令上は「試験研究」というだけで、その意義が必ずしも明らかでなかった。そこで、令和3年度税制改正で試験研究費の額の大幅な見直しが行われたのを機に、令和3年6月の通達改正において、製品・技術開発に係る試験研究（措法42の4⑲一イ(1)）に関し、その

意義が明らかにされた。すなわち、**試験研究**とは、事物、機能、現象などについて新たな知見を得るためまたは利用可能な知見の新たな応用を考案するために行う体系的な調査、収集、分析その他の活動のうち自然科学に係るものをいい、新製品の製造または新技術の改良、考案もしくは発明に係るものに限らず、現に生産中の製品の製造または既存の技術の改良、考案もしくは発明に係るものも含まれる（措通42の4(1)-2）。

この意義と同時に、「試験研究に含まれないもの」が、具体的に15項目（現行・16項目）明らかにされた（措通42の4(1)-2）。上述した試験研究の意義とこの試験研究に含まれないものを併せてみれば、試験研究の意義ないし範囲に関する理解が深まるであろう。

この試験研究の意義と試験研究に含まれないものは、前述の「科学技術研究調査」、OECD の「Frascati Manual」のそれと整合的なものとなっている。

なお、この試験研究の意義と試験研究に含まれないものは、あくまでも製品・技術開発に係る試験研究に関するものであるので、詳細については、「第8章　試験研究費と税額控除」のⅡ3(1)において述べる。

2　研究開発の意義

(1)　総　　説

試験研究に類似する概念として、研究開発がある。特に最近、研究開発費会計基準の制定や税務におけるソフトウエアの固定資産化に伴い、ソフトウエアをめぐる研究開発費の取扱いが注目されている。高度情報化社会の進展により、多くの企業がコンピュータを利用し、ソフトウエアをめぐる問題はほとんどの企業に生じるからである。

研究開発費に類似する概念として、従来から試験研究費や開発費がある。しかしこれらの費用は、その範囲が必ずしも明確でなく、また、資産計上

が企業の任意であることなどから、内外企業間の比較可能性を阻害しているとの指摘がされていた（基準前文二）。

そこで、企業の研究開発に関する適切な情報提供、国際的調和、コンピュータ利用の増大などを踏まえ、研究開発費会計基準が制定され、「研究開発」という概念が確立された。今後は、研究開発の概念やその範囲、処理方法などの重要性がますます増してこよう。

特に、令和3年度税制改正により、税務上は棚卸資産や固定資産の取得価額あるいは繰延資産の額になる試験研究費の額であっても、企業会計上研究開発費として損金経理をすれば、研究開発税制の対象になる試験研究費の額に含まれるものとされた（措法42の4⑲一）。その意味でも、今後は、研究開発の意義ないし範囲がさらに重要である。

(2) 民間研究活動調査における定義

文部科学省が毎年行っている「民間研究活動調査」には、「研究開発」の定義がある。もっとも、それは前述した総務省の科学技術研究調査における研究を「研究開発」と呼んでいるだけで、その定義は同等である。すなわち、**研究開発**とは、事物・機能・現象等について新しい知識を得るために、または既存の知識の新しい活用の機会を得るために行われる活動をいう。そして、いわゆる学術的な研究のみならず、製品開発、既存製品の改良および生産・製造工程に関する開発や改良に関する活動も研究開発となる。ただし、営業や管理を目的とした活動は、社内で研究開発と呼ばれていても、研究開発にはあたらない（民間研究活動調査―用語の解説）。

文部科学省の民間研究活動調査は、その調査対象が総務省の「科学技術研究調査」で社内で研究活動を実施していると回答した資本金1億円以上の企業であるから、研究の意義や研究とするもの、しないものなどは、科学技術研究調査と整合している。それにもかかわらず、民間研究活動調査が研究開発と呼称しているのは、その定義に開発行為が含まれているとこ

ろから、より厳密に名称をつけようということであろう。企業会計における研究開発との整合性を意識したものと思われる。

(3) 研究開発費会計基準における定義
イ 研究・開発の意義

研究開発費会計基準では、**研究**とは、新しい知識の発見を目的とした計画的な調査および探求をいう。また**開発**とは、新しい製品・サービス・生産方法についての計画もしくは設計または既存の製品等を著しく改良するための計画もしくは設計として、研究の成果その他の知識を具体化することをいう（基準一1）。研究開発費会計基準の研究開発は、研究と開発という二つの概念を含んでいる点に留意を要する。

研究・開発の範囲については、活動の内容が実質的に研究・開発活動であるか否かにより判断すべきである。その範囲は、従来製造または提供していた業務にはない、まったく新たなものを生み出すための調査、探究活動や現在製造している製品または提供している業務についての著しい改良を含んでいる（実務指針26）。

この研究と開発の定義は、前述の「科学技術研究調査」における研究の定義とほぼ同じである。ただし科学技術研究調査では、研究開発費会計基準の研究と開発を包含して「研究」と一本で定義している。

ロ 研究・開発に含まれる典型例

上記の研究・開発の定義からすると、たとえば製造現場で行われる改良研究であっても、それが明確なプロジェクトとして行われている場合には、開発の定義における「著しい改良」に該当する（基準前文三1）。

これら研究・開発に含まれる典型例としては、次のようなものがあげられる（実務指針2）。

① 従来にはない製品、サービスに関する発想を導き出すための調査・探

究
② 新しい知識の調査・探究の結果を受け、製品化または業務化等を行うための活動
③ 従来の製品に比較して著しい違いを作り出す製造方法の具体化
④ 従来と異なる原材料の使用方法または製品の製造方法の具体化
⑤ 既存の製品、部品にかかる従来と異なる使用方法の具体化
⑥ 工具、治具、金型等について、従来と異なる使用方法の具体化
⑦ 新製品の試作品の設計・製作および実験
⑧ 商業生産化するために行うパイロットプラントの設計、建築等の計画
⑨ 取得した特許をもとにして販売可能な製品を製造するための技術的活動

なお、研究開発費会計基準においては、研究開発費は、すべて発生時の費用として処理することになっている（基準三）。

ハ 研究・開発に含まれない典型例

一方、製造現場で行われる品質管理活動やクレーム処理のための活動は、研究開発には含まれない（基準前文三1）。現在製造している製品や業務を前提とした場合に、著しいと判断できない改良・改善などを行う活動は、研究・開発には該当しないからである（実務指針26）。

研究・開発に含まれない典型例としては、次のようなものがあげられる（実務指針26）。

① 製品を量産化するための試作
② 品質管理活動や完成品の製品検査に関する活動
③ 仕損品の手直し、再加工など
④ 製品の品質改良、製造工程における改善活動
⑤ 既存製品の不具合などの修正にかかる設計変更および仕様変更
⑥ 客先の要望等による設計変更や仕様変更

⑦　通常の製造工程の維持活動
⑧　機械設備の移転や製造ラインの変更
⑨　特許権や実用新案権の出願などの費用
⑩　外国などからの技術導入により製品を製造することに関する活動

　これら研究・開発に含まれない活動は、基本的に特定の製品や設備に結びついたものである。したがって、これらの活動に要する費用は、製造原価性を有する場合が多いと考えられる。

(4)　国際会計基準等における定義

　国際会計基準第38号では、研究開発活動を研究段階と開発段階との二つに区分する。そして**研究段階**とは、科学、技術の新知識、理解を得る目的で実行される創造的かつ計画性のある調査を実施している段階をいう。その研究段階の支出は発生時の費用として認識する。

　その研究活動の例として次のようなものがある。
①　新たな知識の入手を目的とする活動
②　研究成果または他の知識の応用に関する調査、評価や最終選択
③　材料、装置、製品、工程、システムやサービスの代替に関する調査
④　新規のまたは改良された材料、装置、製品、工程、システムまたはサービスの可能性のある代替に関する定式化、設計、評価および最終選択

　つぎに**開発段階**とは、研究の成果またはその他の知識を、材料、装置、工程、システム、サービスなどの革新または根本的改善のための計画もしくは設計に応用する段階をいう。その開発段階の支出は、次のすべての要件が満たされる場合には、資産計上を行う。
①　無形資産を完成して使用または販売可能にする技術的実行可能性があること。
②　無形資産を完成し使用または販売する意思があること。
③　無形資産を使用または販売する能力があること。

④ 無形資産が将来の経済的便益を生み出せること。
⑤ 開発を完了し、無形資産を使用または販売するための十分な技術、財務、その他の資源の利用可能性があり、ビジネスプランによって証明することができること。
⑥ 無形資産に帰属させる開発期間の支出を信頼性をもって測定できる能力、すなわち明確な原価計算ができること。

国際会計基準における研究段階と開発段階の概念は、わが国の研究開発費会計基準の研究と開発の定義と実質的に大差ないといってよい。

なお、OECDの「Frascati Manual」では、研究開発とは、人間・文化・社会に関する知識も含めた知識の蓄積を増進するとともに、新たな応用を生み出すべくその知識の蓄積の利用法を増進することを目指して、計画的に行われる創造的活動をいう、と定義している。そして、研究開発は、少なくとも①新規、②創造的、③不確実、④体系的、⑤移転可能または再現可能の五つの基準を満たす必要があるという。

(5) イノベーションボックス税制における定義

令和6年度税制改正により創設された、イノベーションボックス税制は、自社の研究開発により取得した特許権または著作権の譲渡・貸付けによる所得金額または全体所得金額とのいずれか少ない金額の30％相当額の所得控除ができるものである（措法59の3）。その特許権譲渡等取引に係る所得金額の計算要素に研究開発費があり、その**研究開発**とは、次に掲げる行為をいう（措法59の3②三）。

① 新たな知識の発見を目的とした計画的な調査および探究（②において「研究」という）
② 新たな製品や役務もしくは製品の新たな生産方式についての計画や設計または既存の製品や役務もしくは製品の既存の生産方式を著しく改良するための計画や設計として研究の成果その他の知識を具体化する行為

この研究開発の意義は、前述の研究開発費会計基準における定義（基準－1）と同様である。

なお、「研究開発」の用語は、関西文化学術研究都市の文化学術研究施設の特別償却（措法44）においても使用されているが（措令28の4①一）、特段その定義はされていない。

(6) 試験研究と研究開発の関係

試験研究と研究開発は、どのような関係にあるのだろうか。両者の関係をみておくことは、それぞれの範囲の明確化や税務上の取扱いの判断にあたって役立つ。

この点に関し、企業会計審議会の研究開発費部会の検討資料では、次のようにいっている。すなわち、試験研究費に含まれる「試作品の製作」は開発に当たることから、試験研究は研究のみならず、開発の一部にも該当する。したがって、試験研究は研究開発に包含される。試験研究よりも、研究開発のほうが開発が含まれている分、その範囲が広いといえよう。

繰延資産である開発費に含まれる「技術導入費、特許権使用に関する頭金等」は、これらの技術、特許等を特定の研究開発目的のために導入する場合には、研究開発の一環といえる。しかし、技術、特許等をそのまま使用することにより製品の製造等を行う場合は、研究開発に当たらない。また、新経営組織の採用、新市場の開拓、新資源の開発も、研究開発には該当しない。

これをまとめてみると、次のようになる（実務指針 Q&A Q7）。

試験研究費および開発費とその区分			研究開発費会計基準
①	新製品または新技術の研究	試験研究費	研究開発費に該当する
②	新技術の採用	開発費	研究開発費に該当する場合あり
	新経営組織の採用	開発費	研究開発費に該当せず

| ③ | 資源の開発 | 開発費 | 会計基準の適用範囲外 |
| ④ | 市場の開拓 | 開発費 | 研究開発費に該当せず |

3　開発研究の意義

(1)　定　義

　法人税関係法令において、前述した試験研究または研究開発のほか、耐用年数の特例や特別償却または特別税額控除において、開発研究がその適用、不適用の要件になっているものがある。

　これらの制度の共通の要件である**開発研究**とは、新たな製品の製造もしくは新たな技術の発明または現に企業化されている技術の著しい改善を目的として特別に行われる試験研究をいう（耐令2二等）。具体的には、次に掲げる試験研究のことである（耐通2-10-1等）。

① 　新規原理の発見または新規製品の発明のための研究
② 　新規製品の製造、製造工程の創設または未利用資源の活用方法の研究
③ 　①または②の研究を基礎とし、これらの研究の成果を企業化するためのデータ収集
④ 　現に企業化されている製造方法その他の生産技術の著しい改善のための研究

　ただし、輸出用事業資産の割増償却にあっては、「開発研究」は次に掲げる試験研究とする、と定義している（措法48①、措令29②）。これは、上記通達の定めを法令化したものといえ、他の制度における開発研究と同様である、とみられる。

　なお、次の①、②、④のような試験研究を基礎とし、これらの試験研究の成果を企業化するためのデータ収集も、ここでいう開発研究に含まれる（法措通46-2）。

① 新たな製品のうちその法人の既存の製品と構造、品種その他の特性が著しく異なるものの製造を目的として行う試験研究
② 新たな製品を製造するために行う新たな資源の利用方法の研究
③ 新たな製品を製造するために現に企業化されている製造方法その他の生産技術を改善することを目的として行う試験研究
④ 新たな技術のうちその法人の既存の技術と原理または方法が異なるものの発明を目的として行う試験研究

「開発研究」と「研究開発」とは、単に言葉の順序が入れ替わっているようにみえる。しかし、両者はまったく違う概念のものである。

すなわち、開発研究は、次項において述べる性格別研究の態様の一つとしての、あくまでも研究の一種であり、開発行為は含まない。これに対して、研究開発は、研究と開発という二つの側面を包含したものである。この点で、研究開発は開発研究を含む概念であり、開発研究よりも範囲が広いといえよう。

(2) 開発研究が要件の制度

開発研究が制度の適用要件または不適用要件になっている制度は、次に掲げるものである。②、⑥、⑧の制度にあっては、開発研究の用に供されるソフトウエアまたは機械装置等は適用対象外となっている。これは、これらの制度の適用対象から、いわば基礎研究ないし応用研究の用に供されるような資産を除外する趣旨であろう。

① 開発研究用減価償却資産の耐用年数の特例（耐令2二、耐通2－10－1）
② 中小企業者等の機械等の特別償却または特別税額控除（措法42の6、措令27の6②）
③ 沖縄の特定地域の工業用機械等の特別税額控除（措法42の9①表三、措令27の9⑧一イ(1)、法措通42の9－6の2）
④ 特定国家戦略事業用機械等の特別償却または特別税額控除（措法42の

10①、措令27の10①、法措通42の10－5）

⑤　特定国際戦略事業用機械等の特別償却または特別税額控除（措法42の11①、措令27の11①、法措通42の11－5）

⑥　中小企業者等の特定経営力向上設備等の特別償却または特別税額控除（措法42の12の4、措令27の12の4①、27の6②）

⑦沖縄の特定地域における工業用機械等の特別償却（措法45①表一、措令28の9⑤一イ(1)、法措通45－7の2）

⑧　輸出事業用資産の割増償却（措法46、措令29②）

⑨　特定復興産業集積区域の開発研究用資産の特別償却（震災特例法17の5①、震災特例法令17の5①、震災特例法通17の5－1）

⑩　新産業創出等推進事業促進区域の開発研究用資産の特別償却（震災特例法18①、震災特例法令18②、17の5①、震災特例法通18－1）

　これら償却の特例については、**「第6章　試験研究費と固定資産」**、特別税額控除については、**「第8章　試験研究費と税額控除」**を、それぞれ参照されたい。

4　産業試験研究の意義

　令和3年度税制改正により、いわゆるDX（デジタルトランスフォーメーション）投資促進税制が創設され、情報技術事業適応設備または事業適応繰延資産について、特別償却または特別税額控除の適用ができることとされた（措法42の12の7①②④⑤）。

　ただし、このDX投資促進税制の適用対象資産の範囲から「産業試験研究用資産」は除外されている（措法42の12の7①）。その**産業試験研究用資産**とは、主として「産業試験研究」の用に供されるものをいう（措法42の12の7①、措規20の10の3②）。

　その場合の**産業試験研究**とは、研究開発税制における製品・技術開発に

係る試験研究（措法42の4⑲一イ(1)）またはサービス開発に係る試験研究（措法42の4⑲一イ(2)）をいう（措法42の12の7①）。

　これは、産業試験研究用資産につきDX投資促進税制と研究開発税制との重複適用を排除する趣旨によるものである。この場合、産業試験研究用資産に該当する限り、研究開発税制の適用を受けない場合であっても、DX投資促進税制の適用を受けることはできない。

　なお、産業試験研究用資産については、その償却費の額（特別償却準備金の積立額を除く）を研究開発税制の対象にすることができる（措通42の4(2)-4）。

Ⅲ　性格別の試験研究費

1　科学技術研究調査規則における定義

(1)　定　　義

　平成7年11月、議員立法により制定された**科学技術基本法**においては、**研究開発**について基礎研究、応用研究および開発研究をいい、技術の開発を含む、と定義している（同法9②一）。まさに、この基礎研究、応用研究および開発研究が**性格別の試験研究**の分類である。性格別の試験研究費とは、その試験研究費が①基礎研究、②応用研究または③開発研究のいずれの研究に属する費用かに応じて分類したものをいう。この区分が、税務上の処理にあたって関わりをもってくるのは、主としてその試験研究費が原価性を有するかどうか、という点においてである。

　この区分においては、①基礎研究、②応用研究および③開発研究の意義が重要であるが、科学技術基本法ではその意義を規定していない。それぞれの研究の意義は、一般の解釈によるということであろう。

　一方、前述の「科学技術研究調査規則」では、それぞれ次のように定義

している（科学技術研究調査調査票）。この定義は、文部科学省の行っている「民間研究活動調査」においても同じである。

① **基礎研究** 特別な応用、用途を直接に考慮することなく、仮説や理論を形成するためまたは現象や観察可能な事実に関して新しい知識を得るために行われる理論的または実験的研究をいう。

科学技術研究調査における「調査票記入上の注意」においては、さらにこの定義を敷衍して、自然界に存在する科学的な事実（理論、法則、物質、属性、性質、現象など）を発見・立証する研究である。その研究成果は「もとから存在するもの」なので、通常は研究成果の排他的な利用権を主張することはできない。そのため、基礎研究の成果は一般に学術論文の形で発表される、といっている。

② **応用研究** 特定の目標を定めて実用化の可能性を確かめる研究や、既に実用化されている方法に関して、新たな応用方法を探索する研究をいう。

上記「調査票記入上の注意」においては、知られている科学的な事実（この場合は経験則を含む）を、目的とする用途の役に立つかどうかを調べる研究、あるいは既に何かに利用されているものを、別の用途に役立てられないか調べる研究である。「役立つように工夫する」ことも応用研究である。「科学的事実の利用方法」についての研究なので、その成果は一般的に排他的な利用権（特許など）を認められる、といっている。

③ **開発研究** 基礎研究、応用研究および実際の経験から得た知識を活用し、付加的な知識を創出して、新しい製品、サービス、システム、装置、材料、工程等の創出または既存のこれらのものの改良をねらいとする研究をいう。

上記「調査票記入上の注意」においては、目的とする用途に利用できることが確認できた科学的な事実を活用し、付加的な知識を創出して、実社会で実際に利用可能な形（製品、サービス、システム、装置、材料、工程、

薬品など）にする研究である。実社会で利用するために、社会的規制の必要から行われる研究（品質、安全性や経済性の確保など）も含まれる、といっている。

　これらの分類は、これら研究の名称および内容から明らかなように、その研究の性格を表す。と同時に、基礎研究から応用研究へ、応用研究から開発研究へと、よりその内容が特定の装置、製品、サービス等と結びついて具体的・個別的になり、研究の段階をも示している。もっとも、実利的な技術開発の場合には、まず何を作り出すかという目的意識があって、その試行錯誤としての開発研究から基礎的な研究に入り込んでいくというプロセスが多いといわれる（日本経済新聞　平成9．1．25朝刊）。

　研究の成功の確率は基礎研究が最も低く、開発研究はいわば既存の分野に関する研究であるから、その確率は高いであろう。このような事情から、俗に基礎研究は大学で、応用研究は国立研究所で、開発研究は企業で、といわれる。このような性格の違いは、当然、企業会計や税務上の処理の違いとなって現れる。

(2)　**具体的な区分例**

　総務省統計局が行っている科学技術研究調査においては、性格別研究の具体的な区分例が示されている（科学技術研究調査調査票の別紙「調査票記入上の注意」）。その区分例は次のとおりである。

	基礎研究	応用研究	開発研究
電気関係	材料結晶の未知の電子構造・物性を明らかにする研究	電子材料として要求される属性（高誘導率、高電子移動度、高熱伝導率など）を得るための、各種の条件下（温度、組成、結晶構造など）における物性の研究および材料合成方法の開発	新しい材料を利用した装置の開発

第3章 試験研究費の意義と範囲　105

医薬品関係	新しい化合物を創製してその構造・物性を解明し、生物に対する効果の探索を行う（スクリーニング）研究	製品化の候補となる物質について、非臨床試験（前臨床試験）を行い、医薬品としての適応性（有効性、安全性、品質など）を確かめる研究	工業的製造法の開発、臨床試験（治験）の実施
ソフトウェア関係	人の音声に最適な量子化（アナログ／デジタル変換）方法の研究、音声・画像データの数値解析に関する研究	実用可能な音声・画像の認識・合成アルゴリズムの開発	音声・画像の認識・合成プログラムおよびそれを組み込んだアプリケーションの開発

　特に「医薬品関係」における区分例から、性格別研究のそれぞれのイメージがよくわかる。まず「新しい化合物を創製」等するための研究があり、これはまさに基礎研究である。

　この基礎研究により得られた結果をもとに、製品化の候補となる物質について「医薬品としての適応性（有効性、安全性、品質など）を確かめる研究」へと進むから応用研究といえる。そして、「工業的製造法の開発、臨床試験（治験）の実施」は具体的な商品化のためのもので、開発研究である。

　京都大などのチームはiPS細胞（人工多能性幹細胞）を使った研究で、難病「進行性骨化性線維異形成症（FOP）」の治療薬の候補を見つけ、効果を確かめるための臨床試験（治験）を始めると発表した。iPS細胞を活用した薬の治験は世界で初めてという（讀賣新聞　平成29.8.2朝刊）。

　これらの区分例をみると、基礎研究から応用研究へ、応用研究から開発研究へと、段階をおって具体的になっていくのがよく理解できる。

2　税務上における定義

(1)　旧通達における定義

　法人税においては、後に述べるように、試験研究費の原価性の判断基準

を性格別の試験研究に求めている（法基通5－1－4(2)）。それにもかかわらず、法人税には従来、上述したような性格別の試験研究を定義したものはなかった。これは、性格別の試験研究の意義は、試験研究の実態に応じて一般の例により判断するということである。

しかし、かつて古い通達で次のように定義されていたことがある（旧昭和28.12.16直法1－136通達参照）。この取扱いの考え方は、現在でも同じであるといえよう。

① **基礎研究** 自然現象に関する実験等によって法則を決定するための研究をいう。
② **応用研究** 基礎研究の結果を具体的な物質、方法等に実際に応用して工業化の資料を作成するための研究をいう。
③ **工業化研究** 基礎研究および応用研究を基礎として工業化または量産化をするための研究をいう。

法人税では、「科学技術基本法」や「科学技術研究調査規則」等でいう「開発研究」を「工業化研究」と称しているが、内容的には同じである。それぞれの研究の意義は、法人税のほうが若干限定的ないしその範囲が狭いようにみえるが、基本的には「科学技術研究調査規則」の定義と大差はない、といってよい。

（注）昭和28.12.16直法1－136通達は、昭和44年の法人税基本通達の全文改正の際、廃止された。その廃止理由は、法人税基本通達として新たに定めたこと（現行法基通5－1－4）による。もっとも、上記のような性格別の試験研究の定義は、現行法人税基本通達には定められていない。

(2) 研究開発税制における定義

令和元年度等の税制改正により、研究開発税制において特例が認められる特別試験研究の範囲に、新事業開拓事業者等、成果活用促進事業者または民間大企業に対する委託研究が追加された（措法42の4⑦⑲十、措令27の

4㉔十～十二）。

　この改正による特別試験研究の範囲を確定するため、①基礎研究、②応用研究および③工業化研究の意義が定められた。そのそれぞれの意義は、次のとおりである（措規20⑲）。

① **基礎研究**　特別な応用または用途を直接に考慮することなく、仮説および理論を形成するためまたは現象および観察可能な事実に関して新しい知識を得るために行われる理論的または実験的な試験研究をいう。

② **応用研究**　特定の目標を定めて実用化の可能性を確かめる試験研究または既に実用化されている方法に関して新たな応用方法を探索する試験研究をいう。

③ **工業化研究**　基礎研究および応用研究ならびに実際の経験から得た知識を活用し、付加的な知識を創出して、新たな製品等（製品、半製品、役務の提供、技術の提供、装置、仕組み、工程その他これらに準ずるものおよびこれらの素材をいう）の創出または製品等の改良を目的とする試験研究をいう。

　ここでは「科学技術研究調査規則」における「開発研究」を「工業化研究」と名付けているが、これらの定義は、同規則の定義と同義である、といってよい。

　旧通達に比べると詳細な定義となっているが、旧通達の考え方と基本的に異なるものではない、といえよう。

Ⅳ　形態別の試験研究費

1　総　　説

　形態別の試験研究費は、法人が行う試験研究の形態に応じた試験研究費の区分である。ここで試験研究の形態というのは、①自己研究か②委託研

究か③共同研究か、または④受託研究かということを意味している。試験研究費がこれらの形態に属する試験研究の費用かによって、試験研究費を区分するものである。

この区分が税務上関わりをもってくるのは、試験研究費の原価性や費用としての計上時期、試験研究による成果である特許権等の帰属関係や試験研究費の負担割合の合理性などの問題に関してである。

2 自己研究

自己研究（または**社内研究**）とは、自社内において自社の従業員がみずから行う研究をいう。たとえば、自社の研究所や研究室、工場において研究に従事する従業員がその職務として行う研究のことである。

その自己研究のための費用が自己研究費（ないし社内研究費）である。この費用をめぐっては、一般的にその製造原価性、費用としての計上時期、試験研究用資産の処理などが問題になる。

そして特に自己研究に関しては、その従業員の**職務発明**により特許権や実用新案権を取得した場合、その帰属をどうするかという問題を忘れてはならない。通常、法人に発明能力はないといわれている。**発明**は自然法則を利用した技術的思想の創作のうち高度なものをいい（特許法2①）、自然人である人間でなければ発明はなし得ないからである。

そのため、従業員のした職務発明につきその特許を受ける権利はその従業員に原始的に帰属し、法人は通常実施権を有するにすぎない（特許法35①）。そこで、職務発明については、労働協約等の定めにおいて、あらかじめ使用者に特許を受ける権利を取得させる定めをしている（特許法35③）。その場合には、相当の利益を支払わなければならない（特許法35④）。

最近では、ノーベル賞を受賞した青色発光ダイオードの発明者である大学教授と元の勤務先である会社とが、その製法特許の帰属を争い裁判にな

った事例が有名である。東京地裁は、社内規定により企業側へ特許の権利を譲渡する黙示の合意があったとして、特許権は会社に帰属すると判示した。その後、東京高裁で発明対価を約6億800万円、遅延損害金を約2億3,000万円とする和解が成立した（日本経済新聞　平成17.1.11夕刊）。

　また、食品会社の元社員が自己が開発した甘味料について、特許の正当な対価を受け取っていない、として訴訟を提起していたが、和解金1億5,000万円を支払うことで和解した（日本経済新聞　平成16.11.20朝刊）。

3　委託研究

　委託研究とは、自社内で行う研究ではなく、他人に委託して行う研究をいう。たとえば、大学や専門の試験研究機関、中小ベンチャー企業などに対して、特定の目的に関する研究を委託し、その研究費用を負担するような場合である。

　新聞報道によれば、ある大手製薬会社は臨床試験（治験）を支援する開発受託会社（CRO）との連携を強化するという。複数のCROと優先契約を結び、確実に受託先を確保できるようにする。開発競争が過熱する中で、製薬企業間でCROの奪い合いが激しくなっており、優れた外部資源を囲い込むとのことである（日本経済新聞　平成29.8.3朝刊）。

　平成25年度の税制改正により、中小ベンチャー企業に対する委託研究が特別試験研究の税額控除の対象となった（措法42の4⑲十、措令27の4㉔九）。

　また、令和元年度、令和3年度および令和5年度の税制改正では、新事業開拓事業者等、成果活用促進事業者または民間大企業に対する委託研究が特別試験研究の範囲に追加された（措法42の4⑲十、措令28の4㉔十～十二）。

　委託研究費の税務上の処理は、基本的には自己研究費のそれと同じように考えればよい。自己の必要とする研究を、物理的に自社の従業員が行わ

ずに他の者が行うにすぎないからである。

　しかし、実務的には、委託研究は委任か請負かといった性格からみた委託研究費の計上時期につき誤りが多いので、留意が必要である。また委託研究にあたって、特に子会社等の関係会社に研究を委託する場合には、委託研究費の多寡の合理性に留意しなければならない。合理性のない不相当に高額な委託研究費を支払ったような場合には、寄附金課税の問題が生じてくるからである。

　さらに、委託研究による成果物（特許権や実用新案権など）をどのように帰属させるか、という問題にも留意が必要である。自己が研究費用を負担して研究を委託しておきながら、一切その成果物を取得せず、あるいは実施権を設定しないような場合には、税務上問題が生じる。

　なお、国公立の大学や試験研究機関に対する研究の委託にあっては、ときおり新聞紙上等で委託研究費に名を借りた不明朗な金銭の授受が報道される。もしそのようなことがあるとすれば、交際費や使途不明金の課税問題が生じてくる。

4　共同研究

　共同研究とは、自己と他の者とが共同で一つの研究を行うことをいう。その共同研究のなかにもいろいろな形態がある。たとえば、関係会社または同業者が共同して、あるいは異業種の者が得意分野の知識や技術を持ち寄り、共同して研究をしている例もみられる。

　ハードとソフトを組み合わせた研究開発の重要性が増しており、ベンチャー企業や大学、研究機関と連携するオープンイノベーションを採用する動きも活発とのことである。ある大手電機メーカーは、関連分野で大学などとの共同研究に積極的に取り組むという（日本経済新聞　平成29．7．27朝刊）。

　平成25年度の税制改正により、民間企業同士の共同研究も、特別試験研

究の税額控除の対象にしてよいことになった（措法42の4⑲十、措令27の4㉔五）。また、令和元年度、令和3年度および令和5年度の税制改正では、新事業開拓事業者等または成果活用促進事業者との共同研究も追加された（措法42の4⑲十、措令27の4㉔三、四）。

　共同研究の成果として得た発明や特許権については、参加者の共有の問題が生じる。後日紛争が生じないよう、研究の開始にあたって、その共有関係につき明確な契約を結んでおく必要がある。その場合に留意すべきは、試験研究費の負担関係の合理性である。特に、国外関連者に該当する外国法人と共同で試験研究を行う場合には、その費用の分担関係が不合理であると、移転価格税制（措法66の4）が適用されることになるので、注意しなければならない。

　また、共同研究の形態を別の観点からみると、同業者団体や任意組合、匿名組合を通じて行うものなどがある。特に今日、ベンチャー企業の研究開発に要する資金を調達するため、民法上の投資組合や商法上の匿名組合を結成している例が多くみられる。投資組合へ出資する者のなかには、単なるキャピタルゲイン（株式売却益）の獲得を目的とする投資家と異なり、新しい技術や情報を入手して新規事業を立ち上げたり、共同で研究開発することを狙いとするものがいる（日経産業新聞　平成9.8.26）。これらも共同研究の一つといえるであろう。

　さらに平成10年に、中小企業に対する投資事業を行うための「中小企業等投資事業有限責任組合契約に関する法律」が制定され、有限責任の投資事業組合が誕生した。また、平成17年には、全組合員が有限責任である、有限責任事業組合制度が設けられた。今後はこれらの組合を使っての、ベンチャー企業に対する投資の活発化が期待されている。

　これら各種の組合を利用する場合には、ベンチャー企業の税務問題とともに、投資家サイドの税務上の取扱いにも配慮が必要である（「**第4章　試験研究費と期間費用**」および「**第9章　試験研究費と所得控除**」参照）。

5　受託研究

受託研究とは、他の者から委託を受けて行う研究をいう。他の者から報酬を受けて他の者のために研究を行うものである。特に最近では、ソフトウエアに関して他の者から受託して研究開発をする事例が目立っている。

受託研究にあっては、まずその受託研究費の収益計上時期が問題になる。これは受託研究の法的性格をどう解するかである。そしてつぎに、その収益に対応する原価をどのように把握し、計上するかが問題になる。受託した研究が終了するまでは、その研究に要した費用は「仕掛品」や「未成工事支出金」等として処理しておかなければならない。他の者からソフトウエア開発を請け負った場合には、工事進行基準の適用の要否について留意が必要である（法法64）。

また、関係会社から研究を受託した場合には、その費用の負担関係や成果物の帰属を合理的に決定する必要がある。そうしないと、寄附金課税や移転価格税制の適用が問題になってくる。

Ⅴ　法令別の試験研究費

1　総　　説

ここで法令別の試験研究費とは、旧商法、旧財務諸表等規則、企業会計原則、研究開発費会計基準および原価計算基準において試験研究費をどのように定義し、あるいは取り扱っているか、ということである。税務上の試験研究費については、それぞれの制度の説明に際して詳述するので、ここでは簡単に触れておく。

以下にそれぞれの法令における試験研究費の意義ないし範囲をみていく

が、一般的・総括的な意味で試験研究費を定義したものはない。かつて繰延資産の一つとしての試験研究費の意義を定めていたにすぎない。そのなかで、旧商法と企業会計原則では、その意義ないし範囲は同一といってよい。

研究開発費会計基準には、試験研究費という概念はなく、「研究開発費」といっている。それは試験研究費を包含する独自の概念である。また、原価計算基準においては、試験研究費といわず「技術研究費」といっているが、その技術研究費の処理は、企業会計原則等でいう試験研究費の処理とは異なるものであると理解されている。

2　旧商法

平成18年5月に施行された会社法では、貸借対照表の「資産の部」に繰延資産を区分して表示すべきことになっている（会社計算規則74）。ところが、その繰延資産の具体的な項目は示されていない。

これに対して旧商法上は、繰延資産の一つに試験研究費があった。新製品または新技術の研究のために特別に支出した金額を**試験研究費**としていた（旧商規37一）。同条には①新技術または新経営組織の採用、②資源の開発および③市場の開拓のために特別に支出した費用も規定されていたが、これは**開発費**である。もっとも、実務的には試験研究費と開発費とのいずれに属するのか、その境界があいまいな費用も少なくない。両者の区分、相違点等については後記**「第7章　試験研究費と繰延資産」**の項で述べる。

旧商法の繰延資産たる試験研究費には「特別に支出した」という限定がついていたから、経常費的な性質を有する費用は含まない。会社が現に生産している製品または採用している技術の改良等の目的で継続的に行われる試験研究のための支出は、繰延資産である試験研究費にはならないのである。

これに対して、新製品または新技術の研究のために特別に建設した固定資産の償却費は、試験研究費に含まれると解されていた。

3　旧財務諸表等規則

旧証券取引法にもとづく財務諸表等規則では、かつて繰延資産の一つに試験研究費があった（旧財規36）。その**試験研究費**とは、新製品または新技術発見のために行う試験研究のために特別に支出した費用をいう。企業が現に生産している製品または採用している技術の改良のため常時行う試験研究のための費用は含まないとされていた（旧財規104）。これは、旧商法上の試験研究費の範囲とまったく同じであった。

しかし、平成10年の改正により財務諸表等規則の繰延資産の範囲から試験研究費は削除された。これは、平成10年に制定された研究開発費会計基準が研究開発費は繰延処理することなく、期間費用として処理すべきであるとしたことと平仄を図ったものである。

なお、一般管理費および当期製造費用に含まれている研究開発費については、その総額を注記しなければならない（旧財規36）。

4　企業会計原則

「企業会計原則」においても、繰延資産のなかの一つに試験研究費がある（会計原則第三、四㈠C）。「企業会計原則」および同注解そのものには試験研究費の定義はない。しかし、連続意見書第五では、**試験研究費**とは、現に営業活動を営んでいる企業が、新製品の試験的製作、あるいは新技術の研究等のために特別に支出した金額をいう、といっている。したがって、この試験研究費には、企業が現に生産している製品または採用している技術の改良等の目的で、継続的に行われる試験研究のための支出は含まれな

い（連続意見書第五、第一、三へ）。この定義は、旧商法規則におけるものと同様である。

　試験研究のために特別に建設した設備で、研究終了後、使用しうると思われるものについては、これを試験研究費に含ませないか、もしくは一応、試験研究費として処理し、転用時の金額を推定して、これを試験研究費の償却額の計算から控除することができる（連続意見書第五、第一、三へ）。これは、試験研究のために特別に建設した設備は、試験研究費に含めるという基本的考え方に立っている。しかし、法人税では特別に建設された設備であっても、試験研究費ではなく固定資産として処理するのが原則である。この点留意を要する（「**第6章　試験研究費と固定資産**」参照）。

5　研究開発費会計基準

　「研究開発費会計基準」では、研究開発費という概念を確立し、試験研究費という概念はない。その研究と開発の定義や研究開発費と試験研究費との関係などについては、前述したとおりである（Ⅱ3参照）。

　その研究開発費は、すべて発生時に費用として処理しなければならない。繰延処理はできないのが原則である。ソフトウエア制作費のうち、研究開発に該当する部分も研究開発費として費用処理する（基準三）。具体的な研究開発費の内容や取扱いについては、それぞれの箇所で述べる。最近、最も注目されているのは、研究開発費会計基準といってよいであろう。

　なお、上述したように、「企業会計原則」では繰延資産の一つに試験研究費が存置されている。これと研究開発費会計基準の取扱いとは、いわば一般法と特別法との関係である。したがって、特別法の立場にある研究開発費会計基準の取扱いが優先して適用されることになる。

6　原価計算基準

「原価計算基準」では、**技術研究費**と称し、新製品または新技術の開拓等の費用であって企業全般に関するものは、必要ある場合には、「販売費および一般管理費」と区別し別個の項目として記載することができる、といっている（同基準39）。

これは、新製品または新技術の開拓等という企業全般に関する費用は、繰延資産として処理するのではなく、販売費および一般管理費として期間原価とすることを前提としたものである。このことは、販売費および一般管理費を形態別や機能別等の分類基準から分類すると、技術研究費は「機能別分類」に分類されるとして特別に掲げられていること（同基準37㈡）からも明らかである。一方、「企業全般に関しない」、たとえば企業が現に生産している製品に関する技術研究費は製品原価になる。

原価計算基準の「企業全般に関する」というのと、旧商法や企業会計原則、税法などの繰延資産である「特別に支出した」というのとはどのような関係になるのか。繰延資産になると思われる新製品または新技術の開拓等の費用であっても、繰延経理をしないという意味であろうか。そうであるとすれば、企業会計原則や税務とは異なった取扱いである。

7　法人税法等

(1)　概　　説

法人税関係法令において、試験研究ないし研究開発に関連する用語として、次のようなものが使われている。すなわち、試験研究費（措法42の4⑲一、措令27の4⑤⑦）、試験研究用資産（措法66の10）、研究開発（措法59の3②三、措令28の4①一）、研究所用（措法44①、措令27の9⑥、⑧二、28

第3章　試験研究費の意義と範囲　117

の4①、28の9⑤二)、自然科学研究所(措令27の9⑧、28の9⑤)、研究所(措令39の7②⑤)、開発研究(措法42の9①表三、42の10①、42の11①、45①表一、措令27の6②、28の9⑤、耐令2二等)、産業試験研究(措法42の12の7①)、研究開発費(法基通7－3－15の3(2))などである。

　これらはそれぞれの制度における適用、不適用の要件となっているが、すべてに明確な定義がされているわけではない。法令上、その意義が明確に定められているのは、試験研究を行った場合の法人税額の特別控除(研究開発税制)における「試験研究費」だけである(措法42の4⑲一)。

(2)　試験研究費の意義

イ　繰延資産

　かつて法人税法には、繰延資産の一つに試験研究費があった。その**試験研究費**とは、新たな製品の製造または新たな技術の発明にかかる試験研究のために特別に支出する費用をいう、とされていた(旧法令14①三)。

　これは前述した旧商法(旧商規37一)における試験研究費の意義と同様のものであった。試験研究費の意義を考える場合、一つの参考になる。

ロ　試験研究費の特別税額控除

　試験研究を行った場合の法人税額の特別控除制度における**試験研究費**とは、次に掲げる試験研究の区分に応じ、それぞれ次の費用をいう(措法42の4⑲一、措令27の4⑤⑦)。

　(イ)　製品の製造または技術の改良、考案もしくは発明にかかる試験研究
　　①　その試験研究を行うために要する原材料費、人件費(専門的知識をもってその試験研究の業務に専ら従事する者にかかるものに限る)および経費
　　②　他の者に委託して試験研究を行う法人(人格のない社団等を含む)のその試験研究のために委託を受けた者に対して支払う費用

③ 技術研究組合に対して納付する試験研究のための賦課金

(ロ) 対価を得て提供する新たな役務の開発（サービス開発）に係る試験研究

① その試験研究を行うために要する原材料費、人件費（情報の分析を行うために必要な専門的知識をもってその試験研究の業務に専ら従事する者にかかるものに限る）および経費（外注費にあっては、これらの原材料費および人件費に相当する部分ならびにその試験研究を行うために要する経費に相当する部分（外注費に相当する部分を除く）に限る）

② 他の者に委託をして試験研究を行う法人のその試験研究のためにその委託を受けた者に対して支払う費用（①の原材料費、人件費および経費に相当する部分に限る）

(3) 研究開発費の意義

税務上、研究開発費の額は、ソフトウエアの取得価額に算入しなくてよい。ただし、自社利用ソフトウエアについては、その利用により将来の収益獲得または費用削減にならないことが明らかな場合におけるその研究開発費に限る（法基通7－3－15の3(2)、7－8－6の2(注)2）。

この取扱いは、平成12年と令和3年の法人税基本通達の改正により新設された。法人税務のうえで「研究開発費」の言葉が使われたのは、これが初めてと思われる。しかし、その定義はされておらず、裸で研究開発費というだけである。これは、税務上の研究開発費の概念や範囲は、基本的に企業会計と同様に取り扱うということを意味している。ただし、後記「**第6章 試験研究費と固定資産**」のⅢ4で詳述するように、自社利用ソフトウエアの研究開発費に関しては、企業会計と税務の考え方が違っているので留意を要する。

なお、前述したイノベーションボックス税制において、研究開発費の額が定められている（措法59の3②四、措令35の3⑧⑨）。

第3章　試験研究費の意義と範囲　119

Ⅵ　試験研究費の課税上の区分

1　概　　要

　一口に試験研究費といっても、その内容や性質は一様ではない。現実に企業が経理している試験研究費勘定をみても、その内容は種々、雑多でいろいろなものが記帳されている。試験研究費が複合費であるといわれるゆえんである。

　その試験研究費を最も広くとらえて、税務上の取扱いという観点からみれば、①期間費用となるもの、②棚卸資産（製造原価）となるもの、③固定資産となるものおよび④繰延資産となるものの四つに区分されよう。その区分に応じてそれぞれ税務処理をしなければならない。

　税務上は、試験研究費であるから、あるいは試験研究費勘定に経理したからといって、一義的に取扱いが定まるものではない。試験研究費であればすべて単純に損金になる、といった包括的な取扱いはないから、あくまでも個々の試験研究費の内容や性質に応じた税務処理をしなければならないのである。

2　四つの区分

　税務上の取扱いの違いという観点からすると、試験研究費は、その内容や性質などから、次の四つに区分される。

法人税法上、棚卸資産、固定資産または繰延資産については、それぞれ定義が置かれ、相互に重複しないようになっている。棚卸資産は、商品、製品、半製品、仕掛品、原材料などで「棚卸しをすべきもの」とされており（法法2二十、法令10）、固定資産や繰延資産は棚卸しをすべきものではないから、これらと重複することはない。

　また、固定資産は「棚卸資産、有価証券、暗号資産及び繰延資産以外の資産」と定義され（法法2二十二、法令12）、棚卸資産や繰延資産を除いている。さらに、繰延資産の範囲からは「資産の取得に要した金額とされるべき費用」は除かれている（法法2二十四、法令14）。

　税務上はまず、ある試験研究費がこれら資産（の取得価額）のいずれに該当するかどうかを、それぞれの資産ごとに判定する。この場合、ある試験研究費が理論的に棚卸資産または固定資産の取得価額にも繰延資産にもなるといったときは、棚卸資産または固定資産の取得価額に算入することが優先される。繰延資産の範囲から「資産の取得に要した金額とされるべき費用」は除外されているからである。

　このような判定の結果、これら資産（の取得価額）のいずれにも該当しない試験研究費が期間費用になる。したがって、ある試験研究費が期間費用になるといった場合、その試験研究費は繰延資産になることはない。

　もっとも、たとえば固定資産となる試験研究用資産の償却費は製造原価にしなければならない場合があるように、四つの区分は相互に関連を有することが少なくない。これが試験研究費の処理を複雑にしている。

3　内　　容

　上記四つの区分の①は、一般管理費等として期間費用となる試験研究費である。これは他の一般管理費等と全く同様に、発生ないし支出をした事業年度において単純に損金にしてよい。試験研究費は、これが原則である。

②は棚卸資産の取得価額を構成することになる試験研究費である。試験研究費であっても、原価性を有するものは、他の費用と同じように製造原価に算入しなければならない。その結果、当期の売上高に対応するものだけが当期の損金となる。当期の売上高に対応しないものは、棚卸資産として翌期以降に繰り越されていく。これが期間費用となる試験研究費との決定的な違いである。

③は固定資産として処理しなければならない試験研究費である。たとえば、試験研究用の建物や設備、器具備品などは、企業がその取得費を試験研究費として経理したからといって、そのまま単純に損金となるわけではない。試験研究用のものであっても、あくまでもその属性や機能が建物や設備、器具備品などである限り、固定資産として所定の償却方法により費用化しなければならないのである。

④は繰延資産となる試験研究費である。前述したように、平成19年度の税制改正により、繰延資産の範囲から試験研究費は除外された（法令14）。その限りでは、試験研究費が繰延資産となることはないといえる。

しかし、試験研究費の範囲を広くとらえる場合には、試験研究費の中には税務上、繰延資産として処理しなければならないものがある。すなわち、たとえば同業者団体等で共同研究を行う場合の負担金や試験研究用資産の賃借に伴う権利金などは、繰延資産として処理しなければならない。

また、試験研究のために他の者の有するノウハウを使用するための頭金は、繰延資産に該当する。

そのような意味で、試験研究費と繰延資産はまったく無関係ではない。

第4章　試験研究費と期間費用

I　総　　説

　法人が支出する試験研究費のうち、①棚卸資産（製造原価）となるもの、②固定資産の取得価額となるものおよび③繰延資産の額となるもの以外のものは、期間原価すなわち期間費用となる。また、固定資産となっている試験研究用資産や繰延資産となっている試験研究費の償却費については、製造原価となるものを除き、期間費用となる。

　性格別の試験研究費の観点からみれば、基礎研究と応用研究の費用は、期間費用になるといえよう。

　試験研究費と期間費用との関係を考える場合には、期間費用となる試験研究費の範囲、その費用としての計上時期、委託研究や共同研究の場合の負担金のあり方、寄附金・交際費課税、研究開発資金の調達費用の処理などが問題となる。

　ただ、期間費用となる試験研究費について特別の取扱いがあるわけではなく、基本的には他の販売費・一般管理費等と同じように考えて処理すればよい。

　そこで、以下、試験研究費と期間費用とをめぐるこれらの点をみていこう。

II 期間費用となる試験研究費

1 企業会計の取扱い

(1) 原価性の考え方

　期間費用とは、企業における製造活動以外の活動に伴う費用をいい、一定期間における発生額をその発生した期間の消滅費用とするものである。販売費および一般管理費、支払利息、割引料（手形売却損）等の営業外費用がこれに該当する。

　すでに述べたように、「原価計算基準」においては、新製品または新技術の開拓等の費用で企業全般に関するものは、一般管理費（または別個の項目である「技術研究費」）として期間費用にするものとしている。**企業全般に関する費用**とは、特定の製品ではなくて、どの製品にも関係する研究のための費用という意味である。たとえば、自動車メーカーにおける電気自動車や太陽光自動車（ソーラーカー）の研究のように、自社の製品のすべての構造、機能、原理等に影響を与える研究や自社の生産する製品のすべてに使用される原材料や部品の研究などである。

　これを企業において研究を担当するセクションの観点からみると、おおむね中央研究所において行われる研究は「企業全般に関する」ものが多いといえよう。まさに基礎研究および応用研究がこれに該当する。企業会計の実務では、特定の目的をもった研究室や工場で発生した試験研究費を製造原価とし、中央研究所や営業部門で発生したものは期間費用としている例がみられる。これらは、あながち不合理とはいえない。

　このような点からすると、既存の製品や技術、製法等の基礎的・抜本的な改善を目的として臨時的・非日常的に行われる研究の費用は、製造原価性がなく期間費用になるといえよう。

(2) 研究開発費の処理

　研究開発費会計基準によれば、**研究開発費**はすべて発生時に費用として処理しなければならない。ソフトウエア制作費のうち、研究開発に該当する部分も研究開発費として費用処理する（基準三）。この場合の費用として処理する方法には、一般管理費として処理する方法と当期製造費用として処理する方法とがある（基準注解(注2)）。

　研究開発費は、新製品の計画・設計または既存製品の著しい改良等のために発生するものであるから、一般的には原価性がないと考えられる。したがって、通常は一般管理費として計上する（実務指針3）。

　ただ、製造現場において研究開発活動が行われ、その研究開発費を一括して製造現場で発生する原価に含めて計上しているような場合がある。具体的には、工場の製造ラインに研究開発の要員が常駐し、製造過程において絶えず新製品に結びつく研究開発を行っているような場合が考えられる（実務指針Q&A Q5）。そこで研究開発費を当期製造費用に算入することも認められている。しかし、たとえばソフトウエア制作費のうち研究開発にかかる部分について当期製造費用として処理し、結果的にその大部分が資産計上されるような場合は、妥当な会計処理とは認められない（実務指針4）。このような場合は、従来の繰延資産等として資産計上する処理と結果的に変らないからである。

　以上のように企業会計の考え方は、研究開発費は期間費用処理が原則である。そして当期製造費用に算入することも、きわめて限定されている。

2　法人税の取扱い

(1)　原価性の判断基準

　上述したように、企業会計では試験研究費を含む研究開発費は、すべて期間費用として処理することを原則としている。これに対して法人税では、

必ずしもすべて期間費用として処理してよいことにはなっていない。

　法人税の取扱いでは試験研究費ないし研究開発費であっても、原価性を有するものがあることを前提に、その原価性のメルクマールを性格別の研究に求めている。すなわち、試験研究費のうち、①基礎研究および②応用研究の費用の額ならびに③工業化研究に該当することが明らかでないものの費用の額は、製造原価に算入しなくてよい（法基通5−1−4⑵）。工業化（開発）研究に該当することが明らかなものの費用の額だけは、製造原価に算入しなければならないが、それ以外のものの費用の額は、製造原価に算入する必要はなく、単純な期間費用として処理することができる。

　これは、性格別の試験研究費による原価性の判断基準である。しかし、基礎研究および応用研究は言葉を代えていえば「企業全般に関する」研究であるから、この判断基準は原価計算基準と基本的に同じといってよいであろう。

⑵　性格別の研究による判断基準

　基礎研究および応用研究は、まだ特定の製品等の生産に至らない段階のもので、生産のためまたは生産に付随して要した費用に該当しないから、製造原価性を有しないとされている。まさにまだ学問的な域ないしそこから若干踏み出した段階の研究で、「企業全般に関する」研究といえるものである。

　これに対して、工業化研究の費用の額は、基本的に製造原価性を有する。工業化研究は、基礎研究および応用研究を基礎として工業化または量産化をするための研究であり、個別製品の製造に関するものであるからである。しかし、企業が実際に行っている試験研究を基礎研究、応用研究または工業化研究に截然と区分することは、困難な場合が多い。そこで、明らかに工業化研究に該当する研究の費用でない限り、期間費用としてよいことになっている。

これらの点については、後述する試験研究費の原価性（「**第5章　試験研究費と棚卸資産**」）をあわせて参照されたい。

(3) 研究部門による判断基準

前に触れたように、企業会計の実務においては、中央研究所や営業部門で発生した試験研究費を期間費用としている例がみられる。これについては、基本的には、あくまでもその研究や費用の内容に応じて実質的な判断をする必要がある。単に中央研究所であるから、営業部門であるからといって、その試験研究費がそのまま期間費用になるものではない。

しかし、法人税が基礎・応用研究か工業化研究かというメルクマールにより、試験研究費の原価性の有無を判断することにしているのは、現実の企業経営においては基礎・応用研究と工業化研究とを担当する部門が区分されている例が多いことを考慮したものとも考えられる。すなわち、基礎・応用研究は中央研究所で、工業化研究は生産現場である工場等で、それぞれ行われている例が多いのではないか。したがって、各研究部門における研究内容等からみて区分が不明な場合に、原価計算の経済性や便宜性等からみて、企業会計の実務における処理が合理的な原価計算と認められれば、税務上もそのまま是認されよう（法令32②参照）。

Ⅲ　試験研究費の計上時期

1　概　　要

期間費用として処理できる試験研究費は、課税所得の計算上、一般管理費等として損金になる。法人税の課税所得計算上の損金は、企業会計と同じく、発生主義ないし費用収益対応の原則により計算される。したがって、試験研究費についても、基本的には発生主義や費用収益対応の原則にもと

づき費用計上を行う。

 ところが、法人税の損金にはさらに債務確定基準のテストがある。したがって、期間費用となる試験研究費については、当期中に発生し、債務の確定しているものだけが当期の費用となる。ただし、償却費には債務確定基準は適用されないから、試験研究用固定資産や繰延資産となっている試験研究費の償却費は、債務確定を問題にすることなく、期間費用として処理してよい。

2　発生主義と費用収益対応の原則

 発生主義は、財貨または役務を消費したときに費用として認識する基準である。当期中に消費した財貨または役務は、たとえ現実には支払がされていなくても費用として認識する。この発生主義により把握された費用が**発生費用**である。しかし、この発生費用がそのまま当期の費用、すなわち期間費用となるわけではない。発生費用のうちどの部分が期間費用となるかは、次に費用収益対応の原則により決定される。

 費用収益対応の原則とは、当期の収益に対応する費用を当期の費用とする基準をいう。つまり、実現主義で認識された収益と発生主義で認識された費用とをつなぐのが、この原則である。この原則の適用形態はさまざまである。売上原価や完成工事原価などの原価は、収益と個別的に対応するものとしてとらえられる。これに対して、販売費および一般管理費等は、基本的に収益と個別的には対応しない。したがって、販売費および一般管理費等は、期間対応すなわち当期の売上総利益に対応する費用としてとらえる。

 たとえば、ソフトウエアの研究開発の委託を受けた場合には、その収益と原価とは個別的に対応するものであるから、両者は同じタイミングで計上しなければならない。一方、製造原価とならない試験研究費は一般管理

費（または技術研究費）等であり、収益と個別的に対応するものではないから、期間対応として把握される。

3 債務確定基準

(1) 意　義

　上述したように、当期の費用は、発生主義ないし費用収益対応の原則にもとづいて計上される。これは試験研究費も例外ではない。しかし、販売費、一般管理費その他の費用が法人税の損金となるためには、さらに債務確定基準のテストをクリアする必要がある。すなわち、販売費、一般管理費その他の費用の額は、償却費の額を除き、期末までに債務が確定していなければ、損金の額に算入することはできない（法法22③二）。これを**債務確定基準**と呼ぶ。この基準は、費用の見越し計上や引当金の設定に制限を設け、発生が確実な費用に限って損金算入を認めようという趣旨による。

　そこで、問題は債務の確定とはどのような状態をいうのかである。これについては、債務が確定している費用とは、次に掲げる要件のすべてを満たしているものをいう（法基通2－2－12）。

① 期末までにその費用にかかる債務が成立していること。
② 期末までにその債務にもとづいて具体的な給付をすべき原因となる事実が発生していること。
③ 期末までにその金額を合理的に算定することができるものであること。

　たとえば、ソフトウエアの補修を発注した場合を考えてみよう。期末までにソフトウエアの補修が完了し、その代金が契約内容等から合理的に見積もられれば、仮に期末までに請求書が届いていないとしても、債務が確定しているといってよい。ソフトウエアの補修を発注したことは①の要件を、その補修が完了したことは②の要件を、代金の合理的見積りができることは③の要件を、それぞれ満たすからである。

(2) 研究開発積立金の設定の可否

　企業のなかには将来の研究開発費の支出に備えるため**研究開発積立金**を設定しているものがみられる。研究開発資金の留保と研究開発費の平準化を図るためである。

　企業会計上は、①当期以前の事象に起因して、②まだ実際には発生していないが、将来発生する可能性が高く、③その金額を合理的に見積もることができる費用または損失については、これを見越して当期の費用または損失として計上するのが、公正な企業会計の慣行である（企業会計原則注解18）。これは**引当金**ないし**準備金**である。企業会計上はこの三要件を満たせば、むしろ積極的に研究開発積立金を設定しなければならない。

　この研究開発積立金の積立額が、債務確定基準とからんで、課税所得の計算上、損金になるかどうかである。研究開発積立金の積立額は期末までに債務が確定している費用ではなく、単なる費用の見積りにすぎない。もちろん、税務上は債務確定基準の例外としていくつかの引当金や準備金の設定ができることになっているが、研究開発のための準備金や引当金は認められていない。したがって、税務上は剰余金処分によって積み立てる分にはいっこうに差し支えないが、損金経理による設定はできない。すなわち研究開発積立金の積立額の損金算入は認められないのである。

Ⅳ　委託研究の課税関係

1　総　　説

　新技術や新商品の研究開発が自社の技術力や人材ではむずかしいとすれば、独自の研究開発は断念するのが得策である。他の者の技術や知識を活用するため、外に研究を委託したほうが時間も費用も節約できるからである。特に、人材にも資金力にも限りがある中小企業や中堅企業の場合はな

おさらであろう。

　ある中堅化学会社は、複数のガスを検知する光センサーの開発に際し、基本的仕組みの研究をドイツの大学に委託したという。研究開発態勢づくりでも世界を視野に入れる柔軟さが求められる時代にあって、海外の大学の協力を得ようとする決断は、学界に特別なつてのない中堅企業の挑戦的な試みとして注目に値する、といわれる（日本経済新聞　平成9．2．16朝刊）。今後、このような産学協同による研究開発、特に基礎研究を大学に委託するシステムの整備等の必要性がますます高まろう。

　このように、法人が他の者に研究を委託した場合の**委託研究費**についても、自己研究による試験研究費と同じように、製造原価になるものか、期間費用になるものかを判定する。その結果、その委託研究費が工業化研究に該当することが明らかな研究の費用でない限り、期間費用としてよい。

　なお、特別試験研究機関や大学等、中小ベンチャー企業等に委託して行う試験研究の費用は、特別試験研究費の税額控除の対象になる。特に、平成25年度の税制改正により中小ベンチャー企業、令和元年度および令和5年度の税制改正により新事業開拓事業者等または民間大企業、令和3年度の税制改正により成果活用促進事業者に対する委託研究費も特別試験研究費の税額控除の対象になったので、積極的な利用が望まれる。詳細については、「**第8章　試験研究費と税額控除**」を参照されたい。

2　委託研究の性格

　委託研究の税務上の問題を考える場合、その法的性格が基本的に重要である。その性格をいかなるものととらえるかによって、税務処理は方向づけられる。

　委託研究の法律関係は、民事法上は基本的に請負である（民法632）。すなわち、研究の受託者が研究を完成させ、委託者がその研究結果に対して

報酬を支払う契約である。ちなみに、公益社団法人、公益財団法人、学校法人などの公益法人等が他の者の委託にもとづいて行う調査、研究、情報の収集および提供の受託収益は、**収益事業**である**請負業**として法人税の課税対象になる（法法２十三、法令５①十、法基通15－１－27、東京地判　平成15．5．15　判例時報№1865　25頁）。

　ただ、通常の請負契約では、委託した仕事が委託者の思惑どおりに完成した場合に報酬が支払われる。しかし、研究の委託にあっては、その研究が成功した場合のほか、失敗した場合にも報酬が支払われるのが普通である。失敗自体も一つの研究結果である、ということであろう。たとえ失敗しても、その事績を残しておけば同じ失敗は繰り返さないであろうし、将来の関連する研究に役立てることもできるからである。このような点からみると、委託研究費は、必ずしも積極的な研究結果ではなく、その研究活動自体に対する報酬であるといえる。

3　請負による費用の計上時期

　上述したように、研究の委託は請負である。税務上、請負による収益の額は、物の引渡しを要する請負契約にあってはその目的物の全部を完成して相手方に引渡した日、物の引渡しを要しない請負契約にあってはその約した役務の全部を完了した日において、それぞれ益金の額に算入する（法法22の２①、法基通２－１－21の７）。

　請負による費用の計上時期について一般的な定めはないが、その計上時期は、収益の計上時期と裏腹の関係にある。すなわち、請負による費用の額は、基本的には目的物たる物の引渡しを受けた日または役務の全部を完了した日において損金の額に算入する。

4　委託研究費の計上時期

(1)　基本的な考え方

　研究の委託は請負でその内容は役務の提供を受けることであるから、委託研究費はその研究の全部が完了した日に損金として計上するのが原則である。これを前述した債務確定基準に照らしてみると、試験研究の委託契約を締結して、期末までにその研究が完了し、その委託研究費の額が契約により決まっていれば、仮に期末までに委託研究費の請求書が届いていなくても、債務が確定しているといえる。委託契約を締結したことは債務が成立しているという要件を、研究が完了したことは具体的な給付をすべき原因が発生しているという要件を、それぞれ満たす。そして、委託研究費の額が契約で決まっていることは、費用となる金額を合理的に算定できるという要件を充足し、債務確定の三要件をクリアするからである（法基通2－2－12）。

　したがって、委託契約を締結しても試験研究が完了していなければ、債務が確定したとはいえない。委託研究費は、あくまでも委託した研究テーマの研究の全部が完了した日に費用として計上する。研究の結果が成功であるか失敗であるかを問わない。この場合の研究が完了した日というのは、研究の結果報告書や試作品、模型を受領し、その研究結果を利用しうる状態になった日などで判定することになる。

　企業会計でも、外部に研究開発を委託した場合には、研究開発の内容について検収を行い、利用可能になった時点すなわち役務の提供を受けたことが確定した時点で費用として処理する（実務指針Q&A Q2）。したがって、契約金等は前渡金として処理しなければならない（実務指針3）。これは税務上もまったく同じである。

　もっとも、実務的には単に結果報告書を受理したことをもって、研究が

完了したともいえない場合があろう。すなわち、委託研究の途中で日々の研究の進捗状況や研究内容、研究結果などの報告を受けて、その結果を自社でそのつど利用しているような場合である。

このような場合には、結果報告書は、単にそれを文書で取りまとめた形式的なものにすぎない、と考えられる。そのため、必ずしも結果報告書を受理していないことを理由に、研究が完了していないということにはならないであろう。ただ、この場合には、研究内容、研究結果などの報告を受け、その結果をそのつど利用している事績を明確にしておく必要がある。

○ **期間単位で委託した試験業務の委託料の損金算入時期**

〔質疑応答〕

(問) 当社は、ある試験業務について、期間単位による業務委託の包括契約を結び、月々の委託料の額を設定して、翌月に委託料を支払っている。

この試験業務の委託料は、その試験結果に対する対価ではなく、月々に試験業務をしてもらう対価として支払うものであると認識している。

このような委託料は、請負の対価ではなく、委任の対価として支払ったときに損金算入できると考えているが、どうか。

(答) 質問の期間単位による業務委託の包括契約が、ある特定の試験の委託で、その試験の結果を求めるという請負契約であれば、仮にその委託料の支払が月々であっても、それは委託料の支払方法にすぎないということになる。このような場合には、最終的に試験の結果報告すなわち成果物を受領したときに費用計上することができ、それまでは前払金等として処理すべきである。

これに対し、その委託料が試験の結果や成果ではなく、単に日々の試験

業務のための作業や労務の提供を受けることによる対価であるとすれば、その支払時に損金算入ができるものと考える。すなわち、その契約は請負ではなく、委任であるといえよう。特に、その試験業務について、当社が指示・命令などを出しているとすれば、なおさらである。自社の社員が行うべき物理的な試験作業の一部を外部に委託したにすぎないとみられる。

たとえば、技術役務の提供による報酬については、その報酬の額が現地に派遣する技術者の数および滞在期間の日数等により算定され、かつ、一定の期間ごとに金額を確定させて支払を受ける場合には、その報酬の額が確定するつど益金に算入すべきことになっている（法基通2－1－1の5）。これは収益の計上時期の取扱いであるが、これと裏腹のこととして、このような事情があれば、報酬を支払うつど、損金算入することができよう。質問の場合も、これと同じような考え方で処理できるものと考えられる。

○ **新製品の開発費の損金算入時期について判断された事例**

〔参考裁決例〕

請求人が本件技術援助契約等に基づき支払った新製品開発のための費用について、本件契約に係る契約書が作成されたのは契約書に記載の契約年月日（当期）ではなく翌期であると認められること及び契約の相手方である会社が業務を開始したのは翌期であること等から、請求人が当期において本件契約に基づき役務の提供を受けたとは認められないので、当期の損金の額に算入することはできない。

（国税不服審判所裁決　昭和59.12.27　裁決事例集№28　175頁）

○ **試験研究の内容・性格ごとに損金算入ができるとされた事例**

〔参考裁決例〕

原処分庁は、試験研究費について、その支出の対象となった水槽試

験及びシミュレーション検討作業は一連ないし一体のもので、報告書等試験研究の成果物が請求人に引き渡されたのは本件事業年度の翌事業年度であることなどから、本件事業年度の損金の額には算入することができない旨主張する。

しかしながら、上記水槽試験とシミュレーション検討作業は、①別個の請負契約に基づき実施されており、代金の支払いも別途にされていること、②試験研究の内容は全く異なるもので、試験研究としての性格も異なること、③水槽試験の実施はシミュレーション検討作業にとって必要条件でないと認められることから、上記水槽試験とシミュレーション検討作業は別個独立したものとみるのが相当であり、原処分庁の主張は採用できない。そして、上記水槽試験は、物の引渡しを要しない請負契約に基づくもので本件事業年度内に完了していると認められることから、同試験に要した費用は本件事業年度の損金の額に算入できる。そうすると、原処分のうち当該水槽試験に係る部分については、原処分を取り消すのが相当である。

(国税不服審判所裁決　平成19.12.11　裁決事例集未登載)

(2) 委託研究費が変動する場合

研究の委託にあっては、研究に成功した場合には、当初の契約にもとづく固定額の委託研究費のほか、その結果に応じて**割増金**を支払うといった例がある。このような例は研究の委託に限らず、建設工事や海上運送の契約などにもみられる。

たとえば、建設工事のいわゆる値増金については、**値増金**を授受することが契約において定められている場合には、その建設工事の引渡しの時に、相手方との協議により授受することが確定する場合にはその確定した時に、それぞれ計上する（法基通2－1－1の15）。また、海上運送に関連して受

払いする、いわゆる滞船料や早出料は、その額が確定した時に計上する（法基通2－1－21の11）。

委託研究費が変動する場合にあっても、これらの取扱いと同様に考えればよいであろう。すなわち、当初の契約にもとづく固定額については研究が完了した時に、割増金についてはその額が確定した時に、それぞれ計上する。もちろん、その割増金の額があらかじめ契約等により定まっている場合には、研究が完了した時に計上してよい。

(3) 委託研究費を研究の進展に応じて支払う場合

研究が長期間に及ぶ場合や研究テーマが複数ある場合などには、研究の進展状況に応じて委託研究費を支払うといった例がみられる。この場合であっても、その研究の全部が完了した時に費用計上するというのが原則であろう。

ただ、研究の途中過程においてたとえば中間報告書の提出を受け、あるいはいくつかある研究テーマのうち終了したものの報告を受け、その結果に応じて研究費を支払う場合がある。このような場合は、いわば部分的・段階的に研究が完了するつどその結果の引渡しを受けているといえる。したがって、その部分的・段階的に研究が完了した時に費用計上して差し支えないと考えられる。

たとえば、建設工事請負の収益計上の方法に、請負工事が部分的に完成し引き渡すつど収益に計上する**部分完成基準**というのがあるが（法基通2－1－1の4）、委託研究費の費用計上についてもこの考え方を応用するのである。たとえば、一つの大きな研究開発テーマがいくつかの詳細な研究開発テーマに細分化されているような場合において、契約にもとづいて詳細な研究開発テーマごとに検収、支払を行っているときは、詳細な研究開発テーマごとの検収時に研究開発費として処理する（実務指針Q&A Q2）。ソフトウエアの受注製作にあっては分割検収の例があるが、この分割検収

の考え方も参考になる。

　また、技術役務の提供にかかる報酬についても同じような考え方がとられているので、参考にするとよい（法基通2－1－1の5）。すなわち、その支払を受けるべき報酬の額が確定するつど、その確定した金額を費用に計上するのである。

○　委託研究開発費を研究開発の進展に応じて費用計上する方法

〔質疑応答〕

（問）　当社は医薬品製造業を営んでいるが、研究開発の内容や項目に応じて他社に研究開発を委託している。その委託研究開発費は、最終的な成果報告書など、成果物を受領したときに費用計上するのが原則になっている。

　しかし、医薬品の研究開発には長期間を要するから、厳格に成果物を受領したときに費用計上するとすれば、研究開発の途中で費用の一部を支払っているような場合にも、長期間にわたって費用計上ができず、実態に合わない。

　このような場合であっても、原則どおり成果物を受領したときに費用計上しなければならないか。委託研究開発費を研究開発の進展に応じて費用計上するような方法は考えられないか。

（答）　研究開発費のうち、製造原価に算入すべきものまたは減価償却資産や繰延資産として計上すべきもの以外は、期間費用として損金算入をすることができる。他に研究開発を委託して支払う委託研究開発費も、期間費用として損金算入が認められる。

　その場合、委託研究開発は、法形式上は請負契約であるから、契約による目的物の引渡しを受け、あるいは役務の提供が完了したときに委託研究開発費の支払債務が確定する（法法22③二、法基通2－2－12）。したがって、

委託した研究開発の成果物を受領したときに費用として計上すべきことになる。この基本的な考え方は、研究開発の委託契約期間の長短にかかわらない。

そこで、委託契約期間が長期間である場合には、質問のような問題が生じる。その場合には、次のような取扱いを参考に、研究開発を過程（フェーズないしステージ）ごとに区分して、それが完了するつど成果報告書等を受領し、それに応じた費用を支払う方法など、契約内容や契約期間を工夫することが考えられる。そうすれば、ある程度、研究開発の進展に応じた費用計上ができるであろう。

(1) 工事請負の部分完成基準の取扱い……1個の建設工事等であっても、その建設工事等の一部が完成し、その完成した部分を引き渡したつどその割合に応じて工事代金を収入すること（法基通2－1－1の4）。
(2) 技術役務の提供にかかる報酬の帰属時期の取扱い……基本設計にかかる報酬の額と部分設計にかかる報酬の額が区分されている場合のように、報酬の額が段階ごとに区分され、かつ、それぞれの段階の作業が終了するつどその金額を確定させて支払うこと（法基通2－1－1の5）。
(3) ソフトウエア開発の分割検収の取扱い……一つのソフトウエア開発プロジェクトにおいて、一定の機能を有する作業ごとのフェーズに分けて契約を締結して分割検収を行い、そのつど代金を支払うこと（実務指針Q&A Q2、企業会計基準委員会実務対応報告第17号「ソフトウエア取引の収益の会計処理に関する実務上の取扱い」平成18.3.30）。

5　寄附金課税の適用

(1)　委託研究費が不合理である場合

試験研究活動の効率化やコスト削減などを目的に、自社の研究所や研究室を子会社として分離、独立させている例は珍しくない。このような子会

社に試験研究を委託する場合、特に注意を要するのは、委託研究費の額は委託した試験研究のテーマや内容、必要経費の額などに見合った合理的なものでなければならない、という点である。

そのテーマや内容等からみて不相当に高額な委託研究費を支払ったような場合には、合理的な金額を超える部分の金額は、その子会社に対する寄附金ということになる。試験研究費でなく寄附金になれば、所定の損金算入限度額を超える部分の金額は、損金にならない（法法37①②、法令73）。これは、子会社等の関連会社に対する委託研究費だけでなく、理論的には第三者に対する委託研究費についても生じる問題である。

ただ、試験研究のテーマや内容等は千差万別であり、現実の試験研究はきわめて個別性が強いから、合理的な金額を算定することはなかなかむずかしい。実際には個々の実態に応じて判断するしかない。

それでもあえて抽象的にいえば、たとえば外国や学界の研究状況、現代の技術水準、技術動向等からみて、明らかに成功の見込みがないのに、漫然と続けて研究費を支払っているような場合には、寄附金課税の問題が生じてこよう。また、受託者である子会社等の人材や研究設備などからみて、明らかに不相当な研究を委託したような場合、なんら研究の進行状況や結果に対して関心を払わず、その結果の報告等を求めていないような場合も同様である。このような場合には、研究の委託というのは名目で、真の目的は子会社等に対する利益補てんや資金援助など他のところにあるというべきであろう。

だからといって、ただ単に形式的に研究結果の報告を求めればよいというものでもない。あくまでも、真に実体として研究があり、その結果としての報告であることが必要である。

以上のような考え方は、基本的には内国法人間の取引を前提としている。一方、国外関連者である外国法人との間の委託研究にあっては、移転価格税制の適用が問題になってくることも考えられる。移転価格税制の適用問

題については、後記「Ⅴ　共同研究の課税関係」の項において述べる。

○　業務委託料に対価性がなく寄附金とされた事例

〔参考裁決例〕

　請求人は、グループ法人との間で締結した各業務委託契約に基づく業務は行われているから、費用計上した各業務委託料は損金の額に算入されるべきである旨主張し、原処分庁は、当該契約は実体のない架空の業務委託契約であり、当該各委託料は請求人の会長が実質支配するグループ法人への貸付金等であるとした上、当該貸付けに係る利息相当額は益金の額に算入すべきである旨主張する。

　当該各委託料は、①役務提供の有無にかかわらずに支払われている対価性のないものであること、②当該各委託料がグループ法人に対する貸付債権と相殺されていることからすると、その計上額は、請求人がグループ法人に対して債務消滅という経済的利益を無償で供与したこととなり、法人税法第37条《寄附金の損金不算入》第7項に規定する寄附金の額に該当すると認めるのが相当である。

　したがって、請求人の主張には理由がなく、また、当該各委託料が貸付金に当たるとして利息相当額を益金の額に算入すべきであるとする原処分庁の主張にも理由がない。

（国税不服審判所裁決　平成23.8.23　裁決事例集No.84　217頁）

(2)　委託研究費を寄附金にした場合

　委託研究をめぐる寄附金課税の問題に関しては、逆に委託研究費であるのにこれを寄附金として処理している例がみられる。たとえば、国公立の大学や公的な研究機関に研究を委託した場合の委託研究費である。これは、国公立の大学や公的な研究機関に対する寄附金は、国等に対する寄附金や

指定寄附金として全額損金になり（法法37③）、原価性などの判断を要しないこと、大学の教授やその教授の研究室等との私的なつながりを誤解されるのを嫌うこと等の事情によるものと考えられる。

しかし、国等や公的機関に対して行った寄附であっても、その寄附をした者がその寄附によって設けられた設備を専属的に利用することその他特別の利益がその寄附をした者に及ぶものは、税務上は寄附金から除かれる（法法37③一）。この場合には、寄附として支出した金銭の性質や目的に応じて、固定資産の取得価額や繰延資産の価額、寄附金以外の費用等として処理しなければならない。

本当に研究を委託したのであれば、寄附金ではなく試験研究費として、その性格、内容等に応じて適正に処理する必要がある。

なお、臨床研究法では、製薬会社等は、自社製品を用いて大学病院などの医師が**臨床研究**（医薬品等を人に対して用いることにより、その医薬品等の有効性または安全性を明らかにする研究）をする場合には、会社からの研究資金や寄附金、原稿執筆・講演料、交際費・慶弔費等の総額を公表しなければならないこととされている（同法33、同法施行規則90）。

○ **委託研究の成果である特許権等を委託先に帰属させる場合の処理**

〔質疑応答〕

（問） 当社は食品技術メーカーであるが、このたびある製品に関する研究開発を当社の親会社に委託することとし、研究委託契約を締結した。この製品開発は、専ら当社の必要性にもとづくものであるが、当社にはその研究開発能力がないところから、親会社に委託することとした。

ところが、この研究委託契約によれば、研究の結果得られた工業所有権を受ける権利およびノウハウは、研究委託先である親会社に帰属することになっている。

第4章　試験研究費と期間費用　143

　一方、当社はその研究の結果得られた工業所有権にもとづき、製品を製造し、または使用し、販売する再実施権付の独占的通常実施権を無償で取得する。

　このような契約にしたのは、工業所有権などの知的財産権については、その秘密保持や管理の一元化、効率的な活用などの観点から、親会社が一括して維持・管理する体制をとっているからである。

　このような場合、当社が親会社に対して支払う委託費について、その研究の結果得られる工業所有権などが当社に帰属していないことを理由に、寄附金とみなされるようなことはないか。

(答)　たしかに、自社の必要にもとづき他に研究開発を委託し、委託費を負担するにもかかわらず、その研究の成果である工業所有権やノウハウ等をまったく取得しないとすれば、寄附金課税の問題が生じてくるかもしれない。

　しかし、質問の場合には、その研究の成果である工業所有権やノウハウは実際に研究開発を行う親会社に帰属するものの、委託者である貴社は、再実施権付の独占的通常実施権を無償で取得する。この結果、貴社は第三者に再実施権を許諾し、使用料を得ることもできる。

　独占的通常実施権は、工業所有権の帰属する親会社といえども、その工業所有権を使用ないし利用することはできない性質のものである。貴社にとってみれば、実体的には工業所有権そのものを取得するのと何ら変わりないといえよう。

　また、その工業所有権やノウハウを親会社に帰属させるのが、知的財産権の管理の一元化という観点からのものである点とあわせてみれば、その親会社への帰属は形式的なものとみることができる。

　したがって、貴社は委託費を対価として再実施権付の独占的通常実施権を取得しようとするものであるから、その研究の結果得られる工業所有権

などが貴社に帰属しないことだけを理由に、寄附金に該当するとはいえないと考えられる。もちろん、その委託費の額は、委託研究の内容や結果、得られるかも知れない再実施権付の独占的通常実施権に見合った、経済的・合理的なものでなければならない。

○ **従来の寄附金から委託研究費に切り替える場合の処理**

〔質疑応答〕

(問) ㈶Y研究所は、昭和50年に設立された公益法人で、自動車に関する安全、公害、交通、エネルギー等の研究を行っている。

設立以来の同研究所の運営費用は、主として自動車メーカーの寄附金によりまかなっていた。しかし、同研究所の基盤も確立し自主運営ができるようになったので、今後は寄附金を削減し、その代わり業界の共通テーマを策定して、これを共同で同研究所に研究委託することとした。その研究委託は業界団体の名で行うが、その成果は業界団体傘下の各メーカーが自由に利用できるようにする。

この場合、研究委託費は、その実費を基礎にして傘下の各メーカーが共同で負担する。この共同負担金は、支出のつど損金として処理してよいか。

(答) 他の者に研究を委託した場合に支払う委託研究費について、税務上、どのように処理するかはその実質に応じて判断しなければならない。したがって、質問の共同負担金についても、委託研究としての実態が伴うものであれば、その支出のつど損金として処理することができる。ただし、その共同負担金でもって㈶Y研究所が研究用の固定資産を購入する場合には、繰延資産として処理しなければならない（法令14①六イ、法基通8－1－4、9－7－15の3）。

これに対して、委託研究の実態がなく、実質的に寄附金にすぎないもの

を共同負担金の名目で支払うような場合には、従来どおり寄附金として処理すべきである。

○ **学校法人が製薬会社等から受領した寄附金の中に治験等の役務提供の対価があるとされた事例**

〔参考判例〕

製薬会社等から、治験等に係る役務提供の対価としての金員を、一般的に奨学寄附金等の名目で受領していたものであり、本件寄附金の中には、治験等に係る役務提供の対価として支払われたものが存在したということができる。

医療機関等が、製薬会社等から新薬等の開発過程で必要とされる研究や情報の提供等の委託を受けて、これらの委託に係る役務を提供し、その対価を受領する場合にも、医療機関等が行うこのような委託研究等に係る行為も、施行令5条1項10号に規定する請負業に該当するというべきである。

(東京地判　平成15.5.15　判例時報№1865　25頁)

6　交際費・使途不明(秘匿)金課税の適用

(1)　交際費課税

新聞によれば、ある製薬メーカーが新薬の臨床試験などを大学病院に委託しその費用を委託研究費として計上していたが、国税当局により交際費等として認定された、と報じられている。国税当局の認定は、実際に研究が実施された形跡がなく、大学病院関係者への贈答、接待であるということのようである(日本経済新聞　平成8.10.15夕刊)。

税法上、**交際費等**とは、交際費、接待費、機密費その他の費用で、法人

が、その得意先、仕入先その他事業に関係のある者等に対する接待、供応、慰安、贈答その他これらに類する行為のために支出するものをいう（措法61の4⑥、措令37の5）。ここで交際費等は、一般に次の三要件を満たすものをいうと解されている（東京高判　平成15．9．9　判例時報1834号28頁）。

① 　支出の相手方……事業に関係ある者等かどうか。
② 　支出の目的……事業関係者等と親睦の度を密にして取引関係の円滑な進行を図るためかどうか。
③ 　行為の態様……接待、供応、慰安、贈答その他これらに類する行為かどうか。

この交際費等は、課税所得の計算上、資本金が1億円を超える法人は接待飲食費の額の50％相当額を超える金額は損金とならず、資本金が1億円以下の法人であっても、年間800万円を超える交際費等の額は損金の額に算入されない。ただし、資本金が100億円を超える法人は、交際費等の額の全額が損金不算入となる（措法61の4①②）。これを一般に**交際費課税**と呼ぶ。

委託研究費の名をもって計上した金額であっても、その実質が研究機関や大学等の関係者との日頃のつきあいを深くし、必要な時に便宜を図ってもらうことを目的にその歓心を買うための費用であるとすれば、交際費等に該当する。ただ単に、委託研究費として処理したからといってすべて損金になるわけではない。税務上は、その実質に応じて処理しなければならないことに留意する。

なお、前述したとおり、臨床研究法では、製薬会社に自社製品を用いて大学病院などの医師が臨床研究をする際に、企業と医師との交際費等の開示を義務づけている。企業と医師の過度な癒着を防ぎ、研究の信頼向上につなげるという（日本経済新聞　令和6．3．17朝刊）。

(2) 使途不明（秘匿）金課税

　マスコミによれば、ある製薬会社と大学教授との共同研究などの名目で、架空の検査料が臨床検査会社から製薬会社に請求された。製薬会社は、臨床検査会社の裏口座に計1,400万円を振り込み、臨床検査会社の社員が引き出して、大学教授に渡していたという。新薬開発の協力や大学付属病院への薬剤の納入、検査業務の請負などで、有利な立場に立ちたいとの意図があったとみられるようである（朝日新聞　平成12.10.3夕刊）。仮にこれらが事実とすれば、税務上は、使途不明金課税ないし使途秘匿金課税の問題が生じてこよう。

　法人が交際費、機密費、接待費等の名義をもって支出した金銭でその使途が明らかでないものは、損金の額に算入されない（法基通9－7－20）。これを一般に**使途不明金課税**という。

　医師に贈った金品や謝礼の相手先を明らかにしていれば、その費用は交際費等に該当し、上述の交際費課税の対象となる。これに対して、その相手先を明らかにしなければ使途不明金であり、その全額が損金にならないことになる。資本金が1億円を超える法人は、金品等の贈与は接待飲食費ではないから、交際費課税でも使途不明金課税でも、その全額が損金不算入になることに変わりはない。

　しかし、法人が支出する費用の使途が不明である場合には、別途、使途秘匿金課税の対象になる。すなわち、法人が平成6年4月1日以後に使途秘匿金の支出をした場合には、通常の法人税額に加え、その使途秘匿金の支出額の40％相当額の法人税を納付しなければならない。ここで**使途秘匿金の支出**とは、法人がした金銭の支出のうち、①相手方の氏名（名称）、②住所（所在地）および③支払事由の三つを帳簿書類に記載していないものをいう（措法62）。これを**使途秘匿金課税**と称する。

　医師に贈った金品や謝礼の相手先、住所および支払事由が帳簿書類に記載されていなければ使途秘匿金に該当し、使途秘匿金課税の対象になる。

使途秘匿金に該当すると、使途不明金課税と使途秘匿金課税の双方が適用され、その支出額に対して法人税と地方税とを合わせて100％近い税負担がかかる。十分に留意が必要である。

Ⅴ　共同研究の課税関係

1　総　　説

新技術や新商品の研究開発に自社の技術力や人的資源では不足する、あるいはリスクが大きすぎるといった場合には、共同研究が考えられる。もちろん、それには自社もそれ相応の技術や知識を持っていなければならないが、まったく新しい分野の研究開発には共同研究が効率的である。

新聞によれば、オフィスや家庭、街中で場所を問わずインターネットが使える無線LAN（構内情報通信網）の次世代技術を世界の情報通信企業、約20社が共同開発するとのことである。日本や米国の情報通信会社などが速度を10倍に高める技術を持ち寄り、国際標準規格をつくることで基本合意したという（日本経済新聞　平成25.5.13朝刊）。

共同研究の形態にはいろいろなものがある。共同研究の相手方をみると、関係会社、同業者、専門の研究機関、大学、公共団体などがある。この場合、共同研究費の計上時期や研究費用の負担関係の合理性、特に国外関連者である外国法人との間で行う共同研究にあっては、移転価格税制の適用を考慮しておかなければならない。

また、その運営方法といった観点からみると、技術研究組合、共同出資会社等の法人の設立や民法上の組合、商法上の匿名組合を結成するなどの例がみられる。特に、平成10年に創設された投資事業有限責任組合および平成17年に創設された有限責任事業組合の利用もみられるようになってきたので、その取扱いに留意を要する。

なお、特別試験研究機関や大学等、他の民間企業、技術研究組合の組合員と共同して行う試験研究の費用で、自己が負担すべきものは、特別試験研究費の税額控除の対象になる。特に、平成25年度の税制改正により、民間企業同士が行う共同研究も特別試験研究費の税額控除の対象になったので、積極的な利用が望まれる。詳細については、**「第8章　試験研究費と税額控除」**を参照されたい。

2　共同研究費の計上時期

　他の者と共同して研究を行う場合の共同研究費については、自己研究による試験研究費と同じように処理する。共同研究は、自己も研究に参加するものであるからである。製造原価になるものか、期間費用になるものかを判定し、その共同研究費が工業化研究に該当することが明らかな研究の費用でない限り、期間費用として処理してよい。

　共同研究費の費用計上時期は、自己研究の場合のそれと同様に考えればよい。すなわち、発生主義や費用収益対応の原則、債務確定基準を拠り所に当期に発生した試験研究費を当期の費用として計上する。

　ただし、他の法人や団体を母体として、または各種の組合を結成して共同研究を行い、その試験研究費を分担するような場合には、別途の考慮を要する。この点については、次に述べる。

○　**共同研究における発生費用の計上時期**

〔質疑応答〕

(問)　当社は製薬業を営んでおり、現在アメリカのA社と新医薬品の共同研究を行っている。その共同研究の結果、得られるノウハウや特許権などはすべてA社との共有にする。そのため、この共同研究に要する費用は、すべて両社で折半して負担する約束である。

> この場合、A社が他の業者へ研究（たとえば治験）を委託した費用も、当社が半額を負担する。この負担金についても、A社が他の業者から成果物を受領したときまでは、費用計上ができないことになるのか。

（答） 共同研究は、自己も直接研究に参加するものであるから、その研究費用の費用計上時期は、自己（社内）研究と同様に取り扱われることになる。

質問によれば、両社が要した共同研究の費用はすべて両社で折半して負担するということである。そうすると、A社が他の業者に研究を委託したことは、当社もA社と共同で外部に研究を委託したことになる。

他の者に対する委託研究は、民事法上は請負契約であるから、契約の目的物の引渡しなり役務の提供が完了したとき、すなわち成果物を受領したときに、委託研究費の支払債務が確定する。したがって、A社が他の業者へ研究を委託した費用の当社負担金についても、A社が他の業者から成果物を受領したときまでは、費用計上ができないことになるものと考えられる。これが原則的な考え方であろう。

ただ、質問のように海外の会社と共同研究を行うような場合、この原則により損金算入を行うことは著しく困難であることが考えられる。金額的にさほどの重要性がなく、また、両社がそれぞれ外部に研究（たとえば治験）を委託しているといった場合などには、負担金の支出ベースで損金算入することも合理性があるものと考える。

3　共同研究負担金の処理

(1) 損金算入時期

同業者がその同業者団体を母体として、あるいはいくつかの企業が集まって技術研究組合等を設立して、共同研究を行うような例がある。そして、

第4章 試験研究費と期間費用　*151*

その共同研究に参加する企業は、これら団体または組合が行う研究に要する費用を負担する。

　この場合、企業が支出する**研究負担金**については、単純にその支出をした時に損金に計上することはできない。すなわち、その同業者団体等がその構成員のために行う調査研究、研修指導など、通常の業務運営のために経常的に要する費用の分担額として支出する通常会費は、その支出をした事業年度において損金算入ができる。ただし、その同業者団体等に通常会費につき不相当に多額の剰余金が生じている場合には、その剰余金が適正な額になるまで前払費用として処理しなければならない。

　これに対し、その同業者団体等が特定の試験研究を行うために、通常会費のほか、特別に賦課する研究負担金については、その同業者団体等が試験研究費として支出した時に、その企業が支出したものとする（法基通9－7－15の3参照）。したがって、研究負担金の支出と同業者団体等のその研究負担金の使用とが同じ事業年度内であれば問題ないが、その事業年度が異なる場合には、研究負担金が使用されるまで前払費用として処理しなければならない。

(2)　資産としての処理

　試験研究を行う同業者団体や技術研究組合等がその研究負担金のうちから固定資産である試験研究用資産を取得した場合には、研究負担金を支出した企業は、その試験研究用資産の所有形態に応じて処理する必要がある。すなわち、その試験研究用資産について共同研究に参加した企業にも所有権がある場合には、各自その共有持ち分を固定資産として計上しなければならない。そして、各企業においてその共有持ち分の価額を基礎にして減価償却を行う。

　一方、共同研究に参加した企業には所有権がない場合には、「自己が便益を受ける共同的施設の設置または改良のために支出する費用」として繰

延資産になり、支出の効果の及ぶ期間において均等償却を行う（法令14①六イ、法基通8－1－4、8－2－3）。これら繰延資産の取扱いの詳細については後述する（「第7章　試験研究費と繰延資産」参照）。

○　研究開発分担金の費用計上時期

〔質疑応答〕

（問）　当協会は、農業用資材の研究開発を行っている。このたび、経済産業省の指導のもとに、農業用資材メーカー20社を構成員とする開発委員会を設置し、外国と共同で寒冷地における保温性、耐熱性に優れた資材の研究開発を行うこととした。

この研究開発に要するわが国の費用は、国庫補助金と開発委員会のメンバーである20社からの拠出による研究開発分担金によりまかなうこととしている。この20社からの研究開発分担金は、毎年初めにその年度の事業費の額を基礎として当協会に支払われ、費用支出のつど20社に報告され、最終精算は年度末に行う。

この研究開発分担金については、その拠出する20社は、支払時には仮払金とし、当協会における費用の支出時にその費途に応じて自己の負担部分を試験研究費として損金算入することとしてよいか。

（答）　まず、質問の場合には、そもそもその研究開発が共同研究といえるのかどうか、という問題がある。質問の内容からは、開発委員会のメンバー会社はその研究開発の成果をどのように利用できるのか、といった詳細が明らかではないが、共同研究とみて差し支えないであろう。

そうすると、質問の協会に拠出する研究開発分担金は、試験研究費とみることができるが、その損金算入については、協会が費用として支出するつど、損金として処理すべきことになる。その支出時の一時の損金とはならない。この場合、協会がその研究開発分担金を研究開発用の固定資産の

取得に充てた場合には、繰延資産として処理しなければならない（法令14①六イ、法基通8－1－4）。

したがって、質問にあるように、研究開発分担金の支払時には仮払金として処理しておくのは妥当な処理である。そして、その後の協会からの報告にもとづき期間費用か繰延資産かに振り分けていけばよい。

○　研究の進捗状況に応じて支払う研究負担金の計上時期

〔質疑応答〕

(問)　新技術の研究開発を行うS公団と民間企業数社とは、新技術の実証研究を今後4年間の予定でY社に委託して行うことになった。その実証研究に必要な費用については、S公団が8割を民間企業が2割を、それぞれ負担する。

民間企業の負担金は、その実証研究の進捗状況に応じてS公団へ拠出されるが、試験研究に要するランニング費用およびS公団の運営費に充てられ、S公団へ長期間滞留することはない。

また、民間企業の負担金は、試験研究に直接関係のないS公団の運営費に充てられる部分を除き、その研究成果は負担金の拠出割合に応じてS公団と民間企業との共有になること等からみて、試験研究費に該当すると認められる。

この場合、民間企業が拠出する負担金は、その拠出時の損金の額に算入してよいか。

(答)　共同研究のため同業者団体や組合等に拠出する研究負担金は、試験研究を行う同業者団体や組合等が試験研究費として支出した時に、その企業が支出したものとするのが原則である（法基通9－7－15の3参照）。この原則によれば、質問の場合にあっても、S公団が実際に試験研究費として支出した時に損金算入すべきことになる。

しかし、質問の民間企業の負担金は、試験研究に直接要するランニング費用およびＳ公団の運営費に充てられることが契約上明らかであり、また、実証研究の進捗状況に応じて拠出することとされているので、拠出時の損金算入をしても格別の弊害はない、と認められる。したがって、その負担金は、拠出時の損金の額に算入してよいと考える。

4　民法上の組合方式における処理

(1)　民法上の組合の意義

共同研究を実施するにあたって、新たに民法上の組合（同法667）を結成する例がみられる。一方、研究開発を行うベンチャービジネスに対する投資に際して、投資家が何人か集まって、民法上の組合である投資事業組合（いわゆるベンチャー・ファンド）を設立する例も多い。新聞によれば、あるベンチャーキャピタル会社が122億円の大型投資事業組合を設立するとのことである。この組合設立には、大手の証券会社が、証券会社が投資事業組合業務を行うことの解禁を受け、初めて投資家の勧誘に加わったという（日本経済新聞　平成9.1.27朝刊）。

民法上の組合は別名、任意組合と呼ばれ、幾人かが出資をして共同の事業を営む契約である。短期間のものでもよいし、損益も明確になるから、目的を同じくする少人数の者が出資をし合って共同の事業を行うには都合がよい。その組合財産は、各組合員が出資の割合等に応じて持ち分を有し、組合員の共有になる。しかし、民法上の組合の場合には、その組合員は無限責任を負う。研究開発には相当のリスクを伴い、当初は損失が生じるのが普通であるから、留意しなければならない。

このように民法上の組合は組合員が無限責任を負うことから、ベンチャー企業への投資の障害になっているとの指摘があった。この点に配慮して、平成10年に投資事業有限責任組合制度が創設された。この投資事業有限責

任組合については後述する。

(2) 課税上の原則

　税務上、民法上の組合そのものは独立した納税義務者とはならない。組合事業から生ずる利益金額または損失金額は、組合員ごとの分配割合に応じてそれぞれの組合員に直接帰属するものとして課税関係を律する（法基通14－1－1～14－1－2）。したがって、各組合員が組合に生じた損益を分配割合に応じて自己の収益または費用として、自己の固有の収益または費用に含めて申告・納税をするのである。この点が組合と組合員と二重の課税関係が生じないから、民法上の組合を利用するメリットだといわれる。ここで分配割合とは、組合契約により定める損益分配の割合または民法等の規定による損益分配の割合をいう。

　共同研究の組合についてみれば、その研究過程で収益が生じるのは稀で費用のみが生じるのが普通である。その組合の研究活動により生じた費用（損失）は、それぞれの組合員が分配割合に応じて自己の費用（損失）として法人税（個人組合員は所得税）の申告をする。もちろん収益が生じた場合には、その収益について分配割合に応じて申告しなければならない。

　この場合、組合事業の損失金額（または利益金額）のうち分配割合に応じて自己が負担すべき損失の金額（または分配を受けるべき金額）は、その組合員たる法人の各事業年度の期間に対応する組合事業に係る個々の損益を計算して損金の額（または益金の額）に算入する。これは、現実に損失の負担をしているか（または利益の分配を受けているか）否かを問わない。現金主義により損失を認識するのではないということである。

　ただし、その組合事業にかかる損益を毎年1回以上一定の時期において計算し、かつ、その法人への個々の損益の帰属がその損益発生後1年以内である場合には特例がある。すなわち、その帰属損益額は、その組合事業の計算期間を基礎として計算し、その計算期間の終了の日の属するその法

人の事業年度の益金の額または損金の額に算入する（法基通14－1－1の2）。

(3) 損失等の計算方法
イ　三つの計算方法
　上述した組合員たる法人が損金の額に算入する損失の額（または益金の額に算入する利益の額）については、次の①の総額方式により計算する。ただし、継続適用を条件に多額の減価償却費の前倒し計上などの課税上の弊害がない限り、次の②の中間方式または③の純額方式により計算してもよい（法基通14－1－2）。

① **総額方式**　その組合事業の収入金額、支出金額、資産、負債などを、その分配割合に応じて各組合員のこれらの金額として計算する方法

② **中間方式**　その組合事業の費用の額および損失の額（ならびに収入金額、その収入金額にかかる原価の額）を、その分配割合に応じて各組合員のこれらの金額として計算する方法

③ **純額方式**　その組合事業について計算される損失の額（または利益の額）を、その分配割合に応じて各組合員に負担（または分配）させることとする方法

ロ　各計算方法の効果
㈠　総額方式
　上記①の総額方式は、組合事業の損益、資産および負債のすべての項目を組合員たる法人のものと認識する方法である。したがって、その法人が試験研究費を支出したものとして、試験研究を行った場合の特別税額控除（措法42の4）の適用をしてよい。また、投資事業組合がベンチャー企業から受け取った配当金について、その組合員たる法人において受取配当等の益金不算入（法法23、23の2）の適用を受けることができる。さらに、組

合が取得した試験研究用資産の自己の持分に応ずる部分については、その法人が自己の資産として減価償却ができる。総額方式は、組合の資産についても組合員たるその法人のものと認識しているからである。

(ロ) **中間方式**

次に②の中間方式は、組合の損益項目については、各項目ごとに組合員たる法人のものと認識する方法である。この方法にあっては、①の総額方式と同様、その法人が試験研究費を支出したと観念することができる。したがって、その法人が試験研究費を支出したものとして、試験研究を行った場合の特別税額控除（措法42の4）の適用が可能である。また、たとえば投資事業組合がベンチャー企業から受け取った配当金について、その組合員たる法人において受取配当等の益金不算入（法法23、23の2）の適用を受けることができる。しかし、組合が試験研究用資産を取得していても、その法人が自己の資産として減価償却をすることはできない。中間方式は、組合の資産および負債項目まではその組合員たる法人のものと認識していないからである。

(ハ) **純額方式**

これに対して③の純額方式は、組合への出資をいわば有価証券投資と同様に考え、組合損益の計算尻だけを組合員たる法人の所得計算に取り込むものである。この方法のもとでは、その法人が試験研究費の支出や試験研究用資産の取得をしたと観念することはできない。単に純額である損失（または利益）の額だけしか計上されないからである。したがって、たとえば試験研究を行った場合の特別税額控除（措法42の4）やその試験研究用資産についての減価償却を行うことはできない。

ハ **金融商品会計基準の取扱い**

なお、「金融商品会計基準」では、③の純額方式による処理が原則とされている。すなわち、原則として組合財産の持分相当額を出資金として処

理する一方、組合損益の持分相当額を損益として認識する（日本公認会計士協会「金融商品会計に関する実務指針」132項）。貸借対照表および損益計算書の双方について持分相当額を純額で計上するのである。これは、一般的に出資者は、任意組合に対する出資を単なる資金運用の一手段と考えている場合が多いことから、持分相当額を純額で計上するのが経営者の意図を適切に反映することになる、との趣旨による。

(4) 課税上の特例

　法人が民法上の組合契約（同法667①）を締結し、その組合員となった場合において、その組合事業につき債務を弁済する責任の限度が実質的に組合財産の価額とされているときなどは、その法人に帰属する組合事業の損失の額のうち、法人の出資の価額を超える部分の金額は、課税所得の計算上、損金の額に算入できない。ただし、組合員のうち、その組合事業にかかる重要な財産の処分もしくは譲受けまたは組合事業にかかる多額の借財に関する業務の執行の決定に関与し、かつ、その業務のうち契約を締結するための交渉その他の重要な部分を自ら執行する組合員などについては、この特例は適用されない（措法67の12、法措通67の12－1～67の12－4）。

　これは、民法上の組合は本来その組合員が共同して事業を行うためのものであるところ、その組合の事業に関与せず、組合に対する出資を単なる資金運用の一手段として損失だけを取り込むような場合には、組合員に帰属する組合損失の損金算入を規制しようとするものである。民法上の組合を利用した租税回避行為を防止する趣旨である。

　ただし、真に民法上の組合の重要な業務執行に関与している組合員は、まさに本来的な民法上の組合の事業に参加しているものであるから、その組合員に直接帰属する組合損失は、損金の額に算入される。

○ 共同研究を行うため結成した任意組合が特許権を取得した場合の出資者の処理

―――〔質疑応答〕―――

(問) 当社は化学薬品の製造業を営んでいるが、同業者2社と任意組合を結成して、その任意組合で新製品や新技術の研究開発を行ってきた。その任意組合で行う研究開発の費用は、3社で均等に負担し、そのつど支出している。

その任意組合での研究開発が成功し、特許権を取得することになり、その特許権は3社の共有にすることになった。

この場合、その特許権の取得価額としてどのような価額を付せばよいか。任意組合に研究開発を委託していたことになり、これまで支出した研究開発費の負担金を特許権の取得価額としなければならないか。

(答) 任意組合は団体性は有するが、法人税や所得税の納税義務者にならず、その任意組合に生じる資産や負債、収益や費用は各組合員に直接帰属する(法基通14－1－1～14－1－2)。

したがって、共同研究のために任意組合に支出する研究開発費の負担金は、自社の固有の研究開発費と同様に考えて処理すればよい。そうすると、研究開発費は基本的に支出時の損金の額に算入することができるから、これまで負担してきた研究開発費を特許権の取得価額にする必要はない。

強いて特許権の取得価額に算入するとすれば、職務発明のため研究者に支払う報奨金や特許権の登録のための出願料、特許料、登録免許税などの費用が考えられる。しかし、登録免許税その他登録のために要する費用は、特許権の取得価額に算入する必要はない(法基通7－3－3の2(1)ニ)。

○ 民法上の組合の法的性格について判断された事例

〔参考裁決例〕

　民法第667条は、「組合契約は、各当事者が出資をなして共同の事業を営むことを約するによりてその効力を生ず。」と規定しているところ、当該組合は、①二人以上の者が各自出資して共同事業を営むことを目的とする団体であるが、その事業は継続的であることを要しないこと、また、出資は必ずしも組合契約と同時にする必要はなく、事業の進行に伴い、随時所要の額だけ分担拠出することができること、②業務執行者を選任したときは、当該業務執行者が組合を代表して業務の執行を行うこと、③損益分配の割合が定まっていない場合は、出資額の比率によること、④組合は、一つの独立した団体として存在し、第三者との間では法律関係の主体となりうるが、法人格を持たないので、法形式上は組合の法律行為は組合員自身の行為となること、⑤組合財産は各組合員の共有（いわゆる合有的共有又は合有）であり、組合員全員から独立した存在をもたず、組合員全員が同意すればいつでも処分できること及び⑥組合は、組合の目的たる事業の成功及び成功の不能により解散し、残余財産は各組合員の出資の価額に応じて分割ないし分配することと解されている。

（国税不服審判所裁決　平成8.6.26　裁決事例集No.51　429頁）

5　匿名組合方式における処理

(1)　匿名組合の意義

　これも広い意味で共同研究といえようが、匿名組合を利用して試験研究を進めている例がみられる。たとえば、新技術や新商品の研究開発を行うベンチャー企業を匿名組合の営業者とし、これに一般企業が匿名組合員と

して、その研究開発のための資金を出資するのである。

　匿名組合とは、当事者の一方が相手方の営業のために出資をし、その営業より生じる利益を分配すべきことを約する契約をいう（商法535）。匿名組合員の出資は営業者の財産に属し、匿名組合員は営業者の行為につき第三者に対して権利義務を有しない（商法536）。財産はすべて営業者に属し、組合員は一切共有持分を有しないが、責任は有限である。

　匿名組合はまさにその名のとおり、営業者だけが表に出て、出資者は資金の提供はするが表に名前を出さず、その営業者から利益の分配を受け、または損失の負担をするのである。前述の民法上の組合方式による共同研究と異なるのは、匿名組合員は資金を提供するだけで、実際の試験研究にはタッチしないという点であろう。

○　**匿名組合の意義について判断された事例**

〔参考判例〕

　匿名組合といえどもこれを経済的にみれば、匿名組合員と営業者との共同事業に外ならないが、法形式の面からみれば、外部に対し営業をするのはあくまでも営業者のみであって、匿名組合員は営業に全く関与しないのである。

（名古屋高判　昭和61.7.16　税資153号119頁）

(2)　**課税上の処理**

　匿名組合方式により試験研究をする場合には、営業者だけが試験研究を行い、匿名組合員は、いわば有価証券投資をしているのと同様に考え、税務処理をすることになる。仮に営業者が試験研究費を支出したとしても、匿名組合員は、試験研究を行った場合の特別税額控除（措法42の4）の適用はできない。

また、営業者が試験研究用資産を取得しても、匿名組合員が自己の資産として減価償却をすることも認められない。

　さらに、匿名組合が投資先であるベンチャー企業から配当金を受け取っても、その配当金について匿名組合員である法人が受取配当等の益金不算入（法法23、23の2）の適用を受けることはできない。この点がベンチャービジネスに対する投資にあたって、匿名組合を利用しにくい問題点の一つであるといわれる。

　これは、匿名組合の場合には、単に提供する資金を「出資金」等として処理し、分配を受ける利益を収益に、負担する損失を費用にそれぞれ計上するという、税務処理の方法しかないということである。この点が民法上の組合の取扱いと決定的に異なる。課税の実務においては、匿名組合か民法上の組合か、その判断が困難なことも少なくないので留意を要する。

　なお、民法上の組合と同じく、匿名組合に対する出資を単なる資金運用の一手段として損失だけを取り込むような場合には、その組合員である法人に帰属する組合損失の損金算入は規制される（措法67の12）。

(3) 損失等の計算方法
イ　匿名組合員

　法人が匿名組合員である場合には、その匿名組合から現実に利益の分配を受け、または損失の負担をしていないときであっても、匿名組合契約によりその分配を受け、または負担すべき部分の金額は、その計算期間の末日の属する事業年度の益金の額または損金の額に算入する（法基通14-1-3）。

　なお、特約がない場合には、匿名組合員は出資の額を超えて損失を負担することはない（商法538）。この点が前述の民法上の組合と異なり、ベンチャー企業に対する投資家を集めるために匿名組合が利用されている利点である。もちろん、課税上は出資の額を超える損失の負担は損金にならない。

第4章 試験研究費と期間費用　163

ロ　営業者

　これに対して、営業者である法人は、所得金額の計算にあたって、その匿名組合契約により匿名組合員に分配すべき利益の額または負担させるべき損失の額を損金の額または益金の額に算入する（法基通14－1－3）。

　なお、匿名組合が利益の分配をする場合には、営業者はその分配の際、所得税の源泉徴収をしなければならない（「第10章　試験研究費と源泉徴収」参照）。

○　民法上の組合か匿名組合かの判定(1)

〔質疑応答〕

（問）　当社はベンチャーキャピタル会社であるが、一般の投資家とともに存続期間10年の投資事業組合を結成した。その事業目的は、将来、株式の上場が期待できるベンチャー企業の株式を取得し、これを上場企業に育成することにより、上場時の株式の公開によるキャピタルゲインを得ようとするものである。

　この投資事業組合は、労務出資をする当社が業務執行組合員となり、金銭出資をする投資家が一般の組合員となっている。組合の業務はもっぱら業務執行組合員である当社が行うが、重要事項については、出資口数の過半数または3分の2以上の同意を必要とする。その労務対価として利益（投資元本の増殖額）の2割相当額が当社に支払われる。

　一方、組合財産は、金銭出資をした一般の組合員の共有とし、その一般の組合員は、その出資口数の割合に応じて利益（投資元本の増殖額）の8割相当額の分配、損失の負担、組合財産の持分権を有する。

　この場合、この投資事業組合は、税務上、民法上の組合または匿名組合のいずれとして取り扱われるか。

（答）　民法上の組合は、各当事者が出資をして効力が生じるものであるが、

その出資は金銭に限らず、労務でもよい（民法667②）。したがって、質問のような労務出資もあり得るのであるが、ベンチャーキャピタル会社が専ら業務執行を行い、かつ、組合財産に持ち分を有しない点に、民法上の組合といえるのか疑問が生じる。民法上の組合と匿名組合とは、①共同事業性の有無および②組合財産が共有か否かの2点にその区別が存する、といわれているからである。

　しかし、ベンチャーキャピタル会社が行う業務執行のうち重要事項、すなわち投資先企業の決定、株主固有の権利の行使、株式の現物分配の時期等については、一般の組合員の同意を得、指図を受けて行う。この点からみると、独自の裁量で業務執行を行う匿名組合の営業者とは異なるといえる。むしろ、投資事業組合から単に事務処理の委託を受けているとみられる。

　また、投資先の発行する株式の取得、株主名簿への登載、余裕資金の運用などにあたっては、組合員全員の名を表示して行っている。これは、各組合員が投資先に直接投資をしているとみることができる。

　これらの諸点からすると、質問の投資事業組合は典型的な民法上の組合としての要件が欠けている面は否めないが、さりとて匿名組合とはいえないので、民法上の組合として取り扱うのが相当である。

○　民法上の組合か匿名組合かの判定(2)

〔質疑応答〕

　(問)　当社はベンチャーキャピタル会社であるが、一般の投資家を募ってベンチャー企業に投資する投資事業組合を結成した。その投資事業組合は、その組合財産を各組合員の共有とし、そのことを対外的に明らかにするため、次のような措置を講じることとした。

①　投資株式については、株主名簿に各組合員名およびその持ち分を登録する。

② 代表名義人である当社が代表して受け取った配当等については、当社が他の組合員にかかる所得の帰属関係を明確にする資料せんを作成し、所轄税務署に提出する。

　この場合、その投資事業組合は、税務上、民法上の組合として取り扱ってよいか。

(答)　民法上の組合と匿名組合とは、①共同事業性の有無および②組合財産が共有か否かの２点にその区別が存する、と解されている。

　代表名義人が一括して配当等を受領したとしても、質問のような措置が講じられていれば、組合財産が共有であるという要件は特に問題になることはない、といえる。したがって、その投資事業が組合員の共同事業として行われている限り、民法上の組合として取り扱ってよいと考えられる。

○　民法上の組合か匿名組合かについて判断された事例

〔参考判例〕

○　民法上の組合契約（殊に講学上の内的組合）と商法上の匿名組合とは、共同事業性の有無及び組合財産が共有か否かにその区別が存するのであって、その余の各事由は右両者の区別にあっては何ら重要性を有しない。

　　　　　　　　（名古屋地判　昭和60.3.25　税資144号741頁）
　　　　　　　　（名古屋高判　昭和61.7.16　税資153号119頁）

○　「金銭消費貸借契約」と題する書面によって上告人会社と他の契約当事者との間でなされた契約は、①同社を除く各契約当事者が一定金額を出捐し、②右出捐金額に同社が不足金額を加えて特定不動産を購入し、③上告人会社は右購入に係る不動産を貸店舗、駐車場等に使用またはこれを売却し、④同社が得た収益のうちから「直接の必要経費」を差引いた残額につき、一定割合を乗じたものを上告

人会社以外の各契約当事者に出捐に応じて配分するという内容のものであり、これを子細に検討してみると、特定不動産の購入、利用、譲渡はすべて同社名義でなされており、特定不動産の利用方法の選択及び売却をなすか否かはすべて上告人会社の判断により行われており、他の契約者は、単にその利益分配を受けるにすぎないものであるから、右契約に基づいて取得した特定の不動産につき、各契約当事者が共有持分権を有しているとはいえないし、共同事業性も認められないから、本件各契約は商法上の匿名組合契約（商法535条）に該当し、右契約に基づき取得された土地の譲渡利益金額は営業者たる上告人会社に帰属する。

（最高判　昭和63.10.13　税資166号131頁）

○　**匿名組合契約による損益の確定時期について判断された事例**

〔参考裁決例〕

請求人は、航空機のレバレッジド・リース事業に係る出資者の損益の課税時期については、法人税基本通達14－1－3において匿名組合の計算期間の末日の属する事業年度と定められていることから、覚書計算期間の末日の属する事業年度である旨主張するが、出資者が営業者より受ける利益の分配は、営業者の各事業年度の確定決算により算定された匿名組合契約に係る事業の利益又は損失の額に基づき計算すべきと認められ、法人税基本通達14－1－3に定める計算期間は、匿名組合契約に規定される事業期間と解するのが相当であり、営業者の各事業年度の決算が確定しなければ、匿名組合の事業に係る減価償却費も確定しないことが認められるから、覚書による計算期間を基礎とする減価償却費の算定方法は、単に減価償却費を見積計上したものであり、合理的な算定方法とは認められない。したがって、本件匿名組

合投資損失は、匿名組合事業の確定した損失の負担額とは認められないので、本件事業年度の損金とすることはできない。

（国税不服審判所裁決　平成4.9.16　裁決事例集No.44　217頁）

6　投資事業有限責任組合方式における処理

(1)　投資事業有限責任組合の意義

　平成10年に有限責任組合法が制定され、投資事業有限責任組合制度が創設された。この制度は、中小企業に対する投資事業を行うための組合契約に、無限責任組合員と有限責任組合員とがある制度を確立し、円滑な投資の促進を図ることを目的とする（同法1）。これは米国のリミテッド・パートナーシップに範をとったものである。

　投資事業有限責任組合は、**無限責任組合員**と**有限責任組合員**とからなり、各当事者が出資を行い、共同で中小企業の設立時の発行株式の取得・保有などの事業を営むものである（同法3）。この投資事業有限責任組合には、組合財産の共有、委任の規定の準用、業務執行者の辞任と解任、組合員の持分の処分の制限、組合財産の分割の禁止、脱退組合員の持分の払戻しなど、任意組合に関する民法の規定が準用される（同法16）。もちろん、投資事業有限責任組合独自の制度も設けられている。たとえば、次のような制度である。

① 　組合は、その名称中に投資事業有限責任組合という文字を用いなければならない。

② 　組合の業務は、無限責任組合員が執行する。

③ 　有限責任組合員は、その出資の価額を限度として組合債務の弁済義務を負う。

④ 　組合財産は、貸借対照表上の純財産額を超えて分配することはできな

い。
⑤ 組合の事業、名称、無限責任組合員の氏名（名称）と住所、組合員の数等を登記しなければならず、その登記後でなければ善意の第三者に対抗することはできない。

このように投資事業有限責任組合は、有限責任組合法を設立根拠法とするものであるから、民法上の組合や商法上の匿名組合とは異なる。しかし法人格がない点は、これら組合と同じである。

ある大手銀行グループは、大企業から独立して新事業を始めるベンチャー企業を対象にした投資ファンドである「社内発・産学連携ベンチャー支援投資事業有限責任組合」を設立した。ベンチャー企業の株式を取得し、上場による株式値上り益（キャピタルゲイン）の獲得をめざすという（日本経済新聞　平成14.10.22朝刊）。今後は、このような投資事業有限責任組合を利用してのベンチャー企業への投資の活発化が期待される。

(2) 課税上の処理

投資事業有限責任組合は、上述したように民法上の組合とは異なる特徴を有している。しかし、あくまでも法人格のない組合であり、組合事業は組合員の共同事業であること、組合財産は組合員の共有であることなど、基本的な仕組みは民法上の組合と同じである。

そこで、税務上は前述した民法上の組合と同様の取扱いが行われる。すなわち法人税基本通達14－1－1《任意組合等の組合事業から生ずる利益等の帰属》から同14－1－2《任意組合等の組合事業から分配を受ける利益等の額の計算》までの定めが適用される。具体的な税務上の処理、損失等の計算方法については、前記「**4　民法上の組合方式における処理**」を参照されたい。

民法上の組合および匿名組合と同じく、投資事業有限責任組合に対する出資を単なる資金運用の一手段として損失だけを取り込むような場合には、

その組合員である法人に帰属する組合損失の損金算入は規制される（措法67の12）。

なお、投資事業有限責任組合を通ずる出資は、特別試験研究費の税額控除の対象になる「特定新事業開拓事業者」（措規20⑦）やオープンイノベーション促進税制における「特別新事業開拓事業者」（措規22の13②）の判定において、特例が認められている。

(3) 損失負担の会計処理

投資事業有限責任組合は、有限責任組合員と無限責任組合員とからなっている。その組合から分配を受ける利益の額（出資総額の範囲内の損失の額を含む）については、各組合員の分配割合に応じた会計処理を行えばよい。

一方、組合が出資総額を超える損失を計上した場合、その損失を有限責任組合員と無限責任組合員とがどのように負担するかが問題になる。これについては、法人税基本通達14－1－2に定める「三つの計算方法」の別に、かつ、有限責任組合員と無限責任組合員との別に、それぞれ次による（平成10.10.21課審4－20、課審3－41、「中小企業等投資事業有限責任組合契約に係る税務上の取扱いについて」通達）。

イ　**総額方式**　収入金額、支出金額、資産、負債等をその分配割合に応じて各組合員の金額とする方法（法基通14－1－2⑴）

(イ)　**有限責任組合員**

組合の損失額に対するその有限責任組合員の損失負担割合を組合の収入金額、支出金額に乗じて、その有限責任組合員のこれらの金額として計上する。資産については分配割合に応じて計上し、負債については、分配割合に応じた額から有限責任組合員が負担しない額（出資額を超えた損失分）を控除した額を計上する。

(ロ)　**無限責任組合員**

組合の収入金額、支出金額、資産、負債等のうち有限責任組合員のこ

れらの金額として計上した額を控除した額を、無限責任組合員の収入金額、支出金額、資産、負債等の額として計上する。

ロ **中間方式** 収益、費用、損失の額をその分配割合に応じて各組合員の金額とする方法（法基通14－1－2(2)）

　(イ) **有限責任組合員**

　　組合の損失額に対するその有限責任組合員の損失負担割合を組合の収益、費用、損失の額に乗じて、その有限責任組合員のこれらの金額として計上する。

　(ロ) **無限責任組合員**

　　組合の収益、費用、損失の額のうち有限責任組合員のこれらの金額として計上した額を控除した額を、無限責任組合員の収益、費用、損失の額として計上する。

ハ **純額方式** 損失の額をその分配割合に応じて各組合員に負担させる方法（法基通14－1－2(3)）

　(イ) **有限責任組合員**

　　その有限責任組合員の出資額を限度として損失を計上する。ただし、その有限責任組合員の持分額が設立当初の出資額より減少しているときは、その持分額を限度とする。

　(ロ) **無限責任組合員**

　　組合の損失額のうち有限責任組合員が負担した額を控除した額を無限責任組合員の損失額として計上する。

7　有限責任事業組合方式における処理

(1) 有限責任事業組合の意義

　平成17年に有限責任事業組合契約に関する法律（有限責任事業組合法）が制定され、有限責任事業組合制度が創設された。この制度は、共同で営

利事業を営むための組合契約に、組合員の責任の限度を出資価額とする制度を確立し、個人または法人が共同して行う事業の健全な発展を図ることを目的とする（同法1）。

有限責任事業組合は、個人または法人が出資して、それぞれの出資の価額を責任の限度として共同で営利事業を営むことを約し、各当事者がそれぞれの出資の払込みまたは給付の全部を履行することによって効力を生ずる契約によって成立する（同法2）。組合員は、その出資の価額を限度として、組合の債務を弁済する責任を負い（同法15）、組合員の全員が有限責任である。そのため日本版 LLP といわれている。

有限責任事業組合には、組合財産の共有、金銭出資遅滞者の責任、委任の規定の準用、組合員の財産検査権、組合員の持分の処分の制限、組合財産の分割の禁止、脱退組合員の持分の払戻しなど、任意組合に関する民法の規定が準用される（同法56）。有限責任事業組合の固有の定めとして、次のようなものがある。

① 組合は、その名称中に有限責任事業組合という文字を用いなければならない。
② 組合の名称、事業内容、存続期間、組合員の加入、持分の譲渡、重要な財産の処分および譲受け、多額の借財などの重要な意思決定については、総組合員の同意による。
③ 組合員は、組合の業務を執行する権利を有するとともに、義務を負い、組合の業務執行の一部のみを委任することができる。
④ 組合員は、組合財産を自己の固有財産および他の組合の組合財産と分別して管理しなければならない。
⑤ 組合の会計は、一般に公正妥当と認められる企業会計の慣行に従うものとし、組合員は組合の会計帳簿を作成しなければならない。
⑥ 組合員の損益分配の割合は、会計帳簿に記載された各組合員が履行した出資の価額に応じて定めることを原則とする。

⑦　組合財産は、その分配の日における分配可能額を超えて分配することができない。
⑧　組合員が組合財産の分配を受けた場合において、その分配を受けた日の属する事業年度末に欠損額が生じたときは、その分配を受けた組合員は、組合に連帯してその欠損額を支払う義務を負う。

　有限責任事業組合は、有限責任事業組合法を設立根拠法とするものであるから、民法上の組合や匿名組合、投資事業有限責任組合とは異なる。しかし、あくまでも組合契約であって、法人格がない点はこれら組合と同じである。

(2)　課税上の原則

　有限責任事業組合は、民法上の組合とは異なるものであり、独自の特徴を有している。しかし、法人格がないこと、組合事業は組合員の共同事業であること、組合財産は組合員の共有であることなどは、民法上の組合や投資事業有限責任組合と同じである。

　そこで、有限責任事業組合は、民法上の組合や投資事業有限責任組合と同様に、組合自体に納税義務者として課税はされず、その組合員に直接課税が行われる構成員課税が適用される。

　税務上は前述した民法上の組合および投資事業有限責任組合と同様の取扱いが行われることになる。すなわち、法人税基本通達14－1－1《任意組合等の組合事業から生ずる利益等の帰属》から同14－1－2《任意組合等の組合事業から分配を受ける利益等の額の計算》までの定めが適用される。具体的な税務上の処理、損失等の計算方法については、前記「4　民法上の組合方式における処理」を参照されたい。

(3)　課税上の特例

　法人が有限責任事業組合契約を締結し、その組合員となった場合におい

て、その法人の当該事業年度の組合事業による損失の額がその法人の組合事業にかかる出資の価額を基礎として計算した所定の金額を超えるときは、その超える部分の金額は、課税所得の計算上、損金の額に算入されない（措法67の13）。

　有限責任事業組合の組合員は、すべて有限責任である一方、全組合員が何らかの形での業務執行への参加が担保されている。そこで、全組合員のすべてにつき、一律にその出資額を超える部分の組合損失の額は、損金性を否定するということである。これは、前述した民法上の組合や匿名組合、投資事業有限責任組合に対する特例と同じように、有限責任事業組合を利用した租税回避行為を防止する趣旨である。

8　寄附金課税の適用

　前述したように、法人が他の者に研究を委託した場合において、委託先に支払う試験研究費の額が不相当に高額であるときは、寄附金課税の問題が生じる。同じように、共同研究の場合にも、寄附金課税の問題に直面することがあり得よう。たとえば、親子会社が共同して試験研究を行うにあたって、その共同研究に要する費用の大部分を親会社が負担し、子会社はわずかしか負担しないような場合である。またその逆の場合も考えられる。

　しかしこのような場合、単に共同研究であるからといって、直ちに親会社から子会社に対して贈与、すなわち寄附があったといえるだろうか。たとえば、その研究の成果として特許権を取得した場合に、その特許権はすべて親会社に帰属し、子会社はその特許権に通常実施権しか有しないというのであれば、研究費用の大半を親会社が負担したとしても、あながち不合理とはいい切れないからである。

　このように、共同研究であるからといって、その特許権を平等に共有する場合はともかく、その参加者が常に均等に研究費用を負担しなければな

らないわけではない、と考えられる。しかし、何をもって各参加者が負担すべき合理的な金額を決定するのか、その基準がむずかしい。

共同研究の場合には、本来相手方が負担すべき研究費用を自己が負担した、すなわち相手方に対して贈与があったかどうかは、各参加者の負担額がその研究による成果物の帰属や専用実施権や通常実施権の設定による受益の程度に応じているかどうかを基準とすることになろう。

以上の取扱いは、共同研究における寄附金課税の基本的な考え方であり、内国法人間における共同研究を想定している。国外関連者である外国法人との共同研究にあっては、別途、移転価格税制の適用を視野に入れておく必要がある。この点は、次項において述べる。

○ 研究開発費用の全額を負担する場合の寄附金課税の有無

〔質疑応答〕

（問） 当社は化学製品の製造会社であるが、このたび外国企業が有するある化学製品の製造技術を無償で利用し、5年間研究開発を行うことにした。この研究開発に要する費用は全額当社が負担するが、これにより開発された特許権等は、その外国企業に帰属するものとされている。

ただし、将来、その研究開発が成功し、当社がその特許権等を使用する場合には、当社が負担した研究開発費用の2倍＋αの範囲内での無償使用が認められる。また、当社には研究開発中に技術を習得するというメリットもある。

なお、その外国企業は当社と資本関係などの特殊関係は一切ない。

この場合、その研究開発費用は寄附金ではなく、一時の費用として処理することが認められるか。

（答） 形式的にみれば、その研究開発により開発された特許権等は他の者

に帰属するにもかかわらず、その研究開発費用の全額を負担するのは不合理であり、寄附金に該当するという意見があり得よう。

しかし、将来的に開発された特許権等を無償で使用できること、研究開発中に技術を習得できるというメリットがあること等からすれば、形式的に寄附金とするのは実情にあわない。相手方である外国企業が全く特殊関係のない第三者であることからみても、経済的に合理性のある取引といえるであろう。あくまでも寄附金というのは、相手方に対する金銭等の無償の供与をいうからである。

したがって、質問の研究開発費用は寄附金ではなく、試験研究費として一時の費用処理することができよう。

9　移転価格税制の適用

法人が国外関連者との間で行った資産の販売、資産の購入、役務の提供その他の取引、すなわち**国外関連取引**が独立企業間価格にもとづいてなされていないときは、課税所得の計算上、その国外関連取引は独立企業間価格で行われたものとみなされる。また、国外関連者に対する寄附金は、その全額が損金にならない（措法66の4）。これを**移転価格税制**（Transfer Pricing Taxation＝TP税制）と呼ぶ。

ここに**国外関連者**とは、外国法人でその外国法人との間にいずれか一方の法人が他方の法人の50％以上の持株を保有する関係その他実質支配の関係にあるものをいう。また、**独立企業間価格**は、概念的に特殊の関係にない独立の企業同士が取引をするとした場合に成立するであろう取引価格である。

内国法人が国外の親会社または子会社と共同で研究開発を行う場合、その研究開発費用の負担割合が合理的でないときは、移転価格税制の適用が問題になる。すなわち、研究開発費の負担関係が独立企業間でも成立しう

る負担割合となっておらず、国外の親会社や子会社の負担割合が低いようなときは、あるべき合理的な負担割合に引き直して、課税所得を計算する。これが特に最近、費用分担契約ないし**コストシェアリング契約**として移転価格税制の適用にあたって議論となっている。

　費用分担契約（Cost Contribution Agreement＝CCA）とは、無形資産等を共同で開発する目的で、その目的達成に必要な研究開発等の費用を、その研究開発等の活動から生じる成果につき各参加者が受ける便益に応じて分担することを取り決め、その成果を各参加者の分担額に応じて帰属させることとする契約をいう（国税庁・移転価格事務運営要領3－15）。具体的には、たとえば親会社が子会社に特許権等の使用を許諾する場合、対価としてのロイヤルティを収受するかわりに、特許権等の開発段階から子会社を参加させ、その研究開発費用を分担させるような契約である。研究開発リスクの分散、研究開発費用の早期回収、ロイヤルティに対する源泉徴収の回避といったメリットがあるため、近年、事例が多くなっている。

　その場合、もし研究開発費用の分担割合とその研究開発から得られる親・子会社の各利益（研究開発の成果の帰属）割合とが合理的に均衡していなければ、移転価格税制が適用される余地がでてくる。しかし、研究開発費用の分担割合との間に合理性があるかどうかの判断はきわめてむずかしい。

　また、無形資産をめぐる移転価格税制では、最近、特に外国子会社から受け取る特許権や商標権の使用料の適否や技術役務の提供の対価（アブセンスフィー）の多寡などが問題となる事例が多い。これなども、実務上、企業が比較対象取引などを把握することは難しく、予測可能性が乏しいことから悩ましい問題である。

　そこで、税務当局とのいたずらな紛争を避けるために、事前確認制度を利用することが望まれる。移転価格税制の**事前確認**は、国外関連取引の概要、独立企業間価格の算定方法と具体的内容などを事前に税務当局に申し

出て、確認を受ける制度である（移転価格事務運営要領第6章）。この事前確認を受けておけば、独立企業間価格の算定方法についての予測可能性が確保される。

Ⅵ 受託研究の課税関係

1 総　　説

　受託研究は、他の者から委託を受けて行う研究である。特に最近では、ソフトウエアの研究開発について、ソフトウエア製作会社等が他の企業から制作を受託するケースが増え、その処理方法が議論になっている。

　受託研究にあっては、研究費を受領して他人のために研究するのであるから、まずその**受託研究費の収益計上時期**が問題になる。これは受託研究の法的性格をどう解するかということになってくる。そしてつぎに、その収益に対応する原価をどのようにとらえ、いつ計上するかである。受託研究が完了するまでは棚卸資産である「仕掛品」ということになる。

　さらに、受託研究は委託を受けて他人の費用で研究するのであるが、その研究の成果はだれに帰属するのか、明確にしておく必要がある。もし、研究成果の帰属が不合理であるような場合には、寄附金課税や受贈益課税、移転価格税制の問題が生じることも考えられる。

　新聞によれば、ある光学機器メーカーは、日本で研究開発を行う際、現地に製造拠点をもつ東南アジアの各子会社から委託を受けたとする契約を結び、その研究開発によって生じた無形資産である製造技術も法律上、発注者である各子会社に帰属するとして、その製品の販売収益のうち製造技術に与えられる対価も各子会社に入ることにしていた。これに対し、国税当局は、日本で研究開発された製造技術であり、親会社が本来得られるはずの法人所得を国外に流出させたとして、移転価格税制を適用したとのこ

とである。親会社から海外子会社への所得移転に適用される移転価格税制では、通常、親子間の取引価格が問題になるケースが多く、今回のように親子間の業務委託契約が問題となるケースは極めて珍しいという（讀賣新聞　平成25.6.28朝刊）。

　なお、受託研究は委託研究と裏腹の関係にある。その法的性格、寄附金課税の問題などは、前述の「Ⅳ　委託研究の課税関係」の項を参照されたい。また、移転価格税制の問題は、「Ⅴ　共同研究の課税関係」の項において述べた。

2　受託研究費の収益計上時期

(1)　基本的な考え方

　受託研究の法的性格は、請負である。税務上、請負による収益の額は、物の引渡しを要する請負契約にあってはその目的物の全部を完成して相手方に引渡した日、物の引渡しを要しない請負契約にあってはその約した役務の全部を完了した日において、それぞれ益金に計上する（法法22の2①、法基通2－1－21の7）。目的物を引渡した日または役務の提供が完了した日に、それぞれ収入すべきことが確定するからである。

　これを研究の受託についてみれば、その受託した研究が完了した日に収益を計上すべきことになる。**研究が完了した日**は、相手方に研究の結果報告書や完成品、試作品などを引渡した日ということになろう。

　これは最近事例が多くなっている、ソフトウエアの受注製作の場合にも適用される。受注したソフトウエアの全部を完成して、相手方に引き渡した日に収益として計上する。

　新聞報道によれば、ある医療系の学校法人が、大学の付属病院が外部から受けた委託研究費を収益から除いていたとのことである（讀賣新聞　平成20.9.23朝刊）。

学校法人は、法人税の課税上、公益法人等に該当し、原則として法人税は課されない。ただし、収益事業を営む場合には、その収益事業から生じた所得に対しては、法人税が課される（法法6）。

　学校法人が研究の委託を受ける行為は、請負契約であり、収益事業である「請負業」に該当する（法令5①十、法基通15-1-27）。

　一般の会社はもとより、公益法人等といえども、受託研究費の収益計上には留意が必要である。

(2)　技術役務の提供

　設計、作業の指揮監督、技術指導その他の**技術役務の提供**による報酬は、原則としてその約した役務の全部の提供を了した日に収益として計上する。これら技術役務の提供は、法的性格は請負であるから、上述の基本的な考え方によるのである。

　もっとも、その技術役務の提供について次のような事実がある場合には、その支払を受ける報酬の額が確定するつど、その確定した額をその確定した日に収益として計上しなければならない（法基通2-1-1の5）。約した役務の全部の提供は完了していないが、部分的に受け取る報酬の額が確定するからである。

① 　報酬の額が現地に派遣する技術者等の数および滞在期間の日数等により算定され、かつ、一定の期間ごとにその金額を確定させて支払を受ける場合

② 　たとえば基本設計の報酬の額と部分設計の報酬の額とが区分されている場合のように、報酬の額が作業の段階ごとに区分され、かつ、それぞれの段階の作業が終了するつどその金額を確定させて支払を受ける場合

　以上の取扱いは、たとえばソフトウエアの製作にあたって、助言を与えるコンサルテーション契約やオペレーションの受託契約などの報酬に適用される。また、この取扱いの考え方は、たとえばソフトウエアの製作を受

注し、その報酬を作業工程の段階にわけてその工程が完了し、相手方の検収を受けるつど支払を受けるような場合にも適用できよう。

(3) ソフトウエアの受注製作
イ 旧会計基準の取扱い
(イ) 工事完成基準

企業会計では、**受注制作のソフトウエア**の制作費は、請負工事の会計処理に準じて処理する（基準四１）。

具体的には、次のように処理することになる。すなわち、受注制作のソフトウエア取引は、オーダーメイドによるものであり、その仕様は確定していない。そのため、顧客の側から契約内容に応じて成果物が機能することの確認を受けて、成果物の提供が完了したといえる。したがって、その確認を受けた時点で収益を認識することになる（旧・企業会計基準委員会実務対応報告第17号「ソフトウエア取引の収益の会計処理に関する実務上の取扱い」平成18．3．30）。これは、請け負った工事の全部が完成して、請負の目的物を相手方に引き渡したときに収益計上する**工事完成基準**の適用である。

ソフトウエア制作の受注は、法的には請負契約であるから、実務的には請負工事に準じて会計処理する慣行が定着しているものと思われる。企業会計の取扱いは、この慣行を前提にしたものであろう。

(注) 上記「ソフトウエア取引実務対応報告」は、平成30年３月の収益認識基準の制定に伴い廃止されたが（同基準90項）、その考え方は今後も参考になる。

(ロ) 分割検収基準

工事完成基準は、工事の完成時に一時に収益が計上されるので、工事の完成年度の期間損益に与える影響が大きい。

そこで、たとえば長期・大型のソフトウエア開発になると、一つのソフトウエア開発プロジェクトをいくつかの作業ごとのフェーズに分けて契約

し、各フェーズごとに検収を行う、**分割検収**の例がある。このような分割検収の場合、分割された契約の単位（フェーズ）の内容が一定の機能を有する成果物の提供で、かつ、顧客との間で納品日、入金条件等について事前の取決めがあり、顧客から成果物の提供の完了の確認を受けるときは、その時点で収益計上をしてよい（旧・ソフトウエア取引実務対応報告）。

これは**部分完成基準**の考え方といってよいであろう。

(ハ) **工事進行基準**

平成19年12月27日に企業会計基準委員会から「工事契約に関する会計基準」（企業会計基準第15号）が公表された。この**工事契約会計基準**は、工事契約に関して、施工者における工事収益および工事原価の会計処理に適用される。

工事契約会計基準では、工事の進行途上においても、その進捗部分について成果の確実性が認められる場合には工事進行基準を適用するものとされている（同基準9）。その工事進行基準を適用する場合には、工事収益総額、工事原価総額および決算日における工事進捗度を合理的に見積り、これに応じて当期の工事収益および工事原価を損益計算書に計上する（同基準14）。このように、**工事進行基準**は、請負工事の進行度合いに応じて損益を見積り計上する方法であり、工事の完成前に収益・費用が前倒しで計上される。

この工事進行基準は、①工事収益総額、②工事原価総額および③工事進捗度が合理的に見積もられ、その進捗部分について成果の確実性が認められる工事契約については、強制的に適用される。後述する法人税の工事進行基準が強制適用される長期大規模工事と異なり、工事期間の長短や請負金額の多寡という形式的な要件はない。

ソフトウエアの受注制作についても、その進捗部分について成果の確実性が満たされる限り、工事進行基準を適用し、収益および原価を損益計算書に計上しなければならない。上記のような要件を満たさない場合には、

工事完成基準または部分完成基準により収益・費用を計上する。

　なお、工事進行基準を適用した結果、工事の進行途上において計上される未収入額については、金銭債権として取り扱う（同基準17）。工事進行基準の適用により会計処理上、借方に計上される「工事未収入金」は、貸倒引当金や貸倒損失の対象にしてよいということである。

（注）「工事契約会計基準」は、平成30年3月の収益認識基準の制定に伴って廃止されたが（同基準90項）、その基本的な考え方は今後も参考になる。

ロ　新会計基準の取扱い

　平成30年3月に制定された収益認識基準では、収益は顧客との契約における**履行義務**（その契約において、財又はサービスを顧客に移転する約束）を充足した時または充足するにつれて認識する（同基準35項）。すなわち、取引開始日に「履行義務が一定の期間にわたり充足されるもの」か「履行義務が一時点で充足されるもの」かを判定し、それぞれに応じて収益を計上する（同基準36項）。

　受注制作のソフトウエア（契約の形式にかかわらず、特定のユーザー向けに制作され、提供されるソフトウエア）は、この「履行義務が一定の期間にわたり充足されるもの」に該当するから、履行義務の充足にかかる進捗度を見積り、その進捗度にもとづき収益を一定の期間にわたり認識していく（同基準38項、41項）。ただし、制作期間がごく短い受注制作のソフトウエアについては、一定の期間にわたり収益を認識せず、完全に履行義務を充足した時点で収益を認識してもよい（適用指針95項、96項）。

　この場合の**進捗度の見積方法**には、アウトプット法とインプット法とがある（適用指針15項）。**アウトプット法**は、現在までに顧客に移転した財またはサービス（資産）の価値を直接的に見積り、現在までに顧客に移転した資産と約束した残りの資産との比率にもとづき収益を認識する方法をいう。この場合の使用される指標には、現在までに履行を完了した部分の調

査、達成した成果の評価、達成したマイルストーン、経過期間、生産単位数、引渡単位数等がある（適用指針17項～19項）。

一方、**インプット法**は、履行義務の充足に使用されたインプットが、顧客との契約における取引開始日から履行義務が完全に充足されるまでに予想されるインプット合計に占める割合にもとづき収益を認識する方法をいう。この場合の使用される指標には、消費した資源、発生した労働時間、発生したコスト、経過期間、機械使用時間等がある（適用指針20項～22項）。

これら進捗度にもとづく収益の認識方法は、まさに工事進行基準による方法である。特に、インプット法の「発生したコスト」を指標にする方法は、税務上の工事進行基準による方法といえよう（法法64、法令129③）。

上述したように収益認識基準の制定に伴う「工事契約会計基準」の廃止により、請負契約等による収益の認識基準として工事進行基準は適用できなくなったのではないか、という疑問を抱く向きもあるが、収益認識基準の適用下においても、工事進行基準の考え方は適用されることに留意する。

ハ　法人税の取扱い

㈲　工事完成基準

前述したように、請負による収益は、請負の目的物を相手方に引き渡した日または約した役務の全部を完了した日において、それぞれ計上する（法法22の2①、法基通2−1−21の7前段）。これは工事完成基準である。

ソフトウエアの受注製作は請負であるから、法人税においても、その収益は工事完成基準により計上する。これは企業会計の考え方、取扱いと同じであるといってよい。

㈹　部分完成基準

このように、請負による収益は、工事完成基準により計上するのが原則である。ただし、法人が請け負った建設工事等に次のような事実がある場合には、その事業年度において引き渡した建設工事等の量または完成した

部分に対応する工事収入を計上しなければならない(法基通2-1-1の4)。

① 一の契約により同種の建設工事等を多量に請け負い、その引渡量に従い工事代金を収入する旨の特約または慣習がある場合
② 1個の建設工事等であっても、その建設工事等の一部が完成し、その完成した部分を引き渡したつど、その割合に応じて工事代金を収入する旨の特約または慣習がある場合

これは請け負った建設工事等の全部が完成していないときにおいても、部分的に完成し、引き渡すつど収益を計上する方法である。これを**部分完成基準**という。

ソフトウエアの受注製作についても、この部分完成基準を適用する余地があると考えられる。上述した企業会計の分割検収の場合と同じように、契約を工夫することにより、分割された契約の単位(フェーズ)の引渡しのつど、収益を計上することができよう。また、前述した技術役務の提供報酬の収益計上基準の考え方も参考になる。

部分完成基準を適用すれば、大規模、長期のソフトウエアの受注製作などは、損益計上の平準化を図ることができる。

(ハ) **工事進行基準**

税務上、請負による収益の計上基準に関しては、上述した工事完成基準と部分完成基準のほか、工事進行基準がある。

従来、法人税では工事進行基準の対象になる「工事」には「ソフトウエアの開発」は含まれておらず、ソフトウエアの開発には工事進行基準は適用できないと解されてきた(旧法法64①、旧法基通2-4-12)。

しかし、平成20年度税制改正により、工事進行基準の適用対象になる「工事」に「ソフトウエアの開発」が含まれることとされた(法法64①)。そこで、今後はソフトウエアの受注製作による収益・費用についても、工事進行基準を適用することができる。この場合、次の要件に該当するソフ

トウエアの受注製作による収益・費用については、工事進行基準を強制適用しなければならい（法法64①、法令129①②）。
① 工事期間（ソフトウエアの開発期間）が１年以上であること。
② 請負対価の額が10億円以上であること。
③ 請負対価の額の２分の１以上が目的物の引渡期日から１年を経過する日後に支払われるようになっていないこと。

　前述したように、企業会計の工事進行基準の適用には、このような工事期間や請負金額などの制約はない。法人税ではこの三つの要件に該当する工事を**長期大規模工事**といい、工事進行基準の適用が強制される。

　この長期大規模工事に該当しないソフトウエアの受注製作による収益・費用については、工事進行基準を適用するかどうかは、法人の任意である（法法64②、法基通2－1－21の7後段）。従来、長期大規模工事に該当しない工事のうち赤字が生じるものについては、工事進行基準の適用はできなかった。しかし、平成20年度税制改正により、赤字工事についても、工事進行基準の適用が認められるようになった。

　ソフトウエアの受注製作に損失が生じることが見込まれ、その損失を先出ししようとする場合には、工事進行基準を適用すればよい。また、企業会計では工事損失が生じる可能性が高い場合には、**工事損失引当金**を計上すべきものとされている（旧工事契約会計基準19）。ソフトウエアの受注製作について損失が生じる場合には、**受注損失引当金**を設定することが考えられる。しかし、法人税においては、工事損失引当金や受注損失引当金の損金算入は認められない。

　なお、工事進行基準の方法による未収入金については、その工事請負にかかる売掛債権等の帳簿価額とされる（法令130）。これは企業会計の取扱いと同じであり、貸倒引当金や貸倒損失の対象とすることができる。

3　受託研究原価の計算

　他の者からの研究の受託は、特定のテーマなり新製品や新技術をイメージしてのことであるから、きわめて個別性が強い。それは一個の建物の建築を請け負うのに似ている。企業会計が、ソフトウエアの受注制作につき請負工事の会計処理に準じて処理する、としているのは、まさにそのことが念頭にある。

　したがって、受託研究の収益とその原価とは、個別的に対応するものとしてとらえなければならない。受託研究に要した費用は、研究が完了してその成果につき委託者から検収を受け受託研究費を収益に計上するまでは、「仕掛品」等として棚卸資産に計上する（**第5章　試験研究費と棚卸資産**参照）。そして、研究が完了して収益が計上されると同時に、棚卸資産に計上している研究費用を研究原価（売上原価）に振り替える。

　そこで、研究原価をどのように把握・集計するかである。一般的には受託研究の契約ごとに個別原価計算を行い、関連する費用を集計する。この場合、その個別原価計算を始める時点、すなわち研究原価となる費用の集計を始める時点が問題となる。基本的には、研究の受託が確定したときからということになろう。一般的に、研究の受託が確定したときから研究開発活動が始まると考えられるからである。

　ただ、研究の受託を見込んで研究開発活動を始め、その後研究の受託が確定したような場合には、実際に研究開発活動を始めたときが、研究原価となる費用の集計を始める時点ということになる。

　この研究原価のうち、大きな部分を占めるのは、研究員の人件費であろう。その研究員の人件費を計算するためには、研究員ごとの研究内容や研究時間などを把握しなければならない。そのためには、研究員ごとの日々の勤務状況を把握、集計するシステムを整備する必要がある。

この研究原価には、研究員の人件費、原材料費、外注費、固定資産の減価償却費等の経費および間接費の配賦額など、研究のために費消したすべての費用が含まれる（法令32、法基通2－2－5参照）。

Ⅶ 試験研究資金の調達

1 総　　説

　試験研究はヒトだといわれるが、優秀な人材を集めるにはそれ相応の待遇をしなければならない。また、現代の試験研究はコンピュータをはじめとするハイテク機器を駆使しなければ成功はおぼつかない。ところが、そのハイテク機器の購入には多額の資金を要する。そしてなにより、試験研究には長い時間が必要である。

　このように試験研究には多額の資金を要するが、その資金をいかに調達するかが企業にとって大きな課題である。もちろん、自社の営業活動から得た資金を試験研究費に廻せれば、それに越したことはない。しかし、多くの企業、特に創業後日の浅いベンチャーやスタートアップにあっては、それは望み得ないことである。

　今日、ベンチャー等の育成・支援がさかんに喧伝されるのは、まさにその資金調達をどうするか、という問題である。その方策として、ベンチャーに投資する個人、すなわち**エンジェル**やベンチャーキャピタルに、そのリスクを軽減し投資意欲を高めるため、税制上なんらかの措置を講ずべきである、という声は強い。その一つとして平成9年度税制改正において、いわゆるエンジェル税制が創設された。**エンジェル税制**は、個人投資家のベンチャーに対する株式投資等の費用を譲渡所得の金額から控除し、またはその株式投資により生じた損失について、3年間の繰越控除を認めるというものである（措法37の13、37の13の2）。

試験研究に要する資金を他から調達する方法としては、知的財産権を譲渡等する方法のほか、大別すれば①補助金の受領、②寄附金の募集、③新株の発行、④社債の発行および⑤資金の借入れの五つであろう。

2　補助金の受領

　研究開発のための資金調達で最も効率的、効果的なのは、国や地方公共団体などから補助金を受領することである。ベンチャーを支援するために、公的、私的に各種の補助金制度が整備されつつあるので、大いに利用すべきであろう。

　経済産業省は、人工知能（ＡＩ）を開発する際に使うスーパーコンピュータの国内整備のため、スタートアップを含めた通信５社に計725億円を補助するとのことである。その対象選定の際の要件として、クラウドを最低でも３年はＡＩ開発者に提供することを求め、利用価格を相場より安価に抑え、資金面で不安があるスタートアップなどが利用しやすい環境を整える（日本経済新聞　令和6.4.19朝刊）。

　補助金はその使途などに制約はあるものの、基本的に返還する必要はない。もっとも、研究開発に成功して利益があがるようになったら、成功報酬を納付しなければならない場合がある。また、その使途を明確にするため証ひょう書類や帳簿の保存が義務づけられ、あるいは補助金で取得した資産は一定の期間保管する必要があることがある。このような場合には、若干の費用がかさむということはあろう。

　法人が補助金を受領した場合には、その補助金は法人税の課税上、すべて益金として課税の対象になる。これは、国や地方公共団体から受ける公的な補助金であっても全く同様である。ただし、国や地方公共団体から受ける補助金でもって、その交付の目的に適合した固定資産を取得した場合には、圧縮記帳をすることにより課税の延期を図ることができる。その圧

縮記帳制度については後述するが（**「第6章　試験研究費と固定資産」**参照）、せっかく補助金をもらっても課税対象になると使用できる資金が目減りするので、圧縮記帳制度を効果的に利用すべきである。

3　寄附金の募集

　公益法人等で研究開発を行っているものは、民間の篤志家等から寄附金を募るのも一法であろう。京都大学から細胞備蓄事業を引き継ぐ新財団は、その運営費について「国からお金をいただけるとありがたいが頼るわけにはいかない。寄附活動をがんばっていく」といっている（日本経済新聞令和2．3．23朝刊）。

　公益法人等が寄附金を募集する際には、寄附をする側の個人や法人が税制上の特例を受けられるよう、法人自身が公益社団（財団）法人化することや指定寄附金として指定を受けることなどに配慮することが望まれる（所法78、法法37③④）。

　また、最近では、インターネットの普及に伴い、各種のクラウドファンディングが盛んである。国立科学博物館は、標本の収集や管理の費用調達のため、クラウドファンディングにより、目標額1億円に対し9.2億円の資金を集め、話題になった。

　クラウドファンディングは、ある目的実現のため、インターネットを通じて不特定多数の人から資金を集める手法である。スタートアップが新商品や新サービス、新技術の開発資金を調達する手段としても利用されている。

　そのクラウドファンディングには、寄附型や購入型、投資型などがある。寄附型は、まさに無償の寄附を受ける方式であり、資金の拠出者に商品やサービス等の見返りは一切ない。その寄附を受けた法人は、収益として計上しなければならないので、課税関係が生じる。

これに対し、購入型は、たとえばスタートアップが利用する場合、拠出された資金を元手に開発した試供品や新商品、新サービスを資金の拠出者に提供する仕組みである。消費者等のニーズを探るマーケットツールとしても有効であろう。その資金の拠出を受けた法人は、拠出時には前受金等として処理し、新商品等を提供したときに収益に計上する。

さらに、投資型は、必要資金を出資や融資の形で集め、資金の拠出者にそのリターンとして配当金や利息を支払う方式である。この場合には、資金の拠出を受けた法人は、その拠出金を資本金等ないし借入金として処理するので、課税関係は生じない。

研究開発資金を調達するため、このようなクラウドファンディングのそれぞれの仕組み、特徴、利用コスト、課税関係等を見極め、利用を検討するのがよいであろう。

4　新株の発行

(1) 増資の処理

研究開発型のベンチャー企業に資金調達の途を開くため、平成7年に株式市場に**店頭特則市場**（第2店頭市場）が創設された。この市場は、赤字企業でも株式の公開ができるのが最大の特徴であった。その後、平成11年に東証マザーズ市場（現在は主としてスタンダード市場）が、平成12年に発足した大証ヘラクレス等を統合して平成22年に旧ジャスダック市場（現在は主としてグロース市場）がそれぞれ発足した。株式を公開すれば増資による資金調達が容易になるし、公開企業として信用力が増し融資を受けやすくなる。

また、平成9年には証券会社に未公開株式の発行・流通業務を行うことが解禁され、証券会社は未公開株式を投資家に販売できるようになり、未公開企業も公募増資などを活用した資金調達の道が広がった。これはいわ

ば「第3店頭市場」を整備し、成長力の高いベンチャー企業の発掘・育成を促す狙いという（日本経済新聞　平成9.1.5朝刊）。

　九州大学発のスタートアップ企業は、ベンチャーキャピタル4社から第三者割当増資で計1億5,000万円を調達した。開発や経営人材を増員し、有機半導体レーザーの実用化をめざす、と報じている（日本経済新聞　令和2.5.6朝刊）。

　会社が**増資**、すなわち**新株の発行**により資金調達をする場合、その取引は税務上は**資本等取引**であるから、課税関係は生じない（法法22⑤）。たとえば、未発行株式のうち100株を8万円で時価発行し、5万円を資本金に組み入れた場合には、次のように会計処理をする。

　　（借）当座預金　8,000,000　　（貸）資　本　金　5,000,000
　　　　　　　　　　　　　　　　　　　　資本準備金　3,000,000

　この資本準備金はいわゆる**株式払込剰余金**であり、剰余金という名はついているが、税務上は**資本金等の額**であり（法法２十六、法令８）、その増減を生ずる取引は資本等取引である。したがって、収益として課税されることはない。

(2)　株式交付費の処理

　新株の発行にあたっては、各種の費用を要する。そのうち、株券等の印刷費、資本金の増加の登記についての登録免許税その他自己の株式（出資を含む）の交付のために支出する費用は、**株式交付費**として繰延資産に該当する（法令14①四）。株式交付費は、新株の発行時だけでなく将来に効果が及ぶからである。ただ、繰延資産たる株式交付費は、いわゆる自由償却が認められているから、その支出時において期間費用として一時の損金にしてよい（法令64①一）。

　会社法においては、株式交付費は資本金等増加限度額から減ずることができる（会社計算規則14①三）。これは資本金と株式交付費の相殺を認める

ものである。ただし、当分の間、その減ずることができる金額は零とし、相殺はできないことになっている（会社計算規則附則11一）。しかし税務上は、株式交付費は損益取引としてそのまま損金算入ができる。

なお、資本の払込みにより資金調達をした場合には、会社に剰余金が生ずれば、いわばその資金の使用料として株主に配当金を支払う。しかし、**配当金**は一般的には剰余金処分により支払うものであるから、税務上は損金にならない（法法22⑤）。この点、借入金の支払利子は損金になるから、調達資金のコスト面を考える場合には留意を要する。株式の発行による資金調達には金利負担がなく、借入金よりはコストが低いとの考え方は、単純にすぎるかもしれない。

(3) エンジェル税制

これまでは試験研究資金を調達する側のベンチャーの取扱いを述べてきた。そこで逆に、ベンチャーに資金を提供する投資家側の取扱いをみておこう。投資家側に税の特例が認められれば、ベンチャーへの投資が増え、結果として研究開発の促進が図られる。

創業期のベンチャーに資金提供をする個人投資家、すなわちエンジェルに対しては、税務上、次のような特例が認められている。

イ　平成15年4月1日以後に、次に掲げる株式会社（特定中小会社）の区分に応じ、次のそれぞれの株式（特定株式）を払込みにより取得した個人について、その年分の一般株式等または上場株式等にかかる譲渡所得金額の計算上、その払込みにより取得をした特定株式の取得金額の合計額を控除する（措法37の13、措令25の12、措規18の15）。

　① 中小企業等経営強化法に規定する特定新規中小企業者に該当する株式会社……その株式会社により発行される株式

　② 内国法人のうち、その設立の日以後10年を経過していない中小企業者で所定の要件を満たす株式会社……その株式会社により発行される

株式で投資事業有限責任組合等によって取得をされるもの
   ③　内国法人のうち、沖縄振興特別措置法に規定する指定会社で平成26年4月1日から令和7年3月31日までの間に指定を受けたもの……その指定会社により発行される株式
ロ　特定中小会社の特定株式を払込みにより取得をした個人について、その特定中小会社の設立の日から株式の上場等の日の前日までの期間内に、その有する特定株式が、次に掲げる事実の発生により株式としての価値を失い損失が生じたときは、その損失は特定株式を譲渡したことにより生じた損失とみなす（措法37の13の3①、措令25の12の3③、措規18の5の2の2）。
   ①　その払込みにより取得をした特定株式を発行した株式会社が解散（合併による解散を除く）をし、その清算が結了したこと。
   ②　その払込みにより取得をした特定株式を発行した株式会社が破産手続開始の決定を受けたこと。
ハ　特定株式を払込みにより取得した個人が、その取得日からその特定株式を上場等する前日までの間にその特定株式を譲渡したことにより生じた損失金額のうち、その譲渡をした年分の上場株式等または一般株式等の譲渡所得等の計算上控除しきれない金額は、その年の翌年以降3年分の株式等の譲渡所得等の金額から控除することができる（措法37の13の3④⑦）。
ニ　次に掲げる株式会社（特定新規中小会社）の区分に応じ、次のそれぞれの株式（特定新規株式）を払込みにより取得した個人について、その年中に払込みにより取得した特定新規株式の取得価額（800万円が限度）を寄附金控除（所法78）の対象にすることができる（措法41の19、措令26の28の3、措規19の11）。
   ①　中小企業等経営強化法に規定する特定新規中小企業者に該当する株式会社（設立後1年未満のもの等）　その株式会社により発行される株

式

② 内国法人のうち、その設立後5年を経過していない株式会社　その株式会社により発行される株式で、投資事業有限責任組合等によって取得をされるもの

③ 内国法人のうち、沖縄振興特別措置法に規定する指定会社で平成26年4月1日から令和7年3月31日までの間に指定を受けたもの　その指定会社により発行される株式

④ 国家戦略特別区域法に規定する株式会社　その株式会社により発行される株式で、国家戦略特別区域法等の施行の日（平成27年7月15日）から令和8年3月31日までの間に発行されるもの

⑤ 内国法人のうち、地域再生法に規定する事業を行う株式会社　その株式会社により発行される株式で、地域再生法の改正法の施行の日（平成30年6月1日）から令和8年3月31日までの間に発行されるもの

　これが一般に**エンジェル税制**と呼ばれている制度である。イの特例は、ベンチャー企業の株式をその設立時または増資時に払込みにより取得した場合には、そのベンチャー企業の株式の取得価額相当額を他の株式の譲渡所得の金額から控除することを認めるものである。ロの特例により、株式の譲渡により生じた損失とみなされる金額は、株式等の譲渡による事業所得、譲渡所得または雑所得の金額の計算上、控除されることになる。また、一般の株式等については、その譲渡所得等の金額の計算上、損失が生じてもその損失はなかったものとされるが（措法37の10）、ハの特例の適用がある株式の譲渡損失については、3年間の繰越控除ができる。

　ニの特例は、これらスタートアップ等の株式の取得価額につき、国等に対する寄附金や指定寄附金、公益法人等に対する寄附金と同じように、特定寄附金として、2,000円を超える部分の寄附金控除を認めるものである（所法78）。

　なお、エンジェルが任意組合や投資事業責任組合を組成して投資をする

場合の税務上の取扱いについては、本章の「**V　共同研究の課税関係**」を参照されたい。

(4) スタートアップ再投資税制

　令和5年4月1日以後に、その設立日の属する年の12月31日において、中小企業等経営強化法に規定する特定新規中小企業者に該当する株式会社で、その設立日以後の期間が1年未満の株式会社であること等の要件を満たすもの（特定株式会社）により設立の際に発行される株式（設立特定株式）を取得した個人（発起人に限る）について、その年分の一般株式等または上場株式等にかかる譲渡所得金額の計算上、その年中に払込みにより取得したその設立特定株式の取得価額の合計額を控除することができる（措法37の13の2、措令25の12の2、措規18の15の2）。

　この税制は、上述したエンゼル税制とはやや異なり、保有株式の譲渡益を元手に創業者が創業した場合に、再投資分につき譲渡益課税をしない、というものである。そのため、この制度の適用対象になる個人は、特定株式会社の発起人に限られている。

(5) オープンイノベーション促進税制

　税務上、ベンチャー企業やスタートアップへの投資の特例として、上述したエンゼル税制がある。このエンゼル税制と同じように、令和2年度税制改正において、スタートアップに対する出資者に特例を認める制度が創設された。

　すなわち、法人が、**特別新事業開拓事業者**（新商品の開発・生産、新たな役務の開発・提供、商品の新たな生産・販売方式の導入など、新たな事業の開拓を行う事業者で、その事業の成長発展を図るため外部からの投資を受けることが特に必要なもののうち、設立後10年未満の未上場のもの等）に対し、協働して事業活動を行うため出資をした場合には、その株式の取得価額の25％

相当額の所得控除ができる（措法66の13）。

　オープンイノベーションの促進を図ることを目的として、出資者側に特例を認める制度であるが、このような税制があれば、スタートアップの研究開発資金の調達にも有効である。

　オープンイノベーション促進税制の詳細については、「**第9章　試験研究費と所得控除**」を参照されたい。

5　社債等の発行

(1)　普通社債の処理

　平成11年3月に制定された「中小企業の新たな事業活動の促進に関する法律」（現行・中小企業等経営強化法）では、独立行政法人中小企業基盤整備機構は、中小企業者等が認定経営力向上事業を行うために必要な資金の借入れにかかる債務の保証や発行する社債にかかる債務の保証を行うことになっている（同法25）。

　また、中小企業投資育成株式会社は、新規中小企業者のうち資本金が3億円を超える株式会社が必要とする資金の調達を図るために発行する新株、新株予約権または**新株予約権付社債**の引受けまたは保有ができる（同法5、23）。このようなベンチャー企業への支援策もあり、今後は研究開発資金を社債の発行により調達する企業が増えるかもしれない。特に、最近では募集人数が50人未満の少数の投資家が引受ける私募債の発行により、資金調達を行うスタートアップやベンチャー企業が増えているとのことである。

　ある銀行は、ベンチャー（新興企業）の資金調達を支援する取組みとして、専用ファンドを通じて新株予約権付きの社債を購入するなどして、ベンチャーに必要な資金を供給するとのことである。社債を通じた資金調達を支援して株式の希薄化を防ぎ、自由度を維持しながらの成長を促すという（讀賣新聞　令和5．8．22朝刊）。

会社が**社債の発行**により資金を調達する場合、その取引は負債の発生にすぎないから、課税関係は生じない。社債の発行価額には①額面発行、②割引発行および③打歩発行の三つがある。わが国では普通社債は**割引発行**されるのが一般的である。

たとえば、額面総額1,000万円の社債を@96円、利率年3％、利払い年2回、期限10年で発行した場合、次のように会計処理を行う。

（借）当 座 預 金　9,600,000　　（貸）社　　　債　10,000,000
　　　社債発行差金　　400,000

この割引発行の場合には、いわゆる借方・社債発行差金が生ずるが、その処理については、後述する。

(2)　新株予約権の処理

イ　発行時の会計処理

新聞によれば、バイオ関連企業が将来の研究開発などの資金に充てるため、証券会社を通じた新株予約権の発行により資金調達をするとのことである。iPS細胞を用いた再生医療への期待や政府の成長戦略の柱に医療が盛り込まれたことを受け、株価が上昇していることが追い風という（日本経済新聞　平成25.6.15朝刊）。

会社が新株予約権を発行した場合には、その発行に伴う払込金額を、純資産の部に「新株予約権」として計上する（企業会計基準委員会実務対応報告第16号「会社法による新株予約権及び新株予約権付社債の会計処理に関する実務上の取扱い」平成17.12.27）。

たとえば、新株予約権を発行し、1,000万円の払込みがあった場合には、次のように会計処理を行う。

（借）当座預金　10,000,000　　（貸）新株予約権　10,000,000

ロ　権利行使時の会計処理

　新株予約権が行使され、新株を発行する場合には、その新株予約権の払込金額を、「資本金」または「資本金」および「資本準備金」に振り替える。

　たとえば、上記の例において新株予約権の行使に伴い新株を発行し、全額資本金に計上するとすれば、次のような会計処理を行う。

　　（借）新株予約権　10,000,000　　（貸）資本金　10,000,000

　また、その新株予約権の払込金額の2分の1だけを資本金に計上するとすれば、次のような会計処理になる。

　　（借）新株予約権　10,000,000　　（貸）資　本　金　5,000,000

　　　　　　　　　　　　　　　　　　　　　　資本準備金　5,000,000

ハ　失効時の会計処理

　新株予約権が行使されずに権利行使期間が満了し、その新株予約権が失効した場合には、失効が確定した会計期間の利益として処理する。

　たとえば、上記の例において新株予約権の全部が失効した場合には、次のような会計処理を行う。

　　（借）新株予約権　10,000,000　　（貸）特別利益　10,000,000

（注）　税務上、ストック・オプションとして交付した新株予約権が失効した場合の利益は、益金不算入である（法法54の2③）。

(3)　新株予約権付社債の処理

イ　転換社債型新株予約権付社債の場合

(イ)　発行時の会計処理

　転換社債型新株予約権付社債について、その発行に伴う払込金額は、以下のいずれかの方法により会計処理する。

　　A　一括法　社債と新株予約権のそれぞれの払込金額を合算し、普通社

債の発行に準じて処理する。
  B　**区分法**　転換社債型新株予約権付社債の発行に伴う払込金額を、社債の対価部分と新株予約権の対価部分に区分したうえで、社債の対価部分は普通社債の発行に準じて処理し、新株予約権の対価部分は新株予約権の会計処理に準じて処理する。
  (注)　**転換社債型新株予約権付社債**とは、募集事項において、社債と新株予約権がそれぞれ単独で存在し得ないことおよび新株予約権が付された社債をその新株予約権行使時における出資の目的とすることを、あらかじめ明確にしている新株予約権付社債をいう。

(ロ)　**行使時の会計処理**

　新株予約権が行使され、新株を発行する場合において、その発行時に一括法を採用しているときは、転換社債型新株予約権付社債の社債金額を、「資本金」または「資本金」および「資本準備金」に振り替える。

　また、その発行時に区分法を採用しているときは、転換社債型新株予約権付社債の社債の対価部分と新株予約権の対価部分の合計額を、「資本金」または「資本金」および「資本準備金」に振り替える。

ロ　**転換社債型新株予約権付社債以外の場合**

　転換社債型新株予約権付社債以外の新株予約権付社債については、まずその発行に伴う払込金額を社債の対価部分と新株予約権の対価部分に区分する。そして社債の対価部分は普通社債の発行に準じて処理し、新株予約権の対価部分は新株予約権の会計処理に準じて処理する。

　また、新株予約権が行使されたときの会計処理は、転換社債型新株予約権付社債の発行時に区分法を採用している場合に準じて処理する。

(4)　**社債発行差金の処理**

　法人が研究資金を調達するため、社債を発行する場合、割引発行と打歩

発行がある。

　社債の割引発行にあっては、償還金額よりも発行価額が低いから、その差額が借方・**社債発行差金**として生じる。この借方・社債発行差金は、発行差損であり、従来、繰延資産とされ、償還期間にわたって均等償却すべきものとされていた（旧法令14①七、64①二）。

　しかし、平成19年度税制改正により、借方・社債発行差金は繰延資産の範囲から除外された。ただ、借方・社債発行差金は、繰延資産の範囲から除外されても、償還期間にわたって均等額ずつを損金の額に算入することができる（法令136の2）。

　一方、社債を打歩発行する場合には、その償還金額と発行価額との差額は、貸方・社債発行差金として発生する。これは社債のプレミアム収入であり、その償還期間にわたって均等額ずつを益金の額に算入しなければならない（法令136の2）。

　このように、社債の発行に伴い生じる社債発行差金は、償還期間にわたって均等額ずつを損金の額または益金の額に算入する。

(5) 社債等発行費の処理

　社債券等の印刷費、銀行手数料その他債券（新株予約権を含む）の発行のために支出する費用は、**社債等発行費**として繰延資産である（法令14①五）。社債等発行費は、すべて自由償却であるから、その発行時の一時の損金にしてよい（法令64①一）。もちろん、将来に繰り延べて任意の時期に費用化することもできる。

　なお、利払期に支払う**社債利息**は、借入金の利子と同様、損金になる。

6　資金の借入れ

(1) 支払利子の計上時期

　最近、ベンチャー企業やスタートアップを支援、育成するため、公的、私的な機関ともども研究開発に要する資金を担保や利率等において有利な条件で融資する環境が整ってきている。日本政策投資銀行等では、知的財産権を担保に融資を行っている例もある。

　企業が研究開発資金を外部からの借入金でまかなう場合、そのことによっては特に課税関係は生じない。将来返済しなければならない負債が増えるだけのことである。

　借入金については、その使用の対価として利子を支払わなければならない。その**借入金の利子**は、時間の経過に伴って発生していく。したがって、借入金の利子は、現に支払をしたかどうかにかかわらず、**発生主義**により当期中に発生したものが当期の損金となる。当期中の発生額をまだ支払っていなければ**未払利子**として、翌期以降の分まで支払っていれば**前払利子**として、それぞれ経理する。

　これが支払利子の損金算入時期の原則であるが、前払利子には特例がある。すなわち、その支払日から１年以内の期間分の利子を支払った場合には、当期末において前払いとなっているものがあっても、すべてその支払日に損金の額に算入してよい（法基通２－２－14）。翌期以降の分であっても、前払利子として繰り延べる必要はない。重要性の原則に支えられた**前払利子の特例**である。

(2) 低利融資を受けた場合の処理

　最近はベンチャー企業等に対して、公的にも私的にも研究開発のための資金を低利融資する制度は少なくない。少しユニークなものとして、ある

都市銀行が貸ビル会社と組んで行っているベンチャー企業向けの入居保証金融資制度というのがある。現在の資金繰りが厳しくても成長が見込める企業を対象に、貸ビル会社が自社ビルを貸し、銀行が低利で入居保証金を融資する仕組みである。都心部にオフィスビルを借りたいベンチャー企業にとって、負担になる多額の保証金問題を解消するのが狙いという（日本経済新聞　平成8.12.4夕刊）。

　企業が他の者から無利息または低利融資を受けた場合には、通常の金利との差額分だけ経済的利益を得ることになる。しかし、その経済的利益について、税務上は格別の処理をする必要はない。低利融資を受けた場合には、なんらの処理をしなくても、支払利子という費用が少なくて済む分、利益が大きくなり、自動的にその経済的利益は企業の利益計算に反映されるからである。

　公的団体などから利子補給を受ける場合も、実体的には低利融資を受けるのと同じであろう。その利子補給金が自己に支払われる場合は別にして、低利融資の場合と同様の会計処理をすればよい。

(3)　**支払利子の原価性**

　借入金に対する支払利子は資金の使途と無関係に生じる**金融費用**である。したがって、支払利子は原価性を有せず、営業外費用として処理するのが企業会計の実務である。しかし、すべての**支払利子の原価性**が否定されるわけではない。たとえば、自家建設の減価償却資産については、その建設に要する借入金の利子で稼働前の期間にかかるものは、取得価額に算入してよい（連続意見書第三）。

　法人税の取扱いも全く同じである。棚卸資産や固定資産の取得または保有に関連して支払う利子であっても、その取得価額に算入する必要はない。固定資産の使用開始前の期間にかかる利子であっても、同様である（法基通5－1－1の2(6)、5－1－4(13)、7－3－1の2）。すべて、その発生し

た事業年度において損金に処理してよい。

　もちろん、企業が棚卸資産や固定資産の取得価額に算入するというのであれば、それはそれで一向に差し支えない。支払利子を原価にするか、期間費用にするかは企業の全くの任意である。

　ベンチャー企業などは、創業後相当期間は赤字が見込まれるのが普通であろう。このような場合には、たとえば試験研究用資産の取得のための借入金の利子は、その試験研究用資産の取得価額に算入することを考慮すべきである。支払利子を費用計上しなくても赤字になるのであれば、できるだけ支払利子の費用計上時期を後に繰り延べるほうが、欠損金の繰越控除などとの関係で有利になる。

(4) 信用保証料等の処理

　創業後、日の浅い企業は担保力や信用力に欠けるのは否めない。このような企業が金融機関から融資や手形の割引を受け、あるいは社債を発行する場合には、業界団体や信用保証機関から信用保証を受けることがある。

　特に最近、ベンチャー企業を支援、育成するため、信用保証制度が整備されつつある。たとえば前述したように、中小企業等経営強化法では、研究開発などの事業活動に要する資金を調達するために、創業者や新規中小企業者の資金の借入れや発行する社債について、独立行政法人中小企業基盤整備機構が債務保証をすることになっている（同法5）。

　金融機関から融資や手形の割引を受け、あるいは社債を発行するにあたって、業界団体や信用保証機関へ支払う**信用保証料**や**債務保証料**は、税務上、損金の額に算入される。この場合の損金算入は、保証期間の経過に応じて行うことになろう。

　また、中小企業者等が、信用保証協会などが融資の信用保証や社債の債務保証を行うため設ける基金に対して、負担金や掛金を支出した場合には、その負担金や掛金は、その支出年度の一時の損金にしてよい（措法66の11、

措令39の22)。これら基金は5年を超える長期間にわたって使用されるものであるから（法措通66の11－1）、その負担金や掛金は、本来であれば基金の使用状況に応じて損金算入すべきである。しかし、公益性や緊急性の高い業務の費用に充てられることから特例が設けられている。

○ 代表者に支払う保証料の損金算入の可否

〔質疑応答〕

(問) 当社は、従来、当社のオーナーが開発した技術を売り物に営業していた個人企業から法人成りしたものである。このほど銀行から新技術の研究開発資金の融資を受けることになった。

ところが、当社は創業後まだ日が浅く、適当な担保物もないため、代表者であるオーナー個人を保証人にたてることにしている。銀行のほうでも、過去の実績があるオーナーが保証人になれば、融資に応じるといっている。

この場合、オーナーに対して保証料を支払いたいと考えているが、その保証料は損金になるか。

(答) 代表者であるオーナーが保証人になってくれたからといって、何事もなければそれで終わってしまい、企業としてはなんら利益を得ないから、そもそもオーナーに保証料などを支払うのはおかしい、という考え方があろう。仮に支払うのであれば、それはオーナーに対する給与だということになる。

しかし、企業にオーナーの保証に代わる適当な担保物がなく、かつ、銀行がオーナーの保証を融資の条件にしているような場合には、その保証料は損金にしてよいと考える。オーナーの保証があるからこそ融資を受けられ、それが経済的利益であり、そしてオーナーは実際に危険負担をするからである。これは、信用保証協会などに支払う信用保証料となんら異なら

ないといえる。

　もちろん、オーナーに支払う保証料は適正な額でなければならない。その場合の適正な額は、信用保証協会の保証料率などを参考に決定すればよい。

○　**保証料の損金算入時期について判断された事例**

〔参考裁決例〕

　本件各信用保証は、請求人が本件銀行から融資を受けるに際し、信用保証協会に信用保証を委託し、同協会が本件銀行に信用保証書を交付することにより成立したものであり、保証債務の履行は保証期間が満了するまでの間は有効に成立している。そして、本件各信用保証料の額は、それぞれ、保証金額、保証期間（日数）、保証料率及び分割返済回数別係数を基に算定されている。

　これらの事実を総合考慮すれば、本件各信用保証料が、本件各信用保証の保証期間の始期から満了時までの費用であることは明らかであるから、本件各信用保証料は、一定の契約に従い継続して役務の提供を受けるために支出した費用に当たるというべきである。

　また、信用保証協会による本件各信用保証は、融資実行時に本件銀行に対して保証承諾をすることのみではその役務の提供は終了しておらず、本件銀行からの融資が実行された後も、その融資が継続している全期間にわたって信用保証を行うという役務を提供しているのであるから、「本件各信用保証料は、保証の承諾をしたことに対する対価で一時に損金の額に算入すべきである」とする請求人の主張は採用できない。

　以上のとおり、本件各信用保証料は一定の契約に従い継続して役務の提供を受けるために支出した費用に当たるところ、本件各信用保証料には、本件各事業年度末において未経過の保証期間に係るものがあ

るので、未経過期間に対応する額は、前払費用として経理処理することが相当である。

なお、原処分庁は、前期に繰上完済した場合に返済を受ける信用保証料の額と当期に繰上完済した場合に返済を受ける信用保証料の額との差額を当期の損金の額に算入すべき費用の額と算定しているが、その算定方法は合理的であると認められる。

そうすると、本件各事業年度の所得金額及び納付すべき税額は、いずれも原処分の額と同額となる。

（国税不服審判所裁決　平成19.2.27　裁決事例集№73　353頁）

Ⅷ　特許侵害による損害賠償金等

1　賠償責任の発生

新技術や新商品の研究開発は、いかに新機軸の技術や商品を生み出すかということ、言い換えれば、いかに既存の技術や製品との差別化を図れるかである。それには、他社の技術や商品の水準や性能などを比較・検討・分析し、細心の注意をもって特許や実用新案の内容、登録関係等を調査しなければならない。これを一般に**リバースエンジニアリング**という。それでもなお、時として他の者の有する特許や実用新案と競合し、抵触するようなおそれの生じることがある。

最近では、国際間の工業所有権をめぐる紛争が多く、特許紛争の処理機能の充実や損害賠償額の引上げが必要であるといわれる（日本経済新聞　平成9.4.8朝刊）。

特に、AI（人工知能）による著作権侵害が懸念され、文化庁は生成AIの開発や利用に伴う著作権侵害事例の収集に乗り出したとのことである。

相談窓口などを通して被害実例を把握し、対策を検討する材料とし、時間をかけて創作した作品と似た文章やイラストがAIで大量に生成されることなどへの懸念を訴えるクリエイターらの不安解消につなげる狙いである（讀賣新聞　令和6．3．13朝刊）。

　不幸にして、他の者の有する特許権や実用新案権などについて、侵害の問題が生じた場合には、損害賠償金を支払わなければならないといった事態になる。たとえば特許法では、自己の特許権または専用実施権を侵害する者または侵害するおそれのある者に対し、侵害の停止または予防を請求することができ（同法100）、その侵害をした者に対して、侵害者が侵害の行為により受けた利益の額あるいはその特許発明の実施に対し通常受けるべき金額などを基準にして損害賠償の請求をすることができるとしている（同法102）。

　ある自動車会社は、同社が持つ約5,680件の燃料電池車の関連特許すべてを無償で公開するとのことである。燃料電池車を定着させるためには同社1社の努力では不十分と判断し、早期に普及させるため企業や業界の垣根を越えた開発競争を促すねらいという（日本経済新聞　平成27．1．6夕刊）。このような場合には、もちろん特許侵害等の問題は生じないし、税務上の観点からみて寄附金や交際費である、といった問題も生じないであろう。

2　税務上の処理

(1)　基本的な考え方

　法人がその業務の遂行に関連して支払う**損害賠償金**は、課税所得の計算上、損金の額に算入される（法法22③三）。損害賠償金は収益の獲得に寄与するものではないが、企業の絶対的価値を減少させるものであるからである。

　その**損害賠償金の損金算入時期**は、具体的に賠償すべき金額が確定した

時である。ただし、当期末までにその賠償すべき金額が確定していない場合であっても、当期末までに相手方に賠償金として申し出た金額があるときは、その申し出た金額は当期に未払金に計上し損金としてよい（法基通2－2－13）。

　損害賠償金は、収益を獲得するために要した費用や損失ではなく、収益と対応するものではない。したがって、その事実の発生により損失を認識し、支払うべき金額が確定した時に損金として計上するのが原則である。しかし、損害賠償額についてなお争いがあるとしても、自己が支払ってもよいと申し出た金額は最低限支払わなければならない金額となる。そこで、少なくともその申し出た金額の範囲内では金額が確定しているといえるから、その申し出た時に損金にしてよいことになっている。

(2) 特許侵害等による場合

　特許権や実用新案権などの侵害により支払うこととなる損害賠償金についても、上記の取扱いにより処理する。ただ、特許権や実用新案権に関する紛争は、本当に侵害行為があったのかどうか、きわめて技術的で専門的な検討を要する。そこで、事件の早期解決を図るため、損害賠償金や**和解金、違約金、示談金**といった名目で実質的にはロイヤルティ等として支払う例もみられる。

　特許法では、特許の侵害は特殊な性格をもち、損害額の算定は困難なことから、損害額の推定規定が設けられている（同法102）。すなわち、その損害額は、①侵害者の侵害品の譲渡数量に権利者が得ることができた1単位当たりの利益額を乗じた金額に、その特許権の実施料相当額を加算した逸失利益の額、②侵害者が受けた利益の額、③その特許権の実施料相当額などとすることができる。

　わが国の大手電機メーカーと米国の音響機器大手メーカーが特許侵害をめぐって争っていた裁判は、わが国の大手電機メーカーが約41億円の特許

料を支払ったことで和解したとのことである（日本経済新聞　平成16.11.30朝刊）。

　その実質が損害賠償金ではなく、ロイヤルティ（使用料）や権利金であるとすれば、その実質に応じて処理をしなければならない。たとえば、その実質がロイヤルティであり、紛争時以降の期間にかかる部分の金額が含まれていれば、その部分の金額は、期間の経過に応じて損金にすべきであり、一時の損金として処理することはできない（**参考判例**参照）。

　また、後述するように、名目は損害賠償金であるがその実質は特許権や実用新案権の使用料である場合には、源泉徴収の問題が生じてくることに留意する（所令94①一、「**第10章　試験研究費と源泉徴収**」参照）。

　さらに、消費税の課税にあたって、損害賠償金であれば不課税であるが、ロイヤルティや権利金であれば課税対象になる（消基通5－2－5）。

(3)　優良誤認表示等の場合

　損害賠償の問題ではないが、企業が開発した新商品の販売等にあたり、その効能や効果などを過大表示すると、景品表示法にもとづく優良誤認表示に該当するとして、消費者庁から措置命令や課徴金を課されることがある。医薬品等有効安全確保法においても、同様の措置がとられている。

　新聞によれば、ある薬品メーカーが販売している除菌剤について、消費者庁からウイルス・菌を除去といった表示に合理的根拠がない、として景品表示法による措置命令を受け、裁判で争っているという（日本経済新聞令和4.4.16朝刊）。

　その違反の程度が高い場合には、このような措置命令ではなく、**課徴金**や延滞金が課されることがある。その課徴金や延滞金は、法人税の課税所得の計算上、損金の額に算入することはできない（法法55⑤六、七）。

○ 特許侵害訴訟における弁護士等に対する着手金の処理

〔質疑応答〕

（問） 当社は家電製品のメーカーであるが、このほどＡ社から当社の製品がＡ社の有する特許を侵害しているとして訴訟を提起された。これに対して、当社はＡ社の有する特許は無効であるとして、逆に訴訟を提起した。

その訴訟に関して、弁護士および弁理士に対して着手金を支払った。その着手金の処理については、支払ったときの損金でよいと考えているがどうか。

社内には、裁判の結果（判決）が出るまでは仮払金として処理すべきであるという意見もあるが。

（答） 訴訟に関して、弁護士や弁理士に対して支払う着手金は、まず弁護士や弁理士がその訴訟の代理人になることを引受け、また、訴訟を提起するために支払うものである。それは訴訟の結果（判決）にかかわらず支払うべきものであり、仮に敗訴であったとしても返還されるわけではない。

また、訴訟を提起してくれたことにより、着手金の目的である役務の提供は終了したといえる。

したがって、弁護士や弁理士に対して支払う着手金は、訴訟に着手するという役務提供の対価であるから、その支払ったときに損金の額に算入してよいと考える。

○ 損害賠償金の損金算入時期について判断された事例

〔参考判例〕

本件和解の趣旨は、土地を不法占拠することに対する損害賠償として毎月賃料相当の損害金を支払うことを定めたものと認められ、毎月支払うべき損害金の支払義務は土地に対する占有の事実があって初め

て発生するものであり、係争事業年度以降の損害金に係る部分はいまだ具体的給付をすべき事実が発生していないから、賠償金の全額を一時の損金とすることはできない。

(横浜地判　平成5.7.12　税資198号　125頁)
(東京高判　平成6.3.24　税資200号　1,121頁)
(最高判　平成7.6.20　税資209号　1,048頁)

IX　青色欠損金の繰越控除

　研究開発型のベンチャーは、新技術や新商品の研究開発に多額の資金を要し、そのコストがかさむため、創業当初は赤字になるのが普通であろう。税務上、企業に赤字すなわち欠損金が生じた場合には、その欠損事業年度においては原則として法人税を納める必要はない。そして、その欠損金額は、青色申告法人であることを条件に、その生じた事業年度の翌事業年度以後10年間にわたって、繰越控除事業年度の所得金額の50％相当額を限度として損金の額に算入することができる。ただし、中小企業者にあっては、当期の所得金額までの損金算入が認められる（法法57）。これが**青色欠損金の繰越控除制度**である。

　法人税の各事業年度の所得金額は、各事業年度に帰属する収益および費用・損失だけを基礎に、各事業年度ごとに独立して計算する。したがって、前期以前に生じた欠損金額や利益金額は当期の所得計算には関係させないのが原則である。これを**事業年度独立の原則**という。

　しかし、各事業年度の所得金額は人為的に区切った事業年度という期間を基礎に計算されるから、この原則を厳格に適用すると、利益や欠損の生じ方によって著しく税負担に変動をきたす結果になる。そこで、一定期間の所得金額と欠損金額とを通算する欠損金の繰越控除が認められているの

である。理論的にはその通算期間は無制限にすべきであるとの主張もなされているが、現行法ではその期間は10年とされている。

X 青色欠損金の繰戻還付

　上述したように、青色申告をする事業年度において生じた欠損金額は、その翌事業年度以後10年間にわたって繰越控除をすることができる（法法57）。ただ、この制度は翌事業年度以後に赤字続きで所得が生じる見込みがないような場合には、あまり実効性がない。

　そこで、青色申告事業年度において生じた欠損金額については、青色欠損金の繰越控除に代えて、その欠損金額が生じた事業年度（欠損事業年度）の前1年以内の事業年度（還付所得事業年度）に繰り戻して、その還付所得事業年度に納付した法人税の還付を請求することができる（法法80）。これを**青色欠損金の繰戻還付制度**という。

　この繰戻還付請求をしようとする法人は、法人税の確定申告書の提出と同時に、還付請求書を所轄税務署長に提出しなければならない。この場合、還付請求ができる法人税額は、次の算式により計算した金額である。

〔算　　式〕

$$\text{還付請求ができる金額} = \text{還付所得事業年度の法人税額} \times \frac{\text{欠損事業年度の欠損金額}}{\text{還付所得事業年度の所得金額}}$$

　ただし、この青色欠損金の繰戻還付制度は、次に掲げる法人以外の法人の平成4年4月1日から令和8年3月31日までの間に終了する各事業年度において生じた欠損金額には適用されない（措法66の12）。この間は青色欠損金の繰戻還付請求をすることはできない。上述した青色欠損金の繰越控除制度しか適用できないのである。

① 資本金（出資金）の額が1億円以下の法人または資本（出資）を有し

ない法人（相互会社を除く）
② 公益法人等または協同組合等
③ 法人税法以外の法律によって公益法人等とみなされている法人
④ 人格のない社団等

　資本金が1億円以下であるなどの中小企業者等については、青色欠損金の繰戻還付制度が適用される。平成21年度税制改正により、その適用が復活したものであり、効果的な活用が望まれる。

　ただし、資本金が1億円以下である中小企業者であっても、大法人（資本金が5億円以上等の法人）との間に完全支配関係（100％の持株関係）があるものについては、この繰戻還付の適用は認められない。

第5章　試験研究費と棚卸資産

I　総　説

　製造業における**売上原価**の額は、次の算式により計算する（損益計算書原則三C）。

〔算　式〕
　（期首製品棚卸高＋当期製品製造原価）－期末製品棚卸高

　この算式における「当期製品製造原価」に試験研究費が含まれるかどうかが問題である。そのことが、ひいては「期末製品棚卸高」の評価に関係してくる。

　棚卸資産の期末評価にあたっての、自己が製造した棚卸資産の取得価額は、基本的にはその製造のために要した原材料費、労務費および経費の額の合計額である（法令32①二）。したがって、企業が支出する試験研究費についても、それが「製造のために要した費用」であれば、その製品の取得価額に算入しなければならない。

　これが試験研究費の原価性の問題であるが、製造原価と期間原価との範囲の区分は相対的であるから、その区分は実務的には結構やっかいである。企業は失敗を前提に研究を行っているわけではないにしても、その研究の成否を予測することは困難であり、また、製品の生産と計量的に結びつけることはむずかしい。

このように、試験研究費と棚卸資産との関係を考える場合、最も重要な論点は、試験研究費の原価性の問題である。このほか試験研究をめぐって使用され、または試験研究の過程で製作等された資産のうち、棚卸資産として処理すべきものはないか、といった点にも留意しなければならない。

以下、試験研究費と原価性の問題、すなわち棚卸資産との関係をみていこう。

II 棚卸資産の範囲

1 棚卸資産の意義

試験研究のために他の者から原材料や消耗品等の資産を取得し、また、試験研究の過程で資産を製作、製造等することがある。そこで、これら資産のうち棚卸資産として処理すべきものはないかどうか、という問題が生じる。そのような意味で、試験研究と棚卸資産の範囲とは無関係ではない。

法人税において、**棚卸資産**とは次に掲げるものをいう。ただし、有価証券、短期売買商品および暗号資産を除く（法法2二十、法令10）。

① 商品または製品（副産物および作業くずを含む）
② 半製品
③ 仕掛品（半成工事を含む）
④ 主要原材料
⑤ 補助原材料
⑥ 消耗品で貯蔵中のもの
⑦ ①から⑥までに準ずるもの

棚卸資産は有形のものに限らない。加工費のみから成る仕掛品や材料の支給を受けた場合の労務費、間接経費のみから成る半成工事も棚卸資産となる。したがって、法人が試験研究の委託を受けた場合において、期末現

在、試験研究の途中過程にあるときは、仕掛品や半成工事等として棚卸資産になることがあり得よう。

2 試験研究から生じる棚卸資産

(1) 試作品・仕掛品

上述した1の①から⑤までの資産は、販売目的で保有し、または販売目的で現に製造中であり、もしくは販売目的の財貨、用役を生産するためのものである。いずれも、他への販売を目的とする。

ある鞄メーカーの組合は、新製品を開発するため旅行やビジネス用の鞄の試作品を作り、国内外の展示会に出展したうえ、人気のあるものから製品化する、とのことである（日本経済新聞　平成8.12.4朝刊）。この場合の鞄の開発費用が試験研究費といえるかどうか、また金額の点は別にして、理論的には試作品である鞄は、展示や販売の状況などにもよるが、棚卸資産あるいは固定資産として処理すべきであろう。

試験研究の過程において製造した資産であっても、市場の動向、消費者のニーズ等を探るためにテスト販売し、あるいは消費者の試用に供するような場合には、その資産は販売目的のものであるから棚卸資産となる。現に、公益法人等がその研究の成果にもとづいて製作した試作品等を他に反復、継続して譲渡する場合には、**製造業**として**収益事業課税**の対象になっている（法法2十三、法令5①六、法基通15－1－23）。

しかし、試験研究過程における試作品や仕掛品がすべて棚卸資産になるかどうかの判断はむずかしい。自己研究における試作品や仕掛品の製作過程がまさに研究過程であるといった場合に、その試作品や仕掛品の製作費用をすべて棚卸資産とするのは現実的ではない。仮に棚卸資産として計上するとしても、形のある価値あるものに限って時価評価をして貯蔵品に処理するのが合理的である。

(2) 受託研究の仕掛品

　法人が他の者から試験研究の委託を受けた場合において、期末現在その試験研究が仕掛中であるときは、その試験研究に要した費用は仕掛品として棚卸資産に計上すべきである。あるいは、前払費用として計上することでもよい。上述したように、棚卸資産である仕掛品には、必ずしも物理的に眼に見えるものだけでなく、人件費のみから成るものでも該当するからである。

　受託した試験研究のために要した費用を仕掛品または前払費用として処理すべきかどうかは、収受する受託研究費の収益計上時期と裏腹の関係にある。たとえば、設計、作業の指揮監督、技術指導等の技術役務の提供による報酬に対する原価の額は、その報酬を益金の額に算入するときに損金の額に算入する（法基通2－2－9）。

　試験研究の受託は、法律的には請負ないし事務処理の受託といえ、技術役務の提供と同じ事情にある。したがって、**受託研究費の収益計上時期**は、受託した研究が終了し、その結果を委託先に報告ないし引き渡した時である（法基通2－1－21の7参照）。これに伴い、受託した研究のために要した原価は、費用収益対応の原則により収益と同一のタイミングで計上しなければならない。受託した研究が完了して、その成果につき委託者から検収を受け収益計上をするまでは、棚卸資産（仕掛品）ないし前払費用として処理すべきことになる（実務指針Q&A Q3参照）。この場合の原価の額は、その研究をするために直接要した材料費、労務費、外注費および経費の額の合計額である（法基通2－2－5参照）。

(3) 研究用原材料・消耗品

　上記1で述べた⑥の消耗品で貯蔵中のものは、販売目的ではなく、販売活動や一般管理活動において短期間に消費されるものである。①から⑤までの資産とはやや異質であり、販売を目的とするものではない。したがっ

て、貯蔵品も棚卸資産に含まれているので、たとえば試験研究のための原材料や事務用品、作業用品等の消耗品であっても、それが貯蔵中であれば、棚卸資産として処理しなければならない。もっとも、事務用消耗品、作業用消耗品、包装材料、見本品等で、各事業年度ごとにおおむね一定数量を取得し、かつ、経常的に消費するものについては、継続適用を条件に、その取得したときにすべて一時の損金としてよい（法基通 2 - 2 -15）。試験研究による消費したつどの損金算入は要しないのである。重要性の原則に支えられた特例といえる。

○ 他に委託して製造した研究開発用の試薬の処理方法

〔質疑応答〕

（問） 当社は医薬品の製造販売業を営んでいるが、当社の中央研究所では、研究開発用の試薬を外部業者に委託して製造させている。

その試薬は、少量ではあるが特別注文品のため、金額的には高価なものである。そして、その試薬は研究開発に必要なつど使用し、期末には残量を調べて管理している。

この試薬について、在庫自体が少量であること、使用の機会が少ないため使い切るまでに数年間かかること、もともと研究開発用のものであること、管理上の手間がかかること、といった事情から、一時の費用として処理することは認められないか。

（答） 企業会計においては、特定の研究開発目的のみに使用され、他の目的に使用できない機械装置や特許権等を取得した場合の原価は、取得時の研究開発費として費用処理することになっている（基準注解(注1)）。機械装置や特許権等ですら取得時の費用処理が認められていることからすれば、質問の試薬などは、その取得時に費用処理してよいのではないか、という議論があろう。

しかし、税務上は、研究開発用に取得した試薬であっても、まだ使用されていないものは、期末において残量を調査し、棚卸資産である貯蔵品として処理しなければならない。特に、容量としては少量であっても、金額的には高価なもののようであるから、尚更である。

　税務上は、研究開発用であるからといって、一時の費用として処理することはできない。機能的、物理的にみて棚卸資産であると認められれば、棚卸資産として処理する必要がある。

　なお、その試薬が各年度ごとにおおむね同量が使用され、そのつど補充を行うような性質のものであれば、補充を行う費用は損金にしてよいものと考える。

○　開封した試験薬等の貯蔵品計上の要否

〔質疑応答〕

（問）　当社は、製薬会社であり、新薬の研究開発に使用するため、いろいろな試験薬を購入している。

　その購入した試験薬のうち、まだ未開封でそのまま期末に残っているものは、貯蔵品として棚卸資産に計上している。

　しかし、すでに開封し研究開発に使用したものについては、もしたとえば何ccか何gか期末に残っていたとしても、研究開発の用に供したものとして、貯蔵品等に計上する必要はないと考えるがどうか。特に、試験薬のなかには、一度開封すると化学的変化が生じたり、粉末であれば溶液化するものも少なくない。

（答）　質問のように、購入した試験薬のうち、まだ未開封でそのまま期末に在庫として残っているものは、貯蔵品等として棚卸資産に計上しなければならない。

　そのような考え方や取扱いからすれば、すでに開封し研究開発に使用し

たとしても、期末に残っている何ccか何gかの試験薬は、貯蔵品等として棚卸資産に計上すべきであるということになろう。

しかし、質問にもあるように、その試験薬が一度開封すると化学的変化が生じたり、溶液化してしまうような状態にあるとすれば、強いて貯蔵品等として計上する必要はないものと考える。開封した時点ですべて研究開発の用に供したとみられる。

なお、その試験薬が、毎事業年度において、一定数量を購入し、経常的に使用するようなものであれば、その購入をしたときに一時の損金算入ができるものと考えられる。法人が事務用消耗品や作業用消耗品などを、各事業年度においておおむね一定数量を取得し、かつ、経常的に消費する場合には、その取得費用は、取得したときに損金算入することができる（法基通2－2－15）。

○ 医薬品の研究開発過程で製造する治験薬の処理方法

〔質疑応答〕

(問) 医薬品の研究開発が終盤になると、その医薬品を実際に患者に投与して薬効や安全性、製剤の安定性等を確認する臨床試験を行う。その臨床試験のための医薬品を治験薬といい、販売用医薬品と成分や製造法はほぼ同じであるが、販売用医薬品にすることはできない。

この治験薬の製造に要した費用は、どのように処理したらよいか。期末に在庫として残っているものは、貯蔵品等として資産計上をしなければならないか。

(答) 新製品等の研究開発のための材料として投入された原料や資産は、基本的には研究開発費として損金算入ができる。ただし、研究開発の道具（ツール）として使用されるものは、一時の費用処理はできず、資産計上をしなければならない。たとえば、研究開発のためのソフトウエアの場合、

研究開発のためのいわば材料となることが明らかなものは、資産計上を要しないが、研究開発の道具として使用するものは、資産計上をする必要がある（法基通7－1－8の2参照）。

　これらの考え方からすると、最初の**治験薬**を製造するまでの費用は研究開発費として処理することができよう。その最初の治験薬の製造までは、研究開発過程における、いわば試作品の製作であるといえるからである。これは、販売目的のソフトウエア開発における、複写して販売するための原本である最初に製品化された「製品マスター」の完成までの費用は、研究開発費として処理することができるのと同様であろう（法基通7－3－15の3⑵）。

　しかし、その後、臨床試験に使用するため、その最初の治験薬をもとに、いわば複写して治験薬を量産するための費用は、単純に研究開発費と処理することはできないと考えられる。すなわち、臨床試験のため量産された治験薬は、研究開発のための、いわば道具（ツール）ではないか、とみられるからである。

　これは、研究開発のため他から購入した試験薬と同じであろう。研究開発のための原料や材料、試験薬などでまだ使用せず期末に貯蔵中のものは「貯蔵品」として資産計上を要する。

　治験薬もこのような観点から、当期中に使用されたものは、もちろん研究開発費として費用処理をすることができるが、理論的には期末に未使用で残っているものは、貯蔵品等として認識すべきであろう。

　ただ、その場合の評価額をどうするかは難しい問題であるが、基本的には治験薬を製造するために要した原価、費用の合計額とすることが考えられる。しかし、治験薬はまだ完全には薬効も安全性等も確立されておらず、研究開発過程にあるものであるから、合理的に見積もった時価を評価額としてよいものと考える。場合によっては、備忘価額で評価してもよいであろう。

○ 試験研究用ガラス器具等の処理方法

〔質疑応答〕

(問) 当社は化学製品メーカーであるが、中央研究所を有し将来的に各種分野への応用ができる基礎物質の研究開発を進めている。その中央研究所では、化学分野での研究でもあり、多数の試験管、フラスコ、ビーカー、シャーレなどを保有している。

これらの実験器具は、ガラス製であり壊れることも多く、1年以上使えるものはほとんどない。このような実験器具は、消耗性のものであるから、作業用消耗品と同じように、その購入したときに損金とすることはできないか。

(答) 質問の**実験用ガラス器具**は、その機能や属性からいえば減価償却資産である。したがって、その耐用年数に応じて減価償却の方法により費用化していくことになる。ただ、ほとんどのものが使用可能期間が1年未満ないし取得価額が10万円未満の少額な減価償却資産に該当するであろうから、実験の用すなわち事業の用に供したときに、その取得価額を一時の損金にすることができる（法令133）。これが、質問の実験用ガラス器具に関する税務上の処理の原則である。

しかし、質問の実験用ガラス器具について、各事業年度ごとにおおむね一定数量を取得し、かつ、経常的に消費するような場合には、継続適用を条件に、その取得をしたときにすべて一時の損金にしてよい、と考える。実際に実験の用に供したときでなく、その購入したときに損金にしてよい（法基通2-2-15）。もともと、少額な減価償却資産であり、その使用実態がほぼ毎年同じである場合には、その取得時に損金算入をしても課税上の弊害はほとんどない、と考えられるからである。

3　販売用ソフトウエア

　コンピュータのソフトウエアは、税務上、減価償却資産である（法令13八リ）。「複写して販売するための原本」となるソフトウエアも、棚卸資産ではなく減価償却資産に含まれる（耐令別表第三参照）。企業会計では、これを**製品マスター**といい、複写可能な完成品で、販売されるソフトウエアのもとになるソフトウエアのマスターである。

　一方、その原本を使用して販売用に複写したソフトウエアは、棚卸資産となる。販売用ソフトウエアの対象になるのは、たとえばパソコン用のビジネスソフトウエアや業務用のアプリケーションパッケージソフトウエアのような汎用的なパッケージソフトウエアである。製品としてのソフトウエアで販売されなかったものおよび複写等製作途上のものについては、棚卸資産として製品または仕掛品に計上する。

　これは、レコード製作における原盤とその原盤から複写された販売用のレコードの関係に類似している。すなわち、**レコードの原盤**は、減価償却資産たる「器具及び備品」であり、販売用のレコードはもちろん棚卸資産である。

Ⅲ　棚卸資産の取得価額

1　意　　義

　法人が他から購入した**棚卸資産の取得価額**は、次に掲げる金額の合計額として算定する（法令32①一）。

① その資産の購入の代価（引取運賃、荷役費、運送保険料、購入手数料、関税その他その資産の購入のために要した費用の額を加算した金額）

② その資産を消費し、または販売するために直接要した費用の額

また、法人が自ら製造、採掘、採取、栽培、養殖等をした棚卸資産の取得価額は、次に掲げる金額の合計額である（法令32①二）。
① その資産の製造等のために要した原材料費、労務費および経費の額
② その資産を消費し、または販売するために直接要した費用の額

したがって、試験研究費が「その資産の製造等のために要した経費」であれば、棚卸資産の取得価額に算入しなければならない。また、試験研究用の原材料等を他から購入した場合には、その購入の代価が取得価額になる。これら取得価額を基礎にして棚卸資産の期末評価を行うのである。

なお、**付随費用**には、取得のための引取運賃、荷役費等のような費用と消費または販売のための費用との二つがあるが、そのいずれも取得価額を構成することに留意する。

2　原価差額の調整

法人の支出する試験研究費が製造原価性を有する場合には、その試験研究費は商品、製品、半製品、仕掛品等の取得価額に算入しなければならない。もし、これら棚卸資産の取得価額に算入すべき試験研究費があるにもかかわらず、その算入をしていない場合には、原価差額の調整を要する。

企業会計の実務では、次項において述べる法人税の取扱いと異なり、基礎研究、応用研究および工業化研究のすべての費用を研究開発費として期間費用処理することが求められている（基準三）。そのため、試験研究費全額について原価差額の調整を行い、自己否認している例もある。

法人の算定した原価が適正な原価計算にもとづいて算定されている場合には、法人の算定した原価をもって法人税法上の取得価額とみなされる（法令32②）。しかし、棚卸資産の取得価額に算入すべき試験研究費をその取得価額に算入しないのは、適正な原価計算とはいえない。したがって、

その試験研究費のうち期末棚卸資産に対応する部分の金額は、その期末棚卸資産の評価額に加算しなければならない。これが**原価差額の調整**である（法基通5－3－1参照）。

具体的には、各事業年度において生じた原価差額を仕掛品、半製品および製品の順に調整していく。しかし、この方法はきわめて煩瑣であるため、その原価差額を一括し、次に掲げる算式により計算した金額を期末棚卸資産に配賦することとしてよい（法基通5－3－5）。これは**原価差額の簡便調整方法**である。

〔算　式〕

$$原価差額 \times \frac{期末の製品、半製品、仕掛品の合計額}{売上原価＋期末の製品、半製品、仕掛品の合計額}$$

ただし、原価差額とされるものが総製造費用のおおむね1パーセント以内の少額である場合には、原価差額の調整を要しない。期間費用として処理してよい（法基通5－3－3）。

Ⅳ　製造原価となる試験研究費

1　基本的な考え方

製造原価とは、製品または用役の生産のために購入し、消費した財貨または用役の経済価値をいう。「生産のため」というのがキーポイントであり、製造原価と対比される**期間原価**は、一定期間の収益と関連した原価であるが、製造原価は一定の生産単位に関連した原価である。ある収益の原価として対応すべき明白な収益と関係を持っているのが製造原価であり、仕掛品や製品などに賦課されて資産価値として再現するものをいう。

すでに繰り返し述べたように、「原価計算基準」では、新製品または新技術の開拓等の費用であって企業全般に関するものは、一般管理費として

処理する。これは逆にいえば、「企業全般」に関しない、たとえば企業が現に生産している製品や採用している技術、生産方式等に関する試験研究費は製造原価になることを意味している。原価として対応すべき明白な収益が予定されているからである。当期の製品に関係する、すなわち当期の製品に対応する試験研究費は原価性を有する。

このように、試験研究費が原価性を有するかどうかは、基本的に特定の製品、部門、工場等に効果が及ぶかどうか、あるいは企業全般に効果が及ぶかどうかにより判定する。すなわち、特定の製品、部門、工場等における生産のため、またはその生産に付随して日常的に行われる試験研究の費用は、原価性を有するものとして製造原価に算入しなければならない。

企業会計の実務では、たとえば試験研究が現に製品の製造に従事する従業員によって工場内で行われており、その試験研究費が多額でない場合や試験研究が経常的に行われ、その試験研究費が大体定額である場合には、製造原価に算入している例が多いようである。

なお、研究開発費会計基準によれば、研究開発費はすべて発生時に費用として処理しなければならない（基準三）。この場合の費用として処理する方法には、一般管理費として処理する方法と当期製造費用として処理する方法とがある（基準注解(注2)）。

研究開発費は、新製品の計画・設計または既存製品の著しい改良等のために発生するものであるから、一般的には原価性がない。したがって、通常は一般管理費として計上する（実務指針3）。ただ、製造現場において研究開発活動が行われ、その研究開発費を一括して製造現場で発生する原価に含めて計上しているような場合がある。そこで研究開発費を当期製造費用に算入することも認められている。

2 具体的な取扱い

(1) 性格別の試験研究費
イ 総　説
　以上が試験研究費の原価性に関する基本的な考え方である。このような考え方により**試験研究費の原価性**を判断するとすれば、それは性格別の試験研究費の取扱いにほかならない。法人税では、試験研究費の原価性のメルクマールを試験研究の性格に求めている。すなわち、基礎研究か、応用研究か、または開発（工業化）研究かという性格別の研究の区分は、まさに企業全般に関する研究か、個別製品等に関する研究かどうかの指標になるからである。

　そこで法人税の取扱いでは、すでに述べたように、試験研究費のうち次に掲げるものは、製造原価に算入しなくてよい（法基通5－1－4(2)）。
① 　基礎研究および応用研究の費用の額
② 　工業化研究に該当することが明らかでない研究の費用の額

　すなわち、工業化研究に該当することが明らかな研究の費用だけ製造原価に算入すればよく、それ以外の研究の費用は製造原価に算入する必要はない。税務上も、基本的には試験研究費は原価性を有しない、とみているといってよいであろう。

　基礎研究、応用研究および工業化研究のそれぞれの意義等については、「第3章のⅢ　性格別の試験研究費」を参照されたい。

ロ 基礎研究と応用研究
　基礎研究および**応用研究**は、まだ特定の製品等の生産に至らない段階の、物質や物事の原理、原則の発見やその実用化、応用化の途を探るための研究である。いわば学術的な域を出ない研究といえる。研究結果はいずれか

の時期においては収益に結びつくであろうが、その時期を予測・特定することはむずかしい。また、研究が常に成功するともいいがたい。

これら研究のための費用は、個別、具体的な「製品の製造等のために要した費用」、すなわち製品等の生産のためまたは生産に付随して要した費用ではない。原価として対応すべき明白な収益がみえていないものである。したがって、基礎研究および応用研究の費用は製造原価に算入しなくてよい。

医薬品・化粧品業界では、すでに養毛剤は市販されているが、俗に禿頭を根本的に治す養毛剤を開発すればノーベル賞ものだといわれる。禿頭は生理的、肉体的、精神的な面が総合的に作用すると考えられており、業界ではその面からの研究も行っている。この場合、禿頭の起きるメカニズムに関する研究や現に市販されている養毛剤とは全く異なる養毛剤の研究は、基礎研究ないし応用研究ということができよう。

ハ　工業化研究

これに対して、**工業化研究**は、基礎研究および応用研究と異なり、製品化やシステム化のめどがついた製品等の工業化、量産化を目的とする研究である。新しい材料、装置、製品、システム、工程等の導入または既存のこれらのものの改良を狙いとする研究である。個別、具体的な製品等の生産に関わってくる。したがって、工業化研究の費用は製造原価を構成するのが原則である。

しかし、実際に企業が行う試験研究は内容も多種、多様で、どの段階にある研究なのか必ずしも明確にならず、製造原価と期間原価との範囲の区分を絶対的に行うことは困難な場合が多い。そこで、工業化研究に該当することが明らかな研究の費用だけ製造原価に算入すればよい。これは工業化研究に該当することが明らかでない研究は、基礎研究または応用研究に属すると推定する、ということであろう。

このような点からみると、典型的には企業が現に生産している製品または採用している技術や製法、製造工程の改良などを目的として継続的・経常的に行われる試験研究の費用は、原価性があるということになる。たとえば、すでに生産している製品の品質改良の研究、現に採用している技術や生産方式の合理化の研究、生産された製品の構造、材質等の強弱度、伸縮度、耐熱度、耐久度等の試験研究などの費用は、その製品の製造原価とすべきである。

ある製薬会社は、すでに市販されている内服液を薬効は損なわず、甘さ、味の濃さなど飲み口を改良するリニューアルを行って発売するとのことである（毎日新聞　平成9．1．29朝刊）。この場合の改良のための研究費は、既存製品のための工業化研究の費用であり、理論的にはその内服液の製造原価に算入すべきことになろう。

○　**試験研究が複数年にわたる場合の製造原価への算入時期**

〔質疑応答〕

（問）　当社は、新製品の研究開発を行っているが、その研究開発も工業化研究の段階にある。そのため、その工業化研究のための費用は、製品の製造原価に算入すべきではないか、と考えている。

この場合、その工業化研究は複数年にわたって行われるが、製造原価に算入する時期は、その試験研究費が発生した各事業年度ごとでよいか。

それとも、その工業化研究が完了するまでは仕掛資産等として計上しておき、その完了をした事業年度においてまとめて製造原価に算入を行うことになるのか。

（答）　税務上、試験研究費については、工業化研究に該当することが明らかな試験研究の費用は製品の製造原価に算入しなければならない（法基通

5−1−4(2))。その製造原価への算入は、試験研究費が発生した事業年度において行う。

これは、試験研究が複数年にわたって行われる場合であっても、同様である。その試験研究費が発生するつど、その発生した事業年度において製造原価に算入する。

その結果、試験研究費が製造原価に算入された製品が、当期（発生事業年度）において販売されてしまえば、その試験研究費は損金算入されることになる。その製品が販売されず期末棚卸資産になっていれば、その試験研究費は当期の損金にはならない、ということになる。

その工業化研究が完了するまでは仕掛資産等として計上しておくような必要はないものと考える。

(2) 新製品または新技術の試験研究費

上記では試験研究費の製造原価性の問題を、性格別の試験研究費の観点からみた。他方、この問題は新製品の製造または新技術の発明のための試験研究費という観点からも検討しなければならない。

試験研究における**新製品**には二つの意味が存する。すなわち、一つ目はこれまで世の中に全く存在しなかった製品という意味での新製品である。従来の製品とはその構造、性能、原理、方法等が全く異なるものを意味している。たとえば、自動車メーカーにおけるエンジン自動車と電気自動車、時計メーカーにおけるアナログ時計とデジタル時計、航空機メーカーにおけるプロペラ機とジェット機である。

二つ目は、その法人にとって従来生産していなかった製品という意味での新製品である。その法人にとっての新規事業のための製品を意味する。たとえば、オートバイ専業メーカーが自動車の生産を始める場合の、その自動車は新製品である。

これら新製品の製造のために行う試験研究の費用は、性格別の試験研

費の観点からみれば、基礎研究または応用研究に該当する場合が多いであろう。特に一つ目の意味における新製品の研究の場合はそうである。もっとも、新製品であっても、具体的に工業化、商業化を決定し、その生産の立ち上がりに至った段階での採用すべき材料や導入すべき装置、工程等の研究は、工業化研究というべきである。特に二つ目の意味における新製品の研究の場合には、工業化研究に該当する例が多いと考えられる。

(3) 工業所有権等の頭金、使用料等

　試験研究にあたっては、他の者の有する特許権やノウハウを使用することも少なくない。その特許権やノウハウの使用に関しては、契約当初に頭金や一時金を、使用期間中に使用料を、それぞれ支払う必要がある。

　その頭金や一時金については、特許権等の工業所有権の使用に際して支払うものは無形固定資産たる工業所有権として（法基通7－1－4の3）、ノウハウの使用に際して支払うものは繰延資産として（法基通8－1－6）、それぞれ処理する。その工業所有権や繰延資産の償却費および工業所有権やノウハウの使用料についても、その試験研究の性格に応じて原価性の有無を判断しなければならない。

　したがって、工業所有権やノウハウの使用料の額が売上高等にもとづいて算定されている場合には、その使用料は製造原価に算入しなくてよい。その頭金や一時金の償却費についても同様である（法基通5－1－4(4)）。

　また、その使用料の額が生産数量等を基礎として定められている場合であっても、最低使用料条項により支払った使用料が生産数量等により計算される使用料を超えるときは、その超える部分の金額は製造原価に算入しなくてよい（法基通5－1－4(5)）。

○ 役員に対する特許権使用料の取扱い

［質疑応答］

（問）　当社は、このたび全く別の分野への事業転換を図ることにした。そこで、当社の役員が有する特許権の使用許諾を受けて新製品の製造に着手した。

その役員に対しては、新製品の売上高の１％の特許権使用料を支払う。この特許権使用料は、製造原価に算入するということでよいか。役員に対する給与、特に賞与とされるようなことはないか。

（答）　一般的に、会社の役員といえども役員としての職務外の分野において、その個人の有する特殊能力や著作物、無体財産権などを会社に提供し、相当の対価を受けることは認められる。これは、あたかも役員個人の有する土地や建物などを会社が借り上げて、賃料を支払うことが是認されるのと同じである。

したがって、質問の場合、役員が取得した特許が会社と関係なく正当に取得されたものであり、その特許権使用料が不相当に高額でない限り、特許権使用料として認められる。その役員に対する給与とする必要はない。ただ、製品の製造にかかわる特許権の使用料であるから、その製品の製造原価には算入しなければならない。

(4)　販売用ソフトウエア

すでに述べたように、「複写して販売するための原本」となるソフトウエアは、減価償却資産である（耐令別表第三参照）。一方、その原本を使用して販売用に複写したソフトウエアは、棚卸資産となる。また複写中などの製作途上のものは仕掛品である。

企業会計によれば、次のような制作費は製品としてのソフトウエアの製造原価として処理する（実務指針34(4)）。この取扱いは、税務上も同じであ

るといってよい。
① ソフトウエアの保存媒体（CD—ROM等）の取得原価
② 製品マスターの複写に必要なコンピュータ利用等の経費
③ 利用マニュアルまたは使用説明書等の制作のための外注費
④ 販売用とするための製品表示や包装にかかるコスト
⑤ 制作に携わった従業員の人件費

この場合、保存媒体であるCD—ROMや利用マニュアル、使用説明書、包装資材などで、期末在庫となっているものは、販売用ソフトウエアとは別個の棚卸資産として処理する。

なお、企業会計では、製品マスターの償却は販売したソフトウエアに対応する償却額とし、ソフトウエアの売上原価に計上する（実務指針35）。税務上においても、複写して販売するための原本となるソフトウエアの償却費の額は、製造原価に算入しなくてよい（法基通5－1－4(6)）。これは企業会計の実務を考慮し、平仄を図ったものである。

3　試験研究原価の計算方法

(1)　個別原価計算

「原価計算基準」では、経営の目的とする製品の生産に際してのみでなく、試験研究、試作等に際しても、特定指図書を発行して行う場合は個別原価計算の方式によってその原価を算定するとされている（同基準三一）。

個別原価計算とは、製造や試験研究の指図書別に原価を集計する方法をいう。期間的に原価を集計する**総合原価計算**に対して、個別原価計算は個別の製品や試験研究ごとに原価を計算するものである。具体的には、直接費は発生のつどまたは定期的に整理分類して、各製造や試験研究の指図書に直接賦課する。直接費と異なり各指図書ごとに把握できない間接費は、合理的な基準により各指図書に配賦を行う。

個別原価計算は、種類を異にする製品を個別的に生産する形態、たとえば注文生産による製品の原価計算に適する方法である。試験研究がテーマやプロジェクトごとに独立して行われる場合や他の者からの受託研究の場合には、個別原価計算になじみやすいといえよう。特に、ソフトウエアの受託製作にあっては、個別原価計算を行うのが普通である。また、試験研究費の管理という面からも、個別原価計算が適している。

(2) 原価項目

製造原価は、直接費と間接費とに大別されて、直接費と間接費はさらに材料費、労務費および経費に分けられる。試験研究費は複合費であるから、材料費、労務費および経費から成っている。したがって、製造原価に算入すべき試験研究費も、材料費、労務費および経費としてとらえる。すなわち、次に掲げるような金額がそれぞれ製造原価に算入すべきことになる。ただ、ある特定の製品の製造原価に算入する場合には、試験研究費全体そのものは、間接費として把握されることになろう。

① 材料費　試験研究のために消費された主要原材料費、補助原材料費、部分品費、試作品費、用役費等

② 労務費　試験研究活動に従事する者の給料、賃金、賞与、諸手当、退職金、退職給付引当金繰入額、社会保険料等

③ 経　費　試験研究のために使用した建物、構築物、船舶、機械装置、器具、車両、運搬具、特許権等の減価償却費、図書費、水道光熱費、旅費、通信費、保険料、事務費、消耗品費、印刷費等

④ 間接費　試験研究活動に関連した間接費

この場合の製造原価に算入される試験研究費に試験研究用固定資産の減価償却費が含まれることに異論はない。

なお、企業会計では、特定の研究開発目的のみに使用され、他の目的に使用できない機械装置や特許権等の取得原価は、取得時の期間費用である

研究開発費として処理する（基準注解(注1)）。しかし、税務上はその取得時に一時の損金になるわけではない。この点は次章において述べる。

(3) 非原価項目

　試験研究のために支出した費用であっても、たとえば次に掲げるようなものは、原価性を有しない。これは、一般の原価計算における原価性の判断基準と同じである。税務上も同じように取り扱ってよい。
① 　試験研究部門における寄附金、支払利息、割引料（手形売却損）
② 　試験研究部門における違約金、罰科金、損害賠償金
③ 　試験研究部門における火災、震災、風水害、盗難等による損失
④ 　試験研究部門における訴訟費
⑤ 　試験研究部門における固定資産売却損および除却損

　研究開発型のベンチャー企業は、その研究開発に要する資金をいかに調達するかが課題である。仮にその資金を借入金でまかなった場合の支払利息は、製造原価に算入する必要はない（法基通5－1－4(13)）。期間費用として損金にしてよい。

Ⅴ　棚卸資産の評価損

1　概　　要

　法人が有する棚卸資産を評価換えしてその帳簿価額を減額しても、その減額された部分の金額は、損金の額に算入されない（法法33①）。すなわち、法人税の取扱いでは、資産に**評価損**を計上することはできないのが原則である。法人税は、基本的に資産の評価は取得価額である原価によるという、**取得原価主義**を基調にしているからである。

　ただし、法人が有する棚卸資産に次に掲げるような事実が生じたことに

より、その棚卸資産の時価が帳簿価額を下回るようになった場合には、評価損を計上してよい（法法33②、法令68①一）。これは、すでに価額の下落により損失が実現しているということであり、取得原価主義の例外である。
① その棚卸資産が災害により著しく損傷したこと。
② その棚卸資産が著しく陳腐化したこと。
③ ①または②に準ずる特別の事実

また、法人について会社更生法等による更生計画認可の決定があった場合には、その棚卸資産につき帳簿価額を減額することができる。

③の「①または②に準ずる特別の事実」とは、たとえば破損、型崩れ、たなざらし、品質変化等により通常の方法によって販売することができないようになったことをいう（法基通9－1－5）。

これに対して、棚卸資産の時価が単に物価変動、過剰生産、建値の変更等の事情によって低下しただけでは、評価損の計上はできない（法基通9－1－6）。税務上の評価損は、棚卸資産自体が物理的、客観的に価値が低下した場合に限って計上することができ、単に市場価額が下がっただけでは計上は認められないのである。

2　試験研究資産等の評価損

(1)　評価損の計上事由

棚卸資産につき**評価損**の計上ができる事由は、上述したとおりである。この事由のなかに、「棚卸資産が著しく陳腐化したこと」というのがある。この「棚卸資産が著しく陳腐化したこと」とは、棚卸資産そのものには物質的な欠陥がないにもかかわらず、経済的な環境の変化に伴ってその価値が著しく減少し、その価額が今後回復しないと認められる状態にあることをいう。たとえば、商品について次のような事実が生じている場合がこれに該当する（法基通9－1－4）。

① いわゆる季節商品で売れ残ったものについて、今後通常の価額では販売できないことが既往の実績その他の事情に照らして明らかであること。
② その商品と用途の面ではおおむね同様のものであるが、型式、性能、品質等が著しく異なる新製品が発表されたことにより、その商品につき今後通常の方法により販売することができないようになったこと。

(2) **具体的な適用**

　自社が行った試験研究の結果、画期的な新製品を開発し販売を開始したような場合には、旧製品は陳腐化する。もちろん、旧製品の陳腐化は他社が新製品をもって市場に参入してきた場合にも生じる。このような場合には、上記(1)②の事由に該当することになり、在庫になっている旧製品には評価損を計上することができる。

　特に、市場販売目的のソフトウエアについては、新たなソフトウエアが開発されたような場合には、旧ソフトウエアは急速に陳腐化するであろう。その場合、旧ソフトウエアを廃棄せず保有を続けるとすれば、評価損の計上を考える必要がある。

　また、たとえば試験研究過程で生産したものであるが、テスト販売や得意先等の試用に供するため棚卸資産として処理した商品が売れ残ったような場合には、陳腐化したものとして評価損を計上する余地があろう。研究試作品的な商品は、ただでさえ売上げが安定していないと考えられるところ、いったん売れ残れば今後通常の価額では販売できないであろうから、特に評価損の計上に配慮する必要がある。

　さらに、試験研究用の原材料や貯蔵品で棚卸資産となっているものについても、評価損の計上ができる事由が生じていれば、評価損の計上ができる。この場合の評価損は、製造原価に算入しなければならない。

Ⅵ 販売用ソフトウエアの収益計上時期

1 基本的な考え方

　法人税の課税上、資産の販売・譲渡または役務の提供（「資産の販売等」）による収益の額は、その資産の販売等にかかる目的物の引渡しまたは役務の提供の日の属する事業年度の益金の額に算入する（法法22の2①）。この場合の益金の額に算入する**収益の額**は、その販売・譲渡した資産の引渡しの時における価額またはその提供をした役務につき通常得べき対価の額相当額である（法法22の2④）。すなわち、資産の販売等につき第三者間で取引されたとした場合に通常付される価額（時価）を益金の額に算入する（法基通2-1-1の10）。

　「複写して販売するための原本」であるソフトウエアは、棚卸資産ではなく減価償却資産である（耐令別表第三参照）。この原本をもとに販売用に複写したソフトウエアは棚卸資産となる。

　棚卸資産の販売による収益は、その引渡しがあった日において計上する。その棚卸資産の引渡しの日については、たとえば出荷した日、船積みをした日、相手方に着荷した日、相手方が検収した日、相手方において使用収益ができることとなった日など、棚卸資産の種類、性質、販売契約の内容等に応じ、合理的であると認められる日による（法基通2-1-2）。

　原本から複写したソフトウエアの販売による収益も、この考え方により計上すべきことになる。具体的には、複写したソフトウエアを搭載したCD—ROMなどの媒体を相手方に引き渡した日に収益を計上する。

2　ライセンスの供与の場合

　ここで一口にソフトウエアの販売といっても、それは法的にはソフトウエアそのものの譲渡ではなく、ソフトウエアの使用許諾、すなわちライセンスの供与である。そうすると、ただ単にCD—ROMなどの媒体を相手方に引き渡した日に収益計上すべきどうかは留意を要する。

　ソフトウエアは知的財産であり、その知的財産のライセンスの供与による収益の額は、次に掲げる知的財産のライセンスの性質に応じ、それぞれ次の取引に該当するものとして次のように収益計上を行う。

① 　ライセンス期間にわたり存在する法人の知的財産にアクセスする権利であるとき——**履行義務**（顧客との契約において、財またはサービスを顧客に移転する約束）が一定の期間にわたり充足されるものとして、その契約開始日から契約終了日までの期間において収益計上をする（法基通2－1－30(1)、2－1－21の2）。

② 　ライセンスが供与される時点で存在する法人の知的財産を使用する権利であるとき——履行義務が一時点で充足されるものとして、その契約開始日に収益計上をする（法基通2－1－30(2)、2－1－21の3）。

　①はライセンスの供与の相手方が契約期間にわたって継続的に使用できるものであり、②は一時点でのみ使用できるものである。ソフトウエアのライセンスの供与は、一般的には①に該当するものと考えられる。

3　ソフトウエアの使用料等が返金不要な場合

　法人が、資産の販売等の開始に際して、相手方から中途解約のいかんにかかわらず取引の開始当初から返金不要な支払を受ける場合には、原則としてその取引の開始日に収益計上を行う。ただし、その返金不要な支払が、

契約期間における役務の提供ごとに、それと具体的な対応関係をもって発生する対価の前受けと認められる場合には、継続適用を条件に、その契約期間の経過に応じて収益計上をすることができる（法基通2－1－40の2）。この「返金不要な支払」の典型例は、工業所有権等の実施権の設定対価として支払を受ける一時金やノウハウの設定契約に際して支払を受ける一時金・頭金等である（法基通2－1－40の2（注））。

しかし、この取扱いは、ソフトウエアのライセンスの供与に伴い、返金不要な一時金や使用料の支払を受ける場合にも適用される。

○　ソフトウエアの使用料収入の計上時期

〔質疑応答〕

(問)　当社は、ソフトウエアの開発・販売等を行っている。この度、ある顧客から当社が開発したソフトウエアを3年間、使用したいとの申し出を受けた。これは、ライセンスの供与である。

このソフトウエアの使用期間は3年間と長期であるので、使用料は相当安くせざるを得ないが、3年間分の使用料を一括して収受し、中途解約はできない。仮に中途解約をしても、一括収受した使用料は、一切返還しないことになっている。

この場合、当社が収受する3年間分の使用料は、使用期間の経過に応じて3年間で分割して収益計上するということでよいか。

(答)　法人が、ソフトウエアのライセンスの供与に際して、相手方から中途解約のいかんにかかわらず取引の開始当初から返金不要な支払を受ける場合には、原則としてその取引の開始日に収益計上を行う。ただし、その返金不要な支払が、契約期間におけるライセンスの供与ごとに、それと具体的な対応関係をもって発生する対価の前受けと認められる場合には、継続適用を条件に、その契約期間の経過に応じて収益計上をすればよい（法

基通2-1-40の2)。

　質問の場合、その使用料はライセンス期間3年のものであり、それを前提に使用料の額が算定されている。また、貴社は、使用料は返金不要であるとはいえ、3年間はソフトウエアを継続して使用させる義務を負う。

　したがって、その使用料は、将来発生する対価の前受けであるから、使用期間の経過に応じて収益計上することが認められるものと考える。

○　一括収受した保守管理料の収益計上時期が判断された事例

〔参考裁決例〕

　請求人は、本件金員（一括収受額）は建設業者からの預り金であるから、現実に保守及び事故等による工事をする都度、これに要した費用等相当額を費用及び収益に計上するとともに、本件委託契約が終了した時点において、本件金員と現実に要した維持管理費との間で過不足を生じた場合には、その時点で当該過不足分を収益又は損失として計上すべきであると主張するが、本件金員は、請求人に帰属する収益に該当するものであり、その収益として計上すべき時期については、本件金員は本件委託契約に基づき請求人の共聴設備の維持管理業務という役務提供の対価として支払われたものであり、かつ、当初から返還を要しないものであると認められるから、本件金員を収受した日の属する事業年度の益金の額に算入するのが相当であると考えられないではないが、本件のように、①長期にわたる維持管理収入を当初に一括して前受けするという契約で、②本件金員を収受した時点においては、契約上の義務である役務提供を何ら履行しておらず、将来請求人の役務提供が不可能となったときは本件金員の一部の返還義務を負うこともあり得るもので、③契約期間中に発生すべき原価等の額を当初において合理的に見積もることが事実上不可能と思われるものについては、本件金員を契約期間で除して得た金額を1年当たりの収益とし

て各事業年度の益金の額に算入するという計上方法は、法人税法第22条第4項にいう一般に公正妥当な会計処理の基準に合致するものということができる。

(国税不服審判所裁決　昭和63.6.22　裁決事例集No.35　93頁)

第6章　試験研究費と固定資産

I　総　　説

　試験研究は基本的にヒトとカネとはいえ、モノも重要である。特に、今日のようにハイテク時代の試験研究にあっては、ある程度の試験研究用の設備や機器を揃えなければ成功はおぼつかないし、他社に後れをとることになる。

　試験研究費とこれらモノとの関係を考える場合、まず基本的に押さえておかなければならないポイントは、試験研究費であっても、固定資産として処理しなければならないものがあるという点である。試験研究費は機能的な分類による費用であり、また、複合費であるから、その範囲を広くとらえれば、試験研究用の機械装置や特許権等の取得費も含まれる。

　しかし、税務上は、試験研究の用に供される資産であるからといって、その取得費が単純に費用になるわけではない。他の一般の固定資産と同様、その耐用年数に応じて減価償却の方法により費用化していく必要がある。もっとも、開発研究用減価償却資産については、特別に一般の減価償却資産に比べて短い耐用年数が定められている（耐令2二、別表第六）。

　また、固定資産の範囲と評価をめぐっては、試験研究の過程において製作される試作品や仕掛品をどのように取り扱い、評価するかという困難な問題がある。他から試験研究のため購入して取り壊し、分解等をしている

ような、研究素材用の機械装置などについても、同様の問題が存する。

さらに、棚卸資産と同じく、試験研究費の原価性という問題がある。たとえば、試験研究の成果により特許権や実用新案権、著作権を取得したような場合、その取得価額としていかなる金額を付すかである。特に、最近は多くの企業がコンピュータを導入し、また、多額の資金を投入してシステム開発をする企業も少なくないから、ソフトウエアの研究開発費の取扱いが重要になってきた。

平成30年3月の収益認識基準の制定に伴い、法人税に知的財産のライセンス収入や工業所有権等の設定対価等の収益計上時期が明らかにされた。これら収益の取扱いにも目配りが必要である。

以下、試験研究費と固定資産との関係をめぐるこれらの問題をみていこう。

II 固定資産の範囲

1 固定資産の意義

(1) 税務上の固定資産

法人税において、**固定資産**とは、棚卸資産、有価証券、暗号資産および繰延資産以外の資産のうち、土地（土地の上に存する権利を含む）、減価償却資産、電話加入権その他これらに準ずる資産をいう（法法2二十二、法令12）。また、**減価償却資産**とは、棚卸資産、有価証券および繰延資産以外の資産のうち、①建物およびその附属設備、②構築物、③機械および装置、④船舶、⑤航空機、⑥車両および運搬具、⑦工具、器具および備品、⑧無形固定資産ならびに⑨生物をいう（法法2二十三、法令13）。試験研究と密接に関連する特許権、実用新案権、商標権、意匠権、ソフトウエア、育成者権、営業権などは、無形固定資産である（法令13八）。

これら固定資産は、属性的、機能的な概念であるから、使用目的等によって税務上の性質や取扱いが異なるものではない。たとえば、その属性や機能が建物や機械装置、備品である限り、研究所の建物や試験機、検査機、測定機等であっても、その耐用年数に応じて減価償却の方法により費用化する（法法31）。法人がこれら資産の取得費を試験研究費や研究開発費として処理したからといって、その取得費がそのまま費用として一時の損金になるわけではない。

なお、企業結合会計基準では、**研究開発活動の途中段階の成果**（最終段階にあるものに限らない）は分離して譲渡可能な資産とされている（企業結合会計基準等適用指針367項）。しかし、税務上は独立、固有の無形固定資産ではない。その取得をした場合、実態や内容に応じて、営業権や繰延資産等として処理すべきことになろう。

(2) 特定の研究開発目的の資産
イ　企業会計の取扱い

研究開発費会計基準では、特定の研究開発目的のみに使用され、他の目的に使用できない機械装置や特許権等を取得した場合の原価は、取得時の研究開発費として処理する（基準注解(注1)）。特定の研究開発目的に使用した後、他の研究開発目的に使用することができる機械装置や特許権等は、固定資産として計上し、減価償却を行ってよい（実務指針 Q&A Q6）。

ここで「特定の研究開発目的のみに使用され、他の目的に使用できない」とは、特定の研究開発プロジェクトの目的のみに使用され、他の研究開発プロジェクトには使用することが機能的・物理的にできないことをいう（実務指針5）。たとえば、特定の研究専用の測定機や試験設備などで、研究開発の所期の目的を達成した後には他の用途に転用できず、廃棄してしまうようなものである。もっとも、会社が特定のプロジェクトのみに使用する予定で取得した場合であっても、目的を達成した後に他の研究プロ

ジェクトや営業の目的で利用することが可能なものは、これに含まれない（実務指針28）。

ロ　法人税の取扱い

　企業会計で「取得時の研究開発費として処理する」というのは、基本的に期間費用である一般管理費等として処理することを予定している。しかし税務上は、その機能や属性が機械装置や器具備品、特許権等である限り、あくまでも固定資産として計上しなければならない。税務では、その使用目的のいかんにかかわらず、減価償却資産としての実体を備えているものであれば、減価償却資産として法定耐用年数で償却すべきである、との考え方をとっているからである。

　もし、特定の研究開発にのみしか使用できず、その研究開発の終了とともに廃棄されるというのであれば、税務上は耐用年数の短縮（法令57）の承認を受けるべきであるという建前になる。ただ、現実に耐用年数の短縮の承認が受けられるかどうかはむずかしい。仮にその承認が受けられない場合には、法定耐用年数で償却していって、研究開発が終了し実際に廃棄または除却をしたときに、その未償却残額を一時の損金に計上するということになる。

2　工業所有権等

(1)　工業所有権の意義

　試験研究ないし研究開発の成果として取得する特許権、実用新案権、商標権、意匠権、ソフトウエア、育成者権および営業権は、無形固定資産である（法令13八）。このうち特許権（特許法）、実用新案権（実用新案法）、商標権（商標法）および意匠権（意匠法）を総称して**工業所有権**という（法基通7－1－4の3）。工業所有権はすべて特許庁に登録しなければ保護さ

れないから、税務上の区分もその登録されたところにより判定する。

これらの資産は、税務上は無形固定資産であるから、その取得のために要した費用は資産として計上しなければならない。そして、それぞれの資産ごとに定められた耐用年数に応じて償却を行い、費用化を図っていく。

試験研究ないし研究開発に伴って著作権を取得することも考えられる。プログラムは、著作権の対象になっている（著作権法10）。**著作権**は資産ではあるが、税務上は減価償却資産ではない。したがって、著作権は減価償却をすることはできない。著作権の価値が低下した場合には、評価損の可否の問題として対処する。

なお、半導体集積回路の回路配置（半導体集積回路における回路素子およびこれらを接続する導線の配置）の創作をした者等は、その回路配置について**回路配置利用権**の設定登録を受けることができる（半導体集積回路の回路配置に関する法律3）。この回路配置利用権について、消費税では、特許権等と同様の取扱いになっているが（消法4③一、消令6①五、消基通5－7－5）、法人税では無形固定資産ではない。もし回路配置利用権を取得した場合、法人税では繰延資産として処理すべきことになろう。

(2) 工業所有権の実施権等

試験研究ないし研究開発に関しては、他の者の有する工業所有権に実施権や使用権を設定して使用する場合がある。このように、法人が他の者の有する工業所有権について実施権または使用権を取得した場合には、その実施権または使用権はその対象となった工業所有権に準じて取り扱う（法基通7－1－4の3）。

また、法人が他から取得した出願権は、無形固定資産に準じてその目的となった工業所有権と同様に取り扱ってよい（法基通7－3－15）。ここに**出願権**とは、工業所有権に関し特許または登録を受ける権利をいう。

(3) 育成者権

　工業的、商業的な研究開発の成果として獲得するのは工業所有権であるが、いわば農業的、園芸的な研究開発の成果として育成者権がある。

　育成者権は、花や野菜、果物、米などの植物の新品種を育成、創作した者に付与される知的財産権のひとつである（種苗法19）。税務上は、工業所有権と同じように、無形減価償却資産とされている（法令13八ヌ）。

　育成者権は、国（農林水産省）に登録することにより、登録品種の種苗、収穫物、加工品の販売等を独占することができる権利である。その権利の存続期間は25年（永年性植物は30年）であるが（種苗法19②）、国に登録をしない限り、その権利は生じない。ただし、試験または研究の目的での利用には、育成者権の効力は及ばない（種苗法21①一）。

　育成者権にあっても、他人に専用利用権または通常利用権を設定することができる（種苗法25①、26①）。これら利用権は、工業所有権の実施権と同じように、その対象となった育成者権に準じて取り扱ってよいものと考える（法基通7－1－4の3参照）。

　なお、育成者権の例として、「コシヒカリ新潟BL～おいしさを保ったまま、病気に強い稲」や「ぽろたん～渋皮が簡単に剥けるくり」、「シャインマスカット～皮ごと食べられるマスカット」などがある（農林水産省HP）。

(4) 営業権

　企業の試験研究ないし研究開発の過程においては、営業権が生じることが考えられる。営業権は、税務上、無形減価償却資産である（法令13八カ）。その取得費用は、減価償却により費用化を図っていく。

　ただ、工業所有権や育成者権と異なり、法的に保護する直接的な法令はなく、税務上も、その定義をした法令、通達等はない。

　そこで、営業権とは何かが問題になる。**営業権**とは、一般に企業の長年にわたる伝統と社会的信用、立地条件、特殊の製造技術および特殊の取引

関係の存在ならびにそれらの独占性等を総合した、他の企業を上回る企業収益を稼得することができる無形の財産的価値を有する事実関係をいう（最高判・昭和51．7．13税資89号173頁）。

その営業権の例として、繊維工業における織機の登録権利、許可漁業の出漁権、タクシー業のいわゆるナンバー権のように、法令の規定、行政官庁の指導等による規制にもとづく登録、認可、許可、割当等の権利を取得するための費用がある（法基通7－1－5）。永年にわたり蓄積してきた顧客リストやデータベース、技術書などは、分離して譲渡可能な営業権に該当するといえよう。

(注) **データベース**について、著作権法では「論文、数値、図形その他の情報の集合体であって、それらの情報を電子計算機を用いて検索することができるように体系的に構成したもの」をいい、データベースでその情報の選択又は体系的な構成によって創作性を有するものは、著作物として保護する。」とされている（同法2①十の三、12の2①）。

3　ソフトウエア

(1) ソフトウエアの意義

平成12年度の税制改正により、税務上、ソフトウエアは固定資産とされた（法令13八リ）。そして、ソフトウエアは「複写して販売するための原本」と「その他のもの」とにわけられている（耐令別表第三）。また、「開発研究用」という区分もある（耐令別表第六）。

ところが、税務上、ソフトウエアの一般的・普遍的な定義ないし意義を定めた規定はない。もっとも、たとえば中小企業投資促進税制（措法42の6）において、**ソフトウエア**を電子計算機に対する指令であって一の結果を得ることができるように組み合わされたものをいう、と定義している（措規20の3⑤一）。これに関連するシステム仕様書その他の書類を含む、

とする例もある（措令27の6②、措規20の3④）。

　また、研究開発費会計基準においては、ソフトウエアについて、つぎのように定義する。すなわち、**ソフトウエア**とは、コンピュータを機能させるように指令を組み合わせて表現したプログラム等をいう（基準一2）と。もう少し具体的には、①コンピュータに一定の仕事を行わせるためのプログラムおよび②システム仕様書、フローチャート等の関連文書をいう（実務指針6）。**プログラム**は、著作権法によれば、電子計算機を機能させて一定の効果を得ることができるように、これに対する指令を組み合わせたものとして表現したものである（同法2①十の二）。この場合、コンテンツは原則としてソフトウエアとは別個のものとして取り扱う。

　これらソフトウエアの意義や取扱いは、上述の中小企業投資促進税制におけるソフトウエアと同様である。基本的に法人税と企業会計とでは、その意義ないし範囲は同じであるといってよい。

　なお、前述したとおり、ソフトウエアのプログラムは、著作権法上の著作物であり（同法10①九）、同法上の保護の対象になる。しかし、税務上、ソフトウエアは無形固定資産とされているから（法令13八リ）、減価償却を行ってよい。この場合、ソフトウエアについては特許を受けることができる場合があるが、特許として登録されたソフトウエアは特許権として償却すべきものと考えられる。

○　ホームページの製作費用の取扱い

〔質疑応答〕

(問)　当社はこのたび、インターネット上に広告宣伝用のホームページを開設した。そのホームページの開設にあたっては、当社内には専門家がいないため、第三者に委託した。その委託に要した費用は、ソフトウエアの取得費として計上しなければならないか。それとも広告宣伝費として、支出時の一時の費用にしてよいか。

(**答**) ホームページは、会社や個人が文書、写真、デザイン等の情報を公開しているインターネット上の場をいう。これは一般的には、インターネットへの接続窓口であるプロバイダーと契約し、プロバイダーのサーバー（コンピュータ）にその情報を登録してユーザーに提供することになる。

通常のホームページの中にはコンピュータのプログラムは組み込まれていない。したがって、その製作費用のなかには無形固定資産に該当するソフトウエアも含まれていない、ということになる。

またホームページは、会社や個人が自己PRや意見表明等のために製作されるものであり、その内容は頻繁に更新され、同じ内容のものが繰り返し継続的に使用されるわけではない。むしろ、常に最新の内容であることがホームページの使命であり、即時性にその存在理由がある。

したがって、ホームページの製作費用の中にはソフトウエアとして計上すべき部分もないし、また、その効果は1年以上には及ばないと考えられるから、その製作費用は支出時の一時の損金として差し支えない。ただし、ホームページの使用期間が1年を超える場合には、その使用期間に応じて償却すべきことになる。

これに対して、たとえば企業のもっているデータベースにアクセスできる機能を有しているホームページや既存の企業内ネットワークと接続できる機能を有するホームページなどがある。これらのホームページの製作費用の中には、データベースやネットワークとアクセスするためのプログラム（ソフトウエア）の作成費用が含まれていると認められる。

したがって、ホームページの製作費用のうちプログラムの作成費用に相当する金額は、無形固定資産であるソフトウエアの取得価額として計上すべきことになる。そして、耐用年数5年として旧定額法または定額法により償却を行っていく。

○ 自社のデータベースにアクセスし閲覧できるホームページの製作費用の処理

〔質疑応答〕

(問) 当社は、このたび自社の会社案内や取扱商品、新商品の発売予定などの情報を提供するホームページを製作した。このホームページは、所定の登録会員が当社のデータベースにアクセスし、ホームページ内の情報を閲覧できるようになっている。データベースにアクセスするようなプログラムが組み込まれたホームページである。

ホームページの製作費用は、一時の損金として処理してよいと聞いているが、当社のこのようなホームページの製作費用についても、一時の費用として処理することができるか。

(答) たしかに、一般的にホームページの製作費用は、一時の費用処理を行ってよいと解されている。これは通常のホームページそのものにはプログラムは組み込まれておらず、また、ホームページは日々更新され、その効果は1年以上に及ばないといったことを前提とした取扱いである。

しかし、質問にあるホームページは、データベースにアクセスするようなプログラムが組み込まれたホームページとのことである。そうすると、その製作費用は、ソフトウエアを取得するための費用であるから、ソフトウエアの取得価額として処理すべきものと考える。

(2) コンテンツとの区分
イ コンテンツの意義

ソフトウエアの処理対象となる情報の内容である文字や数値、画像などのことを**コンテンツ**という。コンテンツ振興法（コンテンツの創造、保護及び活用の促進に関する法律）では、コンテンツとは、「映画、音楽、演劇、文芸、写真、漫画、アニメーション、コンピュータゲームその他の文字、

図形、色彩、音声、動作若しくは映像若しくはこれらを組み合わせたもの又はこれらに係る情報を電子計算機を介して提供するためのプログラム（電子計算機に対する指令であって、一の結果を得ることができるように組み合わせたものをいう。）であって、人間の創造的活動により生み出されたもののうち、教養又は娯楽の範囲に属するものをいう。」）と定義している（同法2①）。

税務上も、たとえば、賃上げ促進税制においては、コンテンツを文字、図形、色彩、音声、動作もしくは映像またはこれらを組み合わせたものをいう、と定義している（措法42の12の5⑤七、措令27の12の5⑩一、措規20の10③）。具体的には、たとえばデータベースソフトウエアが処理対象にするデータや映画・音楽ソフトウエアが処理対象とする画像・音楽データ、電子化（CD化）された百科事典の内容である辞典情報等のことである（実務指針29）。

上述したように、コンテンツは情報の内容であり、ソフトウエアとは別個のものとして取り扱う。ただし、ソフトウエアとコンテンツが経済的・機能的に一体不可分と認められる場合には、両者を一体として取り扱ってもよい（実務指針7）。たとえば、一方の価値の消滅が他方の価値の消滅に直接結びつくような場合である（実務指針Q&A Q9）。

ロ　制作者側の処理

これを制作者の側からみると、コンテンツとソフトウエアとは別個の経済価値として把握が可能であるから、両者は別個のものとして原価計算上区分することを原則とする（実務指針30）。この場合、コンテンツの制作者がコンテンツの制作にあたり、たとえば他の者から著作権や工業所有権を取得した場合には、法人税ではその内容に応じて固定資産として計上しなければならない（法令13八ホ～チ）。また、他の者の著作物に出版権を設定し、あるいは漫画の主人公を使用するため著作権等の利用許諾を受けた場

合には、その費用は繰延資産として処理する(法基通8-1-10)。

ハ　購入者側の処理

一方、購入者の側からすると、コンテンツとソフトウエアとを明確に線引きすることは実務的にはむずかしいため、両者を一体として処理する。その主要な性格に応じてコンテンツあるいはソフトウエアとして処理することになる(実務指針31)。

税務上、コンテンツとして処理する場合には、その属性に応じて資産性を判断する。たとえば、映像ソフトやゲームソフトは、減価償却資産である「器具及び備品」の「映画フィルム(スライドを含む。)、磁気テープ及びレコード」と、CD化された百科事典は「器具及び備品」の「前掲のもの以外のもの」の「その他のもの」と、それぞれ取り扱うことが考えられる。

○　フロッピー化された百科事典の取扱い

〔質疑応答〕

(問)　当社はこのたび、研究所で使うためフロッピー化された百科事典を購入した。これは通常の百科事典の内容をフロッピーディスクに記憶させたものである。この百科事典の取扱いについて、社内では次の二つの意見があるが、どちらによって処理すればよいか。それともなにか別の方法があるか。

(1)　無形減価償却資産に該当し、ソフトウエア(その他のもの)として5年で償却する。

(2)　器具および備品に該当し、フロッピーディスクとして5年で償却する。

(答)　中小企業投資促進税制において、ソフトウエアは電子計算機に対する指令であって一の効果を得ることができるように組み合わされたものを

いう、と定義されている（措法42の6、措規20の3⑤一）。一方、研究開発費会計基準では、「ソフトウエアとは、コンピュータを機能させるように指令を組み合わせて表現したプログラム等をいう。」と定義している（基準一2）。具体的には、①コンピュータに一定の仕事を行わせるためのプログラムおよび②システム仕様書、フローチャート等の関連文書をいう（実務指針6）。

そして、そのソフトウエアがもつ情報の内容であるところのコンテンツは、ソフトウエアとは別個のものとして取り扱う。ただし、ソフトウエアとコンテンツが経済的・機能的に一体不可分と認められる場合には、両者を一体として取り扱ってもよい。

そこで質問の百科事典であるが、上記ソフトウエアの意義からみて、百科事典の内容をデータとして記憶させたものにすぎず、プログラムとはいえない。すなわち、百科事典の内容が「書籍」の形をとるか、「フロッピーディスク」という形をとるかという、記憶媒体の違いにすぎないといえ、いわば百科事典をフロッピーディスクの形で購入したということである。

したがって、質問の(2)の意見、すなわち「器具及び備品」の「11　前掲のもの以外のもの」の「その他のもの」の「その他のもの」の耐用年数5年で償却するのが妥当だということになる。

○　コンテンツの利用無料化に伴う除却処理等の可否

〔質疑応答〕

（問）　当社は、携帯電話のコンテンツの作成および配信を行う会社である。そのコンテンツについては、当社のサイトで公開し、登録会員に有料で使用させる。そのため、コンテンツの作成費用は、資産として計上している。

ところがこの度、このサイトは会員に無料で使用できるようにした。そこで、このコンテンツは収益を生まなくなったことから、除却損な

いし評価損を計上したいと考えているが、認められるか。

(答) コンテンツとは、映像、音楽、文字情報などの情報の内容のことをいう（措規20の10③）。ソフトウエアとは別個のものとして処理するのが原則である。コンテンツは、その内容に応じて著作権や工業所有権、繰延資産として処理すべきことになろう。

質問の資産計上されたコンテンツについて、有料サイトから無料サイトに変更され、収益性が失われたとしても、除却損は計上できない。無料サイトに変更されても、現にそのコンテンツは存在し、事業の用に供されているからである。また、有姿除却にも該当しないと考えられる（法基通7－7－2、7－7－2の2）。

一方、評価損の計上に関しても、税務上の評価損は、その資産の物理的な損傷や遊休状態、用途変更などに限って、その計上が認められている（法令68）。企業会計と異なり、収益性の喪失や将来のキャッシュ・フローが見込めないといった経済的な事由では評価損の計上はできない。したがって、有料サイトから無料サイトに変更された、というだけでは評価損の計上はできないと考えられる。

(3) 研究開発用ソフトウエア

すでに述べたように、企業会計では特定の研究開発目的のみに使用され、他の目的に使用できない機械装置や特許権等を取得した場合の原価は、取得時の研究開発費として処理する（基準注解（注1））。これはソフトウエアも例外ではなく、特定の研究開発目的のみに使用され、他の目的に使用できないソフトウエアの取得価額は、その取得時に一時の費用として計上するのが原則である。

これに対して法人税では、特定の研究開発にのみ使用するため取得または製作をしたソフトウエアであっても、そのソフトウエアは減価償却資産

として処理しなければならない。ただし、研究開発のためのいわば材料となることが明らかなソフトウエアについては、研究開発費として期間費用処理してよい（法基通7－1－8の2）。

ここに「材料となることが明らかなソフトウエア」とは、そのソフトウエア自体が研究開発の対象であり、いわばそのソフトウエアを解体して、あるいはその製作過程を通じて分析、解読、解析、検討、評価などを加えるものをいう。つまり、その分析、検討の結果や製作過程等を通じて新たなソフトウエアを作りだすための素材を提供するためのものということができる。

したがって、法人税では研究開発等の道具（ツール）としてのソフトウエアである限り、企業会計と異なり、その取得時の研究開発費とすることはできず、ソフトウエアに計上し法定耐用年数に応じて償却していく必要がある。この場合、そのソフトウエアが開発研究の用に供されるものであれば、特例耐用年数を適用することができる（耐令別表第六）。

(4) **機器組込みソフトウエア**

最近ではソフトウエアは、たとえばコンピュータ本体に内部保存されているもの、外部のフロッピーディスクやCD－ROMに保存されているものなど、いろいろな形で利用されている。そこで企業会計では、有機的一体として機能する**機器組込みソフトウエア**（機械または器具備品等に組み込まれているソフトウエア）は独立した科目として区分することなく、その機械等の取得価額に算入する（実務指針17）。

パソコンのように、ソフトウエア対応に互換性がある場合には、ソフトウエアと機器とは区分すべきである。しかし、ファームウエアのように機器組込みとしてセットで購入するものは、ソフトウエアと区分することなく機械等として処理すべきであるとされている。その理由として、機器とソフトウエアが別個ではなんら機能せず機能一体であること、両者の対価

は区分されていないのが通例であること、があげられる（実務指針41、実務指針Q&A Q17）。ここで**ファームウエア**とは、ハードウエアの基本的な制御を行うために機器に組み込まれたソフトウエアをいう。その性格はハードウエアとソフトウエアの中間的な存在のものといえる。

　このような企業会計の取扱いや考え方は、法人税においても同じであるといってよい。NC旋盤の取得価額に算入すべきである、とされた事例もある。

○　パソコンに組み込まれたソフトウエアの取扱い

〔質疑応答〕

（問）　当社では、このたびパソコンを購入した。このパソコンには当初から、基本ソフトのほか、表計算ソフトやワープロソフトなどの応用ソフトが組み込まれている。

　ところが、その購入明細書ではパソコン本体の価格のみで各種ソフトの代価は記載されていない。このような場合でも、パソコン本体とソフトウエアを区分してそれぞれの取得価額を付さなければならないか。

（答）　最近ではソフトウエアは、たとえばパソコン本体に内部保存されているもの、外部のフロッピーディスクやCD-ROMに保存されているものなど、いろいろな形で利用されている。そこで企業会計では、有機的一体として機能する機器組込みソフトウエアは独立した科目として区分するのではなく、その機械等の取得価額に算入する取扱いとなっている（実務指針Q&A Q17）。

　そしてパソコンのように、ソフトウエア対応に互換性がある場合には、ソフトウエアと機器とは区分すべきである。しかし、ファームウエアのように機器組込みとしてセットで購入するものは、ソフトウエアと区分することなく機械等として処理すべきであるとされている（実務指針41）。

以上のような企業会計の取扱い、考え方は、基本的に法人税においても同様であると考えてよい。質問のような基本ソフトは、パソコンを動かすために最低限必要なものであり、そもそもパソコン本体の一部であるともいえる。したがって、質問のようなソフトウエアで、その購入明細書にはパソコン本体の価格のみで各種ソフトウエアの代価が記載されていないような場合には、その購入価額を区分することなく全体をパソコンの取得価額にしてよいものと考える。もちろん、その購入明細書等において明らかにパソコン本体と各種ソフトウエアの代価が区分されている場合には、それぞれに区分して処理すべきことになる。

○ **委託による試作品にソフトウエアが含まれている場合の取扱い**

〔質疑応答〕

(問) 当社は、産業用機械メーカーである。従来からコンピュータ制御による高性能作業用ロボットを開発するため、その試作品の製作を甲社に委託していた。

この程、その試作品ができあがり甲社から納品された。甲社に支払う試作ロボットの対価のなかには、その試作ロボットに組み込まれた、甲社におけるソフトウエアの開発費相当額が含まれている。

この場合、その試作ロボットの支払対価のなかに含まれているソフトウエアの開発費相当額は、固定資産として償却しなければならないか。

(答) 甲社との間における契約関係が明確でないが、その契約内容やソフトウエアの利用方法等により二つの考え方ができよう。

まず、甲社との契約において、その対価の額が試作ロボットのハード部分とソフトウエア部分とに明確に区分されており、そのソフトウエアを貴社が今後利用できるというのであれば、ソフトウエアの開発費相当額は、

固定資産として償却すべきである。

これに対して、その対価の額が試作ロボットのハード部分とソフトウエア部分とに区分されていない場合には、その対価の額の全額を試験研究費ないし固定資産として処理すべきことになろう。その対価の額からソフトウエアの開発費相当額を取り出すことなく、全体を一つの試作ロボットとしてとらえればよい、と考える。

4　少額減価償却資産の特例

(1)　少額減価償却資産の一時償却

上述したように、税務上は試験研究用の資産であっても、固定資産に計上し、その耐用年数で償却していくのが原則である。ただし、減価償却資産で、①その取得価額が10万円未満であるものまたは②その使用可能期間が1年未満であるものについては、固定資産に計上せず、事業の用に供した時にその取得費を一時の損金にしてよい（法令133）。これを**少額減価償却資産の一時償却**と呼ぶ。

ただし、その取得価額が10万円未満の減価償却資産であっても、貸付け（主要な事業として行われるものを除く）の用に供したものは、この特例の適用はできない（法令133①、法規27の17）。

（取得価額が10万円未満であるもの）

ここで「その取得価額が10万円未満である減価償却資産」の取得価額が10万円未満であるかどうかは、基本的に通常1単位として取引されるその単位ごとに判定する。たとえば、機械および装置については1台または1基ごとに、工具、器具および備品については1個、1組または1揃いごとに、それぞれ判定を行う。一方、構築物のうち、たとえばまくら木、電柱等単体ではその機能を発揮できないものは、一の工事等ごとにその取得価額が10万円未満であるかどうかを判定する（法基通7-1-11）。

その企業の事業活動において、一般的・客観的に、資産として機能を発揮することができる単位を基準に、その取得価額が10万円未満であるかどうかを判定するのである（最高判・平成20.9.16　税資258号順号11032）。

法人の有する試験研究用固定資産がこの少額減価償却資産に該当すれば、資産として計上することを要せず、その取得費を一時の損金にしてよいことになる。試験管、フラスコ、ビーカー、シャーレなどの実験用ガラス器具は、この特例の適用を受けられる。

（使用可能期間が1年未満であるもの）

一方、「その使用可能期間が1年未満である減価償却資産」とは、次に掲げる要件を満たすものをいう（法基通7－1－12）。

①　その法人の属する業種（たとえば、紡績業、鉄鋼業、建設業等の業種）において種類を同じくする減価償却資産の使用状況、補充状況等を勘案して一般的に消耗性のものと認識されている減価償却資産であること。

②　その法人の平均的な使用状況、補充状況等からみて、その使用期間が1年未満である減価償却資産であること。

最近のパチンコ器は、コンテンツであるキャラクターや音声、画像、ICチップを搭載したハイテク機器となっている。メーカーは、人気のコンテンツの開発にしのぎを削っており、新機種が次々に開発・発売され、その1台の値段は、新品はもちろん、中古品でも優に10万円以上であるようである。

パチンコホールでは、顧客のニーズに応えるため、新機種への入れ替えを短期間で行い、1年以上使用するような例は少ないといわれる。

そこで、パチンコ器の使用可能期間は1年未満であるとして、その取得価額の一時損金算入をめぐって訴訟になった事例がある。その判決では、パチンコ器はまだパチンコホール業界を通じて一般的に消耗性のものと認識されていないとして、少額減価償却資産には該当しないとされた（東京高判　平成23.11.29　税資261号順号11820）。使用可能期間が1年未満である

というためには、その法人の使用状況のみならず、その業界一般における認識が必要である。

ただ、現行ではパチンコ器の法定耐用年数は2年、定率法による償却率は1.000であるから（耐令別表第一、別表第九、別表第十）、法人が定率法を採用する限り、あまり少額減価償却資産に該当するかどうかを議論する実益は少ないといえよう。

○ ソフトウエアの取得価額の判定単位

〔質疑応答〕

（問） 当社は、このたび当社所有のパソコン20台に組み込むソフトウエアを100万円で取得した。これはY社との間でソフトウエア使用のライセンス契約（使用許諾権）を結んだもので、20台のパソコンに組み込むことが条件になっている。

この場合、個々のパソコンごとに5万円のソフトウエア（使用許諾権）を取得したものとして、少額減価償却資産の判定を行ってよいか。

（答） 少額減価償却資産に該当するかどうかは、通常1単位として取引される単位ごとに判定する。パソコンに組み込むソフトウエアであれば、パソコン1台ごとが取引単位であるということになる。

したがって、質問の場合にはパソコン1台ごとのソフトウエアの取得価額は5万円であるので、少額減価償却資産に該当する。Y社に支払う対価100万円は、一時の損金にしてよいと考える。

(2) **一括償却資産の3年均等償却**

法人税においては、減価償却資産である限り、取得価額の多寡を問わず、その法定耐用年数を基礎に定額法（旧定額法）または定率法（旧定率法）により償却するのが原則である。しかし、法人がその取得価額が20万円未

満である減価償却資産を事業の用に供した場合には、その法定耐用年数にかかわらず、3年間で均等償却をしてよい（法令133の2）。その取得価額が20万円未満であるものは、事務簡素化の見地から、その全部または一部を一括して3年間で定額法的に償却することができるのである。これを**一括償却資産の3年均等償却**の特例という。

この場合の取得価額が20万円未満であるかどうかは、上述の少額減価償却資産の一時償却の特例と同じように判定する（法基通7－1－11）。

法人が取得した試験研究用固定資産の法定耐用年数が3年より長い場合には、その取得価額が20万円未満であれば、この特例の適用を考慮すべきである。もっとも、この特例は、対象となる一括償却資産に滅失や除却、譲渡があった場合においても、そのまま償却を続けなければならない（法基通7－1－13）。滅失損や除却損、譲渡損を計上することはできないのである。もし少額な試験研究用固定資産であるから、3年間も使用する見込みはないというのであれば、この特例の適用は見合わせたほうがよいであろう。

なお、この特例も貸付け（主要な事業として行われるものを除く）の用に供した減価償却資産については適用が認められない（法令133の2①、法規27の17の2）。

(3) 中小企業者等の少額減価償却資産の一時償却

青色申告法人である中小企業者に該当する法人または農業協同組合等が、平成18年4月1日から令和8年3月31日までの間に取得等をし、かつ、事業の用に供した減価償却資産でその取得価額が30万円未満であるものについては、事業の用に供した時にその取得価額を一時の損金にしてよい。ただし、その取得価額の合計額が300万円を超える場合には、300万円を限度とする（措法67の5）。最近における中小企業の経営環境の悪化を踏まえて、中小企業の経営基盤の強化を図るための施策である。

この特例の適用がある中小企業者とは、基本的に資本金の額が1億円以下の法人をいう。ただし、発行済株式の2分の1以上が同一の大規模法人（資本金の額が1億円超の法人等）に所有されている法人または発行済株式の3分の2以上が複数の大規模法人に所有されている法人などを除く（措法67の5①、42の4④⑲七、措令27の4⑰）。

　また、中小企業者であっても、事務負担に配慮する必要があるもの、すなわち常時使用する従業員の数が500人以下でなければならない（措法67の5①、措令39の28①、法措通67の5－1の2）。

　なお、この特例は、前述した少額減価償却資産の一時償却（法令133）や一括償却資産の3年均等償却（法令133の2）、措置法上の圧縮記帳の適用を受ける減価償却資産には適用されない（措法67の5①、措令39の28②③、措規22の18）。この特例も貸付け（主要な事業として行われるものを除く）の用に供した減価償却資産については、適用が認められない。

5　実験用動物の処理

　医薬品や化粧品の業界などにおいては、新薬や新製品の研究開発のため、マウスやモルモット、猿等の動物を使用している。畜産業界では、家畜改良のため牛や馬などを交配実験用に使っている例がある。また、大学と民間企業とが共同で人間への臓器移植を狙いにした特殊な豚の研究開発に着手したと報じられている（日本経済新聞　平成8.11.16朝刊）。特に最近、膵臓の細胞が正常に働かない1型糖尿病患者に、ブタの膵臓組織「膵島」を移植する臨床研究を、国立国際医療研究センターなどのチームが来年にも実施する計画である、と報じられている。人とサイズが近いブタの臓器や組織を人に移植する治療法は「異種移植」と呼ばれ、次世代の医療として注目されている、とのことである（讀賣新聞　令和6.4.10朝刊）。

　これら**実験用動物**は、税務上、どのように処理したらよいだろうか。

減価償却資産である「器具及び備品」には、観賞用、興行用その他これらに準ずる用に供する生物（植物と動物）が含まれる（法令13七、耐令別表第一）。研究用や実験用が「その他これらに準ずる用」に該当するかどうかやや疑義があるが、「その他これらに準ずる用」に該当するとみるのが実情に合う。**医療用の生物**は、「器具及び備品」の「生物」の耐用年数を適用してよいことになっている（耐通2－7－16）。

　他方、前述したように、減価償却資産の範囲には、建物や機械装置等と並んで「生物」が含まれている。この生物は、具体的には、①牛、馬、豚、綿羊などの動物および②かんきつ樹、りんご樹、ぶどう樹、茶樹、オリーブ樹、つばき樹などの植物である（法令13九、耐令別表第四）。

　したがって、法人が有する実験用動物は減価償却資産に該当する。この場合、実験用動物は「器具及び備品」または「生物」のいずれに該当するかが問題となる。いずれに該当するかによって、耐用年数や償却方法が違ってくるからである。

　その実験用動物が耐用年数省令別表第四《生物の耐用年数表》に定められていないものであれば、「器具及び備品」に該当することになる。マウスやモルモットは、耐用年数省令別表第四に定められていないから、「器具及び備品」ということになる。

　これに対して、実験用動物が牛、馬、豚など耐用年数省令別表第四に定められたものであれば、形式的には「生物」に該当する。ただし、医療用のものであれば「器具及び備品」でよいと考えられる。

　いずれにしても実験用動物は、減価償却資産に当たる。したがって、その耐用年数に応じて減価償却をしていかなければならない。ただ、同種の実験用動物の保有数が多いような場合には、いちいちその取得日や取得価額を確認して減価償却を行うのは事務の手数を要し、あるいは不可能ですらある。このような場合には、法人の選択により棚卸資産として処理することも認められよう（昭和57.8.2直所5－7、直法2－5「採卵用鶏の取得

なお、法人の有する実験用動物が、上述した①取得価額が10万円未満である減価償却資産または②使用可能期間が１年未満である減価償却資産に該当すれば、試験研究の用に供した時にその取得費を一時の損金にしてよい（法令133）。多くの実験用動物はこれに該当することになろう。

〔参考通達〕

採卵用鶏の取得費の取扱いについて

（昭和57．8．2直所5－7、直法2－5）

標題のことについて、〇〇国税局長から別紙2のとおり照会があり、これに対して別紙1のとおり回答したから了知されたい。

別紙1

直　所5－6
直　法2－4

昭和57年8月2日

〇〇国税局長　殿

国　税　庁　長　官

採卵用鶏の取得費の取扱いについて

（昭57．7．5付〇局直所第38号照会に対する回答）

標題のことについては、貴見のとおり取り扱うこととします。

別紙2

〇局直所第38号

昭和57年7月5日

国　税　庁　長　官　殿

○○国税局長

採卵用鶏の取得費の取扱いについて

採卵用鶏の所得計算における取得費の取扱いについては、昭和29年3月20日付直所4－12（例規）「畜産所得事務要領について」通達及び昭和43年2月8日付所得税課情報第127号「採卵用鶏の評価方法等について」により、①ひなから成鶏までの育成費用はたな卸資産、②成鶏については、納税者の選択により（イ）たな卸資産又は（ロ）減価償却資産とするいずれかの方法により取り扱っているところであるが、現在の実態は、①採卵用鶏は、成鶏になってから廃鶏になるまでの事業の用に供する期間が13ケ月程度と短いこと、②事業形態は、ひなの購入から育成、採卵、廃鶏、譲渡までを継続して行っていることが通例であること等から、下記により取り扱うことが適当であると考えられるので、今後これにより取り扱ってよいか上申する。

記

採卵業を営む個人又は法人の所得金額の計算上、種卵・ひな・成鶏等を購入するために要した費用、種卵をふ化するために要した費用及びひなを成鶏とするために要した育成費用等については、継続適用を条件としてその購入、育成等をした年分又は事業年度における必要経費又は損金の額に算入することができるものとする。

6　研究素材用資産の処理

新製品や新技術の試験研究にあたっては、他社の製造した機械装置等の資産を取得し、それを分解、破砕、改造等する例がみられる。他社の製品や技術との比較検討や技術水準、完成度等を計り、自社の試験研究の参考にするためである。このような先行技術の調査（リバースエンジニアリン

グ）は、他人の有する特許権等を侵害することを防止する観点からも、重要であるといわれる。

　ある自動車部品メーカーは、市販のエンジン自動車を改造して、電気自動車を試作するとのことである。具体的には、エンジン自動車のエンジンなど不要な部品を取り外し、モーターや蓄電池、制御系など電気自動車に必要な部品を据え付けるという。これは、実際に電気自動車を組み立て、走らせてみることにより、自動車作りのノウハウを学び、性能向上や安全性確保に役立つ部品や装置の研究に生かすのが狙いである（日経産業新聞平成9.8.22）。

　このように、試験研究の素材とするために取得した資産の処理はどうしたらよいだろうか。

　この問題については、最終的には個々の実情に応じて判断しなければならないが、基本的には、固定資産として計上しなければならない場合は少ないと考えられる。前述したように、固定資産は、そもそも属性的、機能的な概念のものであるから、「機械」であれば機械として、「自動車」であれば自動車として機能するものでなければ、機械や自動車には当たらない。そのような意味で、分解、破砕、改造等を行った機械や自動車は、固定資産たる機械や自動車とみるのは相当でない。そのままの状態ではその機械や自動車が持つ機能を発揮することができず、新たに部品等の調達をしなければならないからである。

　しかし、かといって、その分解等した機械や自動車で試験研究を続けるような場合に、全く資産に計上せず、簿外にするのは適当でない。このような場合には、固定資産として計上するよりは、期末に時価評価を行って貯蔵品等として処理するのが合理的である、と考えられる。その場合、一般的にはスクラップ価額で評価してよいであろう。

　なお、前述したように、研究開発のためのいわば材料となることが明らかなソフトウエアについては、減価償却資産とすることなく、研究開発費

として費用処理をしてよい（法基通7－1－8の2）。これは、新たなソフトウエアを作りだすための素材を提供するためのものである。ソフトウエアの性質上、期末に評価して資産に計上すべき部分はないであろう。

○ 新商品の研究開発のために取得した防護服の処理

〔質疑応答〕

(問) 当社は特殊衣料品の製造販売業を営んでいる。特殊な防寒用や防熱用、防湿用などの繊維を研究開発するために、他社が製造している防護服を購入した。この防護服は、機密性や防熱性等を研究するためのものである。

この防護服の購入のために数百万円を要したが、この購入費用は全額研究開発費として費用処理をしてよいか。

(答) 研究開発費会計基準においては、研究開発のために購入した資産の購入費用は、研究開発費として費用処理することを原則としている（基準注解(注1)）。

一方、法人税においては、研究開発のために購入した資産であっても、それが棚卸資産や固定資産としての機能や属性を有するものである限り、一時の費用処理はできず、棚卸資産や固定資産として処理しなければならない（法基通7－1－8の2参照）。

質問の防護服の購入は機密性や防熱性等を研究するためである。その防護服が研究開発のために使用される、たとえば研究員がその防護服を着用して特殊な環境に作られた研究施設で研究するといったように、機密性や防熱性等を研究するためのツール（道具）であれば、固定資産として処理すべきである。

これに対し、その防護服を研究開発の直接の材料として、たとえば防護服の素材を切り取ってみたり、繊維や縫い目をほぐしてみて、その防護服

の機密性や防熱性等から新たな繊維や技術を作りだそうというのであれば、研究開発費として処理してよいものと考える。そして、期末にその防護服が残っていて価値があるとすれば、時価評価をしてその時価評価額を貯蔵品等として処理すればよい。

7　試作品と模型の処理

(1)　試作品

　試験研究の過程においては、しばしば試作品や模型を作ることがある。その試作品や模型を固定資産として処理すべきかどうかは、微妙な問題である。試作の段階では研究が成功するかどうか、成功したとしても収益に寄与するかどうか、予測がむずかしい。

　それだけに、新製品や新装置の開発の目的で試作したにすぎないから、すべて試験研究費や研究開発費として損金算入が認められるべきであるという主張がある。たとえば、企業会計では「新製品の試作品の設計・製作及び実験」は研究・開発の典型例としてあげられている（実務指針2⑦）。その製作費用は、研究開発費として費用処理される。しかし、**試作品**といえどもその完成度や使用状況等によって個々に取扱いを判断しなければならない。

　試作品が特定の製品の生産現場に移されて現に生産ラインの一つとして製品を製造し、その製品が販売されているような場合には、固定資産として計上することに、それほどの異論はない。現に機械装置としての機能を発揮し、製品を製造しているからである。

　また、試作品がいわば試験的に他の研究用に繰り返し使用されるといった汎用性のあるものである場合には、もはや試作品というよりは試験研究用の資産（ツール）そのものであり、固定資産として処理すべきことになろう。

さらに、試作品が、たとえば自社の研究活動等をPRするため、博物館やショウルーム、店頭などに展示されているような場合には、固定資産として処理しなければならない。新聞によれば、ある自動車メーカーは、1人乗りや2人乗りの超小型電気自動車を試作し、今後、モーターショーへの出展や大学構内での実験的利用を進めるという（日本経済新聞　平成9．5．4朝刊）。このような電気自動車は、完成度や耐久性などにもより断定はできないが、固定資産性は高いといえるであろう。その試作品は開発途中のものではあるが、乗用や宣伝用といった実用性の色彩が強くなるからである。

これに対して、たとえば研究所において試験的に製品を生産し、その結果により更にその試作品自体について試作、研究を繰り返すという場合には、固定資産として処理する必要はない、と考えられる。その試作品は、まだ確たる性能や機能が定まっていないからである。

試作品を作ること自体が研究の過程であるといった段階のものは、固定資産とはいえない。試作品を作り試験を行うことは、まさに研究のプロセスであるからである。このことは、試作品の完成度ないし完成割合によっても異なってこよう。100％完成した試作品であれば、固定資産としての要素が高くなるといえる。

(2)　模　　型

模型については、PRの用に供される試作品と同じように、一般公衆の眼に触れるよう展示し、宣伝用に利用している場合には、固定資産として処理すべきである。これに対して、たとえば実物の試作品を作るまでの試験研究の一つの過程として模型を作り、これを素材として更に試験研究が加えられるような場合には、固定資産として処理しなくてよい、と考えられる。その模型は、名前は模型であるが、模型として使用されていないからである。

なお、試作品であれ模型であれ、固定資産として処理しなくてよい場合であっても、期末に評価して資産に計上する価値のあるものであれば、仕掛品、貯蔵品等として計上しなければならない。試作品や模型は「物」として、カタチがあるものであるからである。この場合、一つの目安として試作品や模型の完成度が高ければ固定資産、低ければ材料費等として貯蔵品に処理する、ということがいえよう。

(3) **ソフトウエア開発のプロトタイプ**

市場販売目的のソフトウエア開発においては、プロトタイプの製作が行われることがある。ここで**プロトタイプ**とは、機能評価版のソフトウエアで重要なバグ取りを終了しているものをいう。工業製品の研究開発でいえば試作品のことである。このプロトタイプを評価することによって、最終的な市場販売の時期・価格等に関する意思決定が行われる。そしてそのプロトタイプにバグ取りや一部機能変更を加えて、最終的に複写して販売するもととなる製品マスターが完成する（実務指針32）。

このプロトタイプが完成していることが、市場販売目的のソフトウエアの研究開発の終了時点とされる。そしてこの終了時点までの制作活動は研究開発と考えられるため、ここまでに発生した費用は研究開発費として処理する（実務指針8）。したがって、ソフトウエア開発における試作品であるプロトタイプは、研究開発費として費用処理されることになる。

○ **試作中の展示実演用機械の処理方法**

〔質疑応答〕

(問) 当社は工作機械の製造メーカーであるが、当社が開発した新式の機械の試作品は、当社のショウルームで展示・実演をしている。

この試作品はまだ完璧に完成されたものではなく、展示・実演等の過程で得た顧客からの意見などを参考に、改良を加え市販する予定で

ある。

　このような試作品は、固定資産として計上しなければならないか。もし固定資産であるとすれば、その耐用年数は何年か。

(答)　質問の試作品は、まだ最終的に完成されたものではなく、今後、さらに改良を加えていくということからすれば、固定資産として処理すべきかどうかは微妙な点がある。

　ただ研究開発の一過程として、顧客など第三者の意見を聞くために、短期間ショウルームで展示・実演を行うというような場合には、固定資産とはいえないであろう。貯蔵品等として棚卸資産的に処理するのが適切であると思われる。

　これに対して、研究開発の一環というよりはむしろ会社の研究開発活動や新製品の宣伝のために、長期間にわたり常時、展示・実演を行うといった場合には、固定資産として処理すべきであろう。この場合には、実際に会社の事業の用に供されており、研究開発の目的は付随的なものにすぎなくなっているからである。固定資産として処理する場合の耐用年数は、その工作機械が一般的にどの業種によって使用されるものかにより判定する。もし、新規の機械であるため、該当する業種がないとすれば、耐用年数省令別表第二「55　前掲の機械及び装置以外のもの〜」の耐用年数を適用する。

○　**試作品が試験研究費とすべきであるとされた事例**

〔参考裁決例〕

　請求人は、人工石専用の切断機の開発研究に着手し、ゴム型に代えてプラスチック型を真空吸着する工法（バキュームモールド工法）により製作するための金型の試作に成功したが、その試作品はいずれも事業の用に供し得るものではなく、また、その素材価値もほとんど認め

られないことなどからすれば、これらに要した費用は試験研究費とするのが相当である。

（国税不服審判所裁決　昭和51.9.22　東京審判所裁決事例集№13　2頁）

○　試作品ではなく機械装置であるとされた事例

〔参考裁決例〕

　請求人は、請求人が製作した、錠剤を打錠成型する機械の試作品（本件各試作品）は、試験用として製作されたものであり、これを社内テストに使用し、それ自体に更なる試作・研究を繰り返すなど、研究のプロセス（過程）にあったものであるから、本件各試作品の製作に要した費用は、工業化研究に該当する試験研究費であり、製造原価として損金の額に算入できる旨主張する。しかしながら、法人税法は、試験研究目的で取得した資産であっても、その機能や属性が機械装置である限り、固定資産として計上しなければならず、その使用目的のいかんにかかわらず、減価償却資産の実体を備えているものであれば、法定耐用年数で償却すべきであるとの考え方を採っているところ、本件各試作品は、①製作時点で機械装置としての機能である「自動で打錠成型する機能」を有しており、②請求人の工場内において顧客の要望に応じて実演を行うなど事業の用に供されていたと認められるので、その製作に要した費用の額は、法人税法施行令第13条《減価償却資産の範囲》第３号に規定する機械装置の取得価額に該当するから、当該費用が損金の額に算入されないとしてされた更正処分は適法である。

（国税不服審判所裁決　平成24.12.1　裁決事例集未登載）

Ⅲ 固定資産の取得価額

1 取得価額の意義

　法人税法においては、**減価償却資産の取得価額**について、購入した場合、自ら製造した場合、自己が成熟させた場合など、その取得の態様に応じて規定している。試験研究に関係する、次に掲げる減価償却資産の取得価額は、それぞれ次に掲げる金額とその資産を事業の用に供するために直接要した費用の額との合計額である（法令54①）。これは、土地や借地権、著作権などの非（減価）償却資産の取得価額についても同様である（法基通7－3－16の2）。

　固定資産の取得価額は、減価償却計算の基礎になり、あるいは固定資産を譲渡や廃棄、除却をする場合の原価になる。その意味で固定資産の取得価額の算定は重要である。

① 購入した減価償却資産　その資産の購入の代価（引取運賃、荷役費、運送保険料、購入手数料、関税その他その資産の購入のために要した費用の額を加算した金額）

② 自己の建設、製作または製造した減価償却資産　その資産の建設等のために要した原材料費、労務費または経費の額

③ 自己が成育させた牛馬等　成育させるために取得した牛馬等の取得価額もしくは種付費および出産費の額ならびにその取得した牛馬等の成育のために要した飼料費、労務費および経費の額

④ 自己が成熟させた果樹等　成熟させるために取得した果樹等の取得価額または種苗費の額ならびにその取得した果樹等の成熟のために要した肥料費、労務費および経費の額

　試験研究のための試験機や測定機器を取得した場合、試作品や模型を固

定資産として計上する場合等には、基本的にこの固定資産の取得価額の取扱いにより処理する。ただし、自己の研究開発の過程において出来あがった試作品や模型について、それまでに要した研究開発費の全額を取得価額とするような必要はない。その研究開発過程における費用は期間費用たる研究開発費であるから、その試作品や模型については、時価評価額を取得価額とするのが合理的である。

○ 試験的施行費用は建物の取得価額に算入すべきであるとされた事例

〔参考裁決例〕

> 建物の建築に当たり、外国人技術者に支払った日当、宿泊費及び地下室工事費の額は、いわゆるツーバイフォー工法をわが国に導入するための試験的施行に要した特別の費用の額であるとしても、請求人が当該建物を事業の用に供していること及び地下室工事の施工によって建物の床面積の増加、すなわち使用価値が増加していることから、これらの費用の額を建物の取得価額から除外すべき理由は認められないところであり、繰延資産である試験研究費として償却することは相当でない。
>
> (国税不服審判所裁決　昭和51. 9. 22　東京審判所裁決事例集No.13　2頁)

2 工業所有権の取得価額

(1) 他の者から取得した場合

イ 工業所有権の取得価額

前述したように、特許権、実用新案権、商標権および意匠権を総称して**工業所有権**という（法基通7－1－4の3）。これら工業所有権は、いずれも減価償却資産である（法令13八）。

新聞によれば、特許庁は企業や大学、国立研究所が持つ特許の売買情報を'97年10月からインターネットで無料公開するとのことである。使われないで休眠状態になっていたり、他社に売り込みたい特許の情報を広く流通させ、新規事業を起こす機会を提供するのが狙いという（日本経済新聞平成9.3.9朝刊）。また、産業、金融、証券業界の主要約50社が共同出資で流通機構を設立し、大企業の休眠特許や金融機関が融資の担保として取得したベンチャー企業のソフトウエアを販売すると報じられている（日本経済新聞　平成9.2.22朝刊）。

　法人が他の者から工業所有権を取得した場合には、その購入の代価に工業所有権を事業の用に供するために直接要した費用の額との合計額が取得価額になる。**出願料、特許料**その他登録のために要する費用は、原則としてその工業所有権の取得価額に算入しなければならない。ただし、登録免許税は取得価額に算入しなくてよい（法基通7－3－3の2）。後述する自己の試験研究により取得した工業所有権の場合には、出願料、特許料その他登録のために要する費用は取得価額に算入しなくてよいことと取扱いが異なると考えられる。

ロ　出願権の取得価額

　また、法人が他の者から**出願権**（工業所有権に関し特許または登録を受ける権利をいう）を取得した場合には、その取得の対価はその出願権の目的たる工業所有権の耐用年数により償却することができる。この場合、その出願により工業所有権の登録があったときは、その出願権の未償却残額（工業所有権の取得費用を加算した金額）はその工業所有権の取得価額とする（法基通7－3－15）。

　これら工業所有権本権または出願権の取得に関する取扱いは、自己の従業員が職務発明をしたことにより、その従業員からこれら権利を取得するために支払う対価についても同様である。

自己の従業員が職務発明をした場合には、あらかじめ定められた労働協約や就業規則などにもとづき、特許の出願権は会社に帰属するとされている例が多い。その出願の際に職務発明をした従業員に報奨金などが支払われるが、その報奨金などは出願権の取得価額に算入しなければならない。もっとも、その報奨金などの額が10万円（中小企業者にあっては30万円）未満である場合には、少額減価償却資産の一時償却により一時の損金の額に算入してよい（法令133、措法67の5）。

ハ　実施権・使用権の取得価額

さらに、他の者の有する工業所有権について**実施権**または**使用権**を取得した場合には、その取得費用は工業所有権に準じて取り扱う（法基通7－1－4の3）。すなわち、その取得費用は実施権または使用権の取得価額に算入し、その基礎となる工業所有権と同じ耐用年数で減価償却を行う。

なお、工業所有権は、その取得の日から直ちに事業の用に供したものとして償却することができる（法基通7－1－6）。工業所有権は、その存続期間の経過により償却すべきものだからである。

○　過去に取得した出願権にもとづき特許権を取得した場合の処理

〔質疑応答〕

（**問**）　当社は過去に他の者から特許の出願権を取得し、特許権に準じて償却を行い、その未償却残額が帳簿に計上されている。

　この度、その出願権にもとづき特許申請を行い、特許権の登録を受けた。その特許権の登録にあたり、特許料と弁理士手数料を支払った。

　この場合、登録を受けた特許権の取得価額は、どうなるか。特許料と弁理士手数料は、その取得価額に算入せず、一時の損金算入してよいか。

(答) 法人が他の者から出願権（工業所有権に関し特許又は登録を受ける権利）を取得した場合のその対価については、その出願権の目的である工業所有権の耐用年数により償却することができる。その後、その出願権にもとづき工業所有権の登録があったときは、その出願権の未償却残額を工業所有権の取得価額とする。この場合、工業所有権を取得するために要した費用があるときは、その費用の額は未償却残額に加算し、工業所有権の取得価額に算入しなければならない（法基通7－3－15）。

一方、固定資産の取得に関連して支出する費用であっても、登録免許税その他登記または登録のために要するものは、その固定資産の取得価額に算入する必要はない（法基通7－3－3の2(1)ニ）。この登記または登録のために要するものとして、たとえば特許料や登録免許税、弁理士手数料等が該当すると解されている。

質問の場合、出願権にもとづき特許権を取得したということであるから、その未償却残額は、特許権の取得価額とすべきである。

問題は、特許権の登録にあたり支出した特許料と弁理士手数料を特許権の取得価額に算入する必要があるのかどうかである。上記のとおり、特許料や弁理士手数料は、固定資産の取得価額に算入しなくてよいと解されているからである。

しかし、上記の取扱いは、あくまでも全く新規に固定資産を取得する場合に適用されるものである。あらかじめ取得した出願権にもとづき特許権を取得する場合には、その出願権は資産計上して償却を行っている。この点からすれば、特許料や弁理士手数料はあたかも資本的支出と考えられる。

したがって、質問の特許料や弁理士手数料は、特許権の取得価額に算入し、一時の損金にすることはできないといえよう。

(2) 自己の試験研究により取得した場合

イ 問題の所在

　法人が行っている試験研究が成功した場合には、**特許権**や**実用新案権**などを取得する。この場合、委託研究や共同研究にあっては、その成果物である特許権等を研究に参加した者が共有する例がみられる（特許法73参照）。特許権等が共有である場合には、各自その持ち分に応じた部分が自己の資産となる。

　このように、法人が自己の行った試験研究にもとづいて特許権や実用新案権などの工業所有権を取得した場合、その工業所有権の取得価額としていかなる金額を付すかという問題がある。特に、試験研究費を期間費用として発生するつど損金としている場合には、取得価額はゼロでよいのかどうかという疑義が生じる。

ロ 企業会計の考え方

　企業会計においては、従来、試験研究費を繰延資産として償却している途中で工業所有権を取得した場合には、次の三つの処理方法が考えられていた。

① 工業所有権の有償取得とみて試験研究費の未償却残額を工業所有権に振り替える。
② すでに償却済みの試験研究費の額も元へ戻して当初の試験研究費の額を工業所有権に振り替える。
③ 工業所有権に振り替えないで、繰延資産として償却を続ける。

　「連続意見書第五」は③の立場をとっており、企業会計では③の方法によるという意見が有力であった。仮に①や②の方法によったとしても、正確な工業所有権の取得価額を表しているとはいえない、との考え方にもとづく。

　しかし、平成10年に研究開発費会計基準が制定され、研究開発費はすべ

て発生時に費用として処理すべきことになった（基準三）。したがって、企業会計においては、繰延資産としての処理はできないから、理論的には研究開発費が工業所有権の取得価額に算入されることはないであろう。

ハ　法人税の考え方

　法人税の取扱いでも、かつて工業所有権を取得した時において繰延資産として計上されている試験研究費の額およびその工業所有権を事業の用に供するために直接要した費用の額との合計額を工業所有権の取得価額とするものとされていた（旧法基通7－3－14)。

　平成19年度税制改正により繰延資産の範囲から試験研究費が除外されたことを受けて、旧法人税基本通達7－3－14《工業所有権の取得価額》は廃止された。今後は、税務上も試験研究費が繰延資産として処理されることはないから、企業会計と同じように、試験研究費が工業所有権の取得価額に算入されることはなくなるであろう。

　その結果、自己の行った試験研究にもとづいて取得した工業所有権の取得価額を構成するのは、職務発明をした従業員に対して支払う工業所有権の承継の対価やその工業所有権を事業の用に供するために直接要した費用などに限られることになる。

　この場合、**出願料**、**特許料**、登録免許税その他登録のために要する費用は、その工業所有権の取得価額に算入しなくてよいと考える（法基通7－3－3の2⑴ニ)。したがって、試験研究費は期間費用として発生するつど損金として処理されるから、その工業所有権の取得価額は基本的にゼロということになる。

　なお、工業所有権が登録された後に他の者から異議の出されることがある。その訴訟費用などは事後的、防衛的なものであるから、その取得価額に算入する必要はない。一時の損金としてよい。

○ 自己の行った試験研究にもとづき取得した工業所有権の取得価額

〔質疑応答〕

(問) 平成19年度の税制改正により、繰延資産の範囲から試験研究費が除外された。この改正に伴い、自己の行った試験研究にもとづき取得した工業所有権の取得価額が定められていた、法人税基本通達7－3－14《工業所有権の取得価額》が削除された。

この通達では、工業所有権の出願料、特許料など登録のために要する費用は取得価額に算入しなくてよいことが定められていたが、この通達の削除により、これらの費用は工業所有権の取得価額に算入すべきことになるのか。

また、工業所有権の取得価額に算入すべき費用には、どのようなものがあるのか。

(答) 旧法人税基本通達7－3－14《工業所有権の取得価額》では、自己の行った試験研究により取得した工業所有権の取得価額には、繰延資産である試験研究費の未償却残額を算入する。そして、工業所有権の出願料、特許料その他登録のために要する費用は、取得価額に算入しないことができると定められていた。この通達が、平成19年12月7日付の法人税基本通達の改正により削除された。

そのために、工業所有権の出願料、特許料その他登録のために要する費用は、取得価額に算入すべきかどうかという問題が生じてきた。

この点、法人税基本通達7－3－3の2《固定資産の取得価額に算入しないことができる費用の例示》においては、固定資産の取得に関連して支出するものであっても、登録免許税その他登記または登録のために要する費用は、取得価額に算入しなくてよいと定めている。

この取扱いからすれば、法人税基本通達7－3－14が削除されたとしても、工業所有権の出願料、特許料その他登録のために要する費用は取得価

額に算入しなくてよいと考える。

　そうすると、工業所有権の取得価額に算入すべき費用は、社員の職務発明により、その社員に支払う報奨金などに限られよう。もっとも、たとえば特許権の登録の際に社員に支払う報奨金などは少額であり、その取得価額が10万円（または30万円）未満になれば、一時の損金として処理することができる（法令133、措法67の5）。

○　社内で商標を作成し、商標登録する費用の取得価額算入の要否

〔質疑応答〕

(問)　従来、当社には商標がなかったので、社内のプロジェクトチームで商標を考案し、このほど登録を行った。その商標登録に当たっては、弁理士に依頼したので、弁理士手数料と登録免許税を要した。

　この場合、弁理士手数料と登録免許税は、商標権の取得価額に算入する必要はないと考えているが、商標を考案した社内のプロジェクトチームの人件費や経費などについて、商標権の取得価額に算入すべきか。

　商標を他の者に委託して作成した場合には、その委託料は商標権の取得価額に算入すべきであり、そのことからすれば、社内で作成した商標のその作成のための費用は、商標権の取得価額に算入すべきではないかという意見がある。

(答)　法人が固定資産の取得に関連して支出する費用であっても、登録免許税その他登記又は登録のために要する費用は、固定資産の取得価額に算入しないことが認められている（法基通7－3－3の2(1)ニ）。したがって、質問の弁理士手数料と登録免許税は、商標権の取得価額に算入しなくてよいものと考える。

　これに対し、具体的な商標の作成を目的にプロジェクトチームを組み、

商標を作成したとすれば、その人件費や経費などは商標権の取得価額に算入すべきである。理論的には、建物や機械装置等の有形固定資産を自社で建設、製造等することと同様であるからである。

○ **商標権（ロゴマーク）を取得するために要した費用の処理**

〔質疑応答〕

(問) 当社は創立50周年を記念して、新たなロゴマークを制定することとした。このロゴマークは、製品の包装紙や包装容器、各種のパンフレットなどに幅広く使用する予定である。

このロゴマークの制定のために、著名な商業デザイナーに考案を委託し、相当額の報酬を支払った。また、このロゴマークは商標権として登録する予定であるので、今後、出願料や登録免許税、弁理士への報酬などの登録費用を要することになる。

この場合、商業デザイナーへの報酬や出願料などの登録費用は商標権の取得価額に算入しなければならないか。

仮に商標権として登録しなかった場合には、権利を取得しないので、これらの費用は一時の損金として処理することができるか。

(答) 商標権は無形固定資産であるから（法令13八チ）、他の減価償却資産と同様、商標権を取得するための代価と事業の用に供するために直接要した費用の額とが取得価額となる。

そこで商標権の取得価額は、基本的にはデザイナーへの報酬、商標権を登録するための出願料や登録免許税、弁理士への報酬などが考えられる。

ただし、登録免許税その他登記または登録のために要する費用は、たとえ固定資産の取得に関連して支出するものであっても、固定資産の取得価額に算入しないことができる（法基通7－3－3の2(1)ニ）。

したがって、質問の場合には、商業デザイナーへの報酬だけを商標権の

取得価額にすればよく、商標権の登録のために要した費用は、一時の費用として処理してよいと考える。

なお、商標権として登録しなかった場合には、繰延資産である開発費として処理すべきであろう。その支出の効果は1年以上に及ぶと考えられるからである。ただし、開発費についてはいわゆる任意償却が認められているから（法令64①一）、その支出時に一時の費用とすることができる。

○ 提案された複数のロゴマークのうち一つを採用した場合の取得価額

〔質疑応答〕

（問） 当社は、創立50周年記念と商品の販売促進のため、ロゴマークを制定することとし、そのロゴマークの考案、作成は専門の広告代理店に委託した。

このほど、その広告代理店からA、B、C三つのロゴマークの提案があり、社員の人気投票や役員会の決定等を経て、A案を採用することとした。そのA案のロゴマークについては、弁理士に委託して商標登録を行った。

この場合、商標権の取得価額とする額は、実際に採用したのはA案一つであるから、その広告代理店に支払うデザイン料の額のうち、3分の1相当額だけでよいと考えているが、どうか。

（答） たしかに、その広告代理店から三つのロゴマークの提案があったのであるから、そのデザイン料は、一つあたり3分の1相当額であるともみられる。そうすると、最終的にはA案一つを採用し、B案、C案はいわば無駄になったから、商標権の取得価額は、A案に対応するデザイン料である、その3分の1相当額でよい、という意見も考えられる。

しかし、結果論として、広告代理店から三つのロゴマークの提案があり、その一つとしてA案を採用したものであるから、広告代理店に支払うデ

ザイン料の全額を商標権の取得価額とすべきものと考える。広告代理店はA、B、C3案を全体として、貴社からの委託に対する答えとして提案してきているものであり、一つあたり3分の1相当額である、というような考え方はできないといえよう。

○ **デザインコンペを行って採用した商標権の取得価額**

〔質疑応答〕

(問) 当社は、このたび新商品を開発し発売することになったので、その包装容器などのデザインについて、複数のデザイン会社に声をかけてデザインコンペを行った。

その結果、3社から応募があり、各社にデザイン料50万円を支払ったが、そのうち1社のデザインを採用することとし、商標登録を行う。

この場合、商標権の取得価額に算入する金額は、デザインを採用したデザイン会社1社に支払った50万円だけでよいか。それとも3社への支払総額150万円を商標権の取得価額に算入すべきか。

(答) たしかに、新たなデザインを採用するためコンペを行い、総額150万円を支払ったのであるから、その150万円を商標権の取得価額に算入すべきである、という意見も考えられよう。

しかし、デザインを採用したのは1社だけのものであり、他の2社のデザインは、いわば不要となったものである。たとえば、建物の建設等のために行った調査、測量、設計、基礎工事等で建設計画を変更したことにより不要となったものの費用の額は、たとえ建物の取得に関連するものであっても、その取得価額に算入する必要はないことに取り扱われている（法基通7－3－3の2(2)）。

この取扱いが、質問の場合にそのまま適用されるわけではないが、その趣旨、考え方は質問の場合にも妥当する、と考える。また、デザインコン

ペ方式ではなく、1社ずつに声をかけてデザインを依頼したが納得がいかず、最終的に3社目のデザインを採用したといった場合には、3社目の会社に支払ったデザイン料だけを商標権の取得価額に算入すればよいことになろう。

したがって、質問の場合には、デザインを採用した会社1社に支払った50万円だけを商標権の取得価額に算入すればよいものと考える。

○ 特許権の帰属をめぐる裁判費用の取扱い

〔質疑応答〕

(問) 当社が研究開発し特許登録をしている技術に関して、このほどW社からその特許登録は無効で、その権利はW社に帰属するとの訴えを提起された。

当社としては、当社が正当な権利者であることを主張して、全面的に争うつもりである。この場合、弁護士報酬、事実関係の調査費、印紙代などの裁判費用はどのように処理したらよいか。もし当社が勝訴した場合には、特許権の取得価額に算入しなければならないか。

(答) 減価償却資産の取得や保有、維持に関して支出する費用を、その資産の取得価額に算入すべきかどうかは、基本的にその費用を支出しなければ、そもそも資産の取得ができないのかどうかということになる。すなわち、資産の取得に際して支出する費用は、その資産の取得価額に算入され、資産をなんら事故なく取得した後生じた費用や資産の所有権や使用権を維持するための、いわば防衛費的な費用は、資産の取得価額に算入する必要はない。

貴社は正当に特許登録を受けているものであり、W社の訴訟提起は全く予期しない事後的な出来事である。その裁判費用は特許権を取得するための費用ではなく、事後的費用かつ防衛的な費用ということができる。した

がって、質問の弁護士報酬などの裁判費用は、特許権の取得価額に算入しなくてよいと考える。これは仮に貴社が敗訴した場合はもとより、貴社が勝訴し正当な権利として認められた場合であっても同じ取扱いでよく、その取得価額に算入する必要はない。

○ わが国特許料の損金算入時期

〔質疑応答〕

(問) 当社は、この程、かねてから進めていたある技術の研究に成功し、特許権の登録が認められることになった。そこで特許料を納付するが、その特許料はいつの損金として計上したらよいか。

なお、特許料は特許権の存続期間である15年間にわたって納付するが、第1年から第3年までの各年分の特許料は、特許すべき旨の査定の謄本の送達があった日から30日以内に納付しなければならない。

また、第4年から第15年までの各年分の特許料は、前年以前に納付しなければならない。この第4年から第15年までの各年分の特許料は、2年以上の分をまとめて納付することもできる。もし2年以上の分をまとめて一括納付した場合、その納付したときに一時の損金にしてよいか。

(答) 自己の行った試験研究にもとづく工業所有権の出願料、特許料その他登録のために要する費用は、工業所有権の取得価額に算入しなくてよいと考えられる（法基通7－3－3の2(1)ニ）。したがって、特許料は損金の額に算入することができるが、その損金算入時期が問題になる。

まず、第1年から第3年までの各年分の特許料は、特許をすべき旨の査定の謄本の送達があった日から30日以内に一括して納付しなければならない（特許法108①）。そして、その納付があったときに特許権の設定の登録がされる（特許法66②）。すなわち、その納付が特許権の設定の登録の条件

であるが、その納付がないときは単に特許権の設定の登録が受けられないに止まり、強制的に徴収されることはない。したがって、第1年から第3年までの各年分の特許料は、その一括納付したときにその全額が損金の額に算入される。期間あん分をする必要はない反面、仮に納期限までに納付しないときであっても未払計上はできない。

つぎに第4年以後の各年分の特許料は、原則として前年以前に納付しなければならない（特許法108②）。その期間内に特許料を納付できないときは、その期間の経過後6月以内であればその特許料を追納することができる。追納する場合には、その特許料と同額の割増特許料を併せて納付しなければならない。そして、追納ができる期間内に各年分の特許料と割増特許料を納付しないときは、その特許権は、特許料を納付すべき期間の経過の時にさかのぼって消滅したものとみなされる（特許法112④）。このように、第4年以後の各年分の特許料についても、その納付がないからといって強制的に徴収することにはなっていない。

したがって、第4年以後の各年分の特許料は、基本的にはその納付をしたときの損金の額に算入することになる。問題は2年分以上の特許料を一括納入した場合の損金算入時期である。いったん納付した特許料は返還されることはない点からすれば、その納付時に一時の損金にすべきであるという意見もあろう。しかし、第4年以後の各年分の特許料は、1年分ずつ納付すればよいという期限の利益があること、2年分以上をまとめて納付すれば、その期間だけ特許権の存続期間が確保されること、といった点からみれば、期間の経過に応じて損金の額に算入すべきものと考えられる。

○ 米国特許料の取扱い

〔質疑応答〕

(問) 当社は米国で新薬に関する特許を取得し、保有している。米国の特許の登録、維持については、次のようにフィーを支払うことにな

っている。この米国特許料は税務上、どのように取り扱われるか。
(1) 登録時
(2) 5年度以後権利を存続させるために登録から3.5年経過する前まで
(3) 9年度以後権利を存続させるために登録から7.5年経過する前まで
(4) 13年度以後権利を存続させるために登録から11.5年経過する前まで

(答) 米国のいわゆる特許料は、特許年金とも呼ばれ、わが国の特許料と同様の性格のものと認められる。ただ、米国の特許料は、登録時に納付するものを除き、数年分を一括して納付することになっている。一括して納付する特許料であっても、いったん納付した以上、中途において返還を受けることはできない。

したがって、質問の(1)の特許料は、その納付時に損金に計上してよい。これは、わが国の第1年から第3年までの各年分の特許料と同じと考えられるからである。これに対して、質問の(2)から(4)までの特許料は、権利金、立退料その他の費用（法令14①六ロ）である繰延資産として取り扱うべきであろう。いったん納付した以上、中途での返還は受けられない費用であるが、その支出の効果は、次の納付年度まで及ぶからである。その場合、償却期間は4年とするのが相当である。

3 工業所有権の評価

(1) 問題の所在

上述したように、最近、企業が有する特許権などの売買を促進する環境が整備されつつある。また、金融機関がベンチャー企業に対して、特許権

や実用新案権などの知的所有権を担保に融資をする例が増加している（日本経済新聞　平成9.4.7朝刊）。

　ある銀行は、顧客が保有する知的財産（特許権）の経済的価値に応じて融資する制度を導入した。特許庁の知的ビジネス評価書などで特許権の価値が500万円以上あると評価されることなどが要件で中小企業や個人事業主が利用できるとのことである（日本経済新聞　平成27.5.11朝刊）。

　このような特許権などの売買あるいは担保融資にあたっては、その価値評価をどうするか、という問題が生じる。また、職務発明により特許権を取得した従業員からその特許権を承継する場合、いかなる金額を基準にその承継の対価を決定したらよいか、という問題も存する。

　特許権などの売買や従業員からの承継に際しては、売買金額や承継の対価の額を合理的に算定しなければならない。もしその算定した金額が合理的でないとすれば、寄附金課税や移転価格税制の適用（法法37、措法66の4）、従業員に対する給与課税といった懸念が生じてくるからである。

(2)　一般的な評価方法

　土地、建物などの有形資産の評価方法として、従来から一般にいわれている方法は、大別して次の三つである。すなわち、①原価法（**コスト・アプローチ**）、②取引事例比較法（**マーケット・アプローチ**）および③収益還元法（**インカム・アプローチ**）である。特許権などの工業所有権の評価についても、理論的にはこれらの方法は妥当する。

　原価法は、資産を取得するために要した費用、つまり原価を基礎に評価する方法である。特許権でいえば、研究開発に要した総費用に一定の利益を上乗せした価格として評価する。

　つぎに**取引事例比較法**は、独立した当事者間で現実に取引されている類似事例の価額を参考に評価する方法である。実際には評価の対象取引と類似取引とを比較検討のうえ、両者間の差異を調整して価額を決定する。

さらに**収益還元法**は、資産を使用することによって生み出される収益を基礎に評価を行う方法である。特許権でいえば、その特許権の使用によって将来生み出されると予想される超過収益の額を推計したうえこれを収益還元率で割戻し、あるいは将来得られると予想される収益のうち超過収益相当額を現在価値に引き直すことにより、その価額を決定する。

　特許権や実用新案権などの工業所有権については、これらの方法のうち収益還元法が最も理論的で実際的であろう。原価法は、工業所有権の時価は必ずしも原価の額と比例しないから、合理的な評価額の算定は困難である。また、取引事例比較法は、ほとんど採用の余地がない。工業所有権はもともとその独自性に価値があり、類似取引を見つけ出すのはむずかしいからである。

(3) 財産評価通達の評価方法

　財産評価基本通達においては、相続税や贈与税の課税財産としての特許権などの評価方法が定められている。これは相続税や贈与税の課税のための評価方法であるが、売買価額の決定や担保価値の評価にあたっても参考になる。その評価方法は、次のとおりである。

イ　特許発明を他の者に実施させている場合

　特許権（その実施権を含む）の権利者がその特許発明を他の者に実施させている場合のその**特許権の価額**は、その権利にもとづき将来受ける補償金の額の基準年利率による複利現価の額の合計額によって評価する（評基通140）。これは収益還元法による評価方法である。

　ここで「複利現価の額の合計額」は、次の算式によって計算した金額とする（評基通141）。

〔算　式〕

① 第1年目の補償金額×1年後の基準年利率による複利現価率＝A

第2年目の補償金額×2年後の基準年利率による複利現価率＝B

第n年目の補償金額×n年後の基準年利率による複利現価率＝N

② A＋B＋ ……………………………… ＋N＝特許権の価額

ロ　特許発明を自ら実施している場合

特許権の権利者がその特許発明を自ら実施している場合のその特許権の価額は、その者の営業権の価額に含めて評価する（評基通145）。これは、権利者が特許発明を自ら実施している場合には、特許権は単独では評価しないということである。営業権を評価すれば、特許権の実施による超過収益力も当然に反映されるからである。

なお、**営業権の価額**は、次の算式によって計算した金額によって評価する（評基通165、166）。

〔算　　式〕

平均利益金額×0.5－標準企業者報酬額－総資産価額×0.05＝超過利益金額

超過利益金額×営業権の持続年数（原則として10年）に応ずる基準年利率による複利年金現価率＝営業権の価額

(注)1　「平均利益金額」は、課税時期の属する年の前年以前3年間（法人にあっては、課税時期の直前期末以前3年間）における所得金額の3分の1に相当する金額とする。

　　2　「標準企業者報酬額」は、次の平均利益金額の区分に応じ、次の算式により計算した金額とする。

平均利益金額の区分	標準企業者報酬額
1億円以下	平均利益金額×0.3＋1,000万円
1億円超　3億円以下	平均利益金額×0.2＋2,000万円
3億円超　5億円以下	平均利益金額×0.1＋5,000万円
5億円超	平均利益金額×0.05＋7,500万円

3 「総資産価額」は、財産評価基本通達により評価した課税時期（法人にあっては、課税時期直前に終了した事業年度の末日）における企業の総資産の価額とする。
4 「基準年利率」は、年数または期間に応じ、日本証券業協会において売買参考統計値が公表される利付国債にかかる複利利回りを基に計算した年利率により、各月ごとに定める（評基通4－4）。

以上に述べた特許権の価額の評価方法は、実用新案権、意匠権および商標権ならびにそれらの実施権の価額の評価についても準用される（評基通146、147）。

(4) 移転価格税制の評価方法
イ 問題点

法人が国外関連者との間で行った取引の取引価額が独立企業間価格にもとづいていない場合には、その取引は独立企業間価格で行われたものとみなして課税関係を律する（措法66の4）。端的にいえば、これが**移転価格税制**（transfer pricing taxation）である。

この移転価格税制は、棚卸資産や固定資産など有形資産の取引に限らず、サービスや特許権などの無形資産の取引についても適用される。たとえば、わが国の会社が外国親会社から特許権を取得し、あるいはその提供を受けた場合に、特許権の購入価額または支払うロイヤルティの額が独立企業間価格を超えるときは、その差額は特許権の取得価額あるいは損金の額に算入されない（措法66の4④）。現在では、わが国の会社が外国子会社に対して知的財産権を提供している場合の収受すべきロイヤルティの額が過少ではないか、といった議論が多い。また親子会社間の共同研究におけるその費用負担の合理性としてクローズアップされている（「第4章Ⅴ 共同研究の課税関係」参照）。

ロ 基本的な算定方法

ここで**独立企業間価格**は、概念的には、特殊関係のない独立の企業同士が取引をするとした場合に成立するであろう取引価格である。租税回避の意図があったかどうかなどは、基本的に問わない。具体的に独立企業間価格を算定する方法として次のようなものが認められている（措法66の4②一）。

まず、**独立価格比準法**（CUP法）は、法人と国外関連者とが取引した棚卸資産と同種の棚卸資産を、特殊の関係にない買手と売手とがその取引と取引段階、取引数量その他が同様の状況のもとで行った取引の価格を独立企業間価格とする方法をいう（措法66の4②一イ）。

つぎに、**再販売価格基準法**（RP法）は、国外関連取引をした棚卸資産の買手が、特殊の関係にない者に対して販売した対価の額から通常の利潤の額を控除して計算した金額を独立企業間価格とする方法である（措法66の4②一ロ）。

さらに、**原価基準法**（CP法）は、国外関連取引をした棚卸資産の売手の購入、製造その他の行為による取得の原価の額に通常の利潤の額を加算した金額を独立企業間価格とする方法をいう（措法66の4②一ハ）。

その他、独立価格比準法、再販売価格基準法および原価基準法に準ずる方法その他の方法として、たとえば利益分割法や取引単位営業利益法なども認められる（措法66の4②ニ、措令39の12⑧）。

ハ 無形資産の取引

上記基本的な算定方法は、棚卸資産の販売価格の算定方法として定められているが、特許権、商標権等の無形資産の使用許諾または譲渡の取引についても、「同等の方法」として適用できる（措法66の4②二）。

その「同等の方法」を採用する場合、次の場合にはそれぞれ次による。
① 無形資産の使用許諾または譲渡の取引について独立価格比準法と同等

の方法を適用する場合には、比較対象取引の無形資産がその国外関連取引の無形資産と同種であり、かつ、比較対象取引の使用許諾または譲渡の時期、使用許諾の期間等の条件が国外関連取引と同様でなければならないこと（法措通66の4(8)-7）。

② 無形資産の使用許諾または譲渡の取引について原価基準法と同等の方法を適用する場合には、比較対象取引の無形資産がその国外関連取引の無形資産と同種または類似であり、かつ、比較対象取引の使用許諾または譲渡の時期、使用許諾の期間等の条件がその国外関連取引と同様でなければならないこと（法措通66の4(8)-7）。

ただ、無形資産の価値を評価することは困難を伴うことから、無形資産取引の場合には、ディスカウント・キャッシュ・フロー法（DCF法）が有効であろう。**DCF法**は、無形資産の使用による利益が生じることが予測される期間内の利益の額として予測される金額を、合理的な割引率を用いて取引時の現在価値として割り引いた金額の合計額を対価の額とする方法である（措令39の12⑧六、法措通66の4(7)-1、66の4(7)-2）。予測期間と予測利益、割引率がポイントである。

4 ソフトウエアの取得価額

(1) 基本的な考え方

イ 購入した場合

他の者から購入した**ソフトウエアの取得価額**は、その購入の代価と購入のために要した費用の額との合計額に事業の用に供するために直接要した費用の額を加えた金額である（法令54①一）。これは、一般の減価償却資産の取得価額とまったく同じである。典型例として、市販のパッケージソフトウエアやワープロソフトウエアを購入する場合があげられる。

他から購入したソフトウエアである限り、後述する販売用のソフトウエ

アも自社利用のソフトウエアも取扱いは同じである。いずれもその購入代価がソフトウエアの取得価額となる。後述するように、ソフトウエアの研究開発費は、基本的にその発生時に費用処理することができる。

しかし、購入したソフトウエアの代価のうちに、仮に研究開発活動に関する費用が含まれているとしても、それを取り出して費用に計上するようなことはできない。もともと完成したソフトウエアを取得するのが目的であり、研究開発費は単に売手側が販売価格を積算する基礎になる費用にすぎないからである。

なお、そのソフトウエアの導入にあたって必要とされる設定作業または自社の仕様に合わせるために行う付随的な修正作業等の費用の額は、その取得価額に算入しなければならない（法基通7－3－15の2（注）1）。事業の用に供するために直接要した費用であるからである。

ロ　自己製作した場合

自己が製作したソフトウエアの取得価額は、製作のための原材料費、労務費および経費の額とそのソフトウエアを事業の用に供するために直接要した費用の額との合計額となる（法令54①二）。ソフトウエアは減価償却資産であるから、自己が建設する建物や製作する機械装置等とまったく同じように、一般の例により取得価額を算定する。

この場合、その取得価額は適正な原価計算にもとづき算定することはもちろんである。ただ、原価の集計、配賦等につき合理的と認められる方法により継続して計算することとしてよい（法基通7－3－15の2）。継続適用をする限り、ある程度弾力的な方法の採用が認められるのである。

このように、自己が製作したソフトウエアの取得価額には、その製作のための原価と付随費用のすべてが含まれる。ただし、次に掲げるような費用の額は、ソフトウエアの取得価額に算入しなくてよい（法基通7－3－15の3）。その取得価額に算入するかどうかは、まったく法人の自由である。

① 自己が製作しようとするソフトウエアの製作計画の変更等により、いわゆる仕損じがあったため不要となったことが明らかなものの費用
② 研究開発費の額。ただし、自社利用のソフトウエアについては、そのソフトウエアの利用により将来の収益獲得または費用削減にならないことが明らかなものに限る。
③ 製作等のために要した間接費、付随費用等で、その費用の額の合計額が少額(その製作原価のおおむね3％以内の金額)であるもの

○　自己製作のソフトウエアの取得価額の範囲

〔質疑応答〕

(問)　税務上、自己製作のソフトウエアの取得価額は、原材料費、労務費および経費の額の合計額にそのソフトウエアを事業供用するための直接費用を加えた金額とされている。

このこと自体は頭ではよく理解できるが、実務にあってはどこまでの費用をソフトウエアの取得価額に算入すべきか、その範囲がむずかしい。たとえばソフトウエアは、通常、企画・立案→要件定義→基本設計→詳細設計→開発・製作→試行→導入という過程を経て製作される。このうちどの過程の費用から取得価額に算入すればよいのか。

また、その取得価額に算入すべき費用には、具体的にどのようなものが予定されているのか。個別的にいうのがむずかしいとすれば、概括的にでも教示願いたい。

(答)　1　自己が製作するソフトウエアの取得価額は、製作のための原材料費、労務費および経費の額とそのソフトウエアを事業の用に供するために直接要した費用の額との合計額である(法令54①二、法基通7－3－15の2)。ソフトウエアは減価償却資産であるから、自己が建設する建物や製作する機械・器具等とまったく同じように、一般の例により取得価額を算

定する。

　そこで、質問のどの製作過程の費用から取得価額に算入すべきかであるが、基本的に「要件定義」段階からの費用は取得価額を構成し、「企画・立案」段階の費用は、その内容によるものと考える。

　たとえば自社の建物を建てる場合を想定すると、まず立地、規模、構造、工期、予算などを計画・立案して青写真を決定する。それから、具体的な建物の設計、施行、完成という段取りになる。この場合、計画・立案等の青写真を決定する段階の費用は、いわば経営判断や経営計画のためのものであり、常に建物の取得に直結するとはいえないことから、その建物の取得価額に算入する必要はないと考えられる。ただし、具体的に立地の環境や地盤の調査などをする費用は、建物の取得価額を構成するといえよう。

　これはまさに質問のソフトウエアの製作過程と同じである。建物の建築の場合と比較しても、「企画・立案」段階の費用は、その内容に応じて取得価額算入の要否を判断すべきであろう。

2　ソフトウエアの開発手法などは千差万別であるから、取得価額に算入すべき費用を個別的に列挙することは、きわめて困難である。それでも、考えられる費用を直接費と間接費にわけて挙げてみれば、次のとおりである。

　　　直接費──システムエンジニアの人件費、委託外注費、利用機器等の
　　　　　　　リース料、減価償却費、図書費、教育費、開発研究所の家
　　　　　　　賃、通信費、水道光熱費
　　　間接費──監理要員や補助部門の人件費、事務所の家賃、水道光熱費、
　　　　　　　減価償却費

　なお、製作原価のおおむね3％以内の間接費や付随費用は、ソフトウエアの取得価額に算入しないことができる（法基通7－3－15の3(3)）。

○ 役員報酬のソフトウエアの取得価額算入の要否

〔質疑応答〕

(問) 当社は、社員8名のソフトウエアの開発会社である。当社のような中小企業では、役員も実際にソフトウエア製作に携わっている。この場合、ソフトウエアの取得価額には、役員の報酬も算入しなければならないか。

(答) 税務上、ソフトウエアは無形減価償却資産であるから、他の減価償却資産と同様、自己が製作したソフトウエアの取得価額は、製作のための原材料費、労務費および経費の額とそのソフトウエアを事業の用に供するための直接費用の額との合計額として算定される（法令54①二）。

原価計算基準等によれば、役員報酬は原価性がないとされるのが普通である。役員は経営全般にかかわり、役員報酬は会社と役員との委任の対価として支払われるものと考えられているからである。このような考え方にたてば、役員が経営的ないし管理的な視点から開発の方針を示し、指導やアドバイスを行うにすぎないといった場合には、その報酬を原価にする必要はないであろう。

しかしながら、役員が現に一般使用人と同じように、個々・具体的なソフトウエアの製作に携わっているとすれば、その役員報酬は労務費としてソフトウエアの取得価額に算入すべきである。原価計算基準等が役員報酬の原価性を定めていないのは、単に役員が製造や製作に直接携わることは予想していないことにすぎないと考えられる。

この場合、取得価額に算入する役員報酬は、報酬月額を役員が製作に従事した時間とその他の時間によりあん分する方法、役員が製作に従事した時間に同等の技能をもつ使用人の賃金の時間単価を乗ずる方法など、合理的な方法により計算する。

○ ソフトウエア開発に使用するハードウエアの償却費の取得価額算入の要否

〔質疑応答〕

(問) 当社は情報処理システムの大幅な改定を進めている。その新規ソフトウエアの開発過程において、順次開発するソフトウエアに対してテストを行うためのハードウエアを取得した。

このハードウエアは、ソフトウエアの開発が終了し、運用開始後は、実際の情報処理用のものとして継続的に使用する予定である。

このハードウエアは、テスト用として使用を開始した時から減価償却を行っている。この場合、このハードウエアのソフトウエア開発中の減価償却費は、ソフトウエアの取得価額に算入する必要があるか。

(答) 自己の製作に係るソフトウエアの取得価額は、そのソフトウエアの製作のための原材料費、労務費および経費の額とそのソフトウエアを事業の用に供するために直接要した費用の額の合計額である（法令54①二）。これは、他の減価償却資産の取得価額となんら異ならない。

この場合、法人が、その取得価額について原価の集計、配賦等を合理的であると認められる方法により継続して計算している場合には、これが認められる（法基通7－3－15の2）。これは、自己製作のソフトウエアの取得価額の算定について、ある程度の弾力的な方法を認めるということである。

質問のハードウエアは、将来は実際の情報処理用のものとして継続的に使用するということであり、ソフトウエア開発のテスト用としては暫定的な使用といえよう。そのような場合の償却費も、すべてソフトウエアの取得価額に算入すべきかどうか、やや疑義がある。

しかし、ソフトウエア開発のテスト用として使用している限りは、その開発中の償却費は、ソフトウエア製作のための経費とみられる。その経費

を取得価額から除外するのは、合理的な計算とはいえない。したがって、開発期間中のハードウエアの償却費は、そのソフトウエアの取得価額に算入すべきものと考える。

ただし、その償却費を含めた間接費や付随費用の合計額が少額（その製作原価のおおむね3％以内の金額）であれば、取得価額に算入しなくてよい（法基通7－3－15の3(3)）。

○　ソフトウエア開発を外部に委託する場合の処理

〔質疑応答〕

(問)　当社では自社で使用するソフトウエアは、基本的に当社のシステム開発部門の担当者が開発、製作することにしている。しかし、システム開発担当者が不足しているため、その開発を外部に委託することがある。その外部委託の方式としては、次のような方法があるが、その委託外注費はどのように処理したらよいか。

(1)　調査・立案、研究開発を当社のシステム開発担当者が担当し、その結果にもとづく具体的な設計、プログラミング等を外部業者に委託する方式

(2)　調査・立案、研究開発、設計からプログラミング等のすべてを外部業者に委託する方式

(1)の場合には、研究開発費はその取得価額に算入しなくてもよいと思われるが、(2)の場合にも、委託外注費のなかから、調査・立案、研究開発費相当額を取り出して費用処理できるか。

(答)　企業会計ではソフトウエア制作費のうち、研究開発に該当する部分は研究開発費として費用処理しなければならない（基準三）。

法人税においても、ソフトウエアの研究開発費は、その取得価額に算入しなくてよいことになっている。ただし、自社利用のソフトウエアについ

ては、その利用により将来の収益獲得または費用削減にならないことが明らかな場合に限られる（法基通7－3－15の3(2)）。

そこで、質問についてみると、(1)の場合には研究開発を当社のシステム開発担当者が担当するということである。したがって、それが研究開発である限り、その研究開発費は費用処理してよいであろう。

これに対して(2)の場合には、調査・立案、研究開発もすべて外部業者に委託するということである。委託外注費のなかに調査・立案、研究開発の部分の費用が含まれていることは事実であろう。しかし、ソフトウエアの開発・製作をいわば丸投げした場合、そのなかから研究開発費部分を取り出して、その費用相当額を取得価額から除くことはできないと考える。開発・製作を丸投げした場合には、いわば出来あがったソフトウエアを購入するのであるから、研究開発費部分を取り出すことは、市販のソフトウエアを購入した場合との権衡が図れない。また、丸投げした場合の研究開発部分の費用は、単に委託外注費の額を決定するうえでの積算の基礎になるにすぎない、とみられる。

(2) 販売目的のソフトウエア
イ　企業会計の取扱い

研究開発費会計基準によれば、ソフトウエア制作費のうち、研究開発に該当する部分は研究開発費として費用処理する（基準三）。そして、**市場販売目的のソフトウエア**である製品マスターの制作費は、研究開発費に該当する部分を除き、資産として計上しなければならない（基準四2）。ここに**製品マスター**とは、販売目的のソフトウエアの複写のもとになる完成品のことである。

このように企業会計では、市場販売目的のソフトウエアの研究開発費は資産ではなく、発生時の費用として処理される。そこで、まず研究開発の終了時点、ついで研究開発費の範囲が問題になる。まず研究開発の終了時

点は、製品番号を付すことにより販売の意思が明らかにされた製品マスター、すなわち「最初に製品化された製品マスター」の完成時点である。ここで「最初に製品化された製品マスター」の完成時点は、具体的には次の２点によって判断する（実務指針８）。

① 製品性を判断できる程度のプロトタイプが完成していること。
② プロトタイプを制作しない場合は、製品として販売するための重要な機能が完成しており、かつ重要な不具合を解消していること。

そうすると、研究開発費の範囲は、最初に製品化された製品マスターの完成までの費用および製品マスターまたは購入したソフトウエアに対する著しい改良に要した費用ということになる（基準注解（注３））。最初に製品化された製品マスターの完成時点までの制作活動は、研究開発と考えられるからである。

そして、製品マスターの完成後の機能の改良・強化を行う制作活動のための費用は、原則として資産に計上する。ただし、著しい改良に要したと認められる費用は、研究開発費として処理する。著しい改良が終了するまでは、研究開発の終了時点に達していないからである（実務指針９）。

以上のような企業会計の取扱いからすれば、製品マスターの取得価額に算入され、資産に計上される費用はごく限られてくるであろう。

ロ 法人税の取扱い

前述したように、法人税の取扱いでも、ソフトウエアの研究開発費はその取得価額に算入しなくてよい（法基通７－３－15の３(2)）。この取扱いの適用にあたって、自社利用のソフトウエアには限定があるが、市場販売目的のソフトウエアについてはなんら制限はない。そして研究開発費の意義につき、税務上格別の定めは置かれていない。裸で「研究開発費」とされているだけである。法人税の取扱いにおいて、これまで「試験研究費」という概念や用語はあったが、研究開発費というのは存在しなかった。初め

てソフトウエアの取得価額に関して用いられたのである。

　このようなことや、税務上の減価償却資産の取得価額は、もともと適正な原価計算にもとづき算定されていればよいこと（法令54②）からすれば、市場販売目的のソフトウエアの研究開発費は、法人税も企業会計と同様に取り扱うことを予定している、と考えられる。法人税においても、「最初に製品化された製品マスター」の完成までの費用は、研究開発費に該当することになる。販売目的のソフトウエアの取得価額に算入する必要はないと考える。

　ただし、市場販売目的のソフトウエアにつき、完成品となるまでの間に製品マスターに要した改良または強化に要した費用の額は、そのソフトウエアの取得価額に算入しなければならない（法基通7-3-15の2（注）3）。これは、企業会計の取扱いと同じである。一方、著しい改良と認められる場合には、企業会計と同じく、研究開発費としてそのソフトウエアの取得価額に算入する必要はない。

○　販売用ソフトウエアの開発を外部に委託した場合の処理

〔質疑応答〕

(問)　当社は、ソフトウエアハウスで、販売管理システムや会計・税務処理システムなどのソフトウエアの開発、販売を行っている。

　その販売用のソフトウエアは、基本的には自社で自ら開発するが、自社の人員では開発できないようなものは、すべて外部のソフトウエアハウスに委託し、開発する。その外部に委託し、納入されたソフトウエアは、当社で複写して販売する。

　この場合、外部のソフトウエアハウスに委託した開発費用は、販売用ソフトウエアとして資産計上する必要があるか。

　販売用ソフトウエアについては、複写して販売するための原本となる、最初の製品マスター完成までの費用は、研究開発費として費用処

理できることとの関連で疑義がある。

(答) 企業会計では、販売用ソフトウエアの制作費のうち、最初に製品化された製品マスター（複写する原本となるソフトウエア）の完成までの費用は研究開発費に該当し、資産計上することなく、費用として処理する。

一方、法人税においても、販売用ソフトウエアの研究開発費は、取得価額に算入しなくてよい。この研究開発費の意義、範囲等は企業会計と同様であると解される。

そこで、質問の外部のソフトウエアハウスに委託して開発した販売用ソフトウエアは、最初に製品化された製品マスターのことであるから、その委託した開発費用は、取得価額に算入しなくてよいのではないか、という疑義が生じる。

しかし、ここでいう研究開発費は、法人自ら研究開発した場合の費用を前提としており、他の者に委託して行う研究開発の費用は予定していないものと考えられる。そのように考えないと、販売用ソフトウエアを完成した状態で他の者から取得した場合と権衡が図れないといえよう。質問の場合、貴社はそのソフトウエアの開発に関してリスクを負担していない、と考えられる。

したがって、質問の場合には、販売用ソフトウエアとして資産計上する必要があるものと考える。

(3) 自社利用のソフトウエア

イ 企業会計の取扱い

既に述べたように、企業会計では、ソフトウエア制作費のうち、研究開発に該当する部分は研究開発費として費用処理する（基準三）。これは自社利用のソフトウエアも例外ではない。したがって、自社利用のソフトウエアが資産として計上されるのは、基本的に研究開発活動を終了した時点

以降の制作費ということになる。

　研究開発費に該当しない**自社利用のソフトウエア**の制作費について、ソフトウエアを用いて外部へ業務処理等のサービスを提供する契約等が締結されている場合のように、その提供により将来の収益獲得が確実であると認められる場合には、適正な原価を集計したうえ、そのソフトウエア制作費を資産として計上する。また、自社利用のソフトウエアについては、完成品を購入した場合のように、その利用により将来の収益獲得または費用削減が確実であると認められる場合には、そのソフトウエアの取得に要した費用を資産に計上しなければならない、としている（基準四3）。

　そこで、将来の収益獲得または費用削減が確実であるかどうかの判断を行った結果、確実と認められる場合は無形固定資産に計上し、確実であると認められない場合または確実であるかどうか不明な場合には、研究開発費として費用処理する。この基準により、自社利用のソフトウエアが資産計上される一般的な例は次のとおりである（実務指針11）。

① 通信ソフトウエアまたは第三者への業務処理サービスの提供に用いるソフトウエア等を利用することにより、会社（ソフトウエアを利用した情報処理サービスの提供者）が、契約にもとづいて情報等の提供を行い、受益者からその対価を得ることになる場合

② 自社で利用するためにソフトウエアを制作し、当初意図した使途に継続して利用することにより、そのソフトウエアを利用する前と比較して会社（ソフトウエアの利用者）の業務を効率的または効果的に遂行することが明確に認められる場合

　たとえば、そのソフトウエアを利用することにより、利用する前に比し間接人員の削減による人件費の削減効果が確実に見込まれる場合、複数業務を統合するシステムを採用することにより入力業務等の効率化が図られる場合、従来なかったデータベース・ネットワークを構築することにより今後の業務を効率的または効果的に行える場合が考えられ、ソ

フトウエア制作の意思決定の段階から制作の意図・効果が明確になっている場合である。

③ 市場で販売しているソフトウエアを購入し、かつ、予定した使途に継続して利用することによって、会社（ソフトウエアの利用者）の業務を効率的または効果的に遂行することができると認められる場合

　自社利用のソフトウエアの資産計上の開始時点は、将来の収益獲得または費用削減が確実であると認められる状況になった時点であり、そのことを立証できる証憑にもとづいて決定する。その証憑としては、たとえばソフトウエアの制作予算が承認された社内稟議書またはソフトウエアの制作原価を集計するための制作番号を記入した管理台帳等が考えられる（実務指針12）。一方、資産計上の終了時点は、実質的にソフトウエアの製作作業が完了したと認められる状況になった時点であり、そのことを立証できる証憑にもとづいて決定する。その証憑としては、たとえばソフトウエア作業完了報告書、最終テスト報告書等がある（実務指針13）。

　このように自社利用のソフトウエアの制作費を取得価額に算入し、資産に計上すべきかどうかのメルクマールを、「収益獲得」または「費用削減」の確実性に求めている。研究開発費会計基準では、研究開発費はすべて発生時に費用として処理するのが原則であり、ソフトウエアの制作費であっても、研究開発に該当する部分は研究開発費として費用処理する（基準三）。これは、研究開発費は発生時には将来の収益を獲得できるかどうか不明である、というのが大きな理由である。したがって、研究開発目的のソフトウエアの制作費は、研究開発費として処理されることになる。

　上記自社利用のソフトウエアの取扱いは、このような基本的な考え方の延長線上にあるものといえよう。

ロ　法人税の取扱い

　法人税でも研究開発費の額は、原則としてソフトウエアの取得価額に算

入しなくてよい（法基通7－3－15の3(2)）。これは税務上も、ソフトウエアの製作過程には研究開発活動が存在することを認めるものであり、基本的に企業会計と同様の立場に立つものといってよい。

　ただし、自社利用のソフトウエアについては、その利用により「将来の収益獲得又は費用削減にならないことが明らかなもの」に限って、研究開発費として費用処理が認められる。これを裏返せば、少しでも将来の収益獲得または費用削減になる研究開発費は、ソフトウエアの取得価額に算入すべきことを要求しているといえる。この点、企業会計ではなんら限定をつけることなく、そもそもソフトウエアの研究開発費は費用処理することになっている。すなわち、企業会計では研究開発費を除いた自社利用のソフトウエアの製作費について将来の「収益獲得」や「費用削減」といった限定がついているのに対し、法人税では研究開発費にその限定が付されている。その結果、法人税では研究開発費であっても、ソフトウエアの取得価額に算入されるべきものがあることになる。この点、両者の考え方が異なっているので、十分に留意を要する。

　また、企業会計の「将来の収益獲得又は費用削減が確実であると認められない場合あるいは確実であるかどうか不明な場合」は費用処理することと異なっている。これは企業会計は積極的な評価が、法人税は消極的な評価が資産計上の判断基準のポイントということができる。その結果、理論的には法人税は研究開発費として費用処理することに消極的、つまりソフトウエアをできるだけ資産として計上すべきことを要求しているといえよう。企業がやみくもではなく一定の目的をもってソフトウエアの研究開発をする以上、普通であれば将来の収益獲得または費用削減にならないことが明らかである、とは考えられないからである。IT投資が多額になり、企業はその成果を期待している以上、ソフトウエアの資産性の要件をあまり厳格に解するのも問題であろう。企業会計の処理は、保守的にすぎるのではないか、ということである。

このように法人税が企業会計と取扱いを異にしているのは、理論的には次のような理由による。すなわち、法人税の減価償却資産の取得価額は、実際にどのような費用をいくら要したかという問題であって、その費用によって取得した資産の効用があるかどうかという問題ではない。つまり、ソフトウエアという資産を取得した以上は、その効用がどうであれ、まずはその取得費用をソフトウエアとして計上すべきであるということである。そして、その効用がないというのであれば、つぎに評価損や除却・廃棄の問題として処理するのが筋道であるということになる。

○ 自社利用ソフトウエアの研究開発費の税会不一致処理の解消の有無

〔質疑応答〕

(問) 令和3年度の税制改正において、試験研究費の額の範囲が見直されたのは、自社利用ソフトウエア、特にクラウドソフトウエアの研究開発費について、税務上はその取得価額算入、会計上は費用処理という税会不一致の取扱いを調整するものといわれている。

そうすると、税務上も自社利用ソフトウエアの研究開発費は費用処理ができるようになったのか。

(答) 自社利用ソフトウエアの研究開発費について、会計上は「その利用により将来の収益獲得又は費用削減が確実であると認められる場合は無形固定資産に計上し、確実であると認められない場合又は確実であるかどうか不明な場合は費用処理」を行う(基準四3、実務指針11)。

一方、税務上は「その自社利用のソフトウエアの利用により将来の収益獲得又は費用削減にならないことが明らかな場合における当該研究開発費の額」に限って損金算入ができる(法基通7-3-15の3(2))。

この場合の「自社利用ソフトウエア」とは、市場販売目的ソフトウエア以外のソフトウエアをいう。たとえばクラウドを通じてサービス提供を行

う**クラウドソフトウエア**は、原本をクラウドに保存し、インターネットを通じて顧客にアクセスさせるものであり、製品マスターを複写して販売するもの（市場販売目的ソフトウエア）ではないから、自社利用ソフトウエアに該当する。

　従来、税額控除の対象になる試験研究費はすべて当該事業年度において損金算入されるものに限定されていたため、資産の取得価額に算入される自社利用ソフトウエアの研究開発費の額が税額控除の対象にならないという問題点があった。その問題点解消のため、研究開発費として損金経理を要件に、資産の取得価額とされるべき費用の額も試験研究費の額に含まれるものとされた。

　これはあくまでも研究開発税制上の取扱いであって、税務上、自社利用ソフトウエアの研究開発費が費用処理できるようになったわけではない。むしろ自社利用ソフトウエアの研究開発費は資産計上されることを前提に試験研究費の額の範囲の改正が行われたことは、現行税務上の取扱いは合理的なものとして追認、承認したのではないかともいえる。今後の重要な検討課題である。

○　収益獲得または費用削減にならない研究開発費の判断基準

〔質疑応答〕

(問)　自社利用ソフトウエアの研究開発費について、税務上は、その利用により将来の収益獲得または費用削減にならないことが明らかな場合における、その研究開発費の額に限って損金算入が認められている。

　そもそも、企業が多くの費用と労力、時間をかけてソフトウエアを開発するのに、将来の収益獲得または費用削減にならないことが明らかであるなどということがあるのか。

(答) 税務上、自社利用ソフトウエアの研究開発費は、その利用により将来の収益獲得または費用削減にならないことが明らかな場合に限って損金算入できる取扱いとなっている（法基通7－3－15の3(2)）。

質問のとおり、企業が多くの費用と労力、時間をかけてソフトウエアを開発する以上、普通であれば収益獲得または費用削減にならないなどとはいえないので、税務上は、自社利用ソフトウエアの研究開発費は資産計上すべきことを予定しているものと考えられる。

収益獲得または費用削減にならない研究開発費の明確な判断基準があるわけではないが、強いていえば、たとえばソフトウエアの製作計画の変更等により損じがあったもの（法基通7－3－15の3(1)）や研究開発に失敗したものが該当しよう。

○ **広告宣伝用ソフトウエアの開発費用の損金算入の可否**

〔質疑応答〕

(問) 当社は金融機関などを相手に、顧客管理システムなどを開発し、ASP方式により提供することを予定している。

その顧客管理システムなどの開発に先立って、顧客管理システムなどの一部を組み込んだ広告宣伝用のソフトウエアを開発し、金融機関などに売り込みを図ることにしている。

この広告宣伝用のソフトウエアは、将来の収益獲得または費用削減にならないと考えられる。そこで、この広告宣伝用のソフトウエアの開発費用は、ソフトウエアの取得価額に算入せず、研究開発費として費用処理をしてよいと思われるがどうか。

なお、ASPとは、一般にビジネス用のアプリケーションソフトをインターネットを通じて顧客にレンタルする事業のことをいう。

(答) 質問の広告宣伝用のソフトウエアは、金融機関などに売り込みを図

るために自社が利用するものであるから、自社利用のソフトウエアに該当する。

自社利用のソフトウエアの研究開発費について、企業会計では、そのソフトウエアの利用により将来の収益獲得または費用削減が確実であると認められる場合に限って資産計上する（基準四3）。

これに対し、法人税においては、そのソフトウエアの利用により将来の収益獲得または費用削減にならないことが明らかなものに限って、費用処理ができることになっている（法基通7－3－15の3(2)）。

質問の広告宣伝用のソフトウエアは、企業会計の考え方からすれば、金融機関などに売り込みを図っても売れるとは限らず、将来の収益獲得が確実であるとはいえないとして、その開発費用は研究開発費として費用処理することができよう。

しかし、法人税の立場からみれば、その広告宣伝用のソフトウエアにより金融機関などに売り込みをすれば売れる可能性がまったくないとは言い切れず、将来の収益獲得にならないことが明らかであるとはいえないから、その開発費用は資産計上すべきだということになる。

このように、企業会計と法人税の考え方は異なっているが、法人税の課税上は、質問の広告宣伝用のソフトウエアの開発費用は、ソフトウエアの取得価額として処理すべきものと考えられる。

(4) 付随費用の処理

これまで述べてきた、ソフトウエアの取得、製作に関して生じる付随費用の処理は、それぞれ次のようになる。

イ ソフトウエアの導入費用

他の者から購入したソフトウエアについて、その導入にあたって必要とされる設定作業または自社の仕様に合わせるために行う付随的な修正作業等の費用の額は、その取得価額に算入する（法基通7－3－15の2（注）1）。

これらの費用は、ソフトウエアを「事業の用に供するために直接要した費用」に該当するからである。この点は、企業会計でも同じ取扱いになっている（実務指針14、38）。

　一方、企業会計では、自社で過去に制作したソフトウエアまたは市場で販売されているパッケージソフトウエアの仕様を大幅に変更して、自社のニーズに合わせた新しいソフトウエアを製作するための費用は、研究開発目的の費用と考えられるため、購入ソフトウエアの価額も含めて費用処理する。ただし、将来の収益獲得または費用削減が確実であると認められる場合には、購入ソフトウエアの価額を含めてその費用を無形固定資産として計上する（実務指針15）。

　これらの取扱いは、そのまま法人税には適用されない。すなわち、既に有しているソフトウエアまたは購入したパッケージソフトウエア等（既存ソフトウエア等）の仕様を大幅に変更して、新たなソフトウエアを製作するための費用は、新たなソフトウエアの取得価額とする。この場合、既存ソフトウエア等（今後利用することが見込まれないもの）の残存簿価は、新たなソフトウエアの製作のための原材料費となる（法基通7－3－15の2（注）2）。

ロ　ソフトウエアの仕損じ費用

　自己が製作しようとするソフトウエアの製作計画の変更等により、いわゆる仕損じがあったため不要となったことが明らかなものの費用は、その取得価額に算入しなくてよい（法基通7－3－15の3(1)）。これは、法人税基本通達7－3－3の2(2)《固定資産の取得価額に算入しないことができる費用の例示》の取扱いと同旨のものである。まったくのロスであるから、その取得価額に算入しなくてよいことになっている。

　実務的には、「仕損じがあったため不要となった」かどうか、その判断ないし立証が難しいことが多い。ソフトウエアの製作指図書や仕様書を的

第 6 章　試験研究費と固定資産　*317*

確に改訂するなどして、その事績を残しておくことに努める必要があろう。

　ハ　ソフトウエア製作等の少額付随費用

　ソフトウエアの製作等のために要した間接費、付随費用等で、その費用の額の合計額が少額（その製作原価のおおむね 3 ％以内の金額）であるものは、その取得価額に算入しなくてよい（法基通 7 − 3 − 15 の 3 (3)）。これは、法人税基本通達 5 − 1 − 3 《製造等に係る棚卸資産の取得価額》の取扱いと同旨のものであり、重要性の原則による。

　以上のような付随費用のほか、研究開発費会計基準では、次のような費用の取扱いを示している。これと法人税の取扱いをみておこう。

　ニ　データのコンバート費用

　企業会計では、新しいシステムでデータを利用するために旧システムのデータをコンバートするための費用については、発生した事業年度の費用とする（実務指針16）。

　データをコンバートするための費用は、税務上も基本的にはその発生時の費用として処理してよいものと考える。**データのコンバート**とは、旧データの形式を新データに合うよう変換し、保存することであるから、その変換のための費用はソフトウエアの価値を高める性格のものとはいえない。また、ソフトウエア自身を「事業の用に供するために直接要した費用」とも認められない。したがって、たとえばコンバート作業に要した人件費や物件費は、発生時の費用としての処理が認められよう。

　ただ、データ変換ソフトウエアを使ってコンバートする場合、そのデータ変換ソフトウエアの取得費用まで、一時の費用処理ができるかどうかは一考を要する。ソフトウエアである限り、新しいシステムそのもののソフトウエアの取得価額にならないとしても、それとは別個独立のソフトウエアとして、資産計上すべきであると考えられるからである。仮にコンバー

トのためにしか使えないソフトウエアで、コンバート作業は短期間でその作業が終り次第、すぐ廃棄ないし除却をするという場合であっても、それはその時の状況に応じて廃棄損なり除却損を計上するというのが建前ということになる（法基通7－1－8の2参照）。

ホ　トレーニング費用

　企業会計上、ソフトウエアの操作をトレーニングするための費用は、発生した事業年度の費用として処理する（実務指針16）。

　トレーニングのための費用としては、ソフトウエアの操作テキストの作成費や講師の派遣料、研修会場の借上料などが考えられる。これらの費用は、いわば事後的な費用であり、ソフトウエア自体の価値や耐久性を高めるといった性格のものとはいえない。したがって、税務上もソフトウエアの取得価額に算入する必要はない。

○　購入したソフトウエアの導入費用等の取扱い

〔質疑応答〕

（問）　当社はこのたび、甲社から販売管理システムのソフトウエアを購入した。このソフトウエアの導入にあたっては、当社の従来から有するシステムとの接続、結合や当社の事務処理手順に合致させるための各種の検討、分析を行った後、実際の手直し等の作業を行った。また手直し等の作業後、うまく作動するかどうかのテストをして、稼働ということになる。

　これらの作業に要した費用は、すべて購入したソフトウエアの取得価額に算入しなければならないか。

（答）　他の者から購入したソフトウエアの取得価額は、その購入の代価と購入のために要した費用との合計額に事業の用に供するために直接要した

費用の額を加算した金額となる（法令54①一）。これは、一般の減価償却資産の取得価額とまったく同様である。この場合、そのソフトウエアの導入にあたって必要とされる設定作業または自社の仕様に合わせるために行う付随的な修正作業等の費用の額は、その取得価額に算入しなければならない（法基通7－3－15の2（注）1）。これらの費用は、ソフトウエアを「事業の用に供するために直接要した費用」に該当するからである。この点は、企業会計でも同様の取扱いとなっている（実務指針14）。

そこで、結論から先に述べると、質問の費用はすべて購入したソフトウエアの取得価額に算入すべきものと考える。これらの費用は、機械を購入した場合の据付費用や試運転の費用と同様の性格のものであり、機械のこれらの費用は取得価額に算入すべきものとされているからである。つまり、ソフトウエアを購入してから実際に事業の用に供するまでの間に要する費用ということなる。

ただ、ソフトウエアの導入のために行う各種の検討、分析の費用については、その検討、分析がそもそもどこのどのソフトウエアを購入するかといった、購入前に行われる場合には、その取得価額に算入する必要はないと考える。

○ 新システムの導入に伴うデータの移行作業等の費用の取扱い

〔質疑応答〕

（問） 当社は、このたび会計処理システムを一新し、新しいシステムを導入した。

この新システムの導入に伴い、次のような費用を要したが、これらの費用はソフトウエアの取得価額に算入する必要があるか。

(1) 旧システムから新システムへのデータの移行作業（過去の仕訳明細データや期首繰越金額の移行等）の費用

(2) インターフェースの研修作業のための費用

(3) 社内研修のサポートのための費用

(答) 質問の費用は、いずれもソフトウエアそのものを製作するため、あるいはソフトウエアの製作に関連するものではない。すなわち、ソフトウエアが完成した後のそのソフトウエアをいかに利用するかの事後的な費用であって、ソフトウエアの価値や耐久性を増加させるための費用とはいえないと認められる。

また、このような性質の費用であってみれば、ソフトウエア自体を事業の用に供するために直接要した費用とはいえない。

したがって、質問の費用はいずれもソフトウエアの取得価額に算入することなく、一時の費用として処理してよいものと考える。

(5) 資本的支出と修繕費
イ　資本的支出と修繕費の意義

法人が固定資産の修理、改良等のために支出する費用には、維持費、取替補修費、改造費、増設費などいろいろある。法人税法上、これら修理、改良等その名義のいかんを問わず、固定資産について支出する金額のうち、次に掲げる金額を**資本的支出**という。この場合、次のいずれにも該当するときは、そのいずれか多いほうの金額が資本的支出の金額となる（法令132、法基通7-8-1）。

① 固定資産の取得時において通常の管理または修理をするものとした場合に予測される使用可能期間を延長させる部分に対応する金額
② 固定資産の取得時において通常の管理または修理をするものとした場合に予測されるその支出の時の価額を増加させる部分に対応する金額

その資本的支出の金額は、資本的支出の金額を取得価額として、資本的支出の対象となった資産と種類および耐用年数を同じくする減価償却資産を新たに取得したものとして処理するのが原則である（法令55①）。ただし、

所定の場合には、資本的支出の対象となった資産の取得価額に加算することもできる（法令55②⑤）。

したがって、資本的支出については、資本的支出の対象となった資産に現に適用している耐用年数により償却していく（耐通1－1－2）。

これに対して**修繕費**とは、固定資産の修理、改良等のために支出した費用のうち、固定資産の通常の維持管理のため、または固定資産の機能等が低下した箇所をもとの状態に回復するためのものをいう（法基通7－8－2参照）。「通常の維持管理」と「原状回復」がポイントである。修繕費は、その支出時に費用として処理する。固定資産の使用可能期間を延長させたり、価値を増加させたりするものではないからである。

ロ　ソフトウエアの資本的支出と修繕費
㈣　企業会計の取扱い

　企業会計では、市場販売目的のソフトウエアである製品マスターの機能維持に要した費用は、資産として計上してはならないとされている（基準四2）。一方、製品マスターまたは購入したソフトウエアの機能の改良・強化を行う制作活動のための費用は、資産に計上する。ただし、著しい改良に要した費用は研究開発費として期間費用処理を行う（基準注解（注3）、実務指針9）。具体的には、製品マスター完成後に発生する制作費については、次のとおり取り扱う（実務指針34）。

①　従来の製品マスターとは別個の新しいマスターの制作のためのコストとみなされるような費用は、研究開発費として処理する。

②　バグ取り、ウイルス防止等の修繕・維持・保全のための費用は、発生時の費用として処理する。

③　ソフトウエアの操作性の向上等のための費用は、製品マスターの取得原価として処理する。

　また、自社で過去に制作したソフトウエアまたは市場で販売されている

パッケージソフトウエアの仕様を大幅に変更して、自社のニーズに合わせた新しいソフトウエアを制作するための費用は、研究開発目的の費用と考えられるため、購入ソフトウエアの価額も含めて費用処理する。ただし、将来の収益獲得または費用削減が確実であると認められる場合には、購入ソフトウエアの価額を含めてその費用を無形固定資産として計上する（実務指針15、39）。

新聞によれば、あるシステム開発会社は、サーバーのアクセス履歴（ログ）を短時間で分類し、不正アクセスなどを発見しやすくするソフトを開発したとのことである。膨大な文字情報が並び解読しにくいログを、アクセス頻度や曜日、時間ごとに自動的に分類したうえで画面に表示できる。ネットワークの管理者はこの分類結果をもとにサーバーへの不正侵入やシステム障害への対策をたてることができるという（日本経済新聞　平成14.12.16朝刊）。

㈹　法人税の取扱い

法人税においては、ソフトウエアのプログラムの修正等がプログラムの機能上の障害の除去、現状の効用の維持等に該当するときは、その修正等に要した費用は修繕費になる。一方、新たな機能の追加、機能の向上等に該当するときは、資本的支出とする（法基通7－8－6の2）。これは、まさに前述した税務上の資本的支出と修繕費の意義そのものの考え方である。この点、企業会計と法人税との基本的な考え方は同じといってよい。

ただ法人税では、前述したように、すでに有しているソフトウエア、購入したパッケージソフトウエア等の仕様を大幅に変更して、新たなソフトウエアを製作するための費用は、取得価額になる、としている（法基通7－3－15の2（注）2）。これは税務上、これらの費用は資産の取得そのもの、あるいは資本的支出に該当すると考えられるからである（法基通7－8－6の2（注）1）。

この点、企業会計では、たとえば従来の製品マスターとは別個の新しい

マスターの制作のためのコストとみなされる費用は、研究開発費として処理するなど、やや考え方が異なっている。しかし、税務上も新たなソフトウエアの製作が、「著しい改良」のため、すなわち研究開発に該当する場合には、その費用は取得価額に算入しなくてよい。もっとも、自社利用のソフトウエアは、「将来の収益獲得又は費用削減にならないことが明らかなもの」に限って、研究開発費として費用処理が認められる点に留意を要する（法基通7－3－15の3(2)）。

また、プログラムの修正等に要した費用（修繕費に該当するものを除く）が研究開発費に該当する場合には、資本的支出としないことができる。ただし、自社利用のソフトウエアに係る研究開発費については、将来の収益獲得または費用削減にならないことが明らかなものに限る（法基通7－8－6の2（注）2）。

具体的な事例として、西暦2000年問題や消費税率の5パーセントから8パーセントへの変更、新紙幣の発行に対応するためのソフトウエアの改修費用は、修繕費として一時の損金算入をしてよい、とされたものがある。もちろん、消費税率の変更等を機にバージョンアップを図ったような場合は別である。単に従来の機能を維持するため、あるいは毀損部分を改修するためにすぎない費用は、修繕費になる。

ある損害保険会社は、中小企業向けに保険料年3万円程度で、サイバー攻撃で業務用パソコンなどに不具合が生じた際、システムベンダーに支払う事故調査費を補償する保険を売り出すとのことである（日本経済新聞令和4.4.6朝刊）。

もちろん、このような保険料は、損金算入ができる。

○ 従来と根本的に変更がないソフトウエアを取得した場合の取扱い

〔質疑応答〕

(問) 当社は、従来、販売管理ソフトウエアやサーバー等をリースで

利用してきた。しかし、そのサーバー等が老朽化したので、再リースをせず、新しく販売管理ソフトウエアやサーバー等を購入しようと考えている。

　新たな販売管理ソフトウエアは、パッケージソフトであるが、当社用にカスタマイズされたものを予定している。しかし、新たな販売管理ソフトウエアは従来のものと比べると、根本的な変更はなく、実質的にはバージョンアップに近い内容になっている。

　そこで、今回新たに取得する販売管理ソフトウエアやサーバー等は、資本的支出であるとみられることはないか。もし、資本的支出であれば、特別償却等ができないことになってしまう。

(答)　他の者から購入したソフトウエアの導入に当たって必要とされる設定作業および自社の仕様に合わせるための修正作業等の費用は、当然ソフトウエアの取得価額に算入しなければならない（法基通7－3－15の2（注）1）。

　一方、ソフトウエアの機能の追加、機能の向上等のための費用は、資本的支出に該当する（法基通7－8－6の2）。

　たしかに、質問の場合には、新たな販売管理ソフトウエア等は従来のものに比べると、根本的な変更はなく、実質的にみればバージョンアップにすぎないかもしれない。しかし、従来はリースであったものを、今回は購入するということであるから、資本的支出であるかどうかという問題ではない。いわば真正購入であるから、ソフトウエア等の取得そのものである。したがって、その適用要件を満たしている限り、特別償却等の適用ができる。

◯ ソフトウエアのバージョンアップ費用の取扱い

〔質疑応答〕

(問) ソフトウエアに対する機能の改良、強化に要する費用、つまりバージョンアップの費用について、企業会計と法人税とで取扱いが異なるようであるが、その内容や差異を教示願いたい。

(答) 企業会計では、製品マスターまたは購入したソフトウエアの機能改良・強化を行う制作活動（**バージョンアップ**）のための費用は、資産に計上する。ただし、著しい改良に要した費用は研究開発費として費用処理しなければならない（基準注解（注3）、実務指針9）。ここに著しい改良とは、研究および開発の要素を含む大幅な改良を指しており、完成に向けて相当程度以上の技術的な困難を伴うものをいう。具体的には、機能の改良・強化を行うために主要なプログラムの過半部分を再制作する場合やソフトウエアが動作する環境（オペレーションシステム、言語、プラットフォームなど）を変更、追加するために大幅な修正が必要になる場合などが考えられる（実務指針33）。

この取扱いには、なぜ著しい改良の費用が研究開発費で、その他の改良・強化の費用が資産計上なのか、話が逆ではないかという素朴な疑問がわいてくる。しかしそれは企業会計では、著しい改良を加えなければならないようなソフトウエアは、まだ研究開発途中で研究開発が終了していない、と考えている。したがって、著しい改良の費用は研究開発費として処理するのである。

これに対して法人税では、プログラムに新たな機能を追加し、あるいは機能の向上等を図った場合には、資本的支出に該当するとしている（法基通7－8－6の2）。この点は、企業会計と同じ取扱いといってよいであろう。

一方、すでに有しているソフトウエア、購入したパッケージソフトウエ

ア等の仕様を大幅に変更して、新たなソフトウエアを製作するための費用について、企業会計では研究開発費として費用処理するが、法人税では、新たなソフトウエアの取得価額になるとされている（法基通7－3－15の2（注）2）。この点は、企業会計とは基本的な考え方がちがう。法人税では、新たなソフトウエアの取得と考えているのである。

○ コンピュータウイルスの除去作業費等の取扱い

〔質疑応答〕

（問） 当社の販売情報管理システムにコンピュータウイルスが侵入した。幸い発見が早かったため、大きな被害はなかったが、それでも被害復旧のための費用の支出を余儀なくされた。この費用は修繕費で処理したいと考えているが、それでよいか。

また、今後のコンピュータウイルスの侵入を防止するため、ワクチンソフトの導入を検討しているが、その導入費用はどのように取り扱われるか。

（答） ソフトウエアも減価償却資産のひとつであるから、他の減価償却資産と同じように、資本的支出か修繕費かの判定を行う（法令132）。したがって、プログラムの修正等が機能上の障害の除去、現状の効用の維持等に該当するときはその修正費用は修繕費に、新たな機能の追加、機能の向上等に該当するときはその修正費用は資本的支出に、それぞれ該当する（法基通7－8－6の2）。

これを概念的にいえば、ソフトウエアのメンテナンス費用は修繕費に、反対にバージョンアップの費用は資本的支出になることを明らかにしたものといえる。

そこでまず、**コンピュータウイルス**の被害復旧の費用は、質問のとおり修繕費処理でよい。まさに機能上の障害を除去し、現状を回復するための

費用にすぎず、ソフトウエアの価値や耐久性を高めるものではないからである。

つぎに、**ワクチンソフト**の導入費用の処理である。ワクチンソフトがソフトウエアである以上、その導入費用は資産に計上すべきものと考える。ワクチンソフトは今後におけるコンピュータウイルスの侵入を防止し、もって余分な費用の支出を制御する効果（費用削減効果）が期待されるからである。

○　バグ取り等機能維持のための費用の取扱い

〔質疑応答〕

(問)　当社は販売用のソフトウエアを開発している。その開発過程のなかでもバカにできないのがバグ取りの作業である。この作業は、最初の製品マスターの完成までの間と製品マスター完成後の機能強化のため改良を行った際に行われる。

このバグ取りの費用はソフトウエアの機能維持のための費用として、発生時の費用として処理してよいか。

(答)　販売目的のソフトウエアの最初に製品化された製品マスターの完成までの費用は、研究開発費として費用処理をすることができる（法基通7－3－15の3(2)参照）。また、製品マスターの完成後の機能維持のための費用は、修繕費となる（法基通7－8－6の2）。

バグ取りの作業は、プログラムの間違いや故障、相違等をなくすことであり、**デバッグ**といわれる。

したがって、質問の**バグ取りの費用**は、いずれも研究開発費または修繕費として費用処理をすることができる。

ソフトウエアにはバグ（不具合）や設計ミスがつきもので、システムを安定運用するには、あらゆる場面を想定してテストを繰り返し、致命的な

ものを取り除く必要がある。そのソフトウエアの「バグ取り」を請け負う会社があり、調理師や神主、警察官などIT（情報技術）とほど遠い経歴の人材を多数採用し、エンジニアとして実戦投入するのが強み。地味なイメージのシステムテストを稼げる事業に変え、未開拓の市場を掘り起こす、と新聞は報じている（日本経済新聞　令和２．４.16朝刊）。

○　ソフトウエア費の区分が不明な場合の形式基準の適用の可否

〔質疑応答〕

(問)　ソフトウエアに対して支出する費用のうちには、資本的支出と修繕費との区分が必ずしも明らかでないものがある。この場合には、法人税基本通達７－８－３《少額又は周期の短い費用の損金算入》、７－８－４《形式基準による修繕費の判定》または７－８－５《資本的支出と修繕費の区分の特例》の形式基準を適用することができるか。

(答)　固定資産の修理、改良等のために要した費用が資本的支出と修繕費とのいずれに該当するかは、その実質に応じて判定するのが原則である。しかし、現実にはその判定は困難なことが少なくないので、企業の事務手数の軽減を考慮して、質問のような形式基準が設けられている。

　たとえば、一の修理、改良等のために要した費用が20万円に満たない場合やその修理、改良等がおおむね３年以内の周期で行われる場合には、その費用は修繕費とすることができる（法基通７－８－３）。また、修理、改良等のために要した費用が資本的支出か修繕費か明らかでない場合には、その金額が60万円に満たない場合や対象資産の前期末の取得価額のおおむね10％相当額以下である場合には、修繕費として処理してよい（法基通７－８－４）。これら形式基準は固定資産一般について設けられているものである。

　したがって、ソフトウエアも固定資産にちがいないから、理論的にはこ

れら形式基準の適用が認められる。その結果、たとえば一つの計画にもとづき行われるソフトウエアの修理、改良等のための費用が20万円未満である場合やその修理、改良等がおおむね3年以内の期間を周期として行われる場合には、その費用は修繕費とすることができる。また、資本的支出であるか修繕費であるか明らかでない場合には、その費用の金額が60万円未満であれば、修繕費とすることができよう。

　ただ注意しなければならないのは、ソフトウエアに対して支出する費用は、ある意味では限られた範囲の特殊なものであるから、そもそも資本的支出か修繕費かが明らかでない費用は存在しないのではないか、という議論が存する点である。この意味では、法人税基本通達7－8－4または7－8－5の適用にあたっては、支出した費用の実体をよく見極めることが肝要である。

○　減価償却税制の改正に伴うソフトウエアの改修等の費用の取扱い

〔質疑応答〕

(問)　当社は、平成19年度と平成20年度の減価償却税制の大幅な改正に伴い、コンピュータによる固定資産の管理システムや減価償却明細書の作成システムなどの変更、改修を行った。

　これらの税制改正後には、平成19年3月31日以前に取得をした減価償却資産と同日後に取得をした減価償却資産との二元管理をしなければならないため、従来のシステムに新たに平成19年4月1日以後に取得をした固定の処理システムを追加せざるを得なかった。

　このような、固定資産の処理システムの改修等は税制改正に伴い余儀なくされるものであるから、その費用は修繕費として処理してよいと考えるがどうか。

　それとも、新たな処理システムを追加したことを理由に、その費用は資本的支出として処理しなければならないか。

(**答**) 法人が、法律の制定や行政指導等により、固定資産の修理、改良などを余儀なくされた場合のその費用は、修繕費として処理してよいと考えられている。法人が自己の都合で恣意的に支出するものではなく、法律の制定や行政指導等に伴い、機能が低下した固定資産の原状を回復するための費用と認められるからである。

その具体例として、条例による排ガス規制に伴うトラックへの「粒子状物質減少装置」や交通法規の改正による大型トラックへの「速度抑制装置（スピード・リミッタ）」の装着費用は修繕費として処理してよいとされた例がある。トラックへの「粒子状物質減少装置」や「速度抑制装置」の装着は、固定資産に物理的に装置を付加するものであるから、一般的には資本的支出に該当する（法基通7－8－1参照）。

しかし、トラックへの「粒子状物質減少装置」や「速度抑制装置」の装着は、排ガス規制や交通法規の改正に伴い、従来どおり公道を走行できなくなっていたトラックの機能を回復する「原状の回復」のための費用であるから、修繕費処理が認められている（東京国税局・文書回答事例・平成15．2．10「粒子状物質減少装置の装着に係る費用の取扱いについて」、平成15．11．7「速度抑制装置の装着に係る費用の取扱いについて」）。

このような観点から、減価償却税制の大幅な改正に伴う、固定資産の管理システムや減価償却明細書の作成システムなどの改修等の費用についても、資本的支出か修繕費かを判定することができる。

たしかに、平成19年3月31日以前に取得をした減価償却資産と同日後に取得をした減価償却資産との二つの処理システムが必要になり、平成19年4月1日以後に取得をした減価償却資産の処理システムは、新たに付加されるものであるから、資本的支出ではないかという議論がありえよう。

しかし、平成19年4月1日以後に取得をした減価償却資産の処理システムがなければ、減価償却資産の処理システムとしては万全ではなく、その機能が低下していると考えられる。したがって、質問のような減価償却税

制の改正に伴う、固定資産の管理システムや減価償却明細書の作成システムなどのソフトウエアの改修等の費用は、原状の回復のための費用として修繕費として処理してよいと考える。

　もちろん、税制改正を機会にバージョンアップを図るような費用は、資本的支出に該当する（法基通7－8－6の2）。その内容を十分に検討することが肝要である。

○　マイナンバー制度の施行に伴う給与計算システムの改修費用の処理
〔質疑応答〕
(問)　当社は、従業員の毎月の給与額や源泉徴収税額の計算、源泉徴収票の作成等は、専用の給与計算システムで行っている。ところが、マイナンバー制度が施行され、これに対応するため、その給与計算システムの改修等を行わざるを得ないことになった。

　この改修等は法令の制定に伴うものであるから、その改修等の費用は、修繕費処理でよいと考えているが、どうか。

(答)　減価償却資産については、法律の制定や行政指導などにより、資産につき修理、改良等を余儀なくされた費用は、その法律の制定等に伴う機能や性能の低下等に対応する機能や効用の回復ないし維持のためのものであるから、一般的には原状の回復ないし通常の維持管理のためのものとして修繕費処理ができる。

　類似例として、トラックへの「粒子状物質減少装置」や「速度抑制装置」の搭載のための費用（東京国税局・文書回答事例・平成15.2.10、平成15.11.7）、石油タンクのタンクライジングの費用（国税庁・法人税質疑応答事例「老朽化地下貯蔵タンクに対する危険物流出防止対策費用に係る税務上の取扱い」）は、修繕費処理でよいとされた事例がある。

　これらの費用は、形式的にはトラックや石油タンクに物理的に資産を付

加するためのものである。しかし、その物理的な付加は法令改正等に伴い機能や効用が低下したトラックや石油タンクの機能や効用を回復するためのものであるから、その費用は修繕費処理でよいとされている。

　マイナンバー制度にあっては、技術的安全管理措置として、①アクセスの制御、②アクセス者の識別と認識、③外部からの不正アクセス等の防止、④情報漏洩の防止などの措置をとる必要がある（行政手続における特定の個人を識別するための番号の利用等に関する法律33）。

　このような技術的安全管理措置を講じない既存の給与計算システムは、給与計算システムとしてはマイナンバー制度に対応できない、機能や効用が低下したものとなる。そこで、その既存の給与計算システムを改修する費用は、機能上の障害を除去し、低下した機能を元に戻す原状の回復ないし通常の維持管理のための費用として修繕費処理でよいものと考える。

　ただし、新たに技術的安全管理措置を満たすセキュリティ対策のためのソフトウエアや全く新たな技術的安全管理措置を満たす給与計算システムを購入する費用は、仮にマイナンバー制度の施行に伴うものであっても、修繕費ではなく、新たなソフトウエアの取得に該当する。

○　販売用ソフトウエアを法令改正等に伴い改定する費用の取扱い

〔質疑応答〕

（問）　当社は、会計・税務関係業務の処理システムを開発し、その製品マスターを複写して企業や会計事務所などに販売している。会計・税務関係は、法令や通達の改正などが頻繁であるから、そのつど既存の製品マスターに、算式や処理方法、アウトプット様式の修正、変更などを加えて新年度版として販売する。

　この場合、新年度版として新たに販売することになるので、これらの修正、変更などの費用は、ソフトウエアとして処理しなければならないか。

(答) 法人がプログラムの修正等を行った場合において、その修正等がプログラムの機能上の障害の除去、現状の効用の維持等に該当するときは、その修正等の費用は修繕費として処理してよい。

一方、その修正等が新たな機能の追加、機能の向上等に該当するときは、資本的支出として処理しなければならない（法基通7－8－6の2）。

質問の場合は、毎年の法令や通達の改正に伴い、その改正後の取扱いや処理に適合するよう、修正、変更を行うということであるから、その変更、修正等の費用は修繕費処理でよいものと考える。その変更、修正等の費用は、現状の効用を維持するためのものと認められるからである。

なお、新年度版として新たに販売するのであるから、新たなソフトウエアの取得として処理すべきではないか、という意見がありえよう。しかし、仮にその新年度版が新たな製品マスターの製作であるとしても、製品マスターの完成までの費用は研究開発費に該当し、損金算入ができるから（法基通7－3－15の3⑵）、ソフトウエアとして計上する必要はないものと考える。

○ アウトプット様式の変更等の費用の取扱い

〔質疑応答〕

(問) 社内組織や社内規程の変更などに伴い、コンピュータの入力画面やアウトプット帳票の様式を変えることがある。これに対応するためのプログラムの修正費用は、どのように処理したらよいか。機能追加や機能向上ではないので、修繕費として処理してよいと考えているが、どうか。

(答) プログラムの修正等が機能上の障害の除去、現状の効用の維持等に該当するときはその修正費用は修繕費に、新たな機能の追加、機能の向上等に該当するときはその修正費用は資本的支出に、それぞれ該当する（法

基通7−8−6の2)。これは、ソフトウエアのメンテナンス費用は修繕費に、バージョンアップの費用は資本的支出になるということである。

質問に類似する事例として、消費税率の引上げやいわゆる2000年問題、新紙幣の発行に対応するためのプログラムの修正があった。これらの費用は、機能上の障害を除去し現状の効用を維持するための修繕費として認められている(国税庁・法人税情報・平成15.9「消費税法改正に伴う会計ソフト修正費用の取扱いについて」、平成28.4「消費税の軽減税率制度の実施に伴うシステム修正費用の取扱いについて」)。

これらの事例と質問の場合とが異なるのは、質問の場合には会社自身だけのいわば私的な都合によってプログラムを修正したという点である。しかし、質問の費用は、社内組織や社内規程の変更などに伴って、必然的に支出されるものである。コンピュータの入力画面やアウトプット帳票の様式を変えたからといって、ソフトウエアの機能の追加や機能の向上があったとはいえない。むしろ、現状の機能を維持するためとみられる。

したがって、社内組織や社内規程の変更に伴う最小限の修正である限り、その修正費用は修繕費でよいと考える。

5　圧縮記帳の適用資産の取得価額

後に述べるように、国庫補助金等で取得した試験研究用資産については圧縮記帳の適用ができる(法法42～44)。また、技術研究組合が組合員から納付された賦課金でもって試験研究用資産を取得した場合には、その試験研究用資産につき圧縮記帳が認められている(措法66の10)。

これら圧縮記帳の適用を受けた試験研究用資産の取得価額は、圧縮記帳後の金額である(法令54③、措法66の10③)。たとえば、国庫補助金700の交付を受け、これに自己資金300を加えて1,000の試験研究用機械を取得した場合、次のような会計処理を行う。

① 国庫補助金の受領時

（借）現金預金　700　　　　（貸）受贈益　700

② 機械の取得時

（借）機　　械　1,000　　　（貸）現金預金　1,000

③ 圧縮記帳時

（借）圧　縮　損　700　　　（貸）機　　械　700

　この圧縮記帳の結果、試験研究用機械の税務上の取得価額は300（1,000－700）となる。これは、自己資金で取得した300のみが取得価額になるということである。この300を基礎に、じ後の減価償却を行っていく。

〔参考通達〕

受託企業が新技術開発事業団から支払を受ける開発費等の取扱いについて

（昭和41.12.9　直審（法）97）

　法人が新技術開発事業団（以下「事業団」という。）と締結した新技術開発委託契約書に定めるところにより新技術の開発を実施する場合における法人税の取扱いを下記のとおり定めたから、今後処理するもの（不服申立中のものを含む。）からこれにより取り扱われたい。

（趣旨）　事業団は、国民経済上重要な科学技術に関する試験研究の成果であって企業化されていないもの（これを「新技術」という。）のうち企業化の著しく困難なものを委託開発することを主たる目的としている。この新技術の開発の委託を受けた法人が事業団から支払を受ける開発費については、開発が成功した場合にはその全額を事業団に返還することとなっているので、実質は事業団からの借入金と考えられ、また、開発費により取得した資産については、法人の所有に属するものと考えられるため、その取扱いを定めたものである。

記

(開発費の借入金処理)

1　法人が事業団から新技術開発委託契約書に定めるところにより支払を受けた開発費については、当該事業団からの借入金として取り扱うものとする。

(開発費により取得した減価償却資産の償却)

2　法人が開発費により取得した減価償却資産については、これを事業の用に供した事業年度から償却することができるのであるが、この場合には、減価償却資産の耐用年数等に関する省令第2条第2項第4号及び租税特別措置法第44条（現行削除）の規定の適用はないものとする。

(開発が成功しなかった場合の処理)

3　法人が委託を受けた新技術の開発が成功しなかったため、事業団から開発費の返済義務の免除を受けるとともに、開発費により取得した物件の引渡しと開発費により効用を増加させた施設及び設備等に代わるものとしての金銭の支払とをした場合には、その免除を受けた事業年度において当該開発費の合計額（当該免除とともに金銭の支払をした場合には、支払った金銭を控除した額）を益金の額に算入するとともに、引き渡した物件の帳簿価額を損金の額に算入する。

6　共有資産の取得価額

　関係会社や同業者等が試験研究を共同で行う場合には、その研究過程で取得する試験研究用固定資産を共有にすることがある。また、委託研究や共同研究の場合にあっては、その成果物である特許権等を研究に参加した

者が共有にする例がみられる。

　このような共有されている資産は、共有者がそれぞれ自己の持ち分に応じて所有しているものとして課税関係を律する。ただ、特許権等の共有の場合には、共有者は持ち分に応ずることなく、全面的に実施または使用することができよう。特許権等は所有権と異なって占有ということがないからである。

　たとえば、全体の取得価額1,000の試験研究用機械を共同研究に参加している企業4社が均等に共有しているとしよう。この場合には、その試験研究用機械は各企業が250ずつを取得価額として減価償却を行うのである。

　なお、全体の取得価額は10万円、20万円または30万円以上であるが各自の持分がこれらの金額未満となる場合には、前述した少額減価償却資産の特例（法令133、133の2、措法67の5）を適用してよい。

Ⅳ　固定資産の耐用年数

1　耐用年数の原則

　試験研究の用に供する減価償却資産は、前述した取得価額を基礎にその耐用年数に応じて減価償却を行い、費用化する。法人税における減価償却にあっては、資産の種類、構造、用途等に応じた耐用年数が法定されており、企業はその法定された耐用年数を適用しなければならない（法令56、耐令1）。これを**法定耐用年数主義**という。

　これは、試験研究用の減価償却資産であっても例外ではない。耐用年数省令に規定された法定耐用年数を適用して減価償却を行う。法定耐用年数を定めた耐用年数表のなかから、試験研究用資産の種類、構造、用途等に応じた耐用年数を探し出し、その耐用年数を適用するのである。

　耐用年数表には、たとえば「工具」の「測定工具及び検査工具」や「器

具及び備品」の「試験又は測定機器」のように、その用途が試験研究と直接合致するものもある（耐令別表第一）。しかし、多くの減価償却資産の用途や細目のなかに「試験研究用」や「研究開発用」というのは存しない。その場合には、たとえば「その他のもの」の耐用年数を適用する。

また、耐用年数が機能別に定められている場合には、試験研究用資産の機能に合った耐用年数を適用する。たとえば試験研究のデータ処理などに使用する電子計算機については、「器具及び備品」の「事務機器及び通信機器」の「電子計算機」の4年または5年が耐用年数になる（耐令別表第一）。

2　工業所有権等の耐用年数

(1) 原　則

試験研究と深いかかわりをもち、その成果物である工業所有権（特許権、実用新案権、意匠権および商標権）やソフトウエア、育成者権は、減価償却資産に該当する（法令13八）。したがって、これらの資産はその耐用年数に応じて減価償却を行い、費用化を図っていく。これら資産の耐用年数は、次のとおりである（耐令別表第三）。

種　類	細　目	耐用年数
特許権		8 年
実用新案権		5
意匠権		7
商標権		10
ソフトウエア	複写して販売するための原本	3
	その他のもの	5
育成者権	種苗法第4条第2項に規定する品種	10
	その他	8
営業権		5

特許権は特許出願の日から20年（特許法67①）、実用新案権は登録出願の日から10年（実用新案法15）、意匠権は設定登録の日から25年（意匠法21）、育成者権は登録の日から25年（永年性植物は30年、種苗法19②）がそれぞれ存続期間となっているが、税務上の耐用年数はこれより短くなっていることに留意する。

なお、商標権は、設定登録の日から10年が存続期間となっており（商標法19①）、税務上の耐用年数はその存続期間と同じである。

(2) 実施権等の耐用年数

他の者の有する工業所有権について取得する実施権または使用権についても、これら工業所有権と同じ耐用年数を適用する。たとえば、特許権につき取得した実施権は、8年の耐用年数で償却を行う。ただし、実施権または使用権の存続期間がその耐用年数に満たないときは、その存続期間の年数（1年未満切り捨て）を耐用年数としてよい（法基通7-1-4の3）。

すでに登録されている工業所有権を他の者から取得した場合には、中古資産として見積もった残存使用可能期間を耐用年数とすることができる（耐令3）。したがって、その工業所有権の有効期間が、①法定耐用年数よりも長ければ法定耐用年数、②法定耐用年数よりも短ければ有効期間がそれぞれ耐用年数となる。

これら耐用年数およびその取扱いは、国内企業等から取得した権利や資産はもとより、外国から取得したものであっても同じように適用される。

以上のような工業所有権の実施権等の取扱いは、育成者権の専用利用権や通常利用権に適用してよいと考えられる。

(3) 営業権の耐用年数

前述したとおり、税務上、営業権は無形固定資産とされ、耐用年数は5年と定められている。

会計上、他の企業の取得原価が、取得した資産および負債に配分された純額を上回る場合には、その超過額は**のれん**として資産に計上し、下回る場合には、その不足額は**負ののれん**として負債に計上する。そして、のれんは、20年以内のその効果の及ぶ期間にわたって、定額法等により規則的に償却する。負ののれんは、20年以内の取得の実態にもとづいた適切な期間で規則的に償却するとされている（企業結合会計基準三2.(3)〜(5)）。

　税務上にあっても、非適格合併等により交付した金銭等の合計額が、被合併法人等から移転を受けた資産・負債の時価純資産価額の合計額を超える場合には、その超える部分の金額は**資産調整勘定**の金額とし（法法62の8①）、満たない場合には、その満たない部分の金額は**負債調整勘定**の金額とする（法法62の8③）。この資産調整勘定は会計上ののれん、負債調整勘定は会計上の負ののれんである。

　この資産調整勘定または負債調整勘定の金額は、5年間において均等額ずつを減額し、損金の額または益金の額に算入する（法法62の8④⑤⑦⑧）。

　のれんと資産調整勘定（負ののれんと負債調整勘定）は、いずれも営業権といえようが、その償却期間（耐用年数）の考え方が、会計と税務とで異なっている点に留意を要する。

(4) 中古資産の耐用年数の見積り

　法人が**中古資産**（個人において使用され、または法人において事業の用に供された資産）を取得した場合には、法定耐用年数によらず、耐用年数の見積りができる。その**中古資産の耐用年数の見積り**は、中古の工業所有権等を取得した場合であっても可能である（耐令3）。

　ただし、その耐用年数の見積方法には、いわゆる①見積法と②簡便法の二つの方法があるが、中古の工業所有権等（無形減価償却資産）には、簡便法の適用は認められない（耐令3①二）。もし耐用年数の見積りをするとすれば、見積法による。

その**見積法**は、その中古資産の個々の実情に応じて、今後の使用可能期間を見積り、それを耐用年数とする方法である。中古の工業所有権等については、その価値や今後の製品等の販売見込み、新製品や新技術の開発状況などを総合勘案して、今後の使用可能期間を見積もる。

なお、ソフトウエアにあっては、耐用年数省令別表第三（無形減価償却資産の耐用年数表）と別表第六（開発研究用減価償却資産の耐用年数表）に掲げられている。そのうち、別表第三に掲げられているソフトウエアは、簡便法の適用は認められないが、別表第六に掲げられている開発研究用ソフトウエアについては、簡便法の適用も認められる（耐令3①二）。

3 開発研究用減価償却資産の特例

(1) 趣　旨

上述した法定耐用年数は、その減価償却資産の持つ効用維持年数に通常の陳腐化および不適応化を加味して算定されている。しかし、開発研究の用に供されている減価償却資産の耐用年数は、さらにその特殊事情を考慮して、通常の耐用年数より短くなっている（耐令別表第六）。すなわち、企業における開発研究の奨励、促進と開発研究用減価償却資産はその開発研究が成功か不成功かリスクを伴うこと、開発研究の終了または中止とともに廃棄されるなど短期間のうちに使用が廃止されること、といった不安定な状態にある点を考慮したものである。

(2) 開発研究の意義

開発研究用減価償却資産に特例耐用年数を適用する場合の**開発研究**とは、①新たな製品の製造もしくは②新たな技術の発明または③現に企業化されている技術の著しい改善を目的として特別に行われる試験研究をいう（耐令2二）。具体的には、次に掲げる試験研究のことである（耐通2-10-1）。

① 新規原理の発見または新規製品の発明のための研究
② 新規製品の製造、製造工程の創設または未利用資源の活用方法の研究
③ ①または②の研究を基礎とし、これらの研究の成果を企業化するためのデータの収集
④ 現に企業化されている製造方法その他の生産技術の著しい改善のための研究

おおむね①は基礎研究、②および③は応用研究、④は開発(工業化)研究といえる。この点からみて、ここでいう「開発研究」には、基本的に基礎研究、応用研究および開発研究の区分に関係なくすべての研究が含まれるといってよい。そもそも開発研究用減価償却資産に特例耐用年数が認められている趣旨からみて、その適用範囲をあまり限定的に解するのは適当ではないであろう。

とはいえ、この「開発研究」は、原則として新製品や新技術、新規製造工程のための研究でなければならない。企業が現に生産している製品の改良等のため日常的に通常行う試験研究は、これに含まない。現に企業化されている製造方法等は、「著しい改善のための研究」でなければならないからである。

これを原価性という観点からみると、ここでいう開発研究は、その試験研究費が製造原価を構成せず、期間費用となる試験研究ということである。すなわち、①から③までは基礎研究または応用研究であり、その試験研究費は製造原価にならないし、④が開発研究であり一応原価性を有するといえるが、「著しい改善のための研究」であるから、結局、製造原価になる場合は少ないと考えられる。

なお、平成29年度の税制改正により、研究開発税制の適用対象に追加された、いわゆるサービス開発に係る試験研究（措法42の4⑲一イ(2)、措令27の4③）は、ほとんどここでいう開発研究には該当しないであろう。

(3) 対象資産と耐用年数

　開発研究の用に供されている減価償却資産で耐用年数省令別表第六《開発研究用減価償却資産の耐用年数表》に掲げるものは、その別表第六に定める耐用年数を適用することができる（耐令2二）。具体的には、次頁の表に掲げる資産ごとに次頁の表に掲げる耐用年数である。

　この耐用年数が適用できるのは、次頁の表に掲げる減価償却資産で主として開発研究のために使用されているものに限られ、他の目的のために使用されている減価償却資産で必要に応じ開発研究の用に供されるものは、その適用はできない（耐通2－10－2）。

　ここで、「主として開発研究のために使用されている」かどうかは、その使用状況、取得目的、設置場所および専門的知識をもって開発研究の業務に従事する従業員の状況等を総合的に勘案して判定する。たとえば、主として一般事務処理の用に供している電子計算機をその合間をみて研究データの処理に使用したとしても、その電子計算機につき特例耐用年数を適用することはできない。

　平成12年度税制改正により、ソフトウエアが減価償却資産とされ、開発研究用減価償却資産の範囲にもソフトウエアが追加された。したがって、ソフトウエアが開発研究の用に供されている場合には、この特例耐用年数が適用される（法基通7－1－8の2（注））。

　なお、開発研究の用に供するために新たに取得された減価償却資産のほか、従来から有していた減価償却資産で他の用途から開発研究の用に転用されたものも、特例耐用年数を適用してよい（耐通2－10－3）。この場合、開発研究の用に転用したのが事業年度の中途であっても、事業年度当初から開発研究の用に供したものとして、転用した事業年度の償却費を計算することができる（法基通7－4－2）。

〔開発研究用減価償却資産の耐用年数〕

種類	細目	耐用年数
建物及び建物附属設備	建物の全部又は一部を低温室、恒温室、無響室、電磁しゃへい室、放射性同位元素取扱室その他の特殊室にするために特に施設した内部造作又は建物附属設備	5年
構築物	風どう、試験水そう及び防壁 ガス又は工業薬品貯そう、アンテナ、鉄塔及び特殊用途に使用するもの	5 7
工具		4
器具及び備品	試験又は測定機器、計算機器、撮影機及び顕微鏡	4
機械及び装置	汎用ポンプ、汎用モーター、汎用金属工作機械、汎用金属加工機械その他これらに類するもの その他のもの	7 4
ソフトウエア		3

たとえば、「試験又は測定機器」の通常の耐用年数は5年であるが（耐令別表第一）、開発研究の用に供されている試験または測定機器の耐用年数は4年である。20％の短縮が図られている。

○ 開発研究用の機械装置を製品製造用に転用した場合の適用耐用年数

〔質疑応答〕

（問） 当社は、新製品の開発研究用の機械装置を有し、これまで開発研究用減価償却資産として耐用年数7年で償却をしてきた。

ところが、その機械装置を使った開発研究は終了したので、その機械装置は当社製品の製造用に転用しようと考えている。

この場合、製品製造用に転用した後にあっても、その機械装置はそもそも開発研究用として取得したものであるから、そのまま開発研究用減価償却資産の耐用年数を適用し続けてよいか。

(答)　法人が有する機械装置で開発研究の用に供されているものは、開発研究用減価償却資産として特例耐用年数が適用される（耐令別表第六）。

　この特例耐用年数は、あくまでも主として開発研究の用に供されている機械装置について適用が認められる（耐通2－10－2）。そもそも開発研究用に取得したからといって、その後転用し製品製造用に使用するものについてまで、この特例耐用年数の適用ができるわけではない。

　そこで、法人がその機械装置を事業年度の中途において従来使用されていた開発研究の用から製品製造の用に転用した場合には、転用前と転用後の期間に分けて、それぞれ転用前と転用後の耐用年数を適用し、償却費を計算するのが原則である。ただし、転用した資産の全部について転用した事業年度開始の日から転用後の耐用年数を適用してもよい（法基通7－4－2）。

　逆に製品製造用から開発研究用に転用した場合には、その転用後は開発研究用減価償却資産として特例耐用年数が適用される（耐通2－10－3）。

○　商品の卸売会社が試験研究用に取得した機械装置の耐用年数の判定

〔質疑応答〕

(問)　当社はゴムの卸売業を営んでいるが、このほど取扱商品であるゴムに関する試験研究のため、ゴムの加工・製造設備を取得した。

　この設備について、平成20年度税制改正後の耐用年数は、耐用年数省令別表第二「機械及び装置の耐用年数表」の「55　前掲の機械及び装置以外のもの」ではなく、「11　ゴム製品製造業用設備」の耐用年数を適用するのか。

(答) 平成20年度税制改正後の耐用年数省令別表第二（機械及び装置の耐用年数表）は、すべて「○○業用設備」として定められ、「試験研究用」や「研究開発用」「開発研究用」というものはない。そのため、質問のような設備については「55　前掲の機械及び装置以外のもの」の耐用年数を適用するのではないかという疑問が生じてくる。

　しかし、法人の有する設備にどの耐用年数を適用すべきかは、基本的に法人の現に営む業種や設備の使用目的によって判定するのではなく、その設備が一般的にどの業種用の設備として通常使用されているかによって判定する。つまり、機械装置の「○○業用設備」というのは、法人の使用状況等からその設備自身が客観的・中立的・物理的にみてどの業種に属するものなのかにより判定するということである（耐通1－4－2）。

　このような観点からすれば、質問の設備が一般的にゴム製品の製造に使用されるものであれば「11　ゴム製品製造業用設備」に該当すると認められるから、その設備の耐用年数を適用する。

　ただし、質問の設備は、試験研究用に使用するということであるから、耐用年数省令別表第六（開発研究用減価償却資産の耐用年数表）を適用することができるものと考えられる。この場合の「開発研究」とは、新たな製品の製造もしくは新たな技術の発明または現に企業化されている技術の著しい改善を目的として特別に行われる試験研究をいう（耐令2二、耐通2－10－1）。

○　オンラインシステムの機器等の耐用年数

〔質疑応答〕

(問)　当社はオンラインシステムの採用を予定しているが、次の機器のそれぞれの耐用年数はどうなるか。
(1)　本体である電子計算機
(2)　各支店に設置する端末機器

(3) 電子計算機に取りつける定電圧定周波装置および電子計算機と端末機との双方に取りつけるモデム装置
(4) NTT に支払う配線設備費用の負担額
(5) オンラインシステムのソフトウエア開発費

(答) 耐用年数省令によるそれぞれの法定耐用年数は、次のとおりである。
(1) 電子計算機 「器具及び備品」の「2 事務機器及び通信機器」の「電子計算機」の5年
(2) 端末機器 「器具及び備品」の「2 事務機器及び通信機器」の「その他の事務機器」の5年
(3) 定電圧定周波装置およびモデム装置 「電子計算機」と一体で5年
(4) 配線設備 無形固定資産である「電気通信施設利用権」の20年
(5) ソフトウエア開発費 無形固定資産である「ソフトウエア」の5年

○ LAN 設備の耐用年数

〔質疑応答〕

(問) 当社はこのほど、本社と支店にいわゆる LAN 設備を導入した。この LAN 設備は、次のような資産で構成されているが、その耐用年数はどうなるか。
(1) サーバー
(2) ネットワークオペレーションシステム、アプリケーションソフト
(3) ハブ、ルーター、リピーター、LAN ボード
(4) 端末機
(5) プリンター
(6) ツイストペアケーブル、同軸ケーブル
(7) 光ケーブル

(答) LAN 設備（構内情報通信網設備）については、これを構成する個々の資産ごとに耐用年数を判定し、その耐用年数を適用する。個々の資産ごとの耐用年数は次のとおりである。

資　　産	耐用年数	「種類」「構造又は用途」「細目」
(1)　サーバー	年 5	「器具及び備品」「事務機器及び通信機器」「電子計算機」
(2)　ネットワークオペレーションシステム、アプリケーションソフト	5	「無形減価償却資産」「ソフトウエア」「その他のもの」
(3)　ハブ、ルーター、リピーター、LAN ボード	10	「器具及び備品」「事務機器及び通信機器」「電話設備その他の通信機器」「その他のもの」
(4)　端末機	5	「器具及び備品」「事務機器及び通信機器」「電子計算機」
(5)　プリンター	5	「器具及び備品」「事務機器及び通信機器」「その他の事務機器」
(6)　ツイストペアケーブル、同軸ケーブル	18	「建物附属設備」「前掲のもの以外のもの及び前掲の区分によらないもの」「主として金属製のもの」
(7)　光ケーブル	10	「建物附属設備」「前掲のもの以外のもの及び前掲の区分によらないもの」「その他のもの」

　この場合、ツイストペアケーブル、同軸ケーブルおよび光ケーブルについて、建物内に敷設され建物と一体不可分なものを除き、単に各機器を接続するだけのものは、その接続する機器の附属品としてその機器の耐用年数を適用してよい。

　なお、平成13年4月1日前に取得した LAN 設備については、LAN 設備を全体の一の減価償却資産として6年の耐用年数を適用することができる。

○ 中古資産であるソフトウエアの耐用年数

〔質疑応答〕

(問) 当社はこの度、A社が所有し事業の用に供していた事務処理用ソフトウエアを取得した。このソフトウエアはA社が事業の用に供してから、すでに2年が経過している。

そこで、当社ではこのソフトウエアにつき中古資産の耐用年数の簡便見積法により、次の耐用年数により償却したいと考えているが、認められるか。

（法定耐用年数5年－経過年数2年）＋経過年数2年×0.2≒3年

(答) 法人が中古資産を取得し、事業の用に供した場合には、その中古資産の耐用年数については、法定耐用年数によらず実際に見積った使用可能期間によることができる（耐令3）。ソフトウエアも減価償却資産であるから、質問のように中古のものを取得した場合には、使用可能期間を見積ってその期間を耐用年数としてよい。

一方、使用可能期間の見積りが困難である中古資産については、質問のような簡便見積法が認められる。しかし、無形減価償却資産については、簡便見積法の適用は認められていない（耐令3①二）。したがって、ソフトウエアは無形減価償却資産であるから、質問のような簡便見積法によることはできず、実際の使用可能期間を見積らなければならない。その合理的な見積りが困難であるとすれば、法定耐用年数によらざるを得ないであろう。

4 耐用年数の短縮

(1) 趣　旨

前述したように、法人税における減価償却にあっては、資産の種類、構

造、用途等に応じて法定された耐用年数を適用する法定耐用年数主義を採っている（耐令1）。その**法定耐用年数**は、材質、製作方法、使用状況等に関してモデルとなる資産を選定し、これに通常の陳腐化や維持補修の状況を加味して算定される。

ところが、現実に法人が有する減価償却資産は、千差万別であり、その仕様や状況がモデルとなる資産と著しく異なるものがある。その減価償却資産の使用可能期間が法定耐用年数よりも長ければよいが、短い場合には法定耐用年数の適用を強制するのは、いささか問題がある。

そこで、法人の有する減価償却資産がその材質、製作方法などが通常のものと著しく異なり、あるいは著しい陳腐化が生じたため、その使用可能期間が法定耐用年数に比して著しく短い場合には、所轄国税局長の承認を受けてその使用可能期間のうちいまだ経過していない期間（未経過使用可能期間）を耐用年数とすることができる（法令57）。

これが**耐用年数の短縮制度**である。最新鋭の機械や装置が発明されたため、自己が有する既存の機械装置が陳腐化したような場合には、耐用年数の短縮が受けられる。また、試験研究用資産や試作品で減価償却資産とされるものは、その特殊性から標準的な資産と異なることが多いであろうから、耐用年数の短縮が認められる余地は少なくないと思われる。

なお、上述した開発研究用減価償却資産の特例耐用年数を適用する資産であっても、さらに耐用年数を短縮する事由があれば、その短縮承認を申請してよい。

(2) 短縮事由

そこで問題は、試験研究用資産等に耐用年数の短縮が認められる余地があるとすれば、どのような事由に該当すれば、その短縮が認められるかである。国税局長における耐用年数の短縮の承認事由は、次のとおりである（法令57①、法規16）。

① その減価償却資産の材質または製作方法がこれと種類および構造を同じくする他の減価償却資産の通常の材質または製作方法と著しく異なることにより、その使用可能期間が法定耐用年数に比して著しく短いこと。

② その減価償却資産の存在する地盤が隆起し、または沈下したことにより、その使用可能期間が法定耐用年数に比して著しく短いこととなったこと。

③ その減価償却資産が陳腐化したことにより、その使用可能期間が法定耐用年数に比して著しく短いこととなったこと。

④ その減価償却資産がその使用される場所の状況に基因して著しく腐しょくしたことにより、その使用可能期間が法定耐用年数に比して著しく短いこととなったこと。

⑤ その減価償却資産が通常の修理または手入れをしなかったことに基因して著しく損耗したことにより、その使用可能期間が法定耐用年数に比して著しく短いこととなったこと。

⑥ 次に掲げる事由により、その減価償却資産の使用可能期間が法定耐用年数に比して著しく短いことまたは短いこととなったこと。

　A　旧耐用年数省令(平成20年改正前の耐用年数省令)に定める一の耐用年数を用いて償却限度額を計算すべき減価償却資産の構成がその耐用年数を用いて償却限度額を計算すべき同一種類の減価償却資産の通常の構成と著しく異なること。

　B　その減価償却資産が機械および装置である場合において、その資産の属する設備が旧耐用年数省令別表第二《機械及び装置の耐用年数表》に特掲された設備以外のものであること。

　C　その他①から⑥のBまでに準ずる事由

これら耐用年数の短縮事由に共通するキーワードは、「その使用可能期間が法定耐用年数に比して著しく短いこと」である。これは、その減価償却資産の使用可能期間が法定耐用年数に比しておおむね10％以上短い年数

となったことをいう(法基通7-3-18)。

(3) 試験研究用資産等への適用
イ 基本的な考え方

試験研究の成功により最新鋭の機械や機器が発明され、あるいは画期的な製造方法が開発されたような場合には、自己の従来から有する機械装置や機器は急速に陳腐化する。このような場合には、上記(2)③の事由に該当し耐用年数の短縮承認が受けられよう。たとえばソーダ業界において、ソーダの製造方法を従来の水銀法から隔膜法へ転換するにあたって、水銀法によるか性ソーダ製造設備につき陳腐化を理由とした耐用年数の短縮が認められた例がある。

特に、コンピュータの技術は日進月歩であるから、陳腐化によりソフトウエアの寿命は短い。ソフトウエアも減価償却資産であるから、耐用年数の短縮承認の対象になりうる。

また、試験研究用資産等そのものが上述したいずれかの短縮事由に該当すれば、耐用年数の短縮が認められる。たとえば、上記(2)⑥のAに該当する例は、法人が有する機械装置の構成が法定耐用年数の算定の基礎となったモデル・プラントの構成と著しく異なるため、その使用可能期間が著しく短いような場合である。試験研究用資産等は、まさに新たな技術や製品を研究開発するためのものであるから、その構成はモデル・プラントの構成と著しく異なることが多いであろう。特に独創的な研究であればあるほど、既存の機械や器具では間に合わず、自ら設計して製作しなければならない。そのため、試験研究用資産の使用可能期間が法定耐用年数に比しておおむね10％以上短ければ、その短縮を受けられる余地がある。

ロ 研究プロジェクト期間による短縮の可否

一方、資金面や各種法的規制などにより、研究期間が限られているとか、

いつその研究を中止せざるを得ないかといった要因を理由として耐用年数の短縮が認められるかどうか、という問題がある。特に、研究開発費会計基準の制定に伴い、特定の研究開発目的にのみ使用され、他の目的に使用できない機械装置や特許権、ソフトウエア等の取得原価は、取得時に費用処理することにされた（基準注解(注1)）。

しかし、この取扱いは法人税では適用されず、あくまでも機械装置などである限り、資産として計上し法定耐用年数に応じて償却しなければならない（法基通7－1－8の2）。そこで、取得時の費用処理が無理であるとすれば、せめて研究プロジェクトの期間を基礎に償却を行うため、耐用年数の短縮ができないか、という問題が生じてきた。

この点、試験研究用資産の耐用年数を研究プロジェクトの期間に短縮することが認められるかどうかは、かなりむずかしく微妙である。その研究プロジェクトの期間やその研究に使用される資産が研究の終了により廃棄されることが法的な規制などにより客観的に明らかであるような場合には、耐用年数の短縮が認められる可能性はあろう。

しかし、単に企業の内部だけで定めた研究プロジェクトの期間が法定耐用年数より短いことを理由としては、その短縮は認められない、と考えられる。国税不服審判所の裁決例に、建物の賃貸借期間が10年に限定され、その賃貸借期間終了後取り壊されることを理由として耐用年数の短縮を求めた事例につき、その短縮は認められないとしたものがある。このような事例からみても、単に研究プロジェクトの期間が法定耐用年数より短いという理由だけでは、その短縮が認められるのはむずかしいといえよう。

耐用年数の短縮は、その資産自体に客観的、物理的な事由があり、あるいはその事由が生じた場合に限られ、法人の内部的な事情だけでは、認められないのである。

もっとも、古くには企業における試験研究の促進のため、試験研究用資産につき耐用年数の短縮が認められていたこともある（昭和35．9．8直法

1-144「転用不能試験研究設備の耐用年数短縮の承認について」通達)。試験研究の促進を図る観点からは、耐用年数の短縮が認められてよいであろう。

○ **単に賃貸借期間が短いだけでは耐用年数の短縮はできないとされた事例**

〔参考裁決例〕

　請求人は、本件建物は、賃貸借期間が10年に限定され、賃貸借期間終了後取り壊されるものであることから、本件建物の耐用年数は、法定耐用年数の40年ではなく、賃貸借期間に応じた10年になるとして、耐用年数の短縮を承認すべきである旨主張するが、所得税法施行令第130条第1項が耐用年数の短縮を認める特別な事由を列挙しているのは、耐用年数の短縮は、減価償却資産の使用可能期間が法定耐用年数よりも物理的ないし客観的に短くなるという事由が現に発生しているような場合に限って認める趣旨によるものと解するのが相当である。

　本件建物についてみると、請求人が耐用年数の短縮を求める理由としている「賃貸借期間(10年)満了に伴う本件建物の取壊し」は、本件建物自体の構造等に変化が生じた物理的、客観的に使用可能期間が短くなったという事由ではなく、取壊しの行われることが将来予定されているという本件契約当事者双方の取決めを理由とするものである。

　当審判所の調査によっても、本件建物の構造その他からみて、本件建物について、所得税法施行令第130条第1項に掲げられている耐用年数の短縮を認めなければならない特別の事由があるとも認められないので、請求人の主張は採用することができない。

(国税不服審判所裁決　平成7.2.27　裁決事例集№49　100頁)

第6章 試験研究費と固定資産

○ **賃借期間満了時に解体撤去されることが確実であるとしても耐用年数の短縮は認められないとされた事例**

〔参考裁決例〕

請求人は、自転車駐車場設備に係る支柱付き鉄骨屋根の耐用年数の短縮承認事由として、①駐車場設備を供する事業は公共性が高いこと、②事業契約期間の満了時には当該駐車場設備を無償譲渡又は解体撤去することが将来確実であり、当該賃借期間は法定耐用年数に比して短くなっているから短縮承認されるべきと主張する。

しかしながら、耐用年数の短縮を規定する法人税法施行令第57条第1項は、減価償却資産の材質や製作方法が著しく異なったり、地盤の隆起沈下や陳腐化する等、使用可能期間がその法定耐用年数に比して短いこととなった事由が現に発生している場合を列挙しているところ、当該支柱付き鉄骨屋根については、その設置状況及びそれ自体に使用可能期間が法定耐用年数よりも物理的ないし客観的に短いこととなった事由が現に発生しているとは認められず、また、請求人の短縮申請事由は規定された短縮事由のいずれにも該当しないから、これを却下した原処分は適法である。

(国税不服審判所裁決　平成16.10.22　裁決事例集№68　125頁)

V　固定資産の減価償却方法

1　法定の減価償却方法

減価償却資産の取得価額や耐用年数、残存価額が決定されると、企業の採用する償却方法を適用して、各事業年度の償却額を計算する。企業会計では、企業が採用する償却方法について、その方法が合理的である限り、

特に制約はない。

これに対して法人税では、減価償却額の計算上、選定することができる**償却方法**は、次表の資産の区分に応じそれぞれ次の方法に限られている（法令48①、48の2①）。

資産の区分	平成19. 3.31以前取得	平成19. 4. 1以後取得
① 建　　　物 　イ　平成10.3.31以前取得 　ロ　イ以外のもの	旧定額法または旧定率法 旧定額法	定額法
② 建物以外の有形減価償却資産（鉱業用減価償却資産、生物、国外リース資産およびリース資産を除く）	旧定額法または旧定率法	定額法または定率法
③ 鉱業用減価償却資産（鉱業権および国外リース資産およびリース資産を除く）	旧定額法、旧定率法または旧生産高比例法	定額法、定率法または生産高比例法
④ 無形減価償却資産（鉱業権およびリース資産を除く）および生物	旧定額法	定額法
⑤ 鉱　業　権	旧定額法または旧生産高比例法	定額法または生産高比例法
⑥ 国外リース資産またはリース資産	旧国外リース期間定額法	リース期間定額法

(注) 1　「定率法」は、平成24.3.31以前取得資産は250％定率法、同日後取得資産は200％定率法を適用
　　 2　平成28.4.1以後取得の建物附属設備および構築物は、定額法を適用
　　 3　平成28.4.1以後取得の鉱業用減価償却資産（建物、建物附属設備および構築物）は、定額法または生産高比例法を適用

研究所用の建物や試験研究用の機械装置、器具備品などは、有形減価償却資産であるから、基本的に**旧定額法・定額法**または**旧定率法・定率法**を適用する。これら試験研究用資産は陳腐化が早く不安定な状態にあるから、投下資金の早期回収を図るためには、旧定率法・定率法を選定すべきであろう。旧定率法・定率法は、旧定額法・定額法に比べて償却開始早々の時期の償却費が多く、年度を経るに従って償却費が逓減していくからである。

なお、これら**法定の償却方法**で償却することが実情にあわず、これら以外の方法によることが合理的である場合には、所轄税務署長の承認を受けて特別な償却方法を選定することができる（法令48の4）。

2　工業所有権等の減価償却方法

　工業所有権（特許権、実用新案権、意匠権および商標権）は、無形固定資産であり（法令13八）、その法定された償却方法は旧定額法・定額法のみである。育成者権も、無形固定資産で旧定額法・定額法しか認められない。旧定額法・定額法の適用にあたって、工業所有権および育成者権の残存価額は、零である（法令48の2①一、耐令別表第十一）。

　このように、工業所有権および育成者権は、基本的に旧定率法・定率法や旧生産高比例法・生産高比例法の適用はできない。これら無形固定資産は、その性質上、物理的な劣化がないため修理・補修といったことが予想されず、旧定率法・定率法や旧生産高比例法・生産高比例法により償却することになじまないと考えられるからである。

　もっとも、所轄税務署長の承認を受けて、旧定額法・定額法以外の特別な償却方法を選定することができる（法令48の4）。しかし、これら無形固定資産に旧定額法・定額法以外の合理的な償却方法が存在するかは、判断がむずかしい。実務的にも、特別な償却方法の選定が承認された例はほとんどないと思われる。

　なお、工業所有権については、その存続期間の経過により償却すべきものであるから、その取得の日から事業の用に供したものとして償却を始めてよい（法基通7－1－6）。

3　ソフトウエアの減価償却方法

(1)　企業会計の取扱い
イ　基本的な考え方
　企業会計では、無形固定資産として計上したソフトウエアの取得原価は、

そのソフトウエアの性格に応じて、見込販売数量にもとづく償却方法その他合理的な方法により償却する。ただし、毎期の償却額は、残存有効期間にもとづく均等配分額を下回ってはならない（基準四5）。

いずれの償却方法による場合も、毎期見込販売数量などの見直しを行い、減少が見込まれる販売数量などに相当する取得原価は、費用または損失として処理する（基準注解(注5)）。

ロ　市場販売目的のソフトウエア

上記の基本的な考え方により、市場販売目的のソフトウエアについては、見込販売数量にもとづく方法のほか、見込販売収益にもとづく方法も認められる（実務指針18）。この場合、販売可能期間を通じてソフトウエアの販売価格が大きく変動しないものには、見込販売数量にもとづく方法を、販売期間の経過に伴い著しく販売価格が下落する性格のソフトウエアには、見込販売収益にもとづく方法を、それぞれ採用することが合理的である（実務指針42）。

この場合、毎期の償却額は、残存有効期間にもとづく均等配分額を下回ってはならない。したがって、毎期の実際の償却額は、見込販売数量（または見込販売収益）による償却額と残存有効期間による均等配分額とのいずれか大きい金額ということになる。これは、見込販売数量等を正確に見積るのは困難なことに伴う償却期間の長期化を防止するため、残存有効期間による均等配分額で歯止めをかけようとする趣旨である（実務指針42）。

なお、当初における販売可能な有効期間の見積りは、原則として3年以内とする。3年を超える年数とするときは、合理的な根拠を要する（実務指針18）。

ハ　自社利用のソフトウエア

自社利用のソフトウエアについては、一般的に定額法による償却が合理

的である。この場合の耐用年数は、そのソフトウエアの利用可能期間によるべきであるが、原則として5年以内の年数とする。5年を超える年数とするときは、合理的な根拠にもとづくことが必要である。この利用可能期間は毎期見直しを行い、各事業年度の償却額の計算にあたって、所要の補正をする（実務指針21）。

　自社利用のソフトウエアは、市場販売目的のソフトウエアに比し収益との直接的な対応関係が薄いこと、物理的な劣化を伴わないことから、定額法による償却が合理的である（実務指針45）。ただ、たとえば業務処理サービスの受託業務に使用されるソフトウエアのように、将来の収益獲得が見込まれるものについては、見込販売収益にもとづく方法の採用が合理的な場合もあろう。

(2) 法人税の取扱い
イ　基本的な考え方

　法人税において、ソフトウエアは無形固定資産であるから、その償却方法は旧定額法・定額法に限られる（法令48①四、48の2①四）。前述したように、ソフトウエアは耐用年数に関しては「複写して販売するための原本」と「その他のもの」とにわけられ、それぞれ3年と5年の耐用年数が適用される。しかし、償却方法については、両者を区分することにはなっていない。「複写して販売するための原本」も「その他のもの」も、いずれも旧定額法・定額法による。この場合の残存価額は、いずれも零である（耐令別表第十一）。

　したがって、企業会計で市場販売目的のソフトウエアに採用される見込販売数量（または見込販売収益）にもとづく方法は、原則として税務上の償却方法としては認められない。ただし、次項で述べるように、所轄税務署長の承認を受ければその適用は可能である。

　これに対して、自社利用のソフトウエアについては、企業会計でも償却

方法は定額法により、その耐用年数（利用可能期間）も5年を原則としている。この限りでは、法人税と同じ取扱いである。ただ、企業会計では利用可能期間は毎期見直しを行い、各事業年度ごとに償却額の補正をすることになっている。しかし、税務上では耐用年数の毎期の見直しは認められず、旧定額法・定額法であるから毎期均等の償却額を計上すべきことになる。

ロ　特別な償却方法の可否

　税務上、市場販売目的のソフトウエアに見込販売数量（または見込販売収益）にもとづく償却方法を選定する場合には、**特別な償却方法**として所轄税務署長の承認を受けなければならない（法令48の4）。税務署長は、特別な償却方法の承認申請があった場合、申請された償却方法が、減価償却資産の種類、構造、属性、使用状況等からみてその減価償却資産の償却につき適合するものであるかどうか、償却限度額の計算の基礎になる償却率、生産高、残存価額等が合理的に算定されているかどうかなどを勘案して承認の可否を判定する。

　この場合、申請された償却方法が、たとえば生産高、使用時間、使用量等を基礎とするものであるときは、その方法がその減価償却資産の償却につき旧定率法・定率法または旧定額法・定額法より合理的なものであり、かつ、その減価償却資産の総生産高、総使用時間、総使用量等が合理的に計算されるものであれば、特別な償却方法として承認される（法基通7－2－3）。

　税務上、見込販売数量等にもとづく償却方法の適用がまったく排除されているわけではないと考えられる。見込販売数量等にもとづく償却方法が法定の償却方法とされていないのは、見込販売数量等の見積りが企業の恣意に流れるおそれがあり、一般的な適用を認めるのは適当でないことによるものである。したがって、見込販売数量（または見込販売収益）の見積

りなどが客観的かつ合理的になされる限り、見込販売数量等にもとづく償却方法は旧生産高比例法・生産高比例法に類似するものとして、税務署長の承認を受けられる余地があろう。

ハ　減価償却の開始時期

　ソフトウエアは、他の固定資産と同様、実際に法人の事業の用に供された時から償却することができる。具体的には、たとえばパッケージソフトウエアであれば、購入してパソコンにインストールした時、オーダーメイドソフトウエアであれば、委託先から納品を受けて検収した後、業務処理メニューに登録した時などが考えられる。

　実務的に問題となっているのは、いわゆる**統合業務パッケージ**のソフトウエアの取扱いである。統合業務パッケージとは、財務・会計、販売管理、在庫管理、人事管理などの基幹業務をコンピュータにより相互に接続、結合して、経営に必要なデータを一元的に管理するシステムをいう。財務・会計、販売管理、在庫管理、人事管理などの各システムは個々にも使用が可能である。

　この場合、統合業務パッケージは全機能が稼働しうる状態にならなければ、償却は開始できないのかどうか。この点、建設中の建物、機械装置等は減価償却資産に該当しないが、その完成した部分が事業の用に供されていれば、その部分は償却してよいとする取扱いがある（法基通7－1－4）。統合業務パッケージの場合、これと同じような事情があればこの取扱いの適用が可能であろう。

　なお、固定資産として計上されている「複写して販売するための原本」であるソフトウエアは、販売用ソフトウエアの複写を始めた時から償却を開始してよいであろう。販売用ソフトウエアの複写を始めるのは、いわば機械装置で製品の製造を開始したのと同様である。機械装置は製品の製造を開始すれば、疑いなく事業の用に供したことになる。

○ ソフトウエアの償却開始の時期

〔質疑応答〕

(問) 当社は、機械設計作業にかかる電子計算機処理のためのソフトウエアの開発をY社に委託した。その開発のための費用は、今後3年間分割払いする。

そのソフトウエアの開発はステップごとに分かれており、その一部が完成すると完成するつど当社に納入される。当社はこれにつき実際作業にあてはめて試用をかねて業務処理を繰り返し、全部の納入時から直ちに対応できるようにしている。

この場合、このソフトウエアはいつから償却できるか。

(答) 減価償却資産は、実際にその資産の全部が完成して事業の用に供したときから償却するのが原則である（法令13）。したがって、質問のソフトウエアは、そのソフトウエアの全部が納入されたときから償却するというのが建前である。

しかし、法人が部分的に納入されたソフトウエアに対応する部分の金額を合理的に算定した場合には、その金額については納入されるつど償却を開始してよい、と考える。部分的に納入されたソフトウエアは、自社において現に試用をかねて業務処理をしており、これはすでにそのソフトウエアを事業の用に供しているといえるからである。減価償却資産については、建設中の建物、機械等で完成した部分が事業の用に供された場合には、その部分は減価償却をしてよいことになっている（法基通7－1－4）。質問の場合は、これと同じ事情にあるとみることができる。

Ⅵ 試験研究用資産等の特別償却

1 総　　説

　租税特別措置法には、各種の特別償却制度が設けられている。**特別償却制度**は、普通の償却に加えて、対象となる減価償却資産の取得価額または普通償却額の一定割合相当額を特別に償却することを認めるものである。エネルギーの効率的利用、公害防止、企業の事業基盤の強化、地域の活性化などの各種政策の実現を目的とする。投下資本の早期回収を図ることに伴う租税の軽減というインセンティブを与え、その目的を達成しようとするものである。

　これら特別償却の対象となる事業や減価償却資産のなかには、企業における試験研究の促進を目的に定められているものも少なくない。試験研究事業や試験研究用資産、ソフトウエアなどをその対象にし、または関連する、主な特別償却制度は、次のとおりである。
① 　中小企業者等の機械等の特別償却（措法42の 6 ）
② 　国家戦略特別区域における機械等の特別償却（措法42の10）
③ 　国際戦略総合特別区域における機械等の特別償却（措法42の11）
④ 　中小企業者等の特定経営力向上設備等の特別償却（措法42の12の 4 ）
⑤ 　事業適応設備の特別償却（措法42の12の 7 ）
⑥ 　関西文化学術研究都市における文化学術研究施設の特別償却（措法44）
⑦ 　生産方式革新事業用資産等の特別償却（措法44の 5 ）
⑧ 　沖縄の特定地域における工業用機械等の特別償却（措法45）
⑨ 　医療用機器等の特別償却（措法45の 2 ）
⑩ 　輸出事業用資産の割増償却（措法46）

⑪　復興産業集積区域における開発研究用資産の特別償却（震災特例法17の5）

⑫　新産業創出等推進事業促進区域の開発研究用資産の特別償却（震災特例法18）

以下、これら試験研究に関する特別償却制度の概要をみていこう。

2　中小企業者等の機械等の特別償却

(1)　概　　要

青色申告法人である中小企業者等が、平成10年6月1日から令和7年3月31日までの期間内に、新品の特定機械装置等を取得等して、これを国内にあるその中小企業者等の指定事業の用に供した場合には、その指定事業の用に供した事業年度において特別償却をすることができる（措法42の6①）。

(2)　適用対象法人

この特別償却の対象になる法人は、中小企業者、農業協同組合等および商店街振興組合（中小企業者等）である（措法42の6①）。その中小企業者は基本的に資本金が1億円以下の法人をいう。

中小企業者および農業協同組合等の具体的な範囲は、後述する**第8章Ⅲ中小企業者等の試験研究費の額に係る税額控除**におけるそれと同じである（措法42の6①、42の4⑲七〜九、措令27の4⑰）。詳細については、同項（**第8章Ⅲ2**）を参照されたい。

(3)　適用対象資産

この特別償却の適用対象になる減価償却資産は、新品の特定機械装置等である。その**特定機械装置等**とは、次に掲げる減価償却資産をいう（措法

42の6①、措令27の6①~④、措規20の3①~⑥)。
イ 機械及び装置（コインランドリー業用のものを除く）で1台または1基（1組または一式）の取得価額が160万円以上のもの
ロ 工具（測定工具及び検査工具）
　(イ)　1台または1基（1組または一式）の取得価額が120万円以上のもの
　(ロ)　工具（1台の取得価額が30万円以上のものに限る）で、当該事業年度において新たに取得等をして指定事業の用に供したものの取得価額の合計額が120万円以上のもの
ハ **ソフトウエア**（電子計算機に対する指令であって一の結果を得ることができるように組み合わされたもの、システム仕様書その他の書類）で次に掲げるもの
　(イ)　一のソフトウエアの取得価額が70万円以上のもの
　(ロ)　ソフトウエアで当該事業年度において新たに取得等をして指定事業の用に供したものの取得価額の合計額が70万円以上のもの

（適用除外となるもの）
　ただし、次に掲げるソフトウエアは適用対象から除かれる（措法42の6①三、措令27の6②、措規20の3⑤)。
　① 複写して販売するための原本であるソフトウエア
　② **開発研究**（新たな製品の製造もしくは新たな技術の発明または現に企業化されている技術の著しい改善を目的として特別に行われる試験研究）の用に供されるソフトウエア
　③ 認証サーバー用オペレーティングシステム以外のもの
　④ 認証サーバー用仮想化ソフトウエア以外のもの
　⑤ 非認証データベース管理ソフトウエア等
　⑥ 認証連携ソフトウエア以外のもの
　⑦ 認証不正アクセス防御ソフトウエア以外のもの
ニ 車両及び運搬具のうち普通自動車で、貨物運送用の車両総重量が3.5

トン以上のもの

ホ　内航海運業の用に供される船舶

(4) 適用対象事業

この特別償却は特定機械装置等を法人の指定事業の用に供した場合に適用が認められる。この場合の指定事業とは、次に掲げる事業をいい、貸付けの用を除く（措法42の6①、措令27の6⑥、措規20の3⑧）。

製造業、建設業、農業、林業、漁業、水産養殖業、鉱業、卸売業、道路貨物運送業、倉庫業、港湾運送業、ガス業、小売業、料理店業その他の飲食店業（料亭、バー、キャバレー、ナイトクラブ等を除く）、一般旅客自動車運送業、海洋運輸業、沿海運輸業、内航船舶貸渡業、旅行業、こん包業、郵便業、通信業、損害保険代理業、サービス業（娯楽業（映画業を除く）を除く）

(5) 特別償却額の計算

この特別償却の特別償却割合は、30％である。この特別償却割合を特定機械装置等の取得価額に乗じて特別償却額を計算する。ただし、上記(3)の「ホ　内航海運業の用に供される船舶」にあっては、その取得価額を75％に縮減する（措法42の6①、措令27の6⑦）。

したがって、特別償却の適用年度における償却限度額は、次の算式により計算される（措法42の6①）。

〔算　式〕

イ　上記(3)のイからニまでの特定機械装置等

償却限度額＝普通償却限度額＋特定機械装置等の取得価額×30％

ロ　上記(3)のホの特定機械装置等

償却限度額＝普通償却限度額＋特定機械装置等の取得価額×75％×30％

（注）　特別償却について償却不足額の1年間繰越しが認められている。したが

って、前期から繰り越された**特別償却不足額**があれば、この算式による償却限度額に繰越特別償却不足額を加算した金額が償却限度額になる（措法52の2）。これは以下の特別償却において同じである。

3 国家戦略特別区域における機械等の特別償却

(1) 概　　要

　青色申告法人で実施法人に該当するものが、平成26年4月1日から令和8年3月31日までの期間（指定期間）内に、**国家戦略特別区域**（国家戦略特別区域法2①）内において、特定機械装置等を取得等して、特定事業（国家戦略特別区域法27の2、2②一、二）の用に供した場合には、その事業の用に供した事業年度において特別償却をすることができる（措法42の10①）。

　具体的な「国家戦略特別区域」については、「**第9章　試験研究費と所得控除**」のⅣを参照されたい。

(2) 適用対象法人

　この特別償却の適用対象になる法人は、青色申告法人で実施法人に該当するものである。ここで**実施法人**とは、特定事業すなわち産業の国際競争力の強化または国際的な経済活動の拠点の形成に資する事業等（国家戦略特別区域法27の2、措規20の5①）の実施主体（国家戦略特別区域法8②二）として認定区域計画（国家戦略特別区域法11①）に定められたものをいう（措法42の10①）。

(3) 適用対象資産

　この特別償却の適用対象になる資産は、新品の特定機械装置等である。その特定機械装置等とは、認定区域計画に係る国家戦略特別区域（国家戦略特別区域法2①）内において、その認定区域計画に定められた特定事業

の実施に関する計画（措規20の5②）に記載された次に掲げる減価償却資産をいう（措法42の10①、措令27の10①②、措規20の5②③）。

イ　機械及び装置で1台または1基（1組または一式）の取得価額が2,000万円以上のもの

ロ　器具及び備品で専ら開発研究の用に供される、耐用年数省令別表第六《開発研究用減価償却資産の耐用年数表》の「器具及び備品」の「試験又は測定機器、計算機器、撮影機及び顕微鏡」で、1台または1基の取得価額が1,000万円以上のもの

　　ここで**開発研究**とは、新たな製品の製造もしくは新たな技術の発明または現に企業化されている技術の著しい改善を目的として特別に行われる試験研究をいう（措令27の10①）。具体的には、次に掲げる試験研究のことである（法措通42の10－5）。

① 新規原理の発見または新規製品の発明のための研究

② 新規製品の製造、製造工程の創設または未利用資源の活用方法の研究

③ ①または②の研究を基礎とし、これらの研究の成果を企業化するためのデータ収集

④ 現に企業化されている製造方法その他の生産技術の著しい改善のための研究

　　この場合、開発研究を行う施設において供用される器具・備品であっても、他の目的のために使用されているもので必要に応じ開発研究の用に供されるものは、「専ら開発研究の用に供されるもの」には該当しない（法措通42の10－6）。

ハ　建物及びその附属設備並びに構築物で一の建物及びその附属設備並びに構築物の取得価額の合計額が1億円以上のもの

(4) 特別償却額の計算

 この特別償却の特別償却割合は、特定機械装置等の取得時期によって異なっている。具体的には、特別償却の適用年度における特別償却額は、次の算式により計算される（措法42の10①）。

〔算　式〕

　イ　平成31年4月1日から令和8年3月31日取得特定機械装置等（平成31年3月31日以前確認事業実施計画に記載されている特定機械装置等を除く）

　　その取得価額×45％（建物、建物附属設備、構築物は23％）

　ロ　イ以外の特定機械装置等　その取得価額×50％（建物、建物附属設備、構築物は25％）

(5) 所得控除との選択適用

 国家戦略特別区域にかかる課税の特例として、別途、次のような所得控除の制度が設けられている。すなわち、青色申告法人で、国家戦略特別区域法27条の3の指定を受けたもの（平成28年9月1日から令和8年3月31日までの間に指定を受けたものに限る）が、国家戦略特別区域内において実施される特定事業にかかる所得金額を有する場合には、その設立の日から5年間、その所得金額の18％相当額の所得控除ができる（措法61）。

 この所得控除と上述した特別償却とは選択適用である（措法61②）。

 この所得控除の課税の特例については、「**第9章　試験研究費と所得控除**」のⅣを参照されたい。

○ 国家戦略特区における器具備品の特別償却と特例耐用年数の適用の可否

〔質疑応答〕

（問） 国家戦略特別区域において取得した器具・備品で専ら開発研究の用に供されるものについては特別償却が認められている。

一方、その開発研究の用に供される器具・備品については、開発研究用減価償却資産の特例耐用年数が適用できると考えられる。
　このように、開発研究の用に供される器具・備品について、特別償却と特例耐用年数の適用をしてよいか。

(答)　国家戦略特別区域において取得した器具・備品で専ら開発研究の用に供される、「試験又は測定機器、計算機器、撮影機及び顕微鏡」で、1台または1基の取得価額が1,000万円を超えるものについては特別償却が認められている（措法42の10①、措令27の10①②、措規20の5②）。

　一方、その開発研究の用に供される器具・備品については、開発研究用減価償却資産の特例耐用年数が適用できる（耐令2二、別表六）。

　両制度における「開発研究」の意義は全く同じであり、両制度の重複適用を排除する取扱いもないので、両制度は重複適用をしてよい。

4　国際戦略総合特別区域における機械等の特別償却

(1)　概　　要

　青色申告法人で指定法人（総合特別区域法26①）に該当するものが、平成23年8月1日から令和8年3月31日までの期間（指定期間）内に、**国際戦略総合特別区域**（総合特別区域法2①）内において、特定機械装置等を取得等して、特定国際戦略事業（総合特別区域法2②二イ、ロ）の用に供した場合には、その事業の用に供した事業年度において特別償却をすることができる（措法42の11①）。

(2)　適用対象法人

　この特別償却の適用対象になる法人は、青色申告法人で指定法人に該当するものである。ここで**指定法人**とは、認定国際戦略総合特別区域計画

(総合特別区域法15①)に定められている特定国際戦略事業(総合特別区域法2②二イ、ロ)を実施する法人で、内閣府令(総合特別区域法施行規則15)で定める要件に該当するものとして認定地方公共団体(総合特別区域法26①)の指定を受けたものをいう(措法42の11①)。

(3) 適用対象資産

この特別償却の適用対象になる資産は、新品の特定機械装置等である。その特定機械装置等とは、国際戦略総合特別区域に係る認定国際戦略総合特別区域計画(総合特別区域法15①)に適合する、指定法人の指定法人事業実施計画(総合特別区域法施行規則15①二、措規20の6①)に記載された次に掲げる減価償却資産をいう(措法42の11①、措令27の11、措規20の6②)。

イ　機械及び装置で1台または1基(1組または一式)の取得価額が2,000万円以上のもの

ロ　器具及び備品で専ら開発研究の用に供される、耐用年数省令別表第六《開発研究用減価償却資産の耐用年数表》の「器具及び備品」の「試験又は測定機器、計算機器、撮影機及び顕微鏡」で、1台または1基の取得価額が1,000万円以上のもの

　　ここで**開発研究**とは、新たな製品の製造もしくは新たな技術の発明または現に企業化されている技術の著しい改善を目的として特別に行われる試験研究をいう(措令27の11①)。具体的には、次に掲げる試験研究のことである(法措通42の11-5)。

① 　新規原理の発見または新規製品の発明のための研究
② 　新規製品の製造、製造工程の創設または未利用資源の活用方法の研究
③ 　①または②の研究を基礎とし、これらの研究の成果を企業化するためのデータの収集
④ 　現に企業化されている製造方法その他の生産技術の著しい改善のた

めの研究

　この場合、開発研究を行う施設において供用される器具・備品であっても、他の目的のために使用されているもので必要に応じ開発研究の用に供されるものは、「専ら開発研究の用に供されるもの」には該当しない（法措通42の11－6）。
ハ　建物及びその附属設備並びに構築物で一の建物及びその附属設備並びに構築物の取得価額の合計額が1億円以上のもの

(4) 特別償却額の計算

　この特別償却の特別償却割合は、特定機械装置等の取得時期によって異なっている。具体的には、特別償却の適用年度における特別償却額は、次の算式により計算される（措法42の11①）。

〔算　　式〕
イ　令和6年4月1日から令和8年3月31日取得特定機械装置等（令和6年3月31日以前確認事業実施計画に記載されている特定機械装置等を除く）
　　その取得価額×30％（建物、建物附属設備、構築物は15％）
ロ　イ以外の特定機械装置等　その取得価額×34％（建物、建物附属設備、構築物は17％）

5　中小企業者等の特定経営力向上設備等の特別償却

(1) 概　　要

　青色申告法人である中小企業者等が、平成29年4月1日から令和7年3月31日までの期間内に、新品の特定経営力向上設備等を取得等して、これを国内にあるその中小企業者等の指定事業の用に供した場合には、その指定事業の用に供した事業年度において特別償却をすることができる（措法42の12の4①）。

(2) 適用対象法人

　この特別償却の対象になる法人は、中小企業者、農業協同組合等および商店街振興組合（中小企業者等）で、中小企業等経営強化法による認定（同法17①）を受けたものである（措法42の12の4①）。その中小企業者は基本的に資本金が1億円以下の法人をいう。

　中小企業者および農業協同組合等の具体的な範囲は、後述する**第8章Ⅲ　中小企業者等の試験研究費の額に係る税額控除**におけるそれと同じである（措法42の12の4①、42の4⑲七〜九、措令27の4⑰）。詳細については、同項（**第8章Ⅲ2**）を参照されたい。

(3) 適用対象資産

　この特別償却の対象になる減価償却資産は、特定経営力向上設備等である。その**特定経営力向上設備等**とは、経営力向上計画に記載された、次に掲げる減価償却資産をいう（措法42の12の4①、措令27の12の4②）。

イ　機械及び装置で1台または1基（1組または一式）の取得価額が160万円以上のもの
ロ　工具、器具及び備品で1台または1基の取得価額が30万円以上のもの
ハ　建物附属設備で一のものが60万円以上のもの
ニ　ソフトウエアで取得価額が70万円以上のもの

　ニのソフトウエアは、前記2　**中小企業者等の機械等の特別償却**におけるそれと同じである（措令27の12の4①）。詳細については、同項（2(3)）を参照されたい。

(4) 適用対象事業

　この特別償却は、特定経営力向上設備等を法人の営む指定事業の用に供した場合に適用される。この場合の指定事業とは、製造業、建設業その他の事業をいい、貸付けの用を除く。

具体的な指定事業は、前記2　**中小企業者等の機械等の特別償却**におけるそれと同じである（措法42の12の4）。詳細については、同項（**2**(4)）を参照されたい。

(5)　**特別償却限度額**

　この特別償却の特別償却限度額は、特定経営力向上設備等の取得価額から普通償却限度額を控除した金額相当額である（措法42の12の4①）。

　このことは、この特別償却は特定経営力向上設備等の取得価額全額を即時に償却してよい、ということである。

6　事業適応設備の特別償却

(1)　概　　要

　青色申告法人で認定事業適応事業者であるものが、令和3年8月2日から令和7年3月31日までの期間（指定期間）内に、新品の情報技術事業適応設備を取得等し、これを国内にある法人の事業の用に供した場合には、その事業の用に供した事業年度において特別償却をすることができる（措法42の12の7①）。

　これは**DX（デジタルトランスフォーメーション）投資促進税制**と呼ばれる。

(2)　適用対象法人

　この特別償却の対象になる法人は、認定事業適応事業者である。その**認定事業適応事業者**とは、認定事業適応計画（産業競争力強化法21の23②）に従って実施される、主務大臣の確認を受けた情報技術事業適応（生産性の向上または需要の開拓に特に資するものとして主務大臣の確認を受けたもの）を行う認定事業適応事業者をいう（同法21の35①、措法42の12の7①②④⑤）。

(3) 適用対象資産

この特別償却の適用対象になる資産は、次に掲げるものである（措法42の12の7①、措令27の12の7①）。

イ　情報技術事業適応設備　情報技術事業適応の用に供する特定ソフトウエアの新設または増設をし、または情報技術事業適応を実施するために利用するソフトウエアの費用を支出する場合における、その特定ソフトウエアおよびこれらのソフトウエアとともに情報技術事業適応の用に供する機械装置および器具備品（産業試験研究用資産を除く）

　　ここで、特定ソフトウエアには、複写して販売するための原本は含まない（措令27の12の7①）。

ロ　事業適応繰延資産　情報技術事業適応を実施するために利用するソフトウエアの費用にかかる繰延資産

　　この特別償却の適用対象には、繰延資産もなっていることに留意する。

(4) 特別償却額の計算

この特別償却の特別償却割合は30％であるが、対象資産合計額の上限が300億円であるので、特別償却限度額は次の区分に応じ次のように計算する（措法42の12の7①②）。

〔算　式〕

イ　情報技術事業適応設備の取得価額及び事業適応繰延資産の額の合計額が300億円以下の場合　情報技術事業適応設備の取得価額又は事業適応繰延資産の額×30％

ロ　対象資産合計額が300億円を超える場合

　　次の算式により計算した金額

$$300億円 \times \frac{情報技術事業適応設備の取得価額又は事業適応繰延資産の額}{対象資産合計額} \times 30\%$$

○ 事業適応繰延資産の範囲と分割払の場合の特別償却限度額の計算

〔質疑応答〕

（問） DX投資促進税制の適用対象には、事業適応繰延資産もなっているが、具体的にはどういうものをいうのか。

また、その事業適応繰延資産となる費用を分割払した場合、特別償却限度額はどのように計算したらよいか。

（答） DX投資促進税制の適用対象には、事業適応繰延資産、すなわち情報技術事業適応を実施するために利用するソフトウエアの、その利用にかかる費用のうち繰延資産となるものが該当する。具体的には、情報技術事業適応を実施するためにクラウドを通じて利用するソフトウエアの初期費用で、資産を賃借し、または使用するために支出する費用が該当する（法令14①六ロ、措通42の12の7－1）。

事業適応繰延資産となる費用を分割払した場合、たとえその総額が確定しているときであっても、特別償却限度額は、当期に実際に支出した金額を基礎に行うのが原則である。ただし、分割支払の期間が短期間（おおむね3年以内）であるときは、未払金の額を含めて特別償却限度額の計算をしてよい（措通42の12の7－3）。

7 関西文化学術研究都市における文化学術研究施設の特別償却

(1) 概　　要

青色申告法人が、関西文化学術研究都市建設促進法5条2項《建設計画の承認》に規定する建設計画の同意の日から令和7年3月31日までの間に、新品の研究施設を取得等して、これをその法人の事業の用に供した場合には、その事業の用に供した事業年度において特別償却をすることができる

（措法44）。

(2) 適用対象法人

　この特別償却の適用対象となる法人は、青色申告法人で**関西文化学術研究都市**の文化学術研究地区に所定の研究施設を取得等するものである。資本金額などによる規模基準や業種基準等はないので、法人の規模や業種は問わない。

(3) 適用対象資産

　この特別償却の適用対象となる資産は、研究施設である。ここで**研究施設**とは、関西文化学術研究都市建設促進法2条4項《定義》に規定する文化学術研究施設のうち、次に掲げる要件を満たす研究所用の施設の新設または増設に係る研究所用の建物およびその附属設備ならびに機械及び装置で新品のものをいう（措法44①、措令28の4①）。

① 技術に関する研究開発の用に供される研究所用の施設で、その取得資金の額（研究所用の施設にかかる土地または借地権の取得資金の額および借入金の利子の額を除く）が4億円以上のものであること。

② その研究所用の施設を設置することが関西文化学術研究都市建設促進法5条1項に規定する建設計画の達成に資することにつき国土交通大臣の証明がされたものであること。

　ただし、機械および装置については、1台または1基の取得価額が400万円以上のものでなければ適用対象にならない（措法44①、措令28の4②）。

(4) 特別償却額の計算

　この特別償却の特別償却割合は、研究施設のうち建物およびその附属設備については6％、その他の資産は12％である。したがって、特別償却の適用年度における償却限度額は、次の算式により計算される（措法44①）。

〔算　　式〕

償却限度額＝普通償却限度額＋研究施設の取得価額×6％または12％

8　生産方式革新事業用資産等の特別償却

(1)　概　　要

　青色申告法人で認定生産方式革新事業者であるものが、スマート農業技術活用促進法の施行日（令和6年10月1日）から令和9年3月31日までの間に、新品の生産方式革新事業活動用資産等を取得等し、これを法人の生産方式革新事業活動の用に供した場合には、その用に供した事業年度において特別償却をすることができる（措法44の5）。

（注）「スマート農業技術活用促進法」とは、農業の生産性の向上のためのスマート農業技術の活用の促進に関する法律をいう。

(2)　適用対象法人

　この特別償却の対象になる法人は、認定生産方式革新事業者である。その**認定生産方式革新事業者**とは、スマート農業技術を活用して行う農産物の生産などを行う農業者として農林水産大臣の認定を受けたものをいう（措法44の5①、スマート農業技術活用促進法8③）。

(3)　適用対象資産

　この特別償却の対象になる資産は、**生産方式革新事業活動用資産等**である。その生産方式革新事業活動用資産等とは、認定生産方式革新実施計画（スマート農業技術活用促進8③）に記載された機械及び装置、器具及び備品、建物及びその附属設備ならびに構築物である（措法44の5①）。

(4) 特別償却額の計算

この特別償却の特別償却割合は、次に掲げる生産方式革新事業活動用資産等の区分に応じ、それぞれ次の割合である（措法44の5①、措令28の8、令和　　　農林水産省告示　　号）。

イ　認定生産方式革新実施計画に記載された設備等（スマート農業技術活用促進法7④一）を構成する機械及び装置、器具及び備品、建物及びその付属設備ならびに構築物のうち、農業の生産性の向上に著しく資するものとして農林水産大臣が定める基準に適合するもの　32％（建物及びその附属設備、構築物は16％）

ロ　認定生産方式革新実施計画に記載された設備等（スマート農業技術活用促進法7④二）を構成する機械及び装置のうち、生産方式革新事業活動の促進に特に資するものとして農林水産大臣が定める基準に適合するもの　25％

したがって、特別償却の適用年度における償却限度額は、次の算式により計算される（措法44の5①）。

〔算　　式〕

償却限度額＝普通償却限度額＋資産の取得価額×32％（16％、25％）

9　沖縄の特定地域における工業用機械等の特別償却

(1) 概　　要

青色申告法人が、産業高度化・産業革新促進計画の提出の日から令和7年3月31日までの期間内に、沖縄の産業イノベーション促進地域の区域内において工業用機械等の取得等をして、これをその地区内において法人の事業の用に供した場合には、その用に供した事業年度において特別償却をすることができる（措法45、措令28の9①一）。

この特別償却のなかに、沖縄の産業イノベーション促進地域における自

然科学研究所の事業の用に供する研究所用の建物等が適用対象になっているものがある。ここでは、これを中心として述べる。

(2) **適用対象法人**

この特別償却の適用対象となる法人は、青色申告法人で沖縄の産業イノベーション促進地域の区域（沖縄振興特別措置法35の2①）として指定された地区内において、**自然科学研究所**に属する事業を営むものである（措法45①表一、措令28の9⑤）。

(3) **適用対象資産**

この特別償却の適用対象となる資産は、次に掲げるものである（措法45①表一、措令28の9⑤、措規20の16③④）。

イ 機械及び装置
ロ 専ら開発研究の用に供される器具及び備品（試験又は測定機器、計算機器、撮影機及び顕微鏡）
ハ 電子計算機等の器具及び備品（電子計算機、デジタル交換設備、デジタルボタン電話設備、ICカード利用設備）
ニ 工場用と研究所用の建物及びその付属設備

ただし、①一の生産等設備で取得価額が1,000万円を超えるものまたは②機械及び装置ならびに器具及び備品で、一の生産等設備を構成するものの取得価額の合計額が100万円を超えるものに限る（措令28の9②一）。

ここで**開発研究**とは、新たな製品の製造もしくは新たな技術の発明または現に企業化されている技術の著しい改善を目的として特別に行われる試験研究をいう（措令28の9⑤一イ(1)）。具体的には、次に掲げる試験研究のことである（法措通45−7の2）。

① 新規原理の発見または新規製品の発明のための研究
② 新規製品の製造、製造工程の創設または未利用資源の活用方法の研究

③ ①または②の研究を基礎とし、これらの研究の成果を企業化するためのデータ収集
④ 現に企業化されている製造方法その他の生産技術の著しい改善のための研究

この場合、開発研究を行う施設において供用される器具・備品であっても、他の目的のために使用されているもので必要に応じ開発研究の用に供されるものは、「専ら開発研究の用に供されるもの」には該当しない（法措通45－7の3）。

(4) 特別償却額の計算

この特別償却の特別償却割合は、建物およびその附属設備は20％、その他の資産は34％である。

したがって、特別償却の適用年度における償却限度額は、次の算式により計算される（措法45①）。

〔算　式〕

$$償却限度額＝普通償却限度額＋\frac{適用対象資産の}{取得価額}\times 20\％または34\％$$

ただし、対象資産の取得価額の合計額が20億円を超える場合には、算式中の取得価額は、次の算式により計算した金額とする。対象資産の取得価額が巨額になる場合、特別償却の対象金額を20億円で頭打ちにする趣旨である。

〔算　式〕

$$20億円\times\frac{個々の対象資産の取得価額}{対象資産の取得価額の合計額}$$

10　医療用機器の特別償却

(1)　概　　要

　青色申告法人で医療保健業を営むものが、昭和54年4月1日から令和7年3月31日までの間に、医療用機器を取得等し、医療保健業の用に供した場合には、その用に供した事業年度において特別償却をすることができる（措法45の2）。

(2)　適用対象法人

　この特別償却の適用対象になる法人は、青色申告法人で医療保健業を営むものである（措法45の2①）。

(3)　適用対象資産

　この特別償却の適用対象になる資産は、医療用機器である。

　その**医療用機器**とは、高度な医療の提供に資するものや先進的なもので、次に掲げるものをいう（措法45の2①）。

① 　医療用の機械及び装置ならびに器具及び備品のうち、高度な医療の提供に資するものとして厚生労働大臣が財務大臣と協議して指定するもの（措令28の10②一、平成21．3．31厚生労働省告示第248号）

② 　医薬品、医療機器等の品質、有効性及び安全性の確保等に関する法律に規定する高度管理医療機器（同法2⑤）、管理医療機器（同法2⑥）または一般医療機器（同法2⑦）で、これらの規定により厚生労働大臣が指定した日の翌日から2年を経過していないもの（措令28の10②二）

　ただし、上記①と②の機械及び装置ならびに器具及び備品にあっては、1台または1基（1組または一式）の取得価額が500万円以上のものに限られる（措令28の10①）。

(4) 特別償却額の計算

この特別償却の特別償却割合は、12%である。したがって、特別償却の適用年度における償却限度額は、次の算式により計算される（措法45の2①）。

〔算　式〕

償却限度額＝普通償却限度額＋医療用機器の取得価額×12%

11　輸出事業用資産の割増償却

(1) 概　要

青色申告法人で認定輸出事業者であるものが、令和4年10月1日から令和8年3月31日までの間に、新品の輸出事業用資産を取得等し、これを法人の輸出事業の用に供した場合には、その用に供した日以後5年以内の日を含む事業年度において割増償却をすることができる（措法46）。

(2) 適用対象法人

この割増償却の対象になる法人は、認定輸出事業者である。その**認定輸出事業者**とは、農林水産物・食品の輸出を行う者で、農林水産物・食品の輸出の拡大を図るため、これらの生産、製造、加工、流通の合理化、高度化などの事業に関する計画（輸出事業計画）を作成し、農林水産大臣の認定を受けたものをいう（措法46①、農林水産物及び食品の輸出の促進に関する法律（以下、「食品輸出促進法」）38①）。

(3) 適用対象資産

この割増償却の対象になる資産は、輸出事業用資産である。その**輸出事業用資産**とは、認定輸出事業計画（食品輸出促進法38②）に記載された施設（食品輸出促進法37③）に該当する機械及び装置、建物及びその附属設

備ならびに構築物のうち、農林水産物や食品の生産、製造、加工、流通の合理化、高度化等に資するものとして農林水産大臣が定める要件を満たすものである（措法46①、措令29の4、令和4．9．26農林水産省告示1476号）。

なお、この輸出事業用資産の範囲から試験研究の用に供されるものは除かれる（措法46①）。その試験研究とは、次に掲げる試験研究をいう（措法48①、措令29の4②）。

① 新たな製品のうちその法人の既存の製品と構造、品種その他の特性が著しく異なるものの製造を目的として行う試験研究
② 新たな製品を製造するために行う新たな資源の利用方法の研究
③ 新たな製品を製造するために現に企業化されている製造方法その他の生産技術を改善することを目的として行う試験研究
④ 新たな技術のうちその法人の既存の技術と原理または方法が異なるものの発明を目的として行う試験研究

この場合、上記①、②、④のような試験研究を基礎とし、これらの試験研究の成果を企業化するためのデータ収集も、この開発研究に含まれる（法措通46－2）。

(4) 割増償却額の計算

この割増償却の割増償却割合は、30％（建物及びその附属設備、構築物は35％）である。

したがって、割増償却の適用ができる5事業年度における償却限度額は、次の算式により計算される（措法46①）。

〔算　　式〕

償却限度額＝普通償却限度額＋普通償却限度額×30％（または35％）

12 特定復興産業集積区域における開発研究用資産の特別償却

(1) 概　　要
　東日本大震災復興特別区域法により認定地方公共団体（同法39①）の指定を受けた法人が、同法の施行の日（平成23年12月26日）から令和8年3月31日までの間に、特定復興産業集積区域（同法37①）内において、開発研究用資産の取得等をして、その法人の開発研究の用に供した場合には、その用に供した事業年度において特別償却をすることができる（震災特例法17の5①）。

(2) 適用対象法人
　この特別償却の適用対象になる法人は、復興推進計画につき内閣総理大臣の認定を受けた認定地方公共団体（同法39①）から指定を受けた法人である。

(3) 適用対象資産
　この特別償却の適用対象になる資産は、新品の開発研究用資産である。その「開発研究用資産」とは、専ら開発研究の用に供される減価償却資産のうち産業集積の形成に資する、耐用年数省令別表第六《開発研究用減価償却資産の耐用年数表》に掲げるものである（震災特例法17の5①、震災特例法令17の5②、震災特例法規6の4①）。具体的には、**第6章Ⅳの3(3)**を参照のこと。
　ここで**開発研究**とは、新たな製品の製造もしくは新たな技術の発明または現に企業化されている技術の著しい改善を目的として特別に行われる試験研究をいう（震災特例法令17の5①）。具体的には、次に掲げる試験研究

のことである（震災特例法通17の5－1）。
① 新規原理の発見または新規製品の発明のための研究
② 新規製品の製造、製造工程の創設または未利用資源の活用方法の研究
③ ①または②の研究を基礎とし、これらの研究の成果を企業化するためのデータ収集
④ 現に企業化されている製造方法その他の生産技術の著しい改善のための研究

　この場合、開発研究を行う施設において供用される資産であっても、他の目的のために使用されているもので必要に応じ開発研究の用に供されるものは、「専ら開発研究の用に供されるもの」には該当しない（震災特例法通17の5－2）。

(4) **特別償却額の計算**

　この特別償却の特別償却限度額は、次に掲げる開発研究用資産の区分に応じ、それぞれ次の金額である（震災特例法17の5①）。

イ　令和7年4月1日から令和8年3月31日までの間に取得した開発研究用資産　その取得価額の30％相当額（中小企業者等はその取得価額の45％相当額）

ロ　イ以外の開発研究用資産　その取得価額の34％相当額（中小企業者等は50％相当額）

(5) **開発研究用資産の償却費の研究開発税制の適用**

　開発研究用資産につき、この特別償却の適用を受ける場合には、その償却費の額は特別試験研究費の額に該当するものとみなして、研究開発税制を適用することができる（震災特例法17の5②）。

13 新産業創出等推進事業促進区域における開発研究用資産の特別償却

(1) 概　　要

　福島復興再生特別措置法（第85条の2第4項）に規定する認定事業者に該当する法人が、新産業創出等推進事業促進計画（同法85①）の提出のあった日から令和8年3月31日までの期間内に、新産業創出等推進事業促進区域内において、開発研究用資産の取得等をし、その法人の開発研究の用に供した場合には、その用に供した事業年度においてその開発研究用資産につき特別償却をすることができる（震災特例法18①）。

(2) 適用対象法人

　この特別償却の適用対象となる法人は、新産業創出等推進事業促進計画につき福島県知事の認定を受けた事業者である（震災特例法18①）。

　その**新産業創出等推進事業**とは、新たな産業の創出または産業の国際競争力の強化の推進に資する事業であって、福島国際研究産業都市区域における産業集積の形成および活性化を図る上で中核となるものをいう。

(3) 適用対象資産

　この特別償却の適用対象になる資産は、新品の開発研究用資産である。その「**開発研究用資産**」とは、専ら開発研究の用に供される減価償却資産のうち、新たな産業の創出または産業の国際競争力の強化に資する、耐用年数省令別表第六《開発研究用減価償却資産の耐用年数表》に掲げるものである（震災特例法18①、震災特例法令18③、震災特例法規6の5①）。前記**12　特定復興産業集積区域における開発研究用資産の特別償却**と同じである。

また、「開発研究」の意義も、前記12と同様である（震災特例法令18②）。

(4) 特別償却限度額

この特別償却の特別償却限度額は、開発研究用資産の取得価額から普通償却限度額を控除した金額相当額である（震災特例法18①）。

このことは、この特別償却は開発研究用資産の取得価額全額を即時に償却してよい、ということを意味する。

(5) 開発研究用資産の償却費の研究開発税制の適用

開発研究用資産につき、この特別償却の適用を受ける場合には、その償却費の額は特別試験研究費の額に該当するものとみなして、研究開発税制を適用することができる（震災特例法18②）。

上記(4)のとおり、この特別償却は開発研究用資産の取得価額全額を即時償却することができるから、もし即時償却をした場合には、その開発研究用資産の取得価額全額が特別試験研究費の額に該当することになる。

Ⅶ　試験研究用資産の圧縮記帳

1　国庫補助金等で試験研究用資産を取得した場合

(1)　趣旨と概要

国や地方公共団体では研究開発の奨励、促進等を図るため、研究開発を行う企業に対して各種の補助金を出している。特に、地方公共団体においては地域活性化等の観点からベンチャー企業や研究開発企業に補助金を出すところが少なくない。また、たとえば国立研究開発法人新エネルギー・産業技術総合開発機構（NEDO）は、民間企業と共同研究等を行うほか、各種の研究開発のための助成金を出している（法令79参照）。

法人が国や地方公共団体、国立研究開発法人等から交付を受ける補助金や助成金は、法人税の課税所得の計算上、受贈益として益金の額に算入するのが原則である。しかし、その補助金等に対して課税するとすれば、その交付を受けた法人において税金分だけ固定資産の取得ができなくなり、補助金等の交付の目的が減殺される。

　そこで、法人が、固定資産の取得に充てるため国や地方公共団体、所定の法人から補助金等の交付を受け、その補助金等でもって交付の目的に適合した固定資産の取得をした場合には、その固定資産の取得に充てた補助金等に相当する額を損金の額に算入し、圧縮記帳をすることができる（法法42～44）。したがって、法人が交付を受けた国庫補助金等でもって試験研究用資産を取得した場合には、その試験研究用資産について圧縮記帳の適用が認められる。

(2) 国庫補助金等の交付年度に資産を取得した場合

　法人が**国庫補助金等**の交付を受けた事業年度においてその交付の目的に適合した試験研究用資産を取得した場合には、その交付を受けた事業年度においてその試験研究用資産につき圧縮記帳をすることができる（法法42①）。この場合の損金となる圧縮限度額は、試験研究用資産の取得価額とその取得に充てた国庫補助金等の額とのいずれか少ない金額である。

　たとえば、国庫補助金1,000の交付を受け、これと自己資金とで試験研究用機械1,200を取得した場合には、次のような会計処理を行う。

　① 国庫補助金の受領時

　　（借）現金預金　1,000　　（貸）受贈益　1,000

　② 機械の取得時

　　（借）機　　械　1,200　　（貸）現金預金　1,200

　③ 圧縮記帳時

　　（借）圧縮損　1,000　　（貸）機　　械　1,000

この結果、受贈益と圧縮損とが相殺されて、国庫補助金の交付を受けたことによる益金については、課税関係が生じないことになる。

　なお、圧縮記帳を適用することにより、その試験研究用資産の取得価額が1円未満となる場合には、その帳簿価額は1円以上の金額を付さなければならない（法令93）。簿外資産になるのを避けるため、備忘価額を付すのである。

(3) 国庫補助金等の交付年度前に資産を取得した場合

　国庫補助金等で固定資産を取得した場合の圧縮記帳は、国庫補助金等の交付と固定資産の取得とが同一の事業年度内である場合に適用されるのが原則である。しかし、現実には、試験研究の都合などにより国庫補助金等の交付を受ける前の事業年度において試験研究用資産の取得をすることがある。

　このように国庫補助金等の交付の目的に適合する試験研究用資産を先行取得した場合においても、国庫補助金等の交付を受けた事業年度において圧縮記帳の適用ができる。この場合の圧縮限度額は、次の算式により計算した金額である（法令79の2）。

〔算　　式〕

$$\text{国庫補助金等の交付を受けた日におけるその試験研究用資産の帳簿価額} \times \frac{\text{交付を受けた国庫補助金等の額（分母の金額を限度）}}{\text{その試験研究用資産の取得価額}}$$

　この算式は、試験研究用資産を先行取得した場合には、圧縮記帳をするまでの間、その試験研究用資産につき実際の取得価額を基礎に減価償却をしており、償却費が過大になっているから、圧縮限度額を縮減することにより既往の過大な償却費を取り戻そうとするものである。

　たとえば、前期に1,000で取得した試験研究用資産（定率法による償却率0.400　償却額400）につき、当期に国庫補助金1,000の交付を受けたため、

圧縮記帳をするとする。この場合の圧縮限度額は、次のようになる。

$$(1,000 - 400) \times \frac{1,000}{1,000} = 600$$

　前期に国庫補助金の交付を受けて圧縮記帳をしていれば、この試験研究用資産の取得価額は1円になり、償却費の計上はできなかったところ、400の償却費を計上しているから、それだけ圧縮限度額を縮減するのである。

(4) 国庫補助金等の交付年度後に資産を取得する場合

　上記(3)の場合とは逆に、国庫補助金等の交付を受けた後の事業年度に試験研究用資産を取得することがある。この場合に圧縮記帳の適用ができるかどうか、明文の規定はない。しかし、やむをえず資産の取得が遅れるような場合が考えられるところから、その適用があるものと解されている（東京国税局・文書回答事例・平成28．3．3「国庫補助金等の交付事業年度後において固定資産等を取得等した場合の圧縮記帳の取扱いについて」）。

　この場合には、国庫補助金等の交付を受けた事業年度ではその国庫補助金等の額は仮勘定に経理しておき、試験研究用資産の取得をした事業年度で圧縮記帳を行う。

　たとえば、当期に国庫補助金1,000の交付を受け、これと自己資金とで翌期に試験研究用機械1,200を取得した場合には、次のような会計処理をする。

　①　国庫補助金の受領時
　　（借）現 金 預 金　1,000　　（貸）仮 受 金　　　1,000
　②　機械の取得時
　　（借）機　　　械　1,200　　（貸）現 金 預 金　1,200
　③　圧縮記帳時
　　（借）圧 縮 損　　1,000　　（貸）機　　　械　　1,000
　　　　　仮 受 金　　1,000　　　　　仮受金取崩益　1,000

○ 市から研究所用の土地を低額で譲り受けた場合の処理

〔質疑応答〕

(問) 当社はこの度、○○市から中央研究所の建物の建設用地を譲り受けた。その譲受価額は、同市は条例に基づき大型研究所等の誘致を積極的に行っているところから、通常の価額よりも相当に低い価額となっている。

このような場合、その譲受価額と通常の価額との差額は、収益（受贈益）として計上しなければならないか。

(答) 法人が他の者から資産を時価よりも低い価額で譲り受けた場合には、原則としてその譲受価額と時価との差額は収益として課税の対象になる（法法22②、22の2④、法基通2－1－1の10）。したがって、その資産の取得価額としては時価相当額を付すのが原則である（法令54①六）。

ただし、法人が工場誘致等のために都道府県または市町村から土地その他の固定資産をその時価に比して著しく低い価額で取得し、その価額を帳簿価額とした場合には、その資産は法人税法42条《国庫補助金等で取得した固定資産等の圧縮記帳》の規定により圧縮記帳をしたものとして取り扱ってよい（法基通10－2－3）。

したがって、質問の場合には、○○市からの譲受価額をそのままその土地の取得価額として処理すれば、圧縮記帳を行ったことになり、収益を計上する必要はない。

○ 受領した補助金に返還条件がある場合の圧縮記帳の時期

〔質疑応答〕

(問) 当社は、バイオ関連の新製品や新技術の研究開発を行うスタートアップである。この程、ある県から研究開発用の設備を取得するための補助金の交付を受け、対象設備を取得したので、圧縮記帳の適用

を受ける予定である。

　ところが、この補助金には、5年以内に利益が出るようになったときは、その利益金額の2％相当額を県に納付すべきこととされている。これは補助金の返還条件といえ、このように返還条件が付された補助金は、受領する補助金の額が確定していない、と思われる。

　このような条件が付された補助金であっても、その交付を受け、設備を取得したときに圧縮記帳を行ってよいのか。

（答）　国庫補助金等で取得した固定資産の圧縮記帳は、交付を受けた国庫補助金等が、圧縮記帳の適用を受けようとする事業年度末までに返還不要であることが確定している場合に限って認められる（法法42）。

　もし、その返還不要であることが確定していない場合には、交付を受けた国庫補助金等は、特別勘定として経理をしておき、返還不要であることが確定したときに圧縮記帳を行う（法法43、44）。

　そこで、質問のように、利益が生じるようになったときの、いわば返還条件が付されている場合、その補助金は返還不要であることが確定していないのかどうかが問題になる。

　この点、その国庫補助金等に、①交付の条件に違反した場合には返還しなければならないことや②一定期間内に相当の収益が生じた場合には返還しなければならないこと、といった一般的条件が付されていることは、返還不要が確定しているかどうかの判定には関係ない、と解されている（法基通10－2－1）。このような一般的条件だけであれば、返還不要が確定している、と取り扱うということである。

　したがって、質問の県からの補助金は、返還不要であることが確定しているものとして、その交付を受け、設備を取得した事業年度において圧縮記帳を適用してよい。

○ 研究所の取得費に充てるための補助金を分割受領した場合の圧縮記帳の方法

〔質疑応答〕

(問) 当社は、このたび○○県に研究所を新設した。○○県では企業の研究所などを積極的に誘致しており、研究所の取得費の2割を限度に補助金を出している。

当社もこのたびの研究所の新設に伴い、補助金の交付を受けることが確定し、補助金総額の交付決定通知書の送付を受けた。ただ、その補助金は5年間で均等額ずつを分割して交付を受けることになっている。

この補助金で取得した研究所については圧縮記帳の適用を考えているが、交付を受けることが決定した補助金の総額を未収金に計上し、その総額を基礎に圧縮記帳を行ってよいか。

それとも、実際に補助金の交付を受けるつど、交付を受けた補助金の額を基礎に圧縮記帳を行うべきか。

(答) 法人が固定資産の取得に充てるために地方公共団体から補助金の交付を受け、その補助金をもって交付の目的に適合した固定資産の取得をした場合には、その取得をした固定資産につき圧縮記帳をすることができる(法法42)。

この圧縮記帳は、交付を受ける補助金の返還を要しないことが確定している場合に適用が認められる。質問の○○県から受ける補助金の総額が確定し、将来とも一切返還を要しないとすれば、その補助金は収入すべきことが確定しているといえる。したがって、この場合には補助金の総額を収益として未収金計上し、その総額を基礎に圧縮記帳を行うことができると考えられる(東京国税局・文書回答事例・平成28.12.19「固定資産の取得後に国庫補助金等を分割して受けた場合の圧縮記帳の取扱い及び国庫補助金等の範

囲について」)。

一方、補助金総額の交付決定通知書の送付は受けたが、各年に実際に交付を受ける補助金については、そのつど交付請求書等を提出したうえ、その審査を受けて具体的に交付が決定し、交付しないこともあり得るといった場合には、補助金は収入すべきことが確定しているとはいえないであろう。このような場合には、補助金の交付を受けるつど、実際に交付を受けた補助金の額を基礎に圧縮記帳を行うべきである。この場合の圧縮限度額は、次の算式により計算した金額による（法令79の2参照）。

$$研究所の帳簿価額 \times \frac{交付を受けた補助金の額}{研究所の取得価額}$$

2　技術研究組合が試験研究用資産を取得した場合

(1)　趣旨と概要

技術研究組合は、生産技術の向上を図るため、協同試験研究を行っている。この組合における試験研究は、いわば組合員の共同研究である。そこで、この組合は試験研究用資産を取得するため、その取得資金を組合員に賦課し、**賦課金**として納付させている例がみられる。

技術研究組合が組合員から納付を受ける賦課金は、法人税の課税上は益金として課税の対象になるのが原則である。しかし、その賦課金に課税すると、その税金分だけ試験研究用資産の取得を困難にし、組合が行う試験研究の遂行を阻害することになる。

そこで、青色申告法人である技術研究組合が、令和9年3月31日までにその組合員に対し試験研究用資産の取得をするための費用を賦課し、その賦課金でもって試験研究用資産を取得した場合には、その試験研究用資産の取得に充てた賦課金に相当する額を損金の額に算入し、圧縮記帳をすることができる（措法66の10）。

なお、技術研究組合から賦課され納付する賦課金は、その納付をする法人にあっては、試験研究費の額に含まれる（措法42の4⑲一イ(1)、措令27の4⑤三）。

(2) 適用対象法人

　この圧縮記帳の適用対象となる法人は、青色申告法人である技術研究組合である。ただし、清算中のものを除く（措法66の10①）。

　白色申告法人や株式会社（有限会社）などの営利法人は適用対象にならない。

（注）　技術研究組合は、組織変更により株式会社になることができるが（技術研究組合法61）、株式会社へ組織変更した場合には、この圧縮記帳の適用はできないことになる。

　　　なお、その株式会社へ組織変更するに際して株式の割当てを受けた組合員は、その株式の時価を取得価額とし、同額を受贈益として益金の額に算入する（東京国税局文書回答事例・令4．3．10「技術研究組合が株式会社に組織変更するに際して割当てを受けて取得をする株式に係る組合員の税務上の取扱いについて」）。

(3) 試験研究用資産の範囲

　この圧縮記帳の適用対象となる試験研究用資産は、技術研究組合法9条1項《費用の賦課》の規定により同法3条1項1号《原則》に規定する、工業の生産技術に関する試験研究の用に直接供する次に掲げる固定資産である（措法66の10①、措令39の21）。

① 　構築物、機械及び装置、船舶、航空機、車両及び運搬具ならびに工具、器具及び備品
② 　特許権、実用新案権および意匠権

　ただし、ここでいう「試験研究」は、新たな知見を得るためまたは利用可能な知見の新たな応用を考案するために行うものに限られる（措法66の

10①)。この試験研究の範囲の限定は、研究開発税制における「製品の製造・技術開発に係る試験研究」の限定内容と同じであり(措法42の4⑲一イ(1))、いわゆるリバースエンジニアリングを試験研究の範囲から除外する趣旨である（法措通42の4(1)- 2(2)参照)。

(4) 賦課金の納付年度に資産を取得した場合

　技術研究組合が賦課金の納付を受けた事業年度において、その納付を受けた賦課金でもって目的とする試験研究用資産を取得した場合には、その納付を受けた事業年度においてその試験研究用資産につき圧縮記帳をすることができる。この場合の損金となる圧縮限度額は、試験研究用資産の取得価額とその取得に充てた賦課金の額とのいずれか少ない金額である（措法66の10①)。

　たとえば、当期において賦課金1,000の納付を受け、これに自己資金200を加えて試験研究用機械1,200を取得した場合には、次のような会計処理を行う。

　① 賦課金の納付時
　　（借）現金預金　1,000　　（貸）受贈益　1,000
　② 機械の取得時
　　（借）機　　械　1,200　　（貸）現金預金　1,200
　③ 圧縮記帳時
　　（借）圧　縮　損　1,000　　（貸）機　　械　1,000

　試験研究用機械の取得価額1,200と納付を受けた賦課金1,000とのいずれか少ない金額1,000が圧縮限度額となる。

(5) 賦課金の納付年度後に資産を取得する場合

　この圧縮記帳は、上記(4)のとおり賦課金の納付と試験研究用資産の取得とが同一の事業年度である場合に適用されるのが原則である。しかし、現

実には、試験研究の都合などにより賦課金の納付を受けた後の事業年度において目的とする試験研究用資産の取得をすることがある。

そこで、やむを得ない理由により試験研究用資産の取得または製作が遅れるような場合には、賦課金の納付を受けた事業年度ではその賦課金は仮受金勘定に経理しておき、試験研究用資産の取得または製作をした事業年度で圧縮記帳を行うことが認められている（法措通66の10－1）。

たとえば、当期に賦課金1,000の納付を受け、これに自己資金200を加えて翌期に試験研究用機械1,200を取得した場合には、次のような会計処理を行う。

① 賦課金の納付時
　（借）現金預金　1,000　　（貸）仮受金　　1,000
② 機械の取得時
　（借）機　　械　1,200　　（貸）現金預金　1,200
③ 圧縮記帳時
　（借）圧縮損　　1,000　　（貸）機　　械　1,000
　　　 仮受金　　1,000　　　　　 仮受金取崩益　1,000

Ⅷ　試験研究会社等の企業分割に伴う処理

1　総　　説

どのような試験研究であれ、試験研究にはリスクを伴う。そのリスクを回避するため、あるいは分業による企業経営の効率化を図るため、研究部門や調査部門を**企業分割**により別会社にすることがある。新聞によれば、ある大手電機メーカーは、コンピューターのソフト開発子会社を設立し、外部委託していた基幹ソフトの開発をグループ内に移すという。これはソフト技術の流出を防ぎ、ノウハウを蓄積することも狙いとのことである

(日経産業新聞　平成9．7．20)。

　このような子会社の設立にあたっては、企業分割や現物出資により従来からある研究部門や調査部門に属する研究所用の土地や建物等をその子会社に移転して、シンクタンクとしての研究所や特定項目の研究開発を行う会社を設立することがある。

　また、新技術や新商品の研究開発に成功した場合、その開発者などを代表者にしてその新技術や新商品に特化させるため、新たに会社を設立する例がみられる。いわばコーポレートベンチャーであり、大学発ベンチャー企業の設立もみられ、今後有望とされている。その新会社の設立にあたって、新会社に土地や建物のほか、特許権や実用新案権などを現物出資する。

　更に、組織再編成の一つとして、会社が事業の一部門を分離独立させ別の会社とする、いわゆるスピンオフもある。特に、最近では、株式分配により元の会社は完全子会社の20％未満の持株関係は維持しながら、その子会社を切り離す、パーシャルスピンオフが注目されている。

　経済産業省は、大企業が主力にならないと判断した事業の一部を切り離し、スタートアップ（新興企業）として独立させる「カーブアウトベンチャー」に関する手引書を初めて作成した。大企業に埋もれた技術に光を当て技術革新を後押しする狙いという（讀賣新聞　令和6．4．26朝刊）。

　このような企業分割を税務上の観点からみると、分割や現物出資、株式分配も資産の譲渡の一つの形態であるから、その移転資産の時価と帳簿価額との差額は、資産の譲渡益としてその移転時に課税の対象になる（法法22②、22の2④、62）。

　しかし、所定の要件を満たす分割や現物出資、株式分配には課税の特例が認められている。すなわち、組織再編税制における適格分割、適格現物出資および適格株式分配による資産譲渡の特例である。法人がこれら適格組織再編成により子会社や株主に資産、負債の移転や譲渡を行った場合には、その帳簿価額により譲渡があったものとして課税所得の計算をするこ

とができる（法法62の2、62の3、62の5、措法68の2の2）。

2　適格分割

(1)　課税上の取扱い

　法人が**分割**により分割承継法人（分割により分割法人から資産・負債の移転を受けた法人）に対してその有する資産・負債を移転した場合には、その分割時価額（時価）による譲渡をしたものとして、課税所得の計算を行う（法法62①）。したがって、その資産・負債の時価と帳簿価額との差額は譲渡損益として法人税の課税対象になる。

　分割には**分割型分割**と**分社型分割**とがあり、いずれも組織法上の行為で、社員とともに資産・負債は分割承継法人に包括的に承継される。そこで分割に伴う資産・負債の移転は、特に時価による譲渡として規定されている。

　ただし、一定の要件を満たす適格分割型分割および適格分社型分割には、特例が認められている。すなわち、法人が適格分割型分割または適格分社型分割により分割承継法人にその有する資産・負債の移転をしたときは、その帳簿価額による引継ぎまたは譲渡をしたものとして、課税所得を計算する（法法62の2、62の3）。その結果、資産・負債の譲渡対価の額と譲渡原価の額とは同一になるから、譲渡損益は生じない。分割承継法人がその分割により承継した資産・負債を処分するまで課税が延期される。

(2)　適格分割の意義
イ　概　説

　法人税の課税上の特例が適用される適格分割には、①企業グループ内の分割と②共同事業を営むための分割、③分割事業を独立して行うための分割とがある。分割型分割のうち適格分割に該当するものを**適格分割型分割**といい（法法2十二の十二）、分社型分割のうち適格分割に該当するものを

適格分社型分割という（法法２十二の十三）。ここで**適格分割**とは、次のいずれかに該当する分割で、分割承継法人の株式または分割承継親法人株式（その親法人の親法人株式を含む）のいずれか一方の株式以外の資産が交付されないものをいう。ただし、分割型分割にあっては、分割承継法人の株式が株主等に平等に交付されるものに限る（法法２十二の十一、法令４の３⑤）。

ロ　企業グループ内の分割
㈠　完全支配関係がある法人間の分割
　基本的に、次のいずれかの分割が適格分割に該当する（法法２十二の十一イ、法令４の３⑤⑥）。
① 　分割前に分割法人（分割によりその有する資産・負債の移転を行った法人）と分割承継法人との間に発行済株式等の100％を直接または間接に保有する関係（完全支配関係）があり、かつ、分割後に分割法人と分割承継法人との間に完全支配関係が継続することが見込まれている場合の分割
② 　分割前に分割法人と分割承継法人との間に同一の者による完全支配関係があり、かつ、分割後に分割法人と分割承継法人との間に同一の者による完全支配関係が継続することが見込まれている場合の分割

㈡　支配関係がある法人間の分割
　基本的に、次の持株要件のいずれかに該当し、かつ、実体要件を満たす分割が適格分割に該当する（法法２の十二の十一ロ、法令４の３⑦）。
（持株要件）
① 　分割前に分割法人と分割承継法人との間に発行済株式等の50％超100％未満を直接または間接に保有する関係（支配関係）があり、分割後に分割法人と分割承継法人との間に支配関係が継続することが見込まれている場合の分割

② 分割前に分割法人と分割承継法人との間に同一の者による支配関係があり、かつ、分割後にその同一の者による支配関係が継続することが見込まれている場合の分割

(実体要件)
① 分割法人の分割事業にかかる主要な資産・負債が分割承継法人に移転していること。
② 分割の直前の分割事業にかかる従業者のおおむね80％以上が分割承継法人の業務（その分割承継法人との間に完全支配関係がある法人の業務を含む）に従事することが見込まれていること。
③ 分割にかかる分割事業が分割承継法人（その分割承継法人との間に完全支配関係がある法人を含む）において引き続き営まれることが見込まれていること。

ハ 共同事業を営むための分割

次の要件のすべてを満たすものが適格分割に該当する（法法２十二の十一ハ、法令４の３⑧）。
① 分割法人の分割事業と分割承継法人の分割承継事業とが相互に関連するものであること。
② (a)分割法人の分割事業と分割承継法人の分割承継事業のそれぞれの売上金額と従業者の数もしくはこれらに準ずるものの規模の割合がおおむね５倍を超えないこと、または(b)分割前の分割法人の役員等のいずれかと分割承継法人の特定役員のいずれかとが分割承継法人の特定役員となることが見込まれていること。
③ 分割により分割法人の分割事業にかかる主要な資産・負債が分割承継法人に移転していること。
④ 分割法人の分割直前の分割事業にかかる従業者のおおむね80％以上が分割承継法人の業務（その分割承継法人との間に完全支配関係がある法人

の業務を含む）に従事することが見込まれていること。
⑤　分割法人の分割事業が分割承継法人（その分割承継法人との間に完全支配関係がある法人を含む）において引き続き営まれることが見込まれていること。
⑥　分割型分割にあっては、支配株主に交付される分割承継法人の株式等の全部が支配株主により継続して保有されることが見込まれていること、分社型分割にあっては、分割法人に交付される分割承継法人の株式等の100％が分割法人により継続して保有することが見込まれていること。

二　分割事業を独立して行うための分割

次の要件のすべてに該当するものが適格分割に該当する（法法２十二の十一ニ、法令４の３⑨）。これは分割事業を新たに設立する法人において独立して行うための、**スピンオフ**である。

①　分割型分割に該当する分割で単独新設分割（法人を設立する分割で一の法人のみが分割法人となるもの）であること。
②　分割直前に分割法人と他の者との間に支配関係がなく、かつ、分割後に分割承継法人と他の者との間に支配関係があることとなることが見込まれていないこと。
③　分割法人の役員等（重要な使用人を含む）のいずれかが分割承継法人の特定役員になることが見込まれていること。
④　分割法人の分割事業にかかる主要な資産および負債が分割承継法人に移転していること。
⑤　分割直前の分割事業にかかる従業者のおおむね80％以上が分割承継法人の業務に従事することが見込まれていること。
⑥　分割法人の分割事業が分割承継法人において引き続き行われることが見込まれていること。

3 適格現物出資

(1) 課税上の取扱い

　法人が既存の法人または新設法人に対して資産、負債の現物を出資した場合には、時価による資産、負債の譲渡があったものとして課税所得を計算する。したがって、その資産、負債の時価と帳簿価額との差額は譲渡損益として法人税の課税対象になる。現物出資も、資産、負債の譲渡のひとつの形態にすぎないからである（法法22②、22の2④参照）。

　ただし、一定の要件を満たす**適格現物出資**の場合には、特例が認められている。すなわち、法人が適格現物出資により被現物出資法人（現物出資を受ける法人）に資産の移転をし、または資産とあわせて負債の移転をした場合には、その出資直前の帳簿価額による譲渡をしたものとして、課税所得を計算する（法法62の4）。この結果、現物出資に伴う資産、負債の譲渡損益は生じない。現物出資法人がその現物出資により取得した株式あるいは被現物出資法人がその資産、負債を処分するまで課税が延期される。

(2) 適格現物出資の意義

イ　概　説

　法人税の課税上の特例が適用される適格現物出資には、大別して①企業グループ内の現物出資と②共同事業を営むための現物出資の二つがある。いずれの現物出資にあっても、現物出資法人に被現物出資法人の株式のみが交付されるものに限られる（法法2十二の十四）。

　また、外国法人に対して国内にある不動産、国内にある不動産の上に存する権利、鉱業法による鉱業権および採石法による採石権その他国内にある事業所に属する資産または負債の移転をするものおよび新株予約権付社債に付された新株予約権の行使に伴う社債の給付を行うものは適格現物出

資に該当しない。ただし、持株割合が25％以上の外国法人の株式は、外国法人に対して現物出資をしてよい（法法2十二の十四、法令4の3⑩〜⑫）。

ロ　企業グループ内の現物出資
(イ)　完全支配関係がある法人間の現物出資
　基本的に、次のいずれかの現物出資が適格現物出資に該当する（法法2十二の十四イ、法令4の3⑬）。
①　現物出資前に、現物出資法人と被現物出資法人（複数新設現物出資の場合には他の現物出資法人）との間に100％の持株割合の関係（当事者間の完全支配関係）があり、かつ、現物出資後に現物出資法人と被現物出資法人との間に当事者間の完全支配関係が継続することが見込まれている場合（法人が単独で行う新設現物出資の場合には、現物出資後に現物出資法人と被現物出資法人との間に当事者間の完全支配関係が継続することが見込まれている場合）の現物出資
②　現物出資前に、現物出資法人と被現物出資法人（複数新設現物出資の場合には他の現物出資法人）との間に同一の者によってそれぞれの法人の持株関係が100％になっている関係（同一者による完全支配関係）があり、かつ、現物出資後に同一者による完全支配関係が継続することが見込まれている場合（単独新設現物出資の場合には、現物出資後に現物出資法人と被現物出資法人との間に同一者による完全支配関係が継続することが見込まれている場合）の現物出資

(ロ)　支配関係がある法人間の現物出資
　基本的に、次のいずれかの現物出資が適格現物出資に該当する（法法2十二の十四ロ、法令4の3⑭）。
①　現物出資前に、現物出資法人と被現物出資法人（複数新設現物出資の場合には他の現物出資法人）との間に50％超100％未満の持株割合の関係（当事者間の支配関係）があり、かつ、現物出資後に現物出資法人と被現

物出資法人との間に当事者間の支配関係が継続することが見込まれている場合（単独新設現物出資の場合には、現物出資後に現物出資法人と被現物出資法人との間に当事者間の支配関係が継続することが見込まれている場合）の現物出資で、次の要件を満たすもの

　A　現物出資により現物出資事業（現物出資法人の現物出資前に営む事業のうち、現物出資により被現物出資法人が営むこととなるもの）の主要な資産・負債が被現物出資法人に移転していること。

　B　現物出資直前の現物出資事業の従業者のおおむね80％以上の者が被現物出資法人の業務（その被現物出資法人との間に完全支配関係がある法人の業務を含む）に従事することが見込まれていること。

　C　現物出資事業が被現物出資法人（その被現物出資法人との間に完全支配関係がある法人を含む）において引き続き営まれることが見込まれていること。

② 現物出資直前に、現物出資法人と被現物出資法人（複数新設現物出資の場合には他の現物出資法人）との間に同一の者によってそれぞれの法人の持株割合が50％超100％未満になっている関係（同一者による支配関係）があり、かつ、現物出資後に同一者による支配関係が継続することが見込まれている場合（単独新設現物出資の場合には、現物出資後に現物出資法人と被現物出資法人との間に同一者による支配関係が継続することが見込まれている場合）の現物出資で、上記①のAからCまでの要件を満たすもの

ハ　共同事業を営むための現物出資

　上記ロ以外の現物出資で、次の要件のすべてを満たすものが適格現物出資に該当する（法法２十二の十四ハ、法令４の３⑮）。

① 現物出資法人の現物出資事業と被現物出資法人の被現物出資事業（被現物出資法人の現物出資前に営む事業のうちいずれかの事業（複数新設現物

出資の場合には他の現物出資法人の現物出資事業))とが相互に関連するものであること。

② (a)現物出資法人の現物出資事業と被現物出資法人の被現物出資事業のそれぞれの売上金額や従業者の数などの規模の割合がおおむね5倍を超えないこと、または(b)現物出資前の現物出資法人の役員等のいずれかと被現物出資法人の特定役員（複数新設現物出資の場合には他の現物出資法人の役員等）のいずれかが現物出資後に被現物出資法人の特定役員になることが見込まれていること。

③ 現物出資により現物出資法人の現物出資事業の主要な資産・負債が被現物出資法人に移転すること。

④ 現物出資法人の現物出資直前の現物出資事業にかかる従業者のおおむね80％以上の者が被現物出資法人の業務（その被現物出資法人との間に完全支配関係がある法人の業務を含む）に従事することが見込まれていること。

⑤ 現物出資法人の現物出資事業が被現物出資法人（その被現物出資法人との間に完全支配関係がある法人を含む）において引続き営まれることが見込まれていること。

⑥ 現物出資法人が現物出資により交付を受ける被現物出資法人の株式の100パーセントを継続して保有することが見込まれていること。

4　適格株式分配

(1)　課税上の取扱い

株式分配は、現物分配（剰余金または利益の配当に限る）のうち、完全子法人（発行済株式等の全部を保有されていた法人）の発行済株式等の全部が移転するものである（法法2十二の十五の二）。これは、スピンオフのための組織再編成の一つとして認められている。

ここで、**現物分配**とは、法人がその株主等に対し、剰余金または利益の配当等として金銭以外の資産の交付をすることをいう（法法２十二の五の二）。

したがって、現物分配である株式分配には、剰余金等の配当と完全子法人株式の譲渡という二つの側面があり、その株式の譲渡という側面から、譲渡損益が生じることになる（法法22の2⑥）。この譲渡損益は課税対象になる。

ただし、所定の要件を満たす適格株式分配については、その移転した株式は帳簿価額で譲渡したものとして課税所得を計算することができる（法法62の5③）。その結果、譲渡損益は生じない。

(2) **適格株式分配の意義**

イ　概　　説

　　法人税の課税上の特例が適用される適格株式分配には、①通常のスピンオフと②パーシャルスピンオフとがある。その基本的な違いは、株式分配後も元の法人が完全子法人と資本関係を有するかどうかである。

　　いずれのスピンオフにあっても、完全子法人株式のみが現物分配法人の株主等の持株割合に応じて交付されるものに限られる（法法２十二の十五の三、措法68の２の２）。

ロ　通常のスピンオフ

　　完全子法人と現物分配法人とが独立して事業を行うための株式分配として、次に掲げる要件のすべてに該当するものが適格株式分配に該当する（法法２十二の十五の三、法令4の3⑯）。これが、通常のスピンオフであり、元の法人と完全子法人との資本関係は完全になくなる。

①　株式分配の直前にその株式分配に係る現物分配法人と他の者との間に当該他の者による支配関係がなく、かつ、その株式分配後にその株式分

配に係る完全子法人と他の者との間に当該他の者による支配関係があることとなることが見込まれていないこと。
② 株式分配前のその株式分配に係る完全子法人の特定役員のすべてがその株式分配に伴って退任するものでないこと。
③ 株式分配に係る完全子法人のその認定株式分配の直前の従業者のうち、その総数のおおむね80％以上に相当する者がその完全子法人の業務に引き続き従事することが見込まれていること。
④ 株式分配に係る完全子法人のその株式分配前に行う主要な事業がその完全子法人において引き続き行われることが見込まれていること。

ハ　パーシャルスピンオフ

　上記のような通常のスピンオフではなく、特に大企業等の社内ベンチャー創出推進のため、パーシャルスピンオフが認められている。下記①の要件のとおり、スピンオフ後も元の法人と完全子法人との資本関係は、20％未満ながら維持することができる。
　そのパーシャルスピンオフは、産業競争力強化法の事業再編計画の認定（同法23①）を令和5年4月1日から令和10年3月31日までの間に受けた法人が行う、認定株式分配で、次に掲げる要件のすべてに該当するものである（措法68の2の2①、措令39の34の3①）。その**認定株式分配**とは、剰余金の配当であって、配当財産が認定事業再編事業者の関係事業者の株式または外国関係法人の株式等であるものをいう（措法68の2の2①、産業競争力強化法31①）。
① 認定株式分配の直後にその認定株式分配に係る現物分配法人が有する、その認定株式分配に係る完全子法人に対する持株割合が20％未満となること。
② 認定株式分配直前にその認定株式分配に係る現物分配法人と他の者との間に当該他の者による支配関係がなく、かつ、その認定株式分配後に

その認定株式分配に係る完全子法人と他の者との間に当該他の者による支配関係があることとなることが見込まれていないこと。
③ 認定株式分配前のその認定株式分配に係る完全子法人の特定役員のすべてがその認定株式分配に伴って退任するものでないこと。
④ 認定株式分配に係る完全子法人のその認定株式分配の直前の従業者のうち、その総数のおおむね90％以上に相当する者がその完全子法人の業務に引き続き従事することが見込まれていること。
⑤ 認定株式分配に係る完全子法人のその認定株式分配前に行う主要な事業がその完全子法人において引き続き行われることが見込まれていること。
⑥ 認定株式分配に係る完全子法人が事業の成長発展が見込まれるものとして経済産業大臣が定める次に掲げる要件のいずれかを満たすものであること（令和5．3．30経済産業省告示50号）。
　A　インセンティブ構造　完全子法人の特定役員に対し、ストックオプションが付与されていることまたは付与される見込みであること。
　B　新規事業性　完全子法人の主要な事業が、事業開始から10年以内であること。
　C　事業の成長可能性　完全子法人の主要な事業が、成長発展が見込まれることにつき金融商品取引業者が確認したこと。

Ⅸ　試験研究機器等のリース取引

1　基本的な考え方

(1)　リース取引の意義

　最近の試験研究では、高度、最先端の機器、特にコンピュータなどを駆使しなければならない。しかし、その初期投資には多額の資金を要するの

で、リースを利用している企業は少なくない。

　ある商社は、創薬向けのスーパーコンピューターを複数台購入して、国内のデータセンターに設置し、まず国内の製薬大手6社が利用料を支払って、研究開発に活用できるようにした。参加企業が活用ノウハウを共有できるようにし、創薬分野で欧米勢に遅れる日本勢を後押しするという（日本経済新聞　令和5.3.22朝刊）。

　試験研究機器等のリースは、法的には資産の賃貸借であるから、賃借人が支払うリース料（賃借料）は、リース期間の経過に応じて損金算入ができる。この場合、1年以内のリース期間分のリース料を支払ったときは、前払処理すべきものがあっても、その支払ったときに全額を損金算入してよい（法基通2－2－14）。

　ただし、法人税においてリース取引は、必ずしもその契約形式どおりには取り扱われない。すなわち、リース取引のうちあるものはリース資産の売買とされ、あるものは金融とされる。法人税でこのような別段の取扱いがされる**リース取引**とは、資産の賃貸借で、次の要件を満たすものをいう（法法64の2、法基通12の5－1－1～12の5－1－3）。

① その賃貸借契約が賃貸借期間の中途において解除できないものであることまたはこれに準ずるものであること。
② その賃貸借契約の賃借人が賃貸借される資産からもたらされる経済的利益を実質的に享受することができ、かつ、その資産の使用に伴って生ずる費用を実質的に負担すべきこととされているものであること。

　要するに、「①中途解約の禁止」と「②フルペイアウト」の要件を満たす賃貸借契約で、賃貸借される資産を賃借人が所有しているとみられるような取引である。

(2) リース取引の処理

イ 売買とされるリース取引

従来、法人が行ったリース取引のうち、次のいずれかに該当するものまたはこれらに準ずるものだけが、リース資産の売買があったものとされていた。その売買とされる時期は、賃貸人から賃借人へのリース資産の引渡しがあった時である（旧法令136の3①）。

この点、平成19年度の税制改正により、平成20年4月1日以後に締結するリース契約にあっては、次のいずれかに該当するリース取引であるかどうかを問わず、すべてリース資産の売買があったものと取り扱うこととされた（法法64の2①）。

① リース期間終了の時またはリース期間の中途において、リース資産が無償または名目的な対価の額で賃借人に譲渡されるものであること。

② 賃借人に対し、リース期間終了の時またはリース期間の中途においてリース資産を著しく有利な価額で買い取る権利が与えられているものであること。

③ リース資産の種類、用途、設置の状況等に照らし、リース資産がその使用可能期間中賃借人によってのみ使用されると見込まれるものであることまたはリース資産の識別が困難であると認められるものであること。

④ リース期間がリース資産の耐用年数に比して相当の差異があるものであること。

この①から④までのリース取引およびこれらに準ずるリース取引は、**所有権移転リース取引**である。平成20年4月1日以後に締結するリース契約にあっては、この所有権移転リース取引に該当しない、**所有権移転外リース取引**もすべて資産の売買となる（法令48の2⑤五参照）。

ロ 金銭の貸借とされるリース取引

リース取引のうちには、賃借人（譲渡人）がいったん取得したリース資

産をリースすることを条件に賃貸人（譲受人）に売却した後、リースされ従来どおり使用されるものがある。これを**リースバック取引**という。

このリースバック取引が行われた場合において、その資産の種類、その売買および賃貸に至るまでの事情その他の状況に照らし、そのリースバック取引が実質的に金銭の貸借であると認められるときは、その資産の売買はなかったものとする。そして、譲受人から譲渡人に対して金銭の貸付けがあったものとされる（法法64の2②、法基通12の5－2－1～12の5－2－3）。

2　ソフトウエア・リースの処理

リース会社のなかには、ソフトウエアのリースを行っているものがみられる。**ソフトウエア・リース**は、メーカー等（著作者、販売業者等）との間で「ソフトウエア使用権設定契約」を結んでソフトウエアの使用許諾を得、そのソフトウエア使用権を他にリースするものである。これは、法的にはその設定契約により**ソフトウエア使用権**を取得（購入）し、そのソフトウエア使用権をリース契約にもとづきユーザー（使用者）に使用を再許諾する賃貸借取引ということになる。このソフトウエア使用権は、ソフトウエアであり無形固形資産に属する（法基通7－1－4の3参照）。

平成12年度の税制改正によるソフトウエアの無形固定資産化、研究開発費会計基準の制定等を踏まえて、㈳リース事業協会では**ソフトウエア・リース取引**の税務上の取扱いを取りまとめた。その内容は以下のとおりで、これは国税庁に照会して了解を得ているものである。

(1)　ソフトウエア・リース取引は、税務上、基本的には上述したリース取引の取扱いによって処理する。

(2)　ソフトウエア・リース取引のリース資産は、一般の動産とは異なり、ソフトウエア使用権（無形固定資産）であるため、その識別、専用性の

判定、使用状態の確認、リース期間終了時におけるソフトウエアの返還・廃棄・消去等の方法など、通常のリース取引に比し、実務上、配慮すべき点がある。そこで、売買とされるリース取引（旧法令136の3①）または金銭の貸借とされるリース取引（旧法令136の3②）の判定に関して、次に掲げるものは次のとおり取り扱う。

イ　リース期間が次のように設定されているリース取引は、売買とされるリース取引に該当しない。

(イ)　そのソフトウエアの耐用年数とリース期間が合致しているもの（たとえば5年のもの）またはそのソフトウエアの耐用年数以上で、かつ、その耐用年数の100分の120以下のもの（たとえば5年以上6年以下のもの）

(ロ)　リース期間がハードウエアの耐用年数を基準として、ハードウエアと一体で設定されているもの（たとえばハードウエアの耐用年数6年の場合、4年（6年×70％）以上6年（5年×120％）以下のもの）

「リース期間がハードウエアの耐用年数を基準として、ハードウエアと一体で設定されているもの」とは、ハードウエアと一体で使用されるもので、かつ、既住のリース取引の状況等からみて、リース期間終了時に返還または再リースがハードウエアと同時付随的に行われるものをいう。

ロ　次に掲げるリース取引は、金銭の貸借とされるリース取引に該当しない。

(イ)　リースバック取引でないもの

(ロ)　旧法人税基本通達12の5－3－1《金銭の貸借とされるリース取引の判定》（現行・法人税基本通達12の5－2－1）の(1)および(2)に該当するものまたはそれに準ずるもの

この取扱いは、平成19年度改正後のリース税制においては特に上記(2)の取扱いは適用がないが、所有権移転外リース取引の判断等に関して基本的

考え方は参考になろう。

X 固定資産の除却

1 基本的な考え方

　法人の有する固定資産が使用に耐えなくなった場合には、自然に滅失や消滅をするほか、法人において除却や廃棄、取壊しなどを行う。これら除却等に伴い生じる**除却損失**（固定資産の帳簿価額、取壊費用等）の額は、課税所得の計算上、損金の額に算入される（法法22③）。

　また、法人が新たに建物や構築物等を取得するため、まだ使用に耐えうる建物や構築物等を取り壊した場合であっても、その取り壊した資産の帳簿価額や取壊費用は、単純に損金にしてよい（法基通7-7-1）。新たに取得した建物や構築物等の取得価額に算入する必要はない。

　このように、法人税の課税所得の計算にあたっては、固定資産の除却損失は損金として認められる。これは試験研究用資産の除却等の場合も例外ではない。

　なお、工業所有権（特許権、実用新案権、意匠権、商標権）や育成者権などのように、登記、登録、更新等をすることにより権利が生じるものを除却するには、権利消滅の手続きをするか、更新の手続きをしなければよいであろう。

2 有姿除却

　上述した固定資産の除却損失の損金算入は、実際に固定資産を除却し、廃棄し、あるいは取り壊すことが大前提である。まだ除却等をせず、現物がそのまま存在する場合には、除却損失の計上は認められない。

ただし、次に掲げるような固定資産については、たとえまだ解撤、破砕、廃棄等をしていない場合であっても、その資産の帳簿価額からその処分見込価額を控除した金額を除却損として計上することができる（法基通7－7－2）。これを一般に**有姿除却**と呼ぶ。

① その使用を廃止し、今後通常の方法により事業の用に供する可能性がないと認められる固定資産

② 特定の製品の生産のために専用されていた金型等で、その製品の生産を中止したことにより将来使用される可能性がほとんどないことが明らかなもの

有姿除却の特例は、取壊費用が多額にかかる等の事情から物理的な除却等がされず、まだ現物としては存在するが、経済的にはすでに効用を失った固定資産について、実質的な除却を認めようとするものである。大規模な実験用装置で使用を廃止したものなどには、この特例の適用が可能であろう。その場合には、装置、機械などの主要部分を切断、破砕するなどの措置を講じておく。

なお、有姿除却により除却損として損金算入ができるのは、その資産の帳簿価額からその処分見込価額を控除した金額に限られる。将来行われる解撤、破砕、廃棄等に要する費用を見積もって、損金算入することまでは認められていない。

3　ソフトウエアの除却

(1)　企業会計の取扱い

自社利用のソフトウエアは、利用可能期間にわたって償却することにより費用化される。その利用可能期間の中途で使用される見込みがなくなった場合には、機械装置等の固定資産と同様に、除却処理を行う（実務指針Q&A Q19）。ソフトウエアは無形固定資産であるから、除却の事実を客観

的に確認することは困難な場合がある。しかし、ソフトウエアの機能が陳腐化した等の理由により事業の用に供しなくなった場合には、資産としての価値が失われるので、速やかに損失として計上しなければならない。

なお、ソフトウエアの一部の機能を使用しなくなったことにより、その機能をハードウエアから消去した場合またはメニューから削除して利用できなくした場合には、その消去または削除した部分の帳簿価額は除却処理する。この場合、除却部分の帳簿価額の算定については、たとえば当初の見積りを参考にする方法、開発規模によって按分する方法などが考えられる（実務指針 Q&A Q20）。

(2) 法人税の取扱い

上記の通常の除却または有姿除却の取扱いは、当然ソフトウエアにも適用される。すなわち、ソフトウエアにつき物理的な除却、廃棄、滅失等がない場合であっても、次に掲げるようなソフトウエアを今後事業の用に供しないことが明らかな事実があるときは、そのソフトウエアの帳簿価額をその事実が生じた事業年度の損金としてよい（法基通7－7－2の2）。

① 自社利用のソフトウエアについて、そのソフトウエアによるデータ処理の対象になる業務が廃止され、そのソフトウエアを利用しなくなったことが明らかな場合またはハードウエアやオペレーティングシステムの変更等によって他のソフトウエアを利用することになり、従来のソフトウエアを利用しなくなったことが明らかな場合

② 複写して販売するための原本となるソフトウエアについて、新製品の出現、バージョンアップ等により、今後、販売を行わないことが社内稟議書、販売流通業者への通知文書等で明らかな場合

この取扱いは、今後、従前のように利用することがまったく見込めないか、あるいはその可能性がごくわずかであるソフトウエアについて、物理的な除却等がなくても除却処理を認めるものである。ソフトウエアは無形

固定資産であり、有形固定資産に比べて、利用廃止の事実、命数や利用価値の喪失の事実が外部からはわかりにくい。そのため、客観的に利用廃止等の事実が明らかになるよう、資料をそろえておくことが肝要である。

○ 開発に失敗した新製品にかかるソフトウエアの取扱い

〔質疑応答〕

(問) 当社は、輸送機器メーカーであるが、ある新製品を開発するため試験研究を進めてきた。その新製品に組み込むためのソフトウエアは、すでにＡ社に開発を委託し、引渡しを受けている。

その引渡しを受けたソフトウエアは、どのように新製品に組み込むかの試験等、実際に新製品の開発に使っている。そのため、Ａ社に開発を委託した費用は、固定資産の取得価額として償却を開始した。

ところが、予定していたその新製品の開発は技術的に問題があること、他社がすでに類似の製品を開発し市場に投入したこと等から失敗に帰し、開発を断念することになった。

この場合、ソフトウエアの開発費の未償却残高は、いわば一種の除却損として一時の損金の額に算入してよいか。

(答) いったん開発したソフトウエアであっても、今後いっさい使用ないし活用できないというのであれば、その未償却残額は除却損として一時の損金の額に算入してよい。この場合、「今後いっさい使用できない」というのは、機能的、客観的にみて将来活用できる可能性がない、ということである。仮にそのソフトウエアによる新製品の開発は断念したが、他の用途や製品等に転用できるというのであれば、除却損というわけにはいかない。すなわち、今後、他に活用できる可能性があり、会社にも活用の意向があるとすれば、その未償却残額はそのまま固定資産として処理すべきである。

第6章 試験研究費と固定資産　419

したがって、質問のソフトウエアが特殊な仕様や技術などによるものであるため、他の製品の開発その他に活用の道がないとすれば、その未償却残額は一時の損金の額に算入してよいと考える。

○　ソフトウエアのバージョンアップ版を導入した場合の旧版の除却処理の可否

〔質疑応答〕

(問)　当社は設計事務所を営んでおり、従来からCADソフト、すなわち自動製図用ソフトウエアを導入して使用してきた。このたび、CADソフトのバージョンアップ版を導入したが、これは新規のソフトウエアの取得と考えられるので、旧版のCADソフトは除却処理をしてよいか。

(答)　質問をめぐる問題は、CADソフトのバージョンアップ版の導入を、資本的支出とみるのか、全く新たなCADソフトの取得とみるのかということである。

資本的支出であるとすれば、CADソフトのバージョンアップ版の導入費用は、単に旧版のCADソフトの帳簿価額に加算するか、独立した新たなCADソフトの取得として処理することになり（法令55）、旧版のCADソフトを除却することはできない。

一方、全く新たなCADソフトの取得とみて、旧版のCADソフトは今後一切使用しないというのであれば、除却処理をすることができよう。

この点、CADソフトのバージョンアップ版の導入が、旧版のCADソフトを基礎に機能の追加や更新、向上を図るというのであれば、資本的支出ということになる（法基通7－8－6の2）。

これに対し、CADソフトのバージョンアップ版の導入が、いわば書籍の旧版と新版（改訂版）のような関係にあり、所要の改訂を施した新版が

発行されたのでその新版を購入したということと同様の関係にあるような場合には、全く新たなCADソフトの取得とみることができよう。すなわち、旧版のCADソフトは使用することなく、バージョンアップ版のCADソフトだけで独立して製図作成ができる場合である。その場合には、旧版のCADソフトは今後一切事業の用に供さないというのであれば、除却処理をすることができる（法基通7－7－2の2）。

XI 固定資産の評価損等

1 基本的な考え方

(1) 企業会計の減損損失

減損会計基準においては、法人の有する資産に減損が生じる可能性を示す事象、すなわち減損の兆候がある場合には、**減損損失**を計上しなければならない。その減損の兆候とは、たとえば次に掲げるような事象をいう（減損会計基準二1）。

① 資産が使用されている営業活動から生ずる損益またはキャッシュ・フローが、継続してマイナスとなっているか、あるいは継続してマイナスとなる見込みであること。

② 資産が使用されている範囲または方法について、その資産の回収可能価額を著しく低下させる変化が生じたか、あるいは生ずる見込みであること。

　ここで「資産の回収可能価額を著しく低下させる変化」とは、次のような事実をいう。

　A　その資産が使用されている事業を廃止または再編成すること。

　B　当初の予定よりも著しく早期に資産を処分すること。

　C　資産を当初の予定と異なる用途に転用すること。

D　資産が遊休状態になったこと。
③　資産が使用されている事業に関連して、経営環境が著しく悪化したか、あるいは悪化する見込みであること。
④　資産の市場価額が著しく下落したこと。

(2) 法人税の評価損

　法人税において、企業会計の減損損失に対応するのが評価損である。法人税では、固定資産について次に掲げる事実が生じたことにより、その時価が帳簿価額を下回るようになった場合には、評価損を計上することができる（法法33②、法令68①三）。
①　固定資産が災害により著しく損傷したこと。
②　固定資産が1年以上にわたり遊休状態にあること。
③　固定資産がその本来の用途に使用することができないため他の用途に使用されたこと。
④　固定資産の所在する場所の状況が著しく変化したこと。
⑤　①から④までに準ずる特別の事実

　また、会社更生法等による更生計画認可の決定や民事再生法による再生計画認可の決定があったことによる評価換え等をした場合には、評価損の損金算入が認められる（法法33③④）。

(3) 減損会計と法人税の相違点

　上述したように、固定資産につき所定の事由が生じた場合には、企業会計では減損損失を認識し、法人税では評価損の計上が認められている。
　しかし、その認識や計上の基準は必ずしも同一ではない。企業会計の減損損失は、営業損益やキュッシュ・フローの動向、経営環境の変化、市場価額の下落といった、主として経済的・経営的な観点からその認識の要否を判断する。

これに対し法人税の評価損は、その固定資産自身がもつ疵や欠陥、使用状況、立地条件など物理的・客観的な事情の有無によりその計上の可否を判定する。減損会計と異なり、単に営業損益やキャッシュ・フローがマイナスであるとか、市場価額が低下したといった、経済的事情だけでは評価損の計上はできない。

　また、企業会計の減損損失の認識は強制適用であるが、法人税の評価損の計上は法人の任意である。法人が評価損の損金算入をするためには、評価損としての損金経理や帳簿価額の減額を要する（法法33②③）。

2　試験研究用資産等への適用

(1)　減損会計の適用

　たとえば、試験研究に使用している機械装置や器具備品等が、試験研究の中止や中断などに伴い、早期の処分が見込まれ、あるいは遊休状態になった場合には、減損損失を認識すべきであろう。

　また、特許権やソフトウエアについて、その内容が陳腐化や不適応化したことなどにより、将来の収益獲得が望めないといった場合には、減損損失を認識する必要がある。特に、自社利用のソフトウエアについては、「将来の収益獲得または費用削減が確実であると認められる場合」に限って資産に計上される（基準四3）。自社利用のソフトウエアのうち収益獲得が目的であるものについて、将来のキャッシュ・フローがマイナスとなり、投資金額の回収が見込めないとすれば、減損損失を認識する必要があろう。

　新聞によれば、ある製薬会社は、治療薬の研究開発の遅れや競合薬の開発状況、販売が苦戦する治療薬の将来販売計画を見直した結果、無形資産の減損損失を約560億円計上したとのことである（日本経済新聞　令和6.4.13朝刊）。

(2) 評価損の計上

　上述したように、法人税の評価損は、固定資産につき物理的、客観的な事情が生じた場合に計上が認められる。その点からすれば、試験研究用の機械装置や器具備品等が、試験研究の中止や中断などに伴い、早期の処分が見込まれ、あるいは遊休状態になったことに伴い、時価が下落した場合には、評価損の計上ができよう。

　これに対し法人税では、営業損益やキャッシュ・フローのマイナス、市場価額の下落といった、経済的事情だけでは評価損の計上はできない。したがって、特許権や自社利用のソフトウエアについて、将来の収益獲得が望めないといった事情だけでは、評価損の計上はできない。もし企業会計で減損損失を計上しても、法人税の損金としては認められない。

　ただ、その損金不算入とされる減損損失は、「償却費として損金経理をした金額」に含まれる（法基通7－5－1(5)(注)）。その結果、損金不算入の減損損失がそのまま損金不算入になるわけではない。償却費相当額は、損金算入が認められるからである。

　このように、企業会計と法人税の処理は異なることが考えられるので、留意を要する。

○ 研究プロジェクトの解散により廃棄される資産の評価損計上の可否

〔質疑応答〕

（問） 当社は、新しい物質を発見、創成するため、プロジェクトチームを結成し、日々研究に励んでいる。その研究に使用する試験研究機械や検査・測定機器などは、極めて特殊なもので、汎用性が乏しく、他の用途にはほとんど使用できないようなものである。この研究プロジェクトは、いちおう5年でめどをつけることになっており、5年経っても見通しがたたないようであれば、解散することになっている。

　このような、試験研究機械や検査・測定機器などは5年後には廃棄

されるものであるが、このような資産について評価損を計上する余地はないか。

(答) 法人税において、固定資産に対する評価損は、①災害により著しく損傷したこと、②1年以上にわたり遊休状態にあること、③他の用途に転用されたこと、④資産の所在場所の状況が著しく変化したことなどの事実が生じたことにより時価が下落した場合に計上することができる（法法33②、法令68①三）。

この評価損の計上事由からすれば、質問のような、法人の研究プロジェクトの事情により、単に5年後には廃棄されることが見込まれるというだけでは、評価損を計上することは難しいものと考えられる。

ただ、研究の見通しがたたなくなったため、研究を中断ないし中止し、その使用していた試験研究機械や検査・測定機器などが、そのまま放置され、価値が著しく低下したような場合には、評価損の計上の余地は出てこよう。

XII　知的財産の使用料の収益計上時期等

1　総　説

これまで試験研究費に関する問題は、主として費用性の観点から考え方や取扱いをみてきた。しかし、試験研究費をめぐる問題は、これだけではなく、収益の観点からも目配りを要する。すなわち、試験研究の結果、獲得した工業所有権をはじめとする知的財産を他の者に譲渡し、あるいは使用させる場合、その譲渡代価や使用料収入をどのように処理するか、という問題がある。

特に、平成30年3月の収益認識基準の制定に伴って、法人税において収

益の額とその計上時期の原則が法定され、**知的財産**（ソフトウエアおよび技術、動画・音楽および他の形態のメディア・エンターテインメント、フランチャイズ、特許権、商標権および著作権）のライセンス料、工業所有権の使用料や実施権の設定対価の収益計上時期などに関する整備が行われた。

また、令和6年度税制改正により、いわゆるイノベーションボックス税制が創設され、原則として、自社の研究開発により取得した特許権や著作権の譲渡・貸付けによる所得金額の30％相当額の所得控除ができることとされた（措法59の3）。この税制を適用するに当たっては、その対価の合理性や収益の計上時期に注意しなければならない。

そこで、以下においては、試験研究費をめぐる問題を収益の観点からみていこう。

2　基本的な考え方

法人税の課税所得の金額は、当該事業年度の益金の額から損金の額を控除した金額である（法法22①）。資産の販売・譲渡または役務の提供（「資産の販売等」）による収益の額は、その資産の販売等にかかる目的物の引渡しまたは役務の提供の日の属する事業年度の益金の額に算入する（法法22の2①）。これが**収益計上時期の原則**である。

この場合の益金の額に算入する**収益の額**は、その販売・譲渡した資産の引渡しの時における価額またはその提供をした役務につき通常得べき対価の額相当額である（法法22の2④）。すなわち、資産の販売等につき第三者間で取引されたとした場合に通常付される価額（時価）を益金の額に算入する（法基通2－1－1の10）。これが収益の額の基本的な考え方である。

知的財産のライセンス料や工業所有権の使用料、実施権の設定対価等の収益についても、この基本的な考え方にもとづき処理を行う。

特に、海外の関係会社に知的財産を譲渡し、あるいはライセンスする場

合には、その対価の額が合理的でないと、移転価格税制（措法66の4）を適用される恐れがあるので、十分な注意が必要である。

3　工業所有権等の譲渡収益の計上時期

　法人の有する棚卸資産の販売による収益の額は、その引渡しがあった日に計上する（法法22の2①）。その引渡しの日については、たとえば出荷した日、船積みをした日、相手方に着荷した日、相手方が検収した日、相手方が使用収益できることとなった日が考えられる。法人は、これらの日のうちその棚卸資産の種類、性質、契約内容等に応じ、引渡しの日として合理的なものを継続適用すればよい（法基通2－1－2）。
　一方、固定資産の譲渡による収益の額も、その引渡しがあった日に計上する（法法22の2①）。この場合の引渡しの日については、基本的に棚卸資産の販売の場合と同様に考えればよい（法基通2－1－14）。
　工業所有権等（特許権、実用新案権、意匠権、商標権またはこれらの権利に係る出願権、実施権）の譲渡による収益の額は、この基本的な考え方により収益計上時期を決定する。ただし、次に掲げる日に収益計上を行ってもよい（法法22の2②、法基通2－1－16）。
① 　その譲渡契約の効力発生の日
② 　その譲渡の効力が登録により生じる場合におけるその登録の日
　工業所有権等は、その性質上、物理的に引渡しを特定することは困難であるから、実務的には、このただし書きによる特例を適用するのが合理的であろう。

4　役務提供収益の計上時期の原則等

　法人の役務の提供による収益の額は、その役務の提供があった日に計上

する（法法22の2①）。この場合、役務の提供の日については、その役務の提供の**履行義務**（顧客との契約において、財またはサービスを顧客に移転する約束）が、「一定の期間にわたり充足されるもの」か「一時点で充足されるもの」かに応じて判定する。

（履行義務が一定期間にわたり充足されるもの）

そこで、まず、履行義務が「一定の期間にわたり充足されるもの」には、次の要件のいずれかを満たすものが該当する（法基通2－1－21の4）。

① 取引における義務を履行するにつれて、相手方が便益を享受すること。
　　――たとえば、清掃請負、警備請負、運送請負

② 取引における義務を履行することにより、資産が生じまたは資産の価値が増加し、その資産が生じまたは資産の価値が増加するにつれて、相手方がその資産を支配すること。
　　――たとえば、顧客所有土地上のビル建築請負、顧客所有システムの拡張請負

③ 次の要件のいずれも満たすこと。
　A 取引における義務を履行することにより、別の用途に転用することができない資産が生じること。
　B 取引における義務の履行を完了した部分について、対価を収受する強制力のある権利を有していること。
　　――たとえば、ビル建築請負、造船請負、ソフトウエア制作請負、コンサルティング請負

この履行義務が「一定の期間にわたり充足されるもの」については、その履行に着手した日から引渡し等の日までの期間において、履行義務が充足されていく、それぞれの日が役務の提供の日に該当する。したがって、その収益の額は、履行義務が充足されていく、それぞれの日の属する事業年度において計上することになる。ここで「引渡し等の日」とは、物の引渡しを要する取引にあってはその目的物の全部を引き渡した日、物の引渡

しを要しない取引にあってはその約した役務の全部を完了した日をいう（法基通2－1－21の2）。

　この場合、当期に計上する収益の額は、その提供する役務につき通常得べき対価の額を基礎にして履行義務の充足にかかる進捗度（総原価のうちに占める当期の経費の額の占める割合等）に応じて計算した金額とする（法基通2－1－21の5、2－1－21の6）。これは、工事進行基準の考え方により当期に計上すべき収益の額を決定するということである。

（履行義務が一時点で充足されるもの）

　次に、履行義務が「一時点で充足されるもの」については、その引渡し等の日が役務の提供の日に該当する。したがって、その収益の額は、その引渡し等の日において計上することになる（法基通2－1－21の3）。

　これらの考え方、処理方法は、収益認識基準と同様である（同基準38項～45項、133項～136項、同適用指針15項～22項）。

5　知的財産のライセンス供与収益の計上時期

　法人の知的財産のライセンスの供与による収益の額は、次に掲げる知的財産のライセンスの性質に応じ、それぞれ次の取引に該当するものとして次のように収益計上を行う。

① 　ライセンス期間にわたり存在する法人の知的財産にアクセスする権利であるとき——履行義務が一定の期間にわたり充足されるものとして、その契約開始日から契約終了日までの期間において収益計上をする（法基通2－1－30(1)、2－1－21の2）。
② 　ライセンスが供与される時点で存在する法人の知的財産を使用する権利であるとき——履行義務が一時点で充足されるものとして、その契約開始日に収益計上をする（法基通2－1－30(2)、2－1－21の3）。

　①はライセンスの供与の相手方が契約期間にわたって継続的に使用でき

るものであり、②は一時点でのみ使用できるものである。

これらの考え方、処理方法は、収益認識基準と同様である（同適用指針61項～66項）。

6　売上高等に基づく知的財産ライセンスの使用料の収益計上時期

法人の知的財産のライセンスの供与による使用料が、相手方の売上高または使用量に基づき算定される場合には、知的財産のライセンスの使用料の性質に応じ、それぞれ次のように収益計上を行う。

① 使用料が知的財産のライセンスのみに関連している場合またはその使用料において知的財産のライセンスが主な項目である場合──次に掲げる日のうちいずれか遅い日に収益計上をする（法基通2－1－30の4）。

　A　知的財産のライセンスに関連して相手方が売上高を計上する日または相手方が知的財産のライセンスを使用する日

　B　使用料にかかる役務の全部または一部が完了する日

② 売上高または使用量に基づく使用料が①に該当しない場合──「変動対価」として、変動する使用料の額を見積もって収益を計上する（法基通2－1－1の11）。

これらの考え方、処理方法は、収益認識基準と同様である（同適用指針26項、67項、68項、同基準50項～55項）。

ただし、法人税の課税上、工業所有権等の使用料は、当分の間、その額が確定した時に収益計上することができる（平成30年改正法基通経過的取扱い(4)）。

7　工業所有権等の使用収益の計上時期

　法人が工業所有権等の実施権の設定により受け取る対価（使用料を除く）の額は、次に掲げる日において収益計上をすることができる（法基通2－1－30の2）。
① 　その設定契約の効力発生の日
② 　その設定の効力が登録により生じる場合におけるその登録の日

　この場合、その実施権の設定対価として受け取る一時金が、相手方の中途解約のいかんにかかわらず取引の開始当初から返金が不要なものであるときは、原則としてその取引の開始日に収益計上を行う。ただし、その返金不要な設定対価が、契約期間における役務の提供ごとに、それと具体的な対応関係をもって発生する対価の前受けと認められる場合には、継続適用を条件に、その契約期間の経過に応じて収益計上をすることができる（法基通2－1－40の2）。

　これらの考え方、処理方法は、基本的に収益認識基準と同様である（同適用指針57項～60項）。

　一方、工業所有権等を他の者に使用させたことにより受け取る使用料の額については、継続適用を条件に、契約によりその使用料を受け取ることとなっている日において収益計上をしてよい（法法22の2②、法基通2－1－30の5）。

8　クロスライセンス契約の収益認識等

　ある大手電機メーカーは、中国の大手スマートフォン会社と無線通信技術に関する特許を相互利用するクロスライセンス契約を結んだ、とのことである（日本経済新聞　令和6.5.25朝刊）。

法人が特許に関する**クロスライセンス契約**を結んだ場合、理論的には、相手方に自己の特許を利用させることによる受取使用料と相手方の特許を利用することによる支払使用料とが生じる。そのため、形式的には、その受取使用料と支払使用料とは両建て経理をすべきことになる。

しかし、クロスライセンス契約では、一般にお互いの特許は同じ価値で、受取使用料と支払使用料とは等価であるものとして、両者を相互に相殺しているとみることができよう。したがって、法人税の実務上は、強いて受取使用料と支払使用料とを両建て処理をしなくてよいものと考える。何ら処理をする必要はない。

ただ、相互利用する特許の価値が明らかに異なるような場合には、その差額を授受すべきである。

また、令和6年度税制改正で導入されたイノベーションボックス税制を適用する場合には、受取使用料を取り出して認識すべき場面があるかもしれない。

更に、消費税の課税上は、受取使用料と支払使用料とは両建てで認識しなければならない。免税事業者の判定、簡易課税制度の適用の可否、課税売上割合の計算、仕入税額控除などに影響があるからである。

このようにみてくると、クロスライセンス契約であっても、相互の特許の評価は困難な問題ではあるが、何らかの合理的な方法でその評価をしておく必要があろう。

9　イノベーションボックス税制の適用

法人が国内で自ら研究開発を行って取得した特許権やＡＩを活用したソフトウエアの著作権について、その国内への譲渡による所得または国内外からのライセンスによる所得と当期の全体所得とのいずれか低い金額の30％相当額を所得金額から控除することができる（措法59の3）。これが、令

和6年度税制改正により創設された、イノベーションボックス税制である。

　この税制の適用に当たって、特許権や著作権の譲渡収益やライセンス料の額の合理性の判断、収益の計上時期などは、上述したところにより処理していく。

　イノベーションボックス税制の詳細については、**「第9章　試験研究費と所得控除」**を参照されたい。

第7章　試験研究費と繰延資産

I　総　　説

　今日の企業損益は、ある一定期間（事業年度）の収益からこれに対応する費用を差し引くことにより計算される。この**期間損益**を適正に計算するためには、支出の効果が将来に及ぶような費用は、支出した当期だけの費用とすることなく、将来の収益と対応させるため次期以降に繰り延べなければならない。このようにして繰り延べられる費用が**繰延資産**である。繰延資産の計上は、今日の企業損益計算の基本的考え方を端的に表す費用収益対応の原則により根拠づけられる。

　従来、その繰延資産の一つに試験研究費があったが、平成19年度税制改正により、試験研究費は繰延資産の範囲から除外された。これは、企業会計における繰延資産から試験研究費が外されたことに伴うものである。そのため、試験研究費と繰延資産との関係は、希薄になったといえよう。

　しかし、税務上の繰延資産の範囲には、企業会計にはない独自の繰延資産が含まれている。たとえば、同業者団体が共同で試験研究を行うための負担金やインキュベーター等の試験研究用資産を賃借するための権利金、試験研究を行うために他の者のノウハウを使用するための頭金などは、繰延資産として処理しなければならない。

　そのような意味では、今後も試験研究費と繰延資産との関係には、留意

する必要がある。そこで、以下、試験研究費と繰延資産をめぐる問題をみていこう。

Ⅱ 繰延資産の範囲

1 繰延資産の意義

上述したように、**繰延資産**は、支出の効果が将来に及ぶため、支出した当期だけの費用とすることなく、将来の収益と対応させるため次期以降に繰り延べる費用である。法人税において繰延資産とは、法人が支出する費用のうち支出の効果がその支出の日以後1年以上に及ぶもので次に掲げるものをいう（法法2二十四、法令14）。

① 創立費
② 開業費
③ 開発費
④ 株式交付費
⑤ 社債等発行費
⑥ 次に掲げる費用で支出の効果が1年以上に及ぶもの
　A　自己が便益を受ける公共的施設または共同的施設の設置または改良のために支出する費用
　B　資産を賃借し、または使用するために支出する権利金、立退料その他の費用
　C　役務の提供を受けるために支出する権利金その他の費用
　D　製品等の広告宣伝用に供する資産を贈与したことにより生ずる費用
　E　AからDまでの費用のほか、自己が便益を受けるために支出する費用

　①から⑤までの費用は会社法や企業会計でも繰延資産とされているもの

である。これに対して⑥の費用は、会社法や企業会計にはない税法独自の繰延資産である。

なお、資産の取得に要した金額とされるべき費用は繰延資産とならない（法令14①）。したがって、たとえば試験研究のために取得した資産の費用であっても、棚卸資産や固定資産として処理すべきものは、繰延資産に含まれない。

また、前払費用も繰延資産とならない（法令14①）。ここで**前払費用**とは、法人が一定の契約にもとづき継続的に役務の提供を受けるために支出する費用のうち、まだ提供を受けていない役務に対応するものをいう（法令14②）。

したがって、繰延資産は「資産」という名はついているが、その実質は資産性・換金性のない費用のかたまりである。資産という名がついているのは、次期以降に繰り越すための会計上の観点からする便宜であろう。

○ 他社が開発中の化合物の実施許諾を受けた場合の費用の処理方法

〔質疑応答〕

（問） 当社は、このたび外国のB社が開発中の、ある化合物の開発、製造、販売の実施権許諾を受け、今後は当社において基本的に開発、製造、販売を行うこととした。その実施権許諾の契約時にB社に対して一時金を支払うほか、販売後には売上高に応じてロイヤルティを支払うことになっている。

ただし、開発作業のうちあるステージまたはある分野は、従来どおりB社が開発を行い、その開発費用は当社が負担する。

この場合、当社が支払う契約時の一時金およびB社が行う開発費用の負担金は、どのように処理したらよいか。

（答） 貴社は、B社が開発途中の化合物の開発、製造、販売の実施権許諾

を受けるということであるから、B社はこれまでに相当額の開発費を投下しているものと考えられる。

　貴社が実施権許諾の契約時に支払う一時金は、B社がこれまでに投下した開発費の負担金であるとみることができよう。そうすると、開発費の負担金としての一時金は、実質的にはその化合物に対する当社における開発費として、一時の費用処理ができるのではないか、という意見があり得よう。

　この点、企業会計では、従来他の企業の買収により受け入れた仕掛研究開発費は、研究開発の途中段階のものであるから、研究開発費として費用処理するような取扱いがあった（企業結合に関する会計基準三２(3)、企業結合会計基準及び事業分離等会計基準に関する適用指針旧61、371）。ただし、この取扱いは、現在削除されている。

　しかし、B社がこれまでに投下した開発費は、貴社が直接支出したものではない。また、実施権許諾の契約時に支払う一時金は、今後の開発、製造、販売を実施するための権利の対価であると認められる。

　したがって、税務上、その一時金は、繰延資産である「役務の提供を受けるために支出する権利金その他の費用」ないし「自己が便益を受けるために支出する費用」に該当し、権利金やノウハウ等として処理すべきものと考えられる（法令14①六ハ、ホ）。あるいは、その内容に特許権、実用新案権等の工業所有権や新薬販売権等の営業権の対価と認められるものがあれば、それに応じて処理すべきことになろう。

　次にB社が行う開発作業の費用の負担金については、その契約の性格に応じて処理すべきことになる。そのため、B社が従来どおり行う開発行為の法的性格を確定させる必要がある。

　その結果、貴社が開発、製造、販売に関する一切の実施権許諾を受けたのであるから、B社が従来どおり行う開発行為は貴社からB社に対する委託開発であるとすれば、その開発が終了したときに費用計上すべきことに

なる。

　これに対し、B社にも開発、製造、販売に関する実施権が留保されているとすれば、B社との共同開発とみる余地があろう。そうすると、開発作業のための費用の負担金は、期間費用として損金算入することができると考えられる。ただ、共同開発であるとすれば、貴社が開発費用の全部を負担すると、寄附金課税の問題が生じてくるかもしれない。

○　共同開発契約に基づく負担金が繰延資産とされた事例

〔参考裁決例〕

　請求人は、製品の共同開発契約（本件契約）に基づき一方の契約当事者（本件当事者）に支払った負担金（本件負担金）について、本件契約の製品に係る大臣の承認（本承認）を得るために本件当事者から開示された資料等は、共同開発の成果であって請求人が自己開発したものと同様であること、また、本件負担金の支出には、本承認が得られないリスクがありその支出の効果がその後に及ぶものといえないことなどから、本件負担金は繰延資産に該当しない旨主張する。

　しかしながら、本件負担金の対象となる各業務は、本件当事者が担当する業務であり、ほとんどが本件契約の締結日までに完了していたことに加え、請求人は本承認の申請に必要なデータを本件当事者から取得し、本件契約の締結日から短期間で本承認の申請をしていたことなどから、請求人が当該共同開発の主体であったとみることはできず、本件負担金は、本件当事者が開発の過程で得た成果の提供という役務の提供を受けるために支出する費用であると認められる。そして、当該製品は現に製造販売されていることに加え、本承認の取得後5年ごとに大臣の調査を受けなければならないことなどからすると、本承認を取得した効果は少なくとも5年は継続するということができる。したがって、本件負担金は、役務の提供を受けるために支出する費用で、

支出の効果がその支出の日以後 1 年以上に及ぶものと認められるから、繰延資産に該当する。

(国税不服審判所裁決　平成30.10.10　裁決事例集№113　150頁)

2　同業者団体等の共同研究の負担金

　法人がその所属する同業者団体に対して、業界が行う共同研究のための費用を負担する例がみられる。その**研究負担金**が同業者団体において試験研究用固定資産の取得に充てられる場合には、その支出をした法人は、その研究負担金は繰延資産として処理しなければならない。法人が支出するその研究負担金は、繰延資産である「自己が便益を受ける共同的施設の設置または改良のために支出する費用」に該当するからである（法令14①六イ、法基通 8 - 1 - 4 ）。この繰延資産は、企業会計にはない税法固有のものである。支出時の一時の費用にはならず、均等償却をしなければならない（法令64①二）。

　これは、同業者団体が研究負担金としてではなく、臨時会費等として徴収する場合も同じである。すなわち、法人がその所属する同業者団体に対して支出する**臨時会費**は、その臨時会費を同業者団体がどのように使ったのか、その使途に応じて支出した法人の課税上の取扱いを決するからである（法基通 9 - 7 -15の 3 ）。同業者団体がその徴収した臨時会費を試験研究用資産の取得に充てれば、その会費を支出した法人は、繰延資産として処理しなければならない。

　なお、そもそも同業者団体に加入するための加入金も、繰延資産に該当する（法令14①六ホ、法基通 8 - 1 -11）。ただし、同業者団体の加入金であっても、その構成員の地位を他に譲渡できるものや出資の性格を有するものは、繰延資産ではない。その地位を他に譲渡し、または同業者団体を

脱退するまでは資産に計上しておき、損金算入はできない（法基通8－1－11(注)）。

3　試験研究用資産の賃借のための権利金等

(1)　総　　説

　試験研究はヒトが行うものであるから、成功の決め手は優秀な人材である。しかし、最近のようにハイテク時代の試験研究にあっては、いかに高性能の試験機械や検査器具等を駆使できるかがその成否を分けることも否めない。ハイテク機器であればあるほど、旧式化や陳腐化の速度が早い傾向にあるから、自ら購入して使用するよりもリースによるほうが得策の場合が少なくない。

　そこで、試験研究用の資産、たとえば研究所用の建物や電子計算機、各種試験機器などをリース、すなわち賃借することになる。新聞報道によれば、ある大手不動産会社は、創業間もないスタートアップ企業の支援を広げるため、東京都心のオフィスビル2カ所でスタートアップが月単位で賃借でき、本社登記もできる「インキュベートオフィス」を設ける。法律事務所や会計事務所なども紹介するという（日本経済新聞　平成29.8.18朝刊）。

　また、京都大学は、京都市内のキャンパスにバイオ系ベンチャーを総合的に支援する「イノベーションハブ京都」を開設し、本格的な運用を始めたとのことである。基礎的な実験設備のほか、最新の分析機器や動物実験設備を低コストで利用できるという（日本経済新聞　平成29.9.4朝刊）。

(2)　課税上の取扱い

　研究所用の建物や電子計算機、試験機器等の賃借にあたって支出する**権利金**、**立退料**、引取運賃、関税、据付費その他の費用は、「資産を賃借するための権利金等」として繰延資産に該当する（法令14①六ロ、法基通8－

1−5)。これは税法独自の繰延資産であるから、均等償却する必要がある（法令64①二、法基通8−2−3）。支払った時の一時の損金にはならない。

　建物の賃借にあたって、不動産業者等に仲介を依頼した場合には仲介手数料を支払う。その仲介手数料も繰延資産にすべきかどうかという問題があるが、仲介手数料は繰延資産として処理することを要しない（法基通8−1−5（注））。たとえば、研究所用の建物の賃借に際して支払った**仲介手数料**は、繰延資産とすることなく一時の損金としてよい。

　なお、上述の例で企業が、**インキュベーター**（incubator＝企業孵化）施設である研究開発室や実験装置などを低料金で借りたとしても、通常料金との差額につき経済的利益を受けたものとして、別途、収益を計上するような必要はない。すでに低料金である分、支払家賃や賃借料である費用が少なくなって、自動的に利益が多くなるからである。強いて経済的利益と支払家賃とを両建て処理するというのであれば、実際の料金と通常の料金との差額につき次のような会計処理を行えばよい。

　　（借）支払家賃　××××　　（貸）受贈益　××××

　その結果、収益と費用が両建て計上され、課税関係は生じない。

4　コンテンツ製作のための費用

　税務上、ソフトウエアは無形固定資産である（法令13八リ）。ここにソフトウエアとは、電子計算機に対する指令であって一の結果を得ることができるように組み合わされたものをいう（措規20の3⑤）。このソフトウエアに隣接するものにコンテンツがあり、コンテンツは原則としてソフトウエアとは別個のものとして取扱う（「**第6章　試験研究費と固定資産**」参照）。

　コンテンツとは、ソフトウエアの処理対象となる情報の内容である文字や図形、色彩、音声、動作、映像またはこれらを組み合わせたもののことである（措規20の10③参照）。具体的には、たとえばデータベースソフトウ

第7章 試験研究費と繰延資産 441

エアが処理対象にするデータ、映像や音楽ソフトウエアが処理対象とする画像・音楽データ、電子化（CD化）された百科辞典の内容である辞典情報などが考えられる。

そこで、**ゲームソフト**は、一般的にソフトウエアとコンテンツが高度に組み合わされたものである（実務指針29）。新聞によれば、アニメ企画・制作大手のある会社は、アニメの名作の映像著作権を保有するコンテンツ（情報の内容）を、インターネット上で有料配信するという（日本経済新聞平成14.11.27朝刊）。

コンテンツの製作にあたり、たとえば他の者の著作物を使用するため**出版権**を設定し、その対価を支払った場合には、その対価は繰延資産として処理する。また、たとえば漫画の主人公をゲームソフトに使用するなど他人の著作物を利用することについて著作権等の許諾を得るために支出する一時金は、出版権に準じて繰延資産として処理することができる（法基通8－1－10）。

法人税法上、著作権は固定資産であるが、減価償却資産とされていないから償却することはできない。しかし、出版権は契約により設定期間が定められ、その期間の経過により権利がなくなるものであるから、繰延資産とされている。

なお、コンテンツの製作にあたり他の者から著作権や工業所有権を取得した場合には、その内容に応じて固定資産として計上する（法令13八ホ～チ）。

○ 「プライバシーマーク」の使用許諾を受けるための費用の処理

〔質疑応答〕

（問） 当社は、付与機関（一般社団法人日本情報経済社会推進協議会）から「プライバシーマーク」の使用許諾を受け、これを広告用資料として使用する予定である。

この「プライバシーマーク」の使用許諾を受けるためには、次のような費用を支払うことになる。これらの費用は、どのように処理したらよいか。

(1) 申請料 ── 形式審査に要する費用で、申請時に支払う。

(2) 審査料等 ── 専門的審査に要する費用で、審査終了後に支払う。

(3) 使用料 ── 付与認定を受けた場合、使用料（当社の場合20万円）を支払うことにより、付与機関との間で契約を締結し、使用許諾権の付与を受ける。

(4) 更新料等 ── 付与契約の期間は2年であり、更新手続により更に2年間延長することができ、その更新の際には、上記(1)から(3)までの費用を支払う。

（答） 質問の費用は、それぞれ次のように取り扱われる（国税庁・法人税質疑応答事例「『プライバシーマーク』の使用許諾を受けるまでの費用等の税務上の取扱いについて」）。

(1) 申請料 ── 審査の結果いかんにかかわらず必要な費用で、付与認定が受けられなかった場合でも返還されないこと、形式審査終了時に付与機関の役務提供は完了すること、支出の効果は1年以上に及ばないことから、その支出時に損金算入。

(2) 審査料等 ── 審査の結果いかんにかかわらず必要な費用で、付与認定が受けられなかった場合でも返還されないこと、専門的審査終了時に付与機関の役務提供は完了すること、支出の効果は1年以上に及ばないことから、付与機関からの請求書受領日に損金算入。

(3) 使用料 ── 付与機関との間で締結した付与契約にもとづき、付与機関が所有する商標権である「プライバシーマーク」を2年間使用する許諾を得るための費用であるから、繰延資産として計上（法基通8－1－10(注)参照）。ただし、その使用料の額が20万円未満の場合には、支払

日に一時の損金算入ができ（法令134）、貴社の場合、消費税等の経理処理につき税抜経理方式を採用しているときは、支払日に一時の損金算入ができる（平成元.3.1直法2－1通達）。

(4) 更新料等 ── 上記(1)から(3)までと同様に処理。

5 研究者等のスカウト料

(1) 問題の所在

　試験研究はカネとヒトだといわれる。試験研究には専門的・技術的な知識を必要とし、優秀な研究者や技術者が求められる。産・官・学が連携した研究開発の活性化が叫ばれ、国立の大学教員の任期付き採用制および国立研究所の研究者の任期制が導入されている。これは、優れた研究者がよりよい研究環境を求めて研究機関を渡り歩いたり、ヘッドハンティングをしやすくして研究現場を活性化、人材の新陳代謝を促し若手研究者の登用の機会を広げるのが狙いという（日本経済新聞　平成9.4.5朝刊）。研究者や技術者などの人材の流動化が促進されよう。

　自社が必要とする分野の研究者や技術者が不足する場合や緊急に研究者等が必要な場合などには、他から優秀な研究者等をスカウトする例がみられる。新聞では、「車大手IT人材争奪戦」と題して、自動車大手が、IT（情報技術）分野などの技術者を中途採用する動きが広がっている、と報じている。技術開発の焦点が自動運転やインターネットに常時接続する「コネクティッドカー（つながる自動車）」に移る中、ノウハウを持つ人材が社内に不足しているためという（讀賣新聞　平成29.8.6朝刊）。

　特に、平成29年度税制改正により、サービス開発に係る試験研究費の税額控除が創設されたときに、データサイエンティストのスカウトが話題になった。

　それと同じように、令和5年度税制改正により、研究開発税制のうち特

別試験研究費の税額控除の対象に、高度専門知識を有する博士に人件費を支払って行う試験研究が追加されたので（措法42の4⑲十、措令27の4㉔十五）、今後その高度専門知識を有する博士をスタウトする例が多くなるかもしれない。

そのスカウトにあたって、**契約金**や**支度金**、**移籍料**などのいわゆる**スカウト料**を支払うことがある。そのスカウト料は、繰延資産にすべきであろうか。

(2) 課税上の取扱い

たしかに、法人がプロの野球やゴルフ、テニスの選手等と専属契約をするために支出する契約金等は、「自己が便益を受けるために支出する費用」として繰延資産に該当し、その契約期間で償却しなければならない（法令14①六ホ、法基通8－1－12、8－2－3）。これに対し、セールスマン、ホステス等の引抜料、支度金等の額は、繰延資産とせず、その支出時の一時の損金としてよい（法基通8－1－12(注)）。

これは、職業運動選手の場合は専属契約により身分関係につき拘束力が強いのに対し、セールスマン等の場合はそれほどでないからである。この点は、研究者等の場合も基本的には同様であろう。つまり、研究者等のスカウト料は、セールスマン等と同じ事情にあれば、原則として繰延資産とすることなく、その支出時の一時の損金にしてよいと考えられる。

ただし、その研究者等につき職業運動選手と同じように、契約期間または最低在職期間を定め、その期間中は身分を強く拘束するような場合には、繰延資産に該当することになる。契約期間中または最低在職期間中はスカウト料の支出の効果が確実に及ぶからである。この点はスカウト料が高額になればなるほど、繰延資産に該当する例が多くなるものと思われる。多額のスカウト料を支払っておきながら、身分の拘束が弱くいつ辞めてもよいというようなことは通常では考えられないからである。

上述した、令和5年度税制改正に伴う、高度専門知識を有する博士のスカウト料は、繰延資産として処理すべき場合が多いと考えられる。そのスカウト料の研究開発税制の適用の可否等については、**「第8章　試験研究費と税額控除」**を参照されたい。

なお、スカウト料については、その支払いの際に所得税の源泉徴収をしなければならない（**「第10章　試験研究費と源泉徴収」**参照）。

6　ドメインの取得費

パソコンやスマートフォンに関する資産（権利）にドメインがある。**ドメイン**は、インターネット上の住所であり、ウェブサイトがどこにあるかを示す情報といえる。プレミアムがついたドメインは、相当高額で取引されている例もあるといわれる。

そのドメインは、商標権に近いものではあるが、税務上、固定（無形）資産ではない。そこで、他の者からドメインを取得した場合には、自己が便益を受けるために支出した費用として繰延資産処理をすべきものと考える（法令14①六ホ）。その場合、ドメインの取得価額が20万円未満であれば、効果の及ぶ期間などを考慮することなく、その取得価額を一時の損金の額に算入してよい（法令134）。

これに対し、その取得価額が20万円以上であれば、その効果の及ぶ期間において償却を行い費用化していく（法法32、法令64①二）。ただ、ドメインは権利期間が1年で、1年ごとに更新をする必要があり、もし更新をしなかったときは、そのドメインは失効してしまう。そのようなドメインであれば、支出の効果は1年以上に及ばないので、金額の多寡にかかわらず、その取得価額を一時の損金算入してよいと考える。

III 繰延資産の償却

1 総　説

(1) 償却費の損金算入

繰延資産の償却費は、法人税の課税所得の計算上、損金の額に算入される（法法22③）。その損金の額に算入される金額は、法人がその事業年度において償却費として損金経理をした金額のうち、その繰延資産の効果の及ぶ期間を基礎として計算した金額である（法法32）。

繰延資産の償却方法には、いわゆる①自由償却法と②均等償却法とがある。**自由償却法**とは、法人がいつ、いかなる金額を償却費として損金経理するかは全く任意である方法をいう。その支出をしたときに一時に全額を損金経理してもよいから、事実上、期間費用としての処理が認められることになる。創立費、開業費、開発費、株式交付費および社債等発行費に適用される（法令64①一）。これは、これら繰延資産は会社法や企業会計でも繰延資産とされており、会社法等の任意償却との平仄を図ったものである。

これに対して、**均等償却法**は、その繰延資産の支出の効果の及ぶ期間において均等額ずつを損金経理する方法である（法令64①二）。自由償却法と異なり、その支出時に一時に全額を償却することはできない。この均等償却法は、税法独自の繰延資産（前記Ⅱ1⑥）に対して適用される。税法独自の繰延資産は、まさに課税の適正化のための税務上の必要にもとづき繰延資産とされているのであるから、支出時の一時償却は認められていない。

(2) 少額繰延資産の一時償却

上述した均等償却をすべき税法独自の繰延資産であっても、その支出する金額が20万円未満であるものについては、その支出した事業年度におい

て全額を損金経理してよい（法令134）。少額な繰延資産については、均等償却を省略して一時の損金算入をしても、課税所得計算に与える影響は少ない。重要性の原則に支えられた特例で、一般に**少額繰延資産の一時償却**と呼ばれる。

この場合、支出する金額が20万円未満であるかどうかは、それぞれ次により判定する（法基通8－3－8）。

① 公共的施設の繰延資産（法令14①六イ）　一の設置計画または改良計画につき支出する金額（2回以上に分割して支出する場合には、見積支出金額の合計額）

② 資産賃借の権利金等（法令14①六ロ）および役務提供の権利金等（法令14①六ハ）　契約ごとに支出する金額

③ 広告宣伝用資産の贈与費用（法令14①六ニ）　支出の対象となる資産の1個または1組ごとに支出する金額

2　同業者団体等の共同研究の負担金

前述したように、法人が支出した研究負担金でもって同業者団体等が試験研究用固定資産を取得した場合には、支出した法人においてはその研究負担金は繰延資産として処理しなければならない。この繰延資産は、「自己が便益を受ける共同的施設の設置または改良のために支出する費用」であり（法令14①六イ）、会社法や企業会計にはない税法固有のものである。

この**共同的施設の負担金**は、支出の効果の及ぶ期間、すなわち償却期間に応じて、毎期均等額以内の金額を償却しなければならない。この場合の償却限度額は、費目の異なるごとに、かつ、償却期間の異なるごとに、次の算式により計算した金額である（法令64①二）。これは**均等償却法**であり、開業費や開発費などのような自由償却は認められない。

〔算　式〕

$$\text{償却限度額} = \text{繰延資産の額} \times \frac{\text{その事業年度の月数}}{\text{支出の効果の及ぶ期間の月数}}$$

「支出の効果の及ぶ期間」は、それぞれ次による（法基通8－2－3）。

① その研究負担金が同業者団体等における試験研究用固定資産の取得または改良に充てられるものである場合　その試験研究用固定資産の耐用年数の10分の7に相当する年数

② その研究負担金が同業者団体等における土地の取得に充てられるものである場合　45年

一方、同業者団体等の加入金の償却期間は5年である（法基通8－2－3）。

なお、共同的施設の設置のために支出する負担金額が20万円未満であれば、均等償却をせずに一時の損金とすることができる（法令134）。

○ 同業者団体における共同研究の負担金の取扱い

〔質疑応答〕

(問) ㈳N協会は、業界における学術技術その他の調査研究を目的として設立された公益法人である。この度、協会傘下の企業と共同で公害防止を目的とする新技術開発のための研究を行うこととした。

その研究に要する費用は、共同研究に参加する企業が負担金として拠出するが、その負担金の処理は次のとおりでよいか。

① 設備費に充てる負担金の処理

設備に充てる負担金は、「共同的施設設置のための負担金」として繰延資産とする。この場合の償却期間は、その設備の耐用年数の10分の7に相当する年数とする。

② 研究費に充てる負担金の処理

研究費に充てる負担金は、その支出時において一時の費用とする。

(答) 法人が同業者団体に対して共同研究の負担金を拠出した場合には、その同業者団体における使途に応じて、その負担金の処理を行う。すなわち、その負担金が試験研究用の固定資産の取得に充てられれば、「共同的施設設置のための負担金」として繰延資産に計上する（法令14①六イ）。この繰延資産は自由償却ができず、その資産の耐用年数の10分の7に相当する年数で均等償却をしなければならない（法基通8－2－3）。

これに対して、研究費に充てる負担金は、その支出時に損金として処理することができる。

したがって、質問の場合には、質問にあるような処理方法で差し支えない。なお、質問の設備が耐用年数の異なる複数の機械装置から成る場合には、「設備の耐用年数の10分の7に相当する年数」は、その設備を構成する機械装置の耐用年数の加重平均年数の10分の7に相当する年数とする。

3　試験研究用資産の賃借のための権利金等

前述したように、研究所用の建物や電子計算機、各種試験機器などの賃借にあたって支出する権利金、立退料、引取運賃、関税、据付費その他の費用は、「資産を賃借するための権利金等」として繰延資産に該当する（法令14①六ロ、法基通8－1－5）。

この繰延資産は支出の効果の及ぶ償却期間を基礎に均等償却をしなければならない。その場合の償却期間は次のとおりである（法基通8－2－3）。
① 研究所用建物を賃借するための権利金、立退料等
　A　建物の新築に際してその所有者に支払った権利金等でその権利金等の額がその建物の賃借部分の建設費の大部分に相当し、かつ、実際上その建物の存続期間中賃借できるものである場合　その建物の耐用年数の70％相当年数
　B　建物の賃借に際して支払ったA以外の権利金等で、契約、慣習等に

よってその明け渡しに際して借家権として転売できる場合　その建物の賃借後の見積残存耐用年数の70％相当年数

　　C　A・B以外の権利金等の場合　5年（賃借期間が5年未満で、契約の更新に際して再び権利金等の支払を要するときは、その賃借期間）

② 電子計算機その他の機器の賃借に伴って支出する引取運賃、関税、据付費その他の費用　その機器の耐用年数の70％相当年数（その年数が賃借期間を超えるときは、その賃借期間）

なお、その支出金額が20万円未満である場合には、前述した少額繰延資産の一時償却（法令134）の適用がある。

4　コンテンツ製作のための費用

前述したように、コンテンツの製作にあたり支出する出版権の設定対価や著作権等の許諾を得るための一時金は、「自己が便益を受けるために支出する費用」として繰延資産に該当する（法令14①六ホ、法基通8－1－10）。

この繰延資産は税法独自のものであるから、均等償却をしなければならない。その場合の効果の及ぶ期間、すなわち償却期間は、出版権または著作権の設定契約に定める存続期間である。ただし、その設定契約に存続期間の定めがない場合には、3年とする（法基通8－2－3）。

なお、その支出金額が20万円未満である場合には、前述した少額繰延資産の一時償却（法令134）の適用をしてよい。

5　研究者等のスカウト料

前述したように、研究者等を自社の専属とするため支払う契約金や支度金等のスカウト料は、基本的には繰延資産になることは少ないと思われる。

ただ、スカウトした研究者等に対する身分の拘束が強いような場合には、繰延資産として処理すべきことになる。

繰延資産として処理すべき研究者等のスカウト料は、その契約期間や最低在職期間（契約期間等の定めがない場合には、3年）において均等償却をする（法基通8－2－3参照）。開業費や開発費のような自由償却は認められない。ただし、その支出金額が20万円未満である場合には、前述した少額繰延資産の一時償却（法令134）の適用がある。

6　事業適応繰延資産

令和3年度税制改正により、いわゆるDX投資促進税制が創設され、情報技術事業適応設備とともに事業適応繰延資産について特別償却ができるようになった（措法42の12の7①②）。

その**事業適応繰延資産**とは、産業競争力強化法による認定事業適応事業者が、情報技術事業適応（同法21の16②）を実施するために利用するソフトウエアの、その利用による費用で繰延資産になるものをいう（措法42の12の7②）。具体的には、情報技術事業適応を実施するためにクラウドを通じて利用するソフトウエアの初期費用で、資産を賃借しまたは使用するために支出する費用が該当する（法令14①六ロ、法措通42の12の7－1）。

このように、繰延資産であっても、特別償却が認められている点に留意を要する。もちろん、この事業適応繰延資産について、普通償却ができる。特別償却の詳細については、前記「**第6章　試験研究費と固定資産**」のⅥ6を参照されたい。

Ⅳ　開発費との区分

1　総　　説

「研究開発」といわれるごとく、研究に隣接するものに**開発**がある。現に企業会計では、「研究開発」といっているし、研究と開発とは一体のものとして両者を合わせて使用されることも少なくない。「開発」には、新しいものを考え出し実用化する、という意味があるからである。特に、税務上の工業化研究は一般に開発研究といわれるように、工業化研究にかかる試験研究費と開発費とは、実際その区分をすることはむずかしい。

税務上、開発費は繰延資産であり（法令14①三）、自由償却が認められている（法令64①一）。そのため法人が実際に支出する費用を試験研究費か開発費かといって区分する実益は乏しい、という意見がありえよう。たしかに自由償却という点からだけみれば、両者を区分する意味はあまり存しないかもしれない。

しかし、現に繰延資産として「開発費」があって、原価性や特別税額控除の対象になるかどうかという観点からすると、開発費の意義や内容をみておく必要がある。

2　開発費の範囲

(1)　法人税法等の定義

税務上、繰延資産である**開発費**とは、法人が次の行為のために特別に支出する費用をいう（法令14①三）。

①　新たな技術の採用
②　新たな経営組織の採用

③　資源の開発
④　市場の開拓

　旧財務諸表等規則では、開発費とは、①新技術または②新経営組織の採用、③資源の開発、④市場の開拓等のために支出した費用、⑤生産能率の向上または生産計画の変更等により、設備の大規模な配置換えを行った場合等の費用をいう。ただし、経常費の性格をもつものを含まないとされていた（財務諸表等規則ガイドライン36⑤）。

　これらの定義からみると、法人税、旧財務諸表等規則における開発費の意義や範囲は、表現方法など若干の違いはあってもほぼ同じ方向性にあるといってよい。

　なお、開発費には**特別に支出する費用**という限定がついている。したがって、経常費の性格をもつ費用は、繰延資産である開発費には含まれない。たとえば、土地・建物の賃借料、事務用消耗品費、使用人給料、保険料、電気・ガス・水道料などである。

(2) 研究開発費会計基準等の定義

　これに対して、研究開発費会計基準では、開発とは、新しい製品・サービス・生産方法についての計画もしくは設計または既存の製品等を著しく改良するための計画もしくは設計として、研究の成果その他の知識を具体化することをいう（基準一1）。

　また、**旧国際会計基準第9号─研究開発活動の会計─**においては、**開発**とは、商業的生産または使用の開始に先立って、研究成果またはその他の知識を新しいか、または実質的に改良された材料、装置、製品、工程、システムまたはサービスの生産計画または設計へ具体化することをいう、といっていた。

　研究開発費会計基準や旧国際会計基準における開発の意義は、研究に隣接するいわば工学的・自然科学的な概念であり、人文・社会科学的な販売

方法や市場開拓等の経営といった観念を含まないものである。したがって、新技術の採用は、たとえばその技術、特許等を特定の研究開発目的のために導入する場合には、研究開発となる余地がある。これに対して、新経営組織の採用、新市場の開拓、新資源の開発は、ここでいう開発の範囲には含まれない。その意味で研究開発費会計基準にいう研究開発における「開発」は、繰延資産の開発費とは別個の概念である。

(3) 試験研究費との関係

これらの内容からみると、開発費は概念的には、すでに一般に世に存在する技術やノウハウ、資源、事業などを自社に取り込むための費用ということができる。大雑把にいえば、試験研究費が今まで世になかった新たな製品や技術を発見するための、いわば学問的、抽象的な費用であるのに対し、開発費は、現実の企業経営にかかわる、いわば実際的、具体的な費用であるといえよう。企業が試験研究から開発まで一貫して行う場合の費用の発生の順序からいえば、まず試験研究費があって、その次に開発費があるということになる。

3　開発費の内容と課税関係

(1) 新たな技術の採用のための費用

新たな技術の採用のための費用とは、初めて取得する機械を運転するための調査研究費、新技術者の訓練費など、製品の製造等のための新技術導入の費用をいう。新たなノウハウや特許権の使用に関する頭金等の費用も、新たな技術の採用のための費用といえる（連続意見書第五）。

しかし、ノウハウの設定に際して支払う頭金は、税務上は開発費ではない。税務上は税務固有の繰延資産であるが（法令14①六ハ、法基通8－1－6）、この点については後述する。また、特許権やその出願権を取得する

ための費用は、前述したように無形固定資産の取得価額である（**第6章試験研究費と固定資産**のⅢ2参照）。

(2) 新たな経営組織の採用のための費用

ベンチャーもスタートアップも経営が軌道に乗り規模が大きくなってくると、個人的経営から組織的経営への転換を図らなければならない。**新たな経営組織の採用のための費用**とは、生産、販売、財務、労務などに関する新たな管理方法や新たな事業部制の採用などのための調査研究費やその実施費をいう。

新たな経営組織の採用のために特別に要した費用としては、コンサルタント費用、新経営組織の採用に伴う機械装置、構築物等の移転のための費用や従業員の配置換えに要する費用などが考えられる。もっとも、集中生産またはよりよい立地条件において生産を行う等のため一の事業場の機械装置を他の事業場に移設した場合またはガスタンク、鍛圧プレス等多額の据付費を要する機械装置を移設した場合には、その運賃、据付費等その移設に要した費用は、その機械装置の取得価額に算入しなければならない（法基通7－3－12）。その移設は繰延資産としての開発費ではなく、固定資産の取得価額になるのである。この点、旧財務諸表等規則の取扱いと若干異なっているので、注意を要する。

なお、事務員による事務処理手順の変更、簡素化または部署編成の変更は、試験研究に含まれないとされている（法措通42の4(1)－2(3)）。これらに要した費用は開発費に該当するといえよう。

○ CI（企業イメージの統一）のための費用の取扱い

〔質疑応答〕

(問) 当社は創業後8年程が経過し、経営も順調に推移してきた。社会からも一応の認知を受けるようになったので、さらに企業イメージ

を定着させ今後のいっそうの発展を図るため、いわゆる CI（Corporate Identity）に取り組むことにした。

そのため、経営コンサルタント会社にその研究を委託しようと考えている。その内容は、①当社に対する企業イメージの調査、②その調査結果にもとづく会社理念や社員綱領の検討、③社名変更の是非とイメージに合った新社名、④商標の制定などである。

このような CI の導入のための費用は、開発費として処理することができるか。

（答） CI（Corporate Identity）は、一般に企業イメージの統一といわれ、企業の理念や役割などを明確にすることを目的とする。具体的には、質問にもあるように、会社理念や社員綱領の統一・制定、社名変更、商標の制定などである。

これら **CI のための費用** は、新たな経営組織の採用のための費用といえる。すなわち、CI は会社内外に対する企業イメージの統一を図り、今後の経営戦略の指針を得るためのものであるからである。

したがって、CI のための費用は、繰延資産である開発費として処理してよい、と考える。ただし、たとえば商号の変更や商標の制定にともない、商標権や意匠権を取得した場合には、その取得のための費用は商標権や意匠権の取得価額としなければならない。その商標権や意匠権は減価償却資産として耐用年数に応じて償却していく。

○ **ISO 規格の取得に要した費用の取扱い**

〔質疑応答〕

（問） 当社は、このたび国際規格である ISO 規格（ISO9000）を取得した。その取得のために、次のような申請や登録、審査の費用を支払ったが、この費用は繰延資産として処理する必要があるか。

(1) 取得時に、申請費、基本料、審査料、登録料を支払う。
(2) 取得後毎年、審査料、年間登録維持料を支払う。
　なお、ISO規格（ISO9000）を取得しても、登録マークをパンフレット、レターヘッド、名刺等に使用することはできるが、製品につけることはできない。

（答） 製品等の研究開発や経営改善のためにISO規格を取得する企業は少なくない。その**ISO規格（ISO9000）**は、品質システムについて定めた国際規格で、消費者等の要求を満足する製品やサービスを供給するために必要な品質システムを備え、その実施状況が適切であるか否かをチェックするための基準である。企業がISO規格（ISO9000）を取得した場合には、企業の品質保証体制がその基準を満たしていることになる。

　しかし、このISO規格（ISO9000）を取得したからといって、その旨をパンフレットや名刺等に記載してPRができるにすぎない。営業権のように超過収益力が生ずるわけでも、商標権のように法律にもとづいて専有的に使用しうる権利を取得できるわけでもない。また、その取得後も毎年、基準に適合しているかどうかの審査を受ける必要がある。このような点からすると、質問の費用はすべてその支出時の損金にしてよい、と認められる。繰延資産として処理する必要はない（国税庁・法人税質疑応答事例「事業者がISO9000を取得するために審査登録機関に支払う手数料の税務上の取扱いについて」参照）。

(3) 資源の開発のための費用

イ　費用の範囲

　資源の開発のための費用とは、鉱物や森林などの天然資源を開発し、事業化するための費用をいう。たとえば新鉱床の探鉱のための地質調査、ボーリングまたは坑道の掘さく等に要する費用のように、資源の開発のため

に直接要した費用である。このほか、資源の開発に要する資金に充てるために特別に借り入れた借入金の利子が含まれる（法基通8－1－2）。

　繰延資産である開発費には「特別に支出する費用」という限定がついているから、借入金の利子が開発費になるかどうか、やや疑義がある。しかし、天然資源の開発のためには多額の資金と長期間を要するから、資源開発のための費用のうちに占める支払利子は大きな割合になる。特に、探鉱開発のような場合には、長期にわたって費用の支出があるのみで全く収益が生じず、欠損が続くことがある。

　このような場合に、将来に繰り延べられる費用の範囲を狭く解すると、ようやく有望な鉱床を発見して収益があがるようになった時には、10年が経過して欠損金の繰越控除ができないといった事態の生じることが考えられる。このような事態を放置することは、担税力の点からみて適当でない。そこで、資源開発のために特別に借り入れた借入金の利子は、開発費に含まれるものとされている。

　この特例は、資源開発のための借入金の利子に限られる。単に固定資産を取得するために借り入れた借入金の利子は、たとえその固定資産の使用開始前の期間にかかるものであっても、繰延資産に該当しない（法基通8－1－2（注））。旅館やホテル等を新築した場合、当初は建物や設備の償却費の負担で赤字になるところから、その新築のための借入金の利子を繰り延べている例がみられるので、注意を要する。その繰り延べはできず、発生した時の一時の損金にしなければならない。ただし、その新築された建物や設備の取得価額に算入することはできる（法基通7－3－1の2参照）。

ロ　探鉱費の処理

　なお、青色申告法人で鉱業を営むものは、令和7年3月31日までの期間を含む各事業年度において、鉱物にかかる新鉱床探鉱費の支出に備えるため、**探鉱準備金**または**海外探鉱準備金**の積立てができる（措法58、措令34）。

また、これら準備金の金額を有する法人が新鉱床探鉱費の支出を行った場合には、所定の金額を損金の額に算入する、**新鉱床探鉱費または海外新鉱床探鉱費の特別控除**の適用が認められる（措法59、措令35）。

ここで、**新鉱床探鉱費**とは、①探鉱のための地質の調査、②地震探鉱、重力探鉱その他これらに類する探鉱、③探鉱のためのボーリングおよび④鉱量が推定されていない鉱床につき鉱量を推定するための坑道の掘さくのために要する費用をいう（措令34⑬、法措通58 − 12〜58 − 14）。

(4) 市場の開拓のための費用

企業が自社の製品は優秀で確実に売れると考えても、市場すなわち消費者がそれを受け入れてくれるとは限らない。そこに市場開拓の難しさと重要性がある。

市場の開拓のための費用とは、一定の計画にもとづいて行われる新市場の開拓のために特別に支出した広告宣伝費、旅費、接待費、調査費等をいう。したがって、新技術の採用、経営組織の改善、生産計画の変更等による固定資産の配置換えに要した費用は、これに含まれない（旧昭和34．8．24直法1 − 150「一六四」参照）。

市場の開拓とは、新製品の売込みや従来取引がなかった地域への販路開拓のための調査や広告宣伝、交際接待などをいう。しかし、現実には、市場開拓のための広告宣伝や交際接待と日々行われる通常の広告宣伝や交際接待とを区分することは困難な場合が少なくない。

企業が行う新たな試験研究に先立っては、市場調査をすることなどによりまず消費者や社会のニーズを把握する。その把握したニーズの上に立って試験研究を進め、その結果をもとに試作品を作り、アンテナショップ等を利用して市場へ出し、最後に大量生産を行うという順序になろう。したがって、たとえば試験研究の着手に先立つ市場調査または販路拡張にともない、市場調査のため海外に従業員を派遣する場合の旅費、調査費等は、

開発費になる。

　開発費に含まれる交際費等であっても、いわゆる交際費課税（措法61の4）の対象にしなければならない（法措通61の4(1)-24）。ただ、開発費として繰延資産に計上されているため損金となっていない交際費等がある場合には、開発費を減額することができる（法措通61の4(2)-7）。

　また、広告宣伝用資産を贈与したことにより生ずる費用は、それが市場の開拓のためであっても、税務上は開発費ではなく、税法固有の繰延資産である（法令14①六ニ）。したがって、原則としてその支出の効果の及ぶ期間、すなわちその広告宣伝用資産の耐用年数の70パーセントに相当する年数（最長5年）において均等償却をしなければならない（法基通8-1-8、8-2-3）。開発費として自由償却はできないことに留意する。

　なお、既存のマーケティング手法、販売手法の導入等の販売技術や販売方法の改良、販路の開拓、完成品の販売のために行うマーケティング調査や消費者アンケートの収集は、試験研究に含まれない（法措通42の4(1)-2(4)(7)）。

○ 欠損会社から開発費の承継が認められた事例

〔参考裁決例〕

　請求人が事業を承継した旧会社（欠損会社）から有償取得し営業権として計上した金額は、旧会社が販路開拓のため相当な資金を投下したことによって生じた特定商品の販売による収益力の購入対価または開発費の引継対価であるから、営業権または開発費的な繰延資産にあたると認めるのが相当であり、請求人が当期においてこれを償却したことは相当と認められる。

　　　　　（国税不服審判所裁決　昭和46.8.13　裁決事例集No.3　22頁）

第7章　試験研究費と繰延資産

○ スキー場開設のための村道改良費は開発費に当たらないとされた事例

〔参考裁決例〕

請求人は、スキー場開設のため支出した村道改良費は開発費であると主張するが、本件村道は本来林道として開設された路線であり、その拡幅及び改良工事は、請求人がスキー客を誘致し、スキー場経営の成果をあげるためには、道路の構造を改良し、安全施設の設置等を行なわなければならなかったものであり、その費用は自己が便益を受ける公共的施設の改良のために支出する費用に当たる。

（国税不服審判所裁決　昭和51.11.16　裁決事例集No.13　31頁）

○ 店舗開設に当たり前賃借人に支払った金員は権利金とされた事例

〔参考裁決例〕

請求人が店舗の開設に当たり、当該店舗の前の賃借人に支払った金員は、店舗を賃借して使用するために支出する権利金に類似する必須の費用であるということができ、法人税法施行令第14条第1項第9号ロに規定する繰延資産に該当する。また、当該店舗の設置されている建造物は、鉄筋コンクリート造りの高架線路（構築物で鉄道業用の橋りょう）であるところから、その存廃が高架線路と同じくすると認められるので、その償却期間は、高架線路の耐用年数から計算される見積残存耐用年数を基として算定することが相当である。

（国税不服審判所裁決　昭和63.6.21　裁決事例集No.35　115頁）

4　開発費の原価性

繰延資産である開発費は、試験研究費に比べれば販売費または一般管理

費としての性格が強い。開発費のうち「新たな技術の採用のための費用」を除けば、開発費が原価性を有するかどうかという点は、まず考慮しなくてよいといえよう。いずれも原価性は有しないと考えられる。

　問題は、「新たな技術の採用のための費用」である。この費用は、製品の製造と直接関わってくるから、製品の製造のために新技術を導入するような場合には、原価性を有することが想定される。ただし、開発費は「特別に支出する費用」であるから、原価性の程度は低いといえる。また、開発費は自由償却であるから、法人が自由にその金額を決定する償却費に原価性があるともいい難い面がある。

V　ノウハウの取得費との区分

1　総　　説

　ノウハウとは、特別の技術による生産方式を採用する権利またはこれに準ずるものの提供を受ける権利をいう（旧昭和29.12.27直法1－226）。もう少し具体的にいえば、特許権、実用新案権等の目的にはなっていないが、生産その他事業に関し繰り返し使用しうるまでに形成された技術的思想の創作、すなわち特別の原料、処方、機械、器具、工程による等独自の考案または方法を用いた生産についての方式およびこれらの生産方式に至らない程度の秘けつ、秘伝その他特別に技術的価値を有する知識等をいう（所基通161－34、法措通42の4(4)－3参照）。

　法人が自己の行った試験研究の結果、程度の差はあれ何らかのノウハウを取得することは少なくない。むしろ、特許権や実用新案権の登録をすることによる、技術内容等の世間への開示を嫌って、ノウハウの形で保有する例も多くみられる。このようにしてノウハウを取得した場合、どのように処理したらよいだろうか。資産として計上することを要するのかどうか

である。

　また、新技術や新商品の試験研究のため、他の者の有するノウハウを取得することがある。特に、他から特許権を取得して実用化を図る場合、特許権だけでは実用化がむずかしいから、併せてその特許の開発に至るノウハウを取得すべきであるといわれる。このようにして他からノウハウを取得するための費用は、試験研究費として処理することができるかどうか、という問題が生じる。

2　ノウハウの取得費の取扱い

(1)　自己が創設した場合

　法人が自己の行った試験研究の結果、ノウハウを取得した場合、すなわちノウハウを自己創設した場合には、特にそのノウハウを資産として認識することはむずかしい。もっとも、特許の出願をすれば特許権を得られるような発明をしたが、一般へ開示されることを嫌ってノウハウの形で保有する場合などには、そのノウハウの資産価値は客観性があり高いといえる。このような場合には、純理論的には、自己創設のノウハウでも資産に計上すべきである、という意見がありえよう。

　しかし、ノウハウは、特許権や実用新案権と異なり、法律的に独占的・排他的な権利は与えられていない。自己創設のノウハウは、多くの場合、自然発生的に創設されるものであり、その範囲や内容を特定することは困難であるから、その原価を算定することは不可能ですらある。

　したがって、自己創設のノウハウは、資産として計上することを要しない。仮に試験研究費が繰延資産的に処理されていても、その未償却残額をノウハウの取得価額に振り替えるような必要はない。その試験研究費はそのまま償却を続けていけばよいであろう。

(2) 他から取得した場合

　法人が他の者の有するノウハウを使用するために、ノウハウの設定契約を締結する。その設定契約に際しては、**一時金**または**頭金**を支払うのが普通である。その一時金または頭金は、繰延資産に該当する。

　この場合の繰延資産は、税法固有の繰延資産である「役務の提供を受けるために支出する権利金等」（法令14①六ハ）である。仮に、そのノウハウが新技術や新製品を開発するための試験研究に使用されるものであっても、税務上は試験研究費ではない（法基通8－1－6）。したがって、自由償却をすることはできず、償却期間を5年（設定契約の有効期間が5年未満であって、その更新に際して再び一時金または頭金の支払をする場合には、その有効期間の年数）として均等償却をしなければならない（法基通8－2－3）。

　他の者の有するノウハウを使用するためには、一時金または頭金のほか、経常的に使用料を支払う。この使用料は、期間費用としてよい。したがって、一時金または頭金を使用料に充当し、または一定期間は使用料を支払わない約定がある場合には、その充当され、または支払わないこととなる部分の金額は、繰延資産でなく前払費用として処理することができる。前払費用として処理した金額は、期間の経過等に応じて損金にしていく。

　これらノウハウの課税上の取扱いは、外国企業から取得するノウハウであっても同様である。

○　クロスライセンスによる技術交換を行った場合の処理

〔質疑応答〕

（**問**）　当社は、このほど外国のメーカーから機械の製造技術に関するノウハウを導入し、クロスライセンス契約により当社の有する他の製品の製造技術に関するノウハウを提供することになった。しかし、いずれのノウハウも評価が困難であるところから、当社ではなんらの経

理処理をしないつもりである。

この場合、税務上は、当社が提供するノウハウについて通常受け取るべき頭金収入を収益に計上し、同額でノウハウを評価し繰延資産として償却しなければならないか。

(答) 他の者からノウハウの提供を受け、対価を支払った場合には、繰延資産として計上し、5年間で均等償却をしなければならない（法基通8－2－3）。

質問の場合にも、外国のメーカーからノウハウの提供を受けているから、そのノウハウを評価して繰延資産に計上すべきかどうかという問題が生じる。しかし、ノウハウの頭金の評価は事実上きわめて困難である。また、**クロスライセンス契約**により相互にノウハウを提供するということは、頭金なしで相互に使用料を相殺しているともいえる。したがって、強いて頭金の収入、支出を両建て計上する必要はない、と考える。質問にあるように、なんらの経理処理をしなくて差し支えない。

ただ、消費税の課税にあっては、そのライセンスにより授受すべき頭金や使用料を課税売上げ、課税仕入れとして、両建て処理をする必要がある。消費税では売上金額によって、免税事業者の判定、簡易課税制度の適用の可否、課税売上割合の計算等の影響があるからである。

Ⅵ　ノウハウの設定対価の収益計上時期等

1　総　　説

繰延資産は、将来の収益と対応させるため翌事業年度以降に繰り延べられる費用であり、経過的に「資産」の名が付されているにすぎない。そのため、繰延資産は、換金性や譲渡性はないのが普通である。

しかし、税務上、繰延資産として取り扱われるノウハウは、換金性や譲渡性があり、他の者に使用させることにより一時金や頭金、使用料を受け取っている例も少なくない。

そのため、試験研究の結果生じたノウハウ等を他の者に使用させて受け取る一時金や頭金、使用料をどのように処理するかという問題が生じる。特に、平成30年3月の収益認識基準の制定に伴って、法人税ではノウハウをめぐる収益の計上時期など、いくつかの取扱いの整備が行われた。

そこで、以下においては、ノウハウをめぐる問題を収益の観点からみていこう。

2 基本的な考え方

法人税の課税所得の金額は、当該事業年度の益金の額から損金の額を控除した金額である（法法22①）。役務の提供による収益の額は、その役務の提供の日の属する事業年度の益金の額に算入する（法法22の2①）。これが**収益計上時期の原則**である。

この場合の益金の額に算入する収益の額は、その提供をした役務につき通常得べき対価の額相当額である（法法22の2④）。すなわち、第三者間で取引されたとした場合に通常付される価額（時価）を益金の額に算入する（法基通2－1－1の10）。これが収益の額の基本的な考え方である。

ノウハウの他の者に対する設定や使用許諾は役務の提供であるから、その対価等の収益についても、この基本的な考え方にもとづき処理を行う。

3 ノウハウの頭金等の収益計上単位

法人が他の者に対するノウハウの設定契約に伴い、その開示を行った場合において、その開示が2回以上にわたって分割して行われ、かつ、その

受け取る一時金または頭金（頭金等）の支払がほぼこれに見合って分割して行われるときは、その開示をした部分に区分した単位ごとに収益計上をすることができる（法基通2－1－1の6）。

収益の計上単位は、個々の契約ごととするのが原則であるが（法基通2－1－1）、ノウハウの開示が分割して行われる場合の特則である。

なお、ノウハウの頭金等の額がノウハウの開示のために現地に派遣する技術者等の数および滞在期間の日数等により算定され、かつ、一定の期間ごとにその金額を確定させて受け取る場合には、その期間に区分した単位ごとに収益計上を行う（法基通2－1－1の6（注1））。

また、ノウハウの設定契約の締結に先立って、相手方に契約締結の選択権を付与する場合には、その選択権の提供をそのノウハウの設定とは別の取引の単位として収益計上をする（法基通2－1－1の6（注2））。これは、契約締結の選択権の提供に伴い、オプション料を収受するような場合の取扱いである。

4　ノウハウの頭金等の収益計上時期

(1) 原　　則

法人がノウハウの設定契約に際して受け取る頭金等の収益の額は、そのノウハウの開示を完了した日に計上する。ただし、上記3によりその開示をした部分に区分した単位ごとに収益計上をする場合（法基通2－1－1の6本文）には、その開示をした都度これに見合って受け取るべき金額を、その開示をした日に収益計上を行う（法基通2－1－30の3）。

なお、上記3により一定の期間ごとに区分した単位で収益計上を行う場合（法基通2－1－1の6（注1））には、その受け取る金額が確定する都度その確定した金額をその確定した日に収益計上する（法基通2－1－30の3（注1））。

また、上記3により契約の選択権の提供をそのノウハウの設定とは別の取引の単位として収益計上をする場合（法基通2－1－1の6（注2））には、その選択権の提供によるオプション料の額はその支払を受けた日に収益計上を行う（法基通2－1－30の3（注2））。

(2) 返金不要な頭金等の収益計上時期

　ノウハウの設定契約に際して受け取る頭金等が、相手方の中途解約のいかんにかかわらず取引の開始当初から返金不要なものであるときは、原則としてその取引の開始日に収益計上を行う。ただし、その返金不要な頭金等が、契約期間における役務の提供ごとに、それと具体的な対応関係をもって発生する対価の前受けと認められる場合には、継続適用を条件に、その契約期間の経過に応じて収益計上をすることができる（法基通2－1－40の2）。

(3) ノウハウの使用料の収益計上時期

　ノウハウを他の者に使用させたことにより受け取る使用料の額については、継続適用を条件に、契約によりその使用料を受け取ることとなっている日において収益計上をしてよい（法基通2－1－30の5）。

第8章　試験研究費と税額控除

I　総　　説

　天然資源の乏しいわが国は、産業経済の発展、強化を図らなければならない。それには、優秀な人材を育成し、世界に伍していける高度な技術を開発し、最新の商品やサービスを提供していく必要がある。そこで、企業における試験研究が重要になるが、試験研究には多額の資金を要する。中小企業が多いわが国企業の状況からすると、試験研究の重要性はわかっていても、資金負担面から断念せざるを得ないといった場合も考えられる。

　そこで、企業の試験研究を税制面から助成するため、試験研究に関しては、納付すべき法人税額を軽減するいくつかの特例措置が設けられている。そのひとつが、法人が試験研究を行った場合などには納付すべき法人税額からの特別控除を認めるという特別税額控除制度である（措法42の4）。これを**研究開発税制**という。

　この研究開発税制の適用にあたっては、その適用対象になる試験研究費の範囲が問題になる。これまで述べてきた試験研究費や研究開発費の範囲と必ずしも同一ではないから、留意を要する。

　また、国家戦略特別区域または国際戦略総合特別区域内で開発研究の用に供される器具および備品の取得について、特別税額控除が認められている（措法42の10②、42の11②）。

これらの制度以外にも、沖縄の産業高度化・事業革新促進地域における研究開発促進のための特別税額控除などいくつかの税額控除制度もある（措法42の9）。

以下、試験研究費をめぐるこれら特別税額控除制度をみていこう。

Ⅱ 一般試験研究費の額に係る税額控除

1 概要と趣旨

青色申告法人の各事業年度において、試験研究費の額がある場合には、その事業年度の納付すべき法人税額からその事業年度の試験研究費の額に増減試験研究費割合に応じた税額控除割合を乗じて計算した金額を控除することができる。この場合、税額控除額は、その事業年度の法人税額の25％相当額を限度とする（措法42の4①）。これは、通称**一般型の税額控除**と呼ばれる。

この税額控除制度は、わが国産業の競争強化のための試験研究の促進を図ることを目的に、その事業年度の試験研究費の総額を基礎に税額控除を認めるものである。この制度は、適用年度が限定されない恒久的な制度であること、増減試験研究費割合等に応じて税額控除の割合が変動することに意義がある。

2 適用対象法人

(1) 原　　則

この税額控除制度は、青色申告法人に限って適用される。青色申告法人には、青色申告書を提出する人格のない社団等を含む。青色申告法人であれば、内国法人であるか外国法人であるかを問わないし、公益法人等や人

格のない社団等で収益事業を営むものでもよい。法人税の納税義務があるものは、大企業であるか中小企業であるかを問わず、すべてこの制度の適用対象となる（措法42の4①）。もっとも、解散（合併による解散を除く）し、あるいは清算中の法人についてはその適用がない。

(2) 大企業の適用除外措置

大企業（中小企業者等以外の法人）が、平成30年4月1日から令和9年3月31日までの間に開始する事業年度において、次に掲げる①②の要件のいずれにも該当しない場合には、「一般試験研究費の額に係る税額控除」の適用は認められない。ただし、対象事業年度の所得金額が、前事業年度の所得金額以下である場合には、この除外措置の適用はない（措法42の13⑤、措令27の13⑥）。

この大企業の適用除外は、後述する「Ⅳ 特別試験研究費の額に係る税額控除」にあっても、同じである。

① 次に掲げる場合の区分に応じ、それぞれ次の要件に該当すること。

　A 次に掲げる場合のいずれにも該当する場合 法人の継続雇用者給与等支給額（措法42の12の5⑤）から継続雇用者比較給与等支給額（措法42の12の5⑤）を控除した金額の継続雇用者給与等支給額に対する割合が1％以上であること。

　　a ①当期末の資本（出資）金額が10億円以上で、かつ、常時使用する従業員数が1,000人以上である場合または②当期末の常時使用する従業員数が2,000人以上である場合

　　b ①当期が設立事業年度および合併等事業年度に該当しない場合であって、前期が有所得である場合または②当期が設立事業年度および合併等事業年度に該当する場合

　B Aに掲げる場合以外の場合 法人の継続雇用者給与等支給額が継続雇用者比較給与等支給額を超えること。

②　当期の国内資産の取得価額の合計額が当期の減価償却資産の償却費の合計額の30％（上記Aのいずれにも該当する場合は40％）相当額を超えること。

　この条件により、たとえば当期末の資本金額が10億円以上、使用人数が1,000人以上かつ前期に所得金額が生じていた場合には、賃上率が1％以上でなければ、税額控除の適用は受けられない。

　これは大企業については、積極的な賃上げや設備投資をしなければ研究開発税制の適用は認めないということである。特に、資本金額が10億円以上である大企業にあっては、賃上げ率が1％以上でなければならない、という加重要件が付けられている。

○　賃上げ等をしなかった大企業に対する研究開発税制等の不適用措置

〔質疑応答〕

（問）　大企業で給与等の引上げや設備投資をしなかったものは、研究開発税制などの適用はできないことになっている。

　具体的には、すべての特別税額控除が適用除外になるのか。

（答）　大企業の平成30年4月1日から令和9年3月31日までの間に開始する事業年度にあっては、積極的な賃上げや設備投資をしなかった場合には、税額控除の適用は受けられない（措法42の13⑤）。

　この税額控除の適用除外措置は、次に掲げる、生産性の向上が期待されている税額控除について適用される。大企業に対する適用除外措置は、研究開発税制だけではないことに留意を要する。

イ　研究開発税制（措法42の4①⑦）
ロ　地域未来投資促進税制（措法42の11の2②）
ハ　5G導入促進税制（措法42の12の6②）
ニ　DX（デジタルトランスフォーメーション）投資促進税制（措法42の12の

7④⑤)

ホ　CN（カーボンニュートラル）投資促進税制（措法42の12の7⑥）

なお、この大企業に対する特別税額控除の不適用措置は、当期の所得金額が前期の所得金額以下である場合には適用されないが（措法42の13⑤、措令27の13⑥）、当期または前期の所得金額につき修正申告や更正があった場合には、遡及して不適用の可否を判定し直す必要があることに留意する。

3　製品・技術開発に係る試験研究費の範囲

(1)　試験研究の範囲
イ　試験研究の意義

研究開発税制における試験研究には、①製品・技術開発に係る試験研究（措法42の4⑲一イ(1)）と②サービス開発に係る試験研究（措法42の4⑲一イ(2)）との二つがある。ここでは、まず製品・技術開発に係る試験研究をみていく。

製品・技術開発に係る試験研究は、製品の製造または技術の改良、考案もしくは発明に係る試験研究をいう。ただし、新たな知見を得るためまたは利用可能な知見の新たな応用を考案するために行うものに限られる（措法42の4⑲一イ(1)）。

ここで「新たな知見を得るためまたは利用可能な知見の新たな応用を考案するために行うものに限る」というのは、いわゆるリバースエンジニアリングを試験研究の範囲から除外する趣旨である。これは、令和3年度税制改正により明らかにされた。そのリバースエンジニアリングの意義、範囲等については、次項（ハ(ロ)②）において詳述する。

従来、法令上は試験研究というだけで、試験研究そのものについての定義ないし意義を定めたものはなかった。この点、令和3年度税制改正で研究開発税制の試験研究費の額の大幅な見直しを機に、令和3年6月の通達

改正において、**試験研究**とは、「事物、機能、現象などについて新たな知見を得るため又は利用可能な知見の新たな応用を考案するために行う体系的な調査、収集、分析その他の活動のうち自然科学に係るものをいう」と定義された（法措通42の4(1)－1）。そして、「新製品の製造又は新技術の改良、考案若しくは発明に係るものに限らず、現に生産中の製品の製造又は既存の技術の改良、考案若しくは発明に係るものも含まれる」とされている。必ずしも新製品や新技術の改良等に限られていない点に留意が必要である。

なお、ここで試験研究の定義に出てくる考案に関して、実用新案法では、**考案**とは、自然法則を利用した技術的思想の創作をいう、と定義している（同法2①）。この「自然法則」とは、自然界において経験的に見い出される科学的法則をいい、「技術的思想」における技術には実現性が求められる、といわれている。「創作」は、新しく創り出すという行為をいう。

また、発明に関して、特許法では、**発明**とは、自然法則を利用した技術的思想の創作のうち高度なものをいう、といっている（同法2①）。この自然法則や技術的思想における技術、創作の意義についての考え方は、上記実用新案法のものと同様である。「高度なもの」は、高度なものが発明として特許権の保護対象になり、そうでないものは考案として実用新案権の保護対象になる。

ロ　フラスカティ・マニュアルの定義

上記のような法令改正や通達の定めは、総務省統計局の「科学技術研究調査」とOECDの「"Frascati Manual"」における研究開発費の定義に沿ったものといえよう。これは、試験研究費の範囲をグローバルスタンダードに合わせるという趣旨である。

その"Frascati Manual"では、**研究開発**とは、知見（人類、文化および社会についての知識を含む）の蓄積を増大するため、また、利用可能な知見

第 8 章　試験研究費と税額控除　475

の新たな応用を考案するために行われる、創造的で体系的な作業である、という。そして、研究開発といい得るためには、次の五つの判断基準のすべて、ないし少なくとも原則として満たされなければならない。
① 新規性（新たな発見を目指していること）
② 創造性（自明ではなく、独自の概念および仮説にもとづいていること）
③ 不確実性（最終的な結果が不確実であること）
④ 計画性（計画され資金計画が立てられていること）
⑤ 移転可能性（再現可能になり得る結果を導くこと）

　この五つの判断基準は、試験研究ないし研究開発に該当するかどうかのメルクマールとして大いに参考になる。次に述べる「試験研究に含まれない活動」と合わせてみれば、実務にあたって、試験研究がある程度具体的に理解できる、と思われる。

ハ　試験研究に含まれない活動

(イ)　総　説

　令和 3 年 6 月および令和 5 年 6 月の通達改正において、製品・技術開発に係る試験研究に関して、上述した試験研究の意義とともに、「試験研究に含まれないもの」が具体的に16項目明らかにされた（法措通42の 4 (1)− 2 ）。

　これは、総務省統計局の「科学技術研究調査」や国税庁の「Q&A 研究開発減税・設備投資減税について（平成15.10）」（以下、「国税庁 Q&A」）、公認会計士協会の「研究開発費及びソフトウエアの会計処理に関する実務指針」（平成11）などを参照し、まとめたものであろう。

　その16項目の具体的内容については以下にみていくが、これを分類すると、おおむねイそもそも試験研究とはいえないもの（①②⑤⑥⑬⑮）、ロ単に事実を確認するにすぎないもの（⑦⑩⑭）、ハ開発費（繰延資産）に該当するもの（③④⑧⑨⑪）、ニ無形資産等の取得価額とされるもの（⑯）に分

けられるように思われる。

　もちろん、これらの分類は重複するものであり、まとめてしまえば、すべて「そもそも試験研究とはいえないもの」ということになる。ただ、このように分類してみれば、試験研究と隣接する活動との差異が、イメージできるであろう。

(ロ)　試験研究に含まれない具体的活動
① 　人文科学及び社会科学に係る活動
　この通達（法措通42の4(1)-2）は、あくまでも製品・技術開発に係る試験研究（措法42の4⑲一イ(1)）に含まれない活動を定めている。製品・技術開発に係る試験研究は、工学的・自然科学的なものを予定しているから、人文科学及び社会科学に係る活動は、ここでいう試験研究には含まれない、当然のことを明らかにしたものである。

　一般に**人文科学**とは、文学、史学、地理学、行動科学等をいい、**社会科学**とは、商学、経済学、経営学、会計学、金融学、社会学、法学、政治学等をいう（科学技術研究調査の調査票記入上の注意）。

　ただ、人文科学及び社会科学に係る活動が、ここでいう試験研究に含まれないとしても、後述する「サービス開発に係る試験研究」に該当する可能性があろう。その場合には、研究開発税制の対象にすることができる。ここでいう試験研究に含まれないからといって、全く研究開発税制の適用の途が閉ざされているわけではない点に留意を要する。

② 　リバースエンジニアリングその他の単なる模倣を目的とする活動
　上述したとおり、令和3年度税制改正により、製品・技術開発に係る試験研究は、新たな知見を得るためまたは利用可能な知見の新たな応用を考案するために行うものに限られた（措法42の4⑲一イ(1)）。

　これは、試験研究の範囲からリバースエンジニアリングを除外する趣旨である。従来、研究開発税制において、リバースエンジニアリングのよう

な行為が必ずしも明確には排除されていなかったことを踏まえ、試験研究費の範囲をグローバルスタンダードに合わせるためであるという。

そこで、**リバースエンジニアリング**とは、一般に既存の製品や技術、ソフトウエアなどの構造や仕組み、設計図などの事実を調査や解析、確認をすることをいい、リバースエンジニアリングの行為自体は違法ではない、といわれている。たとえば著作権法では、著作物は、技術の開発または実用化のための試験の用に供する場合や情報解析（多数の著作物その他大量の情報から、その情報を構成する言語、音、映像その他の要素に係る情報を抽出し、比較、分類その他の解析を行うこと）の用に供する場合等には、その必要とされる限度において利用することができる、とされている（同法30の4）。

一方、税務上は「既に実用化されている製品又は技術の構造や仕組み等に係る情報を自社の製品又は技術にそのまま活用することのみを目的として、当該情報を解析することをいう」と定義している（法措通42の4(1)-2(2)）。「自社の製品又は技術にそのまま活用することのみを目的として」というように、税務上の定義は限定されたもので、違法あるいは不適正な活動といったニュアンスがある。そのため、単なる模倣を目的とする活動も試験研究に含まれない。

企業の行うリバースエンジニアリングが、単なる他社製品・技術の模倣や偽造のため、あるいは特許権・著作権等の侵害の有無を確認・検証するに止まっている限り、事実の確認であって試験研究性はないので、試験研究には該当しない。

これは従来から同じ考え方、取扱いであって、試験研究の範囲からリバースエンジニアリングが除外されたからといって、試験研究の範囲が大きく変わるようなことはないものと考えられる。

③　**事務員による事務処理手順の変更若しくは簡素化又は部署編成の変更**

従来、国税庁Q&Aでは、「事務能率・経営組織の改善に係る費用」は試験研究費に含まれないとされていた。このような費用は、繰延資産であ

る開発費に該当する、ということであろう。

　一方、改正通達では「事務員による～～」と限定されており、これは工学的・自然科学的なものを除外する趣旨ではないことを明らかにするためである。その結果、専門の研究者や技術者による工学的・自然科学的な事務能率・経営組織の改善であれば、試験研究に該当する余地があるといえよう。

④　既存のマーケティング手法若しくは販売手法の導入等の販売技術若しくは販売方法の改良又は販路の開拓

　「既存のマーケティング手法若しくは販売手法の導入等」は、「既存」のものであり新規性はないので、試験研究には該当しない。「販路の開拓」とともに、これらの費用は繰延資産たる開発費に該当するといえよう。国税庁Q&Aでも「販売技術・方法の改良に要する費用」や「販路の開拓に要する費用」は、試験研究費に含まれないとされている。

　これに対し、たとえばコンピュータを使った新たなマーケティング手法を開発し、ソフトウエアに実装すれば、新たな工学的・自然科学的な試験研究として認められる。

⑤　性能向上を目的としないことが明らかな開発業務の一部として行うデザインの考案

　令和5年度税制改正の大綱において、試験研究費の範囲から、性能向上を目的としないことが明らかな開発業務の一部として考案されるデザインに基づき行う設計および試作に要する費用を除外する、との決定がされた。⑤は、これを受けて、通達化したものである。

　既存の製品の性能向上を目指してモデルチェンジを行うに際して、そのデザインを流行に合わせて変更するといった場合、そのデザインの考案は、試験研究に該当する。技術の改良、考案等があるからである。

　一方、性能向上を目的としない製品開発の一環として行われるものは、そのデザインの考案は試験研究にはならない。そもそも、性能向上を目的

としていなければ、技術の改良、考案等とはいえないからである。

　この場合、「性能向上を目的としないことが明らか」かどうかは、研究開発プロジェクトなど、一連の開発業務の単位で判断する。たとえば、新たな自動車の開発を行うプロジェクトの場合、燃費効率、排出ガスの削減、車体の安全性、制御装置の正確さなど、すべての要素ではなく、いずれかの要素につき性能向上を目指しているとすれば、性能向上を目的としている、といってよい。

⑥　**⑤により考案されたデザインに基づき行う設計又は試作**

　上記⑤は、性能向上を目的としないことが明らかな開発業務の一部として行うデザインの考案であり、試験研究に該当しない。その試験研究に該当しないデザインをもとに行う設計または試作も、試験研究に該当しないことになる。

　「科学技術研究調査」では「貴金属、衣料品等のデザイン関係」は「研究関係業務としないもの」とされている。また、国税庁Q&Aでも、「単なる製品のデザインを考案するための費用」は、試験研究費に含まれないとされている。デザインの考案が試験研究といえないのは、デザインはデザイナーの感性や感覚が表現された産物であり、工学的・自然科学的な試験研究とはみられない、ということである。

　もちろん、デザイナーが考案した洋服について、まったく新規の織り方や織機の開発を行うような場合には、その新規の織り方や織機の開発は試験研究に該当する余地があろう。

⑦　**製品の特定の表示をするための許可申請のために行うデータ集積等の臨床実験**

　これは、たとえば自社の販売する食品について、消費者庁から「特定保健用食品」の表示許可を受けるため、消費者庁に申請するデータの集積を行うための臨床実験である。この臨床実験は、単にその食品の成分、原材料等や有効性、安全性といった事実を確認するにすぎない。

このような臨床実験は、試験研究とはいえない。従来から国税庁Q&Aでも、この費用は、試験研究費に含まれないとされている。

ただ、臨床実験であるといっても、単に事実を確認するためだけのものではなく、新たな知見を得るためまたは利用可能な知見の応用を考案するためのものであれば、試験研究に該当する。

⑧ **完成品の販売のために行うマーケティング調査又は消費者アンケートの実施**

これらの活動は、試験研究の結果、完成した製品をいかに市場に投入し、販売していくかという、試験研究終了後の事後的な活動であり、試験研究性はない。これらの活動に要した費用は、繰延資産たる開発費に該当するといえよう。

「科学技術研究調査」でも「マーケティング調査、消費者アンケートなど営業活動を目的とした調査・分析」は、「研究としないもの」とされている。

ただし、たとえば製品の開発にあたって、その製品の適切な設置場所やそのために必要な装置、実用化すべき技術等を知るための調査は、試験研究に該当する可能性があろう。

⑨ **既存の財務分析又は在庫管理の方法の導入**

これらの活動には新規性がなく、試験研究に含まれないことはいうまでもない。

ただ、試験研究に含まれないのは「既存の〜〜導入」であるから、まったく新たな財務分析や在庫管理の方法を研究開発し、ソフトウエアに実装するような場合には、試験研究になり得る可能性がある。

⑩ **既存製品の品質管理、完成品の製品検査、環境管理**

これらの活動が、試験研究に含まれないことは当然であろう。既存製品や完成品に対する活動であるから、試験研究が完了した後の事後的な活動であって、試験研究性はないといえよう。

「科学技術研究調査」でも、「財務分析、在庫管理など、経営管理を目的とした調査・分析」は、「研究としないもの」とされている。

ただ、新規の品質管理や製品検査、環境管理の手法を研究開発し、ソフトウエアに実装するような場合には、試験研究になる可能性があろう。

⑪ **生産調整のために行う機械設備の移転又は製造ラインの配置転換**

「生産調整のために行う」これらの活動は、試験研究目的ではないから、試験研究に含まれないことは当然である。

ただ、たとえば熟練工が経験的に行っている作業を自動化するための、新たなアルゴリズムやロボットの開発を行った場合には、試験研究に含まれることが考えられる。

⑫ **生産方法、量産方法が技術的に確立している製品を量産化するための試作**

新製品の試験研究が終盤にかかると試作品を作ることが行われる。試作品を作ることは、試験研究の一過程であり、試験研究そのものである。すなわち、試作は、技術的に確立していないため行うのが通常であるから、多くの場合、試験研究に含まれる。

ただ、生産方法、量産方法が技術的に確立している製品を量産化するための試作は、試験研究に含まれない。既に生産方法、量産方法が技術的に確立しているのであれば、新規性はなく、その試作は製品をいかに大量に製造するかのためであるから、試験研究とはいえない。試作であれば何でも試験研究に含まれるわけではない点に留意を要する。

⑬ **特許の出願及び訴訟に関する事務手続**

これらの活動は、一般に試験研究が完了した後の活動であり、試験研究性はない。「科学技術研究調査」でも、「特許の出願及び訴訟に関する事務手続」は、「研究関係業務としないもの」とされている。

ただ、試験研究活動の途中過程において、ある技術を開発したため、特許の出願を行って保全を図ったうえ、その技術を基礎に更に最終的な技術

開発を行うような例がみられる。このような場合の特許の出願は、試験研究に含めてよいように考える。

⑭ **地質、海洋又は天体等の調査又は探査に係る一般的な情報の収集**

地質や海洋、天体等は、人類でまだ解明されていない部分や事柄が多い。しかし、その調査や探査は、厳然と存在している地質や海洋、天体等の事実や現象等を確認することである。新たに何かを作り出すことではない。その意味で、地質や海洋、天体等の調査や探査のための情報の収集は、試験研究に含まれない。「科学技術研究調査」でも、「一般的な地形図の作成、あるいは地下資源を探すための単なる探査活動及び地質調査・海洋調査・天体観測などの一般的なデータ収集」は、「研究関係業務としないもの」とされている。

もちろん、たとえば海洋調査のための新たな深海艇や天体観測のためのさらに精度の高い望遠鏡の研究開発などは、試験研究に該当する。

⑮ **製品マスター完成後の市場販売目的のソフトウエアに係るプログラムの機能上の障害の除去等の機能維持に係る活動**

この活動はソフトウエアの修繕行為であって、その費用は修繕費に該当する（法基通7-8-6の2）。機能上の障害の除去等の機能維持にかかる活動であって、試験研究性はない。

⑯ **ソフトウエア開発に係るシステム運用管理、ユーザードキュメントの作成、ユーザーサポート及びソフトウエアと明確に区分されるコンテンツの制作**

これらの活動は、主としてソフトウエア開発後のものであり、試験研究性はなく、試験研究には該当しない。コンテンツの制作は、無形資産などの取得となる。

「科学技術研究調査」でも、「システム運用管理、ユーザードキュメントの作成、ユーザーサポート、ソフトウエアと明確に区分されるコンテンツの製作（データベースのデータなど）」は、「研究に含めないもの」とされて

いる。

○ **研究開発の材料とするソフトウエアの取得の試験研究性**

〔質疑応答〕

(問) 当社は、自社にこれまでにない新規のソフトウエアの研究開発の素材とするため、他の者の開発したソフトウエアを購入した。

　これは、リバースエンジニアリングに該当し、試験研究とは認められないか。

(答) 特定の研究開発目的のみに使用され、他の目的に使用できない機械装置や特許権等を取得した場合の原価について、会計上は取得時の研究開発費として費用処理する（基準注解１、実務指針５）。

　一方、税務上は、特定の研究開発にのみ使用するため取得または製作をしたソフトウエアであっても、ツール（道具）としてのソフトウエアは減価償却資産に該当する。しかし、そのソフトウエアが研究開発のためのいわば材料（素材）となることが明らかであれば、減価償却資産に計上せず、費用処理をすることができる（法基通７－１－８の２）。

　この「材料」となるソフトウエアの取得が、その構造や仕組み、プログラムなどを解析、確認して、自社にない新規のソフトウエアを開発するためであれば、リバースエンジニアリングには該当せず、研究開発（試験研究）に該当するものと考える。

　ただし、そのソフトウエアの取得が、他社のソフトウエアの模倣や著作権侵害の有無の確認等を行うためだけであれば、リバースエンジニアリングに該当し、試験研究には該当しない（法措通42の４(1)－２(2)）。

○ 婦人服デザインの考案の試験研究性

〔質疑応答〕

(問) 当社は既製婦人服の製造メーカーである。婦人服はデザインの良い悪いが命であり、流行によって売れ行きが左右される。そこで、常に内外のファッション事情や業界の動向に関する情報を収集し、また、流行の柄、デザイン、色調等の傾向を知るため、市場調査等を行っている。

このようにして得た情報や流行などを基礎に、当社の専属デザイナーが売れ筋のデザインを研究、考案し、新製品を発売している。このような情報収集や市場調査、デザインの考案は、税額控除の対象になる試験研究と考えてよいか。

(答) 税額控除の対象となる試験研究の一つは、製品の製造または技術の改良、考案もしくは発明にかかる試験研究である（措法42の4⑲一イ(1)）。一般に試験とは、物事の性質・能力などを知るために、ためしに調べてみることを、研究とは、物事について深く考えたり調べたりして真理を明らかにすることを、それぞれいう（『大辞林』三省堂）。

このように、試験研究とは事実や機能、現象等を科学的、客観的に明らかにすることである。デザイナーの感性や感覚に依存するデザインの考案は試験研究とはいえない。したがって、婦人服はデザインが重要なポイントであるといっても、単にデザインを考案する活動は、試験研究に該当しない。

これに対して、たとえば新たな布地の織り方や染色の技術、縫製機器の改良などのための活動は、試験研究となる余地がある。

○　医薬品の市販後に行う臨床試験の試験研究性

〔質疑応答〕

（問）　医薬品業界では、研究開発が成功し、製造、販売の承認を受け、市販した医薬品であっても、その後、臨床試験を行うことがある。その臨床試験は、患者に投与して薬効や安全性、品質の安定性等を確認するために行うものである。

このような、市販後に行う臨床試験についても、税額控除の対象になる試験研究に含まれると考えてよいか。

（答）　税額控除の対象になる試験研究とは、製品の製造または技術の改良、考案もしくは発明にかかる試験研究をいう（措法42の４⑲一イ(1)）。

単に既存製品に対する特定の表示の許可申請のために行うデータの集積、臨床実験の活動は、試験研究に該当しない（法措通42の４(1)－２(7)）。これらの行為には、製品の製造や技術の改良、考案、発明といった要素はなく、その製品の販売促進や事実の確認のためであるからである。

この点からすれば、市販後の臨床試験は、新規の医薬品の開発や発明のためではなく、市販薬の効果、効能、安定性等を追試して検証するためのものと認められるから、試験研究に該当しないものと考える。

ただ、その臨床試験に新規の製品の開発や発明のための要素があれば、試験研究に含まれる場合もあろう。

○　海外からの輸入医療機器のデータ収集のための活動の取扱い

〔質疑応答〕

（問）　当社は、海外から医療機器を輸入して病院等に販売している。その輸入、販売にあたっては、その医療機器が日本基準の法令や規格、性能、安全性などに適合しているかどうかを試験して、そのデータを行政当局に提出する。

> このデータ収集のための試験は、税額控除の対象になる試験研究に該当する、と考えてよいか。

(答) 税額控除の対象になる試験研究とは、製品の製造または技術の改良、考案もしくは発明にかかる試験研究をいう（措法42の4⑲一イ(1)）。

たとえば、単に既存製品に対する特定の表示の許可申請のために行うデータの集積等の臨床実験は、試験研究に該当しない（法措通42の4(1)－2(7)）。データの集積等には、改良や考案、発明といった要素はないからである。

質問の輸入医療機器は、完成されたものであるから、本質的に規格や性能、安全性などは確立されていると思われる。ただ、その規格や性能、安全性などが日本基準に適合するかどうかを確かめる必要があるので、データ収集を行うものと考えられる。これは既にその輸入医療機器が有している、規格や性能、安全性などの事実を確認するにすぎないから、データ収集のための試験は、試験研究に該当しないものと考える。

(2) 試験研究費の額の範囲

税額控除限度額の計算の基礎になる**製品・技術開発に係る試験研究費の額**は、製品の製造または技術の改良、考案もしくは発明にかかる試験研究のために要する費用の額をいう（措法42の4⑲一イ(1)）。

その試験研究費の額は、①各事業年度において損金算入される費用の額（措法42の4⑲一イ(1)）と②各事業年度において資産の取得価額等とされる費用の額（措法42の4⑲一ロ）との合計額である。

この②は、令和3年度税制改正により追加された。従来、試験研究費の額は、①の当該事業年度において損金算入されるものに限られていたが、税務上は資産の取得価額または繰延資産とされる費用の額であっても、会計上、研究開発費として損金経理をすれば、試験研究費の額に含まれ、税

額控除の対象にしてよいこととされた。

　企業に対するインセンティブ税制である研究開発税制の役割を踏まえ、試験研究費の額でありながら、税務上は資産計上されるため税額控除の対象にならない、という問題点を解消する趣旨である。具体的には、税会不一致処理になっている自社利用ソフトウエアの制作のための試験研究費の額を研究開発税制の対象に認めるということである。

(3) 損金計上される試験研究費の額
イ　総　　説

　製品・技術開発に係る試験研究費の額のうち、まず各事業年度において損金算入される額であるが、具体的には次に掲げる費用の額で各事業年度において損金算入されるものをいう。ただし、内国法人の国外事業所等を通じて行う事業にかかる費用の額を除く（措法42の4 ⑲一イ(1)、措令27の4 ⑤）。

　これは、試験研究を目的とするすべての費用ということであり、複合費の概念でとらえるものである。

① その試験研究を行うために要する原材料費、人件費（専門的知識をもってその試験研究の業務に専ら従事する者に係るものに限る）および経費
② 他の者に委託をして試験研究を行う法人（人格のない社団等を含む）のその委託試験研究費
③ 技術研究組合法の技術研究組合から賦課され納付する費用

　ただし、ここに掲げる費用の額から売上原価等に該当するものは除かれる。また、研究開発費として損金経理をした金額のうち、非試験研究用固定資産の取得価額または非試験研究用繰延資産となる費用の額がある場合の、その固定資産または繰延資産の償却費、除却損および譲渡損失は、ここでいう試験研究費の額に含まれない。これらは、後述する資産計上される試験研究費の額の税額控除との重複適用を排除する趣旨である。

ロ　具体的な範囲

(イ)　総　説

　上述したように、ここでいう試験研究は、単に「製品の製造または技術の改良、考案もしくは発明にかかる試験研究」とされている。したがって、すでに述べた基礎研究、応用研究および開発（工業化）研究のすべてが含まれる。その試験研究が特定の製品に結びつかないまったくの基礎的なものであれ、特定の製品の量産化のためのものであれ、すべてここでいう試験研究に該当する。

　また、ここでいう試験研究費には、たとえば旧繰延資産における試験研究費のような「新たな製品」や「新たな技術」という前提はついていない。したがって、必ずしも新製品や新技術に限らず、現に生産中の製品の製造や既存の技術の改良等のための試験研究であってもよい（法措通42の4(1)－1）。

　「技術」に関しては発明だけでなく、改良や考案のための試験研究も含まれる。さらに、ここでいう試験研究費には、「特別に支出する」といった限定は付されていない。したがって、特定の目的をもって臨時的に行われる試験研究だけでなく、日常的に工場、研究所などで行っている試験研究であってもよい。

　このようにみてくると、ここでいう試験研究費は、法人が行うすべての試験研究のために要した費用である、といえる。もちろん、その試験研究は「製品の製造」や「技術の改良、考案もしくは発明」を目的とすることが前提である。これは、工学的・自然科学的な研究を意味している。人文・社会科学関係の研究費がこれに含まれないことはいうまでもない。人文・社会科学関係の研究費は、後述するサービス開発に係る試験研究費に含まれることがあるかもしれない。

○ 試験研究費と研究開発費との関係

〔質疑応答〕

(問) 当社は製薬メーカーであり、新薬の研究開発に多額の資金と従業員を投下している。企業の研究開発費の会計処理については、いわゆる「研究開発費会計基準」が制定され、研究開発費の概念も決まっているように思われる。

そこで、法人税の税額控除の対象になる製品・技術開発に係る試験研究費と研究開発費とは同じものと考えてよいのかどうか、両者の関係はどうなるのか、教えてほしい。

(答) 法人税において税額控除の対象になる試験研究費の一つは、製品の製造または技術の改良、考案もしくは発明にかかる試験研究のために要する費用である（措法42の4⑲一）。これは、工学的・自然科学的な試験研究を意味しており、販売方法や事務能率の改善や販路の開拓などは含まれない。

一方、研究開発費会計基準における研究とは、新しい知識の発見を目的とした計画的な調査および探究をいい、開発とは、新しい製品・サービス・生産方法についての計画もしくは設計または既存の製品等を著しく改良するための計算もしくは設計として、研究の成果その他の知識を具体化することをいう（基準一1）。

このように、企業会計の研究開発費には、研究費と開発費という二つの概念のものが含まれている。開発費が含まれるため、たとえば従来にはない「サービス」に関する発想を導き出すための調査・探究や新しい知識の調査・探究の結果を受け、「業務化」を行うための活動の費用も研究開発費に該当する（実務指針2）。しかし、これらの費用はここでいう試験研究費には含まれないと考えられる。法人税でいえば、むしろ「開発費」に該当するものである。その意味で税額控除の対象になる試験研究費の範囲の

ほうが狭いといえよう。

○ **販売用ソフトウエアの製品マスター完成までの費用の処理**

〔質疑応答〕

(問) 当社はソフトウエアの開発、販売を行っている。販売用ソフトウエアについては、製品マスター完成までの費用は、企業会計上も税務上も研究開発費として損金経理ができると理解している。

その製品マスター完成までの費用は、税額控除の対象になる試験研究費に含めてよいか。

(答) 企業会計においては、販売用ソフトウエア、すなわち販売目的のソフトウエアの複写のもとになる製品マスターの研究開発費は、資産ではなく、発生時の費用として処理される。最初に製品化された製品マスターの完成時点までの制作活動は、研究開発と考えられるからである。

このような、最初に製品化された製品マスターの完成までの費用は、研究開発費に該当し、その販売用ソフトウエアの取得価額に算入しなくてよい取扱いは、法人税でも同じであるといってよい（法基通7-3-15の3(2)）。

したがって、ソフトウエアの開発過程にも研究活動はあり、最初に製品化された製品マスターの完成までの費用のうち研究活動のためのものと認められるものは、基本的には税額控除の対象になる試験研究費に含まれるものと考えられる。

ただ、税額控除の対象になる試験研究費は、製品の製造または技術の改良、考案もしくは発明にかかる試験研究のために要する費用をいう（措法42の4⑲一イ(1)）。研究開発費にはもろもろの費用が含まれると考えられるから、形式的にすべての費用が試験研究費に該当するかどうかは、若干の留意を要しよう。

第8章　試験研究費と税額控除　491

○　収益獲得または費用削減にならないソフトウエアの開発費用

〔質疑応答〕

(問)　法人税基本通達7－3－15の3(2)においては、研究開発費の額のうち「自社利用のソフトウエアについては、その利用により将来の収益獲得又は費用削減にならないことが明らかなもの」に限って、ソフトウエアの取得価額に算入しなくてよいとされている。

　これにより期間費用として損金経理される研究開発費は、税額控除の対象になる試験研究費に含めてよいか。

(答)　研究開発費会計基準では、研究開発費はすべて発生時に費用として処理するのが原則であり、ソフトウエアの制作費であっても、研究開発に該当する部分は研究開発費として費用処理する（基準三）。これは、研究開発費は発生時には将来の収益を獲得できるかどうか不明である、というのが大きな理由である。したがって、研究開発目的のソフトウエアの制作費は、研究開発費として処理されることになる。

　これに対して法人税の取扱いでは、研究開発費の額のうち自社利用のソフトウエアについては、その利用により将来の収益獲得または費用削減にならないことが明らかなものに限って、ソフトウエアの取得価額に算入しなくてよいことになっている（法基通7－3－15の3(2)）。これは税務上も、ソフトウエアの製作過程には研究開発活動が存在することを認めるものであり、基本的に企業会計と同様の立場に立つものといってよい。

　そこで、将来の収益獲得または費用削減にならないことが明らかなため費用処理される研究開発費は税額控除の対象になる試験研究費に含めてよいのかどうかが問題になる。しかし、法人税基本通達7－3－15の3(2)により費用処理されるからといって、即税額控除の対象になる試験研究費に含まれるわけではないと考えられる。同通達は完成したソフトウエアの結果だけをみて、資産に計上すべきか、費用処理でよいのかの判断基準を示

していているにすぎない。税額控除の対象になる試験研究費に該当するかどうかは、あくまでもそのソフトウエアの製作過程に試験研究活動があるかどうかにより判断すべきである。

(ロ) 損金算入要件

ここで税額控除の対象になる試験研究費は、各事業年度の課税所得の計算上、損金の額に算入されるものに限られる（措法42の４⑲一イ）。これは支払ベースではなく、損金算入ベースで試験研究費をとらえる、ということである。したがって、仮に製品の製造または技術の改良等のための試験研究の用に供される試験研究用資産であっても、その取得価額がそのままここでいう試験研究費に該当するわけではない。その試験研究用資産の減価償却費が、その償却を行うつど試験研究費に含まれることになる。

この減価償却費には、租税特別措置法に規定する特別償却にかかる特別償却額が含まれるが、特別償却準備金の積立額（措法52の３①）は含まれない（法措通42の４(2)－４）。特別償却準備金は減価償却計算とは切り離して取り扱われ、その積立額は減価償却費として損金になるわけではないからである。

(ハ) 原材料費の意義

原材料費は、試験研究のために消費された原料および材料の費用である。具体的には、試験研究のための主要原材料費、補助原材料費、部品費、消耗品費、消耗工具費、器具備品費、実験用小動物の購入費、試作品費等である。

ただし、消耗品費や消耗工具費、器具備品費にあっては、各事業年度において損金の額に算入されるものに限られる（法基通２－２－15参照）。貯蔵品になっているものは含まれない。

これら原材料費は、適正な原価計算にもとづき把握しなければならない。

もちろん、原材料費であっても、棚卸資産や固定資産として処理すべきものは、ここでいう原材料費には含まれない。

(二) 人件費の意義
① 基本的な考え方

人件費は、主として研究員の給料、賃金、諸手当、賞与、退職金、法定福利費、人材派遣費等である。ただし、ここでいう人件費は、専門的知識をもってその試験研究の業務に専ら従事する者に対するものに限られる。したがって、たとえ研究所等に専属する者に対する人件費であっても、たとえば事務職員、守衛、運転手等のように試験研究に直接従事していない者に対する人件費は、これに含まれない（法措通42の4(2)-3）。研究所等に勤務する者の人件費であっても、管理部門の人件費は、除かれるのである。

また、工場等において製品の生産に携わるかたわら研究をしている者やその事業年度のごく短期間だけ研究に従事するといった者に対する人件費も、原則としてこれに含まれない。これらの者は、「試験研究の業務に専ら従事する者」ではないからである。

問題は研究補助者に対する人件費の取扱いである。研究補助者は「専門的知識をもって」試験研究の業務に従事しているといえるのかどうか、疑義が生じる。しかし、その研究補助者が単なる庶務・会計的な事務を整理するにすぎないといった場合は別にして、研究者の指示・命令を受けて試験研究活動の一部を行っている場合には、「専門的知識をもって」試験研究の業務に従事しているとみてよいといえよう。研究者の指示・命令を受けているとはいえ、その業務をこなしている以上は、いちおう専門的知識をもっているとみざるを得ないと考えられるからである。

② 「専ら」要件の取扱い

試験研究費に含まれる人件費は、専門的知識をもってその試験研究の業

務に専ら従事する者に対するものに限られる（措令27の4⑤一）。この場合の「専ら」要件に関して、中小企業庁からの照会に対する国税庁の回答がある。その照会・回答によれば、次のように取り扱ってよい（国税庁通達・平成15.12.25課法2－28「試験研究費税額控除制度における人件費に係る『専ら』要件の税務上の取扱いについて」）。

すなわち「専門的知識をもってその試験研究の業務に専ら従事する者」には、試験研究部門に属している者や研究者としての肩書を有する者等の試験研究を専属業務とする者、研究プロジェクトの全期間中従事する者のほか、次の各事項のすべてを満たす者も該当する。

A　試験研究のために組織されたプロジェクトチームに参加する者が、研究プロジェクトの全期間にわたり研究プロジェクトの業務に従事はしないが、研究プロジェクト計画における設計、試作、開発、評価、分析、データ収集等の業務（フェーズ）のうち、その者が専門的知識をもって担当する業務（担当業務）に、その担当業務が行われる期間、専属的に従事すること。

B　担当業務が試験研究のプロセスの中で欠かせないものであり、かつ、その者の専門的知識がその担当業務に不可欠であること。

C　その従事する実態が、おおむね研究プロジェクト計画に沿って行われるものであり、従事期間がトータルとして相当期間（おおむね1ヶ月（実働20日程度）以上）であること。その際、連続した期間従事する場合のみでなく、担当業務の特殊性等から、その者の担当業務が期間内に間隔を置きながら行われる場合においても、その担当業務が行われる時期においてその者が専属的に従事しているときは、研究プロジェクト計画に沿って行われるものに該当するものとし、それらの期間をトータルとして判定する。

D　その者の担当業務への従事状況が明確に区分され、その担当業務にかかる人件費が適正に計算されていること。

「試験研究の業務に専ら従事する」とは、実務的には年間を通しておおむね9割程度以上、試験研究の業務に従事することをいう、と解するのが一般的であると考えられる。これに対して上記の取扱いは、研究プロジェクトという概念を導入し、その研究プロジェクトの期間のうち、相当期間（おおむね1ヶ月以上）従事していればよいということである。これは中小企業等の実情からみて、「専ら」要件を緩和したものといえよう。この取扱いは、中小企業庁からの照会に対して回答したものではあるが、大企業でも適用があるといってよい。

また、試験研究費に含まれる人件費に関して、たとえばある従業員が試験研究業務に6割、製造業務に4割従事したような場合、その従業員に対する人件費のうち6割部分は試験研究費に含めてよいという、いわゆるあん分の概念はない。すなわち、この場合には、その従業員は試験研究に専ら従事していないから、その人件費はすべて試験研究費には含まれないと考えられる。これに対して上記の取扱いは、研究プロジェクトに参加する者に対する人件費につきあん分の概念を認めるものである。

その具体的適用例として、**リサーチ・アドミニストレーター（URA）**の人件費がある。このURAとは、その有する専門的な知識をもって研究開発プロジェクトの企画・マネジメントや関連する研究資金の調達・管理、研究成果の活用推進等を担う者をいう。近年、教育研究の機能強化に資する研究マネジメント人材として重要性が高まっているといわれる。

このURAは、複数の研究開発プロジェクトに従事するケースがあること、従事する業務内容が多岐に及ぶことなどから、法人と大学等との共同研究において「当該試験研究の業務に専ら従事する者」とまではいえないのではないか、という疑義がある。

しかし、URAは、その研究開発プロジェクトの業務が行われる期間、専門的知識をもってその業務に専属的に従事し、これらの業務は共同研究に欠かせないもので、かつ、URAの専門的知識は不可欠であるとして、

その人件費は試験研究費として認められている（国税庁・文書回答事例・令和元.7.9「試験研究費税額控除制度におけるリサーチ・アドミニストレーター（URA）の人件費の取扱いについて」）。

○ 試験研究費に含まれる人件費の「専ら」要件の趣旨等

〔質疑応答〕

(問) 従来から試験研究費の額に含まれる人件費については、試験研究の業務に専ら従事する者に係る人件費に限るとする、いわゆる「専ら」要件が付されている。

　この「専ら」要件はどのような趣旨によるものか。この「専ら」要件を大幅に緩和する通達があり、また、試験研究費の額の範囲が拡充されたので、この「専ら」要件を廃止するようなことはできないか。

(答) 試験研究費に含まれる人件費は、製品・技術開発に係る試験研究費にあっては、「専門的知識をもって当該試験研究の業務に専ら従事する者に係るもの」に限定されている（措令27の4⑤一）。

　このいわゆる「専ら」要件が付されたのは、昭和42年に研究開発税制が創設された当時からであり、そのときは「専ら試験研究の業務に従事する者」とされ、これは企業内の独立した研究所の人件費を予定していた。

　ところが、その後これだけでは研究所の事務職員の人件費も税額控除の対象になり範囲が広すぎるという問題点が指摘されるようになったため、昭和53年度の税制改正により、現行のように「専門的知識をもって」という限定が付された。そのため、研究所専属の事務職員等であっても、その人件費は試験研究費に含まれない（法措通42の4⑵-3）。

　「専ら」というのは、一般的には、ほとんどすべて、数額的にいえば80％から90％程度をいうものと考えられる。その「専ら従事する」とは、一つの意味は期間の概念であり、この意味の「専ら」要件については、たと

えば研究プロジェクトの業務に全期間従事しなくても、そのプロジェクトのフェーズのうち自己の専門分野の業務に1ヶ月程度従事すればよい、といった取扱いがある（国税庁通達・平成15.12.25課法2-28「試験研究費税額控除制度における人件費に係る『専ら』要件の税務上の取扱いについて」）。

このように、人件費の範囲に「専門的知識をもって」という更なる限定が付され、また、上記のような緩和通達もあり、企業の事務処理の簡素化を図る観点からも、「専ら」要件の必要性については議論してよいものと考える。

○ 年度途中から試験研究業務に従事する研究員の「専ら」要件の該当性

〔質疑応答〕

(問) 当社の研究所には、社内の配置換えやヘッド・ハンティング等による途中入社の研究員のように、事業年度の途中から試験研究業務に従事する研究員がいる。

このような研究員は、その事業年度を通して試験研究業務に従事していないから、試験研究業務に専ら従事しているとはいえないとして、その人件費は、試験研究費に含まれないことになるか。

(答) 試験研究費に含まれる人件費は、製品・技術開発に係る試験研究費にあっては、「専門的知識をもって当該試験研究の業務に専ら従事する者に係るもの」に限られている（措令27の4⑤一）。

この人件費の「専ら」要件は、試験研究以外の業務と兼務するといった、片手間に試験研究業務を行うような者に係る人件費を除外する趣旨でもある。そのような趣旨からすれば、「専門的知識をもって当該試験研究の業務に専ら従事する者」とは、原則として①試験研究を専属業務とする者（試験研究部門に属している者や研究者としての肩書を有する者等）や②研究プロジェクトの全期間中従事する者などをいう、と考えられる（国税庁通

達・平成15.12.25課法2－28「試験研究費税額控除制度における人件費に係る『専ら』要件の税務上の取扱いについて」、国税庁文書回答事例・令和元.7.9「試験研究税額控除制度におけるリサーチ・アドミニストレーター（URA）の人件費の取扱いについて」参照)。必ずしもその事業年度を通して試験研究業務に従事していなければならないわけではないと考える。

したがって、「専ら」要件については緩和通達もあり、質問のように、配置換えや途中入社後、研究所に属して試験研究業務に専属的に従事している限り、その研究員は試験研究業務に専ら従事する者とみてよく、研究所で試験研究業務に従事した期間に係る人件費は試験研究費に含めてよいといえよう。

○ 研究と製造双方に携わっている社員の人件費の取扱い

〔質疑応答〕

（問） 当社は化学製品のメーカーである。その製品の製造技術の改良や新製品の研究開発を積極的に進めている。

市販する製品を製造する工場にも研究社員がおり、その研究社員は現場の生産ラインを見ながらの研究のほか、実際の製造にも従事している。このような場合、その研究社員に対する人件費は税額控除の対象になる試験研究費に含めてよいか。

税額控除の対象になる試験研究費に含まれる人件費は、試験研究の業務に専ら従事する者に対する人件費だけのようであるが、「専ら」とはどの程度をいうのか。

（答） 税額控除の対象になる試験研究費に含まれる人件費は、専門的知識をもって試験研究の業務に専ら従事する者の人件費に限られている（措令27の4⑤一）。この場合、専門的知識をもって試験研究の業務に専ら従事する限り、その従事する場所は製造の現場であっても差し支えない。

ただ、実務上の問題として、製造の現場で試験研究を行うとなると、「専ら」試験研究に従事しているかどうかの判断が困難になることは否定できない。そこで「専ら」というのはどう解するのかが問題となる。

「専ら」という概念を数量的、確定的に定義することはむずかしいが、一般的な用語の意味としては、ほとんどすべてということであろう。たとえば、法人税の収益事業課税の取扱いでは、「主として会員に配布すること」というのは8割程度を会員に配布していること（法令5①十二、法基通15-1-34）、「会報を専らその会員に配布する」こととは、会報を会員だけに配布することをいうといった例がある（法令5①十二、法基通15-1-35）。しかし、「全部」といわず「専ら」といっている以上、実務的には9割程度以上でよいものと考える。

このような点からすると、質問の場合、工場に駐在する研究社員の勤務の実態が明らかでないが、実際の製造にも従事しているということであるから、仮に研究と製造、半々に従事しているとすれば、試験研究の業務に専ら従事しているとするのは難しいと思われる。

しかし、その製造に従事しているのが、たとえば研究途中の試作機や新技術の適応状況や問題点を知るための一環にすぎないといったことであれば、「専ら」従事しているとみる余地はあるといえよう。

○ 大学の研究室に派遣している研究員の給与等の取扱い

〔質疑応答〕

(問) 当社では、従来からバイオテクノロジー関連の新製品の研究開発を進めてきた。そのため、中央研究所に属する若手研究者を、バイオ関連の研究で実績のある某私立大学の教授の研究室へ派遣している。

その派遣した研究者は、年間のほとんどを大学の研究室へ通い、教授の指導のもとで研究を行っている。その研究者の給与、学資金、交通費等はすべて当社が負担している。この当社が負担する給与、学資

金、交通費等は試験研究費に該当するものと考えてよいか。

(答) 税額控除の対象になる試験研究費に含まれる人件費は、専門的知識をもってその試験研究に専ら従事する者に対して支給されるものである（措法42の4⑲一イ(1)、措令27の4⑤一）。この場合の研究者は、自社内で研究を行う者であると、他の場所で研究を行う者であるとを問わない。専門的知識をもってその試験研究に専ら従事する者であればよい。

　質問の大学へ派遣している研究者は、年間のほとんどを大学の研究室へ通い、研究をしているということであるから、試験研究に専ら従事する者であるとみてよい。したがって、会社が負担する給与、学資金、交通費等は試験研究費に該当するといえる。もちろん、大学で行う研究は、専門的な知識を基礎とした会社の業務の一環としてのものでなければならない。たとえば、単なる個人的な教養の涵養や興味から行っている研究の場合には、そもそも会社の試験研究活動とはいえないであろう。

○ 研究所の管理職に対する人件費の取扱い

〔質疑応答〕

(問) 当社は医薬品のメーカーであるが、中央研究所を有し多くの研究員が毎日新薬の研究開発を行っている。これら研究開発に直接携わっている研究員に対する人件費は、試験研究費に含まれると考えている。

　これに対して、中央研究所の所長や部長などの管理職は、直接的にビーカーやフラスコを振ったり、顕微鏡を覗いたりといった意味の研究開発に従事することは少ない。むしろ、管理職として研究所全体の研究開発の統轄や進行管理、部下の研究員の指導・助言等を行っている。もちろん、所長も部長も研究者としての実績はあり、専門的知識は十分である。

このような所長や部長などの管理職に対する人件費についても、試験研究費に含まれると考えているがどうか。

(答) 税額控除の対象になる試験研究費に含まれる人件費は、専門的知識をもってその試験研究に専ら従事する者に対するものに限られる（措令27の4⑤一）。

この場合の「試験研究に専ら従事する」というのは、必ずしも質問にあるように、実際にビーカーやフラスコを振ったり、顕微鏡を覗いたりといった、いわば物理的・直接的な意味での試験研究に従事することに限られるものではないと考えられる。質問にある中央研究所の所長や部長のように、専門的知識を有して、研究所全体の研究開発の統轄や進行管理、部下の研究員の指導・助言等を行うことも試験研究に専ら従事しているといってよいであろう。

これに対して、たとえばその所長や部長が単に研究所の人事や予算の事務のみを行っているような場合には、試験研究に専ら従事しているとはいえない。

したがって、質問の場合には、その所長や部長に対する人件費は試験研究費に含めてよいと考える。

○ 建設業における試験研究費の範囲

〔質疑応答〕

(問) 当社は建設業を営んでいるが、業務の性格上、現場での生産であり、また、土木構築物や建築物等は非常に規模が大きいこともあって、新技術の完成のためには現地における実証試験が必要かつ重要である。研究所における試験研究のほか、建設工事現場でも、試験研究を多く行っている。

この場合、実際の建設工事の施工とは明確に区分される試験研究で、

研究所での実験等が物理的に困難であることから、研究所における機能を代替するようなものは、税額控除の対象になると考えてよいか。具体的には、建設工事現場を活用し、現地において専門的知識をもった技術者が相当期間にわたり試験研究業務に従事する場合には、その人件費は試験研究費に該当するとしてよいか。

（答）　税額控除の対象になる試験研究費に含まれる人件費は、専門的知識をもってその試験研究の業務に専ら従事する者に対する人件費に限られる（措令27の4⑤一）。そして、その試験研究は、なにも研究所のなかだけで行われるものに限られるわけではない。

　質問の場合には、建設現場での試験研究であるが、建設工事の施工とは明確に区分され、研究所での実験等が物理的に困難であることから、研究所における機能を代替するため現場で行われるという。また、専門的知識をもった技術者が相当期間にわたり試験研究業務に従事するということである。このような点からすれば、その技術者の人件費は試験研究費として税額控除の対象にしてよい、と考える。

　なお、現場技術者が試験研究に専従していることについて、調査報告書や勤務報告書等により明確にしておくことが肝要である（国税庁・法人税質疑応答事例「試験研究費に含まれる人件費の範囲」参照）。

〔参考通達〕

試験研究費税額控除制度における人件費に係る「専ら」要件の税務上の取扱いについて（通知）

（平15.12.25　課法2-28）

標題のことについて、中小企業庁から別紙2のとおり照会があり、これに対して当庁課税部長名をもって別紙1のとおり回答したので通知する。

別紙1（平15.12.25　課法2-27、課審5-25）

中小企業庁

　　経営支援部長　○○　○○　殿

　　　　　　　　　　　　　　　　　　　　国税庁課税部長

　　　　　　　　　　　　　　　　　　　　　　○○　○

試験研究費税額控除制度における人件費に係る「専ら」要件の税務上の取扱いについて

　　（平成15年12月19日付中庁第一号による照会に対する回答）

　標題のことについては、ご照会に係る事実関係を前提とする限り、貴見のとおりで差し支えありません。

別紙2

　　　　　　　　　　　経済産業省（平15.12.22　平15.12.19中庁第1号）

国税庁課税部長　○○　○　殿

　　　　　　　　　　中小企業庁経営支援部長　○○　○○

試験研究費税額控除制度における人件費に係る「専ら」要件の税務上の取扱いについて

　標記について、下記のとおり解して差し支えないか、貴見を伺いたく照会申し上げます。

(趣旨)

　試験研究費税額控除制度の対象となる試験研究費に含まれる人件費については、租税特別措置法施行令第5条の3第12項第1号、第27条の4第9項第1号及び第39条の39第10項第1号において、「専門的知識をもって当該試験研究の業務に専ら従事する者に係るものに限る」と規定されているところである。

　しかしながら、当該規定が適用できるかどうかの判定に当たっては、試験研究部門に属している者や、研究者としての肩書のある者等に限られるのではないかという認識が実務界にあることから、実態として

当該規定の適用を見送る例があると承知しているところである。

　特に、中小企業は人的な余裕がなく、限られた経営資源の中で試験研究に取り組まざるを得ないため、試験研究以外の業務と兼務するケースが多く見られるところであるが、下記のような研究プロジェクトの場合にあっては、当該規定の適用があり得ることを明確にするとともに、その周知を図るために照会するものである。

記

　試験研究費税額控除制度における人件費に係る「専ら」要件の考え方
　租税特別措置法施行令第5条の3第12項第1号、第27条の4第9項第1号及び第39条の39第10項第1号に規定される「専門的知識をもって当該試験研究の業務に専ら従事する者」とは、試験研究部門に属している者や研究者としての肩書を有する者等の試験研究を専属業務とする者や、研究プロジェクトの全期間中従事する者のほか、次の各事項のすべてを満たす者もこれに該当する。

① 試験研究のために組織されたプロジェクトチームに参加する者が、研究プロジェクトの全期間にわたり研究プロジェクトの業務に従事するわけではないが、研究プロジェクト計画における設計、試作、開発、評価、分析、データ収集等の業務（フェーズ）のうち、その者が専門的知識をもって担当する業務（以下「担当業務」という。）に、当該担当業務が行われる期間、専属的に従事する場合であること。

② 担当業務が試験研究のプロセスの中で欠かせないものであり、かつ、当該者の専門的知識が当該担当業務に不可欠であること。

③ その従事する実態が、おおむね研究プロジェクト計画に沿って行われるものであり、従事期間がトータルとして相当期間（おおむね1ヶ月（実働20日程度）以上）あること。この際、連続した期間従事する場合のみでなく、担当業務の特殊性等から、当該者の担当業務

が期間内に間隔を置きながら行われる場合についても、当該担当業務が行われる時期において当該者が専属的に従事しているときは、該当するものとし、それらの期間をトータルするものとする。

④　当該者の担当業務への従事状況が明確に区分され、当該担当業務に係る人件費が適正に計算されていること。

(ホ)　経費の意義

経費は、試験研究用資産の償却費、研究所の賃借料、外注加工賃、福利厚生費、水道光熱費、旅費交通費、図書費、印刷費などである。前述したように、減価償却費および繰延資産の償却費も、ここでいう経費に含まれる（法措通42の4(2)－4）。すなわち、減価償却費の額には、少額減価償却資産の取得価額の損金算入（法令133、措法67の5）または一括償却資産の損金算入（法令133の2）による損金算入額、特別償却費の額（特別償却準備金積立額を除く。）が含まれる。

これらの経費には、直接費はもとより、間接費も該当する。

また、試験研究用固定資産の除却損または廃棄損のうち、試験研究の継続過程において通常行われる取替更新にもとづくものは、試験研究費に含まれる。これに対して、災害、研究項目の廃止等にもとづき臨時的、偶発的に発生する除却損または廃棄損は、試験研究費に含まれない（法措通42の4(2)－5）。臨時的、偶発的に発生する除却損や廃棄損は、いわば異常原価であり、そもそも試験研究費に含めるのは適当でないからである。

なお、後述するとおり、税務上は非試験研究用固定資産の取得価額または非試験研究用繰延資産となる試験研究費の額であるが、会計上、研究開発費として損金経理をした金額も、試験研究費の額に含まれる（措法42の4⑲一ロ)。そこで、試験研究費の重複計上を排除するため、その固定資産または繰延資産の償却費、除却損および譲渡損失の額は、経費の額に含

まれない（措法42の４⑲一イ(1)）。

○　市場販売目的のソフトウエアの償却費の取扱い

〔質疑応答〕

(問)　当社は、データ管理のパッケージソフトを開発し、複写して販売している。これは市場販売目的のソフトウエアであるから、税務上は「複写して販売するための原本」として、無形減価償却資産に計上している。

このパッケージソフトに新たに機能を追加し、強化を図ったので、その費用はソフトウエアとして処理している。この場合、このソフトウエアの償却費は、試験研究費の額に含まれるか。

(答)　企業会計では市場販売目的のソフトウエアである製品マスターの機能の改良・強化を行う制作活動のための費用は、資産に計上すべきものとされている。税務上も、ソフトウエアに対する新たな機能の追加、機能の向上等に該当するときは、その修正費用等は資本的支出として処理する（法基通７－８－６の２）。

このような会計上、税務上の取扱いからみて、質問の資産としての処理は妥当であるといえよう。

一方、税額控除の対象になる試験研究費の額には、減価償却費（特別償却費を含む。）が含まれる（法措通42の４(2)－４）。しかし、この場合の減価償却費は、あくまでも試験研究用資産の減価償却費に限られる。

質問のソフトウエアは、市場販売目的のソフトウエアであるから、試験研究の用に供されているとはいえない。したがって、その減価償却費は試験研究費に該当しない、と考える。

○ 研究所の事務用品費や事務機器のリース料等の取扱い

〔質疑応答〕

(問) 当社は新製品の研究開発を行う研究所を有しており、その研究所では各種の費用を要している。その費用のうち、たとえば事務用品費や事務機器のリース料、旅費などであっても、直接試験研究のために要したものは試験研究費に含まれると考えている。

これに対して、事務用品費や事務機器のリース料、旅費などが直接的な試験研究のためではなく、たとえば研究所の研究員の給与計算や予算管理、研究材料の購入の事務などのためのものである場合、これも試験研究費に含まれると考えてよいか。

(答) 企業会計上、試験研究費は原材料費、労務費、経費などを含む複合費である。その原材料費、労務費、経費などには直接費はもとより間接費も含まれる。

税額控除の対象になる試験研究費も、試験研究を行うために要する原材料費、人件費および経費とされている。ただ、人件費については専門的知識をもって試験研究の業務に専ら従事する者にかかるものに限る、とする限定がついている（措令27の4⑤一）。原材料費および経費については、直接的あるいは専ら試験研究のために要したものに限る、といった限定は付されていない。

以上のような点からみて、研究開発のみを行っている研究所などの経費は、それが質問のようないわば間接的な試験研究のためのものであっても、試験研究費に含まれると考えられる。

○ 試験研究用資産の除却損や譲渡損の試験研究費の該当性

〔質疑応答〕

(問) 令和3年度の税制改正において、固定資産の取得価額とされる

べき費用の額や繰延資産となる費用の額が、試験研究費の額に追加された。しかし、その事業供用時において試験研究用固定資産の取得価額や繰延資産となる費用の額は除外されている。

そうすると、事業供用時に試験研究用の固定資産や繰延資産に該当するものの除却損や譲渡損の取扱いは、従来どおりである、という理解でよいか。

(答) 令和3年度の税制改正において、研究開発費として損金経理をした金額のうち、固定資産の取得価額とされるべき費用の額や繰延資産となる費用の額が試験研究費の額に追加された。しかし、その事業供用時において試験研究用の固定資産の取得価額や繰延資産となる費用の額は除外されている（措法42の4⑲一ロ）。

これは、その事業供用時において試験研究用の固定資産や繰延資産に該当するものは、従来どおり取り扱うということであり、除却損や譲渡損も従来どおりの処理を行う。すなわち、災害、研究項目の廃止等にもとづき臨時的、偶発的に発生するものは試験研究費の額に含まれず、試験研究の継続過程において通常行われる取替更新にもとづくものは試験研究費の額に含まれる（法措通42の4(2)−5）。

(ヘ) 委託研究費の意義

委託研究費は、他の専門研究機関、大学、関係会社、業界団体等へ試験研究を委託した場合のその委託費である。この場合の「他の者」には、外国法人の本店等（法令138①一）を含む（措令27の4⑧）。

この委託研究費には、金銭だけでなく、たとえば試験研究用の材料や器具などの現物を交付する場合のその費用も含まれる。

委託研究費も税額控除の対象になるということは、試験研究費の税額控除は必ずしも自ら研究を行う場合だけでなく、他に委託して研究を行う場

合にも適用があるということを意味する。委託研究の場合であっても、その成果は委託者に帰属し、自らが試験研究を行っているのと同じであり、試験研究費の税額控除の趣旨にかなうからである。

なお、共同研究の負担金も、試験研究費に含まれる。

○ 研究開発子会社に研究を委託した場合の取扱い

〔質疑応答〕

(問) 当社は繊維製品のメーカーであるが、研究開発の効率化を図るため、研究開発を専門に行う開発子会社を有している。そして、主に基礎研究と応用研究をその開発子会社が行い、当社は開発研究を行うことにしている。

したがって、当社では開発子会社に研究を委託し、委託研究費を支払う。この場合、当社と開発子会社との双方で税額控除の対象にすることができるのか。また、開発子会社に研究を委託することになにか問題はあるか。

(答) 税額控除の対象になる試験研究費は、他の者に試験研究を委託する場合の委託研究費も含まれる（措令27の4⑤二）。一方、その研究を受託した側の法人においては、受け入れた受託研究費は自己の試験研究費から除外しなければならない（措法42の4⑲一）。したがって、委託者と受託者の双方で税額控除の適用を受けることはできない。

ただ、たとえば開発子会社で受託した研究のための費用が100にすぎないにもかかわらず、委託研究費として150を支払った場合、その差額50が高すぎるというときどう取り扱われるかである。この場合には、親会社が支払った150のうち50は単なる寄附金となり、税額控除の対象にはならないといった問題が生じてくる。一方、支払を受けた開発子会社においては、50は単なる受贈益であるから、100だけを試験研究費から除外すればよい

ことになる。これは海外親子関係にある場合には、移転価格税制の問題となってくるので、注意が肝要である。

なお、開発子会社に研究を委託すること自体は、何ら問題ではない。ただ、上記のような問題に留意する。

(ト) **研究を受託した場合**

上述したように、試験研究費の税額控除は委託研究であってもよい。この場合、受託者においても、その受託した研究に関して要した試験研究費を税額控除の対象にすることができる、と考えられる。そうすると、同一の研究に関して生じた試験研究費を委託者と受託者との両者が税額控除の対象にすることになる。これはいかにも不合理である。

そこで、受託者における税額控除の対象になる試験研究費の額からは、その試験研究費に充てるため他の者（外国法人の本店等を含む）から支払を受ける金額を除く（措法42の4⑲一）。この場合、試験研究費の額から除く「他の者から支払を受ける金額」には、次に掲げる金額が含まれる（法措通42の4(2)-1）。

① 国等からその試験研究費に充てるため交付を受けた補助金

この補助金には、国庫補助金等で取得した固定資産の圧縮記帳（法法42～44）の適用対象になる試験研究用資産を取得するための補助金を含む。その圧縮記帳の適用を受ける場合の取扱いは、次のようになる。

A 国庫補助金の交付を受けた事業年度において試験研究用資産につき圧縮記帳の適用を受けた場合には、その交付を受けた国庫補助金の額を試験研究費の額から除くとともに、損金の額に算入した圧縮損の額を試験研究費の額に含める。

B 国庫補助金を特別勘定に経理した場合には、その経理をした事業年度においては「他の者から支払を受ける金額」はないものとし、試験研究用資産につき圧縮記帳の適用を受けた事業年度において、その取

り崩して益金にした特別勘定の額を試験研究費の額から除くとともに、損金の額に算入した圧縮損の額を試験研究費の額に含める。
② 国立研究開発法人科学技術振興機構と締結した新技術開発委託契約に定めるところにより、同機構から返済義務の免除を受けた開発費の額から引き渡した物件の帳簿価額を控除した金額

新技術開発のため科学技術振興機構から交付を受けた開発費の額は、その開発が成功しなかった場合には免除を受けるので、その免除を受けた開発費の額が「他の者から支払を受ける金額」になるのである。この場合、交付を受けた開発費により取得した物件は同機構に引き渡さなければならないので、免除を受けた開発費の額からその物件の帳簿価額を控除する。
③ 委託研究費の額

上記㈥で述べた委託研究費の額である。

○ 研究を受託した場合の試験研究費の範囲

〔質疑応答〕

(問) 当社は、このたび甲社からセラミックの特性に関する研究の委託を受けた。その研究の受託料として甲社から5,000万円の支払を受ける。しかし、この研究には8,000万円ほどを要する見込みであり、5,000万円との差額3,000万円は当社が負担する。

この場合、当社が負担する3,000万円は、当社において税額控除の対象にしてよいか。

なお、この研究が成功して特許権を取得した場合には、その特許権は甲社と当社との共有とし、研究費の負担割合によりそれぞれ持ち分を有するものとする。

(答) 質問の場合、まず問題になるのは、他の者から受託した試験研究に

要する費用が税額控除の対象になるかどうかという点である。受託研究は自己のためではなく、他社のために行うものであるから、自己が税額控除の対象にしてよいのかどうか疑義が存するからである。

しかし、仮に受託研究であったとしても、その試験研究費は税額控除の対象にしてよい。税額控除の対象になる試験研究費の額から「その試験研究費に充てるため他の者から支払を受ける金額」を除く、とされていること（措法42の4⑲一）自体、受託研究を予定していると考えられるからである。

次に、他人のための受託研究であるのに、自社がその研究費を負担することの合理性が問題になる。もしその負担に合理性がないとすれば、その負担する費用は試験研究費ではなく寄附金である、ということになろう。

質問の場合には、研究が成功して特許権を得たときは、その特許権は研究費の負担割合により共有にするとのことであるから、受託研究であるとはいっても、その負担には合理性があるということになる。したがって、質問の場合には、受託研究というよりはむしろ共同研究とみられるから、自社が負担する研究費は税額控除の対象にしてよいと考える。

○　試作品の売却収入の試験研究費からの控除の要否

〔質疑応答〕

（問）　当社は精密機械メーカーであるが、新製品の研究開発過程においては試作品を作ることが多い。この試作品をたまに他に売却することがあるが、その売却価額は試作に要した原材料費程度の金額である。

この試作品の売却収入は、税額控除の対象になる試験研究費から控除しなければならないか。「その試験研究費に充てるため他の者から支払を受ける金額がある場合には、当該金額を控除した金額」とされていることから、控除すべきであるという意見があるが。

（答） たしかに税額控除の適用にあたり、損金の額に算入される試験研究費の額から、その試験研究費に充てるため他の者から支払を受ける金額がある場合には、その金額を控除することになっている（措法42の4⑲一）。

　これは試験研究を受託または委託した場合、同一の試験研究に関して受託者と委託者との双方で試験研究費に含まれることになる、不合理を排除するためのものである。

　質問の試作品の売却収入は、その試験研究費に充てるために支払を受ける金額ではないから、その限りでは試験研究費からの控除は要しないといえよう。

　ただ、試作品の売却収入分だけ実質的な試験研究費は少なくて済むから、税額控除の対象になる試験研究費から試作品の売却収入は控除すべきである、という意見が考えられる。

　しかし、法人が現に試験研究費として要した総額は、試作品の売却収入を控除する前の金額であり、また、その売却収入は試験研究費から控除せず、雑収入等として処理するのが公正妥当な会計処理といえよう。したがって、法人が支出した試験研究費を基礎に税額控除を行う制度の趣旨からみて、試作品の売却収入は試験研究費から控除する必要はないものと考える。

○　研究結果にもとづき負担金を受け入れる場合の試験研究費の範囲

〔質疑応答〕

（問） 当社は、ある会社と化学製品の共同研究を行っているが、その研究は当社が主導している。そのため、研究が成功したときは、共同研究の相手方も相応の研究開発費の負担をし、当社に負担金を支払う。

　一方、研究が失敗に終わったときは、相手方は研究費の負担をせず、その研究費は全部当社が負担する。

　この場合、研究が失敗したときは、相手方は研究費の負担をせず、

その研究費は全部当社が負担するから、当社が負担する研究費の全額を税額控除の対象にしてよいと考えるがどうか。

(答) 質問において、研究が成功したときは、共同研究の相手方も相応の研究費の負担をするということである。その場合には、当然、貴社が相手方から受け入れた負担金を除いた、貴社が実質的に負担した研究費の額が税額控除の対象になる。

ただ、質問のように、研究の結果によって、相手方が研究費を負担したり、しなかったりするのが、そもそも共同研究といえるのか、という問題があろう。このような場合には、むしろ相手方が支払う負担金は、研究が成功した後の化学製品の製造、販売等のための権利の対価ではないかとみられる。もし、そうであるとすれば、相手方から受け入れる負担金は共同研究の負担金でも、研究費用に充てるための負担金でもないから、貴社が要した研究費用の全額を税額控除の対象にしてよいといえよう。

これに対し、研究が失敗したときは、相手方は研究開発費の負担をせず、その研究開発費は全部貴社が負担するということである。その限りでは、貴社が負担した研究開発費の全額を税額控除の対象にしてよい。

しかし、もし共同研究というのであれば、仮に研究が失敗したからといって、貴社がその研究費用の全額を負担するのは、不合理である。貴社と相手方とが合理的にその研究費用を分担すべきであって、貴社が全額を負担するとすれば、寄附金課税や交際費課税の問題が生じてこよう。

ただ、上記のように、そもそも共同研究ではなく、相手方は研究が成功した暁には、その化学製品の製造、販売等のための権利を得るというのであれば、貴社がその研究費用の全額を負担してもよい。その場合には、貴社が負担した研究開発費の全額を税額控除の対象にしてよいといえよう。

第8章 試験研究費と税額控除　515

㈑　技術研究組合から賦課される費用

　試験研究費に含まれる、技術研究組合から賦課される費用は、技術研究組合法第9条第1項の規定により賦課される費用である。技術研究組合は、組合員が試験研究を協同して行うことを主目的としているから（同法3）、その賦課により組合員が納付する費用は試験研究費に含まれる。

　同項では、「組合は、定款の定めるところにより、組合員に組合の事業に関する費用を賦課することができる。」と定めている。その賦課される費用が、技術研究組合が日常的に行う試験研究の経常費用に充てられるものであれば、その納付をしたときに、その納付金額を試験研究費として取り扱ってよいものと考える。

　一方、その賦課される費用が、技術研究組合の試験研究用資産の取得費用に充てられる場合には、その納付をする組合員は繰延資産として処理すべきものと考えられる（法令14①六イ、法基通8－1－4、**第7章Ⅱ2参照**）。そして、その繰延資産の償却をしたときに、その償却費の額を試験研究費として取り扱う（法措通42の4(2)－4参照）。

　なお、技術研究組合においては、その取得をした試験研究用資産について圧縮記帳の適用が認められている（措法66の10、**第6章Ⅶ2参照**）。

○　開発部門で生じた費用であっても試験研究費には該当しないとされた事例

〔**参考裁決例**〕

　請求人は、請求人の開発部門（本件開発部門）は、これまで社会に存在していない、流通していないアイデア、新しい技術から生まれる事業の創出を試験研究する部署であり、本件開発部門に従事する者（本件従事者）は、プロジェクト計画における設計、試作、開発、評価、分析、データ収集といった研究活動に従事していることから、本件開発部門の試験研究活動に係る費用（本件費用）は、研究開発促進税制

の適用時の社会・経済環境を踏まえた上で社会一般常識に従って判断すると、請求人の製品の製造に関する試験研究費用であり、租税特別措置法第42条の４《試験研究を行った場合の法人税額の特別控除》第６項第１号（本件条文）に規定する試験研究費に該当する旨主張する。しかしながら、本件費用は、請求人が行う家事支援サービス（本件サービス）の顧客獲得のための広告宣伝費や本件サービスに従事する者等の募集に要する費用等、本件従事者が本件サービスの事業拡大に向けてホームページの作成等をする人件費等であり、いずれも本件サービスを提供するために要する費用にすぎず、本件条文に規定する製品の製造又は技術の改良、考案若しくは発明に係る「試験研究のために要する費用」に該当しない。

（国税不服審判所裁決　平成30．9．6　裁決事例集未登載）

(4) 資産計上される試験研究費の額

イ　意　義

　製品・技術開発に係る試験研究費の額には、上記(3)の損金計上される試験研究費の額のほか、資産の取得価額等とされる試験研究費の額が含まれる。すなわち、上述した試験研究のために要する費用の額で、各事業年度において研究開発費として損金経理をした金額のうち、棚卸資産もしくは非試験研究用固定資産の取得価額とされるべき費用の額または非試験研究繰延資産となる費用の額が試験研究費の額に含まれる（措法42の４⑲一ロ）。

　これは、税務上、非試験研究用資産の取得価額または非試験研究繰延資産となる費用の額であっても、会計上、研究開発費として損金経理をすれば、試験研究費の額としてよい、ということである。

　ここで**非試験研究用固定資産**とは、事業供用時において試験研究の用に供する固定資産以外の固定資産をいい、**非試験研究繰延資産**とは、試験研

究のために支出した費用に係る繰延資産以外のものをいう（措法42の4⑲一ロ）。要するに、試験研究の用に供されない固定資産または繰延資産である。

なお、事業供用時において試験研究の用に供される試験研究用固定資産または試験研究繰延資産については、従来どおり、その償却費（特別償却費を含む。）の額が試験研究費の額になる（法措通42の4(2)-4）。

ロ　研究開発費の損金経理要件

上記イの棚卸資産や固定資産の取得価額、繰延資産となる費用の額について、試験研究費の額に含め、税額控除の対象にするためには、研究開発費として損金経理をしなければならない（措法42の4⑲一ロ）。

これは、研究開発費の科目をもって損金経理、すなわち法人がその確定した決算において費用または損失とし経理をすべきである、ということである（法法2二十五）。このように、科目を指定し損金経理を要件としているのは、上記イの試験研究費の取扱いは、税会不一致の処理を調整する趣旨のものであるから、会計上は研究開発費である、という法人の意思表示を求めたものと考えられる。

ただし、「研究開発費として損金経理をした金額」には、法人の財務諸表の注記において研究開発費の総額に含まれていることが明らかなものが含まれる、と取り扱ってよい（法措通42の4(1)-3）。

会計上、「一般管理費及び当期製造費用に含まれる研究開発費の総額は、財務諸表に注記しなければならない」とされ、また、ソフトウエアに係る研究開発費については、研究開発費の総額に含めて財務諸表に注記することとする」とされている（基準五、注解6）。

○ 会計上の研究開発費と税務上の試験研究費の範囲と相違点

〔質疑応答〕

(問) 令和3年度税制改正において、試験研究費の額の範囲に研究開発費として損金経理をした金額のうち、資産の取得価額や繰延資産となるものが追加された。これは、直接的には、自社利用ソフトウエアの研究開発費について、会計上は費用処理されるが、税務上は資産計上され、税額控除の対象にならなかったことに対処するためといわれている。

そうすると、自社利用ソフトウエアの研究開発費は、会計上、損金経理をすれば、無条件で試験研究費として認められることになるのか。

(答) 研究開発費として損金経理をすれば、その支出をしたときに試験研究費の額に含まれる研究開発費の額であっても、あくまでも製品・技術開発に係る試験研究のために要する費用の額であることが前提である（措法42の4⑲一ロ）。会計上、自社利用ソフトウエアなどの研究開発費を損金経理したからといって、無条件で試験研究費の額として認められるわけではない。

「研究開発費会計基準」や「科学技術研究調査規則」では、研究のほか開発（新しい製品・サービス・生産方法（「製品等」）についての計画若しくは設計又は既存の製品等を著しく改良するための計画若しくは設計として、研究の成果その他の知識を具体化すること）を含み、製品および生産、製造工程などに関する開発や技術的改善を図るために行う活動も含むものとされており、会計上の研究開発費と税務上の試験研究費は必ずしも一致しない（基準一1等）。実務上、研究開発費に該当するかどうかの判断は難しいが、そもそも研究開発費でない費用を損金経理したとしても、試験研究費に該当しないことはいうまでもない。

○ 市場販売目的ソフトウエアの研究開発費の税額控除の可否

［質疑応答］

(問) 令和3年度税制改正において、自社利用ソフトウエアの研究開発費の額は、研究開発費として損金経理をすれば、税額控除の対象になるようになったと理解している。

一方、市場販売目的ソフトウエアの研究開発費については、何ら言及がないが、その取扱いはどうなっているのか。

(答) 市場販売目的ソフトウエアの制作費について、会計上は「最初に製品化された製品マスターの完成までの費用」は、いわば量産品の設計完了までの費用であり、研究開発費として処理するとともに、「製品マスターに対する著しい改良に要した費用」も研究開発費に該当し、すべて発生時の費用とし処理する。しかし、製品マスター完成後の著しい改良と認められない費用は資産計上しなければならない（基準三、注解3、実務指針8、9）。

一方、税務上も、市場販売目的ソフトウエアの最初に製品化された製品マスターの完成（設計完了）までの費用は、研究開発費として発生時に損金算入ができる（法基通7－3－15の3(2)）。その後完成品となるまでの間に製品マスターに行った改良または強化の費用はソフトウエアの取得価額に算入する（法基通7－3－15の2(注)3）。

このように、市場販売目的ソフトウエアの研究開発費は、従来から基本的に会計上も税務上も費用計上され、それが製品・技術開発に係る試験研究費に該当すれば、税額控除の適用が可能である。そのため、令和3年度の税制改正において何ら改正は行われていない。

○ 棚卸資産の取得価額に含まれる研究開発費の税額控除の時期

〔質疑応答〕

(問) 令和3年度税制改正において、研究開発費として損金経理をした金額のうち、棚卸資産の取得価額とされるべき費用の額が試験研究費の額に追加された。

これは、損金経理をした時点で税額控除の適用を認めるということのようであるが、税額控除時期が早くなった、という理解でよいか。従来は、製造原価として損金算入された時に税額控除をすることになっていたはずである。

(答) 試験研究費の額のうち、基礎研究および応用研究の費用の額ならびに工業化研究に該当することが明らかでないものの費用の額は、製造原価に算入する必要はない。工業化研究に該当することが明らかであるものの費用の額だけ製造原価に算入すればよい(法基通5－1－4(2))。

令和3年度の税制改正において、試験研究費の額の範囲に、研究開発費として損金経理をした金額のうち、棚卸資産の取得価額とされるべき費用の額が追加された(措法42の4⑲一ロ)。

従来、税額控除の対象になる試験研究費はすべて当該事業年度において損金算入されるものに限られていたため(旧措法42の4①)、製造原価に算入された工業化研究の費用で期末棚卸資産の取得価額に含まれているものは、税額控除の対象にならないのではないか、といった議論がみられた。

この点、期末棚卸資産の取得価額に含まれる工業化研究の費用を取り出すことの事務手数等からその支出時に税額控除の対象にしてよいのではないか、という主張があった。また、賃上げ促進税制の適用基準となる給与等でも同様の問題があるが、同税制では実際の支給時に給与等の支給額に含めてよいことになっている(法措通42の12の5－4)。このようなことから、事実上、工業化研究費の支出時に税額控除が認められていたのではな

いかと思われる。

その点からすれば、必ずしも税額控除の時期が早くなったとはいえないかもしれないが、法令上、損金経理をした時点で税額控除の適用を認めることが明確化されたことは評価すべきである。

○ 非試験研究用資産を試験研究用資産に転用した場合の税額控除の可否

〔質疑応答〕

（問）　令和3年度税制改正において、研究開発費として損金経理をした金額のうち、非試験研究用資産の取得価額とされるべき費用の額が税額控除の対象とされた。

その非試験研究用資産に対する研究開発費を損金経理せず税額控除をしなかった場合、その後、非試験研究用資産から試験研究用資産に転用したときは、その転用後における償却費や除却および譲渡による損失の額は、試験研究費の額に含めてよいか。

（答）　令和3年度税制改正において、試験研究費の額の範囲に、研究開発費として損金経理をした金額のうち、非試験研究用資産（事業供用時に試験研究用の固定資産または繰延資産でないもの）の取得価額とされるべき試験研究費の額が追加された（措法42の4⑲一ロ）。

これは、非試験研究用資産の取得価額とされるべき試験研究費の額は、その支出時（損金経理時）において税額控除の対象にするという趣旨である。したがって、その後その非試験研究用資産が試験研究用に転用された場合であっても、その償却費の額や除却および譲渡による損失の額は、試験研究費の額に含まれない（措法42の4⑲一イ(1)）。

その非試験研究用資産に対する研究開発費の額につき支出時において税額控除の適用を受けている場合はもちろん、その支出時に税額控除の適用を受けていない場合であっても、その償却費の額や除却および譲渡による

損失の額は、試験研究費の額に含まれないことに留意しなければならない。

○ **事業供用時に試験研究用資産に該当するものの研究開発費の処理**

〔質疑応答〕

(問) 令和3年度税制改正において、研究開発費として損金経理をした金額のうち、固定資産の取得価額となる費用や繰延資産となる費用の額が、税額控除の対象になる試験研究費の額に追加された。

ただし、その事業供用時において試験研究用固定資産の取得価額や試験研究のために支出した繰延資産となる費用の額は除外されている。

そうすると、これら試験研究用の固定資産や繰延資産は、どのように取り扱われるのか。

(答) 令和3年度税制改正において、研究開発費として損金経理をした金額のうち、固定資産の取得価額とされるべき費用の額や繰延資産となる費用の額が試験研究費の額に追加された。ただし、事業供用時において試験研究用固定資産の取得価額や繰延資産となる試験研究のために支出した費用の額は除外されている(措法42の4⑲一ロ)。

これは、研究開発費の額がその事業供用時に試験研究用の固定資産の取得価額や繰延資産の額になるものである場合には、その支出時(損金経理時)ではなく、従来どおり、その償却費の額や除却および譲渡による損失の額を税額控除の対象にするということである(法措通42の4(2)-4)。

なお、会計上、特定の研究開発目的のみに使用され、他の目的に使用できない機械装置や特許権等を取得した場合の原価は、取得時の研究開発費とすることとされている(基準注解1)。しかし、税務上は、研究開発目的のみの機械装置や特許権、ソフトウエア等であっても、原則として減価償却資産として処理しなければならない(法基通7-1-8の2)。これら資産の取得価額を研究開発費として損金経理をしても、その支出時(損金経

理時）に税額控除の対象にすることはできない。

○ ソフトウエアの著しい改良に要した費用の試験研究費の該当性
   〔質疑応答〕
   (問) 会計上、市場販売目的ソフトウエアの製品マスターまたは購入したソフトウエアに対する著しい改良に要した費用は、研究開発費に該当するものとして、その発生時に費用処理することになっている。
   これに対し、税務上は、ソフトウエアの著しい改良に要した費用は、資本的支出に該当し資産計上すべきものと理解している。
   そうすると、ソフトウエアの著しい改良に要した費用を研究開発費として損金経理をすれば、税額控除の対象にしてよいか。

(答) 市場販売目的ソフトウエアの完成後の製品マスターまたは購入したソフトウエアに対する著しい改良に要した費用について、会計上は、研究開発費に該当するものとして、その発生時に費用処理する（基準三、注解3、実務指針8、9）。

一方、税務上はソフトウエアのプログラムの修正等が、新たな機能の追加、機能の向上等に該当するときは、その費用は資本的支出に該当する。また、既存のソフトウエアまたは購入したパッケージソフトウエア等の仕様を大幅に変更するための費用のうち、その取得価額になったもの以外のものは資本的支出として処理する（法基通7－8－6の2）。

これらの資本的支出が研究開発費（自社利用ソフトウエアの研究開発費については、その利用により将来の収益獲得または費用削減にならないことが明らかなものに限る。）に該当する場合には、資本的支出としないことができ（法基通7－8－6の2(注)2）、資本的支出として処理せず研究開発費として損金経理をした場合には、税額控除の対象にできる可能性はある。

○ 研究開発費の損金経理要件の充足方法と緩和策の有無

〔質疑応答〕

(問) 令和3年度税制改正により、棚卸資産や固定資産、繰延資産となる費用の額であっても、研究開発費として損金経理をすれば、試験研究費の額に含まれるものとされた。

しかし、企業によっては、研究開発費勘定を設定せず、研究開発費に含まれる原材料費や人件費、経費の額をそれぞれの勘定科目で処理している例がある。このような場合は、研究開発費として損金経理がない、ということになるのか。

(答) 税務上は、その実質が重要であるから、資産や費用等の表示科目はあまり問題にならないが、減価償却費と繰延資産の償却費については「償却費として損金経理をした」という損金算入要件がある（法法31①、32①）。ただし、これには緩和的な取扱いが認められている（法基通7－5－1、8－3－2）。

税務上は棚卸資産や固定資産の取得価額、繰延資産となる費用の額であるが、会計上は研究開発費として費用処理されるものについて、「研究開発費として損金経理」をすることを条件に試験研究費の額に含むものとされている（措法42の4⑲一イ(1)、ロ）。これはその費用が研究開発費であるのかどうか、法人の意思、判断を確認するためであると考えられる。

会計上、「一般管理費及び当期製造費用に含まれる研究開発費の総額は、財務諸表に注記しなければならない」とされ、また、「ソフトウエアに係る研究開発費については、研究開発費の総額に含めて財務諸表に注記することとする」とされている（基準五、注解6）。

そこで、税務上「研究開発費」という表示科目を指定してはいるが、「研究開発費として損金経理をした金額」には、研究開発費の科目をもって経理をしていない金額であっても、財務諸表の注記において研究開発費

の総額に含まれていることが明らかな金額は、損金経理をした金額として取り扱ってよいこととされている（法措通42の4(1)-3）。

ただ、質問のようなこれまでの実務や研究開発費に該当するかどうかの判断の難しさ、中小企業者に財務諸表への注記を求めるのも実情にそぐわない懸念などもあり、もう一歩踏み込んで、繰延資産の償却費のような「繰延資産となるべき費用の全部又は一部を償却費以外の科目をもって損金経理をした場合であっても、償却費として損金経理をした金額に含まれるものとする」、と同趣旨の通達が望まれる（法基通8-3-2）。

もっとも、税額控除額の計算の基礎となる試験研究費の額または特別試験研究費の額は、確定申告書に添付した明細書に記載された額が限度となり、修正申告または更正の請求によって増額することはできない点に留意が必要である（措法42の4㉑）。

○ 自社利用ソフトウエアの研究開発費を資産計上した場合の処理

〔質疑応答〕

（問） 自社利用ソフトウエアの研究開発費の処理方法は、税務と会計で不一致になっている。

そこで、会計上費用処理をしても、どうせ税務上はその取得価額に算入しなければならないのであれば、申告調整の手間を省くため、会計上も資産計上をした場合、試験研究費の額に含まれないことになるか。

（答）「研究開発費として損金経理」をすることを条件に試験研究費の額に含まれるのは、税務上は棚卸資産や固定資産の取得価額、繰延資産となる費用の額であるが、会計上は研究開発費として費用処理されるものについて適用される（措法42の4⑲一イ(1)、ロ）。したがって、会計上も資産の取得価額や繰延資産の額になるものは、ここでいう試験研究費の額に含ま

れない。

　また、試験研究費の額に含まれるのは、あくまでも「研究開発費として損金経理をした金額」に限られる。そのため、申告調整の手間を省くなどのためであっても、自社利用ソフトウエアの研究開発費を最初から資産計上した場合には、試験研究費の額に含まれないことに留意が必要である。

　ただ、その自社利用ソフトウエアが事業供用時から試験研究用のもので、開発研究用減価償却資産に該当すれば、耐用年数3年で償却をし（耐令2二、別表第六、耐通2－10－1）、その償却費の額（特別償却準備金の積立額を除く）を試験研究費の額とすることはできる（法措通42の4(2)－4参照）。

4　サービス開発に係る試験研究費の範囲

(1)　試験研究の範囲
イ　試験研究の意義

　研究開発税制における試験研究には、前述した「製品・技術開発に係る試験研究」のほか、いわゆる「サービス開発に係る試験研究」がある。これは平成29年度税制改正により、第四次産業革命型サービス開発の促進、利用を図るため追加された。

　新聞によれば、銀行、保険、証券といった金融分野で人工知能（AI）を活用するサービスが急速に広がっているという。接客などでは、コールセンターの支援にAIを取り入れたり、店頭にヒト型ロボット「ペッパー」を導入したりするところも相次ぐ、と報じている（日本経済新聞　平成29.8.21朝刊）。

　その**サービス開発に係る試験研究**は、対価を得て提供する新たな役務の開発にかかる試験研究をいう（措法42の4⑲一イ(2)）。

　この場合の**試験研究**は、対価を得て提供する新たな役務の開発を目的として、次に掲げるもののすべてが行われる場合における、それぞれのもの

である（措令27の4⑥）。

① 次に掲げる情報について、一定の法則を発見するために行われる分析
　A　大量の情報を収集する機能を有し、その機能の全部または主要な部分が自動化されている機器または技術を用いる方法によって収集された情報もしくは取得した情報
　B　上記Aのほか、その法人が有する情報で、その法則の発見が十分見込まれる量のもの

　　この場合、「一定の法則を発見するために行われる分析」は、その情報の解析に必要な確率論および統計学に関する知識ならびに情報処理に関して必要な知識を有すると認められる者（情報解析専門家）により情報の解析を行う専用のソフトウエア（情報の解析を行う機能を有するソフトウエアで、その専用のソフトウエアに準ずるものを含む）を用いて行われる分析をいう（措規20①）。

② ①の分析により発見された法則を利用した役務の設計
③ ②の設計にかかる法則が予測と結果とが一致することの蓋然性が高いものであることその他妥当であると認められるものであることおよびその法則を利用した役務がその目的に照らして適当であると認められることの確認

　従来、サービス開発における情報は、大量の情報処理ができるコンピュータ等を駆使して新規に収集、取得したものに限られ、過去から社内に蓄積されている情報が利用できないので、サービス開発に係る税額控除は使いづらいと指摘されていた。

　そこで、令和5年度税制改正により、上記①Bの情報が追加された。法人が過去から蓄積している情報で、開発目的とするサービスについての法則が発見できる量のものであれば、その情報も利用できるようになった。その「量」について、具体的な数量基準等があるわけではないが、一定の法則を発見するのであるから、有意の結果が得られるような、自ずから相

当程度の量は必要である、ということになろう。

　また、従来、サービス開発の設計工程は、①情報の収集、②情報の分析、③役務の設計および④設計の確認の四つに分かれていたが、令和5年度税制改正後は、上記①Aの要件は必須要件ではなくなったことに伴い、上記①から③までのとおり、三つの設計工程となった。

　上記①Aの「大量の情報を収集する機能」に該当するか否かに関して当局（東京国税局）の文書回答事例がある。そこでは、「大量の情報を収集する機能」には、その後に行われる分析がその収集したデータを用いて一定の法則を導き出すことからすると、その分析において信頼できる分析結果を導き出すのに必要かつ十分な質と量の情報を、専用のソフトウエアを利用して自動的に収集する機能を有していれば妥当するものと解される、としている。

　したがって、AIを組み込んだソフトウエアにより、センサー、Webカメラ等の制御装置等を駆使して、様々な媒体から本件各サービス開発のための分析に必要かつ十分な一定の質と量のデータを自動的に収集するとともに、収集したデータを分析用に整形する手順で行われたデータの収集は、上記①に該当するという（東京国税局・文書回答事例・平成元.12.18「AIを利用して行った新たなサービスの開発における租税特別措置法第42条の4《試験研究を行った場合の法人税額の特別控除》の適用について」）。

　なお、前述したとおり（前記3(1)）、製品・技術開発に係る試験研究については、「試験研究の意義」と「試験研究に含まれないもの」が明らかにされている（法措通42の4(1)-1、42の4(1)-2）。

　しかし、このサービス開発に係る試験研究に関しては、一般的に試験研究の意義等を定めたものはない。これは、サービス設計工程の三つがそれぞれ試験研究とされており、一義的に試験研究を定義することは難しいことによるものと考えられる。

　ただ、製品・技術開発に係る試験研究における試験研究の意義は、全体

を通ずるサービス開発に係る試験研究にも妥当するといえよう。

ロ　サービス開発の例

　実務上は、上記イ①から③までの要件を満たすようなサービス開発はなかなか難しいかもしれないが、たとえば、次のようなサービス開発が想定されている（経済産業省・平成29年度の税制改正資料）。

① 　ドローンを活用して収集した画像データや気象データ等を組み合わせて分析し、より精緻でリアルタイムな自然災害予測を通知するサービス

② 　センサーによって収集した農作物や土壌に関するデータや気象データ等を組み合わせて分析し、農家が最適な農作業をできるような農業支援情報を配信するサービス

③ 　各個人の運動や睡眠状況、食事、体重、心拍等の健康データを分析し、各個人に最適なフィットネスプランや食生活の推奨、病院受診勧奨を行うサービス

④ 　ドローンや人工衛星等を活用して収集した画像やデータ、気象データ、生態系のデータ等を組み合わせて分析し、高付加価値の観光資源だが発生頻度の低い自然現象等の発生を精緻に予測するサービス

　もちろん、サービス開発はこれだけに限られるわけではなく、他にも資産運用サービスなど、金融とIT（情報技術）を融合した「フインテック（FinTech）」による金融サービスが考えられる。

　ある証券会社は、ビッグデータで顧客の生涯収支や家族構成から適切な資産形成を助言する営業ツールを導入するとのことである。国税庁の公開データを用い、顧客の老後の収支の過不足を計算するという（日本経済新聞　平成30.5.4朝刊）。

○ 他社から取得した蓄積情報の税額控除の適用の可否

〔質疑応答〕

（問） 令和5年度税制改正により、法人が有する情報で、開発しようとするサービスについて一定の法則の発見が十分見込まれる量のものの分析も、サービス開発に係る試験研究に含まれることとされた。

この場合の情報には、他社から他社が過去から蓄積していた情報を取得した場合の、その情報も含まれると考えてよいか。

（答） 質問のとおり、令和5年度税制改正により、法人が有する情報で、開発目的のサービスの法則の発見が十分見込まれる量のものの分析も、サービス開発に係る試験研究に含まれることとされた（措令27の4⑥）。

この場合の、法人の「有する情報」は、法人が自ら収集した結果有するものか、他の者から取得した結果有するものかは、問わない。

したがって、質問のように、他社から取得した、他社が過去から蓄積していた情報も、ここでいう情報に含まれる。

なお、その他社からの情報の取得行為自体は、試験研究に該当しない。

○ 自己の試験研究の結果開発したサービスを資産計上することの要否

〔質疑応答〕

（問） 平成29年度の税制改正により、サービス開発に係る試験研究費が税額控除の対象に追加された。その試験研究により開発するサービスは、対価を得るものでなければならないから、相当に具体的な価値のあるものと考えられる。

そうすると、開発したサービスは、無形資産ないしノウハウなどとして、資産計上をする必要があるのではないか。

（答） 既に他の者が開発したサービスを取得する場合には、その取得代価

はそのサービスの性格、内容等に応じて、無形資産（特許権、実用新案権、営業権、著作権等）または繰延資産（自己が便益を受けるための費用等）として処理すべきである。

　これに対して、自己が自らの試験研究の結果開発したサービスであれば、資産に計上する必要はない、と考える。自己開発のサービスは、自己創設のれんやノウハウと同じようなものであるし、仮に資産計上すべきであるとしても、その試験研究費は支出したときにすべて費用処理されているから、資産として付すべき価額はないからである。

　製品・技術開発に係る試験研究の結果、特許権やノウハウ、著作権を取得した場合であっても、それまでに要した試験研究費を特許権やノウハウ、著作権の取得価額として処理するようなことは行われていない。

　ただ、自己開発のサービスを特許権や実用新案権などとして登録する場合には、その登録のために要した費用があれば、その費用は特許権や実用新案権などとして計上しなければならないことがあるかもしれない（法基通７－３－３の２参照）。

　なお、従来、試験研究費は、当期の収益とは関係を有せず、将来に効果が現れるという理由から、繰延資産とされていた（旧法令14①四、連続意見書第五）。そのような観点からすれば、開発したサービスは、繰延資産として処理すべきである、という議論が考えられる。しかし、平成19年度の税制改正により、試験研究費は、繰延資産の範囲から除外された。

ハ　「対価を得て」の意義

　サービス開発に係る試験研究は、「対価を得て」提供する新たな役務の開発でなければならない（措令27の４⑥）。サービス開発に係る研究開発税制が創設された、そのサービス開発を自社内に止めず広く一般への利用を促進する趣旨からみて、自社利用のための試験研究を除外するために、「対価を得て」とされている。

その開発したサービスを外部に提供して対価を得るための試験研究である必要がある。したがって、自社の事務効率の改善や経費の削減等のために行うサービス開発は、ここでいう試験研究には含まれない。

ただし、その開発したサービスを、他の者に提供して対価を得ると同時に自社も利用するといった場合、その主目的が対価を得ることにあるのであれば、ここでいうサービス開発に該当すると考える。もちろん、対価を得るのは名目で自社が利用するのが主目的であるような場合は、「対価を得て」とはいえないであろう。

この場合の対価は、その開発したサービスを譲渡する譲渡対価でもよいし、他の者に使用させて収受する使用料や利用料であってもよいものと考える。

○ **他社に提供するとともに自社も利用するサービス開発の取扱い**

〔質疑応答〕

(問) 当社は、この度、過去の道路の混雑状況を分析し、曜日、時間ごとの精緻な混雑予想を行うサービスを開発した。このサービスは、他の運送業者や観光業者等に提供して利用料収入を得る目的で開発したものであるが、当社の商品の配送計画にも利用する。

このように、他社に提供するとともに、自社も利用するサービスであっても、対価を得て提供するサービスに該当する、と考えてよいか。

(答) 法令上、サービス開発に係る試験研究は、「対価を得て提供する新たな役務の開発を目的として」行われるもの、と定義されている（措令27の4⑥）。この「目的として」という定義からすれば、法人がそのサービスをどのような目的、換言すれば位置づけで開発したかどうかにより、「対価を得て提供する」かどうかを判定すればよいものと考える。

すなわち、他の者に提供して対価を得る目的で開発したが、自社の事務

能率の改善等にも効果があるので、自社も利用するといった場合には、「対価を得て提供する」ものに該当する。しかし、逆に、自社の事務能率の改善等を目的に開発したが、他の者でも利用したいという要望があるので、他の者にも提供し利用料収入を得るといった場合には、「対価を得て提供する」ものには該当しない、と整理すべきである。

したがって、質問の混雑予想サービスを他の者に提供して利用料収入を得る目的で開発したのであれば、結果として自社の商品の配送計画にも利用することになったとしても、「対価を得て提供する」サービスに該当するものと考える。この場合、サービス開発の意図や趣旨を明確にするため、稟議書や計画書等において、他の者に提供して収入を得る目的や対価を得る方法、収支見通しなどを明らかにしておくことが望まれる。

○ 開発したサービスを提供して販売手数料を得る場合の対価性

〔質疑応答〕

(問) 当社では過去の銘柄ごとの株価の動向、取引数量、経済状況等の情報を分析して、顧客に将来の株価予想、運用等を提供するサービスの開発を計画している。ただ、顧客にその情報を提供しても、直接利用料等を受領することは考えていない。顧客がその情報等をもとに株式を売買することによる手数料収入を得ることが目的である。

このように、提供したサービスから直接利用料を得るのではなく、株式の取扱手数料を得るような場合であっても、「対価を得て」に該当すると考えてよいか。

(答) サービス開発に係る試験研究は、「対価を得て」提供する新たな役務の開発でなければならない（措令27の4⑥）。この場合の対価を得る方法は、直接的に対価を得ることのほか、間接的に対価を得ることでもよいものと考える。たとえば、サービスの提供に合わせて商品を販売し、サービ

スの利用料は徴収しないが、商品の販売価額をその分高くするような場合には、サービスの対価を得ている、と考えてよいであろう。

これを質問の場合についてみると、株式の取扱手数料は、まさに株式の売買に伴う事務処理等の役務提供の対価であるから、これをもって株価情報等のサービス提供の対価ということはできないものと考える。株式の取扱手数料は、サービスの提供とは別個、独立した役務提供の対価であると考えられるからである。

ただし、提供した株価情報等のサービスを利用して株式を売買する場合、株式の取扱手数料率がその分高くなるといった場合には、対価を得ているとみてよいであろう。そのことを計画書等で明らかにしておく必要がある。

○ 開発したサービスから結果的に対価を得られなかった場合の取扱い

〔質疑応答〕

(問) 当社では、自然現象の発生を予測する観光サービスを開発し、観光業者等に売り込みをかけた。しかし、精度があまり良くないため、今のところ利用者がなく収入はない。

このように、結果として対価が得られないサービス開発であっても、法令に規定するサービス設計工程を経て開発したものであれば、サービス開発に係る試験研究として認められるか。

(答) サービス開発に係る試験研究は、「対価を得て提供する新たな役務の開発を目的として」行われるものをいう（措令27の4⑥）。この定義からすれば、対価を得て提供する目的で開発するサービスであることおよびサービス設計工程のすべてを実行することが試験研究の計画段階で決定されている限り、結果として対価を得られなかったとしても、サービス開発に係る試験研究として認められるものと考える。

このことは、サービス設計工程のすべてを実行することが試験研究の計

画段階で決定されている限り、その事業年度において試験研究が中止になった場合であっても、サービス設計工程のすべてが行われる試験研究に該当する、と解されていることからも明らかである。試験研究が中止になれば、むろん対価を得ることはできないが、その中止するまでに要した試験研究費は、税額控除の対象になる（法措通42の4(1)－6）。

二　「新たな役務」の意義

　また、サービス開発に係る試験研究は、**新たな役務**の開発でなければならない（措令27の4⑥）。この場合の「新たな役務」は、今まで世の中にまったく存在しなかった役務が該当することはもちろんである。

　しかし、既に世の中には存在するが、その法人にとって従前には提供していない役務も「新たな役務」に含まれる（法措通42の4(1)－4）。法人単位でもって、新たな役務かどうかを判定すればよい。他の者は既に提供している役務であっても、自社にとって初めて提供する役務であればよいのである。

　このことは、親子会社がグループ通算制度を採用している場合であっても、同じである。仮に、親会社が開発中または既に提供中のサービスであっても、子会社が新たに開発するというのであれば、子会社にとっては「新たな役務」に該当する。

　また、法人にとって従前に提供している役務であっても、たとえば、次のような場合には、「新たな役務」に該当する（法措通42の4(1)－5）。
① 　その法人が提供する役務が従前に提供している役務と比較して新たな内容が付加されている場合
② 　その法人が提供する役務の提供方法が従前と比較して新たなものである場合

　その法人にとって、一から開発する役務だけでなく、従前に開発して提供している役務に、機能の付加等のいわば資本的支出を加えた役務も「新

たな役務」に該当するものとしてよい。

○ 親子会社が同一のサービス開発を行う場合の新たな役務の判定単位

〔質疑応答〕

（問） 当社は、Ｐ社が発行済株式の全部を保有するＰ社の完全支配子会社であり、法人税についてグループ通算制度を採用している。

当社では、あるサービス開発を計画しているが、そのサービスは既に親会社であるＰ社では開発し、一般に提供している。それでも、当社がサービス開発を計画しているのは、Ｐ社とは違った客層をターゲットにしようと考えているからである。

このように、グループ通算制度を採用している子会社が親会社と同じサービスを開発する場合であっても、子会社にとっては「新たな役務」の開発に該当する、と考えてよいか。グループ通算制度は、いわば親子会社を一体と考えて法人税を課す制度であることから、疑義がある。

（答） サービス開発に係る試験研究は、新たな役務の開発でなければならない（措令27の4⑥）。この場合の「新たな役務」というのは、今まで世の中にまったく存在しなかったサービスという意味ではない。「新たな役務」であるかどうかは、法人単位でもって判定すればよい（法措通42の4(1)-4）。既に他の者が開発し、世に提供しているサービスであっても、自社にとって初めて提供するサービスであれば、「新たな役務」に該当する。

たしかに、グループ通算制度は、いわば親子会社を一体と考えて法人税を課すものであるから、課税上は親子会社は一つであるともみられる。しかし、グループ通算制度における親子会社を一体にして法人税を課すのは、一つの擬制にすぎない。あくまでも親会社と子会社は法的に独立した法人であり、グループ通算制度を採用している場合には、親子会社を一体とし

て「新たな役務」であるかどうかを判定する、といった制限もないから、ここにおける「新たな役務」は、親会社と子会社でもって判定すればよい。

したがって、質問の場合には、子会社にとって初めて提供するサービスの開発であれば、「新たな役務」の開発に該当すると考える。

○ 既存の開発サービスに新たなサービスを付加する場合の新たな役務の判定

〔質疑応答〕

(問) 当社は、既に成人用の健康サービスの開発を行い、そのサービスを医療機関や会社などに提供して、利用料収入を得ている。しかし、現在の健康サービスは成人を対象にするものであるから、提供先に限界がある。

そこで、現在の成人用の健康サービスに未成年者用の健康サービスを追加して、学校、市町村等に売り込みたいと考えている。ただ、それには未成年者の新たなデータを収集し、解析などをする必要があり、相当の費用を要する見込みである。

この場合、この新たなデータの収集や解析などは、新たな役務の開発に該当すると考えてよいか。

(答) サービス開発に係る試験研究は、新たな役務の開発でなければならない（措令27の4⑥）。その限りでみれば、今まで自社では開発したことのないサービスである必要がある。

しかし、法人税の課税上は、既存の減価償却資産に資本的支出をした場合には、その資本的支出は新たな資産の取得とみるような考え方がある（法令55①）。その場合、建物の避難階段の取付等物理的に付加した部分に係る費用は資本的支出とし、また、建物の増築、構築物の拡張、延長等は建物等の取得に当たる、と取り扱われている（法基通7－8－1）。

このような考え方からみても、単なる改良ではない、既存のサービスに新たなサービスを付加するような場合には、「新たな役務」に該当するとするのが合理的である、と考えられる。そこで、法人が提供する役務が従前に提供している役務と比較して新たな内容が付加されている場合には、「新たな役務」に該当するものとして取り扱われる（法措通42の4(1)-5）。

したがって、質問の場合には、未成年者用の新たなサービスを付加するものであるから、「新たな役務」に該当すると考える。

○ 人間に代えてロボットによるサービス提供をする場合の新たな役務の判定

〔質疑応答〕

（問） 当社は、過去の金融商品の値動きや企業情報、取引状況、経済状況等の分析をもとに資産運用サービスを開発し、店頭の営業スタッフなどが、主として富裕層を対象に資産運用サービスの提供を行ってきた。

しかし、最近のAIの急速な進歩を見据えて、ロボット（ロボアドバイザー）による資産運用の組合せや最適な投資方法の提案などのサービス開発を計画している。このロボアドバイザーの開発が成功すれば、手数料などが軽減され、富裕層以外の新規顧客の開拓が見込まれる。

この場合、そのロボアドバイザーによる資産運用提案サービスの開発は、新たな役務の開発に該当するか。

（答） サービス開発に係る試験研究は、新たな役務の開発でなければならない（措令27の4⑥）。これを質問の場合についてみると、単に人間が提供していたサービスがロボットの提供に代わるだけで、提供するサービスの内容がほとんど変わらないとすれば、「新たな役務」の開発には該当しない、という意見があろう。

しかし、人とロボットは違うし、ロボットがサービスを提供すること自体が新たなサービスの提供といえよう。新たな顧客の開拓ができるということであり、まさにAI（人工知能）を利用したサービス開発は、第四次産業革命型サービス開発の促進、利用の趣旨に合致する。その趣旨からみて、サービス開発の範囲を狭めるような解釈は、適当でない。そのため、法人が提供する役務の提供方法が従前と比較して新たなものである場合は、「新たな役務」として取り扱われている（法措通42の4(1)-5）。したがって、質問のようなロボアドバイザーによる資産運用提案サービスの開発は、新たな役務の開発に該当する、と考える。

ホ　サービス設計工程の実施方法

　サービス開発に係る試験研究は、前記イのとおり、①情報の分析、②役務の設計および③設計の確認の三つ（**サービス設計工程**）のすべてが行われるものでなければならない。そして、この工程の一つひとつが、それぞれ試験研究に該当する（措令27の4⑥）。

　この場合の「①情報の分析」は、情報の解析を行う専用のソフトウエア（情報の解析を行う機能を有するソフトウエアで、その専用のソフトウエアに準ずるものを含む）を用いて行われる分析でなければならない（措規20①）。その専用のソフトウエアに準ずるものには、たとえば、情報解析に特に優れたAIや情報解析用にカスタマイズされた汎用ソフトが考えられる。

　サービス設計工程のすべてが行われるかどうかは、法人がサービス設計工程のすべてを実施することを試験研究の計画段階において決定しているかどうかにより判定する（法措通42の4(1)-6）。このサービス設計工程の三つを具体的にどのように実行するのか、計画書等において全体像を明らかにしておく必要がある。

　したがって、次のような場合であっても、法人がサービス設計工程のすべてを実行することを試験研究の計画段階において決定しているときは、

その試験研究はサービス設計工程のすべてが行われる試験研究に該当する。
① サービス設計工程のすべてがその事業年度に完了していない場合
② その事業年度において試験研究が中止になった場合

　サービス設計工程の三つの工程は、同一事業年度ですべて行う必要はなく、事業年度をまたがってもよい。もちろん、税額控除の対象になる試験研究費は、その事業年度において実行したサービス設計工程に要した費用である。

　また、サービス設計工程のすべてを実行することを試験研究の計画段階において決定している限り、そのサービス開発が失敗し中止する場合であっても、それまでの開発は、サービス設計工程のすべてが行われる試験研究に該当する。

　もちろん、その試験研究の計画は、資金や機器、人材などからみて、サービス設計工程のすべてが真に実行可能性のあるものである必要がある。ただ、形式的、名目的に計画を作ればよいというものではない。

　なお、サービス設計工程のすべてを自社で直接行う必要はない。その全部または一部を委託により行うことでもよい（法措通42の4(1)-6(注)）。自社にサービス設計工程を実行するための機器や技術、人材等が不足するような場合には、サービス設計工程のすべてを外部に委託することでもよいのである。もちろんこの場合、その試験研究の成果は、自社に帰属するものでなければならない。

　一方、サービス開発に係る試験研究は、その成果が帰属する法人が行うことが前提であるから、単にサービス設計工程の全部または一部の委託を受けた法人は、適用対象とならない。

○ 過去から集積した情報を利用して行うサービス開発の試験研究性

〔質疑応答〕

　（問）　当社は金融機関であるが、過去から集積した膨大な個人情報や

金融情報を保有している。これらの情報を利用して、新たな投資提案サービスの開発を計画している。

　このように、過去から集積している情報を利用して行うサービス開発も税額控除の対象になる試験研究に該当するか。

(答)　サービス開発における試験研究は、①情報の分析、②役務の設計および③設計の確認の三つのサービス設計工程のすべてが行われるものでなければならない。そして、この工程の一つひとつが、それぞれ試験研究に該当する（措令27の4⑥）。

　この場合、サービス設計工程のすべてが行われるかどうかは、法人がサービス設計工程のすべてを実行することを試験研究の計画段階において決定しているかどうかにより判定する（法措通42の4(1)-6）。

　このような、三つのサービス設計工程のすべてが行われることを前提として、サービス設計第一工程の情報の分析における「情報の収集」が行われていれば、サービス開発に係る試験研究に該当する。

　この点、サービス開発に係る試験研究が税額控除の対象として認められたのは、平成29年度の税制改正においてであり、また、「情報の収集」は、大量の情報を収集する機能を有し、その機能の全部または主要な部分が自動化されている機器または技術を用いる方法によって行われた情報の収集でなければならない、とされていた。そのため、これまでに集積した情報は、多くの場合、これらを見越して収集・集積されたものではないので、過去から集積している情報を利用して行うサービス開発は、税額控除の対象にすることはできなかった。

　しかし、令和5年度税制改正により、その法人が有する情報で、開発目的のサービスの法則の発見が十分見込まれる量のものの分析も、サービス開発に係る試験研究に含まれることとされた（措令27の4⑥）。したがって、今後は、質問のような、自社が過去から集積し保有している情報を利用し

て行うサービス開発も試験研究に該当する。

この場合、三つのサービス設計工程の一つひとつが、それぞれ試験研究に該当するから、もし第一工程の「情報の分析」には該当しないとしても、第二工程の「役務の設計」以降は試験研究に該当するのではないか、という意見があろう。しかし、第二工程以降は前工程の結果を受けて行うものでなければならないから、第一工程の「情報の分析」に該当しない以上、第二工程以降が試験研究に該当する余地はない。

○ サービス設計工程の第一工程から第三工程までを順番に行うことの要否

〔質疑応答〕

(問) 法令の規定では、サービス開発におけるサービス設計工程は第一工程から第三工程まで順番に定められている。しかし、実務上は、第一工程である「情報の分析」と第二工程である「役務の設計」は同時並行的に行われるようなことが考えられる。

サービス開発におけるサービス設計工程は、第一工程から第三工程まで順番に行う必要があるのか。第一工程と第二工程を同時並行的に行うと、適用要件を満たさないことになるのか。

(答) たしかに、法令の規定では、①情報の分析、②役務の設計および③設計の確認の三つのサービス設計工程を順番に定めている（措令27の4⑥）。しかし、これはそれぞれの設計工程の性格や作業上、このような順番になるであろう、ということを示したにすぎない。法令の規定上も、必ずこのような順番で工程を進めなければならない、といった規制はない。

仮に、第一工程である「情報の分析」の結果を待たず、あらかじめ第二工程である「役務の設計」の大筋の設計に着手するというのであれば、それでも差し支えない。質問のように、第一工程と第二工程を同時並行的に

行うことも認められるものと考える。

　ただ、三つのサービス設計工程は、先行のサービス設計工程の結果を踏まえなければ作業が進められない性格のものであるから、事実上は、どのサービス設計工程から始めてもよいということにはならないであろう。自ずから、第一工程から第三工程までを順番に行うことになるものと思われる。

○　サービス設計工程の一部を外部に委託することの可否

〔質疑応答〕

（問）　当社は、災害予測サービスの開発を計画しているが、サービス設計第一工程である情報の分析における「情報の収集」は、外部の専門業者に委託する予定である。当社の社員は、その収集された情報をもとに第二工程以降を行う。

　このように、サービス設計工程の一部を外部に委託する場合であっても、サービス開発に係る試験研究として認められるか。

（答）　サービス開発における試験研究は、①情報の分析、②役務の設計および③設計の確認の三つのサービス設計工程のすべてが行われるものでなければならない。そして、この工程の一つひとつが、それぞれ試験研究に該当する（措令27の4⑥）。

　この場合、サービス設計工程のすべてが行われるかどうかは、法人がサービス設計工程のすべてを実行することを試験研究の計画段階において決定しているかどうかにより判定する（法措通42の4⑴-6）。

　一方、他の者に委託をして試験研究を行う場合の委託費は、サービス開発に係る試験研究費に含まれる（措令27の4⑦二）。これは、他の者に委託をして行う試験研究も自社の試験研究として取り扱うということを意味している。

そこで、サービス設計工程のすべてを実行することの判定については、自社がその全部または一部を委託により行うかどうかは問わない（法措通42の4(1)-6（注））。あくまでも、その試験研究の結果が自社に帰属する、自社のために行う試験研究であるかぎり、サービス設計工程の全部を委託することもできる。

この場合、その委託はサービス設計工程のうちの一部であってもよいものと考える。たとえば、サービス設計第一工程の「情報の分析」は、まずその分析対象になる「情報の収集」等を行う必要があるが、そのサービス設計第一工程の一部である「情報の収集」を他に委託することもできるものと考える。

したがって、質問の場合、試験研究の計画段階において、サービス設計工程のすべてを実行することが決定されていれば、サービス設計第一工程の内容である「情報の収集」を外部に委託することができる。

○ 収集した情報を賃借した電子計算機等で分析を行うことの可否

〔質疑応答〕

（問） サービス開発におけるサービス設計工程の第一工程である、収集した「情報の分析」は、情報の解析を行う専用のソフトウエアを用いて行わなければならない。しかし、当社には、そのようなソフトウエアがないので、そのようなソフトウエアをインストールした電子計算機をリースして、その電子計算機で分析を行うことを予定している。

このように、収集した情報の分析は、リースしたソフトウエアや電子計算機で行うことでもよいか。

（答） サービス開発におけるサービス設計第一工程である、収集した「情報の分析」は、情報の解析を行う専用のソフトウエア（情報の解析を行う機能を有するソフトウエアで、その専用のソフトウエアに準ずるものを含む）

を用いて行われなければならない（措令27の4⑥一、措規20①）。その専用のソフトウエアに準ずるものには、たとえば、情報解析に特に優れたAIや情報解析用にカスタマイズされた汎用ソフトが考えられる。

　この場合の分析に使用するソフトウエアや電子計算機について、自社所有のものでなければならず、賃借資産は除外する旨の取扱いはない。したがって、賃借したソフトウエアや電子計算機でもって、収集した情報の分析を行うことでもよいものと考える。

　ただ、そのソフトウエアは、情報の解析を行う専用のソフトウエアおよびこれに準ずるソフトウエアである必要があるから、賃借するソフトウエアがこれに適合するかどうかは、慎重に見極めなければならない。

　これは、サービス設計第一工程である「情報の分析」における「情報の収集」を行う機器、たとえばドローンやセンサーを賃借する場合であっても同様である。

○　サービス設計工程を分業で行い、成果を共有にする場合の適否

〔質疑応答〕

（問）　当社は子会社と共同して、医療診断システムを開発して医療機関等への提供を計画している。その開発にあたっては、当社と子会社とがもつ情報やノウハウを活かすため、サービス設計工程の三つの工程のうち、たとえば当社が第一工程の「情報の分析」と第二工程の「役務の設計」を担当し、子会社が第三工程の「設計の確認」を行う予定にしている。そのうえで、開発が成功した場合には、そのサービスは当社と子会社とで共有にし、利用できるようにする。

　このように、サービス設計工程を分業で行い、開発されたサービスを共有にする場合であっても、サービス設計工程のすべてが行われる、と考えてよいか。

（答）　サービス開発における試験研究は、①情報の分析、②役務の設計および③設計の確認の三つのサービス設計工程のすべてが行われるものでなければならない（措令27の4⑥）。

この場合、まず、そもそもサービス開発について、共同開発が認められるかどうかである。この点、適用対象から共同開発を排除することにはなっていないし、共同開発は委託開発と異なり、自己もその開発に直接タッチするものであるから、当然共同開発も認められる、と考える。

問題は、質問のように、サービス設計工程を分業で行った場合、親子会社それぞれサービス設計工程のすべてが行われた、といえるのかどうかである。この点、仮に、物理的な作業であるサービス設計工程は分業で行ったとしても、その開発成果であるサービスが共有になるのであれば、親子会社それぞれサービス設計工程のすべてを行った、とみてよいものと考える。親子会社それぞれが、自己の行わないサービス設計工程部分は子会社または親会社に委託したとみることができよう。

ただし、開発成果であるサービスを共有にするためには、その開発費用総額の負担関係は均等でなければならない。その負担関係が合理的でない場合には、寄附金課税や交際費課税の問題が生じる。

○　サービス設計工程の途中で研究を中止した場合の試験研究の範囲

〔質疑応答〕

（問）　当社は、特定疾病の診断サービスの開発を計画し、開発を進めてきた。しかし、予定していたほど画像情報などが集まらず、開発は断念することとした。

この場合、サービス設計第一工程である「情報の分析」の途中で中止することになったが、その中止までの作業は試験研究に該当し、それまでに要した費用は、試験研究費に含まれる、と考えてよいか。

また、その中止に伴い、このサービス開発専用の画像処理装置やソ

フトウエアは廃棄することになるが、その廃棄損は試験研究費に含まれるか。

（答） サービス開発における試験研究は、①情報の分析、②役務の設計および③設計の確認の三つのサービス設計工程のすべてが行われるものでなければならない。この工程の一つひとつが、それぞれ試験研究に該当する（措令27の4⑥）。

そして、サービス設計工程のすべてが行われるかどうかは、法人がサービス設計工程のすべてを実行することを試験研究の計画段階において決定しているかどうかにより判定する。そこで、サービス設計工程のすべてを実行することが試験研究の計画段階で決定されている限り、その事業年度において試験研究が中止になった場合であっても、サービス設計工程のすべてが行われる試験研究に該当すると解されている（法措通42の4⑴－6）。

この場合、たとえば、サービス設計第一工程である「情報の分析」が終わったところで中止するというのであれば、その「情報の分析」という試験研究は完了したといえる。サービス設計工程の一つひとつが、それぞれ試験研究に該当することからすれば、むしろ試験研究の中止ではないともいえよう。したがって、その「情報の分析」に要した費用が、試験研究費に含まれることにほとんど問題はない。

問題は、質問のように、「情報の分析」の途中で中止した場合の取扱いである。この点、その事業年度において試験研究が中止になった場合の取扱いについて、上記のように解されている以上、「情報の分析」の途中で中止した場合であっても、それまでに要した費用は試験研究費に含まれるものと考える。

ただ、開発に着手した早い段階での試験研究の中止は、そもそも試験研究の計画は杜撰で、実現可能性のない名目的なものではないか、と問題視される可能性があるので、留意を要する。

なお、試験研究用固定資産の除却損のうち、災害、研究項目の廃止等にもとづき臨時的、偶発的に発生するものは、試験研究費に含まれない（法措通42の4(2)-5）。したがって、質問のサービス開発専用の画像処理装置やソフトウエアの廃棄損は、試験研究費に含まれないものと考える。

ヘ　情報解析専門家の意義

前記イのサービス設計工程のうち、第一工程である「情報の分析」は、情報解析専門家により行われるものでなければならない（措令27の4⑥一）。

その**情報解析専門家**とは、情報の解析に必要な確率論および統計学に関する知識ならびに情報処理に関して必要な知識を有すると認められる者をいう（措規20①）。ここで**情報処理**とは、情報処理の促進に関する法律2条1項に規定する情報処理をいう。具体的には、電子計算機（計数型のものに限る）を使用して、情報につき計算、検索その他これらに類する処理を行うことである。データサイエンティストといわれる人が該当しよう。

この情報解析専門家は、確率論および統計学とともに情報処理に関する知識を有する必要があるが、特別の資格を有することは要件となっていない。社内で専門家の育成を図ることも検討すべきであろうが、それは社内の専門家でなくても、社外の専門家でもよい。サービス設計工程の一部を委託することができるので（法措通42の4(1)-6（注））、社内に専門家がいなければ、外部の専門家に委託すればよいであろう。

横浜市立大学は横浜ランドマークタワー内にサテライトキャンパスを開設し、ビッグデータなどを分析して課題の発見や解決につなげる「データサイエンス」の大学院教育や産学連携拠点として活用するとのことである（日本経済新聞　令和2. 4. 15朝刊）。最近では、データサイエンス学科を新設する大学が少なくない。

第8章 試験研究費と税額控除　549

○　収集した情報の分析を行う情報解析専門家の意義

〔質疑応答〕

(問)　サービス開発におけるサービス設計工程の第一工程である、収集した「情報の分析」は、情報解析専門家が行わなければならないことになっている。

この情報解析専門家は、特別の資格、例えば「情報処理技術者」の資格を有することが必要か。もし、資格は必要ないとしても、大学や専門学校で確率論や統計学、情報処理に関する専門的知識を学んだ者に限定されるか。

(答)　サービス開発におけるサービス設計工程の第一工程である、収集した「情報の分析」は、情報の解析に必要な確率論および統計学に関する知識ならびに情報処理に関して必要な知識を有すると認められる者、すなわち情報解析専門家により行う必要がある（措令27の4⑥一、措規20①）。

その「情報解析専門家」について、特別の資格を有することは要件になっていない。情報の解析に必要な確率論および統計学に関する知識ならびに情報処理に関して必要な知識を有すると認められる限り、大学や専門学校などを卒業している必要もない。

ただ、実務上、確率論、統計学および情報処理の知識を有するかどうかの判断は、極めて難しい問題である。そのため、質問のような資格を有するとか、大学、専門学校等で確率論や統計学、情報処理に関する専門的知識を修めたという実績があれば、その面では専門的な知識を有するとみてよいものと考える。

○　情報解析専門家の確率論等の三つの知識すべてを有することの要否

〔質疑応答〕

(問)　サービス開発におけるサービス設計工程の第一工程である、収

> 集した「情報の分析」は、情報解析専門家が行わなければならない。
> 　この情報解析専門家は、確率論や統計学、情報処理に関する知識を有する者をいうことになっている。
> 　この情報解析専門家は、一人で確率論、統計学および情報処理の三つの知識を有していなければならないのか。たとえば、一人は確率論と統計学の知識、一人は情報処理の知識をそれぞれ持ち、その二人で情報の分析を行う場合、第一工程の要件を満たさないことになるのか。

(答)　サービス開発におけるサービス設計工程の第一工程である、収集した「情報の分析」は、一定の法則を発見するために、その情報の解析に必要な確率論および統計学に関する知識ならびに情報処理に関して必要な知識を有すると認められる者、すなわち情報解析専門家により行われる必要がある（措令27の4⑥一、措規20①）。

　法令の規定振りや「情報解析専門家」という定義からみて、情報解析専門家は、一人で確率論、統計学および情報処理に関する三つの知識を有していることが必要である、と考える。たとえば、確率論の知識だけしか有しない者を情報解析専門家というには違和感があるし、確率論の知識だけでは、情報の分析はできないであろう。

　国家資格などはないが、数学や統計学の知識に加えて、高いデータ処理能力を有する、いわゆる**データサイエンティスト**と呼ばれる者が該当する。したがって、質問のように、別々の知識を有する二人で情報の分析を行う場合、理論的、形式的には、サービス設計工程の第一工程の要件を満たさないことになるものと考える。

　ただし、その二人がどこまでの知識を有するのか、あるいは他の知識を有しないといえるのか、明確に区分することは難しいと思われる。そのため、実務上、質問のような二人は、多くの場合、情報解析専門家に該当するとみてよいものと考える。

○ 情報解析専門家が直接入出力事務等を行うことの要否

〔質疑応答〕

（問） 当社は、ロボアドバイザーによる資産運用サービスの開発を行っており、サービス設計工程のうち第一工程の「情報の分析」の段階にある。この情報の分析は、情報解析専門家により情報の解析を行う専用のソフトウエアを用いて行われる分析とされている。

　これは、情報解析専門家が情報の入力事務などを直接行わなければならないのか。情報解析専門家以外の者が情報の入力事務などを行うと、この要件に該当しない、といったことにはならないか。

（答）　たしかに、サービス設計工程のうち第一工程の「情報の分析」は、情報解析専門家により情報の解析を行う専用のソフトウエアを用いて行われる分析でなければならないこととされている（措令27の4⑥一、措規20①）。

　しかし、これは、情報の分析にあたり、実務的な入力や出力の事務などが必要であるような場合に、これらすべての事務を情報解析専門家が行うべきことまで要求するものではない、と考えられる。情報解析専門家は、そのような実務的な処理のうえにたって、理論的、最終的な分析を行えばよいものといえよう。

　したがって、情報解析専門家以外の者が単に情報の入力や出力などの事務を行ったからといって、この要件に該当しない、ということにはならないものと考える。

(2)　試験研究費の額の範囲

イ　試験研究費の額の意義

　税額控除限度額の計算の基礎になる**サービス開発に係る試験研究費の額**は、対価を得て提供する新たな役務の開発に係る試験研究のために要する費用の額をいう（措法42の4⑲一イ(2)）。

その試験研究費の額は、①各事業年度において損金算入される額（措法42の4⑲一イ(2)）と②各事業年度において資産の取得価額等となる費用で研究開発費として損金経理をしたものの額（措法42の4⑲一ロ）との合計額である。

この②は、令和3年度の税制改正により追加されたもので、前述した製品・技術開発に係る試験研究費の額と同じ考え方によるものである。詳細については、前記3(4)を参照されたい。

サービス開発に係る試験研究費の額は、具体的には次に掲げる費用の額である（措令27の4⑦）。

① その試験研究を行うために要する原材料費、人件費（情報解析専門家でその専門的な知識をもって試験研究の業務に専ら従事する者にかかるものに限る）および経費（外注費にあっては、これらの原材料費および人件費に相当する部分ならびにその試験研究を行うために要する経費に相当する部分（外注費に相当する部分を除く）に限る）

② 他の者に委託をして試験研究を行う、その法人の試験研究のために委託を受けた者に対して支払う費用（①の原材料費、人件費および経費に相当する部分に限る）

○ サービス開発を行うためのマーケティング費用の試験研究費性

〔質疑応答〕

(問) 当社は、イベントなどの混雑警備サービスの開発を計画し、企画を練っているところである。その開発には相当の費用を要するから、専門のコンサルタント会社に、利用業者数と市場規模や収支見込みと採算性などの市場調査を委託した。その結果によって、採算性があり、将来有望であると見込まれれば、計画を推進することにしたい、と考えている。

この場合、そのコンサルタント会社に対する市場調査の委託は、具

体的なサービス設計工程に着手するための前提になるものであるから、その委託費は試験研究費に該当すると考えてよいか。

また、この市場調査の結果にもとづきサービス開発を実行する場合には、その委託費は、自己が便益を受けるための費用であるから、繰延資産として処理し、その償却費を試験研究費に含めることになるのか。

(答) サービス開発における試験研究は、①情報の分析、②役務の設計および③設計の確認の三つの工程であり、この工程の一つひとつが、それぞれ試験研究に該当する（措令27の4⑥）。

このように、サービス開発における試験研究は、具体的に「情報の分析」から始まる三つの工程の作業を、それぞれいうことになっており、限定的である。その三つの工程に付随し、あるいは前提となるような作業まで、試験研究の範囲に含めることにはなっていない。

したがって、サービス設計工程の前段階である企画・立案のための費用は、試験研究費に含まれないことになる。質問のコンサルタント会社に対する市場調査の委託が、具体的なサービス設計工程に着手するための前提になるものであるとしても、その委託費は試験研究費には該当しないものと考える。

なお、コンサルタント会社に委託した市場調査の結果にもとづきサービス開発を始めるとしても、その委託費を繰延資産として処理する必要はないものと考える。その委託費は市場調査をしてもらうという役務提供の対価であり、その市場調査の結果報告を受ければ役務の提供は終了するからである。

○　サービス設計工程の一つが終了した場合の仕掛処理等の要否

〔質疑応答〕

(問)　当社は、地域別の自然災害予知サービスの開発を計画し、当期においてドローンでの各地の地形情報の収集や過去の災害情報の収集は終了した。これはサービス設計工程の第一工程である「情報の分析」の一環であるが、第二工程以降は翌期以後において実施する予定である。

この場合、第一工程である「情報の分析」に要した費用は、第三工程までのすべてのサービス設計工程が終了するまで、いわば仕掛品等として処理する必要があるか。サービス開発に係る試験研究は、第一工程から第三工程までのサービス設計工程のすべてが行われるものでなければならないところから疑義がある。

(答)　たしかに、サービス開発に係る試験研究は、第一工程から第三工程までのサービス設計工程のすべてが行われるものでなければならない。そして、そのサービス設計工程の一つひとつが、それぞれ試験研究に該当する（措令27の4⑥）。

そもそも試験研究費は、棚卸資産の取得原価となるものや試験研究用資産の取得費等を除き、期間費用としてその発生した事業年度の損金の額に算入することができる。これは、サービス開発に係る試験研究費であっても例外ではない。

また、サービス設計工程のすべてがその事業年度に完了していない場合であっても、法人がサービス設計工程のすべてを実行することを試験研究の計画段階で決定しているときは、その試験研究はサービス設計工程のすべてが行われる試験研究に該当するという取扱いもある（法措通42の4⑴－6）。

これらの取扱いは、事業年度単位でその事業年度に発生した試験研究費

第8章　試験研究費と税額控除　555

をそれぞれの事業年度で税額控除の対象にする、ということである。したがって、当期に要した試験研究費について、サービス設計工程のすべてが終了するまで繰り延べ、仕掛品や建設仮勘定等として処理する必要はない、と考える。

○　**情報解析専門家のスカウトに伴う仕度金の試験研究費性**

〔質疑応答〕

(問)　当社は健康関連サービスの開発を進めており、サービス設計第一工程である「情報の分析」に取りかかるところである。ところが、当社ではその情報の分析を行う情報解析専門家がいないため、情報解析専門家（データサイエンティスト）をスカウトし、移籍に伴う仕度金100万円を支払った。

この仕度金は、情報解析専門家に対する人件費として、試験研究費に含まれるか。社内には、この仕度金は繰延資産に該当し、その償却費の額が試験研究費に含まれるのではないか、という意見もあるがどうか。

(答)　新聞によれば、統計学や数学の知識に加えて、高いデータ処理能力が求められる「データサイエンティスト」が人気で、求人が1年で6倍になり、その争奪戦が行われている、と報じられている（日本経済新聞　平成30.1.19夕刊）。その**データサイエンティスト**は、税でいう情報解析専門家に該当するといえる。

更に新聞では「IT人材争奪戦、第2幕へ」と題して、IT（情報技術）人材の獲得を巡って変化が起きている、と報じている。第2幕のポイントは二つあり、まず、業種を問わずあらゆる企業が加わる争奪戦になり、デジタルは本業でないと尻込みしていると取り残されるという。もう一つのポイントは、外部からの採用だけでなく内部での育成にも企業の知恵が問わ

れる点である（日本経済新聞　令和2．3．26朝刊）。

　質問のデータサイエンティストのスカウトに伴う仕度金は、所得税法上は「給与所得」ではなく、契約金として「報酬・料金」に該当し、所得税等の源泉徴収を行わなければならない（所法204①七、所令320⑥、所基通204-29、204-30）。そして、その仕度金の支払を受けるデータサイエンティストは、「雑所得」として所得税等の確定申告をする必要がある（所基通35-1(9)）。

　一方、サービス開発に係る試験研究費に含まれる人件費は、情報解析専門家でその専門的な知識をもって試験研究の業務に専ら従事する者に係るものに限られる（措令27の4⑦一、措規20②）。

　これらの点からみて、質問の仕度金は、そもそも人件費に該当するかどうか疑問がある。また、その仕度金は、専門的な知識をもって試験研究の業務に専ら従事したことによる対価ではない。したがって、質問の仕度金は、試験研究費である人件費には該当しないものと考える。

　そこで、次は、質問の仕度金は、繰延資産に該当するかどうかである。

　法人が職業運動選手等との専属契約をするために支出する契約金等は、税務上の繰延資産（法令14①六ホ）に該当する。ただし、セールスマン、ホステス等の引抜料、仕度金等の額は、その支出をしたときに損金算入をすることができる（法基通8-1-12(注)）。

　これは、他の者と専属契約をするための契約金や引抜料、仕度金等は、原則として繰延資産に該当する。ただ、セールスマン、ホステス等との専属契約は、その専属関係について拘束力が必ずしも十分でなく、その引抜料、仕度金等の支出の効果が長期間に及ぶかどうか曖昧であるから、一時の損金処理ができる、という考え方である。

　多額の仕度金を支払ってデータサイエンティストをスカウトした以上は、「〇年間は勤務すること」といった条件を付けるのが普通であろう。そうすると、質問の仕度金は繰延資産として処理し、支出の効果の及ぶ期間に

おいて償却をすべきものと考える。

その繰延資産の償却費が、試験研究費に含まれる経費に該当するかどうかであるが、繰延資産は費用の固まりにすぎず、繰延資産が試験研究の業務に供されるわけではない。したがって、質問の仕度金の償却費は、試験研究費には該当しないものと考える。

ロ　原材料費の意義

サービス開発に係る試験研究費に含まれる原材料費は、前述した製品・技術開発に係る試験研究費のそれと同様である。その試験研究のために消費された原料および材料の費用である。

ただ、サービス開発の場合には、対象とするのは情報とその処理であるから、原料や材料を必要とすることはそれほど多くないと思われる。各種情報やデータの購入費用や電子計算機まわりの消耗品費などが考えられる。

新聞報道によれば、ある宇宙開発会社は、自主開発した超小型衛星を打ち上げて地球全体をリアルタイムで撮影し、その衛星画像の販売を始めるという。作物の生育状況に応じた効率的な農作業、港湾のコンテナや鉱山の動きから経済動向の「見える化」、交通状態の把握による都市開発などを提案するとのことである（日本経済新聞　平成30. 4.11朝刊）。

○　サービス開発に係る試験研究費に含まれる原材料費

〔質疑応答〕

(問)　サービス開発に係る試験研究費には、その試験研究を行うために要する原材料費が含まれている。製品・技術開発に係る試験研究費であれば、原材料費というのもイメージが湧くが、サービス開発に係る試験研究費における原材料費というのは、どういうものを予定しているのか。

(答) サービス開発に係る試験研究費にあっても、その試験研究を行うために要する原材料費が、試験研究費として認められている（措令27の4⑦一）。

しかし、質問のとおり、製品・技術開発に係る試験研究費と異なり、サービス開発に係る試験研究費としての原材料費に、どのようなものがあるのか、イメージしにくい。この点、原材料費としては、通常いわれる原材料費とはややイメージが違うが、他の者が収集した情報の購入費が考えられる。購入する情報は、原料とはいえないが、広い意味で「材料」といえよう。ソフトウエアを研究開発の材料とみるような例もある（法基通7－1－8の2）。

他の者が新規に収集した情報の取得は、サービス設計第一工程の「情報の分析」における「情報の収集」として、試験研究に該当する。ただし、その取得する情報は、大量の情報を収集する機能を有し、その機能の全部もしくは主要な部分が自動化されている機器もしくは技術を用いる方法によって収集されたものでなければならない（措令27の4⑥一イ）。

したがって、この場合の情報の購入費が原材料費として試験研究費に該当するためには、その購入する情報は、所定の機器や技術を用いて自動的に収集されたものである必要がある。

また、他の者から取得した、その者が蓄積していた情報の分析は試験研究に該当するので（措令27の4⑥一ロ）、その購入費は原材料費といえるかもしれない。

なお、他の者から取得する情報は、営業権ないし繰延資産等として処理すべきではないか、という意見も考えられる。しかし、その取得する情報を「材料」として試験研究を行う限り、資産性は認められないので、営業権や繰延資産等として処理する必要はないものと考える（法基通7－1－8の2参照）。

ハ　人件費の意義

　サービス開発に係る試験研究費に含まれる人件費は、情報解析専門家でその専門的な知識をもって試験研究の業務に専ら従事する者にかかるものに限られる（措令27の4⑦一、措規20②）。情報解析専門家でない者の人件費は、試験研究費には含まれない。したがって、たとえ研究所等に専属する者に対する人件費であっても、たとえば事務職員、守衛、運転手等のように試験研究に直接従事していない者にかかるものは、試験研究費に該当しない（法措通42の4⑵－3）。

　また、たとえば、サービス設計工程のうち、第一工程である「情報の分析」における「情報の収集」の作業は必ずしも確率論や統計学に関する専門的知識は要しないとして、その情報の収集等を情報解析専門家でない者が行う場合には、その者に対する人件費は、試験研究費に含まれないことになる。

　実務的には、サービス設計工程のすべてに情報解析専門家が関与すると思われるが、その情報解析専門家の指示を受けて具体的な作業を行う、確率論や統計学の専門的知識を有しない補助要員の人件費は、試験研究費に該当しない。

　サービス開発の場合の人件費については、情報解析専門家に対するものに限られ、限定的である点に留意を要する。情報解析専門家以外の者に対する人件費は、たとえそのサービス開発に従事していても、そもそも税額控除の対象にならない。

　一方、情報解析専門家であっても、その専門的知識を活かさない業務に従事する者にかかる人件費は、試験研究費とはならない。情報解析専門家であっても、その専門的な知識をもって試験研究の業務に専ら従事する者でなければならないのである。この場合の「専ら」の考え方は、前述の「製品・技術開発に係る試験研究費」と同様であろう。前記3⑶ロ㈡を参照されたい。

○ 情報解析専門家の試験研究業務への「専ら」従事要件の判定

[質疑応答]

(問) サービス開発に係る試験研究費に含まれる人件費は、情報解析専門家でその専門的な知識をもって試験研究の業務に専ら従事する者にかかるものに限られている。

この場合の「専ら従事する」というのは、どの程度従事していればよいのか。

また、情報解析専門家は、サービス設計工程のうち、第一工程である「情報の分析」を行うことになっているから、第一工程の情報の分析に専ら従事すればよいか。

(答) 質問のとおり、サービス開発に係る試験研究費に含まれる人件費は、情報解析専門家でその専門的な知識をもって試験研究の業務に専ら従事する者にかかるものに限られている（措令27の4⑦一、措規20②）。

法令上「専ら」について定義等はないから、一般的な用語の意味として解することになる。話は少し違うが、公益法人等に対する収益事業課税にあたって、収益事業である出版業の範囲から「学術、慈善その他公益を目的とする法人がその目的を達成するための会報を専らその会員に配布するために行うもの」は除外されている（法令5①十二）。この場合の「会報を専らその会員に配布する」こととは、会報を会員だけに配布することをいう、とする解釈が示されている（法基通15-1-35）。

また、各種の特別償却や特別税額控除における「専ら開発研究の用に供される器具及び備品」について、開発研究を行う施設において供用されるものであっても、他の目的のために使用されている減価償却資産で必要に応じ開発研究の用に供されるものは、これに該当しないとするものもある（法措通42の9-6の3、42の10-6、42の11-6）。

一般的な用語の意味や上記のような点からみて、「専ら」というのは、

ほとんどすべてという意味であろう。しかし、「全部」ではなく「専ら」という以上は、ある程度のアローアンスがあってよいものと考える。そうすると、実務的には、情報解析専門家はその専門的な知識をもって試験研究の業務におおむね9割程度以上従事していればよいものと考える。

情報解析専門家は、情報の解析に必要な確率論および統計学に関する知識ならびに情報処理に関して必要な知識を有すると認められる者である（措規20①）。その情報解析専門家は、サービス設計工程のうち、第一工程である「情報の分析」を行う者として指定されている。そして、その専門的な知識をもって「情報の分析」を行う。したがって、情報解析専門家は、第一工程である「情報の分析」に専ら従事すればよいものと考える。

なお、従来、製品・技術開発に係る試験研究費における人件費の「専ら」要件については、国税庁から緩和通達（平成15.12.25課法2-28「試験研究費税額控除制度における人件費の『専ら』要件の税務上の取扱いについて」）が出されているが、その趣旨、取扱いは、サービス開発に係る試験研究費にあっても同様である、と考える（前記3(3)ロ㈡参照）。

○ 情報解析専門家の指示を受けて運用を行う電子計算機関連要員の人件費

〔質疑応答〕

(問) 当社は、健康関連サービスの開発を進めており、結構多くの人員がその開発に従事している。そのうちでも、ソフトウエアの開発や電子計算機まわりの運用を行う人員が多い状況である。これらの電子計算機関連の要員は、情報解析専門家の指示を受けて開発を行っている。

この場合、情報解析専門家の指示を受けて開発に従事している電子計算機関連の要員に対する人件費は、試験研究費に含まれるか。

(答) サービス開発に係る試験研究費に含まれる人件費は、情報解析専門家でその専門的な知識をもって試験研究の業務に専ら従事する者にかかるものに限られる（措令27の4⑦一、措規20②）。たとえそのサービス開発に従事していても、情報解析専門家以外の者に対する人件費は、ここでいう人件費に含まれない。

したがって、質問の電子計算機関連の要員が情報解析専門家でない限り、その人件費は試験研究費に含まれない。このことは、情報解析専門家の指示を受けて開発に従事している者であっても同様である。

二 経費の意義

サービス開発に係る試験研究費に含まれる経費は、前述した製品・技術開発に係る試験研究費のそれと同様である。試験研究のための外注費（後記ホ参照）、賃借料、利用料、福利厚生費、水道光熱費、旅費交通費などである。

筑波大学ベンチャーのある企業は、水中調査用のドローン（小型無人機）のレンタル事業を始めるとのことである。1日あたり20万円程度で貸し出すという（日本経済新聞　平成29．8．21朝刊）。このようなドローンを賃借して情報の収集を行うとすれば、その賃借料は、ここでいう経費に含まれる。

サービス開発の用に供する減価償却資産の償却費は、試験研究費に含まれる。この場合の減価償却費には、特別償却費を含めてよいが、特別償却準備金の積立額は含まれない（法措通42の4⑵－4）。特別償却準備金は、減価償却とは別個の準備金として位置づけられているからである（措法52の3）。

サービス設計工程のなかで、大量の情報収集等を行うドローン、センサーなどやその情報の解析を行う専用のソフトウエア、電子計算機などの償却費が試験研究費に該当する。そのドローン、センサー、ソフトウエア、

電子計算機などの取得価額そのものが試験研究費になるのではなく、その償却費の額が償却したときの試験研究費になる。

なお、試験研究用固定資産の除却損または譲渡損のうち、災害、研究項目の廃止等に基づき臨時的、偶発的に発生するものは、試験研究費に含まれない。前述したとおり、そのサービス開発を中止する場合であっても、それまでの開発は、サービス設計工程のすべてが行われる試験研究に該当する。しかし、もしその開発中止に伴い生じる開発用資産の除却損または譲渡損は試験研究費にすることはできない。ただし、試験研究の継続過程において通常行われる取替更新にもとづくものは、試験研究費に含まれる（法措通42の4(2)－5）。

○ データ分析の研修会の受講費用の試験研究費性

〔質疑応答〕

（問） 当社は、宇宙関連事業を行っているが、収集した衛星画像、データなどを分析、加工し、気象予測や農作業の効率化を提案するビジネスを進めている。そこで、社内のデータ分析の専門家を育成するため、理工系出身の若手社員に民間のデータ分析の研修会を受講させる。

その受講料は、サービス開発に係る試験研究費に該当するか。もし試験研究費に該当するとした場合、この受講料については、経済産業省から5割の給付金が交付されることになっているが、その給付金は試験研究費の額から控除すべきか。

（答） 新聞報道によれば、経済産業省は宇宙関連産業の人材育成を進め、宇宙人材の登録制度を新設するといい、衛星が撮影した膨大な画像や映像について、データの加工や分析は専門的な技術が必要で、こうした分野の民間講座の受講費用は、経済産業省がその7割まで給付する。衛星データを加工すれば、気象や農作業の収穫状況を予測したり、トラクターの自動

運転に応用できる、という（日本経済新聞　平成30.5.1朝刊）。

　サービス開発に係る試験研究は、①情報の分析、②役務の設計および③設計の確認、の三つのサービス設計工程のすべてが行われる場合におけるそれぞれのものをいう（措令27の4⑥）。そして、これら試験研究を行うために要する経費は、サービス開発に係る試験研究費に含まれる（措令27の4⑦一）。

　質問の受講料は、サービス設計第一工程の「情報の分析」を行う情報解析専門家を育成するための費用であり、いずれはその情報解析専門家が情報の分析を行うようになるから、試験研究費に該当するという意見も考えられる。

　しかし、上述したとおり、サービス開発に係る試験研究の範囲は個別、具体的に定められ、その試験研究に要する経費が試験研究費とされている。このことからみて、質問の受講料を試験研究費に該当する、というのは難しいものと考える。サービス設計第一工程の「情報の分析」は、第一工程の情報の収集の条件を満たす方法により収集された情報の分析でなければならない。

　質問の受講料は、社員の職務に必要な技術もしくは知識を習得させ、または向上させるための教育訓練費である、といえる。

　なお、質問の研修会が、サービス設計第一工程で収集した情報の分析をするため具体的に直接必要な内容のものであれば、試験研究費に該当するかもしれない。もし、試験研究費に該当する場合には、具体的に税額控除額の計算の基礎となる試験研究費の額から経済産業省から交付される給付金の額は控除する必要がある。税額控除の対象になる試験研究費の額からは、その試験研究費に充てるため他の者から支払を受ける金額は控除すべきことになっている（措法42の4⑲一）。

○ 情報の解析を行う専用のソフトウエアの開発費用の処理

〔質疑応答〕

(問) 当社は、混雑予想サービスの開発を目指しており、サービス設計工程の第一工程である収集した「情報の分析」にさしかかった。その情報の分析は、情報の解析を行う専用のソフトウエアで行う必要がある。そのため、解析専用のソフトウエアを開発した。

この場合、その解析専用のソフトウエアの開発費は、試験研究費として損金算入するとともに、税額控除の対象にしてよいか。会計上は、そのソフトウエアは交通等の混雑情報の解析専用で他に転用ができないので、研究開発費として費用処理することになるが、税務上もその処理が認められるか。

(答) たしかに、会計上は、特定の研究開発目的のみ使用され、他の目的に使用できない資産を取得した場合の原価は、取得時の研究開発費として費用処理することになっている（基準注解１、実務指針５）。

しかし、税務上は、特定の目的のみに使用され、他に転用できない資産であっても、その機能や効用、特性等からみて固定資産に該当するとすれば、固定資産として処理し、償却を行っていくことになる。特定の研究開発にのみ使用するために取得または製作したソフトウエア（研究開発のためのいわば材料となるものを除く）であっても、そのソフトウエアは減価償却資産に該当する（法基通７－１－８の２）。会計上のような、一時の費用処理は認められない。

一方、税額控除の対象になる試験研究費は、原則として当期に損金算入するものに限られる（措法42の４⑲一）。したがって、質問の開発費用がソフトウエアの取得価額になるときは、その開発費用が即試験研究費に該当することにはならない。そのソフトウエアの当期における償却費だけが、試験研究費に含まれる（法措通42の４(2)－４）。

なお、税務上、資産（ソフトウエア）の取得価額に含まれる試験研究費の額であっても、研究開発費として損金経理をすれば、試験研究費の額に含めることができる。ただし、この取扱いは、事業供用時において試験研究の用に供される資産については、適用がない（措法42の4⑲一ロ）。

質問のソフトウエアは、サービス設計第一工程である「情報の分析」、すなわち試験研究の用に使用するものであるから、取得価額に含まれる開発費の全額をその支出時の試験研究費の額とすることはできない。その償却費の額だけが試験研究費の額となる。

○　情報の収集を行うためのドローンの適用耐用年数

〔質疑応答〕

（問）　当社では、災害予測サービスの開発を計画し、山地の地形や降雪などの画像データを収集するため、高感度カメラを搭載した高性能のドローンを取得した。

　このドローンは、「航空機」に該当すると思われるので、航空機の耐用年数を適用し、償却すべきものと考えているが、どうか。

（答）　耐用年数省令別表第一では、減価償却資産の「種類」の区分として「航空機」があり、「飛行機」と「その他のもの」の別に耐用年数が定められている。更に「その他のもの」には、「ヘリコプター及びグライダー」と「その他のもの」がある。

しかし、「航空機」や「飛行機」等について、税務上の定義はない。そこで、航空法を参照すると、「航空機」とは、人が乗って航空の用に供することができる飛行機、回転翼航空機、滑空機及び飛行船その他政令で定める航空の用に供することができる機器をいう、と定義されている（同法2①）。

また、「無人航空機」という定義があり、航空の用に供することができ

る飛行機、回転翼航空機、滑空機、飛行船その他政令で定める機器であって構造上人が乗ることができないもののうち、遠隔操作又は自動操縦により飛行させることができるものをいう（航空法2㉒）。ただし、重量が200ｇ未満のものは、無人航空機の範囲から除外される（航空法施行規則5の2）。

　平成27年の航空法の改正により、この無人航空機という定義が設けられた。これは、昨今のドローンの普及を踏まえて、ドローンも航空法上の規制の対象にする趣旨によるものである。ドローン（重量が200ｇ未満のものを除く）は、この無人航空機に該当する。

　そこで、「航空機」には、人が乗る飛行機、ヘリコプター、グライダー、飛行船等が該当し、これらは「航空機」の耐用年数を適用する。

　一方、従来「無人航空機」という概念はなかったので、無人の測量用ラジコンヘリコプターや農薬散布用ヘリコプター等は、航空機に該当せず、それぞれの機能や形状、使用方法などに応じて「器具及び備品」または「機械及び装置」に該当する、と解されていた（国税庁・平成20年改正前法人税質疑応答事例「無人ヘリコプターの耐用年数」）。

　この点、無人航空機という概念ができ、これも航空機であるから、今後はドローンはもとより、無人の測量用ラジコンヘリコプターや農薬散布用ヘリコプター等（重量が200ｇ未満のものを除く）も「航空機」の耐用年数を適用するという見解がみられる。

　しかし、上述のとおり、航空法では「航空機」と「無人航空機」はそれぞれ別の定義が与えられているところ、耐用年数省令では、あくまでも「航空機」とだけ規定されているので、これには「無人航空機」は含まれないと解されている。そのため、カメラを搭載したドローンについては、「器具及び備品」の「4　光学機器及び写真製作機器」の「カメラ」の耐用年数5年を適用する（国税庁・法人税質疑応答事例「空撮専用ドローンの耐用年数」参照）。無人の測量用ラジコンヘリコプターや農薬散布用ヘリコ

プター等も、従来どおり、機能や形状、使用方法などに応じて「器具及び備品」または「機械及び装置」に該当し、それぞれの耐用年数を適用するということになろう。

カメラを搭載したドローンについて、仮に「航空機」に該当するとしても「その他のもの」として耐用年数は5年であるので、「器具及び備品」としても耐用年数の点では異なるところはない。その結果、同一の償却方法を採用している限り、試験研究費とされる償却費の額は同一となる。

ただ、特別償却や特別税額控除を適用する場面では、「航空機」はその適用の余地がないが、「器具及び備品」であれば、その適用対象資産によっては、その適用ができる可能性がある。

その点では、カメラを搭載したドローンについて、すべて「器具及び備品」とするのが得策であるといえよう。しかし、「無人航空機」も「航空機」であるといえ、ドローンは航空法の規制を受け、最近のドローンの操縦には免許制を導入するといった議論などをみると、ドローンとカメラは区分して耐用年数を適用するのが、合理的ではないか、と考える。

なお、質問のドローンは、サービス設計第一工程である「情報の分析」における「情報の収集」に使用するものであるから、5年の耐用年数を適用して償却した償却費の額は、試験研究費の額に含めてよい。

○ 情報の解析を行う専用のソフトウエアの適用耐用年数

〔質疑応答〕

(問) 当社は、投資関連サービスの開発を行っており、サービス設計第一工程である「情報の分析」にあたり、情報の解析を行う専用のソフトウエアを開発した。

この専用のソフトウエアの開発費は、無形減価償却資産に計上して償却を行い、その償却費の額が試験研究費に含まれるものと理解している。

この場合、この専用のソフトウエアの耐用年数は、開発研究用減価償却資産の耐用年数3年を適用することでよいか。

(答)　サービス開発にあっては、法人が収集等した情報の分析を行うことは試験研究に該当し（措令27の4⑥一）、その情報の解析を行う専用のソフトウエアの償却費は、試験研究費に含まれる（法措通42の4(2)-4）。

　一方、開発研究用減価償却資産であるソフトウエアの耐用年数は3年とされている（耐令別表第六）。ただし、この「開発研究」は、新たな製品の製造もしくは新たな技術の発明または現に企業化されている技術の著しい改善を目的として特別に行われる試験研究をいう（耐令2二、耐通2-10-1）。

　この開発研究は、前述した「製品・技術開発に係る試験研究」ということができる。サービス開発に係る試験研究は、ほとんどの場合これに該当しないものと考えられる。

　したがって、情報の解析を行う専用のソフトウエアの耐用年数は3年ではなく、通常のソフトウエア（「その他のもの」）の5年を適用すべきものと考える（耐令別表第三）。その5年で償却した償却費の額が試験研究費に含まれることになる。

ホ　外注費の意義

　上述した経費のうち、外注費にあっては、上述した原材料費および人件費に相当する部分ならびにその試験研究を行うために要する経費に相当する部分に限られる（措令27の4⑦一）。

　これは外注費にあっては、その作業等を外注せず自社が自ら行う場合に要する原材料費および人件費の範囲と平仄をはかる趣旨によるものである。たとえば、サービス設計工程のうち、第一工程の「情報の分析」を外注する場合には、外注先は、情報解析専門家でその専門的な知識をもって試験

研究の業務に専ら従事する者でなければならない、ということになる。

なお、外注先がさらに外注する、いわゆる二次外注、三次外注等は認められない。もし、一次外注先が外注を受けた作業を自身で行わず、二次外注を行った場合には、外注をした法人が支払う一次外注先に対する外注費は、試験研究費に該当しないことになる（措令27の4⑦一）。

これは、いわゆる連鎖的な外注の丸投げを防止する趣旨のものであり、外注にあたっては外注先の設備、人材等の処理能力を見極めることが重要である。契約において、明確にしておく必要があろう。

○ サービス開発の外注先がさらに外注する場合の外注費の範囲

〔質疑応答〕

（問） 当社は、医療情報サービスの開発を行うことを計画し、そのサービス設計工程の多くを、当社の研究開発専門の子会社に外注する予定である。

ただ、その子会社は、これまで主として製品・技術開発に係る試験研究を行ってきたので、サービス開発に関しての人材、ノウハウなどが不足すると懸念される。その場合には、子会社は適当な業者にさらに外注せざるを得ないことも考えられる。

このように、外注先である子会社がさらに外注するような場合であっても、当社が子会社に対して支払う外注費は、試験研究費に含まれると考えてよいか。法文をみても、外注先がさらに外注することは禁止されていない、と思われるがどうか。

（答） サービス開発に係る試験研究費に含まれる外注費にあっては、原材料費および人件費に相当する部分ならびにその試験研究を行うために要する経費に相当する部分に限られる。

法文上、その「試験研究を行うために要する経費に相当する部分」から

「(外注費に相当する部分を除く。)」とされている（措令27の4⑦一）。これが、いわゆる二次外注、三次外注は認められない、ということを表している。

したがって、質問の場合、もし外注先である子会社がさらに他の者に外注するような場合には、貴社が子会社に支払う外注費のうち、二次外注先に対する外注費相当額は、試験研究費に該当しないことになる。

○ 収集した情報の分析を外注する場合の外注費の範囲

〔質疑応答〕

(問) 当社は、気象情報サービスの開発を行っており、サービス設計第一工程である「情報の分析」に取りかかるところである。ところが、当社には、情報解析専門家がいないので、「情報の分析」は外注に出そうと考えている。その外注費には、情報解析専門家と補助要員の日当や交通費、消耗品費、雑費などが含まれる。

この場合、その外注費は、すべて試験研究費に含まれると考えてよいか。

(答) サービス開発に係る試験研究費に含まれる外注費にあっては、原材料費および人件費に相当する部分ならびにその試験研究を行うために要する経費に相当する部分に限られる（措令27の4⑦一）。これは、自己が自ら試験研究を行う場合の原材料費、人件費および経費と範囲を同一にしようとする趣旨によるものである。

そこで、まず、試験研究費に含まれる人件費は、情報解析専門家でその専門的な知識をもって試験研究の業務に専ら従事する者にかかるものに限られるから（措令27の4⑦一、措規20②）、外注費の場合、これに相当する部分というのをどう考えるかが問題である。この点、外注費にあっては、あくまでも「相当する部分」であるから、外注費のうち情報解析専門家に対する人件費とみられるものであればよいものと考える。したがって、質

問の場合、情報解析専門家の日当に相当する額が人件費となる。補助要員の日当は試験研究費にならない。

次に、経費については、その試験研究を行うために要する経費に相当する部分に限られる。質問の場合、交通費、消耗品費、雑費が、その外注のためには必要不可欠であるというのであれば、試験研究を行うために要する経費に相当する部分に該当するとしてよいものと考える。

ヘ 委託費の意義

サービス開発に係る試験研究費には、他の者に委託をして試験研究を行う、その法人の試験研究のために委託を受けた者に対して支払う費用、すなわち委託費が含まれる（措令27の4⑦二）。この場合の「他の者」には、外国法人の本店等を含む（措令27の4⑧）。

ただし、委託費は上述した原材料費、人件費および経費に相当する部分に限られる。これは上述した外注費と同様に、委託せず自社が自ら試験研究を行う場合に要する原材料費、人件費および経費の取扱いと平仄をはかる趣旨によるものである。これは、上述した「外注費」における考え方と同様である。

なお、たとえばサービス設計工程のすべてを受託した法人にあっては、自らも試験研究を行っていることになる。この場合、仮に受託法人も税額控除の適用を受けるときは、受託法人の試験研究費の額から委託法人から収受した受託費は控除しなければならない（措法42の4⑲一、法措通42の4(2)-1）。しかし、サービス開発は、対価を得て提供する新たな役務の開発を目的としたものでなければならず、その対価には受託料は含まれないから、受託法人が税額控除を受けることはできないことになろう。

○ 試験研究の外注先や受託先が税額控除を受けることの可否

〔質疑応答〕

(問) 当社は、A社が開発しようとしている、あるサービス開発のサービス設計工程の第一工程から第三工程までのすべてを受託し、開発を進めている。その開発に要する費用を受託料として受領しており、その開発の成果は当社には帰属せず、A社に帰属する。

この場合、当社はサービス設計工程の第一工程から第三工程までのすべてを行うので、当社も税額控除の適用が受けられると考えてよいか。もちろん、税額控除の対象にする試験研究費の額は、A社から受領する受託料の額を控除した金額とする。

(答) サービス開発にあっては、サービス設計工程のすべてを自社で直接行う必要はなく、その全部または一部を委託により行うことでもよい（法措通42の4(1)−6(注)）。そこで、質問のように、サービス設計工程のすべてを受託した場合、作業として受託法人がサービス設計工程のすべてを行うから、受託法人も税額控除の適用が受けられるのではないか、という疑義が生じる。

しかし、税額控除はその試験研究の成果が帰属する法人が適用を受けることを予定しており、また、サービス開発は、対価を得て提供する新たな役務の開発を目的としたものでなければならないが、その対価には受託料は含まれない。

したがって、多くの場合、受託法人が税額控除を受けることはできないことになる。

5　特別控除額の計算

(1)　特別控除額の計算式

イ　令和8年3月31日まで開始年度

　この税額控除制度において、令和8年3月31日までに開始する各事業年度の納付すべき法人税額から控除される特別控除額は、次の(イ)または(ロ)の算式により計算した金額のうち、いずれか少ない金額である（措法42の4①③、令和6改正措法附則39）。

〔算　　式〕

(イ)　試験研究費の支出額基準（税額控除限度額）

　　その事業年度の試験研究費の額×次に掲げる税額控除割合

　①　②の場合以外の場合

　　　11.5％－（12％－増減試験研究費割合）×0.25

　　（注）　この割合の小数点以下3位未満は切り捨て、この割合が10％を超えるときは10％とし、1％未満であるときは1％とする。

　②　設立事業年度または比較試験研究費の額が零である場合

　　　8.5％

(ロ)　法人税額基準（控除上限額）

　　その事業年度の調整前法人税額×25％

　　（注）1　**調整前法人税額**とは、研究開発税制をはじめとする特別税額控除や所得税額控除、外国税額控除等の適用をする前の法人税額をいう（措法42の4⑲二）。

　　　　 2　試験研究を行うベンチャー（設立後10年以内の法人のうち翌期繰越欠損金を有するもの）は、算式の「25％」は「40％」とする（措法42の4③一）。

ロ　令和8年4月1日以後開始年度

　令和8年4月1日以後に開始する各事業年度における税額控除割合については、次の場合の区分に応じ、それぞれ次のとおりである（措法42の4①、令和6改正措法附則39）。

　特別控除額は、各事業年度の試験研究費の額に、これらの税額控除割合を乗じて計算される。

(イ)　増減試験研究費割合が零以上である場合（(ハ)の場合を除く）

　　11.5％－（12％－増減試験研究費割合）×0.25

(ロ)　増減試験研究費割合が零に満たない場合（(ハ)の場合を除く）

　　A　令和8年4月1日から令和11年3月31日までの間に開始する事業年度

　　　8.5％＋増減試験研究費割合×30分の8.5

　　B　令和11年4月1日から令和13年3月31日までの間に開始する事業年度

　　　8.5％＋増減試験研究費割合×27.5分の8.5

　　C　令和13年4月1日以後に開始する事業年度

　　　8.5％＋増減試験研究費割合×25分の8.5

(ハ)　設立事業年度または比較試験研究費の額が零である事業年度

　　8.5％

　　（注）　令和8年4月1日以後開始年度については、税額控除率の下限を1％とする特例は撤廃された（措法42の4）。

ハ　税額控除割合の特例

　令和3年4月1日から令和8年3月31日までの間に開始する各事業年度における税額控除割合については、次の場合の区分に応じ、それぞれ次のとおりとする（措法42の4②）。

(イ)　試験研究費割合が10％以下の事業年度

① 増減試験研究費割合が12％を超える場合（③の場合を除く）

11.5％＋（増減試験研究費割合－12％）×0.375

（注）この割合の小数点以下３位未満は切り捨て、この割合が14％を超えるときは14％とする（以下、②、③において同じ）。

② 増減試験研究費割合が12％以下である場合（③の場合を除く）

11.5％－（12％－増減試験研究費割合）×0.25

（注）この割合が１％未満であるときは、１％とする。

③ 設立事業年度または比較試験研究費の額が零である場合

8.5％

(ロ) 試験研究費割合が10％を超える事業年度

次に掲げる割合を合計した割合

① 上記(イ)の①から③までのそれぞれの割合

② ①の割合×（試験研究費割合－10％）×0.5

（注）②の割合が10％を超えるときは10％とする。

二 控除上限割合の特例

　令和５年４月１日から令和８年３月31日までの間に開始する各事業年度における控除上限額の割合（原則25％）については、次の場合の区分に応じ、それぞれ次のとおりとする（措法42の４③二）。

(イ) 増減試験研究費割合が４％を超える事業年度（設立事業年度および比較試験研究費の額が零である事業年度を除く）

25％＋（増減試験研究費割合－４％）×0.625

（注）25％に加算する割合の小数点以下３位未満は切り捨て、この加算割合が５％を超えるときは５％とする。その結果、控除上限割合は最大30％になる。

(ロ) 増減試験研究費割合がマイナス４％未満である事業年度（設立事業年度、比較試験研究費の額が零である事業年度および(ハ)の事業年度を除く）

25％－（△増減試験研究費割合－4％）×0.625

(注) 25％から減算する割合の小数点以下3位未満は切り捨て、この減算割合が5％を超えるときは5％とする。その結果、控除上限割合は20％が下限になる。

(ハ) 試験研究費割合が10％を超える事業年度

25％＋（試験研究費割合－10％）×2

(注) 25％に加算する割合の小数点以下3位未満は切り捨て、この加算割合が10％を超えるときは10％とする。その結果、控除上限割合は最大35％になる。

(2) 増減試験研究費割合の意義

上記(1)**イ**から**ニ**までの算式における**増減試験研究費割合**とは、次の算式により計算した割合をいう（措法42の4⑲三）。

〔算　式〕

$$増減試験研究費割合 = \frac{増減試験研究費の額}{比較試験研究費の額}$$

(3) 増減試験研究費の額の意義

上記(2)の算式の分子の**増減試験研究費の額**とは、適用年度の試験研究費の額から比較試験研究費の額を減算した金額をいう（措法42の4⑲三）。

(4) 比較試験研究費の額の意義

イ　原　則

上記(2)の算式の分母の**比較試験研究費の額**とは、適用年度開始の日前3年以内に開始した各事業年度の試験研究費の額の平均額をいう（措法42の4⑲五）。具体的には、次の算式により計算した金額である。

〔算　式〕

$$比較試験研究費の額 = \frac{過去3年以内に開始した各事業年度の試験研究費の額の合計額}{過去3年以内に開始した各事業年度の数}$$

ロ　組織再編成があった場合

(イ)　原　　則

　　法人に合併等（合併、分割、現物出資、現物分配）があった場合には、上記の比較試験研究費の額の計算における試験研究費の額については、その合併法人等の試験研究費の額に被合併法人等の月別試験研究費の額の合計額を加算する（措令27の4⑫）。この場合の「月別試験研究費の額」とは、被合併法人等の過去3事業年度の試験研究費の額の月別の試験研究費の額をいう（措令27の4⑬）。

(ロ)　特　　例

　　分割、現物出資または現物分配（分割等）にあっては、事業の一部を移転するものであるから、上記(イ)により過去3事業年度の試験研究費の額を計算するのは実情に合わない。

　　そこで、その分割等による移転事業に係る試験研究費の額と非移転事業に係る試験研究費の額を合理的な方法によって区分し、分割法人等は過去3事業年度の試験研究費の額から、移転事業に係る試験研究費の額を控除することができる。一方、分割承継法人等は過去3事業年度の試験研究費の額に移転事業に試験研究費の額を加算する（措令27の4⑭～⑯）。

　　この場合、移転事業と非移転事業とに共通して生じた試験研究費の額があるときは、その試験研究費の額をその試験研究の内容、性質等に応じた合理的な基準により、それぞれの事業に配分する（法措通42の4(4)－4）。

　　なお、従来、移転事業と非移転事業に係る試験研究費の額の合理的な

区分については、所轄税務署長への届出や認定を受けることが条件とされていたが、令和5年度税制改正により、その届出や認定は廃止された。今後は、法人自らの判断で合理的に区分すればよい。

○ 比較試験研究費の額の遡及調査の要否

〔質疑応答〕

(問) 令和3年度の税制改正により、試験研究費の額の範囲が拡充された。一方、比較試験研究費の額いかんによって、税額控除割合等が違ってくるが、その「比較試験研究費の額」は、過去3事業年度における試験研究費の額の平均額とされている。

そうすると、比較試験研究費の額を計算するため、過去3事業年度に遡及して、税制改正後の試験研究費の額を調査し、計算する必要があるか。

(答) 比較試験研究費の額によって増減試験研究費割合等、ひいては税額控除割合が違ってくる。その「比較試験研究費の額」とは、適用事業年度開始の日前3年以内に開始した各事業年度の試験研究費の額の平均額をいう（措法42の4⑲五）。

この比較試験研究費の額の計算について、平成29年にサービス開発に係る試験研究費が追加されたときにも問題となったが、そのときと同じように、格別の経過措置等は設けられていない。したがって、過去3事業年度に遡及して、税制改正後の試験研究費の額を調査し、計算する必要がある（措通42の4(2)-6）。

(5) 試験研究費割合の意義

上記(1)ハの税額控除割合およびニの控除上限割合の特例における**試験研究費割合**とは、次の算式により計算した割合をいう（措法42の4⑲六）。

〔算　式〕

$$\text{試験研究費割合} = \frac{\text{その事業年度の試験研究費の額}}{\text{平均売上金額}}$$

(6) 平均売上金額の意義

上記(5)の算式における「**平均売上金額**」とは、基本的に次の算式により計算した割合をいう（措法42の4⑲十三、措令27の4㉗）。

〔算　式〕

$$\text{平均売上金額} = \frac{\text{その事業年度の売上金額} + \text{その事業年度開始の日前3年以内に開始した各事業年度の売上金額}}{\text{分子の事業年度の数}}$$

要するに当期を含む4年間における平均の売上金額ということである。この場合の「売上金額」とは、棚卸資産の販売その他の事業として継続して行われる資産の譲渡・貸付けおよび役務の提供による収益の額をいい、営業外の収益を除く（措令27の4㉖）。収益の額の計算につき延払基準（旧法法63）を適用している場合には、その延払基準の方法により計算されるその事業年度の益金の額を売上金額とする。

なお、法人に分割等（分割、現物出資）があった場合には、当期を含む4事業年度の売上金額の計算について、上記(4)の比較試験研究費の額と同じような問題がある。この点、移転事業と非移転事業に係る売上金額を合理的に区分して、比較試験研究費の額と同じように処理することができる（措令27の4㉚〜㉜、法措通42の4(4)-4）。

(7) 試験研究費の統一的計算等

この税額控除制度においては、上記(4)の比較試験研究費の額のように、過去3事業年度の試験研究費の額を基礎にその適用の可否の判断や特別控除額の計算を行う。

そこで、比較年度および適用年度の試験研究費の範囲、試験研究費を計算する場合の共通経費の配賦基準等については、継続して同一の方法による（法措通42の4(2)-2）。

たとえば、事務所と研究所とが一緒になっている建物の減価償却費については、面積比、階層比などの合理的な基準により試験研究費に配賦する必要がある。その採用した配賦基準は、継続して適用しなければならない。

なお、試験研究費に含まれる費用の範囲が改正された場合には、比較年度の試験研究費の額についても、その改正後の規定により計算する（法措通42の4(2)-6）。これは、増減試験研究費の額や比較試験研究費の額の計算にあっては、過年度の試験研究費の額が必要になることからして、当然である。

○ 製品・技術開発とサービス開発の試験研究費別の税額控除の適用の可否

〔質疑応答〕

(問) 当社は医療機器メーカーであり、従来から新製品を開発するための試験研究を行っている。平成29年度の税制改正により、サービス開発に係る試験研究も税額控除の対象になったので、今後は健康関連サービスの開発を行っていこうと計画している。

　この場合、いわゆる製品・技術開発とサービス開発は、まったく性格や開発技法などが異なり、試験研究費の項目や内容、発生状況が大きく違ってくるものと考えられる。そうすると、製品・技術開発とサービス開発の試験研究費を一括して税額控除額を計算するとすれば、場合によっては不合理な結果になることが予想される。

　そこで、製品・技術開発に係る試験研究費とサービス開発に係る試験研究費の別に税額控除額を計算するようなことは認められないか。

(答)　たしかに、製品・技術開発に係る試験研究費とサービス開発に係る試験研究費の年度ごとの発生状況などからすると、両者を一括して計算すると増減試験研究費割合が零であるが、別々に計算すれば、一方の試験研究については増減試験研究費割合が生じる、といったことがあろう。立法論的には、別々に計算するか、特別試験研究費と同じように、両者は別建ての税額控除制度に仕組むのが合理的であるかもしれない。

　しかし、現行制度上は、製品・技術開発に係る試験研究費とサービス開発に係る試験研究費とを区分して税額控除額を計算することにはなっていない。両者は一括合計して試験研究費の額という定義になっているから（措法42の4⑲一）、別々に控除限度額を計算することはできない。

○　過年度の試験研究費の額が誤っていた場合の比較試験研究費の額等の計算

〔質疑応答〕

(問)　試験研究費の税額控除制度にあっては、たとえば本来試験研究費の額は1,000であるところ、会社が間違って700が当期の試験研究費の額であるとして確定申告書に記載した場合は、その700を基礎にして計算される限度額までしか税額控除はできないことになっている。

　そうすると、仮にその間違いが前期にあった場合、当期における一般試験研究費の額に係る税額控除の適用にあたり、増減試験研究費の額や比較試験研究費の額は、前期の試験研究費の額は700であるとして計算してよいか。

(答)　平成23年12月の税制改正により、試験研究費の税額控除制度にあっては、適用額の制限が見直され、修正申告書または更正請求書に添付された書類に記載された金額まで控除できるようになった（措法42の4㉑）。つまり、確定申告書に添付された書類に記載された控除税額が過少である場

合には、修正申告や更正の請求によって是正が受けられるということである。

　ただし、確定申告書に添付された書類に記載された「試験研究費の額」が過少であることが判明した場合には、その試験研究費の額を本来あるべき試験研究費の額に是正することはできない。あくまでも、その書類に記載された、過少な試験研究費の額を基礎にして計算される限度額までしか税額控除の適用は認められない（措法42の4㉑後段）。

　そこで、質問にあるような疑問が生じてくる。一般試験研究費の額に係る税額控除の適用にあたっては、過去3事業年度の試験研究費の額を基準に増減試験研究費の額や比較試験研究費の額は計算されるからである。

　しかし、増減試験研究費の額や比較試験研究費の額の計算においては、過年度の過少になっている試験研究費の額を基準にすることはできないものと考える。あくまでも、過去3事業年度のあるべき正しい試験研究費の額を基準にすべきである。質問の場合、前期の試験研究費の額は1,000として、増減試験研究費や比較試験研究費の額を計算すべきである。

　前期に過少な試験研究費の額を基礎にして計算される限度額までしか税額控除ができないからといって、それは税額控除額の計算における取扱いにすぎず、誤ったまま試験研究費の額が確定するわけではないからである。

6　特別償却等との適用関係

(1) 非試験研究用資産の特別償却等との重複適用の可否

　令和3年度税制改正により、試験研究費の額の範囲に、研究開発費として損金経理をした金額のうち、非試験研究用資産（その事業供用時に試験研究用の固定資産または繰延資産でないもの）の取得価額とされるべき費用の額が追加された（措法42の4⑲一ロ）。

　そこで、もしその取得価額に試験研究費の額が含まれる非試験研究用資

産が、特別償却または他の特別税額控除（「特別償却等」）の対象になる場合、研究開発税制と特別償却等との適用関係が問題になってくる。

この点、非試験研究用資産の取得価額に含まれる試験研究費の額につき研究開発税制の適用を受けた場合には、特別償却等の適用はできない（措法53②）。これは、試験研究費の額が含まれる非試験研究用資産について、研究開発税制と特別償却等とは選択適用で、その重複適用はできないということである。

もし研究開発税制を適用せず特別償却等の適用をする場合には、特別償却限度額または特別税額控除限度額の計算の基礎となる、その取得価額から試験研究費の額を控除する必要はない。

(注) この重複適用の排除は、後記Ⅲ中小企業技術基盤強化税制およびⅣオープン・イノベーション型税額控除において同じである。

(2) 試験研究用資産の特別償却等との重複適用の可否

上述したとおり、その取得価額に試験研究費の額が含まれる非試験研究用資産については、特別償却等との重複適用はできない。しかし、この重複適用の排除は、あくまでも非試験研究用資産に対してのものである。

試験研究用資産（その事業供用時に試験研究用の固定資産または繰延資産であるもの）については、この重複適用排除の取扱いは適用されない。その試験研究用資産の取得価額に含まれる試験研究費の額について、支出した時に税額控除の対象にすることはできないが、その償却費の額を試験研究費の額に含めることができる（法措通42の4(2)-4）。これは、従来どおりの取扱いである。

○ 試験研究用固定資産の特別償却と特例耐用年数との重複適用の可否

〔質疑応答〕

(問) 試験研究費の額が含まれる固定資産であっても、試験研究用固

定資産であれば、特別償却と開発研究用資産の耐用年数の特例を適用したうえ、その償却費の額を研究開発税制の対象にしてよいか。いわば三つの特別措置を適用するようなことが認められるか。

(答) 試験研究費の額が含まれる固定資産については、研究開発税制と特別償却との重複適用はできない（措法53②）。ただし、この重複適用の排除は、あくまでも非試験研究用資産（事業供用時に試験研究用資産でない資産）に関するものである。

事業供用時に試験研究の用に供される試験研究用固定資産は、その重複適用排除の対象外である。従来どおり、その取得価額を特別償却の対象にする一方、その償却費の額（特別償却準備金の積立額を除く）につき研究開発税制の適用を受けることができる（措通42の4(2)-4）。

また、開発研究（新たな製品の製造もしくは新たな技術の発明または現に企業化されている技術の著しい改善を目的として特別に行われる試験研究）の用に供される減価償却資産には、通常の耐用年数よりおおむね2割方短い、特例耐用年数を適用することが可能である（耐令2二、別表第六、耐通2-10-1～2-10-3）。

したがって、試験研究費の額が含まれる試験研究用固定資産が特別償却および特例耐用年数の適用対象になるものである限り、これらの適用を受けたうえ、その減価償却費（特別償却費を含む）は、試験研究費として特別税額控除の対象にしてよいものと考える。

(3) DX投資促進税制との重複適用の可否

令和3年度税制改正により、いわゆるDX（デジタルトランスフォーメーション）投資促進税制が創設され、情報技術事業適応設備または事業適応繰延資産について、特別償却または特別税額控除の適用ができることとされた（措法42の12の7①④）。

その DX 投資促進税制の適用対象資産の範囲から産業試験研究用資産は除外されているが、その**産業試験研究用資産**とは、主として産業試験研究の用に供されるものをいう（措法42の12の7①④、措規20の10の3②）。その場合の、**産業試験研究**とは、研究開発税制における製品・技術開発に係る試験研究またはサービス開発に係る試験研究をいう（措法42の12の7①④）。

これは、産業試験研究用資産につき研究開発税制との重複適用を排除する趣旨である。しかし、産業試験研究は研究開発税制における試験研究の意義を引用しているのみで、産業試験研究用資産は適用対象資産の範囲から絶対的に除外されているから、実際に研究開発税制の適用を受けた産業試験研究用資産に限定されていない。

したがって、産業試験研究用資産に該当する限り、仮に研究開発税制の適用を受けない場合であっても、DX 投資促進税制の適用をすることはできない。この点、研究開発税制と特別償却等との重複適用の排除（措法53②）とは適用関係が異なっているので、留意が必要である。

なお、産業試験研究用資産については、その償却費の額（特別償却準備金の積立額を除く）につき研究開発税制の適用を受けることができよう（措通42の4(2)-4）。

7　グループ通算制度における適用方法

(1)　基本的な考え方

令和4年4月1日以後開始事業年度から、国税庁長官の承認を受けて、グループ通算制度を適用することができる。その**グループ通算制度**は、完全支配関係（100％の持株関係）がある親会社（通算親法人）と子会社（通算子法人）に生じた損益や欠損金を通算して所得金額と法人税額を計算し、各法人が申告・納付を行うものである（法法64の5～64の14）。

通算法人（通算親法人と通算子法人）が研究開発税制を適用する場合の試

験研究や試験研究費の額、税額控除割合等の意義や範囲は、これまで述べてきたものと同様である。通算法人であるからといって、特別の取扱いはない。

(2) 税額控除限度額の一体計算

グループ通算制度にあっては、個々の通算法人ごとに所得金額と法人税額を計算するが、研究開発税制における税額控除限度額については、通算法人を一体として計算する。すなわち、まず通算法人全体の試験研究費の額と調整前法人税額を基礎に、全体の税額控除可能額（全体の税額控除限度額と全体の控除上限額のいずれか少ない金額）を算出する。

次に、その全体の税額控除可能額を基礎に、次の算式により計算した税額控除可能分配額を各通算法人の税額控除限度額とする（措法42の4①④⑦⑧三・⑱）。

$$\text{税額控除可能分配額} = \text{全体の税額控除可能額} \times \frac{\text{通算法人の調整前法人税額}}{\text{各通算法人の調整前法人税額の合計額}}$$

これは、通算法人全体で計算した税額控除可能額を、各通算法人の調整前法人税額の比により各通算法人に税額控除限度額として分配するということである。試験研究費の額の支出がない通算法人であっても、研究開発税制の適用を受けることができる。

(3) 修正・更正の遮断措置

グループ通算制度は、従来の連結納税制度と異なり、各通算法人が納税義務者となって、各通算法人がそれぞれ法人税の申告・納付をしなければならない（法法4①、5）。したがって、各通算法人は、その申告・納付にあたって、上記(2)により分配された税額控除限度額について税額控除を行う。

この場合、通算法人のいずれかで試験研究費の額や調整前法人税額の計

算に誤りが判明しても、他の通算法人には影響を及ぼさず、その誤りがあった通算法人のみで修正・更正を行う（措法42の4⑧〜⑯）。これを一般に**修正・更正の遮断措置**といい、連結納税制度からグループ通算制度への移行の大きな理由のひとつである。

8　申告要件

　この税額控除の適用を受けるためには、確定申告書等（控除を受ける金額を増加させる修正申告書または更正請求書を提出する場合には、その修正申告書または更正請求書を含む）に控除の対象となる試験研究費の額、控除を受ける金額およびその金額の計算に関する明細書を添付しなければならない。そして、その控除をされる金額の計算の基礎となる試験研究費の額は、その確定申告書等に添付された書類に記載された試験研究費の額を限度とする（措法42の4㉑）。

　従来、この税額控除にあっては、**適用額の制限**（確定申告書等に記載された金額を限度に控除する制度）が付されていた。そのため、仮に確定申告書等に記載された控除額が誤って過少であっても、その記載された過少な金額しか控除は認められなかった。

　この点に関し、平成23年12月および平成29年度の税制改正により、適用額の制限が見直され、修正申告書または更正請求書に添付された書類により記載された金額を適用額の限度とすることができるようになった（措法42の4㉑）。すなわち、確定申告書等に記載された金額が過少である場合には、修正申告の際や更正の請求によって、正しい金額に是正できるということである。

　ただし、適用額の制限が見直されたといっても、確定申告書等に記載された「試験研究費の額」までは、是正することはできない。そこで、確定申告書等の計算明細書に記載された試験研究費の額に誤りがあっても、そ

の増額をすることはできないが、税務調査等により法人税額が増加した場合には、その増加した後の法人税額を基礎に正当額（原則：法人税額×25％）まで控除することができる。

なお、平成23年12月の税制改正により、法人税法上の制度のなかには、**当初申告要件**（確定申告書等にその適用を受けるべき金額など一定の事項の記載または一定の書類の添付を要件とする制度）が廃止されたものがある（法法23⑦、23の2⑦等）。しかし、租税特別措置法上の制度にあっては、当初申告要件が廃止された制度はない。したがって、この税額控除についても、当初申告要件は廃止されていないので、従来どおり確定申告書等でその適用を受けていない場合には、その後、修正申告書または更正請求書を提出してもその適用は認められない（国税庁法人課税課情報・平成24.2.29「いわゆる当初申告要件及び適用額の制限の改正について」問5参照）。

(注) この取扱いは、Ⅲ以降に述べる特別税額控除において同じである。

○ 税務調査により法人税額が増加した場合の税額控除額の増額の可否

〔質疑応答〕

(問) 当社は、当期の法人税の確定申告において、試験研究費の額1,000、税額控除額60として申告した。この税額控除額60は、法人税額基準の当期の法人税額240の25％相当額である。

ところが、このほど税務調査を受け、売上計上もれが判明したので、当期の法人税額は300となった。

そうすると、この法人税額300の25％相当額は75となるので、当初確定申告による税額控除額60との差額15は、税務署長の更正処分にあたり、追加して控除を受けられるか。

この場合、その税務調査により当期の試験研究費の額の正当額は、1,200であることも判明しているが、この正当額を基礎に税額控除額を再計算してもらえるか。

(答) 試験研究費の税額控除は、確定申告書等に控除の対象となる試験研究費の額または特別試験研究費の額、控除を受ける金額およびその金額の計算に関する明細書の添付がある場合に限り、適用される。この「確定申告書等」には、控除を受ける金額を増加させる修正申告書または更正請求書を提出する場合には、その修正申告書または更正請求書を含む（措法42の4㉑）。したがって、質問の場合、修正申告書または更正請求書を提出すれば、当初確定申告による税額控除額60との差額15は、追加して控除が認められる。

問題は、修正申告書または更正請求書を提出しない場合、税務署長が売上計上もれの更正処分をするにあたり、職権でその差額15を追加して控除を認めてくれるかどうかである。この点、従来は、税務署長は職権で税額控除額を増額することはできないものとされていたが、平成29年度税制改正により、修正申告書または更正請求書の提出がない場合には、職権で税額控除額を増額することができることとされた。したがって、税務署長が更正処分をする場合には、職権でその差額15は追加して控除したところで更正処分を行う。

一方、当期の試験研究費の正当額は1,000ではなく1,200であることが判明したとしても、その1,200を基礎に控除限度額を再計算し、修正申告書または更正請求書を提出することはできない。また、税務署長が職権で控除限度額を増額することもない。税額控除額の計算の基礎となる試験研究費の額または特別試験研究費の額は、確定申告書等に添付された明細書に記載された試験研究費の額または特別試験研究費の額を限度とする、当初申告要件が付されているからである（措法42の4㉑後段）。この後段の「確定申告書等」には、修正申告書または更正請求書は含まれないのである。

○ サービス開発に係る試験研究費の証拠書類の添付等の要否

〔質疑応答〕

(問) サービス開発に係る試験研究は、サービス設計工程の第一工程から第三工程までのすべてが行われるものでなければならない。また、第一工程の「情報の分析」における「情報の収集」にあっては使用する機器が、「情報の分析」にあっては使用するソフトウエアや分析担当者が、それぞれ特定されている。

このように、サービス開発に係る試験研究（費）は、条件が細かく法定されているが、これらの条件を満たすかどうかは、どうやって証明すればよいか。確定申告書等に証拠書類の添付または証拠書類の保存などが必要か。

(答) サービス開発に係る試験研究は、サービス設計工程の第一工程から第三工程までのすべてが行われるものでなければならない（措令27の4⑥）。また、第一工程の「情報の分析」における「情報の収集」にあっては、情報の収集を行う機器の機能や性能が特定され、「情報の分析」にあっては、情報解析専門家により情報の解析を行う専用のソフトウエアを用いて行う分析である必要がある（措令27の4⑥一、措規20①）。

これらの条件を満たすことを客観的に証明することは、実務的にはなかなか難しい場合があろう。そのため、証拠書類等の確定申告書等への添付や社内での保存などの要否が気になるところである。この点、法令上、法人の行うサービス開発に係る試験研究が、これらの条件を満たすことを証明するため、確定申告書等に証拠書類等を添付することや社内に証拠書類を保存することなどは要求されていない。

しかし、税務調査などに備えて、サービス開発の計画書や稟議書、作業日報、進捗状況管理簿、請求書、領収書などを作成保存、整備し、説明できるようにしておく必要がある。

○ 確定申告書の添付書類が誤っているため税額控除はできないとされた事例

〔参考裁決例〕

請求人は、法人税の確定申告において、租税特別措置法（平成28年法律第15号による改正前のもの）第42条の4《試験研究を行った場合の法人税額の特別控除》（本件措置法）第2項に規定する中小企業者等が試験研究を行った場合の法人税額の特別控除（本件特別控除）を適用するに当たり、確定申告書に別表六（六）を添付すべきところ、誤って別表六（七）を添付したが、当該別表の添付をもって本件特別控除の適用を受ける旨の意思表示があったとみることができ、当該別表に同条第8項に規定する「試験研究費の額」が記載してあることからこの金額を用いて更正の請求により本件特別控除を適用することができる旨主張する。しかしながら、本件特別控除により控除される金額は、租税特別措置法第2条《用語の意義》第2項第27号に規定する確定申告書等に添付した別表六（六）に記載された試験研究費の額を基礎として計算した金額に限られるところ、請求人は、確定申告書に別表六（六）を添付していないから、本件措置法第8項に規定する要件を満たしておらず、更正の請求によって、本件措置法第2項に規定する本件特別控除の適用を受けることはできない。

（国税不服審判所裁決例　平成30.11.1　裁決事例集未登載）

Ⅲ　中小企業者等の試験研究費の額に係る税額控除

1　概要と趣旨

青色申告法人である中小企業者等の各事業年度において、試験研究費の

額がある場合には、その事業年度の納付すべき法人税額からその試験研究費の額の12％相当額を控除することができる。この場合、当期の法人税額の25％相当額を限度とする（措法42の4④）。

前述した「一般試験研究費の額に係る税額控除」は、中小企業あるいは大企業を問わず、基本的に11％を基準とした税額控除を認めるものである。これに対して、この中小企業者等の試験研究費の税額控除は12％の割合による税額控除ができる。これは、ベンチャービジネスやスタートアップを中心とした中小企業者等の試験研究の促進を目的としたものであり、**中小企業技術基盤強化税制**という。

この中小企業技術基盤強化税制における試験研究の意義や試験研究費の額、範囲などは、前述の製品・技術開発やサービス開発に係るものとまったく同じである。資産計上される試験研究費の額であっても、税額控除の対象にしてよい。

なお、グループ通算制度を適用する通算法人が、この中小企業技術基盤強化税制を適用しようとする場合、通算法人のいずれかが、これから述べる中小企業者等に該当しないときまたは適用除外事業者に該当するときは、すべての通算法人が中小企業技術基盤強化税制の適用を受けることはできない（措法42の4④⑲八、八の二）。

2　適用対象法人

(1)　**中小企業者等の意義**

中小企業技術基盤強化税制の適用対象となる法人は、中小企業者等である。その**中小企業者等**とは、次に掲げる中小企業者（適用除外事業者を除く）と農業協同組合等をいう（措法42の4④⑲七～九、措令27の4⑰～㉓）。

イ　中小企業者　次の(イ)または(ロ)の法人をいう。

(イ)　資本金（または出資金）の額が1億円以下の法人のうち、次の①お

よび②以外のもの

① その発行済株式または出資（自己株式を除く）の総数または総額の2分の1以上が同一の大規模法人の所有に属している法人

② その発行済株式または出資の総数または総額の3分の2以上が大規模法人の所有に属している法人

(ロ) 資本または出資を有しない法人のうち常時使用する従業員の数が1,000人以下の法人

ロ　農業協同組合等　次の組合をいう（措法42の4⑲九）。

農業協同組合、農業協同組合連合会、中小企業等協同組合、出資組合である商工組合および商工組合連合会、内航海運組合、内航海運組合連合会、出資組合である生活衛生同業組合、漁業協同組合、漁業協同組合連合会、水産加工業協同組合、水産加工業協同組合連合会、森林組合ならびに森林組合連合会

農業協同組合等にあっては、その出資金の額が1億円または従業員の数が1,000人を超えていても差し支えない。

(2) 適用除外事業者の意義

平成29年度税制改正により、中小企業技術基盤強化税制の適用対象になる中小企業者の範囲から適用除外事業者に該当するものが除外された（措法42の4④）。その**適用除外事業者**とは、当該事業年度開始の日前3年以内に終了した各事業年度の平均所得金額が15億円を超える法人をいう（措法42の4⑲八、措令27の4⑱⑲）。所得金額が15億円を超えるような、財政基盤が脆弱でない法人に中小企業者に対する特別措置を適用するのは適当でない、という趣旨によるものである。

したがって、仮に資本金の額が1億円以下の法人であっても、この適用除外事業者に該当するものは、中小企業技術基盤強化税制の適用はできない。

このように、適用除外事業者に該当するかどうかは、過去3事業年度の所得金額を基礎に判定するから、その所得金額いかんによって適用除外事業者に該当する事業年度と該当しない事業年度が生じる。また、適用除外事業者に該当しない限り、中小企業技術基盤強化税制の適用事業年度の所得金額が15億円を超えていても、その適用は認められる点に留意を要する。

○ **新設法人の過去3事業年度の平均所得金額の計算**

〔質疑応答〕

(問) 平成29年度税制改正において、資本金額が1億円以下の中小企業者であっても、過去3事業年度の平均所得金額が15億円を超える法人は、中小企業技術基盤強化税制は適用除外とされた。

当社（資本金5,000万円）は、スタートアップで設立後日が浅く、まだ3事業年度を経過していないが、当社のような場合、過去3事業年度の平均所得金額は、どのように計算したらよいか。経過事業年度の所得金額を基礎にあん分計算等をするのか。

(答) 租税特別措置法においては、資本（出資）金額が1億円以下の中小企業者に対して、各種の特別償却や特別税額控除の特例の適用が認められている（措法42の4④～⑥、42の6、42の12の4、57の9等）。

ところが、平成29年度税制改正において、中小企業技術基盤強化税制をはじめとする措置法上の特別措置にあっては、中小企業者の範囲から適用除外事業者に該当するものは除外された（措法42の4④）。その「適用除外事業者」とは、その事業年度開始の日前3年以内に終了した各事業年度（基準年度）の平均所得金額が15億円を超える法人をいう（措法42の4⑲八）。

したがって、資本（出資）金額が1億円以下の法人であっても、過去3事業年度の平均所得金額が15億円を超えるものは、中小企業技術基盤強化税制は適用できない。

そうすると、質問の新設法人のように、過去3事業年度がない法人の平均所得金額15億円というのは、どう計算したらよいか、という問題が生じてくる。この点、設立後3年を経過していない場合には、過去3事業年度の平均所得金額は零とする（措法42の4⑲八、措令27の4⑱一、⑲一）。経過事業年度の所得金額を基礎にあん分計算等をする必要はない。質問の場合には、中小企業技術基盤強化税制の適用ができる。

なお、上記の改正は、平成31年4月1日以後開始する事業年度から適用されている（平成29年改正措法附則62①）。

○ 過去3事業年度の所得金額が異動した場合の適用除外事業者の判定

〔質疑応答〕

（問） 中小企業技術基盤強化税制の適用に当たり、過去3事業年度の所得金額を基礎に適用除外事業者の判定を行った上、各事業年度において同税制の適用の可否を判断し、確定申告をしていたところ、過去3事業年度の修正申告や更正決定に伴い、過去3事業年度の所得金額が異動した場合、適用除外事業者の判定をし直す必要があるか。

(1) 適用除外事業者に該当しないとして、中小企業技術基盤強化税制の適用を行って申告していたところ、適用除外事業者に該当することとなった場合の修正申告の要否

(2) 適用除外事業者に該当するとして、中小企業技術基盤強化税制の適用を行わず申告していたところ、適用除外事業者に該当しないこととなった場合の中小企業技術基盤強化税制の適用を求めての更正の請求の可否

（答） 法人税は、あるべき正しい所得金額を前提にして課税関係を処理するのが原則であり、また、過去3事業年度の所得金額につき異動が生じた

場合の特例などは設けられていない。したがって、修正申告や更正決定に伴い、過去３事業年度の所得金額に異動が生じた場合には、遡及して適用除外事業者の判定をし直す必要がある（法措通42の４(3)－１）。

その結果、質問(1)の場合には、適用除外事業者に該当し、中小企業技術基盤強化税制の適用は認められないことになるので、修正申告をしなければならない。

逆に質問(2)の場合には、過去３事業年度の所得金額を正しく計算していれば、適用除外事業者に該当せず、中小企業技術基盤強化税制の適用は認められていたところである。同税制にあっては、一応修正申告または更正の請求によって、その適用を受けることができる（措法42の４㉑前段）。

しかし、税額控除限度額の計算の基礎となる試験研究費の額は、確定申告書に添付された書類に記載された試験研究費の額が限度とされる（措法42の４㉑後段）。したがって、適用除外事業者に該当するとして、同税制の適用を行わず申告していた場合には、確定申告書に書類の添付がないはずであるから試験研究費の額は零となり、結果として同税制の適用は認められず、更正の請求はできない。

なお、当初の確定申告で法人税額の25％相当額を限度として税額控除限度額を計算していたところ、税務調査による納付法人税額の増加に伴い、法人税額の25％相当額が増加するような場合には、修正申告または更正の請求もしくは税務署長の職権更正により、税額控除限度額を増加させることができる。

(3) 大規模法人の意義

前記(1)のとおり、資本（出資）金の額が１億円以下の法人であっても、次に掲げるものは、中小企業者の範囲から除外される（措法42の４⑲七、措令27の４⑰）。

イ　発行済株式総数（出資総額）の２分の１以上が同一の大規模法人の所

有に属している法人

ロ　発行済株式総数（出資総額）の3分の2以上が大規模法人の所有に属している法人

ここで**大規模法人**とは、次に掲げる法人をいい、中小企業投資育成株式会社を除く（措令27の4⑰一）。

イ　資本金（出資金）の額が1億円を超える法人

ロ　資本（出資）を有しない法人のうち常時使用する従業員の数が1,000人を超える法人

ハ　次に掲げる法人

　①　大法人との間にその大法人による完全支配関係がある普通法人

　②　完全支配関係があるすべての大法人が有する株式（出資）の全部をその大法人のうち一の法人が有するものとみなした場合に完全支配関係があることとなる普通法人

　（注）　**大法人**とは、次に掲げる法人である（措令27の4⑰一イ）。

　　　A　資本金（出資金）の額が5億円以上である法人

　　　B　相互会社および外国相互会社のうち、常時使用する従業員の数が1,000人を超える法人

　　　C　受託法人（法法4の7）

この大規模法人の株式所有基準により中小企業者の範囲から除外される法人を、一般に**みなし大企業**という。仮に資本金の額が1億円以下の法人であっても、大規模法人の子会社は大企業とみなして中小企業技術基盤強化税制の適用は認めない、ということである。

このみなし大企業に該当すれば、もし上記(2)の適用除外事業者に該当しない法人であっても、同税制の適用はできないことになる。中小企業者の範囲については、二重の規制がかけられていることに留意する。

(参　考)

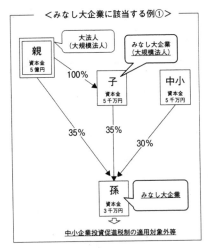
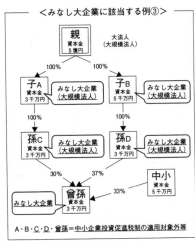
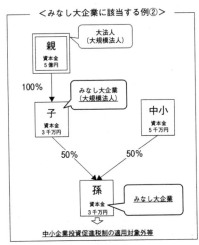
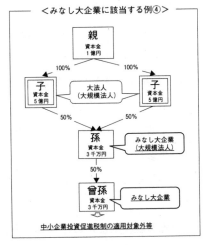

（出典）財務省主税局「令和元年度　税制改正の解説」

(4)　その他留意点

　法人が中小企業者に該当するかどうかの判定等にあたっては、上述した諸点のほか、次の点に留意する。

① 　法人が中小企業者に該当するかどうかは、その事業年度終了の時の現

況によって判定すること（法措通42の4(3)-1）。

したがって、期中に増資をして期末の資本金の額が1億円を超えるようになれば、中小企業者には該当しない。

② 法人が中小企業者に該当するかどうかを判定する場合、従業員数基準（前記(1)イ(ロ)、(3)の基準）が適用されるのは、資本金（出資金）の額を有しない法人のみであること。

したがって、資本金（出資金）の額が1億円以下の法人については、常時使用する従業員の数が1,000人を超えていても中小企業者に該当する（法措通42の4(3)-2）。

③ 「常時使用する従業員の数」は、常用であると日雇いであるとを問わず、事務所または事業所に常時就労している職員、工員等（役員を除く）の総数によって判定すること。

この場合において、法人が酒造最盛期、野菜缶詰・瓶詰最盛期等に数か月程度の期間にわたり労務者を使用するときは、その労務者の数を「常時使用する従業員の数」に含める（法措通42の4(3)-3）。

④ 出資を有しない公益法人等または人格のない社団等について、常時使用する従業員の数が1,000人以下であるかどうかを判定する場合には、収益事業に従事する従業員だけでなく、その全部の従業員の数によってその判定を行うこと（法措通42の4(3)-4）。

○ 交際費課税制度における「中小企業者」との範囲の相違点

〔質疑応答〕

(問) 中小企業技術基盤強化税制の対象になる中小企業者の範囲からは、仮に資本金額が1億円以下であっても、大規模法人との間に一定の資本関係がある法人は除外されている。

この場合の中小企業者の範囲は、同じ租税特別措置法上の制度である、交際費課税制度の定額控除の適用対象になる中小企業者と同じで

あると考えてよいか。

(答) 中小企業技術基盤強化税制の税額控除の対象になる中小企業者とは、原則として資本金額または出資金額（資本金額等）が1億円以下の法人である。ただし、資本金額等が1億円以下の法人であっても、次に掲げる法人は、中小企業者の範囲から除外される（措法42の4④⑲七、措令27の4⑰）。

① 発行済株式等の2分の1以上が同一の大規模法人（資本金額等が1億円を超える法人等）の所有に属している法人
② 発行済株式等の3分の2以上が大規模法人の所有に属している法人

　これに対し、交際費課税の定額控除の適用対象になる中小企業者も、原則として資本金額等が1億円以下の法人であるが、大法人（資本金額等が5億円以上である法人）との間に完全支配関係（100％の持株関係）がある法人は、仮に資本金額等が1億円以下であっても、中小企業者に含まれない（措法61の4②、法法66⑤二、三）。

　中小企業技術基盤強化税制も交際費課税の定額控除も、大企業の子会社には適用を認めないとする方向性は同じである。しかし、中小企業技術基盤強化税制における大規模法人は、資本金額等が1億円を超える法人をいうのに対し、交際費課税における大法人は、資本金額等が5億円以上の法人をいう。

　そのため、資本金額等が5億円以上の法人との間に直接完全支配関係がある法人に対しては、中小企業技術基盤強化税制も交際費課税の定額控除も適用がない。しかし、たとえば資本金額等が2億円の法人との間に直接完全支配関係がある法人にあっては、中小企業技術基盤強化税制の適用はないが、交際費課税の定額控除は適用が可能である。

　このように、等しく租税特別措置法上の制度であっても、中小企業者の範囲が違っている点に留意を要する。

○ 大規模法人の孫会社の「中小企業者」に該当の有無

〔質疑応答〕

(問) 中小企業技術基盤強化税制の適用対象法人は、原則として資本金が1億円以下の中小企業者に該当する法人である。

ただし、資本金が1億円を超える大規模法人から発行済株式総数の2分の1以上を所有されている法人は中小企業者から除かれている。

そこで、次のような資本関係がある場合、A社の孫会社であるC社は中小企業者に該当するか。

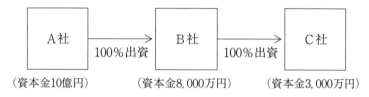

この場合、C社はB社を通じて大規模法人であるA社から間接的に資本を100％所有されていることになるが、このような場合にはC社は中小企業者に該当しないことになるのかどうか。

(答) 中小企業技術基盤強化税制の適用対象になる中小企業者の範囲からその発行済株式総数の2分の1以上が同一の大規模法人の所有に属している法人は除かれている（措法42の4④⑲七、措令27の4⑰）。この除外される法人を一般にみなし大企業といい、大企業の子会社には、中小企業技術基盤強化税制など中小企業者に対する特別措置は認めない趣旨によるものである。

ここで「大規模法人」とは、基本的に資本金の額が1億円を超える法人をいう。ただし、令和元年度の税制改正により、この大規模法人の範囲が拡大され、大法人との間にその大法人による完全支配関係がある法人などが追加された。この場合の「大法人」とは、資本金の額が5億円以上である法人をいう。

そこで、質問の事例の場合、A社は資本金の額が10億円であるから大法人に該当する。B社はその大法人であるA社から発行済株式総数の100％を所有され、B社とA社との間には完全支配関係があるから、B社は大規模法人に該当することになる。

その結果、C社は、大規模法人であるB社から発行済株式総数の100％を所有されているから、中小企業者には該当せず、中小企業技術基盤強化税制の適用はできない。

このように、B社の資本金の額は8,000万円であり、1億円を超えてはいないが、大規模法人に該当することがあることに留意する。

3　特別控除額の計算

(1)　原　　則

中小企業技術基盤強化税制において、納付すべき法人税額から控除できる特別控除額は、次のイまたはロの算式により計算した金額のうち、いずれか少ない金額である（措法42の4④）。

〔算　　式〕

イ　試験研究費の支出額基準（中小企業者等税額控除限度額）

　　その事業年度の試験研究費の額×12％

ロ　法人税額基準（中小企業者等控除上限額）

　　その事業年度の調整前法人税額×25％

(2)　税額控除割合の特例

令和3年4月1日から令和8年3月31日までの間に開始する各事業年度における税額控除割合については、次の事業年度の区分に応じ、それぞれ次のとおりとする（措法42の4⑤）。

以下の増減試験費割合や比較試験研究費の額、試験研究費割合の意義は

前述した一般型の税額控除と同じである。

イ 増減試験研究費割合が12%を超える事業年度

12% +（増減試験研究費割合 − 12%）× 0.375

(注) 1 この特例は、設立事業年度、比較試験研究費の額が零である事業年度および試験研究費割合10%を超える事業年度には適用されない。

2 この割合の小数点以下3位未満は切り捨て、この割合が17%を超えるときは17%とする（以下ロ、ハにおいて同じ）。

ロ 試験研究費割合が10%を超える事業年度

12% + 12% × 控除割増率

(注) 1 この特例は、設立事業年度および比較試験研究費の額が零である事業年度のいずれにも該当しない事業年度で増減試験研究費割合が12%を超える事業年度には適用されない。

2 「控除割増率」は、(試験研究費割合 − 10%) × 0.5により計算し、この割合が10%を超えるときは10%とする。

ハ 増減試験研究費割合が12%を超え、かつ、試験研究費割合が10%を超える事業年度

12% +（増減試験研究費割合 − 12%）× 0.375 ×（1 + 控除割増率）+ 12% × 控除割増率

(注) この特例は、設立事業年度および比較試験研究費の額が零である事業年度には適用されない。

(3) 中小企業者等控除上限額の特例

令和3年4月1日から令和8年3月31日までの間に開始する各事業年度における中小企業者等控除上限額については、次の事業年度の区分に応じ、それぞれ次のとおりとする（措法42の4⑥）。

イ 増減試験研究費割合が12%を超える事業年度

原則による控除上限額 + 調整前法人税額 × 10%

(注) この特例は、設立事業年度および比較試験研究費の額が零である事

業には適用されない。
ロ　試験研究費割合が10％を超える場合
　　原則による控除上限額＋調整前法人税額×（試験研究費割合－10％）×2
　　(注)1　この特例は、上記イの事業年度を除く。
　　　　2　（試験研究費割合－10％）×2の割合の小数点以下3位未満は切り捨て、この割合が10％を超えるときは10％とする。

Ⅳ　特別試験研究費の額に係る税額控除

1　概要と趣旨

　青色申告法人の各事業年度において、特別試験研究費の額がある場合には、その事業年度の納付すべき法人税額からその事業年度の特別試験研究費の額の30％（または25％、20％）相当額を控除することができる。この場合、税額控除額は、その事業年度の法人税額の10％相当額を限度とする（措法42の4⑦）。

　この税額控除はいわゆる**オープン・イノベーション型税額控除**と呼ばれ、特別試験研究は、特定企業の利益のみならず、わが国全体の研究開発水準の向上や公益性に寄与するところから、特例が認められている。

　このオープン・イノベーション型税額控除の適用にあたり、特別試験研究費の額につき、前述した一般型税額控除（措法42の4①、前記Ⅱ）または中小企業技術基盤強化税制（措法42の4④、前記Ⅲ）の適用を受けた場合には、これらの税額控除額の計算の基礎となった特別試験研究費の額は控除しなければならない（措法42の4⑦）。オープン・イノベーション型税額控除と一般型税額控除または中小企業技術基盤強化税制とは選択適用である。

2 特別試験研究費の範囲

(1) 特別試験研究の意義

特別試験研究費の額に係る税額控除制度の適用対象になる**特別試験研究**とは、次に掲げるそれぞれの試験研究をいう（措法42の4⑲十、措令27の4㉔、措規20⑥〜㉔）。

（特別研究機関等との共同試験研究）

イ 次に掲げる者（**特別研究機関等**）と共同して行う試験研究で、当該特別研究機関等との契約または協定（その契約または協定において、その試験研究に要する費用の分担と明細、その試験研究の成果の帰属およびその公表に関する事項が定められているものに限る）にもとづいて行われるもの（措令27の4㉔一）

① 科学技術・イノベーション創出の活性化に関する法律（同法2⑧）に規定する試験研究機関等

② 国立研究開発法人

③ 福島国際研究教育機構

①の「試験研究機関等」は、文部科学省科学技術・学術政策研究所、厚生労働省国立医薬品食品衛生研究所、農林水産省動物医薬品検査所、国土交通省国土技術政策総合研究所、気象庁気象研究所、環境省環境調査研修所、独立行政法人国立印刷局などである。

また②の「国立研究開発法人」は、たとえば日本医療研究開発機構、情報通信研究開発機構、防災科学技術研究所、理化学研究所、医薬基盤・健康・栄養研究所、新エネルギー・産業技術総合開発機構である。

（大学等との共同試験研究）

ロ **大学等**（大学、高等専門学校、大学共同利用機関）と共同して行う試験研究で、当該大学等との契約または協定にもとづいて行われるもの

この場合の「契約または協定」は、次に掲げる事項が定められているものに限られる（措令27の4㉔二、措規20⑥）。
① 　その試験研究における当該法人と当該大学等の役割分担とその内容
② 　当該法人と当該大学等が試験研究費を分担する旨とその明細
③ 　当該大学等が試験研究費のうち当該法人が負担した額を確認する旨とその方法
④ 　その試験研究の成果が当該法人と当該大学等に帰属する旨とその内容
⑤ 　当該大学等によるその成果の公表に関する事項
⑥ 　その他の事項（試験研究の目的・内容、試験研究に要する費用の見込額（50万円超のものに限る）、実施期間、大学等の名称・所在地・大学長等の氏名、実施場所、試験研究用設備の明細、研究者の氏名、試験研究の定期的な進捗状況の報告の内容・方法）
　　（注）　「試験研究に要する費用の見込額（50万円超のものに限る）」は、中小企業者または農業協同組合等は記載を要しない。
　江戸時代に始まる「富山の薬売り」の伝統で有名な富山県では、県が中心となり、富山大学（国立）や富山県立大学、県薬業連合会などが連携し、先端医薬品の研究開発促進や医薬品生産の増加を目指す計画が進んでいるという。富山大と地元企業が共同研究で開発した新型インフルエンザの治療薬は、エボラ出血熱への効果も研究されており、国際的にも注目されているとのことである（讀賣新聞　平成29．9．2夕刊）。

（特定新事業開拓事業者との共同試験研究）
ハ　特定新事業開拓事業者と共同して行う試験研究で、当該特定新事業開拓事業者との契約または協定にもとづいて行われるもの
　　ここで**特定新事業開拓事業者**とは、新事業開拓事業者（新商品の開発・生産、新たな役務の開発・提供、商品の新たな生産・販売方式の導入、役務の新たな提供方式の導入などを行う、新事業の開拓者であって、将来の

成長発展を図るため外部投資を受けることが特に必要なもの）のうち研究開発型新事業開拓事業者をいい、特別研究機関等、大学等、25％以上の持株関係がある法人、支配関係があるものを除く（措令27の4㉔三、措規20⑦、産業競争力強化法②六、同法施行規則2三）。

また、「契約または協定」は、次に掲げる事項が定められているものに限られる（措令27の4㉔三、措規20⑧）。

① その試験研究における当該法人と当該特定新事業開拓事業者の役割分担とその内容
② 当該法人と当該特定新事業開拓事業者が試験研究費を分担する旨とその明細
③ 当該特定新事業開拓事業者が試験研究費のうち当該法人が負担した額を確認する旨とその方法
④ その試験研究の成果が当該法人と当該特定新事業開拓事業者に帰属する旨とその内容
⑤ その他の事項（試験研究の目的・内容、実施期間、特定新事業開拓事業者の名称・代表者の氏名・本店の所在地、実施場所、試験研究用設備の明細、研究者の氏名、試験研究の定期的な進捗状況の報告の内容・方法）

（成果活用促進事業者との共同試験研究）

二 成果活用促進事業者と共同して行う試験研究で、当該成果活用促進事業者との契約または協定にもとづいて行われるもの

　　ここで**成果活用促進事業者**とは、科学技術・イノベーション創出の活性化に関する法律の規定（同法34の6①）により特別研究開発法人から出資を受ける法人等で（同法34の6①三）、①研究開発成果活用促進事業者、②国立大学等成果活用促進事業者および③公立大学成果活用促進事業者をいい、特別研究機関等、大学等、特定新事業開拓事業者、25％以上の持株関係がある者、支配関係がある者を除く（措令27の4㉔四、措規20⑨）。

また、ここでいう試験研究は、次に掲げる試験研究（成果実用化研究開発）に限られる（措令27の4㉔四、措規20⑩）。
① 当該成果活用促進事業者の行う研究開発（科学技術・イノベーション創出の活性化に関する法律34の6①三ハ）
② 国立大学法人法施行令3条2項1号に掲げる事業として行う研究開発
③ 地方独立行政法人法施行令4条2号ロに掲げる研究開発

さらに、「契約または協定」は、次に掲げる事項が定められているものでなければならない（措令27の4㉔四、措規20⑪）。
① その試験研究における当該法人と当該成果活用促進事業者の役割分担とその内容
② 当該法人と当該成果活用促進事業者が試験研究費を分担する旨とその明細
③ 当該成果活用促進事業者が試験研究費のうち当該法人が負担した額を確認する旨とその方法
④ その試験研究の成果が当該法人と当該成果活用促進事業者に帰属する旨とその内容
⑤ その他の事項（試験研究の目的・内容、試験研究が成果実用化研究開発に該当する旨、実施期間、成果活用促進事業者の名称・代表者の氏名・本店の所在地、実施場所、試験研究用設備の明細、研究者の氏名、試験研究の定期的な進捗状況の報告の内容・方法）

（民間企業同士の共同試験研究）
ホ 他の者（特別研究機関等、大学等、特定新事業開拓事業者、成果活用促進事業者、25％以上の持株関係がある他の者、支配関係がある他の者を除く）と共同して行う試験研究で、当該他の者との契約または協定にもとづいて行われるもの

　　この場合の「契約または協定」は、次に掲げる事項が定められている

ものに限られる（措令27の4㉔五、措規20⑫）。

① その試験研究における当該法人と当該他の者の役割分担とその内容
② 当該法人と当該他の者が試験研究費を分担する旨とその明細
③ 当該他の者が試験研究費のうち当該法人が負担した額を確認する旨とその方法
④ その試験研究の成果が当該法人と当該他の者に帰属する旨とその内容
⑤ その他の事項（試験研究の目的・内容、実施期間、他の者の氏名・名称・住所等、実施場所、試験研究用設備の明細、研究者の氏名、試験研究の定期的な進捗状況の報告の内容・方法）

新聞によれば、国内の製薬業界で様々な細胞に成長するiPS細胞などを使った再生医療への参入が相次ぐとのことである。ある製薬会社は、バイオベンチャー企業と共同で実用化を狙うという（日本経済新聞　平成25．5．14朝刊）。

（技術研究組合の組合員の協同試験研究）

ヘ　技術研究組合の組合員が協同して行う試験研究（技術研究組合法3①一）で、当該技術研究組合の定款、規約または事業計画（次の事項が定められているものに限る）にもとづいて行われるもの（措令27の4㉔六、措規20⑬）

① その試験研究における当該法人と当該法人以外の組合員の役割分担とその内容
② その他の事項（試験研究の目的・内容、実施期間、実施場所）

（特別研究機関等への委託試験研究）

ト　特別研究機関等に委託する試験研究で、当該特別研究機関等との契約または協定（その試験研究費の額と明細、試験研究の成果の帰属とその公表に関する事項が定められているものに限る）にもとづいて行われるもの（措令27の4㉔七）

（大学等への委託試験研究）

チ　大学等に委託する試験研究で、当該大学等との契約または協定にもとづいて行われるもの

この場合の「契約または協定」は、次に掲げる事項が定められているものに限られる（措令27の4㉔八、措規20⑭）。

① その試験研究における分担すべき役割として当該法人が試験研究費を負担する旨とその明細
② 当該大学等が試験研究費の額を確認する旨とその方法
③ その試験研究の成果の帰属とその公表に関する事項
④ その他の事項（試験研究の目的・内容、試験研究に要する費用の見込額（50万円超のものに限る）実施期間、大学等の名称・所在地・大学長等の氏名、試験研究の定期的な進捗状況の報告の内容・方法）

（注）「試験研究に要する費用の見込額（50万円超のものに限る）」は、中小企業者または農業協同組合等は記載を要しない。

（特定中小企業者等への委託試験研究）

リ　特定中小企業者等に委託する試験研究（委任契約等により委託するもので、その委託にもとづき行われる業務が試験研究に該当するものに限る）で、当該特定中小企業者等との委託契約等にもとづいて行われるもの（ヌからヲまでの試験研究に該当するものを除く）

ここで**特定中小企業者等**とは、次に掲げる者で、「所定の要件」を満たすものをいう。ただし、特別研究機関等、大学等、25％以上の持株関係がある者、支配関係がある者および外国法人の本店等を除く（措令27の4㉔九、措規20⑮）。

① 常時使用する従業員が1,000人以下の青色申告を行う個人
② 資本金の額が1億円以下の青色申告を行う法人
③ 法人税法別表第二に掲げる法人（公益法人等）
④ 医薬品、医療機器等の品質、有効性及び安全性の確保等に関する法

律に規定（同法2⑮）する指定薬物及び医療等の用途を定める省令（同省令2一イ〜ニ）に掲げるもの（国の機関、地方公共団体およびその機関、大学、高等専門および大学共同利用機関、独立行政法人および地方独立行政法人）

（注）　この「特定中小企業者等」は、過去3年間の平均所得金額が15億円を超える法人（措法42の4⑲八参照）であってもよい。

この場合の「所定の要件」は、次に掲げる要件である（措令27の4㉔九、措規20⑯）。

① 試験研究を行うために必要な拠点を有していること。

② その拠点において試験研究を行うために必要な設備を有していること。

③ その試験研究の主要な部分について、再委託を行わないこと。

この③の要件は、試験研究の委託を受けた特定中小企業者が、その試験研究を他の者に丸投げで再委託することを禁止するものである。

また、**委任契約等**は、当事者の一方が法律行為をすることその他の事務を相手方に委託する契約または協定をいう。ただし、次に掲げる①から③までの要件のすべてを満たすものおよび④または⑤の要件を満たすものを除く（措令27の4㉔九、措規20⑰）。以下同じ。

① その事務を履行することに対する報酬を支払うこととされていないこと。

② その事務の履行により得られる成果に対する報酬、仕事の結果に対する報酬または物品の引渡しの対価を支払うこととされていること。

③ その事務に着手する時においてその事務の履行により得られる成果の内容が具体的に特定できていること。

④ その委託の終了後におけるその事務の経過および結果の報告を要しないこととされていること。

⑤ その事務を履行することに対する報酬の支払およびその事務を処理

するのに必要な費用の弁償を要しないこととされていること。

これら①から⑤までの要件を満たすような委任契約等は、純粋な試験研究の委託ではない、ということである。

さらに、「委任契約等」は、次に掲げる事項が定められているものに限られる（措令27の4㉔九、措規20⑱）。

① その試験研究における分担すべき役割として当該法人が試験研究費を分担する旨とその明細
② 当該特定中小企業者等が試験研究費の額を確認する旨とその方法
③ その試験研究の成果が当該法人に帰属する旨
④ その他の事項（試験研究の目的・内容、実施期間、特定中小企業者等の氏名・名称・住所等、実施場所、試験研究の主要な部分について再委託を行わない旨、試験研究の定期的な進捗状況の報告の内容・方法）

（特定新事業開拓事業者への委託試験研究）

ヌ 特定新事業開拓事業者に委託する試験研究（委任契約等により委託するもので、その委託にもとづき行われる業務が試験研究に該当するものに限る）のうち、次に掲げる要件のいずれかを満たすもので、当該特定新事業開拓事業者との委任契約等にもとづいて行われるもの（その試験研究の主要な部分について当該特定新事業開拓事業者が再委託を行うものを除く。措令27の4㉔十）

① その委託する試験研究の成果を活用して当該法人が行おうとする試験研究が工業化研究に該当しないものであること。
② その委託する試験研究が主として当該特定新事業開拓事業者の知的財産権等を活用して行うものであること。

この「委任契約等」には、次に掲げる事項が定められていなければならない（措令27の4㉔十、措規20㉑）。

① その委託する試験研究における分担すべき役割として当該法人が試験研究費の額を負担する旨とその明細

② 当該特定新事業開拓事業者が試験研究費の額を確認する旨とその方法
③ その試験研究の成果が当該法人に帰属する旨
④ その他の事項（試験研究の目的・内容、実施期間、特定新事業開拓事業者の名称・代表者の氏名・本店の所在地、試験研究の主要な部分について再委託を行わない旨、試験研究の定期的な進捗状況の報告の内容・方法）

　ただし、「委任契約等」には、上記の事項以外に、①当該特定新事業開拓事業者に委託する試験研究が当該法人の工業化研究以外の試験研究に該当するものである旨、または②その活用する知的財産権等が当該特定新事業開拓事業者の有するものである旨および知的財産権等を活用して行う試験研究の内容が定められていなければ、そもそもこの特定新事業開拓事業者への委託試験研究に該当しない（措令27の4㉔十イ、ロ）。

　また、ここでいう**工業化研究**とは、当該法人が行おうとする試験研究（基礎研究または応用研究に該当することが明らかである試験研究および工業化研究に該当しないことが明らかである試験研究を除く）のうちその試験研究費が棚卸資産の取得価額になるものをいう（措規20⑲）。基礎研究、応用研究および工業化研究の、それぞれの意義については、**第3章Ⅲ2**(2)を参照されたい。

　さらに、**知的財産権等**は、次に掲げるものおよびこれらを活用した機械その他の減価償却資産をいう（措法42の4⑲十、措令27の4㉔十ロ、措規20⑳）。
① 知的財産基本法2条2項に規定する知的財産権および外国におけるこれらに相当するもの
② 特別の技術による生産方式その他これに準ずるもの（技術的知識等財産）を利用する権利で受託者が対価を支払って第三者から設定または許諾を受けたものおよび受託者が対価を得て技術的知識等財産の第三者による利用につき設定し、または許諾してその第三者に利用をさ

せている技術的知識等財産

具体的には、①は特許権、実用新案権、育成者権、意匠権、著作権、商標権その他の知的財産に関して法令により定められた権利または法律上保護される利益にかかる権利をいう。

また、②の「特別の技術による生産方式その他これに準ずるもの」とは、知的財産権以外で、生産その他業務に関し繰り返し使用し得るまでに形成された創作、すなわち特別の原料、処方、機械、器具、工程によるなど独自の考案または方法を用いた生産についての方式、これに準ずる秘けつ、秘伝その他特別に技術的価値を有する知識および意匠等をいう。したがって、ノウハウはもちろん、機械、設備等の設計および図面等に化体された生産方式、デザインもこれに含まれる。しかし、技術の動向、製品の販路、特定の品目の生産高等の情報または機械、装置、原材料等の材質等の鑑定もしくは性能の調査、検査等は、これに該当しない（法措通42の4(4)-3）。

（成果活用促進事業者への委託試験研究）

ル　成果活用促進事業者に委託する試験研究（委任契約等により委託するもので、その委託にもとづき行われる業務が試験研究に該当するものに限る）のうち、次に掲げる要件のいずれかを満たすもの（当該成果活用促進事業者の行う成果実用化研究開発に該当するのものに限る）で、当該成果活用促進事業者との委任契約等にもとづいて行われるもの（その試験研究の主要な部分について当該成果活用促進事業者が再委託を行うものを除く。措令27の4㉔十一）。

① その委託する試験研究の成果を活用して当該法人が行おうとする試験研究が工業化研究に該当しないものであること。

② その委託する試験研究が主として当該成果活用促進事業者の有する知的財産権等を活用して行うものであること。

この「委任契約等」には、次に掲げる事項が定められていなければな

らない（措令21の4㉔十一、措規20㉒）。

① その委託する試験研究における役割として当該法人が試験研究費の額を負担する旨とその明細
② 当該成果活用促進事業者が試験研究費の額を確認する旨とその方法
③ その試験研究の成果が当該法人に帰属する旨
④ その他の事項（試験研究の目的・内容、試験研究が成果実用化研究開発に該当する旨、実施期間、成果活用促進事業者の名称・代表者の氏名・本店の所在地、試験研究の主要な部分について再委託を行わない旨、試験研究の定期的な進捗状況の報告の内容・方法）

ただし、「委任契約等」には、上記の事項以外に、①当該成果活用促進事業者に委託する試験研究が当該法人の工業化研究以外の試験研究に該当するものである旨または②その活用する知的財産権等が当該成果活用促進事業者の有するものである旨および知的財産権等を活用して行う試験研究の内容が定められていなければ、この成果活用促進事業者への委託試験研究に該当しない（措令27の4㉔十一イ、ロ）。

なお、「委任契約等」、「工業化研究」、「知的財産権等」の意義は、上記リ（特定中小企業者等への委託試験研究）または上記ヌ（特定新事業開拓事業者への委託試験研究）と同じである。

（民間大企業への委託試験研究）

ヲ 他の者（特別研究機関等、大学等、特定新事業開拓事業者、成果活用促進事業者、25％以上の持株関係がある者、支配関係がある者を除く）に委託する試験研究（委任契約等により委託するもので、その委託にもとづき行われる業務が試験研究に該当するものに限る）のうち、次に掲げる要件のいずれかを満たすもので、当該他の者との委任契約等にもとづいて行われるもの（措令27の4㉔十二）

① その委託する試験研究の成果を活用して当該法人が行おうとする試験研究が工業化研究に該当しないものであること。

② その委託する試験研究が主として当該他の者の有する知的財産権等を活用して行うものであること。

この場合の「委任契約等」には、次に掲げる事項が定められていなければならない（措令27の4㉔十二、措規20㉓）。

① その委託する試験研究における分担すべき役割として当該法人が試験研究費の額を負担する旨とその明細
② 当該他の者が試験研究費の額を確認する旨とその方法
③ その試験研究の成果が当該法人に帰属する旨
④ その他の事項（試験研究の目的・内容、実施期間、他の者の氏名（名称）・代表者の氏名・住所・本店（主たる事務所）の所在地、試験研究の定期的な進捗状況の報告の内容・方法）

ただし、「委任契約等」には、上記の事項以外に、①当該他の者に委託する試験研究が当該法人の工業化研究以外の試験研究に該当するものである旨、または②その活用する知的財産権等が当該他の者の有するものである旨および知的財産権等を活用して行う試験研究の内容が定められていなければ、そもそもこの民間大企業への委託試験研究に該当しない（措令27の4㉔十二イ、ロ）。

なお、「委任契約等」、「工業化研究」、「知的財産権等」の意義は、上記リ（特定中小企業者等への委託試験研究）または上記ヌ（特定新事業開拓事業者への委託試験研究）と同じである。

（特定中小事業者等から知的財産の提供を受けて行う試験研究）

ワ 特定中小事業者等から知的財産権の設定または許諾を受けて行う試験研究で、当該特定中小事業者等との契約または協定にもとづいて行われるもの

ここで**特定中小事業者等**とは、次に掲げる者をいう（措令27の4㉔十三、九）。

① 常時使用する従業員が1,000人以下の青色申告を行う個人

② 資本金の額が1億円以下の青色申告を行う法人

(注) この「特定中小事業者等」は、過去3年間の平均所得金額が15億円を超える法人（措法42の4⑲八参照）であってもよい。

また、**知的財産権**とは、知的財産基本法に規定（同法2②）する知的財産権および外国におけるこれに相当するものをいう（措令27の4㉔十三、措法42の4⑲十）。具体的には、特許権、実用新案権、育成者権、意匠権、著作権、商標権その他の知的財産に関して法令により定められた権利または法律上保護される利益に係る権利である。

上記ヌ～ヲの試験研究の場合と異なり、知的財産権には「特別の技術による生産方式その他これに準ずるもの」および「これらを活用した機械その他の減価償却資産」は含まれないことに留意する。

この場合の「契約または協定」は、次に掲げる事項が定められているものに限られる（措令27の4㉔十三、措規20㉔）。

① その知的財産権の設定または許諾の期間および条件
② 当該法人が当該特定中小事業者等に対して支払う知的財産権の使用料の明細（試験研究の進捗に応じて使用料を支払う場合には、その旨）
③ 知的財産権の設定または許諾が当該法人が行う試験研究のためである旨、試験研究の目的および内容
④ 知的財産権の設定または許諾をする特定中小事業者等の氏名、名称、代表者の氏名、住所、本店または主たる事務所の所在地
⑤ 試験研究に係る定期的な進捗状況に関する報告の内容・方法、技術に関する情報の共有の方法

（希少疾病用医薬品等に関する試験研究）

カ ①医薬品、医療機器等の品質、有効性及び安全性の確保等に関する法律に規定（同法2⑯、77の4）する希少疾病用医薬品、希少疾病用医療機器または希少疾病用再生医療等製品または②特定用途医薬品、特定用途医療機器等または特定用途再生医療等製品に関する試験研究で、国立

研究開発法人医療基盤・健康・栄養研究所法の規定（同法15①二）による助成金の交付を受けてその対象となった期間に行われるもの（措令27の4㉔十四）

（新規高度研究業務従事者に人件費を支出して行う試験研究）

ヨ　次に掲げる要件のすべてを満たす試験研究（措令27の4㉔十五）

(イ)　従事者要件　その法人の**新規高度研究業務従事者**（役員または使用人である次に掲げる者）に対して人件費を支出して行う試験研究であること。

①　博士の学位を授与された者（外国の学位を授与された者を含む）で、その授与された日から5年を経過していないもの

②　他の者（25％以上の持株関係がある者および支配関係があるものを除く）の役員または使用人として10年以上専ら研究業務に従事していた者で、その法人（25％以上の持株関係がある者および支配関係があるものを含む）の役員または使用人となった日から5年を経過していないもの

上記①の「学位」は、その学位を授与された者が、その学位を得るための研究活動の過程で習得した専門的知識をもって、下記(ハ)の試験研究に従事する場合におけるその学位をいう（法措通42の4(4)-3の2）。博士の学位は、何の学位でもよいということではなく、その法人の行う試験研究に関連するものでなければならない。

(ロ)　人件費割合要件　その法人の適用事業年度の新規高度人件費割合（次の①の金額が②の金額のうちに占める割合）が前事業年度の新規高度人件費割合の103％以上である場合または前事業年度の新規高度人件費割合が零である場合（その事業年度または前事業年度の②の金額が零である場合を除く）に行う試験研究（工業化研究を除く）であること。

①　試験研究費の額（工業化研究費の額を除く）のうち新規高度研究業務従事者に対する人件費の額

② 試験研究費の額のうち役員または使用人に対する人件費の額
(ハ) 試験研究公募要件　次に掲げる要件のいずれかに該当する試験研究であること。
① その内容に関する提案が広く一般またはその法人の使用人に募集されたこと。
② その内容がその試験研究に従事する新規高度研究業務従事者から提案されたものであること。
③ その試験研究に従事する者が広く一般またはその法人の役員や使用人に募集され、その試験研究に従事する新規高度研究業務従事者がその募集に応じた者であること。

上記①および③の「募集」は、広く一般に、または広くその法人の役員や使用人にして行われたものでなければならない。この場合、たとえば合併や分割、現物出資により移転を受けた試験研究事業にあっては、その被合併法人等において広く使用人等に対して募集されていればよい（法措通42の4(4)-3の3）。

平成25年度税制改正により、上記ホ、ヘおよびリが、平成27年度税制改正により上記ワが特別試験研究の範囲に追加された。また、令和元年度税制改正により上記ハ、ヌ、ヲが、令和3年度税制改正によりニ、ルがそれぞれ追加された。これらの改正により民間企業同士の共同研究や民間大企業への委託研究も、特別試験研究に含まれるようになった。大いに活用されることが望まれる。

更に、令和5年度税制改正において、上記ヨの新規高度研究業務従事者に人件費を支出して行う試験研究が追加された。今までにない特異な特別試験研究であり、適用状況が注目される。

○ サービス開発に係る試験研究の特別試験研究に該当の有無

〔質疑応答〕

(問) 当社は、関係会社（当社の持株割合20％）と共同で、気象情報サービスの開発を行っている。このサービス開発は、サービス開発に係る試験研究の要件をすべて満たしているので、その費用は試験研究費の税額控除の対象になるものと考えている。

この場合、サービス開発に係る試験研究であっても、特別試験研究の要件を充足すれば、その試験研究費は特別試験研究費に該当すると考えてよいか。

(答) 民間企業同士の共同試験研究は、所定の相手方（25％以上の持株割合がある者や支配関係がある者を除く）と「契約または協定」にもとづいて共同で行われるものであれば、特別試験研究に該当する（措令27の4㉔五、措規20㉔）。この民間企業同士の共同試験研究について、サービス開発に係る試験研究は、除外する旨の定めや取扱いはない。

したがって、質問のサービス開発に係る試験研究が、サービス開発に係る試験研究および特別試験研究の要件を満たす限り、その試験研究費は特別試験研究費に該当するものと考える。

このことは、民間企業同士の共同試験研究以外の特別試験研究であっても同様であるといえよう。しかし、特別試験研究の性格や相手先、「契約または協定」の厳格性などもあって、実務的には、サービス開発に係る試験研究が特別試験研究に該当することは少ないものと思われる。

もっとも、フインテック（FinTech）の分野では、大学と企業との連携が相次いでいるといわれ、いずれは新しい金融商品やサービスの開発に向けた共同研究につながる可能性がある、と報じられている（日本経済新聞平成29.11.15朝刊）。

○ 特別試験研究に含まれる共同試験研究の範囲

〔質疑応答〕

(問) 平成25年度の税制改正において、研究開発税制における特別試験研究の範囲に民間企業同士が行う共同試験研究が含まれることになった。

この場合の民間企業同士が行う共同試験研究は、一方の企業は研究資金を出し、他方の企業は研究役務を提供するような研究であってもよいか。

(答) 平成25年度の税制改正により、特別試験研究の範囲に、「他の者(特別研究機関等、大学等、25％以上の持株を有する子会社等を除く)と共同して行う試験研究で、当該他の者との契約又は協定に基づいて行われるもの」が含まれることとされた(措令27の4㉔五)。

従来、純粋の民間企業同士の共同研究は特別試験研究に含まれていなかったが、それが特別試験研究に含まれるようになったものである。この場合の共同研究の相手方は、持株割合が25％以上や支配関係がなければ、外国法人であってもよい。

ただし、この共同研究にあっては、その契約または協定において、「当該法人と他の者が試験研究費を分担する旨とその明細」や「当該他の者が試験研究費のうち当該法人が負担した額を確認する旨とその方法」が定められていなければならない(措令27の4㉔五、措規20⑫)。

この契約または協定に定めるべき事項からみると、質問のように、一方の企業は資金だけを出し、他方の企業は役務を提供するような研究が、試験研究費を分担するといえるのかどうか、疑義があるように思われる。むしろ、共同試験研究ではなく、委託試験研究ではないか、とみられるかもしれない。

しかし、質問のような分担関係も実質的には試験研究費を分担するとみ

てよいと考える。その試験研究の成果（特許権等）を両企業に帰属するものとすれば、共同研究として特別試験研究に該当するとみるのが合理的であろう。ただ、上記のような懸念があり、また、実際には質問の他方の企業が全く試験研究費を負担しないということはないと考えられるので、契約等を工夫するのがよい。

○ 共同研究をしている大学へ試験機器を無償供与した費用の処理

〔質疑応答〕

(問) 当社は、ある国立大学と新製品開発のため共同研究を行っている。この度、その共同研究のために使用する、当社の現在販売中の製品である試験機器を大学に無償で供与した。

その試験機器の所有権は大学に移るが、その試験機器の無償供与による費用は、試験研究費に該当すると考えてよいか。大学に対する寄附金に該当するというようなことにはならないか。

(答) 質問の場合、その共同研究の契約等において、どのような費用の負担関係になっているのか分からないが、質問のように、その共同研究のため貴社は試験機器を無償で供与するというようなことはあり得るものと思われる。

したがって、その試験機器が大学との共同研究の用に供される限り、その無償供与のための費用は、試験研究費に該当すると考える。ただ、その試験機器は大学の所有になるということであるから、その費用は繰延資産として処理すべきである（法令14①六ホ）。この場合、その試験機器は試験研究用資産に該当し、その繰延資産は試験研究繰延資産となるから、繰延資産としての償却費の額が当期の試験研究費の額に含まれることになる（法措通42の4(2)－4参照）。

一方、貴社が無償供与した試験機器が、貴社と大学との共同研究のみな

らず、大学が他の用途にも使用できるといった場合には、大学への寄附金ではないか、という疑義が生じてくる。その試験機器に対する大学の他の用途への使用が、貴社と大学との共同研究に使用しない合間に少しだけ使用するといった程度であれば、強いて寄附金の議論をする必要はない。しかし、大学の他の用途への使用が過半を占めるような場合には、大学への寄附金の処理を考慮すべきであろう。寄附金であれば、試験研究費に該当する余地はない（国税庁・平成15.10「Q&A 研究開発減税・設備投資減税について」Q10参照）。

○ **民間企業同士で行う共同試験研究の範囲から除かれる子会社等の判定時点**

〔質疑応答〕

（問） 民間企業同士が共同で行う特別試験研究の相手方の範囲からは、25％以上の持株関係がある法人や支配関係がある法人は、除かれている。

この25％以上の持株関係がある法人または支配関係がある法人に該当するかどうかは、いつの時点で判定すればよいのか。

（答） 平成25年度の税制改正により、民間企業同士が共同して行う試験研究であっても、所定の要件を満たす場合には、特別試験研究に該当するものとされ、特別試験研究費の税額控除が認められるようになった。ただし、25％以上の持株関係がある法人または支配関係（法法２十二の七の五）がある法人との間の試験研究は除かれる（措法42の４⑦、措令27の４㉔五）。そこで、25％以上の持株関係がある法人または支配関係がある法人に該当するかどうかは、いつの時点で判定すればよいか問題になる。

この点、まず共同試験研究を行うための契約または協定を締結した時点において、25％以上の持株関係がある法人または支配関係がある法人に該

当する場合には、その後その持株関係や支配関係がなくなったとしても、共同試験研究には該当しない（法措通42の4(4)−1（注））。

一方、その契約または協定を締結した時点においては25％以上の持株関係や支配関係がなく、特別試験研究に該当していたが、その後25％以上の持株関係や支配関係が生じた場合には、これらの関係が生じた時点で試験研究費の額を特別試験研究費とその他の試験研究費に合理的に区分して、それぞれ税額控除を行う（法措通42の4(4)−1）。

この処理は、特定新事業開拓事業者・成果活用促進事業者・民間企業との共同試験研究（措令27の4㉔三〜五）、特定中小企業者等・特定新事業開拓事業者・成果活用促進事業者・民間大企業への委託試験研究（措令27の4㉔九〜十二）および特定中小事業者等から知的財産の提供を受けて行う試験研究（措令27の4㉔十三）にあっても同じである。

○ 特別試験研究に含まれる委託試験研究における特定中小企業者等の範囲等

〔質疑応答〕

(問) 特別試験研究費の税額控除における特別試験研究には、特定中小企業者等への委託試験研究または特定中小事業者等から知的財産の提供を受けて行う試験研究がある。この「特定中小企業者等」には、資本金の額が1億円以下の青色申告を行う法人が含まれる。

一方、平成29年度税制改正により、平成31年4月1日以後開始する事業年度から、過去3事業年度の平均所得金額が15億円を超える法人は、中小企業者の範囲から除外され、中小企業技術基盤強化税制は、適用できないこととされた。

この平均所得金額が15億円を超える法人の中小企業者の範囲からの除外措置は、特別試験研究における「特定中小企業者等」にも適用されることになるのか。

(答) 質問のとおり、特別試験研究費の税額控除における特別試験研究には、特定中小企業者等へ委託する試験研究で、その特定中小企業者等との契約または協定にもとづいて行われるものがある（措令27の4㉔九）。また、特定中小事業者等から知的財産権の設定または許諾を受けて行う試験研究で、その特定中小事業者等との契約または協定にもとづいて行われるものは、特別試験研究に該当する（措令27の4㉔十三、九）。

この「特定中小企業者等」には、資本金の額が1億円以下の中小企業者で青色申告を行う法人が含まれる（措令27の4㉔九）。

一方、平成29年度税制改正により、過去3事業年度における平均所得金額が15億円を超える法人を「適用除外事業者」と定義して（措法42の4⑲八）、中小企業者の範囲から除外し、中小企業技術基盤強化税制は、適用できないこととされた（措法42の4④）。

そこで、この「適用除外事業者」の中小企業者からの除外措置は、特別試験研究における「特定中小企業者等」にも適用されるのかどうか、疑問が生じる。

この点、特別試験研究における「特定中小企業者等」の範囲から、適用除外事業者を除外することにはなっていない。したがって、特別試験研究における「特定中小企業者等」にあっては、仮に過去3事業年度における平均所得金額が15億円を超える中小企業者でも差し支えない。実務上も、委託先である中小企業者の所得金額を知ることは難しいであろう。

(2) 特別試験研究費の額の範囲

イ 特別試験研究費の額の意義

特別試験研究費の額に係る税額控除制度における控除額の計算の基礎になる特別試験研究費の額は、試験研究費の額のうち上記(1)のイからヨまでの試験研究はその区分に応じ、それぞれ次に掲げる試験研究費の額である（措法42の4⑲十、措令27の4㉕、措規20㉕～㉘）。

第8章　試験研究費と税額控除　627

いずれもその金額を支出した事業年度の確定申告書等に、その認定又は監査および確認に係る書類の写しを添付すること等により証明しなければならない。

(イ)　上記(1)のイ（特別研究機関等との共同試験研究）の試験研究費　法人の申請に基づきその試験研究にかかる試験研究費の額（当該法人が負担することとされている額に限る。）であることにつき試験研究機関等の長、行政機関の地方支分部局の長、国立研究開発法人の長または福島国際研究教育機構理事長が認定した金額（措規20㉕一）

(ロ)　上記(1)のロ（大学等との共同試験研究）の試験研究費　試験研究費の額のうちその試験研究に要した費用であって、当該法人が契約または協定に基づいて負担したものであることにつき、**監査**（専門的な知識および経験を有する者が行う検査および適正であることの証明をいう。以下同じ）を受け、かつ、当該大学等の確認を受けた金額（措規20㉖一）

(ハ)　上記(1)のハ（特定新事業開拓事業者との共同試験研究）の試験研究費　試験研究費の額のうちその試験研究に要した費用であって、当該法人が契約または協定に基づいて負担したものであることにつき、監査を受け、かつ、当該特定新事業開拓事業者の確認を受けた金額（措規20㉖二）

(ニ)　上記(1)のニ（成果活用促進事業者との共同試験研究）の試験研究費　試験研究費の額のうちその試験研究に要した費用であって、当該法人が契約または協定に基づいて負担したものであることにつき、監査を受け、かつ、当該成果活用促進事業者の確認を受けた金額（措規20㉖三）

(ホ)　上記(1)のホ（民間企業同士の共同試験研究）の試験研究費　試験研究費の額のうちその試験研究に要した費用であって、当該法人が契約または協定に基づいて負担したものであることにつき、監査を受け、かつ、当該他の者の確認を受けた金額（措規20㉖四）

(ヘ)　上記(1)のヘ（技術研究組合の組合員の協同試験研究）の試験研究費　技術研究組合法9条1項の規定により賦課される費用の額（措令27の4㉕

三、⑤三)

(ト) 上記(1)のト（特別研究機関等への委託試験研究）の試験研究費　法人の申請にもとづき、試験研究費の額のうち当該試験研究に要した費用の額（契約または協定において定められている金額を限度）として試験研究機関等の長、行政機関の地方支分部局の長、国立研究開発法人の長または福島国際研究教育機構理事長が認定した金額（措規20㉕二）

(チ) 上記(1)のチ（大学等への委託試験研究）の試験研究費　試験研究費の額のうちその試験研究に要した費用であって、当該法人が契約または協定に基づいて負担したものであることにつき、監査を受け、かつ、当該大学等の確認を受けた金額（措規20㉖五）

(リ) 上記(1)のリ（特定中小企業者等への委託試験研究）の試験研究費　試験研究費の額のうちその試験研究に要した費用であって、当該法人が委任契約等に基づいて負担したものであることにつき、監査を受け、かつ、当該特定中小企業者等の確認を受けた金額（措規20㉖六）

(ヌ) 上記(1)のヌ（特定新事業開拓事業者への委託試験研究）の試験研究費　試験研究費の額のうちその試験研究に要した費用であって、当該法人が委任契約等に基づいて負担したものであることにつき、監査を受け、かつ、当該特定新事業開拓事業者の確認を受けた金額（措規20㉖七）

(ル) 上記(1)のル（成果活用促進事業者への委託試験研究）の試験研究費　試験研究費の額のうちその試験研究に要した費用であって、当該法人が委任契約等に基づいて負担したものであることにつき、監査を受け、かつ、当該成果活用促進事業者の確認を受けた金額（措規20㉖八）

(ヲ) 上記(1)のヲ（民間大企業への委託試験研究）の試験研究費　試験研究費の額のうちその試験研究に要した費用であって、当該法人が委任契約等に基づいて負担したものであることにつき、監査を受け、かつ、当該他の者の確認を受けた金額（措規20㉖九）

(ワ) 上記(1)のワ（特定中小企業者等から知的財産の提供を受けて行う試験研究）

の試験研究費　試験研究費の額のうち中小企業者等から知的財産権の提供を受けて行う試験研究にかかる知的財産権の使用料であって、当該特定中小事業者等に対して支払ったものであることにつき、監査を受け、かつ、当該特定中小事業者等の確認を受けた金額（措規20㉗）

　　ここでいう知的財産権の使用料の額以外の費用であっても、試験研究費に該当する費用である限り、前記Ⅱの一般試験研究費の額に係る税額控除（措法42の4①）またはⅢの中小企業技術基盤強化税制（措法42の4④）の適用がある（法措通42の4(4)－2）。

(カ)　上記(1)のカ（希少疾病用医薬品等に関する試験研究）の試験研究費　法人の申請にもとづき、試験研究費の額のうち当該試験研究に要した費用の額として国立研究開発法人医薬基盤・健康・栄養研究所理事長が認定した金額（措規20㉕三）

(ヨ)　上記(1)のヨ（新規高度研究業務従事者に人件費を支出して行う試験研究）の試験研究費　試験研究費の額（工業化研究費の額を除く）のうち新規高度研究業務従事者に対する人件費の額であって、その試験研究にかかるものであることにつき、確定申告書に次に掲げる事項を記載した書類を添付し、かつ、新規高度研究業務従事者であること等を明らかにする書類を保存することにより証明された金額（措規20㉘）

①　その試験研究の目的・内容

②　その試験研究の実施期間

③　その試験研究の新規高度研究業務従事者の氏名・役職

④　その試験研究の試験研究費の額のうち新規高度研究業務従事者に対する人件費の額

(タ)　特定復興産業集積区域（東日本大震災復興特別区域法37①）または新産業創出等推進事業促進区域（福島復興再生特別措置法84②二）内において開発研究の用に供される開発研究用資産の償却費の額（震災特例法17の5①、18①）。

その開発研究用資産につき特別償却の適用を受ける場合には、その償却費の額は特別試験研究費の額に該当するものとみなされる（震災特例法17の5②、18②）。

ロ　監査・確認の意義と方法

　上述したとおり、特別試験研究費の額は、上記(イ)（特別研究機関等との共同試験研究）、(ヘ)（技術研究組合の組合員の協同試験研究）、(ト)（特別研究機関等への委託試験研究）、(カ)（希少疾病用医薬品等に関する試験研究）、(ヨ)（新規高度研究業務従事者に人件費を支出して行う試験研究）および(タ)（特定復興開発研究用資産等の特別償却）の場合を除き、その試験研究費の額のうち当該法人が負担したものであることにつき、監査を受け、かつ、その相手方から確認を受けた金額に限られる。

　この場合の、**監査**とは、専門的知識および経験を有する者が行う検査および適正であることの証明をいう（措規20㉖一）。これは、監査法人や公認会計士が行う会計監査のことではない。たとえばその試験研究のための費用であるのかどうか、当該法人と相手方との負担関係が適正であるか否か、実際に当該法人が負担しているかどうかなどの検査と証明を行うことをいう。

　また、相手方の確認は、相手方がその試験研究費の額を当該法人が負担したものであることにつき、その費用の内容、支出状況等から確認をする。ただし、費用の明細書と領収書等との突合をすることまでは要しない。また、共同研究における確認は、第三者が作成した報告書等によって確認することでもよい（経済産業省「**特別試験研究費税額控除制度ガイドライン〔令和5年度版〕**」（令和6.2）参照）。

○ 同業者との共同研究の契約を変更した場合の特別試験研究費の範囲

〔質疑応答〕

(問) 当社は、ある同業者と新製品を開発するため、共同試験研究を行っている。ところが、試験研究の遂行上、両者の役割分担などについて契約を変更する必要が生じ、その契約変更について協議中である。しかし、試験研究は日々継続して行われ、費用の支出も生じている。

この場合、契約変更をする前に支出した費用であっても、特別試験研究費に該当すると考えてよいか。それとも、そもそも契約の変更は認められないのか。

(答) 民間企業同士が共同して行う試験研究に要する費用については、契約または協定において、その法人が負担することとされているものでなければ、特別試験研究費に該当しない（措令27の4㉔五、措規20㉖四）。

このことからすれば、契約または協定の変更前に支出する費用について、特別試験研究費とすることには疑義があるかもしれない。

しかし、実務上、契約または協定の変更前に支出した費用について、その契約または協定にかかるものであることが明らかであり、かつ、その費用の支出日とその契約または協定の変更日が同一事業年度である場合には、特別試験研究費に該当することに取り扱われている（経済産業省「特別試験研究費税額控除制度ガイドライン〔令和5年度版〕」（令和6.2）参照）。これは実態に則した取扱いといえよう。

このような取扱いがあることからしても、いったん締結した契約または協定であっても、変更することは認められる。

以上の取扱いは、他の契約または協定にもとづいて行われる共同研究または委託研究にあっても同様である。

○ 特別試験研究とその他の試験研究を兼務する研究員の給与の取扱い

〔質疑応答〕

（問） 当社は研究所を有し、新製品に関する当社単独の試験研究のほか、ある大学との共同試験研究を行っている。そのため、研究員のなかには当社単独の試験研究と大学との共同試験研究を兼務している者がいる。

この場合、大学との共同試験研究は特別試験研究に該当するが、その兼務する研究員に対する給与のうち大学との共同試験研究に従事した部分の給与は、特別試験研究費に該当すると考えてよいか。試験研究費の税額控除の対象になる人件費については「試験研究の業務に専ら従事する者」に対する人件費に限られているから、特別試験研究の業務に専ら従事していなければ、特別試験研究費に該当しないことになるのか、疑義がある。

もし、当社単独の試験研究と大学との共同試験研究を兼務する研究員に対する給与も特別試験研究費に該当するとした場合には、その区分はどうしたらよいか。その研究員の試験研究時間により按分することでよいか。

（答） たしかに、試験研究費の税額控除の対象になる試験研究費のうち人件費については、「専門的知識をもって当該試験研究の業務に専ら従事する者に係るものに限る」ことになっている（措令27の4⑤一、⑦一）。

一方、特別試験研究費の額は、試験研究費の額のうち国の試験研究機関や大学等、民間企業との共同試験研究などの試験研究に係る試験研究費の額をいう（措法42の4⑲十）。

この特別試験研究費の額は、試験研究費の額のうち特別試験研究のために要したものという構成になっている。試験研究の業務には専ら従事していなければならないが、特別試験研究について、さらに特別試験研究の業

務に専ら従事することまでは、予定されていないと考えられる。したがって、貴社単独の試験研究と大学との共同試験研究を兼務する研究員に対する給与のうち、共同試験研究に従事した部分の給与は、特別試験研究費に該当するものと考える。

この場合、貴社単独の試験研究と大学との共同試験研究との給与の区分は、質問のように、その兼務する研究員の試験研究時間の比により按分することでよいものと考える。

○ 特定復興産業集積区域における開発研究用資産の特別償却と特別試験研究費算入の可否

〔質疑応答〕

(問) 特定復興産業集積区域において取得した開発研究用資産については、特別償却が認められている。そして、その開発研究用資産の償却費の額は、特別試験研究費の額に該当するものとみなされる。

一方、開発研究用資産の償却については、特例耐用年数の適用ができる。そうすると、その開発研究用資産には特例耐用年数が適用され、そのうえ特別償却と特別試験研究費の税額控除をすると、三重の特典を受けることになり疑問だという意見があるが、どうか。

(答) 質問にあるとおり、特定復興産業集積区域において取得した開発研究用資産については、その取得した区域に応じて特別償却が認められている（震災特例法17の5①）。

そして、その開発研究用資産の償却費の額は、特別試験研究費の額に該当するものとみなして、研究開発税制を適用してよい（震災特例法17の5②）。

さらに、開発研究（新たな製品の製造もしくは新たな技術の発明または現に企業化されている技術の著しい改善を目的として特別に行われる試験研究）の

用に供される減価償却資産には、通常の耐用年数よりおおむね2割方短い耐用年数の適用が認められている（耐令2二、別表第六）。この開発研究の意義は、特定復興産業集積区域における特別償却の開発研究のそれとまったく同じである（震災特例法令17の5）。

これら三つの制度の間で、相互に適用を排除するような定めはないので、それぞれの適用要件を満たす限り、三つの制度を適用してよい。この場合、特別試験研究費の額に該当するものとみなされる償却費の額には、特別償却費の額だけでなく、特例耐用年数を適用した普通償却費の額が含まれる。

○ **特別試験研究費であることを証明する場合の監査人**

〔質疑応答〕

（問） 特別試験研究費の税額控除の対象になる特別試験研究費の額については、その試験研究に要した費用であって当該法人が負担したものであることにつき、監査を受けなければならないことになっているものが多い。

この場合の監査は、実際には誰が行えばよいのか。

（答） ここでいう**監査**とは、専門的知識および経験を有する者が行う検査および適正であることの証明をいう（措規20㉖一）。したがって、この監査は、監査法人や公認会計士が行う会計監査のことではない。たとえば試験研究のための費用に該当するかどうか、当該法人と相手方との負担関係が適正かどうかの検査とその証明ということになる。

専門的知識および経験を有する者には、公認会計士や監査法人、税理士や税理士法人、監査役、監査委員、監査等委員が該当すると考えられる。

なお、監査報告書・確認報告書については、経済産業省の「**特別試験研究費税額控除制度ガイドライン**〔令和5年度版〕」（令和6.2）に参考様式が示されている。

◯ 特別試験研究費とするための委託研究先の確認の方法

〔質疑応答〕

(問) 当社は、ある大学に新薬創成のための試験研究の委託をしており、大学が支出するその試験研究に要した費用を委託研究費として負担する。この場合、その委託研究費を特別試験研究費とするためには、その大学の確認を受けなければならない。

この確認について、従来は、費用の明細書と領収書等との突合を行って、金額の確認を受けることになっていた。この確認について、平成29年度税制改正により、その突合は要しないこととされた、といわれている。

しかし、この改正はどの条文の改正により行われたのか。また、その突合は不要であるとすれば、具体的にはどのような方法で確認をすればよいのか。

(答) 大学に対する委託研究費の額を特別試験研究費の額とするためには、試験研究費のうちその試験研究に要した費用であって、当該法人が負担したものであることにつき大学の確認を受ける必要がある（措規20㊳五）。

この大学の「確認」について、従来は費用の明細書と領収書等との突合をして金額を確認する必要がある、といわれていた。しかし、このような方法で確認をすべきことが明文で定められていたわけではない。実務上の解釈として、金額を確認する以上は、不正防止等の観点からもそのような作業を要するとされていた。

この点、平成29年度税制改正により、大学が支出する費用項目の限定が撤廃されたこと（措規20㊳一）等に伴い、手続の簡素化をはかるため、実務上の運用を見直すということである。何か条文改正があったわけではない。

そこで、今後は、大学は試験研究費用の明細書を作成し、その明細書の内容によって、その事業年度において発生したものであることを確認すれ

ば足りる。費用額の集計表と領収書等支出額を証明できる書類とを突合する必要はない。また、第三者が作成した報告書等によって確認することでもよい（経済産業省「特別試験研究費税額控除制度ガイドライン〔令和5年度版〕」（令和6.2）参照）。もちろん、その明細書へは委託を受けた試験研究に要した真実の金額を記載すべきことはいうまでもない。

この取扱いは、他の相手方が確認をすべきこととされている場合にあっても、同じである。

○ **特別試験研究費の税額控除を受けず一般型の税額控除を受けることの可否**

〔質疑応答〕

(問) 当社は、ある民間企業との間で共同試験研究を行っている。この共同試験研究は、試験研究費の内容等について所定の監査を受けるなどの手続をとれば、特別試験研究に該当し、その共同試験研究費の額は特別試験研究費の税額控除が受けられると思われる。

しかし、監査を受けるなどの手続が間にあわないことなどもあり、特別試験研究費の税額控除は受けず、一般型の税額控除だけを受けようと考えている。

この場合、その共同試験研究費は本来特別試験研究費の税額控除を受けるべきであるから、一般型の税額控除の適用は認められない、といったことにはならないか。

(答) 特別試験研究費の税額控除の対象になる特別試験研究費の額は、試験研究費の額のうち国の試験研究機関や大学等、民間企業との共同試験研究や委託試験研究などの試験研究に係る試験研究費の額をいう（措法42の4⑲十）。この特別試験研究費の額に該当するためには、質問にあるように、試験研究費として支出した金額を、支出した事業年度の確定申告書等に公

認会計士や税理士等から監査を受けた書類や相手方から確認を受けた書類の写しを添付すること等により証明しなければならない（措令27の4㉕、措規20㉕～㉘）。

このような証明がなければ、特別試験研究費の額には該当しない。しかし、特別試験研究費の額に該当しないからといって、試験研究費の額に該当しなくなるわけではない。特別試験研究費の額の定義でも「試験研究費の額のうち」といっている。また、一般型の税額控除や中小企業技術基盤強化税制の対象になる試験研究費の額から、本来特別試験研究費の額になるものは除外するといった規定もない。

したがって、本来特別試験研究費の税額控除を受けられるものであっても、所定の手続などをせず特別試験研究費の額に該当しないとすれば、一般型の税額控除や中小企業技術基盤強化税制の適用をしてよい。どの税額控除を選択するかは法人の任意である。

3　特別控除額の計算

この特別試験研究費の税額控除制度において、納付すべき法人税額から控除できる特別控除額は、次のイまたはロの算式により計算した金額のうちいずれか少ない金額である（措法42の4⑦、措令27の4③）。

〔算　式〕
イ　特別試験研究費の支出額基準（特別研究税額控除限度額）
　㈲　特別試験研究機関等との共同試験研究または委託試験研究
　　その事業年度の特別試験研究費の額×30％
　　（注）　この特別試験研究は、次に掲げる特別試験研究である（措令27の4③）
　　　　1　特別研究機関等との共同試験研究（前記2⑴のイ）
　　　　2　大学等との共同試験研究（前記2⑴のロ）
　　　　3　特別研究機関等への委託試験研究（前記2⑴のト）

　　　　4　大学等への委託試験研究（前記2(1)の**チ**）

(ロ)　他の者との共同・委託試験研究で革新的なものまたは国立研究開発法人等の研究開発成果を実用化するためのもの

その事業年度の特別試験研究費の額×25％

　　（注）　この特別試験研究は、次に掲げる特別試験研究である（措令27の4③）。

　　　　1　特定新事業開拓事業者との共同試験研究（前記2(1)の**ハ**）
　　　　2　成果活用促進事業者との共同試験研究（前記2(1)の**ニ**）
　　　　3　特定新事業開拓事業者への委託試験研究（前記2(1)の**ヌ**）
　　　　4　成果活用促進事業者への委託試験研究（前記2(1)の**ル**）

(ハ)　(イ)(ロ)以外の特別試験研究

その事業年度の特別試験研究費の額×20％

　　（注）　この特別試験研究は、次に掲げる特別試験研究である（措令27の4⑦三）。

　　　　1　民間企業同士の共同試験研究（前記2(1)の**ホ**）
　　　　2　技術研究組合の組合員の協同試験研究（前記2(1)の**ヘ**）
　　　　3　特定中小企業者等への委託試験研究（前記2(1)の**リ**）
　　　　4　民間大企業への委託試験研究（前記2(1)の**ヲ**）
　　　　5　特定中小企業者等から知的財産の提供を受けて行う試験研究（前記2(1)の**ワ**）
　　　　6　希少疾病用医薬品等に関する試験研究（前記2(1)の**カ**）
　　　　7　新規高度研究業務従事者に人件費を支出して行う試験研究（前記2(1)の**ヨ**）
　　　　8　特定復興産業集積等内で行われる研究開発（前記2(2)**イ**の(タ)）

ロ　法人税額基準

その事業年度の調整前法人税額×10％

○ 特別試験研究費の税額控除と一般型の税額控除の適用関係

〔質疑応答〕

(問) 従来、特別試験研究費の税額控除については、その控除限度額は、当期の法人税額の20％相当額から一般型の税額控除額を控除した残額とされていた。

この点、その後の税制改正により、特別試験研究費の税額控除限度額は、当期の法人税額の10％相当額とされ、一般型の税額控除額とは別枠で控除限度額を計算することができるようになった。

そこで、たとえば特別試験研究費の額が1,000あるとした場合、他の試験研究費の額や当期の法人税額をみながら、最大の控除額がとれるよう、600を特別試験研究費とし、残額400を一般型の税額控除の対象にするようなことができるか。

(答) 質問のとおり、現行では、特別試験研究費の税額控除限度額は、当期の法人税額の10％相当額とされ、いわゆる一般型の税額控除額とは別枠で、独立して控除限度額を計算することができる（措法42の4⑦）。

一方、特別試験研究費は、試験研究費のうち所定の要件を満たすものであるから（措法42の4⑲十）、特別試験研究費の税額控除（措法42の4⑦）も一般型の税額控除（措法42の4①）も、両者の適用対象になり得る。ただし、その重複適用を排除するため、特別試験研究費の額から一般型の税額控除額の計算の基礎とした特別試験研究費の額は控除しなければならない（措法42の4⑦）。

この場合、特別試験研究費の額は、その全額を特別試験研究費の税額控除または一般型の税額控除のいずれかに充てなければならない、ということにはなっていない。質問のように、他の試験研究費の額や当期の法人税額をみながら、最大の控除限度額が得られるよう、たとえば600を特別試験研究費とし、残額400を一般型の税額控除の対象にすることができるも

のと考える。

このことは、特別試験研究費の税額控除と中小企業技術基盤強化税制（措法42の4④）との適用関係にあっても同じである（措法42の4⑦）。

V 特定中小企業者等が機械等を取得した場合の税額控除

1 概要と趣旨

青色申告法人である特定中小企業者等が、平成10年6月1日から令和7年3月31日までの期間内に、新品の特定機械装置等を取得等して、これを国内にあるその特定中小企業者等の指定事業の用に供した場合には、その指定事業の用に供した事業年度において税額控除をすることができる。

ただし、この中小企業者等が機械等を取得した場合の税額控除の適用は、その特定機械装置等につき前に述べた特別償却（「**第6章 試験研究費と固定資産**」参照）の適用を受けない場合に限られる（措法42の6②）。

2 適用対象法人

この税額控除制度の適用対象になる法人は、原則として中小企業者等である。ただし、中小企業者等のうち、資本金（出資金）の額が3,000万円を超える法人を除く（措法42の6②、措令27の6⑧）。したがって、この税額控除制度の適用対象になる法人は、基本的に資本金（出資金）の額が3,000万円以下の法人と農業協同組合等である。これを**特定中小企業者等**という。特別償却の適用対象法人とは範囲が異なっている点に留意する。

なお、**中小企業者等**は、基本的に資本金が1億円以下の法人と農業協同組合等および商店街振興組合であり、前述した「**Ⅲ 中小企業者等の試験**

研究費の額に係る税額控除」における中小企業者等の範囲と同様である（措法42の6①、42の4⑲七～九、措令27の4⑰）。詳細については、同税額控除制度の「2(1)　中小企業者等の意義」を参照されたい。

3　適用対象資産

　この税額控除制度の適用対象になる減価償却資産は、新品の特定機械装置等である。その**特定機械装置等**とは、次に掲げる減価償却資産をいう（措法42の6①、措令27の6①～④、措規20の3①～⑥）。
(1)　機械及び装置（コインランドリー業用のものを除く）で1台または1基（1組または一式）の取得価額が160万円以上のもの
(2)　工具（測定工具及び検査工具）
　　イ　1台または1基（1組または一式）の取得価額が120万円以上のもの
　　ロ　工具（1台の取得価額が30万円以上のものに限る）で、当該事業年度において新たに取得等をして指定事業の用に供したものの取得価額の合計額が120万円以上のもの
(3)　**ソフトウエア**（電子計算機に対する指令であって一の結果を得ることができるように組み合わされたもの、システム仕様書その他の書類）で次に掲げるもの
　　イ　一のソフトウエアの取得価額が70万円以上のもの
　　ロ　ソフトウエアで当該事業年度において新たに取得等をして指定事業の用に供したものの取得価額の合計額が70万円以上のもの
　（適用除外となるもの）
　　ただし、次に掲げるソフトウエアは適用対象から除かれる（措法42の6①三、措令27の6②、措規20の3⑤）。
　　(イ)　複写して転売するための原本であるソフトウエア
　　(ロ)　**開発研究**（新たな製品の製造もしくは新たな技術の発明または現に企

業化されている技術の著しい改善を目的として特別に行われる試験研究）の用に供されるソフトウエア

　　(ハ)　認証サーバー用オペレーティングシステム以外のもの

　　(ニ)　認証サーバー用仮想化ソフトウエア以外のもの

　　(ホ)　非認証データベース管理ソフトウエア等

　　(ヘ)　認証連携ソフトウエア以外のもの

　　(ト)　認証不正アクセス防御ソフトウエア以外のもの

(4)　車両及び運搬具のうち普通自動車で、貨物運送用の車両総重量が3.5トン以上のもの

(5)　内航海運業の用に供される船舶

4　適用対象事業

　この税額控除制度は、特定機械装置等を法人の指定事業の用に供した場合に適用が認められる。この場合の指定事業とは、次に掲げる事業をいい、貸付けの用を除く（措法42の6②、措令27の6⑥、措規20の3⑧）。

　製造業、建設業、農業、林業、漁業、水産養殖業、鉱業、卸売業、道路貨物運送業、倉庫業、港湾運送業、ガス業、小売業、料理店業その他の飲食店業（料亭、バー、キャバレー、ナイトクラブ等を除く）、一般旅客自動車運送業、海洋運輸業、沿海運輸業、内航船舶貸渡業、旅行業、こん包業、郵便業、通信業、損害保険代理業、サービス業（娯楽業（映画業を除く）を除く）

5　特別控除額の計算

(1)　原　　則

　この税額控除制度において納付すべき法人税額から控除できる特別控除

額は、次のイとロの算式により計算した金額のうち、いずれか少ない金額である（措法42の6②、措令27の6⑦）。

〔算　式〕

イ　取得価額基準

　(イ)　上記3の(1)から(4)までの特定機械装置等

　　　　特定機械装置等の取得価額×7％

　(ロ)　上記3の(5)の特定機械装置等

　　　　特定機械装置等の取得価額×75％×7％

ロ　法人税額基準

　　事業供用年度の調整前法人税額×20％

(2)　税額控除限度超過額の繰越控除

　青色申告法人が繰越税額控除限度超過額を有する場合には、その事業年度の納付すべき法人税額からその繰越税額控除限度超過額相当額を控除する。ただし、その事業年度の納付すべき法人税額の20％相当額を限度とする（措法42の6③）。

　ここで**繰越税額控除限度超過額**とは、その事業年度開始の日前1年以内に開始した各事業年度における税額控除限度額（上記(1)のイにより計算した金額）のうち、控除しきれない金額をいう（措法42の6④）。

　これは、前1年以内に開始した事業年度における税額控除限度超過額の1年間の繰越控除を認めるものである。

Ⅵ 沖縄の特定地域において工業用機械等を取得した場合の税額控除

1 概要と趣旨

　青色申告法人が、所定の期間内に、沖縄の産業イノベーション促進地域の区域内において工業用機械等を取得等をして、これをその地区内において法人の事業の用に供した場合には、その事業の用に供した事業年度において税額控除をすることができる（措法42の9）。
　沖縄における産業の高度化、事業の革新などを支援する観点から、特別税額控除の適用を認めるものである。
　この税額控除のなかに、沖縄の産業イノベーション促進地域における自然科学研究所の事業の用に供する研究所用の建物等が適用対象になっているものがある。ここでは、これを中心として述べる。

2 適用対象法人

　この税額控除の適用対象になる法人は、青色申告法人で沖縄の提出産業イノベーション促進計画において産業イノベーション促進地域（沖縄振興特別措置法35の2①、35②二）として指定された地区内において**自然科学研究所**に属する事業を営むものである（措法42の9①表三、措令27の9⑦）。

3 適用期間

　この税額控除の適用期間は、平成14年4月1日から令和7年3月31日までの期間のうち、産業高度化・事業革新促進計画の提出のあった日から令

和7年3月31日までの期間である（措令27の9①三）。

4　適用対象資産

この税額控除の適用対象になる資産は、それぞれ次に掲げるものである（措法42の9①表三、措令27の9⑧一、二、措規20の4⑦⑧）。
イ　機械及び装置
ロ　専ら開発研究の用に供される器具及び備品（試験又は測定機器、計算機器、撮影機及び顕微鏡）
ハ　電子計算機等の器具及び備品（電子計算機、デジタル交換設備、デジタルボタン電話設備、ICカード利用設備）
ニ　工場用と研究所用の建物及びその付属設備

ただし、①一の生産等設備で取得価額が1,000万円を超えるものまたは②機械及び装置ならびに器具及び備品で、一の生産等設備を構成するものの取得価額の合計額が100万円を超えるものに限る（措令27の9②二）。

ここで**開発研究**とは、新たな製品の製造もしくは新たな技術の発明または現に企業化されている技術の著しい改善を目的として特別に行われる試験研究をいう（措令27の9⑧一イ(1)）。具体的には、次に掲げる試験研究のことである（法措通42の9－6の2）。
①　新規原理の発見または新規製品の発明のための研究
②　新規製品の製造、製造工程の創設または未利用資源の活用方法の研究
③　①または②の研究を基礎とし、これらの研究の成果を企業化するためのデータ収集
④　現に企業化されている製造方法その他の生産技術の著しい改善のための研究

この場合、開発研究を行う施設において供用される器具・備品であっても、他の目的に使用されているもので必要に応じ開発研究の用に供される

ものは、「専ら開発研究の用に供されるもの」には該当しない（法措通42の9-6の3）。

5 特別控除額の計算

(1) 原　則

　この税額控除において納付すべき法人税額から控除できる特別控除額は、次のイとロの算式により計算した金額のうち、いずれか少ない金額である（措法42の9①表三）。

〔算　式〕

イ　取得価額基準

　(イ)　機械及び装置ならびに器具及び備品　その取得価額×15％

　(ロ)　建物及びその附属設備　その取得価額×8％

　　ただし、対象資産の取得価額の合計額が20億円を超える場合には、上記算式中の取得価額は、次の算式により計算した金額とする（措法42の9①）。対象資産の取得価額が巨額になる場合、税額控除の対象金額を20億円で頭打ちにする趣旨である。

$$20億円 \times \frac{個々の対象資産の取得価額}{対象資産の取得価額の合計額}$$

ロ　法人税額基準

　事業供用年度の調整前法人税額×20％

(2) 税額控除限度超過額の繰越控除

　青色申告法人が繰越税額控除限度超過額を有する場合には、その事業年度の納付すべき法人税額からその繰越税額控除限度超過額相当額を控除する。ただし、その事業年度の納付すべき法人税額の20％相当額を限度とする（措法42の9②）。

ここで**繰越税額控除限度超過額**とは、その事業年度開始の日前1年以内に開始した各事業年度における税額控除限度額（上記(1)のイにより計算した金額）のうち、控除しきれない金額をいう（措法42の9③）。

これは、前1年以内に開始した事業年度における税額控除限度超過額の1年間の繰越控除を認めるものである。

Ⅶ 国家戦略特別区域において機械等を取得した場合の税額控除

1 概要と趣旨

青色申告法人で実施法人に該当するものが、平成26年4月1日から令和8年3月31日までの期間（指定期間）内に、**国家戦略特別区域**（国家戦略特別区域法2①）内において、特定機械装置等を取得等して、特定事業（国家戦略特別区域法27の2、2②一、二）の用に供した場合には、その事業の用に供した事業年度において税額控除をすることができる（措法42の10②）。

大胆な規制改革等を実行するための国家戦略特別区域法の制定に伴い、国家戦略特別区域において行われるわが国の経済再生に寄与する事業について、税制面から支援しようとするものである。

具体的な「国家戦略特別区域」については、「**第9章 試験研究費と所得控除**」のⅣを参照されたい。

2 適用対象法人

この税額控除の適用対象になる法人は、青色申告法人で実施法人に該当するものである。ここで**実施法人**とは、特定事業すなわち産業の国際競争力の強化または国際的な経済活動の拠点の形成に資する事業等（国家戦略

特別区域法27の2、措規20の5①）の実施主体（国家戦略特別区域法8②二）として認定区域計画（国家戦略特別区域法11①）に定められたものをいう（措法42の10①）。

3　適用対象資産

　この税額控除の適用対象になる資産は、新品の特定機械装置等である。その特定機械装置等とは、認定区域計画に係る国家戦略特別区域（国家戦略特別区域法2①）内において、その認定区域計画に定められた特定事業の実施に関する計画（措規20の5②）に記載された次に掲げる減価償却資産をいう（措法42の10①、措令27の10①②、措規20の5②③）。

(1)　機械及び装置で1台または1基（1組または一式）の取得価額が2,000万円以上のもの
(2)　器具及び備品で専ら開発研究の用に供される、耐用年数省令別表第六《開発研究用減価償却資産の耐用年数表》の「器具及び備品」の「試験又は測定機器、計算機器、撮影機及び顕微鏡」で、1台または1基の取得価額が1,000万円以上のもの

　　ここで**開発研究**とは、新たな製品の製造もしくは新たな技術の発明または現に企業化されている技術の著しい改善を目的として特別に行われる試験研究をいう（措令27の10①）。具体的には、次に掲げる試験研究のことである（法措通42の10－5）。
　①　新規原理の発見または新規製品の発明のための研究
　②　新規製品の製造、製造工程の創設または未利用資源の活用方法の研究
　③　①または②の研究を基礎とし、これらの研究の成果を企業化するためのデータ収集
　④　現に企業化されている製造方法その他の生産技術の著しい改善のた

めの研究

この場合、開発研究を行う施設において供用される器具・備品であっても、他の目的に使用されているもので必要に応じ開発研究の用に供されるものは、「専ら開発研究の用に供されるもの」には該当しない（法措通42の10－6）。

(3) 建物及びその附属設備ならびに構築物で一の建物及びその附属設備ならびに構築物の取得価額の合計額が1億円以上のもの

4　特別控除額の計算

この税額控除において納付すべき法人税額から控除できる特別控除額は、次の(1)と(2)の算式により計算した金額のうち、いずれか少ない金額である（措法42の10②）。

〔算　式〕

(1) 取得価額基準

イ　平成31年4月1日から令和8年3月31日取得特定機械装置等（平成31年3月31日以前確認事業実施計画に記載されている特定機械装置等を除く）　取得価額×14％（建物、建物附属設備、構築物は7％）

ロ　イ以外の特定機械装置等　取得価額×15％（建物、建物附属設備、構築物は8％）

(2) 法人税額基準

事業供用年度の調整前法人税額×20％

5　所得控除との選択適用

国家戦略特別区域にかかる課税の特例として、別途、次のような所得控除の制度が設けられている。すなわち、青色申告法人で、国家戦略特別区

域法第27条の3の指定を受けたもの（国家戦略特別区域法の一部を改正する法律の施行の日から令和8年3月31日までの間に指定を受けたものに限る）が、国家戦略特別区域内において実施される特定事業にかかる所得金額を有する場合には、その設立の日から5年間、その所得金額の18％相当額の所得控除ができる（措法61）。

この所得控除と上記4の税額控除とは選択適用である（措法61②）。

この所得控除の課税の特例の詳細については、「**第9章　試験研究費と所得控除**」のⅣを参照されたい。

Ⅷ　国際戦略総合特別区域において機械等を取得した場合の税額控除

1　概要と趣旨

青色申告法人で指定法人（総合特別区域法26①）に該当するものが、同法の施行の日（平成23年8月1日）から令和8年3月31日までの期間（指定期間）内に、**国際戦略総合特別区域**（総合特別区域法2①）内において、特定機械装置等を取得等して、特定国際戦略事業（総合特別区域法2②二イ、ロ）の用に供した場合には、その事業の用に供した事業年度において税額控除をすることができる（措法42の11②）。

産業の国際競争力の強化を図るため、国際戦略総合特別区域制度が創設されたことに伴い、その制度を支援する観点から、特別税額控除の適用を認めるものである。

2　適用対象法人

この税額控除の適用対象になる法人は、青色申告法人で指定法人に該当

するものである。ここで**指定法人**とは、認定国際戦略総合特別区域計画（総合特別区域法15①）に定められている特定国際戦略事業（総合特別区域法2②二イ、ロ）を実施する法人で、内閣府令（総合特別区域法施行規則15）で定める要件に該当するものとして認定地方公共団体（総合特別区域法26①）の指定を受けたものをいう（措法42の11①）。

3　適用対象資産

　この税額控除の適用対象になる資産は、新品の特定機械装置等である。その特定機械装置等とは、国際戦略総合特別区域にかかる認定国際戦略総合特別区域計画（総合特別区域法15①）に適合する、指定法人の指定法人事業実施計画（総合特別区域法施行規則15①二、措規20の6①）に記載された次に掲げる減価償却資産をいう（措法42の11①、措令27の11②、措規20の6②）。

(1)　機械及び装置で1台または1基（1組または一式）の取得価額が2,000万円以上のもの

(2)　器具及び備品で専ら開発研究の用に供される、耐用年数省令別表第六《開発研究用減価償却資産の耐用年数表》の「器具及び備品」の「試験又は測定機器、計算機器、撮影機及び顕微鏡」で、1台または1基の取得価額が1,000万円以上のもの

　ここで**開発研究**とは、新たな製品の製造もしくは新たな技術の発明または現に企業化されている技術の著しい改善を目的として特別に行われる試験研究をいう（措令27の11①）。

　具体的には、次に掲げる試験研究のことである（法措通42の11−5）。

①　新規原理の発見または新規製品の発明のための研究

②　新規製品の製造、製造工程の創設または未利用資源の活用方法の研究

③ ①または②の研究を基礎とし、これらの研究の成果を企業化するためのデータ収集

④ 現に企業化されている製造方法その他の生産技術の著しい改善のための研究

この場合、開発研究を行う施設において供用される器具・備品であっても、他の目的に使用されているもので必要に応じ開発研究の用に供されるものは、「専ら開発研究の用に供されるもの」には該当しない（法措通42の11－6）。

(3) 建物及びその附属設備ならびに構築物で一の建物及びその附属設備ならびに構築物の取得価額の合計額が1億円以上のもの

4 特別控除額の計算

この税額控除において納付すべき法人税額から控除できる特別控除額は、次の(1)と(2)の算式により計算した金額のうち、いずれか少ない金額である（措法42の11②）。

〔算　式〕
(1) 取得価額基準

イ　令和6年4月1日から令和8年3月31日取得特定機械装置等（令和6年3月31日以前指定事業実施計画に記載されている特定機械装置等を除く）　その取得価額×8％（建物、建物附属設備、構築物は4％）

ロ　イ以外の特定機械装置等　その取得価額×10％（建物、建物附属設備、構築物は5％）

(2) 法人税額基準
　　事業供用年度の調整前法人税額×20％

Ⅸ 中小企業者等が特定経営力向上設備等を取得した場合の税額控除

1 概　　要

　青色申告法人である中小企業者等が、平成29年4月1日から令和7年3月31日までの期間内に、新品の特定経営力向上設備等を取得等して、これを国内にあるその中小企業者等の指定事業の用に供した場合には、その指定事業の用に供した事業年度において税額控除をすることができる（措法42の12の4②）。

2 適用対象法人

　この税額控除の対象になる法人は、中小企業者、農業協同組合等および商店街振興組合（中小企業者等）で、中小企業等経営強化法による認定（同法17①）を受けたものである（措法42の12の4①）。その中小企業者は基本的に資本金が1億円以下の法人をいう。
　中小企業者および農業協同組合等の具体的な範囲は、前述した**Ⅲ　中小企業者等の試験研究費の額に係る税額控除**におけるそれと同じである（措法42の12の4①、42の4⑲七～九、措令27の4⑰）。詳細については、同項（Ⅲ　2）を参照されたい。

3 適用対象資産

　この税額控除の対象になる減価償却資産は、特定経営力向上設備等である。その**特定経営力向上設備等**とは、経営力向上計画に記載された、次に

掲げる減価償却資産をいう（措法42の12の4①、措令27の12の4②）。

イ　機械及び装置で1台または1基（1組または一式）の取得価額が160万円以上のもの
ロ　工具、器具及び備品で1台または1基の取得価額が30万円以上のもの
ハ　建物附属設備で一のものが60万円以上のもの
ニ　ソフトウエアで取得価額が70万円以上のもの

　ニのソフトウエアは、**第6章Ⅵの2　中小企業者等の機械等の特別償却**におけるそれと同じである（措令27の12の4①）。詳細については、同項（2(3)）を参照されたい。

4　適用対象事業

　この税額控除は、特定経営力向上設備等を法人の営む指定事業の用に供した場合に適用される。この場合の指定事業とは、製造業、建設業その他の事業をいい、貸付けの用を除く。

　具体的な指定事業は、**第6章Ⅵの2　中小企業者等の機械等の特別償却**におけるそれと同じである（措法42の12の4）。詳細については、同項（2(4)）を参照されたい。

5　特別控除額の計算

(1)　原　　則

　この税額控除制度において納付すべき法人税額から控除できる特別控除額は、次のイとロの算式により計算した金額のうち、いずれか少ない金額である（措法42の12の4②、措令27の12の4③）。

〔算　　式〕
イ　取得価額基準

(イ) 資本金額が3,000万円を超える法人（農業協同組合等および商店街振興組合を除く）

特定経営力向上設備等の取得価額×7％

(ロ) 上記(イ)以外の法人

特定経営力向上設備等の取得価額×10％

ロ　法人税額基準

事業供用年度の調整前法人税額×20％

(2) 税額控除限度超過額の繰越控除

青色申告法人が繰越税額控除限度超過額を有する場合には、その事業年度の納付すべき法人税額からその繰越税額控除限度超過額相当額を控除する。ただし、その事業年度の納付すべき法人税額の20パーセント相当額を限度とする（措法42の12の4③）。

ここで**繰越税額控除限度超過額**とは、その事業年度開始の日前1年以内に開始した各事業年度における税額控除限度額（上記(1)のイにより計算した金額）のうち、控除しきれない金額をいう（措法42の12の4④）。

これは、前1年以内に開始した事業年度における税額控除限度超過額の1年間の繰越控除を認めるものである。

X　事業適応設備を取得した場合の税額控除

1　概　　要

青色申告法人で認定事業適応事業者であるものが、令和3年8月2日から令和7年3月31日までの期間（指定期間）内に、新品の情報技術事業適応設備を取得等し、これを国内にある法人の事業の用に供した場合には、その事業の用に供した事業年度において税額控除をすることができる（措

法42の12の7④⑤)。これは DX（デジタルトランスフォーメーション）投資促進税制と呼ばれる。

2　適用対象法人

　この税額控除の対象になる法人は、認定事業適応事業者である。その**認定事業適応事業者**とは、認定事業適応計画（産業競争力強化法21の23②）に従って実施される、主務大臣の確認を受けた情報技術事業適応（生産性の向上または需要の開拓に特に資するものとして主務大臣の確認を受けたもの）を行う事業者をいう（同法21の35①、措法42の12の7①②④⑤）。

3　適用対象資産

　この税額控除の適用対象になる資産は、次に掲げるものである（措法42の12の7①、措令27の12の7①）。

イ　情報技術事業適応設備　情報技術事業適応の用に供する特定ソフトウエアの新設または増設をし、または情報技術事業適応を実施するために利用するソフトウエアの費用を支出する場合における、その特定ソフトウエアおよびこれらのソフトウエアとともに情報技術事業適応の用に供する機械装置および器具備品（産業試験研究用資産を除く）

　　ここで、「特定ソフトウエア」には、複写した販売するための原本は含まない（措令27の12の7①）。

ロ　事業適応繰延資産　情報技術事業適応を実施するために利用するソフトウエアの費用にかかる繰延資産

　この税額控除の適用対象には、繰延資産もなっていることに留意する。

4 特別控除額の計算

この税額控除制度において納付すべき法人税額から控除できる特別控除額は、次の算式により計算した金額のうち、いずれか少ない金額である（措法42の12の7④⑤）。

〔算　式〕

イ　取得価額基準

(イ)　情報技術事業適応設備の取得価額と事業適応繰延資産の額の合計額（対象資産合計額）が300億円以下の場合

情報技術事業適応設備の取得価額または事業適応繰延資産の額 × 3 %（産業競争力の強化に著しく資するものは5 %）

(ロ)　対象資産合計額が300億円を超える場合

300億円 × 情報技術事業適応設備の取得価額または事業適応繰延資産の額 / 対象資産合計額 × 3 %（産業競争力の強化に著しく資するものは5 %）

ロ　法人税額基準

事業供用年度の調整前法人税額×20%

第9章　試験研究費と所得控除

I　総　説

　試験研究や研究開発を巡っては、前述した特別償却や特別税額控除の特例がある。

　このような減価償却や税額控除の特例のほか、所定の金額を所得金額から控除することができる**所得控除**がいくつか認められている。

　令和6年度税制改正により創設された、法人が国内で自ら研究開発を行って取得した特許権やAIを活用したソフトウエアの著作権について、その国内への譲渡や国内外へのライセンスによる所得（全体所得が少ない場合は全体所得）の30％相当額を所得金額から控除できる、イノベーションボックス税制が代表的なものである（措法59の3）。これは法人の全体の所得から知的財産から生じる所得を切り出して、税制優遇が受けられる制度である。

　また、令和2年度税制改正により、法人がスタートアップである新事業開拓事業者と協働して新商品や新役務の開発などを行うことを目的に、そのスタートアップの発行株式を取得した場合には、その株式の取得価額の25％相当額を所得金額から控除できる、オープンイノベーション促進税制が設けられている（措法66の13）。

　更に、国家戦略特別区域において新たな価値や経済社会に変化をもたら

す、革新的な研究開発事業を行う法人に対する所得控除もある（措法61）。

　これら所得控除は、所得金額から直接控除できるものであり、実効税率の引下げ等にもインパクトがあるから、積極的な活用が望まれる。

Ⅱ　イノベーションボックス税制

1　概要と趣旨

　青色申告法人が、対象事業年度（令和7年4月1日から令和14年3月31日までの間に開始する事業年度）において、特許権譲渡等取引を行った場合には、その特許権譲渡等取引による所得金額と対象事業年度の所得金額とのいずれか少ない金額の30％相当額は、その対象事業年度の所得金額の計算上、損金の額に算入することができる（措法59の3）。

　これを**イノベーションボックス税制**といい、欧州各国のパテントボックス税制の日本版であるといえよう。利益の源泉であるイノベーションについて国際競争が進んでおり、研究開発拠点としての立地競争力を強化し、民間による無形資産投資を後押しする趣旨による。

2　適用対象法人

　この制度の適用対象となる法人は、青色申告書を提出する法人であればよく、大企業でも中小企業者でも適用対象になる。また、法人が営む事業に限定はなく、どのような事業であってもよい。

　ただし、この制度の適用を受けるために事前に研究開発計画や事業計画の認定等を受ける必要はないが、確定申告書等に特許権譲渡等取引につき経済産業大臣から確認を受けた書類を添付しなければならないので（措法59の3⑮）、結果的にその確認を受けた法人が適用対象法人になる。

(注) 特許権譲渡等取引について、経済産業省が、この制度の適用対象であること、企業自ら国内で創出した特許権等であることの確認を行うことになっている。

3　適用対象取引

(1) 特許権譲渡等取引

イ　特許権譲渡等取引の意義

この税制の適用対象になる取引は、特許権譲渡等取引である。その**特許権譲渡等取引**とは、次の二つの取引をいう（措法59の3①）。

① 居住者または内国法人（関連者を除く）に対する特定特許権等の譲渡
② 他の者（関連者を除く）に対する特定特許権等の貸付け（権利の設定・使用を含む）

このように、本税制の適用対象になる特許権譲渡等取引は、特定特許権等の譲渡とライセンスである。

ロ　特許権譲渡等取引の範囲

上記イ①の特定特許権等の「譲渡」にあっては、その譲渡先は居住者または関連者以外の内国法人に限られるから、国内の者への譲渡でなければならない。関連者や国外の者への譲渡は適用対象にならない。

一方、②の特定特許権等の「貸付け」は、居住者または関連者以外の内国法人はもとより、非居住者または関連者以外の外国法人に対するものであってもよい。関連者を除く国内外の者への貸付けである。この場合の「貸付け」には、特定特許権等に係る権利の設定、他の者に特定特許権等を使用させる行為を含む。具体的には、特許権の通常実施権または専用実施権の設定およびソフトウエアの使用許諾が該当する。

ここで**居住者**とは、国内に住所を有し、または現在まで引き続いて1年

以上居所を有する個人をいう（措法59の3①、2①一の二、所法2三）。**非居住者**は、居住者以外の者である（所法2五）。

また、**関連者**とは、発行済株式等の50％超の保有関係や役員就任、取引の依存等により実質支配の関係がある法人等をいい（措法59の3②一、措令35の3⑦）、移転価格税制におけるそれと同様である（措法66の4①、措令39の12①～④）。この関連者に該当するかどうかの判定は、それぞれの取引が行われた時の現況による（措令35の3⑥）。

(2) 特定特許権等の意義

特許権譲渡等取引の対象になる**特定特許権等**とは、次に掲げるもののうち、我が国の国際競争力の強化に資するものであって、適用法人が令和6年4月1日以後に取得または製作をしたものをいう（措法59の3②二）。

特定特許権等は「我が国の国際競争力の強化に資するもの」でなければならないから、たとえばパチンコ機器に関する特許権等は、特定特許権等には含まれない、と考えられる。

① 特許権
② 人工知能関連技術を活用したプログラムの著作権
(注)「人工知能関連技術」とは、人工的な方法による学習、推論、判断等の知的な機能の実現及び人工的な方法により実現した当該機能の活用に関する技術をいう（官民データ活用推進基本法2②）。

①の特許権は、法人の製品等の「物」や技術の発明をし特許権として登録されたものが代表例である。しかし、その「物」にはプログラム等を含むので（特許法2③一）、ソフトウエア開発についても、その登録をすれば特許権になる可能性がある。

②は、プログラムは著作権の保護対象になっているから（著作権法2①十の二、一）、人工知能関連技術すなわちAIの活用により開発したプログラムの著作権である。

この特許権または著作権のうち我が国の国際競争力の強化に資するものを**適格特許権等**という。

なお、工業所有権であっても、実用新案権や意匠権、商標権は、特定特許権等に含まれない。

4　損金算入所得控除額

(1)　所得控除額の計算

この税制の適用により、課税所得金額の計算上、損金算入ができる所得控除額は、次に掲げる所得金額のうちいずれか少ない金額の30％相当額である（措法59の3①）。

①　特許権譲渡等取引に係る所得金額
②　適用対象事業年度の所得金額

つまり、適用対象事業年度の全体所得金額から特許権譲渡等取引に係る所得金額を切り出して、その切り出した所得金額と全体所得金額を基準に所得控除額を計算する。

(2)　特許権譲渡等取引に係る所得金額

イ　計算方法

上記所得控除額の計算における、まず一つの基準となる「特許権譲渡等取引に係る所得金額」は、対象事業年度において行った特許権譲渡等取引ごとに、次に掲げる場合の区分に応じ、それぞれ次により計算した金額の合計額である。ここでいう「特許権譲渡等取引」について、特許権譲渡等取引以外の取引とあわせて行った特許権譲渡等取引にあっては、その契約において特許権譲渡等取引の額が明らかにされているものに限る（措法59の3①一、措令35の3）。

①　特定特許権等のいずれについても直接関連研究開発費の額が令和7年

4月1日前開始事業年度で生じていない場合 特許権譲渡等取引ごとに、次の算式により計算した金額の合計額

〔算　式〕

当該特許権譲渡等取引に係る所得金額 × $\dfrac{\text{分母の金額のうち適格研究開発費の額}}{\text{当該対象事業年度と当該対象事業年度前の各事業年度（令和7年4月1日以後開始年度）の特定特許権等の直接関連研究開発費の合計額}}$

（注）「特定特許権等の直接関連研究開発費の額」とは、その特定特許権等に直接関連する研究開発に係る研究開発費の額のうち、建物およびその附属設備に係る額以外の額をいう（措令35の3①）。

②　①および下記③の場合以外の場合（令和9年4月1日前に開始する事業年度で、当期に行った特許権譲渡等取引に係る特定特許権等のうちに令和7年4月1日以後最初に開始する事業年度開始の日前に開始した研究開発に直接関連するものがある場合）　次の算式により計算した金額

〔算　式〕

当該特許権譲渡等取引に係る所得金額 × $\dfrac{\text{分母の金額のうち適格研究開発費の額}}{\text{当該対象事業年度と前2年以内開始各事業年度の研究開発費の合計額}}$

（注）算式の分母の金額が零である場合には、零とする。

③　対象事業年度が令和9年4月1日以後に開始する事業年度である場合
　　上記①の場合に同じ

ロ　**研究開発の意義**

上記イにおける研究開発費の額の計算の基礎、範囲を画する**研究開発**とは、次に掲げる行為をいう（措法59の3②三）。

①　新たな知識の発見を目的とした計画的な調査・探究（②において「研究」という）

② 新たな製品や役務、製品の新生産方式についての計画・設計または既存の製品や役務、製品の既存の生産方式を著しく改良するための計画・設計として研究の成果などを具体化する行為

これは、研究開発費会計基準における定義とほぼ同じである（基準一1）。②の「開発」が含まれている分、研究開発税制における試験研究に比して範囲が広いといえよう。

ハ　研究開発費の額の意義

上記イにおける**研究開発費の額**とは、次に掲げる金額の合計額をいう。ただし、その研究開発の費用に充てるため他の者から支払を受ける金額がある場合には、その金額は控除する（措法59の3②四、措令35の3⑧⑨）。

① 研究開発に要した費用の額のうち各事業年度に研究開発費として損金経理をした金額。ただし、次の金額を除く。
　A　資産の償却費、除却損失、譲渡損失
　B　負債の利子、手形の割引料、金銭債務の償還差損の額等
② 各事業年度において事業供用した資産のうち研究開発用資産の取得価額（負債の利子等の額を除く）に相当する金額。ただし、研究開発の用に供しない部分がある資産にあっては、研究開発の用に供する部分の金額に限る。

研究開発用資産については、その償却費ではなく、その取得価額が研究開発費の額に含まれる。

ニ　適格研究開発費の額の意義

上記イの各算式の分子の**適格研究開発費の額**とは、研究開発費の額のうち、次に掲げる金額以外の金額をいう（措法59の3②五、措令35の3⑩）。

① **特許権譲受等取引**（他の者からの適格特許権等の譲受け・借受け、専用実施権・仮専用実施権の設定等）によって生じた研究開発費の額

（注）　特許権譲受等取引以外の取引とあわせて特許権譲受等取引を行った場合、その契約で特許権譲受等取引の対価が明らかにされていないときは、両者の取引によって生じた試験研究費の額とする。
②　次に掲げる委託研究開発に係る研究開発費の額。ただし、その委託研究開発が国外関連者から非国外関連者に再委託される場合には、その再委託する研究開発に係る研究開発費の額を控除した金額とする。
　　A　国外関連者に委託する研究開発
　　B　非国外関連者に委託する研究開発のうち、その研究開発が国外関連者に再委託されることが、契約等であらかじめ定まっており、かつ、その再委託に係る対価の額が実質的に決定されている場合のその研究開発
③　内国法人の国外事業所等（法法69④一）を通じて行う事業に係る研究開発費の額

　この「適格研究開発費の額」は、その研究開発に係る全体の研究開発費の額から、①から③までの研究開発費の額を除外したものであり、自社が国内で自ら行った研究開発の費用の額である。これは、本税制の適用対象は、国内で自ら研究開発を行って取得した特許権または著作権の譲渡・貸付けによる所得金額であることを意味している。

ホ　各特許権譲渡等取引に係る所得金額の計算

(イ)　原　則

　全体所得金額から切り出す**特許権譲渡等取引に係る所得金額**は、法人が対象事業年度において行った各特許権譲渡等取引に係る収益の額として益金の額に算入される金額から、次の特許権譲渡等取引の区分に応じ、それぞれ次の金額を減算した金額である（措令35の3②③）。すなわち、各特許権譲渡等取引の収益の額から所定の原価、費用の額を減算した金額である。

①　特定特許権等の譲渡　次に掲げる金額で損金算入される金額の合計額

　A　その特定特許権等の譲渡原価の額

　B　その特定特許権等の出願、審査、登録または維持に要する費用の額。ただし、その特定特許権等がその対象事業年度において行った②の特許権譲渡等取引に係るものに該当する場合には、その特定特許権等の他の者への移転登録の費用の額に限る。

　C　その特定特許権等に関して弁護士等の専門家に支払う費用の額。ただし、その特定特許権等がその対象事業年度において行った②の特許権譲渡等取引に係るものに該当する場合には、その特定特許権等の譲渡に伴い支払う費用の額に限る。

　D　その特定特許権等の譲渡対価を回収できない損失を塡補する保険の保険料の額

　E　その特定特許権等の譲渡に関する事務の人件費その他の費用の額

②　①以外の特許権譲渡等取引　次に掲げる金額で損金算入される金額の合計額

　A　その特定特許権等の償却費の額

　B　その特定特許権等の出願、審査、登録または維持に要する費用の額。ただし、その特定特許権等がその対象事業年度において行った①の特許権譲渡等取引に係るものに該当する場合には、その特定特許権等の他の者への移転登録の費用の額を除く。

　C　その特定特許権等に関して弁護士等の専門家に支払う費用の額。ただし、その特定特許権等がその対象事業年度において行った①の特許権譲渡等取引に係るものに該当する場合には、その特定特許権等の譲渡に伴い支払う費用の額を除く。

　D　その特許権譲渡等取引に係る特許権が共同発明である場合の他の発明者に支払う使用料の額

E　その特許権譲渡等取引に係る著作物が共同著作物である場合の他の著作者に支払う使用料の額

　　　F　その特許権譲渡等取引の対価を回収できない損失を塡補する保険の保険料の額

　　　G　その特許権譲渡等取引に関する事務の人件費その他の費用の額

　(ロ)　**譲渡損失等がある場合**

　　適用対象事業年度前の各事業年度（令和7年4月1日以後に開始する事業年度に限り、その対象事業年度開始の日前に開始し、かつ、この制度の適用を受けた事業年度のうちその終了の日が最も遅い事業年度以前の各事業年度を除く）において行った特許権譲渡等取引に損失の金額がある場合には、その損失の額に、その適用対象事業年度において行った特許権譲渡等取引の所得金額がその適用対象事業年度において行った各特許権譲渡等取引の所得金額の合計額のうちに占める所定の割合を乗じて計算した金額を控除する（措令35の3②）。

(3)　**適用対象事業年度の所得金額**

イ　**計算方法**

　上記(1)の所得控除額の計算における、二つ目の基準である「適用対象事業年度の所得金額」は、次により計算した金額である（措法59の3①二、措令35の3④）。

　適用対象事業年度の所得金額 −（控除対象欠損金額 − 控除欠損金額）

　この「適用対象事業年度の所得金額」は、この税制を適用しないで計算した場合の対象事業年度の所得金額をいう。そして、「（控除対象欠損金額 − 控除欠損金額）」の意味は、大法人の欠損金控除は当期の所得金額の50％相当額が限度とされるが（法法57①ただし書）、ここでいう適用対象事業年度の所得金額の計算上は、その50％控除は適用せず100％の欠損金控除をする、ということである。

ロ　**通算法人の所得金額**

　通算法人が各事業年度（その通算法人に係る通算親法人の事業年度終了の日に終了するものに限る）についてこの税制を適用する場合には、適用対象事業年度の所得金額は、その通算法人および他の通算法人（同日において通算法人との間に通算完全支配関係があるものに限る）の通算前所得金額および通算前欠損金額を基礎として計算した金額とする（措法59の3③）。すなわち、通算グループ全体の通算前所得金額の合計額から通算前欠損金額の合計額を控除した金額から、通算グループ全体の控除未済欠損金額の合計額を控除した金額を、グループ全体の所得金額として、これを各通算法人の通算前所得金額の比で按分した金額を各通算法人の所得金額とする（措令35の3⑪～⑭）。

5　特許権譲受等取引の独立企業間価格による算定等

(1)　概要と趣旨

　上記4(2)ニ①のとおり、適格研究開発費の額の計算上、研究開発費の額から特許権譲受等取引によって生じた研究開発費の額は除かれる。

　そこで、法人が、関連者との間で特許権譲受等取引を行った場合において、その取引対価の額が独立企業間価格に満たないときは、その特許権譲受等取引は独立企業間価格で行われたものとみなされる（措法59の3④）。この独立企業間価格で行われたとみなされる措置は、国外関連者との取引だけでなく、国内関連者との取引にも適用されることに留意する。

　法人がその関連者との特許権譲受等取引を非関連者を通じて行う場合、すなわち非関連者との特許権譲受等取引に係る適格特許権等がその法人に移転または提供されることが、契約等であらかじめ定まっており、かつ、その移転または提供による対価の額がその法人と関連者との間で実質的に決定されている場合には、その法人と関連者との間で行われた特許権譲受

等取引とみなされる（措法59の3⑥、措令35の3⑮⑯）。

　特許権譲受等取引の対価の額が合理的でないと、適格研究開発費の額が適正に計算できないことになり、ひいては国内で自ら行った研究開発の費用が歪められてしまう。また、移転価格税制とも整合性を図る必要がある。

(2) 独立企業間価格の意義

　ここで**独立企業間価格**とは、移転価格税制における独立企業間価格の算定方法（措法66の4②）に準じて算定した金額をいう（措法59の3⑤）。この場合、その独立企業間価格を算定するために必要と認められる書類（ローカルファイル）を保存しなければならない（措法59の3⑦）。ただし、その特許権譲受等取引の対価の額が3億円未満であるような場合には、その保存を要しない（措法59の3⑧）。

　ローカルファイルの保存、提示などがない場合には、推定課税が行われる（措法59の3⑨〜⑭）。

　これらの考え方、取扱いは、移転価格税制におけるそれと同様である（措法66の4⑥⑦、措令35の3⑳）。独立企業間価格の算定方法については、「第6章Ⅲ3(4)　移転価格税制の評価方法」を参照されたい。

6　申告要件

　この税制における所得控除額の損金算入は、確定申告書等に損金算入に関する申告の記載をし、かつ、損金算入額の明細書、関連者との取引明細書の添付がある場合に限り、適用される（措法59の3⑮）。

　この場合、損金算入される金額は、その申告に係る損金の額に算入されるべき金額（確定申告書等の記載事項を基礎として計算する場合に損金算入をすることができる正当額）を限度とする（措法59の3⑮）。

　ただし、申告の記載または明細書等の添付がない場合であっても、税務

署長がやむを得ない事情があると認める場合には、その記載をした書類および明細書等を提出すれば、その適用をすることができる（措法59の3⑯）。

なお、この所得控除額の損金算入について、損金経理などの要件は付されておらず、法人税独自の損金（費用）項目であるから、確定申告等の際に申告調整（申告書別表四で減算・社外流出の処理）により損金算入を行う（措法59の3⑰、措令35の3㉑参照）。

Ⅲ オープンイノベーション促進税制

1 概要と趣旨

青色申告法人で特別新事業開拓事業者と共同して特定事業活動を行うものが、指定期間（令和2年4月1日から令和8年3月31日までの期間）内において、特定株式の取得をし、これを取得事業年度末まで引き続き保有している場合には、その特定株式の取得価額の25％相当額を特別勘定として経理し、その特別勘定の金額を損金算入することができる（措法66の13）。

これは、既存企業からスタートアップである特別新事業開拓事業者への出資を通じたオープンイノベーションを促進する趣旨による。このような税制があれば、スタートアップは、新株発行による資金調達ができる。

2 適用対象法人

(1) 経営資源活用共同化推進事業者

適用対象法人は、青色申告法人で新事業開拓事業者と共同して特定事業活動を行うものである。この場合の「新事業開拓事業者と共同して特定事業活動を行うもの」とは、**経営資源活用共同化推進事業者**（共同化調査省令2①）に該当する法人をいう（措法66の13①、措規22の13①）。具体的には、

特定事業活動を行う株式会社、相互会社、中小企業等協同組合、農林中央金庫、信用金庫、信用金庫連合会が該当する（令和2.4.1経済産業省告示85号）。

このように、適用対象法人は、スタートアップと協働して新商品や新役務の開発などを行う法人である。

(注)　「共同化調査省令」とは、国内外における経営資源活用の共同化に関する調査に関する省令をいう。

(2) 新事業開拓事業者

上記(1)の**新事業開拓事業者**とは、新商品や新サービスの開発や提供、既存商品や既存サービスの新生産・販売方式や新提供方式の導入などを行うことにより、新事業の開拓を行う事業者であって、将来の成長発展を図るため外部からの投資を受けることが特に必要なものをいう（措法66の13①、産業競争力強化法2⑥）。

「外部からの投資を受けることが特に必要なもの」というのがポイントで、本税制の趣旨でもある。

(3) 特定事業活動

上記(1)の**特定事業活動**とは、自らの経営資源以外の経営資源を活用し、高い生産性が見込まれる事業を行うことや新事業の開拓を行うことを目指した活動をいう（措法66の13①、産業競争力強化法2㉕）。

「自らの経営資源以外の経営資源を活用し」というのが、スタートアップと協働、すなわち同じ目的のために、協力して働くということである。

3　適用対象株式

(1)　特定株式の種類

　適用対象法人がその取得をした場合、所得控除ができる株式を**特定株式**という。その特定株式は、特別新事業開拓事業者の発行株式のうち、①増資払込みにより交付されるもの（増資特定株式）と②購入により取得をされるもの（購入特定株式）の二つである（措法66の13①）。令和5年度税制改正により、その適用対象に購入特定株式が追加された。

　この二つの特定株式は、それぞれ次の要件のすべてを満たすことにつき、経済産業大臣の証明書により証明されなければならない（措法66の13①、措令39の24の2①、措規22の13③）。

イ　増資特定株式

①　その株式が、特別新事業開拓事業者の増資払込みにより交付されるものであること。

②　その株式の保有が、その取得の日から3年を超える期間継続する見込みであること。

③　その株式の取得が、適用対象法人および特別新事業開拓事業者の特定事業活動に特に有効なものとなると認められること。

ただし、次に掲げる株式は、増資特定株式から除外される（措規22の13③一、二）。

①　特別新事業開拓事業者の株式の総議決権の50％超を有する法人が追加して取得をする、その特別新事業開拓事業者の株式

②　特別新事業開拓事業者の株式につき特別勘定を設けている法人または設けていた法人が取得をする、その特別新事業開拓事業者の株式（その取得により総議決権の50％超を有することとなる株式を除く）

ロ　購入特定株式

① その株式が、その取得により特別新事業開拓事業者の総議決権の50％を超える議決権を有することになるものであること。

② その株式の保有が、その取得の日から５年を超える期間継続する見込みであること。

③ その株式の取得が、適用対象法人および特別新事業開拓事業者の特定事業活動に特に有効なものとなると認められること。

ただし、購入特定株式から、特別新事業開発事業者の増資特定株式（その取得が令和５年４月１日以後であるもの）につき特別勘定を設けている法人または設けていた法人が取得をする、その特別新事業開拓事業者の購入特定株式は除外される（措規22の13③三）。

(2) 特別新事業開拓事業者

適用対象法人の出資先となるスタートアップ、すなわち上記(1)の**特別新事業開拓事業者**とは、新事業開拓事業者のうち、次に掲げる要件のすべてを満たす会社（これに類する外国法人を含む）をいう（措規22の13②、共同化調査省令２②、経済産業省関係産業競争力強化法施行規則２二）。

① 既に事業を開始していること。

② 株式会社であること。

③ その株式が金融商品取引所に上場または店頭登録されていないこと。

④ 発行済株式の過半数を一の法人グループが所有していないこと。

⑤ 発行済株式の３分の１超を法人以外の者（個人、民法上の組合等）が所有していること。

⑥ 特定事業活動を行い、または行おうとしていること。

⑦ 設立後10年未満（直前事業年度の試験研究費割合が10％以上、かつ、営業損失を生じている会社は15年未満）であること。

⑧ 風俗営業または性風俗関連特殊営業を営んでいないこと。

⑨　暴力団員等が役員または事業活動を支配していないこと。

(3) 出資規模等の要件

　上記(1)の増資特定株式または購入特定株式の要件である、その株式の取得が**特定事業活動に特に有効なものとなると認められること**とは、次に掲げるすべての要件を満たすことをいう（措規22の13③、共同化調査省令4①、3）。

イ　次に掲げる出資要件
　① 増資特定株式の場合　その取得する特別新事業開拓事業者の株式の額が1億円（特別新事業開拓事業者が、中小企業者である場合は1,000万円、外国法人である場合は5億円）以上であること。
　② 購入特定株式の場合　その取得する特別新事業開拓事業者（内国法人に限る）の株式の額が5億円以上であり、かつ、その取得により総議決権の50％を超える議決権を有することとなること。
ロ　株式の取得が純投資目的に該当しないこと。
ハ　革新的な経営資源を活用して、高い生産性が見込まれるような事業等を行うこと。

4　損金算入所得控除額

(1) 所得控除額の計算

　本税制の適用により特別勘定として経理し、損金算入ができる金額は、次の特定株式の区分に応じ、それぞれ次のイまたはロの算式により計算した金額のうち、いずれか少ない金額である（措法66の13①、措令39の24の2③）。

〔算　　式〕
イ　取得価額基準額

　　　　特定株式の取得価額×25％

　　（注）1　算式の「取得価額」は、増資特定株式は50億円、購入特定株式は200億円を限度とする。
　　　　　2　特定株式を取得した事業年度において、その特定株式につき評価損を計上した場合には、上記算式により計算した金額からその評価損の額を控除する。

　ロ　所得基準額

　　　所得金額－（控除対象欠損金額－控除欠損金額）

　　（注）1　「所得金額」は、この税制を適用せず、かつ、寄附金を全額損金算入するものとした場合の所得金額をいう。
　　　　　2　この所得基準額は、125億円を限度とする。

(2) 通算法人の所得基準額

　通算法人が各事業年度（その通算法人に係る通算親法人の事業年度終了の日に終了するものに限る）についてこの税制を適用する場合には、対象事業年度の所得基準額は、その通算法人および他の通算法人（同日において通算法人との間に通算完全支配関係があるものに限る）の通算前所得金額および通算前欠損金額を基礎として計算した金額とする（措法66の13⑬）。すなわち、通算グループ全体の通算前所得金額の合計額から通算前欠損金額の合計額を控除した金額から、通算グループ全体の控除未済欠損金額の合計額を控除した金額を、グループ全体の所得基準額の上限として、これを各通算法人の通算前所得金額の比で按分した金額を各通算法人の所得基準額の計算の基礎となる金額とする（措令39の24の2⑮⑯）。

5　特別勘定の経理方法

　本税制の適用により損金算入される特別勘定の金額は、確定した決算に

おいて、各特別新事業開拓事業者別および増資特定株式と購入特定株式の種類別に設けなければならない。この場合、特別勘定は、設定対象事業年度の決算確定の日までに剰余金の処分により積立金として積み立てる方法でもよい（措法66の13①）。

特別勘定の金額を剰余金処分経理をした場合には、法人税の確定申告等に当たり、申告調整（申告書別表四で、増資特定株式は減算・社外流出、購入特定株式は減算・留保）により損金算入する。

○ 増資特定株式の特別勘定を損金算入する場合の申告調整の方法

〔質疑応答〕

（問） 増資特定株式に係る特別勘定の損金算入額は、特定同族会社の留保金課税に当たって、留保金額と留保控除額の計算の基礎になる「所得等の金額」に含まれるものとされている。

そうすると、増資特定株式に係る特別勘定の金額を剰余金処分経理をした場合、申告調整はどのようにすればよいか。

（答） 特別勘定の金額を剰余金処分経理をする場合、たとえば特別勘定の金額が500万円であるとすると、次のような会計処理を行う。

（借）繰越利益剰余金　5,000,000　（貸）特定株式特別勘定　5,000,000

この会計処理では、特別勘定の金額が費用処理されていないので、法人税の確定申告等に当たり、申告書別表四で所得金額からの減算処理をする。この場合、増資特定株式に係る特別勘定の損金算入額は、特定同族会社の留保金課税上、留保金額および留保控除額の計算の基礎になる「所得等の金額」に含まれるものとされている（措法66の13⑳）。

そこで、増資特定株式に係る特別勘定の金額を剰余金処分経理した場合

の申告調整は、次のように行う。

(申告書別表四)

区　　分		総　　額	留　　保	社外流出
特別勘定の損金算入額	50	△5,000,000		△5,000,000

(申告書別表五 (一))

区　　分		期首積立金	当期の減	当期の増	期末積立金
特定株式特別勘定	3			5,000,000	5,000,000

6　特別勘定の取崩し

(1)　増資特定株式

　適用対象法人が設定している増資特定株式に係る特別勘定の金額は、その保有期間3年（令和4年3月31日以前取得の増資特定株式は5年）を経過すると、取り崩して益金算入する必要はない。ただし、その増資特定株式は、経済産業大臣の証明する「共同化継続証明書」に保有期間を経過したものとして記載されたものでなければならない（措法66の13⑫一、措令39の24の2⑫、措規22の13⑩）。

　特別勘定の金額は、青色申告の承認を取り消され、または青色申告による申告をやめる場合や特定事業活動を行っている証明がない場合、特定株式の全部または一部を有しなくなった場合などには、取り崩して益金の額に算入しなければならない（措法66の13②～⑨、⑪）。

　増資特定株式に係る特別勘定の金額は、保有期間3年（または5年）を経過すれば、これらの事由が生じても、取り崩す必要はないのが原則である（法措通66の13-10）。

(2) 購入特定株式

　購入特定株式に係る特別勘定の金額のうち、その取得日から5年の保有期間を経過したものは、取り崩して益金算入しなければならない。ただし、購入特定株式の発行法人の事業の発展が図られたことにつき経済産業大臣の証明がされた場合には、その取崩しを要しない（措法66の13⑩、措規22の13⑦）。

　しかし、購入特定株式に係る特別勘定は、上記増資特定株式に係る特別勘定と異なり、その保有期間5年を経過したとしても、青色申告の承認を取り消され、または青色申告による申告をやめる場合や特定株式の全部または一部を有しなくなった場合などには、取り崩して益金の額に算入しなければならない（措法66の13⑫二参照）。

　購入特定株式に係る特別勘定の金額は、取り崩すのが原則である。

○ 保有期間経過の増資特定株式に係る特別勘定の益金算入の可否

〔質疑応答〕

（問） 増資特定株式に係る特別勘定の金額の損金算入は、その取得から原則3年間の継続保有が要件である。ただ、この3年間の保有期間が経過しても、その特別勘定の金額は、取り崩す必要はないことになっている。

　この場合、法人が3年経過した特別勘定の金額を任意に取り崩して益金算入した場合、申告調整によりその益金算入額を所得金額から減算してよいか。それとも、法人が勝手に取り崩したのであるから、そのまま益金の額に算入されることになるのか。

（答） 購入特定株式に係る特別勘定の金額は、原則として、その取得日から5年を経過したものを、取り崩して益金算入しなければならない（措法66の13⑩⑨）。

これに対し、増資特定株式に係る特別勘定の金額について、その保有期間の３年（令和４年３月31日以前取得の増資特定株式は５年）を経過したとしても、経済産業大臣の共同化継続証明書にその保有期間を経過した旨の記載があれば、その取崩しをして益金算入しなくてよい（措法66の13⑫、措令39の24の２⑫、措規22の13⑩）。

　そこで法人が、たとえば貸借対照表等に特別勘定の金額が残り続け、その経緯がわからなくなるようなことを嫌って、任意に取り崩して収益計上をしたとしても、法人税の課税上は、益金に算入する必要はない（法措通66の13−10）。したがって、申告調整によりその益金算入額を所得金額から減算してよいものと考える。

　なお、その特別勘定の金額を剰余金処分により積立金として経理している場合、その特別勘定の金額を取り崩して繰越利益剰余金に繰り入れるときは、申告調整により所得金額から減算する、という問題は生じない。

○ 購入特定株式の特別勘定を益金算入する場合の申告調整の方法

〔質疑応答〕

（問） 購入特定株式に係る特別勘定の金額は、原則として保有期間の５年を経過すると、取り崩して益金算入しなければならない。

　この益金算入をする場合、購入特定株式に係る特別勘定の金額を剰余金処分経理をしているときは、会計処理と申告調整はどのようにすればよいか。

（答） 購入特定株式に係る特別勘定の金額につき剰余金処分経理をしている場合、その取崩しは、次のような会計処理を行う。

（借）特定株式特別勘定　5,000,000　（貸）繰越利益剰余金　5,000,000

この会計処理では、特別勘定の取崩益が収益処理されていないので、法人税の確定申告等に当たり、申告書別表四で所得金額への加算処理をする。この場合、購入特定株式に係る特別勘定の益金算入額は、増資特定株式の特別勘定の益金算入と異なり、特定同族会社の留保金課税に当たって、留保金額および留保控除額の計算の基礎になる「所得等の金額」に含まれないものとはされていない（措法66の13⑳）。

そこで、購入特定株式に係る特別勘定の金額を剰余金処分経理している場合の取崩益の益金算入の申告調整は、次のように行う。

（申告書別表四）

区　分		総　額	留　保	社外流出
特別勘定の益金算入額	50	5,000,000		5,000,000

（申告書別表五（一））

区　分		期首積立金	当期の減	当期の増	期末積立金
特定株式特別勘定	3	5,000,000	5,000,000		
同上認容	4	△5,000,000	△5,000,000		

7　申告要件

本税制の適用による特別勘定の金額の損金算入は、確定申告書等に損金算入に関する申告の記載をし、かつ、損金算入額の明細書、経済産業大臣の証明書の添付がある場合に限り、適用される（措法66の13⑱、措規22の13⑫）。

この申告要件を満たさない場合の宥恕規定は設けられていない点に留意しなければならない。

Ⅳ 国家戦略特別実施法人の特別控除

1 概要と趣旨

　青色申告を行う内国法人で、各事業年度終了の日において特定事業の実施法人（平成28年9月1日から令和8年3月31日までの間に指定を受けたもの）に該当するもの（対象内国法人）が、対象事業年度（対象内国法人の設立日から同日以後5年を経過する日までの期間内に終了する事業年度）において、国家戦略特別区域内において行われる特定事業等に係る所得の金額を有する場合には、その金額の18％相当額は、各対象事業年度の損金の額に算入することができる（措法61）。
　この税制は、国家戦略特別区域において、産業の国際競争力を強化し、国際的な経済活動の拠点の形成を促進する趣旨による。

2 対象内国法人

(1) 特定事業実施法人
　この税制の対象内国法人は、国家戦略特別区域内において国家戦略特別認定区域計画において定められている特定事業を実施する法人である。この実施法人は、国家戦略特別区域担当大臣が指定する（国家戦略特別区域法27の3）。
　ただし、平成28年9月1日から令和8年3月31日までの間に指定を受けたものに限られる（措法61①）。

(2) 国家戦略特別区域
　上記(1)における**国家戦略特別区域**とは、その区域において、高度な技術

に関する研究開発やその成果を活用した製品の開発・生産、役務の開発・提供に関する事業その他の産業の国際競争力の強化に資する事業などを実施することにより、我が国の経済社会の活力の向上や持続的発展に相当程度寄与することが見込まれる区域をいう（国家戦略特別区域法2①）。

具体的には、北海道、宮城県、熊本県、宮城県仙台市、秋田県仙北市、茨城県つくば市、千葉県千葉市・成田市、東京都、神奈川県、福島県、長崎県、新潟県新潟市、石川県加賀市、長野県茅野市、岡山県加賀郡吉備中央町、愛知県、京都府、大阪府、兵庫県、大阪府大阪市、兵庫県養父市、広島県、愛媛県今治市、福岡県北九州市・福岡市、沖縄県の各区域が指定されている（国家戦略特別区域を定める政令）。

(3) 特定事業

上記(1)の特定事業とは、産業の国際競争力の強化または国際的な経済活動の拠点の形成に特に資する事業であって、たとえば次のような事業をいう。いずれも新たな価値または経済社会に変化をもたらす革新的な事業でなければならない（国家戦略特別区域法27の3、同法施行規則11の2）。

① 高度な医療技術・医療機器・医薬品の研究開発やその成果を活用した製品の開発・生産、役務の提供に関する事業
② 付加価値の高い農林水産物・加工食品の効率的な生産、輸出の促進を図るために必要な高度な技術の研究開発やその技術の活用に関する事業
③ インターネットその他の情報通信技術を活用し、物品による情報の収集、蓄積、解析、発信やその情報を活用した物品の自律的な作動を可能にするための技術の研究開発に関する事業

この特定事業は、国家戦略特別区域内において行われるものであるが、税務上は同区域外において行われる特定事業に関連する補助的な事業を含む（措法61①、措規21の18②）。

3 対象事業年度

この税制の対象事業年度は、内国法人の設立の日から同日以後5年を経過する日までの期間内に終了する各事業年度である（措法61①、措令37①、措規21の18①）。

この所得控除は、単独の事業年度ではなく、設立後5年以内の複数の事業年度において適用ができる点に特徴がある。

4 損金算入所得控除額

(1) 所得控除額の計算

この税制の適用により、損金算入ができる所得控除額は、次に掲げる所得金額のうちいずれか少ない金額の18％相当額である（措法61①、措令37②）。

① 特定事業等に係る所得金額（軽減対象所得金額）
② 対象事業年度の所得金額（全所得金額）

(2) 特定事業等に係る所得金額

イ 原　則

上記(1)の所得控除額の計算上の一つ目の基準である「特定事業等に係る所得金額」すなわち「軽減対象所得金額」とは、特定事業等により生じた所得のみについて法人税を課すものとした場合に課税標準となる所得金額（軽減対象所得金額）をいう（措令37②）。ただし、措置法上の各種の準備金や特別控除等、法人税法上の所得税額控除や外国税額控除、欠損金の繰越控除などを適用せず、支出寄附金の全額を損金算入するものとして計算する（措令37⑦）。

原則的には、特定事業等に係る益金の額から損金の額を控除した金額である。この場合の益金の額は、特定事業等に係る収入金額の合計額によるから、次のような金額はこれに含まれない（法措通61－1）。
① 国庫補助金、補償金、保険金その他これらに準ずるものの収入金額
② 固定資産や有価証券の譲渡益または評価益の額
③ 受取配当金、受取利子等の営業外収益の額

一方、損金の額は、特定事業等に係る収入金額に対応する売上原価の額、販売費・一般管理費の額その他の費用および損失の額によるから、次に掲げる金額は、損金の額に含まれる（法措通61－2）。
① 特定事業等に属する棚卸資産の評価損の額
② 特定事業等に専属する減価償却資産または繰延資産の償却費の額
③ 特定事業等に専属する減価償却資産の除却損、滅失損、評価損、譲渡損の額（保険金等で補填される部分の金額を除く）

ロ　通算法人の場合

通算法人が次に掲げる場合に該当する場合には、その通算法人の対象事業年度（その通算法人に係る通算親法人の事業年度終了の日に終了するものに限る）の特定事業等に係る所得金額（軽減対象所得金額）は、その通算法人の対象事業年度の軽減対象所得金額から、他の対象通算法人の特定事業等に係る欠損金額の合計額を、各通算法人の軽減対象所得金額の比で各通算法人に配分した金額を控除した金額とする（措法61③、措令37③～⑤）。
① 他の対象通算法人（その対象事業年度終了の日に通算法人との間に通算完全支配関係があるものに限る）において特定事業等に係る通算前欠損金額が生ずる場合
② 他の対象通算法人の他の事業年度において通算前欠損金額が生ずる場合

(3) 対象事業年度の所得金額

上記(1)の所得控除額の計算における、二つ目の基準である「対象事業年度の所得金額」すなわち「全所得金額」は、措置法上の各種の準備金や特別控除等、法人税法上の所得税額控除や外国税額控除、欠損金の繰越控除などを適用せず、支出寄附金の全額を損金算入するものとして計算した金額をいう（措令37⑦）。具体的には、申告書別表四の26欄の「仮計」①（総額）の金額である。

5　税額控除等との重複適用の排除

この制度は、①国家戦略特別区域における機械等の特別償却もしくは特別税額控除（措法42の10）または②国際戦略特別区域における機械等の特別償却もしくは特別税額控除（措法42の11）とは選択適用である。

また、③沖縄の認定法人の課税の特例（措法60）の適用を受ける事業年度においては、この制度を適用することはできない（措法61②）。

6　申告要件

本税制の適用による所得控除額の損金算入は、確定申告書等に損金算入に関する申告の記載をし、かつ、損金算入額の明細書の添付がある場合に限り、適用される。この場合、損金算入される金額は、その申告に係る損金の額に算入されるべき金額（確定申告書等の記載事項を基礎として計算する場合に損金算入することができる正当額）を限度とする（措法61⑧、法措通61－6、60－6）。ただし、申告の記載または明細書の添付がない場合であっても、税務署長がやむを得ない事情があると認める場合には、その記載をした書類および明細書を提出すれば、その適用をすることができる（措法61⑨）。

なお、この所得控除額の損金算入について、損金経理などの要件は付されていないので、法人税の確定申告等の際に申告調整（申告書別表四で減算・社外流出の処理）により損金算入を行う（措法61⑩参照）。

第10章　試験研究費と源泉徴収

I　総　　説

　法人が給与、退職手当、利子、配当、報酬・料金等を支払う場合には、その支払の際、所定金額の所得税および**復興特別所得税**（以下「所得税等」という）を徴収して国に納付しなければならない。これが**源泉徴収制度**である。

　法人が自社の研究者や技術者に給与や退職金を支払う場合には、所得税等の源泉徴収を要する。この給与の源泉徴収に関して、自社の研究者等が優れた研究やアイデアを提供したような場合に支給する報奨金品等について、源泉徴収を要するかどうかという問題がある。また、職務発明により特許権を得た従業員からその特許権を買い取るために要した金額について、源泉徴収が必要かどうかといった問題も生じる。

　さらに、法人が行う試験研究にあたっては、他から特許権やノウハウを導入し、権利金や使用料を支払うことがある。これらの使用料等についての源泉徴収も考慮しなければならない。源泉徴収の対象になる「報酬・料金等」の範囲は広く、これら使用料等も源泉徴収の対象になるからである。特に、非居住者や外国法人に支払う工業所有権の使用料等については、国内源泉所得の範囲や租税条約とからんで課税関係が複雑であるから、留意を要する。

源泉徴収される所得税等は、その支払を受ける者が負担するものである。しかし、その源泉徴収を誤ると実質的に支払者が負担せざるを得ないこととなるので、細心の注意を払わなければならない。

以下、試験研究費をめぐる源泉徴収の問題をみていこう。

(注) 復興特別所得税は、平成25年1月1日から令和19年12月31日までの間に生ずる所得税の源泉徴収の対象になる所得の支払をする際に所得税と併せて源泉徴収を行う（復興財源確保法28）。

Ⅱ 源泉徴収制度の概要

1 源泉徴収義務者

給与、退職手当、利子、配当、報酬・料金等を支払う際に、所得税等を源泉徴収して国に納付すべき義務のある者を**源泉徴収義務者**という。源泉徴収の対象となる所得の支払をする者は、すべて源泉徴収義務者である。株式会社、(有限会社)、合資会社、合名会社、合同会社、協同組合等の営利法人はもとより、社団法人、財団法人、学校法人等の公益法人や人格のない社団等についても、源泉徴収義務者となる（所法6）。

2 源泉所得税等の納税地

源泉徴収により納付される所得税を、一般に**源泉所得税**という。その源泉所得税は、その納税地の所轄税務署に納付しなければならない。

源泉所得税の納税地は、原則として源泉徴収の対象となる所得の支払事務を取り扱う事務所や事業所等の所在地である（所法17）。たとえば、特許権の使用料を本店で支払えばその本店の所在地が納税地となる。研究所で支払えば、その研究所の所在地が納税地である。

このように、源泉所得税の納税地は、現にその支払事務を行う場所が納税地となる。一つの会社であっても、支払事務を行う場所が異なれば、二つ以上の納税地があることになる。法人税のように、すべて本店や主たる事務所の所在地が納税地となるのではないことに留意する。

復興特別所得税の納税地は、源泉所得税のそれと同じである。

3　源泉徴収の対象所得

源泉徴収の対象になる所得は、その支払を受ける相手方が個人か法人か、居住者か非居住者か、また、内国法人か外国法人かによって、その範囲が異なる。

試験研究をめぐって源泉徴収義務が生じてくると思われる、源泉徴収の対象になる所得を支払の相手方別に一覧表に示してみれば、おおむね次のとおりである。

なお、**居住者**とは、国内に住所を有する個人または現在まで引き続いて1年以上居所を有する個人をいい（所法2①三）、**非居住者**とは居住者以外の個人をいう（所法2①五）。また、**内国法人**とは、国内に本店または主たる事務所を有する法人をいい（所法2①六）、**外国法人**とは、内国法人以外の法人をいう（所法2①七）。外国法人は、国外の法律にもとづいて設立され、国外に本店を有するものである。

(1) 居住者と内国法人

源泉徴収の対象になる所得	居住者	内国法人
① 配当	徴収義務あり	原則として徴収義務あり
② 給与等	〃	——
③ 退職手当	〃	——
④ 報酬・料金等	〃	一部徴収義務あり
⑤ 特定の匿名組合の利益の分配	〃	徴収義務あり

(2) 非居住者と外国法人

源泉徴収の対象になる所得	非居住者	外国法人
○ 次に掲げる対価等で国内にその源泉があるもの		
① 人的役務の提供の対価	徴収義務あり	徴収義務あり
② 工業所有権、著作権等の使用料等	〃	〃
③ 給与、年金、退職手当	〃	——
④ 特定の匿名組合の利益の分配	〃	徴収義務あり

4 源泉徴収の時期

　所得税等の源泉徴収は、実際に源泉徴収の対象となる所得を支払う際に行う。したがって、支払うことが確定していても、まだ未払の場合には源泉徴収を要しない。法人税や所得税の課税上、債務として確定したためその給与や報酬・料金等が損金の額または必要経費の額に算入されていても、実際にその支払がされるまでは源泉徴収をしなくてよいのである。

　ただし、配当等および役員に対する賞与については、その支払が確定し

た日から1年を経過した日までにその支払がない場合には、その1年を経過した日に源泉徴収をしなければならない（所法181②、183②）。

5 源泉所得税等の納付時期

源泉徴収した所得税等は、原則として源泉徴収の対象となる所得を支払った月の翌月10日までに納付しなければならない（所法181等）。ただし、非居住者または外国法人に対し国外において支払った国内源泉所得にかかる所得税等については、その支払った月の翌月末日が納付期限となる（所法212②）。

なお、給与の支給人員が常時10人未満である**小規模源泉徴収義務者**には、7月10日と翌年1月20日との年2回、6か月分をまとめて納付すればよい**納期の特例**が認められている（所法216）。

Ⅲ 居住者と内国法人に対する源泉徴収

1 配当所得の源泉徴収

(1) 原　　則

ベンチャーのスタートアップ企業等は、社内ベンチャーであれば親会社から、その他のベンチャーは幅広い投資家などから、出資を受けているであろう。

スタートアップ企業は、設立後すぐには利益が出るような状況にはないと思われるから、当面は配当の支払いなどを考慮する必要はない。

しかし、利益が生じるようになった場合には、配当を行うことになる。その場合には、配当所得に対する所得税（復興特別所得税）の源泉徴収の問題が生じてくる。

その源泉徴収の対象になる**配当所得**とは、法人から受ける剰余金の配当や利益の配当、剰余金の分配等に係る所得をいう（所法24）。株式会社が支払うものが剰余金の配当、合同会社等が支払うものが利益の配当、農業協同組合等が支払うものが剰余金の分配である。

この配当所得を支払う場合には、20.42％の税率により所得税等の源泉徴収を行い、国に納付しなければならない（所法181、212、213）。

(2) 完全子法人株式等の配当の特例

上述した原則に対し、完全子法人株式などに係る配当については、源泉徴収を要しない（所法212③）。

その源泉徴収義務が免除されるのは、①完全子法人株式等に該当する株式等（自己の名義をもって有するものに限る）の配当および②法人が発行済株式等の3分の1超を直接有する株式等（自己の名義をもって有するものに限る）の配当である（所法212③、177）。

ここで完全子法人株式等とは、配当の計算期間を通じて完全支配関係（100％の持株関係）がある法人をいう（所法177、法法23⑤）。したがって、スタートアップが100％の持株を有する親会社に剰余金の配当を支払う場合には、源泉徴収をする必要はない。

ただし、この源泉徴収の免除は、令和5年10月1日以後に支払うものから適用される。

2　給与所得の源泉徴収

(1) 給与所得の意義

給与所得とは、俸給、給料、賃金、歳費および賞与ならびにこれらの性質を有する給与にかかる所得をいう（所法28①）。退職手当は、所得税法上は退職所得であり、給与所得ではない（所法30①）。

ある大手製薬会社は、年間売上高が100億円を超える大型新薬を開発した研究者に、年間150万円から1,000万円までの特別賞与を5年間、最高で5,000万円支給する制度を導入する、と報じられている。画期的な新薬の開発が製薬会社の生き残りのカギを握っており、優れた成果に対し高い報酬を出すことで研究者の士気を高める狙いという（日本経済新聞　平成9．1．23朝刊）。この5,000万円に後に述べる特許権等を承継する対価などが含まれていれば別であるが、賞与であれば給与所得ということになる。

居住者に対し国内において給与の支払をする者は、原則として毎月の給与の支払の際に源泉徴収をしなければならない。そして、その年最後に給与を支払うときに**年末調整**を行って、毎月源泉徴収をした税額の過不足額を精算する（所法190）。したがって、試験研究に従事する研究者や技術者などに給与の支払をする場合には、源泉徴収の必要がある。

所得税法上、各種所得金額計算上の収入金額には、金銭以外の物または権利その他経済的な利益をもって収入する場合には、その金銭以外の物または権利その他経済的な利益の価額が含まれる（所法36①）。給与は現金で支払われるのが原則であるが、現物で支払われた場合にも給与となるのである。そして、その現物で支払われた給与、すなわち**現物給与**についても、源泉徴収をしなければならない。

○　派遣プログラマーに支払う報酬の源泉徴収の要否

〔質疑応答〕

(問)　当社はソフトウエア業を営んでおり、受注先の仕事量に応じて臨機応変に対応できるよう、フリーのプログラマーと請負契約を締結している。その契約内容はおおむね次のとおりであるが、そのプログラマーに支払う報酬について源泉徴収をしなければならないか。外注費であるので、源泉徴収は要しないと思われるがどうか。

(1)　報酬の支払額は月額によって定められた額に残業代を加算し、欠

勤による控除をしたものであり、月末締めで翌月5日に支払う。
(2)　有給休暇の制度はない。
(3)　作業場所および作業内容については、当社および外注先の指示に従う。
(4)　派遣プログラマーの作成したソフトウエアの関係資料および成果物の一切の権利は、当社および受注先に帰属する。
(5)　委託した業務を当社の承諾なく第三者に再委任することはできない。
(6)　旅費等は当社が実費を支給する。

(答)　質問の場合には、派遣プログラマーに支払う報酬が事業所得（所法27）になるのか、給与所得（所法28）になるのか、という問題である。事業所得とは、一般に自己の計算と危険において独立して営まれ、営利性と有償性を有し、かつ、反復継続して遂行する意思と社会的地位とが客観的に認められる業務から生じる所得をいう。これに対して、給与所得は、雇用契約またはこれに類する原因にもとづき使用者の指揮命令に服して提供した労務の対価として使用者から受ける給付である。

　そこで、質問をまとめてみると、次のような点が認められる。
(1)　派遣プログラマーは当社に専属しており、作業について当社および受注先の指揮監督を受けていること。
(2)　第三者への再委託が禁止されており、代替性がないこと。
(3)　報酬は作業の完成量に応じて支払われるものではなく、月額により定められていること。
(4)　派遣プログラマーは経費の負担をしていないこと。

　このような点からすると、質問の派遣プログラマーに支払う報酬は給与所得に該当し、その支払の際、源泉徴収をしなければならない。

(2) 学資金等

イ　総　説

　今日のように社会の変転が目まぐるしく、技術や情報の進歩が著しい状況下においては、社内だけの研修や指導では研究者や技術者の知識、能力の向上には限界がある。そこで、最近では外部から知識や技術を吸収するため、社会人で大学や大学院、専門学校に学ぶ社会人入学が人気を集めている。大学も社会人に広く門戸を開いている。

　ある企業は、資格取得や留学などを目指す社員を支援する「自己啓発支援長期特別休暇」制度を導入し、弁護士や税理士などの資格取得や国内外の大学や大学院への留学などのために、勤続年数10年以上で3か月から2年の長期休暇を与えるという。そして、その休暇による能力開発の成果に応じて基本給の30％から100％を支給するとのことである（日本経済新聞平成8.12.17朝刊）。

ロ　課税上の取扱い

　所得税の課税上、学資金に充てるため給付される金品は非課税である。ただし、給与その他対価の性質を有するものは、課税対象になる（所法9①十五）。非課税になる学資金の典型は、親から子に給付される学資金や一般公募による奨学金などである。

　したがって、法人からその役員または使用人に対してこれらの者の修学のための**学資金**として支給される金品は、原則として給与に該当し課税対象になる。自己の教養や知識を身につけるための修学はすぐれて個人的な事柄であるから、その費用を雇用者が負担する場合には、給与ということになるのである。したがって、その学資金等として支給される金品は、源泉徴収の対象にしなければならない。

　ただし、給与所得を有する者が、その法人から通常の給与に加算して給付を受ける学資金で、次に掲げる者の学資に充てるもの以外のものは、非

課税である（所法9①十五）。

① 法人の役員
② 法人の使用人（役員を含む）の配偶者等

したがって、法人の使用人を対象にした奨学金制度で、特定の者のみを対象にするような制度以外のものにもとづく学資金は非課税となるので、源泉徴収の問題は生じない。ただし、使用人に対する学資金であっても、非課税になるのは通常の給与に加算して給付を受けるものに限られるから、通常の給与に代えて給付されるものは、課税対象になる（所基通9－14）。

これに対し、上記法人の役員やその配偶者等に対する学資金は、仮に通常の給与に加算して給付を受けるものであっても、その役員等に対する給与として課税対象になる（所基通9－15）。ただし、学資金の給付を受ける者が、法人と上記特別の関係がある者であり、かつ、その法人の使用人である場合には、学資金の給付が特別の関係がある者のみを対象にしているときを除き、非課税の対象にしてよい（所基通9－16）。

また、その学資金等が次の(3)で述べる技術等の習得費用に該当するものであれば、所得税は非課税である。源泉徴収の問題も生じない。

○ 採用内定者に対する学資金の源泉徴収の要否

〔質疑応答〕

（問）　当社は、バイオ関連のベンチャー企業であるが、創業後日が浅く知名度の低いこともあり、優秀な人材の確保に頭を悩ませている。そこで、本年から優秀な理工系の大学院生を採用するため、採用が内定した月の翌月から大学院の卒業の月まで毎月5万円の学資金を支給することにした。

この学資金は、非課税のものとして源泉徴収の必要はない、と考えてよいか。

(答) 所得税の課税上、非課税とされる学資金は、給与その他対価の性質を有しないものに限られている（所法９①十五）。質問のような採用内定者に対する学資金は、将来における役務提供を前提としたものであるから、「その他対価の性質を有しないもの」には該当しない。したがって、質問の学資金は非課税とはならない。

しかし、採用前に支給するものであり、まだ大学院生との間には雇用関係が生じていないから、給与所得ではなく雑所得に該当する。給与所得ではないから、所得税の源泉徴収は要しない。その大学院生本人が確定申告をし納税を行う。

なお、この学資金を採用内定者に貸与しておき、入社後、一定期間勤務した時に返済を免除した場合には、その免除した時に給与所得となる。その場合には、所得税等の源泉徴収が必要になる。

○ 大学入学による費用の負担が給与所得とされた事例

〔参考判例〕

所得税法は、課税対象としての給与所得につき極めて包括的な定義規定を設け、退職所得を除き、原則として、勤務関係ないし雇用関係に由来するすべての金銭的給付又は経済的価値の給付を包含するものとしているのであるから、それから除外されるべき学資に充てるための給付、つまり給与その他の対価の性質を有しない学資に充てるために給付される金品とは、勤務の対価ではなくして、会社が購入した新規機械設備を操作する技術を習得させるための授業料のごとく客観的にみて使用者の事業の遂行に直接必要があるものであり、かつ、その事業遂行の過程において費消されるべき給付を指すものと解するのが相当である。

会社が従業員を産業能率短期大学に入学させその費用を負担したのは、従業員の一般的資質の向上を直接の目的とするにすぎないことが

認められるから、その支出は、究極的には会社事業の生産性と事務能力の向上に寄与することがあるとはいえ、所得税法9条1項19号（現行＝14号）所定の非課税所得に該当せず、従業員の給与所得を構成する。

(東京地判　昭和44.12.25　税資57号833頁)

○ 専門学校入学の奨学金が貸付金とされた事例

〔参考裁決例〕

　請求人は、請求人に勤務する職員で看護師等の資格取得のために看護専門学校に入学した者に対し奨学金として負担した金員については、当該奨学金に係る奨学金貸与規則どおりに運用されている実態がなく、奨学金の返還を目的としていないことなどから、支出した事業年度の損金に算入することも認められるべきである旨主張する。

　しかしながら、請求人は、当該奨学金貸与規則に基づき、奨学金申請書を提出した者に対し奨学金を支給していることが認められ、また、奨学金の返還については、当該奨学金貸与規則は規定どおり一定期間の勤務を条件に免除されることが予定されていることから、その奨学金は、支給時点においては債務免除の条件が付された貸付金であり、損金の額に算入することはできず、また、各事業年度終了の日までに、その返還免除の意思表示がされていないことから、各事業年度の損金の額に算入することはできない。

(国税不服審判所裁決　平成25.3.18　裁決事例集№90　141頁)

(3) 技術等の習得費用

イ　総　説

　試験研究は技術的、知的な作業であるから、研究者や技術者個人の資質に大きく依存する。専門的な技術や知識を有することが不可欠である。そのためには、研究者や技術者自身の意識改革や自己啓発もさることながら、企業としても試験研究に必要な技術や知識の習得をサポートしなければならない。

　新聞によれば、国内の情報システム大手は社内でIT（情報技術）人材の再教育を進めるとのことである。1万人規模で在籍するシステムエンジニア（SE）から、サイバーセキュリティーや人工知能（AI）の専門家の候補を発掘し、育成する。従来型のシステム構築を手掛けてきた社内SEを鍛え直し、先行する米IT大手を追うという（日本経済新聞　平成29.8.14朝刊）。

ロ　課税上の取扱い

　このような、企業が社員の職務上必要な技術や知識の習得をするために要する費用の取扱いは、次による（所基通36-29の2）。

　すなわち、法人が自己の業務遂行上の必要にもとづき、役員または使用人にその職務に直接必要な技術もしくは知識を習得させ、または免許もしくは資格を習得させるための研修会、講習会等の出席費用または大学等における聴講費用に充てるものとして支給する金品については、これらの費用として適正なものに限り、課税対象にしなくてよい。したがって、所得税等の源泉徴収を要しない。

　これらの費用により習得する技術や知識はまさに一身専属的なものであるから、その個人が経済的利益を得たものとして所得税等の課税対象になるのではないか、という疑義が生じる。しかし、法人の業務遂行上の必要にもとづく適正な費用である限り、役員や使用人個人のためというよりは、

法人のために支出する費用であるから、課税対象にならないのである。

○ 個人の学会加入費を負担した場合の源泉徴収の要否

〔質疑応答〕

(問) 当社の中央研究所や工場の研究室などに所属する研究者は、自己の専門分野の各種学会に加入している。数多くの学会に加入している研究者も多く、個人がどの学会に加入するかは全く自由である。

このたび、一つの学会に限りその年会費を当社において負担することを考えているが、給与として源泉徴収を要するか。

(答) 学会への加入が研究者の全くの自由で、個人の資格で行われるものである限り、法人が負担する学会加入費は原則的には給与となり源泉徴収をしなければならない。学会への加入は、個人的な事柄にすぎないからである。

しかし、研究者の学会への加入が職務としての研究活動に関連し、その年会費が不相当に高額でない場合には、強いて給与という必要はないものと考えられる。学会への加入は、研究者の職務の一環ともいえるからである。したがって、適正な学会加入費は源泉徴収を要しない、といえよう。

〔参考通達〕

事業主が従業員等の研修に要する費用を負担した場合における課税上の取扱いについて

（平成元.3.10 直法6-5）

標題のことについては、労働省職業能力開発局長から別紙2のとおり照会があり、これに対し当庁直税部長名をもって別紙1のとおり回答したから了知されたい。

別紙1（平元.3.10　直法6－4、直所3－5）

　　　　　国税庁直税部長から労働省職業能力開発局長宛

　事業主が従業員等の研修に要する費用を負担した場合における課税上の取扱いについて（平成元年3月7日付能発第40号照会に対する回答）

　標題のことについては、貴見のとおり取り扱って差し支えありません。

別紙2（平元.3.7能発第40号）

　　　　　労働省職業能力開発局長から国税庁直税部長宛

　事業主が従業員等の研修に要する費用を負担した場合における課税上の取扱いについて

　職業能力開発促進法（昭和44年法律第64号）第14条の2並びに雇用促進法（昭和49年法律第116号）第63条第1項第4号及び第5号及び同法施行規則第125条第3項の規定による自己啓発助成給付金（別添参照）の交付をうける事業主から当該自己啓発を行う従業員等に支給される研修受講のための費用（入学料、受講料、教材費、交通費等）については、次のことを条件に給与所得の収入金額に含まれないこととして取り扱ってよろしいか、照会します。

1　研修は、使用者の業務遂行上必要なものであること又は従業員の職務の遂行と密接に関連するものであること。
2　研修の受講及び事業主の負担につき各従業員の間に差が設けられていないこと。
3　非課税とされる金額は、当該研修を受講するために要する費用として適正なものであること。

　なお、今後、助成事業の内容等について改正が行われる場合には、予め貴庁と協議することを申し添えます。

〔別添〕

| 自己啓発助成給付金制度 |

(制度の概要)

　自己啓発助成給付金は、その雇用する労働者の申出に基づき、企業外の教育訓練施設で行われる教育訓練等の受講を助成するため有給教育訓練休暇を付与し、又は教育訓練の受講に要する経費を負担する事業主に対して支給するもので、職業訓練及び技能検定が労働者の職業生活の全期間を通じて段階的かつ体系的に行われることを促進し、もって労働者の職業能力の開発及び向上に資することを目的とした制度である。(根拠法令……職業能力開発促進法第14条の２並びに雇用保険法第63条及び同法施行規則第125条第３項)

(助成対象事業主及び助成内容)

１　助成対象事業主

　次の(1)及び(2)に該当する事業主

(1)　労働組合等の意見を聞いて、事業内職業能力開発計画を作成し、都道府県知事等に提出していること。

(2)　(1)の計画に基づき、その労働者の申出により教育訓練を受講することに対して次の援助を行うものであること。

①　有給教育訓練休暇の付与を行うもの

　次のいずれにも該当する有給教育訓練休暇を与えるものであること。

　　イ　有給教育訓練休暇の全期間について、通常賃金以上の賃金が支払われること。

　　ロ　有給教育訓練休暇の日数が、原則として１コースにつき10労働日以上であること。

②　有給教育訓練休暇の付与以外のもの

次のいずれにも該当するものであること。

イ　企業外の教育訓練施設が行う教育訓練等を受講させること。

対象経費＼助成率等	有給教育訓練休暇の付与		有給教育訓練休暇の付与以外		限度額
	大企業	中小企業	大企業	中小企業	
企業外の教育訓練施設の行う教育訓練の受講に要する経費について援助した額(入学料、受講料、交通費、教材費等)	4分の1	3分の1	4分の1	3分の1	定年退職予定者 100,000円 定年退職予定者以外 50,000円

ロ　当該受講に要する経費について労働者に対して援助すること。

2　助成対象経費及び助成内容

（助成対象とする教育訓練の内容）

　助成の対象となる教育訓練とは、次の1又は2に掲げる教育訓練及び職業訓練であって、労働者の現在の職業又は近く就くことが予定されている職業の遂行に密接な関連を有するものとする。

1　有給付与の場合

　(1)　公共職業訓練施設又は職業訓練大学校の行う職業訓練
　(2)　高等学校、大学又は高等専門学校の行う学校教育
　(3)　各種学校等の行う教育のうち労働大臣の指定するもの

2　有給付与以外の場合

　(1)　配置転換等により新たに職務に就かせるための訓練
　(2)　専門的知識、技能を習得させるための訓練
　(3)　技術革新に対応するための訓練
　(4)　定年退職後の再就職の円滑化等のための訓練
　(5)　職業能力の開発向上のための訓練

(4) 発明報奨金等

イ 総 説

　法人が自己の従業員である研究者や技術者に給料や賃金、賞与を支払う場合には、源泉徴収を要するが、これは現金で支給すると現物で支給するとを問わない。また、その実質が給与である限り、その名目のいかんにかかわらない。

　新聞によれば、科学分野で画期的な発明をし平成14年のノーベル化学賞を受賞した企業研究者に対して、その勤務先である会社は特別報奨金として1,000万円を支給するとのことである（朝日新聞　平成14.10.15夕刊）。

　また、最近では職務発明による特許権の対価をめぐって裁判になる例が多く、そのルール作りが急務であるといわれている。それでも職務発明の特許に対して報奨金を支払う制度を導入している企業は少なくなく、ある医薬品製造メーカーは、5年間で上限1億5,000万円を報奨金として支払うとのことであり、他にも1億円の報奨金を支払う企業は多い（毎日新聞　平成14.9.20朝刊）。

　試験研究に関しては、上述の例のように、業務上、有益な発明、考案等をした役員または使用人に対して、**特許権の承継の対価**や**報奨金**、**表彰金**、**賞金**などを支給することがある。優れた業績を評価し、研究者の意欲を高めるためである。

　これら対価や報奨金等について、税務上、給与として源泉徴収を要するかどうかが問題になる。これについては、それぞれ以下に述べるように取り扱われる（所基通23～35共－1）。

　なお、発明者が取締役の場合には、法人が特許権等の権利を承継しその対価を支払うことは、取締役と会社間の取引に当たるので、株主総会の承認を受けなければならない（会社法356）。

（注）　東京地裁は、技術者が人工知能（AI）を発明者とする特許出願を特許庁が却下したのは違法であるとして提訴した事件につき、「特許法が規定する

発明者は自然人に限られる」として請求を棄却した（令和6.5.16判決）。AIは発明者とは認めないということであり、政府も発明者は自然人に限る、との方向性を打ち出しているように思われる。

ロ　特許権等の承継の対価

　業務上有益な発明、考案または創作をした役員または使用人に対して、次に掲げる権利を承継することにより支給するものについては、これらの権利の承継、登録または実施に際して一時に支給するものは譲渡所得、これらの権利の承継後においてその権利の成績に応じ継続して支給するものは雑所得となる（所基通23〜35共－1）。

① その発明、考案または創作に関する特許、実用新案または意匠の登録を受ける権利
② 特許権、実用新案権または意匠権

　従業員がその職務として行った職務発明であっても、その発明により特許を受ける権利は原始的にその従業員に帰属し、法人は無償によりその特許につき通常実施権を得るにすぎない（特許法35①）。しかし、職務発明の場合に限って、あらかじめ法人にその特許を受ける権利を取得させることを契約、勤務規則等に定めることができ、その場合にはその特許を受ける権利は、その発生した時から法人に帰属する（特許法35③）。もっとも、その場合には相当の利益を支払わなければならない（特許法35④）。その「相当の利益」を契約、勤務規則等に定める場合には、利益を決定するための基準の策定に際して使用者等と従業者等との間で行われる協議の状況、策定されたその基準の開示の状況、相当の利益の額の算定について行われる従業者等からの意見の聴取の状況等を考慮して、合理的に定める必要がある（特許法35⑤⑥）。

　このようにして従業員に支払われる特許権等の承継の対価は、もはや給与所得ではない。したがって、これら一時金等は源泉徴収の対象にならな

い。ただし、その承継の対価の額は合理的に設定する必要がある。もし、その設定が不合理で不相当に高額である場合には、その不相当に高額な金額は給与所得ということになる。

なお、源泉徴収の対象にならないからといって、その所得が非課税になるわけではない。特許権等の承継の対価の支払を受ける従業員は、自ら確定申告により所得税を納付しなければならないことに留意する。

ハ 実施権の設定の対価

上述したように、従業員がその職務として行った職務発明による特許については、法人は無償によりその特許につき通常実施権を得るにすぎない（特許法35①）。また、あらかじめ法人にその特許につき専用実施権を設定することを勤務規則等に定めることができる（特許法35④）。その場合には、相当の利益を支払わなければならない（特許法35④）。

このようにして役員または使用人が取得した特許権、実用新案権および意匠権について、通常実施権または専用実施権を設定したことにより支給する金員は、雑所得となる（所基通23〜35共－1）。

これは、工業所有権等の使用料として「報酬・料金等」に該当するので、源泉徴収を要する。この場合の源泉徴収すべき所得税等の額は、その支払金額の10.21％相当額である。ただし、同一人に対し1回に支払う金額が100万円を超える場合には、その超える部分の金額については20.42％相当額を源泉徴収しなければならない（所法204①一、205一、復興財源確保法28）。

ニ 工夫、考案等の報奨金等

事務や作業の合理化、製品の品質の改善や経費の節約等に寄与する工夫、考案等をした役員または使用人に対して支給するものは、それぞれ次のようになる（所基通23〜35共－1）。

① その工夫、考案等が特許、実用新案または意匠の登録を受けるもので

ある場合は、上記ロの所得（譲渡所得または雑所得）
② ①以外のものである場合
　A　その工夫、考案等が通常の職務の範囲内の行為である場合は給与所得
　B　その工夫、考案等が職務の範囲外の行為である場合は一時所得
　C　その工夫、考案等の実施後の成績等に応じて継続的に支給する場合は雑所得

　①の場合には源泉徴収の必要はないが、②のAの場合は「給与等」に該当するので、源泉徴収の対象になる。たとえば企画部に属する社員のように、事務改善の工夫や考案などを本業とし、勤務時間内にその作業をすることができる社員が支給を受ける報奨金は、②のAの給与所得に該当する。②のBおよびCの場合には、一時所得または雑所得であるから源泉徴収を要しない。もちろん、源泉徴収を要しないからといって、その所得が非課税になるわけではない。その支給を受けた役員または使用人は、所得税等の確定申告を行い、納税する必要がある。

○　特許が受けられなかった発明報奨金の源泉徴収の要否

〔質疑応答〕

（問）　当社ではこのたび、中央研究所のある研究員が業務上、有益な発明をしたので、その特許を受ける権利（出願権）を承継した。その承継の対価として、職務発明の報奨規定にもとづき200万円を支払った。
　ところが、この発明は他社からも特許登録が出願されていたため、結果的に当社の特許登録は認められなかった。この場合、研究員に支払った報奨金は、特許権等の承継の対価ではなく、その研究員に対する給与として源泉徴収を行わなければならないか。

（答）　業務上、有益な発明をした役員または使用人に対して、その発明に

関する特許の登録を受ける権利を承継することにより支給する報奨金は、譲渡所得または雑所得に該当する（所基通23～35共－1）。したがって、報奨金を支払う法人において源泉徴収をする必要はない。

　このことは、結果として特許権が取得されたかどうかは関係ないものと考えられる。あくまでも業務上、有益な発明をしたことに対する報奨金である限り、譲渡所得または雑所得に該当するといえよう。

　したがって、質問の報奨金は、特許の出願権の承継の対価として一時に支払をするものであるから譲渡所得に該当し、源泉徴収の必要はないと考える。

〔参考通達〕

大学の教授等が支給を受ける研究費等

（昭和33.8.20　直法2－59）

　大学に勤務する教授、助教授、講師及び助手等（以下これらを「教授等」という。）が当該大学から支給を受ける研究費、出版助成金、表彰金等に対する所得税の課税に当っては、それぞれ下記により取り扱うこととされたい。

記

1　個人研究費、特別研究費、研究雑費又は研究補助金等の名目で、教授等の地位又は資格等に応じ、年額又は月額により支給されるものについては、大学が当該教授等からその費途の明細を徴し、且つ、購入に係る物品がすべて大学に帰属するものである等、大学が直接支出すべきであったものを当該教授等を通じて支出したと認められるものを除き、当該教授等の給与所得とすること。

2　大学から与えられた研究題目又は当該教授等の選択による研究題目の研究のために必要な金額としてあらかじめ支給される研究奨励金のようなものについては、1に準じて取り扱うこと。

3 　教授等がその研究の成果を自費出版しようとする場合に、大学から支給を受ける出版助成金等については、当該出版の実態に応じ、当該教授等の雑所得又は事業所得の収入金額とすること。
4 　学術上の研究に特に成果を挙げた教授等又は教育実践上特に功績があった教授等を表彰するものとして大学から支給される表彰金等については、当該教授等の一時所得とすること。

〔参考文書回答〕

職務発明による特許を受ける権利を使用者に原始的に帰属させる制度を導入した場合の「相当の利益」に係る税務上の取扱いについて

照会の内容	① 事前照会の趣旨（法令解釈・適用上の疑義の要約及び事前照会者の求める見解の内容）	別紙の1のとおり
	② 事前照会に係る取引等の事実関係（取引等関係者の名称、取引等における権利・義務関係等）	別紙の2のとおり
	③ ②の事実関係に対して事前照会者の求める見解となることの理由	別紙の3のとおり
④ 関係する法令条項等		特許法第35条、所得税法第35条、第204条、所得税基本通達23から35共－1、法人税法第2条、第22条、法人税法施行令第13条、第54条、法人税基本通達7－3－15、消費税法第2条、第4条、消費税法基本通達5－1－2
⑤ 添付書類		
⑥ 回答年月日	平成29年1月27日	⑦ 回答者　名古屋国税局審理課長

⑧ 回答内容	標題のことについては、ご照会に係る事実関係を前提とする限り、貴見のとおりで差し支えありません。 ただし、次のことを申し添えます。 (1) ご照会に係る事実関係が異なる場合又は新たな事実が生じた場合は、この回答内容と異なる課税関係が生ずることがあります。 (2) この回答内容は名古屋国税局としての見解であり、事前照会者の申告内容等を拘束するものではありません。

1 事前照会の趣旨

当社は、平成27年の特許法の改正（平成28年4月1日施行）において設けられた職務発明に係る特許を受ける権利を使用者に原始的に帰属させる制度（以下「使用者原始帰属制度」といいます。）を導入することとし、当社の職務発明規程等（職務発明規程及び同規程の細則を定めた職務発明規程実施細則をいいます。以下同じ。）を改定した上で、職務発明を行った従業員等（社外取締役を除く取締役、正社員、準社員、嘱託社員、派遣社員及び臨時雇をいいます。以下同じ。）に対し、次の(1)から(5)までの区分に該当したときに、それぞれの区分に掲げる補償金（以下「本件各補償金」といいます。）を支給することとしました。

(1) 当社が特許を受ける権利を原始取得し、これを特許出願したとき
…出願補償金
(2) 特許出願(1)に係る特許権の設定の登録がされたとき…登録補償金
(3) 登録された特許(2)を当社が実施したとき…実績補償金
(4) 登録された特許(2)を当社が他者に実施許諾したとき…実績補償金
(5) 特許を受ける権利(1)又は登録された特許(2)を他者に譲渡したとき
…譲渡補償金

本件各補償金について、支給を受けた従業員等及び当社における税務上の取扱いは、それぞれ下記3のとおり解して差し支えないか、伺います。

2 事前照会に係る取引等の事実関係
(1) 職務発明制度の概要
イ 職務発明制度は、使用者等（使用者、法人、国又は地方公共団体をいいます。以下同じ。）が組織として行う研究開発活動が我が国の知的創造において大きな役割を果たしていることにかんがみ、使用者等が研究開発投資を積極的に行い得るよう安定した環境を提供するとともに、職務発明の直接的な担い手である個々の従業者等（従業者、法人の役員、国家公務員又は地方公務員をいいます。以下同じ。）が、使用者等によって適切に評価され報いられることを保障することによって、発明のインセンティブを喚起しようとするものです。

ロ この職務発明制度は、平成27年の特許法の一部改正に伴い、制度の見直しが行われましたが、この改正前の特許法の規定においては、発明したことによって生ずる特許を受ける権利は自然人である発明者（従業者等）に原始的に帰属することを前提に、使用者等は、従業者等に帰属する特許を受ける権利について、事前に定めた契約・勤務規則等により、従業者等から承継することができるものとし、使用者等が契約・勤務規則等により職務発明に係る特許を受ける権利を承継した場合には、「相当の対価」の支払を受ける権利を従業者等が有するとされていました。

ハ 平成27年の特許法の改正により設けられた使用者原始帰属制度とは、従業者等がした職務発明について、契約、勤務規則その他の定めにおいてあらかじめ使用者等に特許を受ける権利を取得させることを定めたときは、その特許を受ける権利は、その発生した時から使用者等に原始的に帰属することとし（特許法第35条第3項）、従業者等は、契約、勤務規則その他の定めにより職務発明について使用者等に特許を受ける権利を取得させたときは、使用者等から「相当の利益」の支払を受ける権利を有することとされています（特許法

第35条第4項)。

　この「相当の利益」の内容については、契約、勤務規則その他の定めにおいて定めることができるとされており(特許法第35条第5項)、その定めたところにより支払うことが不合理であると認められない限り、その定めたところによる利益が特許法第35条第4項に規定する「相当の利益」となります(特許法第35条第5項)。

　また、「相当の利益」は、使用者等に対し、契約や勤務規則等に基づき、発明のインセンティブとして、発明成果に対する報いとなる経済上の利益を従業者等に付与する義務を課すものです。

　なお、この改正に係る特許庁の解説によれば、特許法第35条第3項の「契約、勤務規則その他の定め」と、同条第5項の「契約、勤務規則その他の定め」は、概念上別の定めであり、仮に、相当の利益についての定めについて同項の不合理性が肯定された場合でも、それだけをもって、使用者等に当該特許を受ける権利を取得させることについての定め及び同条第3項に基づく権利帰属の有効性が否定されることはなく、契約、勤務規則その他の定めにおいてあらかじめ使用者等に特許を受ける権利を取得させることを定める場合、第35条第5項に規定されている協議等の手続を行う必要はないものとされています。

(2) 当社の職務発明規程等

　当社は、上記(1)のハの使用者原始帰属制度を導入することとし、当社の職務発明規程等を見直した上で、以下のとおり、当社の従業員等がした職務発明に係る特許を受ける権利は、当社に原始的に帰属することとし、特許法第35条第4項の規定により、「相当の利益」の内容として、本件各補償金を支払うこととします。

　イ　定　義

　　職務発明とは、発明がその性質上会社の業務範囲に属し、かつ、その発明をするに至った行為が会社における従業員等の現在又は過

去の職務に属する発明をいいます。
ロ　権利の帰属
　　職務発明は会社が特許を受ける権利を取得します（ただし、会社がその権利を取得する必要がないと認めたときは、この限りではありません。）。
　　なお、会社が取得するに当たっては当該職務発明の発明者に対し相当の利益を付与するものとし、次のハの区分に応じ本件各補償金を支払うものとします。
ハ　補償金の支払
（イ）会社が特許を受ける権利を原始取得し、これに基づき特許出願したときは「出願補償金」として１万円を支払います。
（ロ）上記(イ)の特許出願に係る特許権の設定の登録がされたときは「登録補償金」として３万円を支払います。
（ハ）会社が上記(ロ)の登録された特許を実施したとき又は他者に実施許諾したときは「実績補償金」として、会社が得た収益の額又は会社が受けた実施許諾料の額に応じて、発明者の貢献度を斟酌して決定した額を支払います。
（ニ）会社が上記(イ)の特許を受ける権利又は同(ロ)の登録された特許を他者に譲渡したときは「譲渡補償金」として、会社が受けた譲渡の対価の額に応じて、発明者の貢献度を斟酌して決定した額を支払います。
ニ　退職等したときの補償
　　本件各補償金の支払を受ける権利は、当該権利に関わる発明者（従業員等）が退職した後も存続し、また、当該権利に関わる発明者（従業員等）が死亡したときは、当該権利は、その相続人が承継します。

3 照会者の求める見解となることの理由

 本件各補償金は、当社の職務発明規程等に基づいて職務発明をした従業員等に対して支給するものであり、特許法第35条第3項（職務発明）に規定するいわゆる使用者原始帰属制度における同条第4項に規定する「相当の利益」として支給するものです。したがって、本件各補償金に係る税務上の取扱いは以下のとおりとなるものと考えられます。

［本件各補償金の支給を受けた従業員等に係る所得税の取扱い］

(1) 所得区分

　現行の所得税基本通達23から35共－1（使用人等の発明等に係る報償金等）においては、使用人が発明等により支払を受ける報償金等について、特許を受ける権利の承継の際に一時に支払を受けるものは譲渡所得、特許を受ける権利を承継させた後において支払を受けるものは雑所得として取り扱う旨を定めているところです。

　しかしながら、本件各補償金は、従業員等から当社へ特許を受ける権利を移転させることにより生ずるものでないことから、譲渡所得には該当しません。また、本件各補償金は、発明者である従業員等が当社から支払を受けるものですが、使用人としての地位に基づいて支払を受けるものではなく、特許法の規定により「発明者」としての地位に基づいて支払を受けるものであり、当該従業員等が退職した場合や死亡した場合でも当該従業員等やその相続人へ継続して支払われることから、給与所得にも該当しません。更には、本件各補償金は、あらかじめ定めた当社の職務発明規程等に基づき、特許法第35条第4項に規定する「相当の利益」として支払を受けるものであり、当社に職務発明に係る特許を受ける権利を原始的に取得させることによって生ずるものであることから、臨時・偶発的な所得である一時所得にも該当しません。

そうすると、本件各補償金は、利子所得、配当所得、不動産所得、事業所得、給与所得、退職所得、山林所得、譲渡所得及び一時所得のいずれにも該当しないことから、雑所得に該当すると考えられます（所得税法第35条）。

(2) 源泉徴収の要否等

　本件各補償金が工業所有権等の使用料として源泉徴収の対象となる報酬・料金等に当たるとも考えられますが、本件各補償金は、発明者である従業員等が特許権を有しない状態のもとで、特許法第35条第4項に規定する「相当の利益を受ける権利」に基づき支払を受ける金銭であり、使用料とはいえませんので、所得税法第204条第1項第1号（源泉徴収義務）に掲げる報酬・料金等に該当せず、本件各補償金の支払に際して、源泉徴収をする必要はないと考えられます。

［本件各補償金を支給した当社に係る法人税の取扱い］

(1) 出願補償金及び登録補償金について

　イ　法人税法第2条（定義）第23号及びこれを受けた法人税法施行令第13条（減価償却資産の範囲）第8号ホは、減価償却資産中の無形固定資産の一つとして特許権を規定しています。また、減価償却資産の取得価額は、その取得の態様に応じて、同令第54条（減価償却資産の取得価額）第1項各号に規定されています。

　　当社が取得する特許権は、上記2の(1)のハの使用者原始帰属制度の導入により、当社が原始的に取得した当該職務発明に係る特許を受ける権利に基づき、特許出願し登録を受けることにより取得する減価償却資産になりますので、その特許権の取得価額は、ⅰその取得の時における当該資産の取得のために通常要する価額とⅱ当該資産を事業の用に供するために直接要した費用の額の合計額となります（法人税法施行令第54条第1項第6号）。

そして、法人税法施行令第54条第1項第6号の「資産の取得のために通常要する価額」とは、直接的な対価のほか、資産を取得したことに伴い生ずる必要な費用の額があり、その費用の額が実質的には取得した資産の代価と認められる限り、税法上、その必要な費用の額も「取得価額」と取り扱うこととなると考えます。

ロ　また、特許権を含めた工業所有権に関し特許又は登録を受ける権利（出願権）を取得するための対価について、法人税基本通達7－3－15（出願権を取得するための費用）では、「法人が他から出願権（工業所有権に関し特許又は登録を受ける権利をいう。）を取得した場合のその取得の対価については、無形固定資産に準じて当該出願権の目的たる工業所有権の耐用年数により償却することができるが、その出願により工業所有権の登録があったときは、当該出願権の未償却残額（工業所有権を取得するために要した費用の額があるときは、その費用の額を加算した金額）に相当する金額を当該工業所有権の取得価額とする。」と取り扱われています。

ハ　上記2の(2)のハの事実関係を上記イ及びロに当てはめると、当社が支出する出願補償金は、職務発明規程等に基づき、当社が職務発明に係る特許を受ける権利を原始的に取得したことに伴って発明者である従業員等に支出する費用であり、実質的には取得した資産の代価と同様の性質をもった費用であると考えられますので、上記ロのとおり、特許権（無形固定資産）に準じて特許権の耐用年数（8年）で償却して差し支えないと考えます。

　　また、登録補償金については、当社が原始的に取得した職務発明に係る特許を受ける権利に基づき、特許出願した発明が特許登録されたときに従業員等に支出する費用であり、上記ロのとおり、法人税基本通達7－3－15の「工業所有権を取得するために要した費用の額」に該当するものと考えますので、当該特許権の取得

価額に算入することになると考えます。
(2) 実績補償金及び譲渡補償金について
　イ　法人税法第22条（各事業年度の所得の金額の計算）第３項では、「内国法人の各事業年度の所得の金額の計算上当該事業年度の損金の額に算入すべき金額は、別段の定めがあるものを除き、ⅰ当該事業年度の収益に係る売上原価、完成工事原価その他これらに準ずる原価の額、ⅱ当該事業年度の販売費、一般管理費その他の費用（償却費以外の費用で当該事業年度終了の日までに債務の確定しないものを除く。）の額、ⅲ当該事業年度の損失の額で資本等取引以外の取引に係るもの」と規定しています。
　ロ　上記２の(2)のハの事実関係を上記イに当てはめると、実績補償金及び譲渡補償金は、特許法第35条第４項に規定する「相当の利益」として職務発明をした従業員等に支出するものであるところ、これらの補償金は、当社が職務発明の独占的な実施によって得られた利益を当該職務発明をした従業員等に還元することを目的とする支出、すなわち利益の分配であると考えます。具体的には、実績補償金は、特許権を自ら使用したことにより継続的に生ずる収益の額又は特許権を他者に使用させたことにより継続的に生ずる実施許諾料の額に応じて支出するものであることから、当該収益の額又は実施許諾料収入に対応する原価の額（法人税法第22条第３項第１号）に該当し、当該収益の額又は実施許諾料の額を収益の額に計上する事業年度の損金の額に算入することになると考えます。

　　　また、譲渡補償金は、当社が原始的に取得した特許を受ける権利又は登録された特許権を他者に譲渡したことに伴って従業員等に支出するものであることから、これらの権利の譲渡に要した経費（法人税法第22条第３項第２号）に該当し、その譲渡があった日

の属する事業年度の損金の額に算入することになると考えます。

［本件各補償金の支給に係る従業員等及び当社の消費税の取扱い］

　消費税法は、国内において事業者が行った資産の譲渡等（特定資産の譲渡等に該当するものを除きます。）を課税の対象とし（消費税法第4条第1項）、資産の譲渡等とは、事業として対価を得て行われる資産の譲渡及び貸付け並びに役務の提供をいい（消費税法第2条第1項第8号）、対価を得て行われる資産の譲渡及び貸付け並びに役務の提供とは、資産の譲渡及び貸付け並びに役務の提供に対して反対給付を受けることをいいます（消費税法基本通達5－1－2）。

　当社が支出する出願補償金及び登録補償金は、当社の職務発明規程等に基づき、当社が職務発明に係る特許を受ける権利を原始的に取得し、これを特許出願したこと及び当該特許出願した発明が特許登録されたことに基づき支出するものです。

　また、当社が支出する実績補償金及び譲渡補償金は、当社が原始的に取得した特許を受ける権利に基づき登録された特許権を自ら使用することにより得られる利益等を、職務発明をした従業員等に還元することを目的として支出するもの（利益の分配）であると考えます。

　このように、本件各補償金は、いずれも職務発明をした従業員等から特許を受ける権利を譲り受けるなど何らかの資産の譲渡等を受けることの対価として支出するものではないことから、消費税の課税の対象とはならないと考えます。

(5)　ストック・オプション税制

イ　総　　説

　創造性豊かな人々に広く起業家精神を促し、ベンチャー企業の育成を図るためには、起業家やその従業員にいかに報いるかが重要である。もちろ

ん、業績に応じた賞与を支給するというのも一つの方法である。前述したように、年間売上高が100億円を超える大型新薬を開発した研究者に対し、年間150万円から1,000万円までの特別賞与を5年間、最高で5,000万円支給する制度を導入する製薬会社もみられる（日本経済新聞　平成9．1．23朝刊）。

　しかし、賞与を支給するにはそれだけ資金が必要であり、また、役員に対する賞与は株主総会の承認を要するなどの制約が存する。そこで、最近注目を集めているのが**ストック・オプション制度**である。新聞によれば、ある外資系の上場企業は、全社員3,200人を対象に、親会社である外国企業の株式をあらかじめ決められた価格で購入できる権利を与えるストック・オプション制度を導入するとのことである。今回は購入対象が外国親会社の株式という条件付きではあるが、わが国の上場企業では初めての導入といわれる（毎日新聞　平成9．1．29朝刊）。

ロ　趣　旨

　ベンチャー企業の役員や使用人に自社の株式を保有させて意欲を高め、起業が成功した暁には株式の公開をしてキャピタル・ゲインを得ようとするのは自然の成り行きである。その場合、その役員や使用人に自社の株式を保有させる方法として、新株の発行にあたり有利な発行価額により新株予約権を与える方法がとられる。

　新株予約権は、新株予約権を付与された者が会社に対してこれを行使したときは、会社は新株券を発行し、または新株の発行に代えて会社の有する自己株式を交付する義務を負うものである（会社法236）。株価が権利行使価額を大幅に上回っているとしても、当初定められた権利行使価額で自社株を取得することができ、これを市場で売却すれば多額の利益を得ることができる。

　ところが、役員や使用人がその会社から株主たる地位にもとづかないで

有利な発行価額により新株予約権を与えられた場合には、その新株の払込期日における時価と発行価額（権利行使価額）との差額は、経済的な利益を得たものとして所得税の課税対象になる（所法36②、所令84）。この場合の新株予約権の付与が、その法人の役員または使用人に対しその地位または職務に関し行われたと認められるときは、その所得は給与所得に該当するから（所基通23〜35共－6）、他の通常の給与に含めて源泉徴収をしなければならない。しかし、所得税の課税に対しては、ベンチャー企業の育成、支援の観点からなんらかの措置をとることが強く要望されていた。そこで、その措置の一つとして平成7年3月の税制改正により、いわゆる**ストック・オプション税制**が創設された。

○ **役員に割り当てた新株予約権は有利な発行価額によるものとされた事例**

〔参考裁決例〕

請求人は、2名の役員に新株予約権を割り当てたことについて、当該新株予約権は、所得税法施行令（平成18年政令第124号による改正前のもの）第84条《株式等を取得する権利の価額》第4号に規定する有利な発行価額により新株を取得する権利には当たらない旨主張する。

しかしながら、請求人の株式は、非上場株式で気配相場のない株式であり、売買事例及び類似する他の法人の株式の価額があるとは認められないから、所得税基本通達23－35共－9《株式等を取得する権利の価額》の(4)に定める権利行使日等又は権利行使日等に最も近い日におけるその株式の発行法人の1株当たりの純資産価額等を参酌して通常取引されると認められる価額により評価すべきところ、その評価方法は、必要な修正をした上で財産評価基本通達178《取引相場のない株式の評価上の区分》から189－7《株式の割当てを受ける権利等の発生している特定の評価会社の株式の価額の修正》までの例によって

評価することが相当と認められるので、これにより、請求人の新株の発行価額を決定した日における請求人株式の１株当たりの価額を算定すると、当該新株の１株当たりの発行価額を大きく上回るから、当該新株予約権は、所得税法施行令第84条第４号に規定する有利な発行価額により新株を取得する権利に該当する。

（国税不服審判所裁決　平成24.3.15　裁決事例集No.86　189頁）

ハ　内　容
(イ)　権利行使時の課税関係

　現行のストック・オプション税制は、次のような内容のものである。すなわち、会社法（同法238②、239①、240①）による決議により新株予約権（会社法236）を与えられる者とされた付与決議のあった株式会社の取締役、執行役、使用人または社外高度人材が、その付与決議にもとづきその株式会社と取締役などとの間に締結された契約により与えられた新株予約権をその契約に従って行使することにより新株式を取得した場合には、その株式の取得にかかる経済的利益については、所得税を課さない。

　この場合の新株予約権の付与を受ける取締役、執行役または使用人は、その株式会社が50％超の持ち株割合を有する子会社等の取締役、執行役または使用人であってもよい。ただし、このストック・オプション税制における１年間の新株予約権の権利行使価額の合計額は1,200万円（設立後５年未満の会社は2,400万円、設立後５年以上20年未満等の会社は3,600万円）までに限られ、1,200万円を超えることとなる場合の経済的利益は課税対象になる。

　なお、ストック・オプション税制の適用を受けるための株式会社と取締役等との間に締結される契約は、基本的に次の要件が定められていなければならない（措法29の２）。

① 当該新株予約権の行使は、その新株予約権の付与決議の日後2年を経過した日からその付与決議の日後10年（設立後5年未満の会社は15年）を経過する日までの間に行われなければならないこと。
② 当該新株予約権の行使にかかる権利行使価額の年間合計額が、1,200万円を超えないこと。
③ 当該新株予約権の行使にかかる一株あたりの権利行使価額は、その新株予約権の契約を締結した株式会社の株式のその契約の締結時における一株あたりの価額相当額以上であること。
④ 当該新株予約権については、譲渡禁止とされていること。
⑤ 当該新株予約権の行使にかかる株式の交付（新株の発行、株式の移転または譲渡を含む）が、会社法の規定（同法238①）に反しないで行われるものであること。
⑥ 当該新株予約権の行使により取得する株式につき、その行使にかかる株式会社と金融商品取引業者等との間であらかじめ締結される株式の振替口座簿への記載または管理信託に関する取決めに従い、その取得後ただちに、その株式会社を通じてその金融商品取引業者等の振替口座簿への記載またはその営業所に保管の委託もしくは管理等信託または所定の自社管理がされること。

以上がストック・オプション税制の内容であるが、権利行使価額と自社株式の時価との差額である経済的利益について、権利行使時には課税しないということである。

㈡ 株式譲渡時の課税関係

ストック・オプションの権利を行使して取得した株式を譲渡した場合には、譲渡所得として課税の対象になる。この場合の譲渡所得については、株式市場を通じて取得した他の株式の譲渡所得とあわせ、原則として他の所得と区分して15％（居住者については、このほかに地方税5％）の税率により申告分離課税がされる（措法37の10）。

二 親会社から付与されたストック・オプション利益の所得区分

　新聞報道によれば、ある会社の日本法人の元役員が、親会社から与えられたストック・オプションを行使して得た所得を隠し、国税局から所得税法違反容疑で検察庁に告発されたとのことである。元役員は、ストック・オプション行使で得た株を外国で売却し、資産の大半を外国で運用していた（讀賣新聞　平成20.9.28朝刊）。

　会社の役員や使用人が自社からストック・オプションを付与され、それを権利行使して得られる経済的利益は、給与所得に該当する。

　これに対し、自社の親会社から付与されたストック・オプションの権利行使による経済的利益については、給与所得か一時所得か論争があった。下級審の判例も区々で、一時所得に該当するとするもの（東京地判　平成14.11.26、東京地判　平成15.8.26）と給与所得に該当するとするもの（横浜地判　平成16.1.21、東京地判　平成16.1.30、東京高判　平成16.2.19）とに判断が分かれていた。

　この問題については、最終的に最高裁が給与所得に該当すると判示して決着がついた。上述の新聞報道によれば、ストック・オプション絡みの脱税の告発の背景には、この論争に片がついたという事情もあるという。一連の訴訟で、ストック・オプション利益の申告の必要性は浸透したはずである（讀賣新聞　平成20.9.28朝刊）。留意を要するところである。

○　**ストック・オプションの権利行使による経済的利益が給与所得とされた事例**

〔参考判例〕

　本件ストック・オプション制度は、外国法人グループの一定の執行役員及び主要な従業員に対する精勤の動機付けとすることなどを企画して設けられているものであり、外国法人は、上告人が職務を遂行しているからこそ、本件ストック・オプション制度に基づき上告人との

間で本件付与契約を締結して上告人に対して本件ストック・オプションを付与したものであって、本件権利行使益が職務を遂行したことに対する対価としての経済的利益であることは明らかであるから給与所得に該当する。

(最高判　平成17.1.25　民集59巻1号64頁)

(6) 派遣研究者の源泉徴収

　新聞によれば、人材派遣業を営む3社は、民間企業の研究所や大学向けに研究者の派遣事業を開始したとのことである。人材派遣業の適用業務に研究開発が含まれるようになったことに加え、文部省（現・文部科学省）が大学の研究費で派遣研究員の受け入れを認める方針を打ち出したのに対応したものという（日本経済新聞　平成9.4.7夕刊）。

　そして、技術進歩が速い新規分野では、自社内での育成では間に合わない即戦力を手に入れられる一方、測定や分析などの日常業務は派遣研究者に任せ、正社員の研究者を付加価値の高い業務に集中させる役割分担も可能になり、派遣研究員は引っ張りだこだといわれる（日経産業新聞　平成9.7.18）。

　このような人材派遣会社から研究者の派遣を受け、給与を支払う場合、源泉徴収は誰が行うべきかという問題が生じる。これについては、研究者の派遣を受けた企業が、研究者と雇用契約を結び自己の従業員としてその研究者に直接給与を支払うときは、その派遣を受けた企業が給与所得として源泉徴収をしなければならない。

　これに対して、研究者の派遣を受けた企業がその研究者に支払う給与等の一切を人材派遣会社に支払い、その人材派遣会社から研究者に対して給与を支払う場合には、人材派遣会社が源泉徴収を行う。研究者の派遣を受けた企業においては、源泉徴収をする必要はない（所基通183～193共－3）。

研究者の派遣を受けたような場合には、実際に給与の支給をする者が源泉徴収を行うということである。これは、関係会社間における研究者の出向の場合も同じである。

3 退職所得の源泉徴収

退職所得とは、退職手当、一時恩給その他の退職により一時に受ける給与やこれらの性質を有する給与をいう（所法30①）。退職手当等は、本来退職しなかったとしたならば支払われなかったもので、退職したことに基因して一時に支払われることとなった給与である（所基通30-1）。

この退職所得には、国民年金法、厚生年金保険法、国家公務員等共済組合法などの規定にもとづいて支給される一時金も含まれる（所法30①、所令72）。

居住者に対し国内において退職手当の支払をする者は、その支払の際に源泉徴収をしなければならない（所法199、200）。したがって、試験研究に従事する者が退職したことに伴い退職手当の支払をする場合には、源泉徴収を要することに留意する。

4 報酬・料金等の源泉徴収

(1) 報酬・料金等の意義

法人が居住者に対して源泉徴収の対象になる**報酬・料金等**を支払う場合には、その支払のつど源泉徴収をしなければならない（所法204、205）。この「報酬・料金等」は広範囲にわたっているが、おおまかには次のように分類することができる。

なお、これら「報酬・料金等」のうち⑧の競馬の賞金を除き、これら「報酬・料金等」を内国法人に支払う場合には、源泉徴収は要しない。個

人に対して支払う場合だけ源泉徴収を要する。

① 原稿、さし絵、作曲、レコード吹込みまたはデザインの報酬、著作権（著作隣接権を含む）、工業所有権等に対する報酬・料金（所法204①一、所令320①）
② 弁護士、司法書士、公認会計士、税理士、弁理士、建築士、技術士等のいわゆる「士業」に対する報酬・料金（所法204①二、所令320②）
③ 社会保険診療報酬支払基金の支払う診療報酬（所法204①三）
④ プロ野球やプロゴルフの選手、モデル、外交員等に対する報酬・料金（所法204①四、所令320③）
⑤ 映画、演劇等の芸能、ラジオ、テレビの出演等に対する報酬・料金（所法204①五、所令320④⑤）
⑥ ホステス、コンパニオン等に対する報酬・料金（所法204①六）
⑦ プロ野球選手等一定の者に専属して役務の提供を行う者に対する契約一時金（所法204①七、所令320⑥）
⑧ 広告宣伝のための賞金および馬主に対する競馬の賞金（所法204①八、所令320⑦）

(2) 試験研究と報酬・料金等

　試験研究費は複合費であり各種の費用が含まれるから、「報酬・料金等」として源泉徴収の対象となるものを確定的にいうことはむずかしい。しかし、試験研究の過程で支出する金額について、「報酬・料金等」として源泉徴収と関連してくるものを拾いだしてみると、おおむね次のとおりである。

　なお、次に掲げる報酬・料金等に該当するものを内国法人に支払っても、源泉徴収は要しない。個人に対して支払った場合だけ源泉徴収を要する。

報酬・料金等に該当するもの	源泉徴収すべき税額
① 原稿料、書籍の編さん料または監修料 ② 工業デザイン、クラフトデザイン、パッケージデザイン等の報酬 ③ 著作権の使用料 ④ 工業所有権、技術に関する権利、特別の技術による生産方式またはこれらに準ずるものの使用料 ⑤ 講演の謝金 ⑥ 翻訳の謝金 （所法204①一）	報酬・料金等の額×10.21％ ただし、同一人に対する1回の支払金額が100万円を超える場合には、その超える部分については20.42％ （所法205一、復興財源確保法28）
○ 弁護士、公認会計士、税理士、弁理士、建築士、技術士等の業務に関する報酬 （所法204①二）	報酬・料金等の額×10.21％ ただし、同一人に対する1回の支払金額が100万円を超える場合には、その超える部分については20.42％ （所法205一、復興財源確保法28）
○ 研究者や技術者のスカウト料 （所法204①七）	報酬・料金等の額×10.21％ ただし、同一人に対する1回の支払金額が100万円を超える場合には、その超える部分については20.42％ （所法205一、復興財源確保法28）

○ **臨床試験の被験者に支払う報酬の源泉徴収の要否**

〔質疑応答〕

（問） 当社は医薬品のメーカーであるが、新薬の開発に伴いその効力や安全性を確かめるため、臨床試験を行っている。その臨床試験にあたって、開発中の新薬の投与を受けてくれる人に対して報酬を支払う。

もちろん、その試験参加は本人の自由意思であり、試験途中でも中

止をすることができる。また、試験中はなんらの作業等を要求することはなく、採血と採尿を行うだけである。

　この場合、被験者に支払う報酬について源泉徴収を要するか。被験者のなかに自社の社員がいるが、これは給与になるか。

(答)　質問のような報酬は、源泉徴収の対象になる「報酬・料金等」のいずれにも該当しない。したがって、源泉徴収の対象にしなくてよい。

　この報酬は、被験者にとっては雑所得に該当する。これは自社の社員についても同様である。自社の社員に対する報酬であっても、それは社員としての地位や職務ではなく、被験者としての地位にもとづき支払うものであるからである。

○　**特許権の侵害による損害賠償金の源泉徴収の要否**

〔質疑応答〕

(問)　当社は化学製品のメーカーであるが、このほど開発して新発売した商品が某氏の有する製造特許に抵触していることが判明した。そこで某氏と交渉の結果、過去の販売数量に応じて損害賠償金を支払うとともに、特許権の使用契約を締結し、今後は販売数量に応じた特許権使用料を支払うことにした。

　この場合、過去の販売数量に応じた損害賠償金は、所得税が非課税で源泉徴収の必要はないと考えているが、それでよいか。

(答)　個人に対して特許権の使用料を支払う場合には、所得税等の源泉徴収をする必要がある（所法204①一、復興財源確保法28）。この場合の特許権の使用料には、特許権の使用の対価として支払われるものだけでなく、これに代わる性質を有する損害賠償金やこれに類するものが含まれる。

　質問の損害賠償金は、その金額が販売数量に応じて算定されており、所

得税が非課税とされる損害賠償金には該当しない。あらかじめ特許権の使用許諾を得ている場合には、当然に使用料を支払わなければならず、質問の損害賠償金はその使用料となんら異ならないからである。したがって、その支払の際、特許権の使用料として源泉徴収をしなければならない。

○ コーディング料についての源泉徴収の要否

〔質疑応答〕

(問) 当社はコンピュータのソフト開発会社であるが、コーディングを外部に委託している。このコーディング料は、「翻訳の料金」として源泉徴収の対象になるか。

(答) コンピュータ関連用語において**コーディング**とは、機械によってデータ処理を自動化するために、一定の法則に従って項目にコード番号を付すことをいう。一般に機械語に翻訳することといわれる。

そこで、コーディング料は「翻訳の料金」に該当するのではないか、という疑義が生じる。しかし、源泉徴収の対象になる「翻訳」とは、ある言語を他の言語に言い直すことである。コーディングはこれに該当しない。

また、「技術に関する権利、特別の技術による生産方式またはこれらに準ずるものの使用料」は源泉徴収の対象になるが、コーディング料はこれにも当たらない。

したがって、質問のコーディング料は源泉徴収の対象にしなくてよい。

○ 研究員の引抜料についての源泉徴収の要否

〔質疑応答〕

(問) 当社は化学工業会社であるが、このたび新技術と新商品の研究開発のため、その方面の専門研究所に勤めている研究員を招へいすることにした。その研究員に対しては、いわゆる引抜料として相当額の

一時金を支払うことにしている。
　　この引抜料について、所得税等の源泉徴収を要するか。

(答)　一定の者に専属して役務の提供をする者で、その一定の者のために役務の提供を約することにより一時に受ける契約金は、「報酬・料金等」として源泉徴収の対象になる（所法204①七、所令320⑥）。質問の場合、新たに招へいする研究員の身分、契約関係などが明確ではないが、一般的に研究員や技術者などの引き抜きにあたって支払われる一時金は、契約金として取り扱われる（所基通204－29、204－30）。

　したがって、質問のような引抜料や支度金、移籍料などの一時金についても、その支払の際、源泉徴収を要すると考えられる。源泉徴収税額は、原則として支払額の10.21％相当額であるが、その支払額が100万円を超える場合には、その超える部分の金額については、20.42％相当額となる（所法205一、復興財源確保法28）。

　なお、一時金の支払を受ける研究者にとっては、その一時金は「雑所得」に該当するから、所得税等の確定申告をしなければならない（所基通35－1(9)）。

○　データサイエンティストに対する引抜慰留金の源泉徴収の要否

〔質疑応答〕

(問)　当社は、AIを活用した金融サービスの開発を行っており、収集した情報の分析を行う専門家である、データサイエンティストが数名在籍している。

　このデータサイエンティストは、現在大人気の職種で、業界で争奪戦が行われている。そのため、当社のデータサイエンティストにも他社から引抜きの勧誘があり、これに応じ退職の意向を示している者が出てきた。

そこで、その者が退職すると業務に大きな支障が生じるので、他社に引き抜かれるのを防止するため、当社に今後も勤続することを条件に慰留金200万円を支払った。この慰留金は給与所得として所得税等の源泉徴収を要するか。

(答) 給与所得とは、俸給、給料、賃金、歳費および賞与ならびにこれらの性質を有する給与にかかる所得をいう（所法28①）。雇用契約またはこれに類する原因にもとづき使用者の指揮命令に服して提供した労務の対価として使用者から受ける給付である（最高判・昭和56.4.24　民集35巻3号672頁）。

質問の慰留金は、他社への引抜防止のため支払うもので、提供を受けた労務の対価とはいえない。したがって、給与所得には該当せず、給与所得としての源泉徴収は要しないものと考える。

一方、ある者に役務の提供を約することにより一時に取得する契約金は、源泉徴収の対象になる「報酬・料金」に該当する（所法204①七）。この契約金には、一定の者のために役務を提供することを約して一時に支払を受ける契約金、支度金、移転料等のほか、それ以外の者のために役務を提供しないことを約することにより一時に支払を受けるものも含まれる（所基通204-30）。

したがって、質問の慰留金は、他社へ引き抜かれるのを防止し、引き続き貴社に勤務をすることを約するために支払われたものであるから、契約金として所得税等の源泉徴収を要する。その源泉徴収税額は、原則として支払額の10.21％相当額であるが、1回の支払額が100万円を超える場合には、その超える部分の金額については、20.42％相当額となる（所法205一、復興財源確保法28）。質問の場合には、その支払額が200万円であるから、30万6,300円の源泉徴収を要する。

なお、質問の慰留金の支払を受けた者は、その慰留金は「雑所得」に該

当するから、自ら所得税等の確定申告をしなければならない（所基通35－1⑼）。

5 匿名組合契約等の利益分配の源泉徴収

(1) 匿名組合契約等の意義

源泉徴収の対象になる**匿名組合契約等**とは、次に掲げる契約をいう（所法174九、210、所令298⑧、327、288）。

① 匿名組合契約
② 当事者の一方が相手方の事業のために出資をし、相手方がその事業から生ずる利益を分配することを約する契約

①は商法上の匿名組合契約であるが、②は必ずしも商法上の匿名組合契約ではない。その意味でここでいう匿名組合契約等は、純然たる匿名組合契約だけではなく範囲が広い。

このような匿名組合契約等にもとづき利益の分配をする場合には、その利益の分配をする際に源泉徴収をする必要がある。この場合の源泉徴収義務は、利益の分配を受ける者が居住者であるか、内国法人であるかを問わない。その支払の相手方が個人であっても法人であっても源泉徴収義務が生じる。

なお、民法上の組合は匿名組合契約等ではないから、民法上の組合が利益の分配をしても源泉徴収の問題は生じない。

(2) 試験研究と匿名組合

すでに述べたように、最近ベンチャービジネスが注目されているが、ベンチャービジネスはリスクが避けられないため、試験研究や創造的活動のための資金をいかに調達するかが課題である。ベンチャーキャピタルと称して店頭株市場の整備などによる資金調達が行われているが、民法上の組

合や匿名組合を使った資金調達の例も数多くみられる。

　法人が、試験研究に要する資金を調達するため、匿名組合の事業者となって出資者との間で匿名組合契約等を締結した場合には、その利益の分配に際して源泉徴収をしなければならない。その場合の源泉徴収すべき税額は、その利益の分配額の20.42％相当額である（所法211、212③、213②、復興財源確保法28）。

◯　匿名組合等の意義について判断された事例

〔参考判例〕

◯　民法上の組合契約（殊に講学上の内的組合）と商法上の匿名組合とは、共同事業性の有無及び組合財産が共有か否かにその区別が存するのであって、その余の各事由は右両者の区別にあっては何ら重要性を有しない。

　　　　　　　　　　（名古屋地判　昭和60.3.25　税資144号741頁）
　　　　　　　　　　（名古屋高判　昭和61.7.16　税資153号119頁）

◯　事業者と事業資金提供者との契約が所得税法42条3項、1条2項3号、同法施行規則1条にいう匿名組合契約等に該当するかどうかは、事業者がその事業の成績によって浮動する利益を分配するか、あるいは利益の有無にかかわらず毎月確定率の割合の金員を支払うかという形式的な区分にあるのではなく、客観的にみて資金提供者が当該事業にいわゆる隠れた営業者として参加する意思があるか、あるいは単に出資の対価として利息をうける意思をもつにすぎないかという点にあるものと解すべきである。

　　　　　　　　　　　　（東京地判　昭和33.7.3　税資26号651頁）

◯　所得税法が匿名組合に準ずる契約としている以上、その契約は、

商法上の匿名組合契約に類似するものがあることを必要とするものと解すべく、出資者が隠れた事業者として事業に参加しその利益の配当を受ける意思を有することを必要とするものと解するのが相当である。

（最高判　昭和36.10.27　税資35号797頁）

○　所得税法上の匿名組合契約等というためには、出資、利益の分配、10人以上の出資者という要件のほかに、出資者が隠れた事業者として事業に参加しその利益の配当を受ける意思を有することを要する。

（最高判　昭和37.10.2　税資36号938頁）

○　**匿名組合の利益額の計算について判断された事例**

〔参考裁決例〕

　請求人は、自己を営業者とする匿名組合契約（本件匿名組合契約）に基づく利益の分配の額の計算上、本件匿名組合契約は、本件匿名組合契約の締結前に締結していた匿名組合契約（旧匿名組合契約）と実質的に同一の匿名組合契約であるから、旧匿名組合契約による事業から生じた損失の額及び旧匿名組合契約に基づいて営業者に支払うこととされていた管理費用の額は、本件匿名組合契約の利益の額から控除すべきである旨主張する。

　しかしながら、本件匿名組合契約と旧匿名組合契約とは契約内容が同一であったと認めることはできず、また、旧匿名組合契約は契約に定められた期間にそれぞれ終了し、当該契約に従って行われた運用結果報告により返還される出資金の額が通知されたことが認められ、これらによれば、本件匿名組合契約と旧匿名組合契約とは形式的にも実質的にも別個の匿名組合契約としてそれぞれ締結され、終了したもの

> と認めるのが相当である。そうすると、当該損失の額及び当該管理費用の額は、旧匿名組合契約に係るものであるから、本件匿名組合契約に基づく利益の分配の額の計算上、利益の額から控除することはできないというべきである。
>
> （国税不服審判所裁決　平成25．3．1　裁決事例集№90　118頁）

Ⅳ　非居住者と外国法人に対する源泉徴収

1　総　　説

　非居住者および外国法人に対しては、わが国では国内源泉所得だけについて課税される（所法5）。国外で稼得した所得に対しては課税が及ばない。

　国内源泉所得とは、概念的には国内における事業、資産、役務、勤務等に基因して生じた所得をいう。非居住者および外国法人に対して、わが国で所得税または法人税の課税対象になる所得である。その課税の方法は、非居住者および外国法人が国内に恒久的施設を有するかどうか、また、所得の種類によって異なる。

　法人が非居住者または外国法人に対して、国内源泉所得に該当する支払をする場合には、源泉徴収をしなければならないものがある（所法212①、213①）。そもそも国内源泉所得に該当しなければ源泉徴収の問題も生じてこない。試験研究に関して非居住者および外国法人に支払う金額のうち、源泉徴収を要すると考えられるものは、おおむね次のとおりである。

　ただし、国内に恒久的施設を有する法人に対する支払については、源泉徴収を要しないものがある。また、租税条約により源泉徴収税率が軽減され、あるいは源泉徴収が免除されているものがあるので、留意を要する。

① 　国内における人的役務の提供事業者に対して支払うその人的役務の提

供の対価（所法161六）
② 国内で業務を行う者が支払う工業所有権等の使用料および譲渡対価（所法161十一）
③ 国内で勤務する研究者等に支払う給与等（所法161十二）
④ 国内事業者との匿名組合契約等にもとづき支払う利益の分配（所法161十六）

2 国内源泉所得の内容

(1) 人的役務提供事業の対価
イ 内　容

　国内において次に掲げる人的役務の提供を主たる内容とする事業を行う者が受けるその人的役務の提供にかかる対価は、国内源泉所得に該当する（所法161六、所令282）。
① 弁護士、公認会計士、建築士その他の自由職業者の役務の提供
② 科学技術、経営管理その他の分野に関する専門的知識または特別の技能を有する者のその知識または技能を活用して行う役務の提供。ただし、機械設備の販売その他事業を行う者の主たる業務に付随して行われる場合のその事業または建設、すえ付け、組立てその他の作業の指揮監督の役務の提供を主たる内容とする事業を除く。

ロ 人的役務の提供を主たる内容とする事業の意義

　「人的役務の提供を主たる内容とする事業」とは、非居住者が営む自己以外の者の人的役務の提供を主たる内容とする事業または外国法人が営む人的役務の提供を主たる内容とする事業をいう（所基通161－21）。したがって、試験研究に関して、これらの専門家を抱えてその役務の提供事業を営む非居住者または外国法人に対して支払う対価が、ここでいう国内源泉

所得に該当し源泉徴収の対象になる。その専門家自身に支払われる対価は、後述する(3)の人的役務の提供に対する報酬である。

ハ　機械設備販売事業の付随事業の意義

「機械設備の販売その他事業を行う者の主たる業務に付随して行われる場合のその事業」とは、次のような事業をいう（所基通161-25）。

① 機械設備の販売業者が、その販売業務に伴って販売先に対しその機械設備のすえ付け、組立て、試運転等のために技術者等を派遣する事業

② 工業所有権、ノウハウ等の権利者が、その権利の提供を主たる内容とする業務に伴ってその提供先に対しその権利の実施のために技術者等を派遣する事業

したがって、試験研究用の機械設備の取得や特許権、ノウハウの導入に伴って、これらの費用を支払っても、源泉徴収を要しない。

○　コンピュータの保守管理料の取扱い

〔質疑応答〕

(問) 当社は、このたび米国法人の日本支社からコンピュータを購入することにした。日本支社との契約によれば、当社が日本支社に支払う代価のなかには、コンピュータ本体の価額のほかそのコンピュータの保守管理料が含まれている。

　この保守管理料は、日本支社が定期的に専門技術者を派遣して機器の保守点検を行うほか、通常の使用の範囲内で発生した故障については無償で部品等の交換をすることの対価である。

　この場合、当社が支払う保守管理料は、日本支社の人的役務の提供事業の対価として源泉徴収の対象になるか。

(答) 外国法人に対して専門的知識または特別の技能を活用して行う、人

的役務の提供事業の対価を支払う場合には、国内源泉所得として源泉徴収をする必要がある。ただし、人的役務の提供が機械設備の販売等の業務を行う者のその主たる業務に付随して行われる場合には、この限りでない。

　機器の販売業者が販売先に対して納入機器の保守点検を行うのは、一般的には機器の販売活動の一環としてのものと考えられる。質問の保守管理料は、コンピュータ機器の保守業務を行う専門技術者を定期的に派遣して行う業務の対価と認められる。したがって、「機械設備の販売等の業務を行う者のその主たる業務に付随して行われる場合の対価」に該当するから、源泉徴収の対象にならない。

(2) 工業所有権等の使用料等

イ　内　　容

　国内で業務を行う者から支払を受ける次に掲げる使用料または対価で、その業務にかかるものは、国内源泉所得である（所法161十一、所令284）。

　法人が試験研究に伴って、これら使用料または対価を支払えば、源泉徴収の問題が生じてくる。

① 　工業所有権その他技術に関する権利、特別の技術による生産方式またはこれらに準ずるものの使用料、譲渡対価
② 　著作権（出版権、著作隣接権その他これに準ずるものを含む）の使用料、譲渡対価
③ 　機械、装置、車両、運搬具、工具、器具、備品の使用料

ロ　国内業務にかかるものの意義

　工業所有権等の使用料等が国内源泉所得に該当するためには、「国内の業務にかかるもの」でなければならない。この場合の「国内の業務にかかるもの」とは、国内において業務を行う者に対し提供された工業所有権等の使用料または対価で、その工業所有権等のうち国内において行う業務の

用に供されている部分に対応するものをいう（所基通161－33）。

　したがって、たとえば、内国法人が外国法人から提供を受けた工業所有権等を国外において業務を行う者（再実施権者）の国外業務の用に提供した場合には、その外国法人に支払う使用料のうち、再実施権者の使用部分に対応する使用料は、国内源泉所得に該当しない。

ハ　特別の技術による生産方式等の意義

　「特別の技術による生産方式またはこれらに準ずるもの」とは、特許権、実用新案権、商標権、意匠権等の工業所有権の目的にはなっていないが、生産その他業務に関し繰り返し使用し得るまでに形成された創作、すなわち特別の原料、処方、機械、器具、工程によるなど独自の考案または方法を用いた生産についての方式、これに準ずる秘訣、秘伝その他特別に技術的価値を有する知識および意匠等をいう。したがって、いわゆるノウハウはもちろん、機械、設備等の設計および図面等に化体された生産方式、デザインもこれに含まれる。しかし、海外における技術の動向、製品の販路、特定の品目の生産高等の情報または機械、装置、原材料等の材質等の鑑定もしくは性能の調査、検査等は、これに該当しない（所基通161－34）。

ニ　工業所有権等と著作権の使用料の意義

　「工業所有権その他技術に関する権利、特別の技術による生産方式またはこれらに準ずるものの使用料」とは、技術等の実施、使用、採用、提供もしくは伝授または技術等にかかる実施権もしくは使用権の設定、許諾もしくはその譲渡の承諾につき支払を受ける対価の一切をいう。

　また、「著作権の使用料」とは、著作物の複製、上演、演奏、放送、展示、上映、翻訳、編曲、脚色、映画化その他著作物の利用または出版権の設定につき支払を受ける対価の一切をいう。

　したがって、これらの使用料には、契約を締結するにあたっての頭金、

権利金等のほか、これらのものを提供し、または伝授するために要する費用に充てられるものも含まれる（所基通161－35）。

ホ　図面、人的役務の提供が使用料に該当するかどうかの判定

工業所有権等を提供しまたは伝授するために図面、型紙、見本等の物または人的役務を提供した場合において、その技術等の提供または伝授の対価のすべてをその提供した物または人的役務の対価として支払を受けるときは、その対価のうち次に掲げるものは、工業所有権等の使用料（所法161十一イ）に該当する（所基通161－36）。

①　その対価の額が、提供しまたは伝授した技術等を使用した回数、期間、生産高またはその使用による利益の額に応じて算定されるもの

②　その対価の額が、図面その他の物の作成または人的役務の提供のために要した費用の額に通常の利潤の額を加算した金額を超えるもの

ヘ　使用料に含まれないもの

工業所有権等または著作権の提供契約にもとづき支払を受けるもののうち次に掲げる費用または代金で、その契約の目的である工業所有権等または著作権の使用料と明確に区分されているものは、工業所有権等または著作権の使用料（所法161十一イ、ロ）に該当しない（所基通161－37）。

①　工業所有権等の提供契約にもとづき、技術等の提供者が自らまたは技術者を派遣して国内において人的役務を提供するために要する費用。たとえば、派遣技術者の給与、渡航費、国内滞在費、国内旅費

②　工業所有権等の提供契約にもとづき、技術等の提供者のもとに技術習得のために派遣された技術者に対し技術の伝授をするために要する費用

③　工業所有権等の提供契約にもとづき提供する図面、型紙、見本等の物の代金で、その作成のための実費を超えないもの

ト　技術等の現物出資があった場合

　非居住者または外国法人が、内国法人に対しその内国法人の国内において行う業務にかかる工業所有権等の現物出資をした場合には、その出資により取得する株式（持ち分）は、それぞれ次により権利の譲渡対価または使用料に該当する（所基通161－38）。

① 　現物出資をしたものが工業所有権またはその出願権である場合には、これらの権利の譲渡対価とする。

② 　現物出資をしたものが①以外のもの（たとえば、工業所有権の実施権、特別の技術による生産方式等）である場合には、その出資をした権利または技術の使用料とする。

○　和解契約にもとづきロイヤルティとして支払われた金員が国内源泉所得の使用料ではないとされた事例

〔参考判例〕

　米国に製品を輸出していた内国法人と米国において同種の製品の製造技術につき特許権を有する外国法人との間で締結された和解契約の目的は、両法人間のその特許権に関する紛争を解決してその製品の米国への輸出を可能にすることにあり、その内容は外国法人は内国法人及びその関連会社に対し、米国内におけるその製品の販売等につき一定の限度で特許権の実施権を許諾する一方、内国法人は外国法人に対し、内国法人及びその関連会社が本件和解契約の発効日前に販売した製品及び同日以降に販売される製品に係るロイヤルティを支払うというものである。このような事実関係などからすると、本件和解契約に基づき内国法人から外国法人にロイヤルティとして支払われた金員は、内国法人の日本国内における業務に関して支払われたものということはできず、国内源泉所得に当たる使用料には該当しない。

（最高判　平成16.6.24　裁判集民事214号417頁）

○ 損害賠償金が工業所有権の使用料に当たるとされた事例

〔参考裁決例〕

　請求人は、本件和解金は、不正競争防止法に基づく損害賠償請求訴訟に係る裁判上の和解に基づいて、営業上の損害が生じたことを主な理由として支払った損害賠償金であり、標章等自体の使用権等の侵害を理由として支払ったものではなく、また、本件和解金は、商標使用料を基礎に算定しているが、商標使用料は、あくまでも損害賠償額を算定する一つの資料にすぎず、使用料の請求を認めたものではないと主張する。

　しかし、不正競争防止法による損害賠償金には、商品等表示等の使用料に相当する額を含むものであることは明らかであり、また、所得税法第161条第7号イに規定する工業所有権等の使用料には、登録されている特許権、商標権等の権利だけでなく、登録されていなくても法令により保護されているこれらに類する権利等の使用料も含まれ、また、使用料に代わる性質を有する損害賠償金その他これに類するものが含まれると解するのが相当である。

　標章の混同による営業上の損害としては、①標章の使用料の逸失による損害、②同一又は類似の標章を使用する類似の商品の販売等の減少による損害及び③標章の混同による信用ないしイメージ等の低下等による損害が考えられるところ、本件損害賠償金の算定方法は、使用料を根拠としていることから、本件損害賠償金は、上記①に該当すると判断され、また、外国法人は昭和56年8月27日までの請求人による標章の使用につきやむを得ない事情があるとしていることから、同法人には上記③の損害の認識があったとは認められず、同法人が自らサングラス等の製造・販売をしていないことは明らかであるから、同法人の損害は上記①の使用料の逸失による損害のみであると認めることが相当である。

したがって、本件損害賠償金は、その金額が所得税法第161条第7号イの工業所有権等の使用料に相当し、国内源泉所得に該当する。

(国税不服審判所裁決　平成6.6.21　裁決事例集№47　360頁)

○ 衣料品の輸入販売者が海外取引先に支払った金員が工業所有権の使用料に該当するとされた事例

〔参考裁決例〕

　請求人は、海外の取引先から提供を受けるデザイン画等の対価として契約に基づき支払った金員について、①当該デザイン画等は鑑定、調査の結果が図面化されたものにすぎず、②取引先のデザイン画等の作成の実費相当額を支払ったものであり、また、③当該デザイン画等を基に製作される衣料品はイタリアで製造され、請求人の日本国内業者に該当しないから、所得税法第161条第7号イに規定する使用料に該当しないと主張する。

　しかしながら、当該金員は、①デザイナーの創作によるデザイン画等の対価であり、②契約書等から実費相当額とは認められず、③請求人が日本国内で販売するための衣料品製作に係るデザイン画等の提供の対価であると認められる。

　したがって、当該金員は同号イに規定する使用料と認められるから、原処分庁が行った源泉徴収に係る所得税の告知処分は適法である。

(国税不服審判所裁決　平成13.3.30　裁決事例集№61　293頁)

○ ソフトウエアに係る著作権を侵害したとして外国法人に対し支払った金員が著作権の使用料に当たるとされた事例

〔参考裁決例〕

　所得税法161条7号ロに規定する「著作権」とは、著作権法上の著作権と同義に解することが相当であるところ、「著作権の使用料」とは、所得税基本通達161－23のとおり、著作物の複製その他著作物の利用につき支払を受ける対価の一切をいうものと解され、その対価には、所得税基本通達161－7のとおり、当該対価等として支払われるものばかりでなく、当該対価等に代わる性質を有する損害賠償金その他これに類するもの（その支払が遅延したことに基づく遅延利息等に相当する金額も含む。）も含むと解することが相当である。

　これを本件についてみると、本件和解金は、請求人が過去に本件ソフトウエアの著作権を侵害したことに対して支払われたものであること、和解金には、ソフトウエアの新規購入分が含まれていないこと、本件和解金は、本件ソフトウエアの単価×使用数の1.3倍で算出され、使用料を基礎としていることなどから判断すると、本件和解金は、著作権者に対して著作権の侵害により生じた著作権の使用料（本来、本件著作権者が得ていたであろう利益の喪失分）として支払われたものと解することが相当である。

　したがって、本件和解金は、実質的には、著作権の対価等に代わる性質を有するものと認められ、所得税法161条7号ロに規定する著作権の使用料に該当し、国内源泉所得となるから、所得税法212条1項の規定により所得税の源泉徴収の対象となる。

（国税不服審判所裁決　平成15.11.19　裁決事例集№66　200頁）

○ ゲームソフトの開発委託費が著作権の譲渡対価とされた事例

〔参考裁決例〕

請求人は、原処分庁がゲームソフトの開発委託契約（以下「本件開発委託契約」という。）に基づいて請求人がE国法人に支払った金員は国内源泉所得となる所得税法第161条第7号ロに規定する著作権の使用料又は譲渡の対価に該当するとして行った源泉所得税の納税告知処分等について、当該金員は開発委託に対する対価であるから源泉所得税の課税対象となる国内源泉所得に該当しない旨主張する。

しかしながら、本件開発委託契約の目的は、E国法人が保有する原著作物を基礎とした新たなゲームソフトの開発及び販売であり、その本体をなす合意は、E国法人から請求人に対する当該ゲームソフトの二次的著作物に係る著作権の譲渡又は使用許諾であるといえるから、本件開発委託契約に基づいて支払った金員は、当該二次的著作物に係る著作権の譲渡又は使用許諾の対価にほかならないから、源泉所得税の課税対象となる国内源泉所得に当たるとみるのが相当である。

（国税不服審判所裁決　平成21.12.11　裁決事例集№78　209頁）

○ 技術導入契約による支払金員が工業所有権等の使用料に当たるとされた事例

〔参考裁決例〕

請求人は、外国法人であるD社及びE社との間で締結した○○機器に係る技術導入契約に基づき、契約当初及び契約譲渡後に支払った払込金は、独占販売権の対価であり、ロイヤリティは別途販売実績に応じて支払うこととされているから、所得税法第161条第7号イに規定する「工業所有権その他の技術に関する権利、特別の技術による生産方式若しくはこれらに準ずるもの」の使用料には該当しないから、本

件納税告知処分は違法である旨主張する。

　しかしながら、当該技術導入契約においてＤ社及びＥ社から請求人に対し、規制当局の承認を取得する権利や〇〇試験の実施、規制当局の承認の取得等のために技術情報を使用する権利が許諾され、請求人は実際にＤ社及びＥ社が独自に有する特定の技術についての情報を含む有用な情報の提供を受けていることからすると、請求人はライセンサーであるＤ社及びＥ社から開発権の許諾を受け、技術情報の提供を受けるための対価として払込金を支払っていたものとみるのが相当である。そして、提供された技術情報には〇〇機器の製造工程についての独自に開発された情報や特別に技術的価値を有する知識が含まれていることから、この技術情報は、所得税法第161条第7号イに規定する「特別の技術による生産方式若しくはこれらに準ずるもの」に該当し、請求人はＤ社及びＥ社から開発権の許諾に基づき技術情報の提供を受けて、当該技術情報を使用しているものと認められることから、当該払込金は、「技術等に係る実施権若しくは使用権の設定、許諾」の対価と認められ、所得税法第161条第7号イに規定する使用料に該当する。

　　　　　（国税不服審判所裁決　平成22.5.13　裁決事例集№79　289頁）

○　非居住者に支払う職務発明の対価の源泉徴収の要否

〔質疑応答〕

（問）　当社は、社員が職務発明をした場合には、その特許を受ける権利を承継することとしている。これは日本人社員であっても外国人社員であっても同じ取扱いである。

　この度、非居住者である外国人社員が職務発明を行い、承継した特許を受ける権利にもとづき特許権を取得した。

そこで、その外国人社員には、その特許を受ける権利の承継による相当の利益を支払うが、その利益は特許権の今後の使用実績に応じて支払うこととしている。

　この場合、その使用実績に応じて支払う利益について、所得税等の源泉徴収を要するか。工業所有権等の「使用料」または「譲渡対価」には該当せず、源泉徴収の必要はないのではないかと考えているが、どうか。

(答)　社員が職務発明を行い、その特許を受ける権利を会社に承継させた場合、社員はその代償として「相当の利益」の支払を受ける権利を有する（特許法35④）。

　その場合の「相当の利益」については、権利承継時に具体的な金額を算定することは困難であることから、質問のように、特許権の今後の使用実績等に応じて支払うような例も少なくない。

　一方、国内で業務を行う者から支払を受ける工業所有権等の使用料または譲渡対価については、国内源泉所得に該当し（所法161①十一イ）、その支払の際に所得税等の源泉徴収を要する（所法212①）。

　そこで、質問のように「相当の利益」を特許権の今後の使用実績等に応じて支払う場合、工業所有権等の使用料または譲渡対価に該当するかどうかが問題になる。この点、特許権の今後の使用実績等に応じて支払う金員であっても、特許を受ける権利の承継の対価であることに変わりはないから、工業所有権等の譲渡対価として源泉徴収の対象になるものと考える。

○　外国工場での研究のためのノウハウの使用料の源泉徴収の要否

〔質疑応答〕

(問)　内国法人である当社はカナダに製造工場を有しており、その工場では外国向け新製品の研究開発をあわせ行っている。このたび、そ

の工場における研究開発に応用するため、カナダ法人からノウハウの提供を受けた。ただ、その使用料は金額が張ることもあり、本社から送金することにしている。

このノウハウの使用料は、国内源泉所得に該当するものとして源泉徴収を要するか。

(答) 外国法人に対してノウハウの使用料を支払う場合には、源泉徴収の問題が生じてくる。しかし、ノウハウの使用料が国内源泉所得として源泉徴収の対象になるのは、そのノウハウが国内において業務を行う者に対して提供され、国内において行う業務の用に供される場合に限られる。

質問の場合には、国内において業務を行う内国法人が提供を受けるものではあるが、そのノウハウはカナダにおける研究開発のために使用されている。したがって、国内源泉所得に該当しないから、源泉徴収は要しない。

ただし、租税条約により使用料の支払者の居住地に源泉があるとする、債務者主義の定めがある場合には、その定めによる。

○ 外国法人に支払う試験委託費の源泉徴収の要否

〔質疑応答〕

(問) 内国法人である当社は、このほど当社が開発した製品の安全性に関する試験をアメリカ法人に委託し、その試験委託費を支払った。

アメリカ法人はわが国内に恒久的施設を有せず、その試験はすべてアメリカ国内において行われる。また、その製品は当社が独自に開発したもので、アメリカ法人のノウハウや特許権などは一切使用していない。

このアメリカ法人に支払う試験委託費は、国内源泉所得に該当し、源泉徴収をしなければならないか。

(答) 外国法人に支払う工業所有権やノウハウの使用料が国内源泉所得として源泉徴収の対象になるのは、その工業所有権やノウハウが国内における業務の用に供される場合である。

これを質問についてみると、アメリカ法人は国内に恒久的施設を有せず、その試験はすべてアメリカ国内において行うということであるから、国内における業務の用に供されるとはいえない。また、提供を受ける試験自体の具体的内容が必ずしも明らかではないが、工業所有権やノウハウを使用するものではないようである。

したがって、質問の試験委託費は国内源泉所得に該当せず、源泉徴収を要しないものと考えられる。

○ 独占的販売権を得るための研究開発助成金の取扱い

〔質疑応答〕

(問) 当社は医薬品メーカーであり、自社で新薬の研究開発を行っているが、外国メーカーが開発した新薬の独占販売権を取得し、わが国で発売することもある。

このたび、その一環として米国法人Y社が研究開発中の新薬が完成、製品化された場合、わが国での独占販売権を取得することを条件に、Y社に対し800万ドルの研究開発助成金を支払うことにした。その条件等は、次のとおりである。

(1) 研究開発助成金は、一切返還されることはない。
(2) 研究開発が成功し、製品化された場合、当社はわが国における独占販売権を取得する。ただし、製造特許等は与えられない。
(3) 研究開発による特許権、商標権等は、Y社に帰属する。
(4) Y社からの購入価額は、製造原価にY社が他者に販売する価額の10パーセント相当額を加えた価額とする。

この場合、当社がY社に支払う研究開発助成金は源泉徴収の必要が

> あるか。

(答) 外国法人に支払う工業所有権や著作権の使用料で国内業務にかかるものは、国内源泉所得となり、源泉徴収の対象になる。

これを質問の場合についてみると、次のような点が認められる。

(1) 研究開発による特許権、商標権等はY社に帰属し、当社には帰属しないこと。

(2) 研究開発が成功した場合であっても、当社にはわが国における独占販売権のみが付与されること。

(3) 新薬のY社からの購入価額は、Y社の製造原価に一定の利潤を加えた金額であること。

このような点からみれば、研究開発助成金は特許権や商標権の譲受けの対価でも、使用料でもないといえる。研究開発が成功した新薬の将来の独占販売権を確保するための、一種の権利金とみるのが実情にあう。したがって、使用料として源泉徴収は要しないと考える。

○ ソフトウエアの提供の対価の源泉徴収の要否

〔質疑応答〕

> **(問)** 当社は、このたび商品流通システムの簡素、合理化を図るため、米国法人N社の所有するシステムにかかるソフトウエアの提供を受けることにした。これは、N社から提供を受けたソフトウエアをパソコン用に複製して、全国の支店、営業所に配付するものである。
>
> この場合、N社に支払うソフトウエアの提供を受ける対価は、源泉徴収の必要があるか。単なる物理的なソフトウエアの取得の対価であるから、源泉徴収の要はないと考えているがどうか。

(答) 著作権法により保護される「著作物」とは、思想または感情を創作

的に表現したものであって、文芸、学芸、美術または音楽の範囲に属するものとされている。プログラムは、作成者の学術的思想が表現され、かつ、これらの組み合わせに作成者独自の創意工夫がなされているので、著作物に該当する。

一方、日米租税条約でも、学術上の著作物の使用または使用の権利の対価は、使用料とされており（同条約12）、これにはソフトウエアの対価も含むと解される。

したがって、質問のソフトウエアは、パソコン用に複製して、全国の支店、営業所に配付されるということであるから、著作権の使用の対価として源泉徴収の必要がある、と考えられる。

(3) 国内勤務者に対する給与、報酬等

次に掲げる給与、報酬等は国内源泉所得に該当する（所法161十二）。

① 俸給、給料、賃金、歳費、賞与、これらの性質を有する給与その他人的役務の提供に対する報酬のうち、国内において行う勤務その他の人的役務の提供（内国法人の役員として国外において行う勤務等を含む）に基因するもの

② 退職手当等のうちその支払を受ける者が居住者であった期間に行った勤務等に基因するもの

非居住者である研究者や技術者が国内において研究開発に従事し、給与を支払う場合には、その給与は源泉徴収の対象になる。この場合、その研究者や技術者が国内・国外の双方にわたって勤務するときは、その給与の額を勤務期間の比によって国内勤務に対応する金額を計算する（所基通161-41）。

また、現在は非居住者であるが過去に居住者であった者に対し、その居住者であった期間を基礎に退職手当を支払う場合には、源泉徴収を要する。

なお、ここでの国内源泉所得には、非居住者である従業員に支払う給与

のほか、人的役務の提供による報酬が含まれていることに留意する。すなわち、たとえば非居住者である弁護士、公認会計士等の自由職業者が事務補助者を伴い国内において役務の提供をした場合に受ける報酬は、ここでいう「人的役務の提供に対する報酬」に該当するのである（所基通161-21）。非居住者である弁護士に国内での特許権の紛争に関する事件の処理を依頼し、その弁護士に直接報酬を支払った場合には、源泉徴収の対象になる。

(4) 匿名組合契約等にもとづく利益分配

国内において事業を行う者に対する出資につき、匿名組合契約等にもとづいて受ける利益の分配は、国内源泉所得である（所法161十六）。

ここで**匿名組合契約等**とは、匿名組合契約とこれに準ずる契約をいう。そして「これに準ずる契約」とは、当事者の一方が相手方の事業のために出資をし、相手方がその事業から生ずる利益を分配することを約する契約をいう（所令288）。

たとえば、国内のベンチャー企業を営業者、非居住者または外国法人を組合員とする匿名組合契約にもとづき、そのベンチャー企業が支払う利益について、源泉徴収の対象になる。この場合、従来は匿名組合員が10人以上である匿名組合契約に限って源泉徴収の対象になっていたが、現在は匿名組合員の数にかかわらず、すべて源泉徴収の対象にしなければならない。

3 源泉徴収義務

(1) 原　　則

以上述べたように、試験研究をめぐっては、国内源泉所得の支払として源泉徴収が問題となるのは主として四つであろう。これら四つの国内源泉所得を非居住者または外国法人に対して支払う場合には、いずれもその支払額の20.42％相当額を源泉徴収して所轄税務署に納付しなければならな

い。ただし、上記2(3)の国内勤務者に対する給与、報酬等については、法人に対して支払うことはあり得ないから、そもそも法人は考慮しなくてよい（所法212、213）。

その納付期限は、源泉徴収をした月の翌月10日までである（所法212①）。その国内源泉所得の支払が国外で行われる場合において、その支払者が国内に事務所、事業所等を有するときは、国内において支払うものとみなされる。この場合の納付期限は、源泉徴収をした月の翌月末日までである（所法212②）。

(2) 源泉徴収を要しない特例

国内に支店、工場、建設作業所、代理人等の**恒久的施設（PE）**を有する非居住者または外国法人は、国内源泉所得について確定申告をし、所得税または法人税を納付しなければならない。

そこで、本来源泉徴収の対象になる国内源泉所得ではあるが、これらPEを有する非居住者または外国法人に対して支払う国内源泉所得について、源泉徴収を要しないとされているものがある。すなわち、非居住者または外国法人が、所轄税務署長から**源泉徴収免除証明書**の交付を受け、その証明書を国内源泉所得の支払者に提出した場合には、その証明書の有効期間内に支払う国内源泉所得については、源泉徴収を要しない（所法180、214、所令332）。

ただ、すべての国内源泉所得が源泉徴収不要になるわけではなく、上述した四つの国内源泉所得のうち①人的役務提供事業の対価（所法161六）および②工業所有権等の使用料等（所法161十一）でその恒久的施設に帰せられるものについて源泉徴収が不要となる。

なお、源泉徴収免除証明書は、PEを有する非居住者または外国法人で、①開業届出書を提出していること、②所得（法人）税を免れたことがないこと等、所定の要件を満たすものに対して、その者の申請により交付され

る（所令304、305、330、331）。

(3) 外貨で支払う場合の源泉徴収

　非居住者や外国法人に対して、国内源泉所得に当たる所得の支払をする場合には、外貨であることが多い。**外貨で支払う国内源泉所得**について源泉徴収をするには、いかなる金額を基準にして行ったらよいだろうか。

　これについては、次に掲げる区分に応じて、それぞれ次の金額を基準として源泉徴収を行う（所基通213－1）。

① 邦貨表示額を外貨で支払う場合　その表示された邦貨の金額
② 外貨表示額を邦貨で支払う場合　支払契約等において定められている換算方法等に従って支払うこととなる邦貨の金額
③ 外貨表示額を外貨で支払う場合　次のそれぞれの金額
　A　支払契約等において支払期日が定められているとき　外貨表示額をその支払期日における**電信買相場**により邦貨に換算した金額
　B　支払契約等において支払期日が定められていないとき　外貨表示額を現に支払った日における電信買相場により邦貨に換算した金額

　外貨表示額を外貨で支払う場合には、その換算につき電信買相場によるか、**電信売相場**によるかの問題が存する。源泉徴収による所得税を負担するのは支払を受ける者であり、その支払を受ける者の立場からすれば、その外貨によって実際に取得しうる邦貨の額によるのが適当である。そこで、電信買相場により換算することとされている。

　なお、この場合の電信買相場は、支払者の主要取引銀行である外国為替公認銀行におけるその支払期日または支払日の最終の電信買相場による（所基通213－2）。

4　租税条約による特例

　非居住者または外国法人に対して課税対象となる国内源泉所得の範囲は、上述したところである。しかし、わが国が締結した**租税条約**において国内源泉所得につき異なる定めがある場合には、その条約に定めるところによる（所法162）。すなわち、条約の定めが優先して適用されるのである。

　現在、わが国は86の国または地域との間で租税条約を締結している。これら租税条約のうちには、源泉徴収に関して特例を定めたものがある。その特例には、①源泉徴収税率を軽減するものおよび②源泉徴収を免除するものがある。

　試験研究に関してみれば、たとえば工業所有権等の使用料について源泉徴収税率を軽減するものや、人的役務の提供事業の対価や工業所有権等の譲渡対価を免税とするものなどがある。たとえば、日米租税条約では、文学上、芸術上もしくは学術上の著作物の著作権、特許権、商標権、意匠、模型、図面、秘密方式または秘密工程の使用料については、免税とされている（同条約12）。また、日英租税条約でも、その使用料は免税である（同条約12）。

　なお、工業所有権等の使用料の所得源泉地について、その使用地を所得源泉地とする**使用地主義**と使用料の支払者の所在地を所得源泉地とする**債務者主義**との二つの考え方がある。

　国内法では使用地主義を採用しているが、我が国が締結した租税条約の多くで、債務者主義が採られている。債務者主義が採られている場合には、その工業所有権等がどこで使用されたかにかかわらず、国内で課税対象になり、源泉徴収をしなければならないことになる。留意を要するところである。

○ 新日米租税条約の適用時期が判断された事例

〔参考裁決例〕

　請求人は、請求人が平成16年7月23日に米国のグループ企業に支払った製造ノウハウ等の使用料のうち、平成16年1月分ないし5月分の各使用料については、現実の支払の時期によって租税条約の適用の有無を判断すべきであり、新日米租税条約第12条第1項が適用されるから、所得税の源泉徴収義務はないと主張する。

　しかしながら、新日米租税条約第30条第2項(a)(i)(aa)は、日本国において源泉徴収される租税に関しては、平成16年7月1日以後に租税を課される額に同条約を適用する旨規定しており、同条の「租税を課される額」とは租税を課される者にとっての課税標準と解され、これを使用料についてみると「支払を受けるべき額」を意味すると解され、これを所得の支払者（源泉徴収義務者）側からみれば源泉所得税の算出の基礎となる「支払うべきことが確定した額」と解される。そうすると、上記平成16年1月ないし5月分の各使用料は、毎暦月末を経過した時点で確定する債務であり、それらの支払期日はいずれも同年6月30日までに到来しており、その支払うべきことが確定したのは平成16年6月30日以前となるから、これに新日米租税条約は適用されず、旧日米租税条約第14条第1項が適用されるから、請求人には上記平成16年1月ないし5月分の各使用料に係る所得税の源泉徴収義務がある。

（国税不服審判所裁決　平成20.10.3　裁決事例集No.76　212頁）

索 引

〔索　引〕

〔あ〕

ISO 規格……………………………457
アウトプット法……………………182
青色欠損金の繰越控除制度…………211
青色欠損金の繰戻還付制度…………212
頭金……………………………………464
新たな役務……………………………535
新たな技術の採用のための費用……454
新たな経営組織の採用のための
　　費用……………………………455

〔い〕

育成者権………………………………250
移籍料…………………………………444
委託研究………………………………109
委託研究の法律関係…………………131
委託研究費……………………………131
一時金…………………………………464
一括償却資産の3年均等償却………264
一括法…………………………………198
一般型の税額控除……………………470
移転価格税制……………………175,296
委任契約等……………………………612
違約金…………………………………208
医療用機器……………………………382
医療用の生物…………………………267

イノベーションボックス税制…97,660
インカム・アプローチ………………293
インキュベーター……………………440
インプット法…………………………183

〔う〕

請負業…………………………………132
請負による費用の計上時期…………132
売上原価………………………………215

〔え〕

営業権…………………………………250
営業権の価額…………………………295
エンジェル……………………………187
エンジェル税制…………………187,194

〔お〕

オープン・イノベーション型税
　　額控除…………………………605
応用研究………………………103,106,107,228

〔か〕

海外探鉱準備金………………………458
外貨で支払う国内源泉所得…………756
外国法人………………………………691
開発……………………………94,452,453

開発研究 …… 99,103,341,365,368,371,380
　　　　　　385,641,645,648,651
開発研究用減価償却資産 ……… 79,341
開発研究用資産 …………………… 387
開発段階 …………………………… 96
開発費 …………………………… 113,452
回路配置利用権 …………………… 249
科学技術基本法 …………………… 102
科学技術研究調査 ………………… 65
科学技術研究調査規則 …………… 66
学資金 …………………………… 697
課徴金 …………………………… 209
株式交付費 ……………………… 191
株式払込剰余金 ………………… 191
株式分配 ………………………… 407
借入金の利子 …………………… 201
監査 ……………………………… 630
関西文化学術研究都市 ………… 377
関連者 …………………………… 662

〔き〕

期間原価 ……………………… 76,226
期間損益 ………………………… 433
期間費用 ……………………… 76,124
機器組込みソフトウエア ……… 259
企業グループ内の分割 ………… 401
企業全般に関する費用 ………… 124
企業分割 ………………………… 398
技術役務の提供 ………………… 179

技術研究組合 …………………… 395
技術研究組合の賦課金 ………… 79
技術研究費 ……………………… 116
技術貿易 ………………………… 73
基礎研究 ……………… 103,106,107,228
寄附金課税 ……………………… 77
旧国際会計基準第9号 ………… 453
旧定額法 ………………………… 356
旧定率法 ………………………… 356
給与所得 ………………………… 694
共同研究 ………………………… 110
共同事業を営むための現物出資 … 406
共同的施設の負担金 …………… 447
居住者 …………………………… 691
均等償却法 …………………… 446,447
金融費用 ………………………… 202

〔く〕

国・地方公共団体に対する寄附金 …… 77
区分法 …………………………… 199
クラウドソフトウエア ………… 313
クラウドファンディング ……… 189
繰越税額控除限度超過額 ‥ 643,647,655
繰延資産 ……………………… 80,433,434
繰延資産の償却費 ……………… 446
繰延資産の償却方法 …………… 446
グループ通算制度 ……………… 586
クロスライセンス契約 ……… 431,465

〔け〕

契約金 …………………………………… 444
ゲームソフト …………………………… 441
原価基準法 ……………………………… 297
原価差額の簡便調整方法 …………… 226
原価差額の調整 ………………………… 226
減価償却資産 …………………………… 246
減価償却資産の取得価額 …………… 277
原価性 ……………………………………… 76
原価法 …………………………………… 293
研究 ………………………………… 86,87,94
研究開発 ………………… 93,97,102,474
研究開発活動の途中段階の成果 …… 247
研究開発税制 ………………………… 469
研究開発積立金 ……………………… 130
研究開発費 …………………………… 125
研究が完了した日 …………………… 178
研究施設 ……………………………… 377
研究段階 ………………………………… 96
研究負担金 ………………………… 151,438
源泉所得税 …………………………… 690
源泉所得税の納税地 ………………… 690
源泉徴収義務者 ……………………… 690
源泉徴収制度 ………………………… 689
源泉徴収免除証明書 ………………… 755
減損会計基準 ………………………… 420
減損損失 ……………………………… 420
現物給与 ……………………………… 695
現物分配 ……………………………… 408

権利金 ……………………………………… 439

〔こ〕

考案 ……………………………………… 474
恒久的施設 …………………………… 755
工業化研究 ………………… 106,107,229,614
工業所有権 ……………………… 248,278
工業所有権等 ………………………… 426
交際費課税 …………………………… 146
交際費等 ……………………………… 145
工事完成基準 ………………………… 180
工事契約会計基準 …………………… 181
工事進行基準 ………………………… 181
工事損失引当金 ……………………… 185
購入特定株式 …………………… 674,679
国外関連者 …………………………… 175
国外関連取引 ………………………… 175
国際会計基準第38号 ………………… 96
国際戦略総合特別区域 ………… 370,650
国内源泉所得 ………………………… 737
コスト・アプローチ ………………… 293
コストシェアリング契約 …………… 176
国家戦略特別区域 ……………… 367,647
国庫補助金等 ……………………… 79,389
固定資産 ……………………………… 246
コーディング ………………………… 731
個別原価計算 ………………………… 234
コンテンツ ……………………… 254,440
コンピュータウイルス ……………… 326

〔さ〕

サービス開発に係る試験研究 ……… 526
サービス開発に係る試験研究費
　の額 ……………………………… 551
サービス設計工程 ………………… 539
再販売価格基準法 ………………… 297
債務確定基準 ……………………… 129
債務者主義 ………………………… 757
債務保証料 ………………………… 203
産業試験研究 ………………… 101,586
産業試験研究用資産 ………… 101,586

〔し〕

CIのための費用 …………………… 456
事業適応繰延資産 ………………… 451
事業年度独立の原則 ……………… 211
試験 …………………………………… 86
試験研究 ………………………… 92,474
試験研究費 …………… 75,113,114,117
試験研究費の原価性 ……………… 228
試験研究費割合 …………………… 579
資源の開発のための費用 ………… 457
自己研究 …………………………… 108
試作品 ……………………………… 272
資産調整勘定 ……………………… 340
自社利用のソフトウエア ………… 309
市場の開拓 ………………………… 459
市場販売目的のソフトウエア …… 305
自然科学研究所 ……………… 380,644

事前確認 …………………………… 176
支度金 ……………………………… 444
示談金 ……………………………… 208
実験用ガラス器具 ………………… 223
実験用動物 ………………………… 266
実施権 ……………………………… 280
実施法人 ……………………… 367,647
実用新案権 ………………………… 282
指定法人 ……………………… 370,651
使途秘匿金課税 …………………… 147
使途秘匿金の支出 ………………… 147
使途不明金課税 …………………… 147
支払利子の原価性 ………………… 202
資本金等の額 ……………………… 191
資本的支出 ………………………… 320
資本等取引 ………………………… 191
社会科学 …………………………… 476
社債等発行費 ……………………… 200
社債の発行 ………………………… 197
社債発行差金 ……………………… 200
社債利息 …………………………… 200
社内研究 …………………………… 108
収益還元法 ………………………… 294
収益計上時期の原則 ………… 425,466
収益事業 …………………………… 132
収益事業課税 ……………………… 217
収益の額 ……………………… 239,425
修正・更正の遮断措置 …………… 588
修繕費 ……………………………… 321

自由償却法 …………………………… 446
受託研究 ……………………………… 112
受託研究費の収益計上時期 …… 177,218
受注制作のソフトウエア ……… 180,182
受注損失引当金 ……………………… 185
出願権 …………………………… 249,279
出願料 …………………………… 279,283
出版権 ………………………………… 441
取得原価主義 ………………………… 236
純額方式 ………………………… 156,157,170
準備金 ………………………………… 130
少額繰延資産の一時償却 …………… 447
少額減価償却資産の一時償却 ……… 262
小規模源泉徴収義務者 ……………… 693
償却方法 ……………………………… 356
賞金 …………………………………… 706
使用権 ………………………………… 280
使用地主義 …………………………… 757
情報解析専門家 ……………………… 548
情報処理 ……………………………… 548
除却損失 ……………………………… 415
職務発明 ……………………………… 108
所有権移転外リース取引 …………… 412
所有権移転リース取引 ……………… 412
新株の発行 …………………………… 191
新株予約権 …………………………… 721
新株予約権付社債 …………………… 196
新規高度研究業務従事者 …………… 619
新鉱床探鉱費 ………………………… 459
新鉱床探鉱費または海外新鉱床
　探鉱費の特別控除 ………………… 459
新産業創出等推進事業 ……………… 387
新事業開拓事業者 …………………… 607
新製品 ………………………………… 231
人文科学 ……………………………… 476
信用保証料 …………………………… 203

〔す〕

スカウト料 …………………………… 444
ストック・オプション税制 ………… 722
ストック・オプション制度 ………… 721
スピンオフ …………………………… 403

〔せ〕

成果活用促進事業者 ………………… 608
性格別の試験研究 …………………… 102
製造業 ………………………………… 217
製造原価 ………………………… 76,226,235
製品・技術開発に係る試験研究 …… 473
製品・技術開発に係る試験研究
　費の額 ……………………………… 486
製品マスター …………………… 224,305

〔そ〕

総額方式 ………………………… 156,169
増減試験研究費の額 ………………… 577
増減試験研究費割合 ………………… 577
総合原価計算 ………………………… 234

増資 …………………………………… 191
増資特定株式 ………………… 673,678
租税条約 …………………………… 757
ソフトウエア ………… 251,365,641
ソフトウエア使用権 …………… 413
ソフトウエアの仕損じ費用 …… 316
ソフトウエアの取得価額 ……… 298
ソフトウエアの導入費用 ……… 315
ソフトウエア・リース ………… 413
ソフトウエア・リース取引 …… 413
損害賠償金 ………………………… 207
損害賠償金の損金算入時期 …… 207

〔た〕

大学等 ……………………………… 606
大規模法人 ………………………… 598
退職所得 …………………………… 727
大法人 ……………………………… 598
耐用年数の短縮制度 …………… 350
立退料 ……………………………… 439
棚卸資産 …………………………… 216
棚卸資産の取得価額 …………… 224
探鉱準備金 ………………………… 458

〔ち〕

治験薬 ……………………………… 222
知的財産 …………………………… 425
知的財産権 ………………………… 618
知的財産権等 ……………………… 614

仲介手数料 ………………………… 440
中間方式 ………………… 156,157,170
中古資産 …………………………… 340
中古資産の耐用年数の見積り … 340
中小企業技術基盤強化税制 …… 593
中小企業者等 ………… 364,593,640
長期大規模工事 …………………… 185
調整前法人税額 …………………… 574
著作権 ……………………………… 249

〔て〕

DX（デジタルトランスフォーメーション）投資促進税制
 …………………………………… 374,585
DCF法 ……………………………… 298
定額法 ……………………………… 356
定率法 ……………………………… 356
データサイエンティスト … 550,555
データのコンバート …………… 317
データベース ……………………… 251
適格現物出資 ……………………… 404
適格特許権等 ……………………… 663
適格分割 …………………………… 401
適格分割型分割 …………………… 400
適格分社型分割 …………………… 401
適用額の制限 ……………………… 588
適用除外事業者 …………………… 594
デバッグ …………………………… 327
転換社債型新株予約権付社債 … 199

電信売相場 ……………………… 756
電信買相場 ……………………… 756
店頭特則市場 …………………… 190

〔と〕

統合業務パッケージ …………… 361
投資事業有限責任組合 ………… 167
当初申告要件 …………………… 589
特定株式 ………………………… 673
特定機械装置等 ………………… 364,641
特定経営力向上設備等 ………… 373,653
特定公益増進法人 ……………… 77
特定事業活動 …………………… 672
特定新事業開拓事業者 ………… 607
特定中小企業者等 ……………… 611,640
特定中小事業者等 ……………… 617
特定特許権等 …………………… 662
特別研究機関等 ………………… 606
特別試験研究 …………………… 606
特別償却制度 …………………… 363
特別償却不足額 ………………… 367
特別新事業開拓事業者 ………… 195
特別税額控除 …………………… 81
特別な償却方法 ………………… 360
特別に支出する費用 …………… 453
匿名組合 ………………………… 161
匿名組合契約等 ………………… 734,754
独立価格比準法 ………………… 297
独立企業間価格 ………………… 175,297

特許権 …………………………… 282
特許権譲渡等取引 ……………… 661
特許権の価額 …………………… 294
特許権の承継の対価 …………… 706
特許権譲受等取引 ……………… 665
特許料 …………………………… 279,283
ドメイン ………………………… 445
取引事例比較法 ………………… 293
トレーニングのための費用 …… 318

〔な〕

内国法人 ………………………… 691

〔に〕

認定事業適応事業者 …………… 374,656
認定生産方式革新事業者 ……… 378

〔ね〕

値増金 …………………………… 136
年末調整 ………………………… 695

〔の〕

納期の特例 ……………………… 693
ノウハウ ………………………… 462
のれん …………………………… 340

〔は〕

配当金 …………………………… 192
配当所得 ………………………… 694

パーシャルスピンオフ ……………… 409
パイロットプラント ………………… 88
バグ取りの費用 …………………… 327
バージョンアップ ………………… 325
発生主義 …………………… 128,201
発生費用 …………………………… 128
発明 ………………………………… 108

分割 ………………………………… 400
分割型分割 ………………………… 400
分割検収 …………………………… 181
分社型分割 ………………………… 400

〔へ〕
平均売上金額 ……………………… 580
ベンチャービジネス ………………… 65

〔ひ〕
比較試験研究費の額 ……………… 577
引当金 ……………………………… 130
非居住者 …………………………… 691
評価損 ……………………… 236,237
費用収益対応の原則 ……………… 128
表彰金 ……………………………… 706
費用分担契約 ……………………… 176

〔ほ〕
報酬・料金等 ……………………… 727
報奨金 ……………………………… 706
法定耐用年数 ……………………… 350
法定耐用年数主義 ………………… 337
法定の償却方法 …………………… 356
ホームページ ……………………… 253

〔ふ〕
ファームウエア …………………… 260
賦課金 ……………………………… 395
複合費 ……………………………… 75
負債調整勘定 ……………………… 340
付随費用 …………………………… 225
復興特別所得税 …………………… 689
負ののれん ………………………… 340
部分完成基準 ……………… 137,181,184
プログラム ………………………… 252
プロトタイプ ……………………… 274
プロトタイプモデル ………………… 88

〔ま〕
前払費用 …………………………… 435
前払利子 …………………………… 201
前払利子の特例 …………………… 201
マーケット・アプローチ ………… 293

〔み〕
見積法 ……………………………… 341
みなし大企業 ……………………… 598
未払利子 …………………………… 201
民間企業の研究活動に関する調査 ‥ 66
民法上の組合 ……………………… 154

〔む〕
無限責任組合員 ……………… 167, 169

〔も〕
模型 ……………………………… 273

〔ゆ〕
有限責任組合員 …………………… 167
有限責任事業組合 ………………… 171
有姿除却 …………………………… 416
輸出事業用資産 …………………… 383

〔ら〕
LAN 設備 ………………………… 348

〔り〕
リース取引 ………………………… 411

〔り〕
リースバック取引 ………………… 413
履行義務 ……………… 182, 240, 427
リサーチ・アドミニストレーター
 …………………………………… 495
リバースエンジニアリング ……… 477
臨時会費 …………………………… 438
臨床研究 …………………………… 142

〔れ〕
レコードの原盤 …………………… 224

〔わ〕
和解金 ……………………………… 208
ワクチンソフト …………………… 327
割引発行 …………………………… 197
割増金 ……………………………… 136

〔著者紹介〕
成 松 洋 一（なりまつ　よういち）
　略　　歴　国税庁法人税課課長補佐（審理担当）、菊池税務署長、東京国税局調査第一部国際調査課長、同調査審理課長、名古屋国税不服審判所部長審判官、東京国税局調査第三部長を経て退官
　現　　職　税理士
　主要著書　圧縮記帳の法人税務（大蔵財務協会）
　　　　　　新減価償却の法人税務（大蔵財務協会）
　　　　　　消費税の経理処理と税務調整（大蔵財務協会）
　　　　　　グループ法人税制の実務事例集（大蔵財務協会）
　　　　　　税務上の評価損の実務事例集（大蔵財務協会）
　　　　　　最近の法人税改正の実務事例集（大蔵財務協会）
　　　　　　法人税の身近な論点を巡る実務事例集（大蔵財務協会）
　　　　　　法人税・源泉所得税・消費税の諸申請（共著・大蔵財務協会）
　　　　　　法人税申告書別表四、五㈠のケース・スタディ（税務研究会）
　　　　　　法人税セミナー──法人税の理論と実務の論点──（税務経理協会）
　　　　　　法人税裁決例の研究（税務経理協会）
　　　　　　不良資産処理の会計と税務（税務経理協会）
　　　　　　法人税法──理論と計算──（税務経理協会）
　　　　　　減価償却資産の取得費・修繕費（共著・税務研究会・第15回日税研究賞奨励賞受賞）
　　　　　　企業会計と法人税（共著・税務経理協会・第2回租税資料館賞受賞）

試験研究費の法人税務（十訂版）

令和 6 年 9 月30日　初版印刷
令和 6 年10月29日　初版発行

不許複製

著　者　成松洋一
　　　　　(一財)大蔵財務協会　理事長
発行者　木　村　幸　俊

発行所　一般財団法人　大蔵財務協会
　〔郵便番号　130-8585〕
　東京都墨田区東駒形 1 丁目14番 1 号
　電話（販　売　部）03(3829)4141　FAX（販　売　部）03(3829)4001
　　　（出版編集部）03(3829)4142　　　　（出版編集部）03(3829)4005
　https://www.zaikyo.or.jp

落丁、乱丁はお取替えいたします。　　　印刷　㈱恵友社
ISBN978-4-7547-3271-4